INTRODUCTORY CYBERSECURITY
2nd Edition

サイバーセキュリティ入門［第2版］

図解×Q&A

Hamuro Eitaro

羽室英太郎

慶應義塾大学出版会

第 2 版 に際して

新型コロナウイルスの影響は現在も続いています。

テレワーク、リモート授業等、“密”な環境を避けるためにネットワークの活用は急激に進みました。クラウドサービスの利用も伸長しましたし、技術開発の面でも5G や IoT の利用を前提としたサービスの展開が推進され、メタバース事業が強化されています。

一方、セキュリティ対策の方はどうでしょうか？ サイバー空間のセキュリティ確保についても、サイバー空間の利用状況に応じた対策が必要ではないでしょうか？

従来から、個人情報保護の重要性は説かれていますが、未だに SNS 上等では個人の写真や情報等が公開されたり、盗み出されたりしています。ネットワーク上の「安全・安心」と口では言っていても、実際には「ゼロトラスト」、誰も信用できない物騒な空間になりつつあります。

サイバー犯罪やサイバー攻撃等も、多くの人が利用するツールやアプリ等が攻撃対象となっています。

“DX（デジタル・トランスフォーメーション）だ！”、“クラウドへ移行しよう！”と口で言っているだけで内容を理解していない人、“格好いいメタバースのアバターを作ろう！”等と見栄えだけ気にしているような人は、サイバー犯罪やサイバー攻撃のみならず、“なりすまし”等の犯罪の餌食になってしまうかもしれません。ビデオ会議等で利用するアプリやブラウザも利用者が増加すれば、不正アクセスやマルウェア感染等の攻撃対象となります。

セキュリティは固定されたものではありません。このような状況の変遷に追随して対応策を考え、迅速に実行に移すことでしか実現できないものです。利用者が身を守るすべとして初版で記載した内容も、情勢の変化にあわせて書き換えなければならない箇所が多く見受けられるようになりましたので、改訂することと致しました。

初版刊行以降時代も変わりました。私自身も在職していた警察庁を退官しました。

従来の体裁を変えない範囲で手を加えましたので、不十分な点も多いのですが、逐次見直して参りたいと思います。ご寛容の程、お願い致します。

セキュリティ情報のカタログとして使用して頂ければ幸いです。

2022 年春

羽室 英太郎

初版 はじめに

　本書は、本来は2011年1月に発刊した『情報セキュリティ入門』の第4版となる予定であった。しかしながら、近年のIT（ICT）技術やサービスの急激な多様化により、抜本的な見直しを余儀なくされることとなった。

　即ち、各種センサーを備え豊富な機能を有するスマートフォンの普及により、モバイル環境における多様なサービスの拡大に合わせ、スマートフォン向けのマルウェアやスマートフォン向けサービスへのサイバー攻撃も増加してきた。

　更に、これまではインターネットとは切り離されて稼動していた制御系システムや各種センサー機器等、様々なモノがインターネットに接続される（IoT：Internet of Things）ようになり、その技術を活用したサービスの創出や利便性の向上、業務の効率化が図られた。その一方でインターネットを経由した脅威にも晒されるようになり、社会全体でのセキュリティ対策の重要性も増大した。

　このような状況下、我が国ではサイバーセキュリティ基本法が、アメリカではサイバーセキュリティフレームワークが制定され、サイバーセキュリティ確保の重要性は、技術や国境の枠を越え、ワールドワイドでの対処や課題解決が必要となっている。

　これらの理由により本書のタイトルも「サイバーセキュリティ」に変えることとした。「情報」から「サイバー」へとタイトルは変えたが、「情報」自体のセキュリティ確保の重要性が減じている訳ではない。むしろ情報保護のための技術については高度化が進展している。

　たとえば、個人の動静・位置や趣味・嗜好に基づくビッグデータがサービスに結びつくことにより、個人情報保護の重要性は一段と増している。FinTechの普及や仮想通貨等の利用拡大と共に、情報保護のための仕組みとして、高度な認証システムやブロックチェーン技術等が活用されている。

　これらセキュリティ対策技術の仕組みを知らなくても、サイバー空間の様々なサービスを利用することは可能である。しかし、ひとたびセキュリティ対策の不備やサイバー攻撃による被害が発生した場合には、企業の場合には事業継続が困難になったり、個人の場合にはサイバー空間上の財産が消失したりする脅威に晒される。

　確かに、サイバー攻撃や、これに対応するために用いられる暗号や認証システムの仕組みは、些か複雑で理解しづらい。しかし、多様なサービスを提供し、あるいは利用する個人も、その仕組みを是非理解して頂きたい、ということが本書の主旨であり、その思いは「情報セキュリティ入門」刊行時以来、変わっていない。

　本書は、企業のITマネージメント担当者向けに体系的なセキュリティ対策技術を説くものでも、パソコンやスマートフォンを利用してインターネットを利用する個人

に対して対処ノウハウを詳細に解説したりセキュリティ関連資格取得を考えておられる人に向けた参考書でもない。

　様々な IT サービスやセキュリティ技術を悪用する典型的な手口や攻撃手法等、サイバーセキュリティに対する脅威の概要や、サイバーセキュリティ確保に資するためのサービスや技術の動向等、防護するために知って頂きたいセキュリティ技術についてまとめたものである。

　スタイルとしては、Q&A 形式により 1 項目につき 2 頁で収めたかったのだが、類似の攻撃手法や技術的内容については、少々長くなったがまとめて 1 項目としている。

　数式等は用いず、絵を多様して読者の方に直感的に理解して頂けるようにしたつもりだが、セキュリティ関連用語の解説や規格等については名称等を紹介しただけで説明自体を省略しているものも多い。しかも策定途上のものも含め詰め込み過ぎたかもしれない。

　また、図も比喩が多く技術的には必ずしも正確ではないこと、技術やサービスを取り巻く状況は刻々と変化しており網羅できなかった項目がある等反省すべき点も多いが、御容赦賜りたい。

　サイバーセキュリティ確保のためのインデックスや "まとめ" として、活用賜れれば幸いである。

　なお、電子版はイラストがカラーなので見やすくなっている。本書の目次の QR コードから見本を覗いて頂ければ幸いである。

　2018 年 10 月

　　　　　　　　　　　　　　　　　　　　羽室　英太郎

目　次

第1章　サイバーセキュリティとは？

第2章　セキュリティ上の「リスク」？

第3章　他人事ではないサイバー攻撃

第4章　セキュリティを確保する！——事前の準備とその対策

第5章　「異常」発生？ —— 検知（検出）と対処

第6章　端末機器のセキュリティ
—— 職場のパソコンや自分のスマホは大丈夫？

第 7 章　IT サービスの高度化とセキュリティ確保

第 8 章　クラウドの活用とセキュリティ対策

第 9 章　組織の情報セキュリティ管理のために

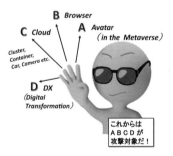

本書の電子版はイラストがカラーになっています。
右の QR コードから見本をご覧いただけます。

第 1 章

サイバーセキュリティとは？

新型コロナウイルス感染症が「サイバーセキュリティ」を変えた

◆ DX と「サイバーセキュリティ」

「風が吹けば桶屋が儲かる」と言うのに似た「**新型コロナが DX（デジタルトランスフォーメーション）を加速した**」という表現ですが、新型コロナ禍は、単に IT（ICT）化の推進や浸透を促進し、生活を一変しただけでなく、セキュリティ対策の仕組みや考え方も大きく変えてしまいました。

ロ ボ ッ ト や **IoT**（Internet of Things）、**AI**（Artificial Intelligence）、**AR/ VR**（Augmented Reality/ Virtual Reality）等の技術、さらにはこれらの技術を活用して、仮想空間の中に現実空間のような世界を構築する**デジタルツイン**（デジタル複製）等、DX には様々な要素技術が含まれます。

テレワークや Web 会議等、リモート環境における業務の継続と推進を図らざるを得ない状況下、DX 技術でも何でもよいから、一刻も早く仕事ができる環境を構築するため、「クラウド」の活用も急速に伸びました。

◆「サイバーセキュリティ」の必要性

パソコンやスマホは、各種サービスの利用やその予約、物品等の売買・決済ツールとして、あるいはゲームや音楽・映像を楽しむ道具として欠かせないものとなっています。

十数年前には「**パソコンも携帯も不要！**」と言って済ませることができました。

しかし、今やスマホやパソコンが使えなければ、社会生活自体が非常に不便な状況にもなってきています。

高齢の方で高機能なスマートフォンを駆使している人も多数おられますが、まだまだ拒否反応を示す人も多いのではないでしょうか。

それでも、ガラケー自体の生産・販売が行われなくなると、不得意でも使用しなければ生活に困ります。

従来、「**情報セキュリティ**」は、会社や行政の業務で利用するコンピュータ端末やパーソナルコンピュータのセキュリティを確保することに重点が置かれてきました。

個人が使用する携帯電話やスマートフォンについては、その安全な使用方法や「詐欺」等に騙されないための啓発活動は推進されてはきましたが、「端末」の操作手法やパスワード管理等、いわゆる「エンドポイント」に限定したセキュリティ対策が中心で、ネットワークやシステム等、全体像が見えない、と感じる人も少なくないのではないでしょうか？

◆「クラウドサービス」とセキュリティ

各種サービスの基盤や高度情報通信ネットワークが「サイバー空間」で、その信頼性や安全を確保するために必要な技術が「セキュリティ」である、という説明を行ってきましたが、これも、大きく変わってき

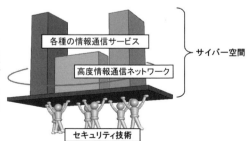

ました。

　もともと、個人情報やネットワークを保護するためには、暗号技術や認証技術等、様々な、かつ高度なセキュリティ技術が用いられていて、これらの技術を理解し、適切な利用を行うことが、IT サービスの安全性の確保につながっていたのですが、スマートシティ（スーパーシティ）の物流や防災等のサービスを提供するための基盤として各種データを集約・連携し活用するための**「都市OS」**という概念も打ち出されるようになってきました。

　また**「バーチャル」**と呼ばれるような、多様な「仮想化」技術により、サービス自身の多様性も増大して**「メタバース」**とも呼ばれるようになりました。その様々なサービスの多くも**「クラウド」**を基盤とし、複雑化も進展しています。

　企業や行政組織までも、情報システムを構築する際には、その基盤として、自前のシステムを構築（オンプレミス）するのではなく、事業者の提供するクラウドサービスを利用することを優先的に考慮するという**「クラウド・ファースト」**の考え方を導入するようになってきました。

　特に政府情報システムの構築・整備に際しては、クラウドサービスの利用を第一義的に検討する**「クラウド・バイ・デフォルト原則」**も打ち出されていますが、一方で、2021年の**「サイバーセキュリティ戦略」**や**「サイバーセキュリティ2021」**では、**「Cybersecurity for All」**や**「DX with Cybersecurity」**等、全ての面でセキュリティの確保が重要であることを強調しています。

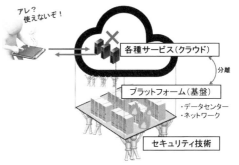

　クラウド利用により、自営システムの構築や保守が不要になれば、クラウドサービス事業者だけがセキュリティを考慮すればよいのでしょうか？　他の利用者はセキュリティを考慮しなくてもよいのでしょうか？

　いいえ、クラウドサービス自体も事業者のプラットフォームに依存していますので、これらを含めトータルなセキュリティ確保を行うことが重要となります。

　オンラインの決済サービスが急に使えなくなった。どのような障害が発生しているのか！とサービス主体に問い合わせても、情報通信基盤側のシステム障害等の場合には、サービス主体側では原因究明や障害部位の特定等を迅速に行い復旧する作業が行えず、**「早く直せ！」**と督促することしかできなくなる事態に陥る、という障害事例も実際に発生していますので、サービス主体側もプラットフォーム側も、どちらもセキュリティ対策が重要となります。

◆ 「ゼロトラスト」の時代へ

　テレワークや自宅からの Web 会議が普通の状況となれば、従来のように勤め先のシステム利用環境のみを防護する、という考え方では情報セキュリティの確保は難しくなります。

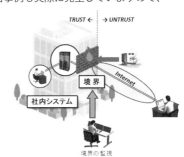

　この従来型の情報セキュリティ対策では、インターネット等の回線を経由して外部から到達するコンピュータ・ウイルス等のマルウェアが内部の安全なネットワークに侵入することを阻止する**「境界防御」**が中心で、このためにファイアウォール等、外部との接点での監視を強化することにより、内部の安全を確保する、という考え方が中心となっていました。

　しかしながら、外出先や家庭からも業務に関係する情報データにアクセスする等の利用方法が主となれば、通信相手を信用することも簡単にはできなくなります。盗聴やなりすまし等の脅威から常時防護することが重要となります。

　防護を行うにも、家庭の通信環境やクラウドサービス等、関係する全てのシステムやサービスの安全性を常に確保する必要がありますが、これらのネットワークやデータベース、サーバ等も、従来の物理的なものから仮想化されたもの、即ちソフトウェアによって構築されたものへと変化していて、**SDP (Software Defined Perimeter)** と呼ばれる新たな境界モデルへと変わってきています（§8-2参照）。

　このように、ネットワークや端末、サーバのみならず、情報資産そのものへのアクセスの正当性を常にチェックする等、ユーザや端末（デバイス）の認証を的確に行うことにより多様な脅威から防護する考え方は**「ゼロトラスト」**と呼ばれ、近年の多様化が進んだネットワークにおける情報セキュリティ確保を行う際の主流となってきています。

　各種 IT サービスの利用者の立場とすれば、全てのサービス提供者がセキュリティ対策も含めて安全なシステムを構築し、安全・安心なネットワーク利用が簡単に行えることが理想ですが、現実は様々な脅威に晒されている状況にあります。

　現実世界が仮想空間内に**「デジタルツイン」**として再現され、自身の分身ともいえるアバターが**「メタバース」**上で活動する時代ですが、これらのデータが偽者である可能性は否定できません。

　ICT 社会における情報セキュリティ確保のためには、その対象となる情報

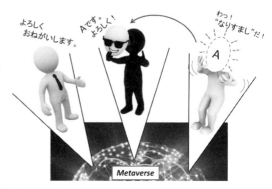

やシステムの全体像を捉えることが必要である、との考えでこの本の執筆をはじめましたが、ほんの一部にしか迫れていません。各種の脅威やセキュリティを確保するための機器や用語、被害の予防方策、実際に被害に遭った場合の対処等、ネットワーク上での"護身術"の基礎的な部分について理解できるよう、難解な技術的な説明は避け、直感的に理解して頂けるように図を多く入れたつもりですが、いかんせん、横文字の用語がそのまま使われることの多いセキュリティ技術ですので、なかなか詳細な説明まで行うことはできませんでした。

　解りにくい用語、従来と意味合いが異なる用語も増えています。たとえば従来「レジストリ」といえばパソコン等設定情報等を記録したものを指すことが多かったのですが、「クラウド」が主流となった現在では、リポジトリ、アーカイブ等と同様の用い方となり、私のような老人は困惑を覚えることも多くあります。これらの多様な用語の詳細説明を網羅することはできませんでしたが、ご容赦下さい。

§1-1 サイバーセキュリティと「情報セキュリティ」は違う？

サイバーセキュリティと「情報セキュリティ」の違いは？
また「サイバー犯罪」と「サイバー攻撃」は、どう異なるのだろうか？

◆「情報セキュリティ」との違い？

昔は「ハイテク犯罪」、「コンピュータ犯罪」等と呼んでいた不正な活動から「情報資産」を守るための仕組みや取組みを「情報セキュリティ」と呼ぶことが多かったのですが、現在では、様々な社会的活動やサービスが展開されている、現実空間と対比して「サイバー空間（スペース）」と呼ばれる空間のトータルなセキュリティを確保する重要性が高くなったため、サイバー空間の安全性確保に着目した「サイバーセキュリティ」という呼称が増えていったようです。

「サイバーセキュリティ」の定義としては、ISO/IEC 27032（サイバーセキュリティに関するガイドライン：2012）では、「サイバー空間において機密性、完全性、可用性の確保を目指すもの」、その「サイバー空間」としては、「人間、ソフトウェア、技術装置やこれらに接続されるネットワークを利用したインターネット上のサービス利用の結果生じる複合環境で、物理的な形態を取るものではない」と規定していますが、次節で説明するように、「サイバーセキュリティ基本法」でも定義付けは行われています。

○「情報セキュリティ」の3要素

上の機密性（Confidentiality）、完全性（Integrity）、可用性（Availability）は、2002年の「OECD 情報セキュリティガイドライン」や2005年に制定された「ISO/IEC 27001情報セキュリティマネジメントシステム（ISMS）」の時代から、情報セキュリティを確保する上で重要な3要素として規定されています。

この3要素は、英語の頭文字を取って「情報セキュリティの CIA」と呼ばれていますが、情報セキュリティ確保の要素としては、さらに真正性（authenticity）、責任追跡性（Accountability）、信頼性（Reliability）、否認防止（Non-repudiation）等が追加されることがあります。

「情報セキュリティ」の3要素

機密性
完全性
可用性

C Confidenciality
I A
Integrity Availability

◆「サイバー犯罪」と「サイバー攻撃」

○サイバー犯罪

　警察では「高度情報通信ネットワークを利用した犯罪やコンピュータ又は電磁的記録を対象とした犯罪等の情報技術を利用した犯罪」を「サイバー犯罪」とし（平成20年警察白書）、大きく次の3つに区分しています。

①不正アクセス行為（不正アクセス禁止法に該当する行為）

- ・フィッシングや不正プログラム等により得た識別符号（アカウント）を用いて他人になりすまし、アクセス制御されているコンピュータを不正に使用する行為
- ・システムの脆弱性（セキュリティホール等）を突いて、アクセス制御されているコンピュータを不正に使用する行為
- ・他人のアカウント等を提供する行為

②コンピュータ犯罪（コンピュータや電磁的記録を対象とする犯罪）

- ・コンピュータシステムの機能を阻害したり、電磁的記録を不正に作成したり改ざんする等の犯罪
- ・コンピュータ等を不正に使用する犯罪
- ・正指令電磁的記録（いわゆるコンピュータ・ウイルス）に関する罪

③ネットワーク利用犯罪（その実行に不可欠な手段として高度情報通信ネットワークを利用する犯罪）

　　わいせつ画像、児童ポルノの販売、頒布、麻薬・覚せい剤、けん銃、著作権物等の違法物品の販売、ねずみ講、賭博等の勧誘、脅迫、名誉毀損等の行為等

○サイバー攻撃

　「サイバー攻撃」についても、警察では「サイバーテロ（ライフライン等、重要インフラの基幹システムを機能不全に陥れ、社会の機能を麻痺させる攻撃）」や「サイバーインテリジェンス（サイバーエスピオナージ）（情報通信技術を用いて政府機関や先端技術を有する企業から機密情報を窃取する等の諜報活動）」については、警察では、国の治安、安全保障、危機管理上の重大な脅威として位置づけています。

　一般的に「サイバー攻撃」と呼ぶ場合には、インターネット等のネットワークや情報システムに対する不正な操作やコンピュータ・ウイルス等のマルウェア等に感染させるような攻撃手法を含めて指し示しています。情報資産（データ）を盗み出すことだけでなく、情報システムの機能不全を惹起させる攻撃も含まれます。

　サイバー攻撃の攻撃者を、手法や感染拡大に用いられたマルウェア等から特定することは「アトリビューション（帰属）」と呼ばれています。その攻撃元が国家の力を背景としてサイバー攻撃を行っている組織であることが特定された場合に、政府機関が声明を発表する行為は「パブリック・アトリビューション」と呼ばれることがあります。

〈攻撃の種類（手法）〉

　攻撃の対象等にもよりますが、一般的な攻撃手法には次のようなものが含まれます。

　　○パスワード・クラック等　（パスワードの類推、ブルートフォース攻撃、パスワードリ

スト攻撃等)

○ Web ページ(アプリケーション)への攻撃

　・各種インジェクション攻撃:SQL、OS コマンド、HTTP ヘッダ

　・クロスサイトスクリプティング、クロスサイトリクエストフォージェリ等

　・ディレクトリトラバーサル

○フィッシング、なりすまし、セッション・ハイジャック、中間者攻撃等

○ DNS 等への攻撃(キャッシュポイズニング、DNS アンプ(リフレクション)攻撃、
　NPT 攻撃)

○ DoS(DDoS 攻撃等を含む)攻撃(SYN Flood、UDP Flood、Ping Flood、コネクションフ
　ラッド等)

○ OS やアプリケーションへの攻撃(ゼロデイ、バッファオーバーフロー等)

○標的型攻撃(APT 攻撃を含む)

○マルウェア(クライムウェア)頒布(水飲み場攻撃、ランサムウェア等を含む)

○各種スキャン行為(ポートスキャン等)

○盗聴・スキミング(キーロガー、Wi-Fi フィッシング、電磁波盗聴(TEMPEST)、非破
　壊攻撃(サイドチャネル攻撃)等)

○内部者等による情報システムの不正使用

〈攻撃の対象〉

　サイバー攻撃は、自サイトの「情報システム」だけではなく、関連するサイトやデ
ータセンター、クラウド等のサービス・ネットワークを対象として行われます。また、
Web サイトの利用者や職員、外部委託先等の従業員等が対象となる場合があります。

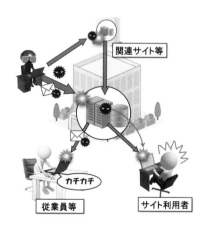

§1-2 「サイバーセキュリティ基本法」とは？

「サイバーセキュリティ基本法」の目的は？
サイバー攻撃を防御するために、企業等が知っておけばよいものなのか？

◆ 「サイバーセキュリティ基本法」の目的

　平成26年11月に議員立法によって成立した「サイバーセキュリティ基本法」は、政府のサイバーセキュリティ戦略本部やサイバーセキュリティ協議会の設置に関して規定するとともに、「高度情報通信ネットワーク社会形成基本法」との連携により、「サイバーセキュリティに関する施策を総合的かつ効果的に推進し、経済社会の活力の向上・発展や国民が安全で安心して暮らせる社会の実現を図る」ことや「国際社会の平和及び安全の確保並びに我が国の安全保障に寄与する」ことを目的としています。

◆ 「サイバーセキュリティ」の定義

　この法律では「サイバーセキュリティ」の定義は、「電子的方式、磁気的方式その他人の知覚によっては認識することができない方式（電磁的方式）により記録され、又は発信され、伝送され、若しくは受信される情報の漏えい、滅失又は毀損の防止その他の当該情報の安全管理のために必要な措置並びに情報システム及び情報通信ネットワークの安全性及び信頼性の確保のために必要な措置（情報通信ネットワーク又は電磁的方式で作られた記録に係る記録媒体（「電磁的記録媒体」）を通じた電子計算機に対する不正な活動による被害の防止のために必要な措置を含む。）が講じられ、その状態が適切に維持管理されていること」とされています。

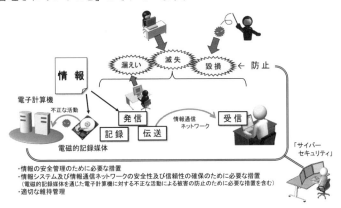

◆ 「サイバーセキュリティ」に関する責務や取組みに関する規定

　またこの法律では、様々な主体に関する責務や自発的な取組みが規定されています。

(1) 国： 総合的な施策の策定・実施

(2) 地方公共団体： 国との役割分担を踏まえた自主的な施策の策定・実施

(3)　**重要社会基盤事業者**（国民生活及び経済活動の基盤であって、その機能が停止し、又は低下した場合に国民生活又は経済活動に多大な影響を及ぼすおそれが生ずるものに関する事業を行う者）：　サイバーセキュリティの重要性に関する関心と理解を深め、自主的かつ積極的にサイバーセキュリティの確保に努めるとともに、国又は地方公共団体が実施するサイバーセキュリティに関する施策に協力するよう努める。

(4)　**サイバー関連事業者**（インターネットその他の高度情報通信ネットワークの整備、情報通信技術の活用又はサイバーセキュリティに関する事業を行う者）その他の事業者：　(3)と同様。

(5)　**教育研究機関**：　(3)と同様。サイバーセキュリティに係る人材の育成、研究及び成果の普及。

(6)　**国民の努力**：　サイバーセキュリティの重要性に関する関心と理解を深め、サイバーセキュリティの確保に必要な注意を払うよう努める。

　　特に国については、施策立案のみならず、

・国の行政機関や独立行政法人・指定法人（特殊法人及び認可法人）等におけるサイバーセキュリティに関する統一的な基準の策定

・国の行政機関における情報システムの共同化

・情報通信ネットワーク又は電磁的記録媒体を通じた国の行政機関、独立行政法人又は指定法人の情報システムに対する不正な活動の監視及び分析

・国の行政機関、独立行政法人及び指定法人におけるサイバーセキュリティに関する演習及び訓練

・国内外の関係機関との連携及び連絡調整によるサイバーセキュリティに対する脅威への対応

・国の行政機関、独立行政法人及び特殊法人等の間におけるサイバーセキュリティに関する情報の共有

・重要社会基盤事業者等におけるサイバーセキュリティの確保の促進

・民間事業者及び教育研究機関等の自発的な取組の促進

その他の必要な施策を講ずるものと、具体的に規定されています。

　また、関係機関等との連携・協力や研究開発の推進、人材確保、教育・学習の振興、普及啓発等についても規定されている他、犯罪の取締り及び被害の拡大の防止等についても盛り込まれています。

　国や地方公共団体、事業者のみならず、国民自身が関心と理解を深め、サイバーセキュリティの確保に注意することが求められている、ということに注意する必要があります。

◆サイバーセキュリティ基本法以外のセキュリティ関連の法律・規定

　「IT 基本法（高度情報通信ネットワーク社会形成基本法）」においても、安全性の確保

に関しては、「高度情報通信ネットワーク社会の形成に関する施策の策定に当たっては、高度情報通信ネットワークの安全性及び信頼性の確保、個人情報の保護その他国民が高度情報通信ネットワークを安心して利用することができるようにするために必要な措置が講じられなければならない」（同法22条）と規定されています。

　各企業等の個々のサービスや情報システム等のセキュリティ確保については、組織の活動形態により構築し、あるいは利用するITサービスやシステムも様々ですので、多様な法律や基準・ガイドライン・国際規格等にも留意する必要があります。

　本書の中でも、セキュリティの確保に関する規定として、たとえば、ISO/IEC 27000シリーズ等の国際標準、個人情報保護に関するものでは、JIS Q15001等の日本産業規格について説明しますが、これら以外にも留意すべき法律等も多いので、以下いくつかの類型について簡単に触れます。

○企業等の情報システムにおけるセキュリティ

　中小企業や個人商店においても、電話とFAXの時代から、パソコンとプリンターが利用される時代になりました。「ペーパーレス」とは言っても、注文伝票の管理や納品書、領収書等、プリンターが活躍する場面もまだまだ多い状況です。

　ネットによる注文への対応や販売・在庫管理等をパソコンで処理する際に、ERP（Enterprise Resource Planning：販売管理）ソフトを使用したり、ネットワーク経由のオンライン処理が可能なクラウド会計ソフトを利用している企業も多くなってきています。これらの事務処理のために人材派遣会社からエクセル操作等に堪能な方が派遣されてきているかもしれませんね。

　このような小規模の情報システムでも、無差別に到達するマルウェア等の被害に遭って、顧客データが流出したり、営業秘密が持ち出される危険性があります。

　このような事態が発生することを防止する意味で、「個人情報保護法」や「不正競争防止法」の中に保護規定が設けられています。マルウェアによる被

害だけでなく、個人情報が盗聴・傍受（ワイヤータッピング）により盗まれて、その内容が悪用（窃用）される脅威もありますので、「有線電気通信法」、「電気通信事業法」において、これらの行為を禁止する規定も設置されています。禁止するのみならず、多くの標準やガイドライン等が、これらの行為を防止するための対策として、暗号・認証技術等の活用を推奨し、情報資産やネットワークの保護を規定しています。

　反対に、顧客等に対して広告メールやメールマガジンを送付する場合も、迷惑メールを防止するため「特定電子メール送信適正化法（特定電子メールの送信の適正化等に関する法律）」に規定が設けられています。

○「ネットビジネス」のセキュリティ

　特に、ネットショッピング等のサービスでは、氏名・住所等の個人情報、口座番号、クレジットカード等の番号等の決済に必要な情報の入力を求められる場合があります。

　安全な取引を行うためには、そのEC（Electronic Commerce）サイト自体のセキュリティ確保のため、サーバ証明書の取得等を行ってSSL（§4-12参照）等により安全な通信を確保するとともに、クレジットカード番号の非保持化やPCI-DSS（Payment Card Industry Data Security Standard）（§6-14参照）のような業界標準に準拠する必要があります（2018年6月1日に施行された「割賦販売法の一部を改正する法律（改正割賦販売法）」の規定により、カード番号の非保持やPCI-DSS標準への準拠が義務づけられました）。その他、インターネット経由の非対面取引を行う場合は、顧客保護のために「個人情報保護法」だけでなく「金融商品取引法」や「特定商品取引法」にも注意する必要がありますし、リサイクルビジネス等の場合には、古物営業許可も必要となります。

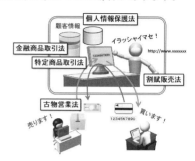

○ SNS、掲示板、チャットサイト等のセキュリティ 確保

　大手SNSサイトでは、AI技術等を利用して、ボットによる不正な書き込み（「荒らし」等と呼ばれる誹謗中傷等の迷惑行為等）や個人情報の不正な収集（クローリング）対策を行っていますが、SNS以外にも掲示板やブログ、チャットサイトには多くの個人情報や写真等が掲示されます。

　それ以外でも、事業者や行政機関がWebページに各種フォームを設置して、住民や閲覧者等の意見・要望を受け付けたり、アイデアを募集する、あるいは利用者相互の情報（ファイル）交換が行えるサイトも多数あります。入力フォームの入力チェックを的確に行っていないと、SQLインジェクション等の攻撃を受けることがあります。

　情報資産データを奪取するような 「不正アクセス禁止法」 に該当するような攻撃もあれば、単なる広告、安易なうっぷん晴らしのための「爆破予告」が書き込まれたりします。単なる「いたずら」では済まされないことも多く、DoS/DDoS攻撃と同様、「業務妨害」となることから、防御対策や適切なログ保管が必要でしょう。

　また違法な取引に利用されないよう留意する必要もあります。薬物であれば「薬機法」、コンテンツ（映像・音楽・画像等）に関しては「著作権法」で規制される場合があります。気が付かない間に不正な取引等を仲介していた、ということがないよう、Webサイトを構築する際にも、フォーム設置の必要性やCMS（コンテンツ・マネジメント・システム）プラットフォーム等のセキュリティについて留意する必要があります。

§1-3　サイバー空間の脅威？

では、「サイバーセキュリティ基本法」で規定されている「サイバーセキュリティに対する脅威」や「電子計算機に対する不正な活動」、「情報システムに対する不正な活動」とは具体的にどのようなものを指しているのだろうか？

◆「情報システム」の構成

「電子計算機」はコンピュータを指す、というと分かりやすいかもしれませんが、昔のように大型汎用機、スパコン等をイメージするだけでは、現代では足りなくなってきています。

IoT（Internet of Things）時代の到来により、カメラや各種センサー等の「エッジデバイス」の中にも、情報を処理し、命令を実行したりデータ伝送を行うことが可能なものも増加してきています。

さらに、「情報システム」となると定義が曖昧模糊となるかもしれません。コンピュータ以外のハードウェアはどこまで含まれるのか、あるいは人やドキュメント類はどうなのか、自社で構築しているシステム以外に利用している「クラウド」のシステム構成は、どうなっているのだろうか等々、管理すべき情報データが蓄積・処理・伝送されるシステムの全貌を捉えることは大変です。

しかしながら、セキュリティを確保する、という目的で考えれば、ハードウェア・ソフトウェア等の構成要素が「最大限」包含されているものと考えなければ、これらのそれぞれの要素に対する「不正な活動」や情報の漏えい、滅失・毀損を防止し、情報の安全管理のために必要な措置を執ることはできません。

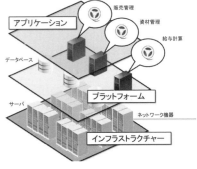

また組織の業務に必要な「情報システム」を、資材管理や文書管理、販売管理等で使用する「アプリケーション（プログラム）」や、そのプログラムを稼働させるOS（オペレーティングシステム）やミドルウェア、データベース等の「プラットフォーム」、さらにはサーバ機器（ハードウェア）やデータを保存するためのストレージ、ネットワーク機器等の「インフラ（ストラクチャー）」等に区分して説明することもありますが、これもハードウェアやOS、ネットワークの「仮想化」の進展により、組織内のみの情報システムから使用する「クラウド」のセキュリティをも考慮する必要が出てきました。

◆「脅威」や「不正な活動」とは「サイバー攻撃」のこと？

インターネットや電磁的記録媒体等を経由した不正アクセスやウイルス感染等は電

子計算機や情報システムに対する「不正な活動」で、一般的に「サイバー攻撃」と呼ばれることも少なくありません。しかし、このような「サイバー攻撃」だけが電子計算機や情報システムに対する「脅威」なのではありません。身近なところではシステムの「障害」、地震・台風、水害等の自然災害による電源断や、物理的なテロ・放火等も、業務を継続する上での大きな「脅威」となっています。

　サイバーセキュリティの確保は、「防犯」や「防災」とオーバーラップするものも多く、「危機管理」の対象と考えることが適当なのではないでしょうか。

　「サイバーセキュリティ基本法」では、「サイバーセキュリティ」の対象としては「電子的方式、磁気的方式その他人の知覚によっては認識することができない方式（「電磁的方式」）により記録され、又は発信され、伝送され、若しくは受信される情報」と規定され、この情報の「漏えい」、「滅失」、「毀損」や「情報通信ネットワークや電磁的記録媒体を通じた電子計算機に対する不正な活動」が「脅威」の例として位置づけられていて、その被害防止や対処に必要な措置等が滞りなく行われている状態を「サイバーセキュリティ」と呼んでいます。また、「情報システムに対する不正な活動の監視及び分析」についても規定されています。

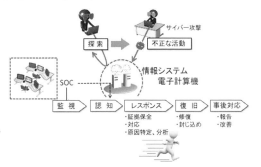

　不正アクセス等のサイバー攻撃の前には、脆弱性を「探索」する行為が行われることも多く、攻撃の前兆を的確に把握することで攻撃対処の体制を構築し、あるいは、もし攻撃を受けて侵入を許してしまったとしても、自社のシステムから「情報」が流出したり、他のシステムへ攻撃パケットを送出するような行為を速やかに阻止するためにも、「監視」は重要です。

◆ SOC（ソック）

　自社のシステムの「監視」を行っていて、「不正な活動」を検知したとしても、それが自社に対してのみ向けられた標的型攻撃なのか、不特定多数に向けられたばら撒き型の攻撃なのかを判断することは困難です。しかも、自社単独でネット上の「監視」を24時間で実施することは体制や費用の面で非常に困難です。

　複数の組織の各種システムやネットワークにおけるセキュリティイベント等を24時間／365日監視し、警報を出したり対応を行う SOC（Security Operation Center）サービスや SIEM（Security Information and Event Management）ソリューションを提供する企業も増加しています。

　しかしながら、インターネット全体のセキュリティ確保を行うためには、たとえば大規模なワーム感染活動やサイバー攻撃等が増加傾向にある場合には、その予兆をいち早く把握し、注意喚起等を行う必要があります。このため、政府全体で、各種機関に設置したセンサーに検知されたパケットデータを集約して解析することにより「攻撃」の分析を行っています。

　これは、ジーソック（GSOC（Government Security Operation Coordination Team：政

府機関情報セキュリティ横断監視・即応調整チーム)) と呼ばれ、内閣サイバーセキュリティセンター (NISC) に設置されています。

　また、実際にサイバー攻撃等の情報セキュリティ・インシデントを検出した際には、CSIRT を中心とした迅速な「インシデント・レスポンス (§5-4参照)」を行う必要があります。

第 2 章

セキュリティ上の「リスク」？

1 情報の漏えいはどのようにして生じる？

「サイバーセキュリティ基本法」には、情報の漏えい、滅失又は毀損の防止が規定されているが、「漏えい」、「滅失」、「毀損」はどのようにして生じるのであろうか？

◆「不正アクセス」等による被害

情報流出事故等が発生した場合に、テレビのニュース等で、**「想定外でした」**と説明しているシーンを見たことはありませんか？　私なんかは、**「頭を下げる前にやる事があるだろう！」**とか**「事前の検討・リスク算定を十分に実施していないんだろ！」**と思わずテレビに怒鳴りそうになります。

コンピュータウイルス等の頒布による「サイバー攻撃」を受けたサイトから顧客等の情報が流出（漏えい）した、不正アクセスを受けてホームページが改ざん（毀損）されたりログが消去（滅失）する、といった被害は、今でも多く発生していますが、情報セキュリティ・インシデントの発生原因としては、「不正アクセス」より、管理・設定ミスや誤操作によるものが多数を占めています。

また「サイバー攻撃」への備えのみならず、情報データの防護のためには、種々の対策が必要となります。

◆部外の「不審者」に注意すればよい？

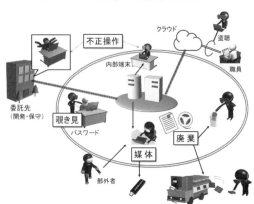

部外の知らない人がフロアをウロウロと歩き回ってパスワードを覗き見る、ゴミ箱を漁る、端末を持ち出そうとする、あるいは USB メモリを端末に挿そうとしている等、いかにも「不審」な人は、分かりやすいかもしれません。それでも外部からの侵入者を見逃した場合に、生体認証を採用したり端末装置における外部記録媒体の利用を制限していないと、パスワードが覗き見られたり、外部記録媒体に記録して各種の情報が持ち出されるかもしれませんので、これらの対策は必要です。しかし、平素端末を利用する部内の職員・社員にも、厳しい認証手続を課していると、面倒なのでログインしたままで帰宅する等の事態も招きがちですので、職員・社員管理も重要です。情報や端末機器等の不適正な利用（不正操作）やうっかりミスから情報の流出（漏えい）が生じることのないよう、適切な管理を行う必要があります。

また、システム開発や保守等の業務を外部委託等行う場合には、委託先が従業員の管理を適切に行っていないと情報流出が発生することも懸念されます。

さらに、不要になった情報、たとえそれが紙媒体でも USB メモリのような記録媒体で

あったとしても、不用意にゴミ箱に捨てたり、外部業者に廃棄を委託する場合でも的確な処分が行われていなければ、情報が流出する懸念があります。

　企業等で整備したパソコンを廃棄する場合はディスク等の完全消去や破壊、リース契約期間終了に伴い返却する端末機器の場合は確実にデータを消去する等を確実に実施することにより、情報の流出を防止することが必要です。

◆自然災害等によるダメージの想定

　地震や津波等により被災することを想定し、データが消滅しないよう、旧来から、岩盤等が強固な遠隔地に構築されたデータセンターに重要データのバックアップを行うことが行われてきました。

　地震のみならず雷害、台風、ゲリラ豪雨等の自然災害によっても、情報システムや電磁的記録媒体が水没したり電源断となるかもしれませんし、人為的な面では、道路工事等によるネットワークの切断や物理的なテロ、**EMP**（Electro Magnetic Pulse：電磁パルス）攻撃等が行われる危険性もあります。

ネットワークへのテロ

共同溝等

通信ケーブル

　「EMP攻撃」 の対象となる事態等は「想定外」と思われるかもしれませんが、近所の建物に落雷があった場合には、電源やネットワークを経由した誘導雷によって機器障害が発生する恐れもありますし、情報システムの直近で大電力の無線送信機を稼働させた場合でもコンピュータ等がダウンすることもあります。

　過去には、自然現象でも **「太陽フレア」** によって発生するプラズマ粒子によりシステムが誤作動したり、障害が発生したこともあります。

　火災も自社等からの発災を防止するだけでなく、類焼を防止したり、その被害を最小化する、電源や回線ケーブルの引き込みについても迂回回線の整備（契約）や各種クラウドサービスの活用、電磁波シールドの強化等を検討することが必要となります。

　人為的な面での対策も重要です。身近なところでは、端末等利用者の不注意な取扱いにより機器に障害が発生し、データが消滅してしまうことは頻繁に発生していますし、パスワードロック、指紋や顔画像による認証を適切に設定していなかった場合、端末内のデータが盗まれたり覗かれたりする危険性もありますので、適切な対策を行うことが重要となります。
端末以外にも、USBメモリや外付けハードディスク（SSD）等を持ち歩いている人も多いかもしれませんが、暗号化を行う等、紛失した際のことを予め想定した対策を行うことが望まれます。

§2-1 「脅威」と「リスク」、「インシデント」はどう違う？

「サイバー犯罪」や「サイバー攻撃」という用語の違いも分かりにくいが「脅威」と「リスク」、「脆弱性」、「セキュリティ・ホール」、「インシデント」等も捉えどころがない。どのように使い分けをしているのか？

◆「セキュリティ・インシデント」等の英語…ややこしいぞ

「サイバー犯罪」や「サイバー攻撃」（§1-1）と同様に、「（セキュリティ）インシデント」という用語も利用されますが、この「情報セキュリティ・インシデント (information security incident)」は、国際標準（ISO/IEC 27000）、国内の JIS（日本産業規格）Q27000「情報セキュリティマネジメントシステム」では次のように規定されています。

> 「望まない単独若しくは一連の情報セキュリティ事象、又は予期しない単独若しくは一連の情報セキュリティ事象であって、事業運営を危うくする確率及び情報セキュリティを脅かす確率が高いもの。」

この「情報セキュリティ事象 (information security event)」に関しても「情報セキュリティ方針への違反若しくは管理策の不具合の可能性又はセキュリティに関係し得る未知の状況を示す、システム、サービス又はネットワークの状態に関連する事象（JIS Q27000）」と規定されています。

この“違反若しくは…未知の状況”は、元の ISO/IEC 27000 では、“breached or compromised”となっていますが、compromise は“妥協”の意味ではなく、“危険にさらされている状態”を意味する単語です。情報セキュリティの分野では「危殆化」と呼ばれることもあります。

このような意味から compromise は「不正侵入」とか「情報漏えい」の意味でも使用されることが多く、

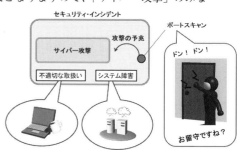

▶ IoC (Indicator of Compromise)： 不正アクセスの痕跡
▶ BEC (Business E-mail Compromise)： ビジネスメール詐欺（企業幹部等を装い、部下にメールで特定の口座等へ多額の送金を指示する等による詐欺行為）

等として使われたりします（情報漏えいは“data breach”等とも呼ばれます）。

このように情報セキュリティ・インシデントは「事業運営を危うくする」又は「情報セキュリティを脅かす」もの全てが対象となりますので、「サイバー攻撃」のみならずシステム障害や端末利用者の不注意な取扱い、個人情報データ等が保存された USB メモリ等の記録媒体の亡失についても、広い意味での「インシデント」となります。

また、「サイバー攻撃」の前段階として、システムの脆弱性を探査するための「ポートスキャン」等も、攻撃の予兆と

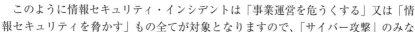

しての「インシデント」と位置づけられたりします。

◆ 「リスク」、「脅威」、「脆弱性」、「セキュリティ・ホール」の関係

これも JIS 規格では、JIS Q27000（情報セキュリティマネジメントシステム）において、JIS Q31000（リスクマネジメント）や JIS Q0073（リスクマネジメント用語）等との整合性を取り、次のように規定されています。

○**リスク（risk）：** 目的に対する不確かさの影響。
○**脅威（threat）：** システム又は組織に損害を与える可能性がある、望ましくないインシデントの潜在的な原因。
○**脆弱性（vulnerability）：** 1つ以上の脅威によって付け込まれる可能性のある、資産又は管理策の弱点。

また「情報セキュリティリスク」については、"脅威が情報資産の脆弱性又は情報資産グループの脆弱性に付け込み、その結果、組織に損害を与える可能性に伴って生じる"と規定されています。

たとえば右図で、端末機器に保存された顧客名簿等個人情報の流出（「インシデント」）が発生した場合には、企業の信用が失墜する等の「リスク」がありますので、このようなリスクを避けるために、企業の情報システムや操作担当職員に弱点（脆弱性）が無いようにしなければなりません。

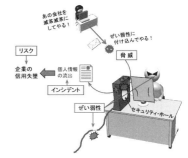

もし、このような脆弱性が存在している場合には、その弱点に付け込んで、個人情報を狙ったマルウェアを添付した標的型攻撃のメール（「脅威」）が送付される可能性があります。

脆弱性は、上の定義では"資産又は管理策の弱点"と規定されていますが、情報システムのオペレーティング・システムやソフトウェア、あるいはハードウェア（又はハードウェアと一体化された組み込み型のソフトウェア）の欠点、欠陥や弱点は「セキュリティ・ホール」と呼ばれることもあります。

標的型攻撃等のサイバー攻撃の「段階」につ

Cyber Kill – Chain

RECONNAISSANCE	偵察。攻撃対象の脆弱性調査等。
WEAPONIZATION	武器化。マルウェアの作成等。
DELIVERY	マルウェア等の送付。
EXPLOITATION	脆弱性を突いた攻撃。
INSTALLATION	マルウェア等への感染。
COMMAND & CONTROL	マルウェア等を経由した遠隔操作等（指令・制御）。
ACTIONS ON OBJECTIVES	目的行為の実施（情報搾取等）。

CLASSIFIED

いては、脆弱性の調査（偵察）から、侵入、情報奪取、痕跡消去等に至る一連の攻撃ステップ（手順）を、軍事用語の「キル・チェーン（攻撃フェーズの段階（目標の識別〜目標の破壊）のモデル化）」に準じて「サイバー・キル・チェーン（Cyber Kill-Chain）」とモデル化して呼ぶこともあります。

§2-2 「障害対応」も情報セキュリティ？

「サイバー攻撃への対処」は「セキュリティ対策」という感じがするが、障害修理や日常の保守もセキュリティと関係があるのだろうか？

◆規格等の規定

JIS Q27000「情報セキュリティマネジメントシステム」では「装置は、可用性及び完全性を継続的に維持することを確実にするために、正しく保守しなければならない」と規定されています。

当然のことながら、障害は機器の障害や端末等の操作を行う人の過失・故意によるものだけでなく、地震や火災等自然災害によっても発生します。

災害復旧（DR）に関しては§9-2で説明しますが、リスク管理の面では、障害が発生しないための予防措置や実際に障害が発生した際の迅速な対応が重要となります。

このリスク管理については JIS Q31000：2019（リスクマネジメント）として規定されています（ISO 31000：2018）。

◆障害発生の未然防止

情報システムが障害等でダウンすることは、組織の業務継続と密接に関係します。

障害発生を未然に防止するためには、システムの稼働（運用）中の状態監視のみならず、開発・設計の段階やシステム構築時等、それぞれのフェーズにおけるリスクを軽減させることが必要です。

〈DR（Disaster Recovery：ディザスタ・リカバリ）～災害復旧〉

地震や津波等の自然災害や人為的なテロを防止するために、情報システムの冗長化（二重化）を行うことも重要です。

データセンターを地震や津波が少ない地域に設置したり、システムやネットワークの二重化、データやプログラムの定期的なバックアップ等を平素から行っていれば、速やかな復旧を行うことが可能です。

記録媒体にデータを複写して保管するようなバックアップだと、その自社システム（オンプレミス）自体が被災した場合には、業務の継続が困難となります。

このため、遠隔地のデータセンターにデータバックアップを行ったり、クラウドサービスを活用したサービス継続が行えるシステムを構築することも多いようです。

クラウドサービス自体でも、システムの構成機器自体を仮想化して安全性を確保する等の対策を取っており、サーバ等が停止した場合には、作業を自動的に待機系のシステムに引き継ぐ自動フェイルオーバー機能を備え、高可用性を確保するものが多いのですが、実際大手のクラウドサービスでも、空調システムの障害により、引き継ぐべきサーバ群の機能も停止し、結果としてサービスが継続できなくなった、という事例も発生していますので、過信は禁物です。

自動フェイルオーバー機能

HA（High Availability：高可用性）機能

〈端末機器の保守〉

　システムの定期点検も重要な作業です。サーバだけでなく、端末やパソコンについても、埃や塵が、筐体内の電源部やファン、マザーボード上に積もっていたりすると、トラッキング現象等により発火する危険性があります。

サーバ, DB　　　　空調システム

　このため、パソコン自体の点検も定期的に行うことが必要ですし、パソコンを端末として利用しているような組織では、パソコン本体やマウス、キーボード等の付属品等をストックしておき、障害が発生した際には、故障の都度、業者に連絡して修理して貰っていたのでは、その間、業務が停止することにもつながりますので、まず端末や付属品をストックされたものと取り換え業務を迅速に再開できるように工夫している組織も多いようです。

◆ 防火・防災リスク

　情報システムのみならず、建物自体が火災や地震の被害に見舞われることも当然想定しておく必要があります。

　保険業界等では、火災や地震による予想最大損失（PML：Probable Maximum Loss）等の指標が地震リスクの評価や防火対策等の推進に利用されています。

早くデータを救出しなくちゃ！

　スプリンクラーが動作しなければ、建築物のみならず情報システムのハードウェアのみならず、ソフトウェア資産やデータ自体が消滅する危険性があります。

　消火器や消防車があるのでは？　と思われるかもしれませんが、消防車が到着するにも数分間は必要で、この間にシステムの焼損やデータ消滅が発生する可能性があります。

　最近はサイバー攻撃や情報漏えいに備え「サイバー（セキュリティ）保険」に加入する企業等も増加しているようですが、暗号化／復号時の「鍵」の管理等が不要となる訳ではありませんし、一旦消滅してしまったデータと信頼を取り戻すことは非常に困難かもしれません。

◆ 「障害修理」の前に…

　落雷等による停電でも、システムが停止するかもしれません。直撃雷だけでなく、ラインや電源線からの誘導雷により端末やサーバがダウンする可能性があります。

クラウド利用
システムやネットワークの二重化
データ, ソフトウェアのバックアップ
避雷器取付
無停電電源設置
保守・インシデント対処体制の確保
保守部品等のストック

いつもと、何か違う気がする‥‥

　このため、避雷器や無停電電源装置（UPS：Uninterruptible Power Supply）の設置等の対策も重要です。

　何よりも、いざという場合に速やかに対応が可能な体制の構築や、障害や異常事態発生傾向の的確な把握が可能なシステムの確保が重要でしょう。

2 組織やビジネスにおけるセキュリティ上の脅威はどこに？

　「情報セキュリティ上の脅威」というと不正アクセスやマルウェアにより、システムの脆弱性（セキュリティホール）を突いて侵入し、データの奪取やシステム破壊を行う、というイメージを持つ人が多い。

　組織やビジネスで狙われるのは何か？　これへの対処は？

◆脅威の分類

　脅威の分類は、「弱点を、どう攻めるのか？」ということを整理するもので、物理的に脆弱なのか？（津波や地震等の自然災害により建物までもが倒壊してしまう、情報システムのハードウェアに欠陥がある等）、あるいは人的・管理面での欠陥が存在していないか？　等をチェックするために行うものです。

　右図は人為的な脅威、非人為的な脅威に分類してみたものですが、中には、うっかり「誤操作」を行ったように見せかけて「システム破壊」を意図するような攻撃もあるかもしれません。実際の脅威が

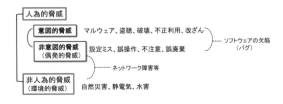

現実となった後に、反省教訓として分類するのではなく、もし意図的に誤操作を行おうとする行為によりデータやシステムの破壊が行われるような可能性があるのであれば、如何にそれを防止すればよいのだろうか、ということを検討するために分類する必要があります。

◆情報資産の保護

　奪取したり破壊したりする対象は何か？　というと顧客情報や企業のトレードシークレット等、従来であれば、安全な組織内のファイアウォール等で防護された「情報資産」として、金庫の中の「有価証券」と同じ感覚で守れば良かったのかもしれませんが、出先のスマートフォンや自宅のパソコンからも企業内のシステムにアクセスしたり、企業の業務関連データも「クラウド」上に置かれるようになって「境界」の定義がぼやけてきました。このためファイアウォールで内部への侵入を食い止めよう、という思想（境界防御）から厳格な認証を行うことを第一義的に考慮することが求められるようになってきています。

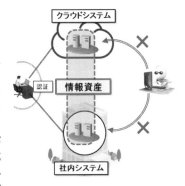

　まさしく、「正統かつ正常に動作（活動）している端末（職員）からのアクセス以外は攻撃とみなす」という、ある意味"偏狭（偏屈）"な感じを抱かせる**「ゼロトラスト」**モデルへ移行していますので、重要な情報資産を保護するためのトータルな取組みが必要となっています。

高機能ファイアウォール

◆「個人情報」、「営業秘密の保護」のための対策

昔は不正アクセスにより Web サイトを改ざんする場合、「ハッカーの腕自慢」という意味合いが強く、改ざんサイトに署名を残すような行為も多く見受けられましたが、今では企業の顧客情報やトレードシークレット等の「情報資産」の奪取を狙った攻撃が多くなりました。

流出したアカウント情報等は、新たな犯罪に悪用されたり転売されたりしますので、顧客情報等が容易に漏えいする組織は、社会的な信用が失墜してしまいます。

このため「情報セキュリティ対策」の重要性は高まってきてはいるのですが、まだまだ「セキュリティ対策＝お金がかかる」とか「ファイアウォールを設置すればよいのであろう！」と考える人も多いようです。

セキュリティの確保にいくら必要なのかね？

◆では何が必要か？

テレワーク等の進展に伴い、情報資産の防御手法も**「ゼロトラスト」**へとシフトしてきました。

従来のような企業に設置したファイアウォールのみで内部の情報資産が守れるとは限りません。

企業内のサーバやパソコンだけでなく外出先や家庭で用いる端末機器の安全性を確保する「エンドポイント防御」やその際に利用されるネットワーク上のデータを盗聴等の行為から保護するための「ネットワーク保護」、何より正当な権限を有するユーザ

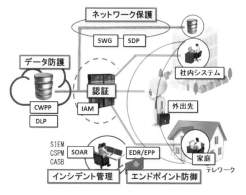

やセキュリティが確保された端末からのアクセスかどうかを判定する「認証」、実際に情報セキュリティ上の問題点やインシデントの発生を監視等することにより対処を行う**「インシデント管理」**が重要になってきます。

これらには、**EPP（Endpoint Protection Platform）**とか **IAM（Identity and Access Management）**等の概念も必要を理解する必要もあります（これらの用語等については8章で説明）。

単に高価なファイアウォールを設置したり、セキュリティ管理業務を全て外部にアウトソーシング（丸投げ）してしまったりすると、実際に情報セキュリティインシデントが発生した際に的確な判断や対応が取れなくなります。

組織的な対応を行う上で重要なことは、システムの定常的な監視や、その監視データ及び情報資産に対するリスク評価を行うことです。

本節では、これらのリスク管理の着眼点等についての説明を行います。

§2-3　ファイル作成から廃棄まで～適切な情報の管理

「情報」には様々な形で作成されたり、保存されたりしている。その適切な管理の仕組みや手法はどうなっているのだろうか？

◆「情報」のライフサイクル（記録管理）

「情報資産」の管理は、紙媒体の書類（紙）をファイリングするのではなく、デジタル化された電子文書やデータとして記録されることが前提となっています。

記録保管が適切に管理されていないと、不正な「複写」による個人情報の流出が発生しますし、長期的に保管する必要があるデータについても、そのデータが記録されたメディアを適切に管理、更新や消去等の作業を適切に実施していない場合には、データが消滅したり流出する危険性があります。情報の適切な管理に関しては種々の国際標準や日本産業規格が規定されています。

- ・ISO 15489:　Information and documentation -- Records management -- JIS X 0902
- ・ISO 30300:　Information and documentation -- Management systems for records -- MSR
- ・ISO 26122:　Information and documentation -- Work process analysis for records
- ・ISO 13028:　Information and documentation -- Implementation guidelines for digitization of records
- ・ISO 23081:　Information and documentation -- Records management processes -- Metadata for records
- ・ISO 16175:　Information and documentation -- Processes and functional requirements for software for managing records

情報データの記録や管理は情報システムで行うことから、システム自体のライフサイクル（JIS X0170：ISO/IEC 15288）やソフトウェアのライフサイクル（JIS X0160：ISO/IEC 12207）、デジタル情報の長期保存アーカイブシステムに関するOAIS参照モデル（ISO 14721：Open Archival Information System）や JIS Z6017（電子化文書の長期保存方法）等の規定にも注意する必要があります。

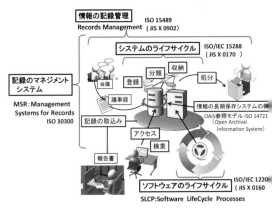

◆日常的な管理の重要性

個人情報等の漏えいを防止する上では、端末を操作する職員・社員等の平素の心がけも重要になります。

サーバ等の情報データにアクセスすることが可能な権限や資格を与えられていない職員が情報データを入手しようと思えば、権限を有する職員が端末を操作している際に、そのパスワードを覗き見して、サーバにアクセスしてデータを入手する、というのが最も簡単な例かもしれません。

　そもそも、このような部外の人間が勝手にフロアを歩き回ることを許可するのか、という問題もありますが、たとえ「部外者入室禁止」が遵守されている部署でも、「パスワードを付箋紙に書いてモニターに貼り付けることはやめましょう！」とか「類推しやすいパスワードの設定はダメ！」等の注意喚起が行われ、指紋認証や静脈認証等の生体認証が導入され、端末固有の識別情報であるIPアドレスやMACアドレス（物理アドレス：Media Access Control Address）を用いたふるい分けを行い、アクセスログを保存し定期的にチェックしたりするのはなぜでしょう？

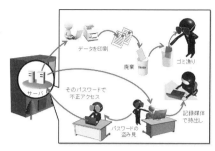

　職員によりアクセス可能な情報資産（ファイル・データ）が区分されているような職場では、平素はアクセスできないようなファイルにアクセスしたい、と思う職員がいるかもしれませんし、部外者はいない、と思っていても夜間等職員が不在の場合でも、警備員が巡回したり清掃員が掃除を行うことを認めている職場は多いからです。「ゴミ漁り」により紙に書かれた情報が盗み出されないよう、昔からシュレッダーも用いられています。

　また、サーバ内の情報にアクセスし、USBメモリ等の媒体に保存して持出したり、プリントアウトして外部に持ち出すことにより生じる情報漏えいを防止するため、端末のUSBポートを利用不可にする、USBポートにUSBメモリ等の媒体を挿入した場合には、システム管理者へ自動的に通報し、端末をロックする等の対策も取られています。

　このような対策が確実に守られているのかを定期的にチェックすることにより、適切に情報流出を阻止することが重要です。

◆ 「データ量」の増大への対応

　データ入力作業やシステムの保守業務等を外部に委託している場合や、データの保管を外部に委託したりクラウドサービスを得利用している場合には、人やシステムの管理の範囲はさらに拡大します。委託先等から顧客情報や営業秘密が流出することがないよう対策実施状況等を確認する等の必要性も検討しなければなりません。

　近年では、Webサイト等から入力・登録される顧客情報等も増大しています。

　また、各種センサーや各種カメラ等が収集する膨大なデータが、24時間、インターネットやWi-Fi、あるいはクラウドを経由して収集されることも多いので、ネットワーク自体のセキュリティや容量に関しても、構築時に十分検討することが必要です。

§2-4　システム設計・構築時や廃棄時の脅威

SBD とか SCM という用語も情報セキュリティに必要だ、と聞いたことがあるが、どういうことなのか？

◆ 「システムのライフサイクル」とセキュリティ

　§2-3で、システム自体のライフサイクル（JIS X0170：ISO/IEC 15288）やソフトウェアのライフサイクル（JIS X0160：ISO/IEC 12207）に関して書きましたが、当然のことながら、セキュリティの確保は、システムの企画・設計段階から廃棄するまでの全ての段階で考慮する必要があります（ソフトウェア開発時のセキュリティに関しては、§9-8で説明します）。

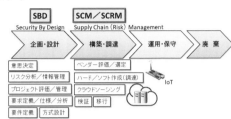

①企画・設計段階

　SBD（Security By Design）は設計時にシステム全体のセキュリティを確保することを目指したもので、最も重要なものと言えます。もし、システムにかけるコストを圧縮するために、サーバやネットワークの二重化等の冗長性をカットする等の対応を設計段階で考えたとすれば、現用システムのみでサービスを

行うことになりますので、もし障害が発生した場合にはシステム停止により「可用性」の確保が困難になります。設計等を外部に委託する場合も、その業務が24時間／365日止められないようなクリティカルサービスを提供するものであるのかかどうか等、業務の実態を捉え、かつ内外のリスク分析を行いセキュリティ確保を行うリスクベース・アプローチによる対策が要となります。

　たとえば、ユーザ向けサービスを提供するため組織内にサーバ等を設置する場合は、サービス稼働状況をモニタリングする要員も必要となりますし、そのサーバを設置する機密性の高い部屋には、入退室管理を行うことも重要です。

共連れ防止対策
（アンチパスバック）

　しかし「生体認証でチェックすればよい」とだけ考えていると、入室許可資格がある職員が部外者をサーバ室に同伴して、重要情報が盗み出される、という事態が発生します。サーバ室の設計に際しては、このような共連れを防止する対策（アンチパスバック）としての入退室管理システム、たとえばセキュリティゲートや監視カメラ等（§6-4参照）の設置や、機器からの漏れ電波の盗聴（電磁波盗聴）を避けるために、サーバ室のシールド（電磁遮蔽）対策等の工事を行う必要性についても検討を行うことが適当です。

②構築・調達段階

　システム構築時、開発委託先からリモートでログインして開発作業を行ったり、テストデータを用いて動作確認や検証を行う際にテスト用に生成した模擬データではなく実際の顧客データ等を安易に利用していると、情報流出事故が発生する懸念があります。また、「クラウド」等の外部サービスを利用したり、端末やネットワーク機器を調達する際には、性能や価格だけでなく、品質やセキュリティ要件を満たしているのか、ということもチェックする必要があります。「セキュリティ」に関しては信頼性や運用性等と同様、「非機能要件（Non-functional requirement）」と位置づけられることもあります。実際に基本プログラムがマルウェアに汚染された端末装置等が市場に出回って問題になったこともあり、このような購買・調達管理はSCM（Supply Chain Management）あるいはSCRM（Supply Chain Risk Management）と呼ばれています。

③運用・保守段階

　運用段階の様々な脅威については次節以降で説明しますが、たとえば外部の人間が容易にシステムやネットワークにアクセス可能であれば、盗聴器やキーロガー（タイピングデータを蓄積したり外部に伝送する機器）が取り付けられないよう、設計・配置段階から注意する必要があります。

　ちなみに「盗聴器」というと昔は電話機に取り付けるものを指す用語でしたが、今は「データを盗む機器」も指しています（かつて私は「パソコンに盗聴器が仕掛けられる可能性がある」と言ったら「パソコンから何が聴こえるのか？」と問われたことがあります）。

④廃棄段階

　機器のリプレースやリース終了時には、機器内部のデータを確実に消去する必要があります。単にファイル削除を行っただけではデータが残っていて簡単に読み出せてしまう場合もあります。確実に消去するには、ハードディスクやDVD等は「メディアシュレッダー」等で物理的に破壊するか、それができない場合でも、消去専用ソフト等を用いてランダムデータを数回上書きする等により元のデータが部外者に読み取られないようにする必要があります。

　またルータ等のネットワーク機器も、廃棄・譲渡等を行う際には、設定情報等を初期化することが適当です。紙媒体の場合も含め、償却廃棄等の作業を外部に委託する場合には、それが確実に履行されたか、確認を行うことも必要でしょう。

　最近では、テレワーク環境で職務を行うことも多いかもしれませんが、自宅や出先でプリントアウトした情報の取扱いにも十分留意する必要があります（在宅勤務時の印刷をクラウド経由により行わせることにより、管理者が印刷履歴を管理できるサービスもあります）。

§2-5 「サイバー攻撃」ってどのようなもの？

「サイバー攻撃」の具体的な攻撃方法はどのようなものか？

◆「パスワード」の入手

今から約30年前、UNIX システムで簡単なサーバを構築していた時代には、システム管理者権限が無い一般ユーザでも、簡単にパスワード・ファイルがある場所（ディレクトリ）に辿りつくことができました。そのファイルが暗号化されていても簡単な暗号方式でしたので「ブルートフォース」という総当たり方式の手法で元のパスワードを入手することができました。このようにして一般ユーザのパスワードを得ることができると、そのアカウント（ID）の持ち主になりすましてシステムを利用したり、作成したり保存したファイルを覗くことも可能となります。

パスワードを類推したり、友人がパスワードを入力しているところを盗み見て試す、という犯罪は今でも多く、複数の SNS 等で同じパスワードの使いまわしを行っていると、どこかで流出したパスワード情報が攻撃に悪用されたりします。このようにネット上で収集したパスワード群をデータベース化して、これを用いて不正アクセス等を行う手法は「パスワード（PW）リスト攻撃」と呼ばれています（同一パスワードを用いて複数アカウントに対してログインを試みる場合は、「パスワードスプレー攻撃」と呼ばれます）。

しかしシステム自体を乗っ取り悪用しようとする際には、一般ユーザではなくシステム管理者（Administrator）の権限が必要です。昔ならシステム管理者のパスワードが初期（デフォルト）設定のまま、ということもあったので、簡単にシステム管理者権限を奪取、ということもありましたが、今のサーバでは、管理者のパスワードがそう簡単に手に入るようにはなっていません。

不正アクセスによりシステム管理者権限を得る手法としては、①まず一般ユーザでアクセスし、②システムの脆弱性を突いてシステム管理者に化ける、という「特権昇格」の方法がよく利用されていますが、昨今のようにクラウド利用や防犯カメラ製品やセンサー等の IoT 機器を利用することも多くなっていると、入手した初期設定のパスワード情報等が悪用され、不正侵入を受ける恐れがありますので、注意する必要があります。

◆脆弱性を突いた攻撃

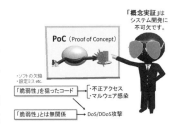

「サイバー攻撃」というと、システムの脆弱性を突いた不正アクセスというイメージを持つ人が多いかもしれませんが、脆弱性が無いシステムでも、一度に「想定外」のアクセスが発生した場合等は、サービスができなくなります。このような DoS（Denial of Service）攻撃や DDoS（Distributed DoS）攻撃もサイバー攻撃の一種

で、意図的に業務妨害を発生させることができます。

　ハッカー（クラッカー）というと、OS やアプリケーションプログラム等、システムの「脆弱性」を調べ上げて、その脆弱性を突いた攻撃コード（exploit）を入力してシステムを乗っ取る、というイメージがあるかもしれませんが、このような状況はそうそう発生するものではありません。多くの犯罪事例では、ネット上で入手したコードを入力したりそのコードを組み込んでウ

イルス等のマルウェアを作成し、これを送付したり Web ページからダウンロードさせる等の手法により攻撃を行っています。マルウェアを無差別にばら撒くのではなく特定のターゲットに絞って送付したりする攻撃手法は「標的型攻撃」とも呼ばれます。

　Exploit として用いられるコードは、もともとは実際のシステム開発段階等でその概念や動作を検証する際の用語で、**脆弱性を検証する（Proof of Concept）**ために用いられることから、"PoC" が exploit と同様の意味で使用されることもあります。

◆ローカル・エクスプロイト（local exploit）とリモート・エクスプロイト（remote exploit）

　「ローカル・エクスプロイト」は、攻撃対象のコンピュータ自身での攻撃を指し、「リモート・エクスプロイト」は、その実行マシンが攻撃対象と異なる場合を指す用語です。

　「ローカル・エクスプロイト」は、たとえばマルウェアに感染した USB メモリ等をサーバ等に挿入し、そのコンピュータで攻撃を実行させる

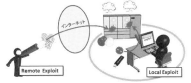

（マルウェアに感染させる）ことにより、システムの管理者権限を奪取するものです。外部の者が端末を自由に使用できるような環境では、exploit コードやマルウェアを入れた媒体を持ち込んで攻撃を行い、システム自体を乗っ取ることも可能です。

　ローカル環境では、このような手法だけでなく、物理的な破壊・テロや電磁パルス（EMP）による攻撃の脅威も存在しています。

　「リモート・エクスプロイト」は、そのサイトに赴かなくても遠隔地からインターネット等越しに攻撃を行い、システムに侵入してデータ等を奪取・改ざんしたりシステムの破壊や停止を行う、DoS 攻撃でサービス機能を著しく低下させる等を行わせる攻撃コードです。このような攻撃を受ける可能性がある場合には、RCE（Remote Code Execution：リモートコード実行）**脆弱性**がある、と言うこともあります。

　「リモート・エクスプロイト」の攻撃コードの中には、ローカルからの攻撃にも使えるものも多いのですが、Web サーバや Web アプリケーションの脆弱性を突いた exploit code を送り込むことにより攻撃を行うものは、ローカル環境では動作しない（侵入できない）こともあります。また Web アプリケーションプログラム自体に欠陥が無くても、人為的なミスにより、あるいはデフォルト設定でセキュリティが確保されていないと、その不備を突くようなコマンドやデータが入力されると、一般ユーザ

の権限では通常アクセスできない箇所（パスワードファイルがあるディレクトリ等）に辿り着かれてしまう、という危険性もありますので、プログラム自体のみならず、的確な設定を行い、そのチェックを行うことが重要となります。

§2-6　サイバー攻撃手法の変遷

「サイバー攻撃」手法は昔と異なっているのだろうか？

◆昔の「サイバー犯罪」

1970年～80年代半ばまでは専用回線（ネットワーク）で接続されるコンピュータは、警察や金融機関等、一部の機関のものに限定されていたので「コンピュータ犯罪」と呼ばれておりました。その犯罪は、主として部内関係者が電磁的記録を改ざんしたり不正に作出する、というものが多く、たとえば古典的な手口のサラミスライスでは、一度に大量のデータを窃取すると目立つので、銀行口座の利子（昔は結構高かった！）の端数を切り捨てる等の処理を多くの口座に対して行って少額ずつくすねるもので、「塵も積もれば山となる」式で巨額の横領を行う、というものです。

1990年代に入ると、モデム（変復調器：modulator/demodulator の略～今のルータに相当するもの）を使ってアナログ電話回線によりホストコンピュータと接続する「パソコン通信」が普及し、今の SNS と同じ感覚で「電子掲示板：BBS（Bulletin Board System）」が利用されていました。

小規模なシステムは「草の根 BBS」と呼ばれ、誰か（友人の）の家のパソコン1台で交流の場を構築することができました。

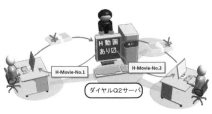

中には「同好の士」と言いつつ、わいせつ動画等の違法コンテンツを交換したり、法外な料金でダウンロードさせる等の行為を行う者も出現しました。

2014年にサービスが終了したダイヤルQ2を利用して、異性との出会いの場を提供するという名目で男性会員等の利用料をむしり取る「ツーショットダイヤル」、勝手に国際電話回線に接続して高額料金を詐取する等の行為も行われました。

次いで「インターネット」の普及と共に、UNIX 系の OS を用いる Web サーバに対する"攻撃"による Web ページの改ざん等が多発するようになりました。

UNIX 系システムに詳しい専門家も増加していきましたが、高度なネットワーク技術や知識が必要なことから「ハイテク犯罪」と呼ばれるようになりました。

インターネットに接続されていないパソコンでも、機

能・性能の向上に伴い公衆電話のテレカ等のプリペイドカードやクレジットカードの偽変造等に悪用されることもありましたが、2000年前後からは、ネットの利用環境も常時接続型に移行し、ショッピングやオークションの利用も普及していきました。

インターネットの普及と共にサイバー空間では、迷惑メール（スパム）や出会い系サイト、違法物品等の売買等の犯罪が増加し、その不正アクセス手法も複雑・高度化していきました。
フィッシングサイトを立ち上げ、マルウェアをダウンロードさせてアカウント情報等を盗み取る等の手法も高度化し、Web アプリケーションプログラムに脆弱性を有するサイトから大量の個人情報等が不正アクセスにより盗まれるようになっていきました。

Webアプリケーション

◆攻撃対象の変遷

昔は銀行等の汎用機（大型コンピュータ）のデータが攻撃対象だったのですが、今ではコンピュータだけではなく、ネットワークや個人の端末も攻撃対象となっています。お金のデータや個人情報が記録されているからです。

このため、プロバイダの DNS 等のネットワーク機器や家庭のルータに、もし脆弱性があれば、侵入を受けたり他のシステムへ攻撃を行う際に、踏み台等として悪用される懸念もあります。

＜様々なライフライン関連のシステム＞

また§2-5で説明しましたが、特定の企業や組織・機関等に対して、政治的な目的や営利的目的で情報等を盗み出したり、サービス自体を妨害したり停止に追い込む「標的型攻撃」等も現れました。

今後、サービスやシステムの高度化、クラウド化及びインターネットに直接接続される様々なモノが増加する IoT（Internet of Things）化が更に進展するにつれ、社会全体でのセキュリティ対策の重要性は一層増大しますが、単なるハードウェアの設計や設定等、システムの物理的管理を強化するのみならず、アクセス権限や情報資産の的確な管理等、トータルなセキュリティ確保が必要となります。

"サイバー犯罪"の名称

もともとは、1995年カナダのハリファクスサミットにおいて設立が決定された**「ローマ／リヨン・グループ（G8国際組織犯罪対策上級専門家会合）」**の分科会の1つとして**「ハイテク犯罪サブグループ」**が発足（1996年）したことから、それまでの**「コンピュータ犯罪」**という名称から**「ハイテク犯罪」**に呼称を変更しています。

さらに、欧州評議会が**「サイバー犯罪条約」**を検討するために立ち上げた**「コンピュータ犯罪専門家会合」**にオブザーバとして参加するようになった時期から、同評議会で使用していた**「サイバー犯罪」**という名称が用いられるようになりました。

3　プライベートに潜むセキュリティリスク

「テレワーク」での業務推進の際に気になるのは、自宅等のセキュリティ環境ではないでしょうか。多くの人は、パソコンにウイルス対策ソフトを導入する等、適切な防護対策を取っていると思います。でも、パソコンのウイルス対策だけでは、セキュリティ対策が万全とは言えません。企業秘密の情報をプリントアウトしたりゴミ箱に捨てたりはしていませんか？

現在は、エンドポイントにおける確実な「多層防御」が求められる時代となってきています。

◆ IT ツールの多様化

個人のスマートフォンやタブレット等にも、仕事関係者の氏名と連絡先が入っていることは多いでしょう。

タブレットやスマートフォンの
ウイルス対策も重要

このようなモバイルツールは、持ち運びの際に本体を落としてケースの破損だけでなく中のデータが消滅してしまったり、**「ながらスマホ（歩きスマホ／スマホゾンビ）」**で自転車や歩行者にぶつかる等のトラブルを招いたりする状況も多く発生しています。

ながらスマホ

ソフトウェア（OS やウイルス対策ソフト）の更新等を怠っていると、ウイルス感染によるデータの流出事故等が発生することも懸念されます。

◆ 多機能化

また、スマートフォン自体の多機能化も進展しています。既に定期券や財布代わりとして、実際に実生活の多くの場面で活用している人も多いのではないでしょうか。

スマートウォッチ　イテ…　スマートフォン

これらはスマートフォンやスマートウォッチ内の NFC や Felica チップ（IC）内に残額データ等が記録され、これを読み取ったり、チャージの際

OS　アプリ
・PC
・タブレット
・スマートフォン

Felica
NFC

・おサイフ(電子マネー)
・ウォレット(仮想通貨)
・ポイントカード
・クレジットカード
・定期券(乗車券)

には増加させた値を書き込むもので、その方式は国際標準で規定されています。このため、その方式を熟知している者による「電子スリ」のような行為も出現しています。

◆機器は「小型」でも被害は大きい

個人情報や財産価値を有するデータが詰まったスマートフォンやパソコンは、そのデータ自体が狙われるだけではありません。

機器の不適切な取扱い・使用方法に起因するもの	・盗難、亡失 ・ながら"スマホ"
Webサイト利用時の被害・トラブル	・フィッシング詐欺 （偽サイト、アプリ等を含む） ・SNS等におけるトラブル （いじめ、誹謗・中傷、ストーカー等） ・物品等売買時におけるトラブル ・スパム
不正アクセス・マルウェア感染等	

・データ流出
・無権限利用

もし端末等を落としたりした場合には、その端末やアカウントを利用して、特定のサイトにログインすることも可能となります。

SNS 等へ勝手に変な書き込みをされて「炎上」を招いたり、家族の個人情報や写真が流出する危険性もあります。

◆まずは端末の適正管理

端末機器はうっかり忘失・落とさないようにすることが肝心ですが、もし落とした場合でも、他人に中のデータ等が覗き見られることがないよう重要なデータは基本的には保存しない、もし保存する場合は暗号化する、指紋や最近では**顔認証（FaceID）**等の生体認証でガードする等の対策が重要です。

また、端末を操作する際には、覗き見防止のプライバシーシール（フィルム）を活用したりすることも重要です。

実際に、窓の外からパソコンに入力したパスワードを見られる、隣席の人がスマホを覗き込んで、個人情報を盗み見られる等の被害も発生しています。

パスワードの管理も重要です。クラウド上でメールや様々なアプリを利用することも多くなってきましたが、結構多くの人が複数のサイトを利用する場合に同一パスワードを利用していますので、もし、1つのサイトでパスワード等の流出事故等があれば、他サイトのデータも危険に晒されることになります。

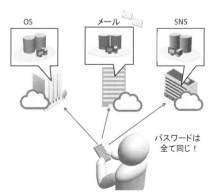

OS　メール　SNS

パスワードは
全て同じ！

パスワードの使い分けをきちんと行う、そもそも信頼できるサイト、アクセスポイントやアプリを利用するように心がける、アプリも含め常に最新の状態となるよう、日課としてアップデートを行うよう心掛ける等、何事にも地道な努力が必要でしょう。

§2-7　フィッシング詐欺やスミッシングに騙されない！

「不審なサイトにアクセスしたり安易にクリックやダブル・クリックしたりするのはやめましょう」と言われるが、それでフィッシング詐欺やスミッシング被害を防止することはできるのだろうか？

◆フィッシング詐欺の手口

　フィッシング（Phishing）詐欺の多くは、口座番号やアカウント、カード番号等を含む個人情報を詐取することを目的に、金融機関等を装って電子メールを送りつけ、その中のリンクをクリックさせて別の偽サイトに誘導し、個人情報を入力させる手口が一般的でした。

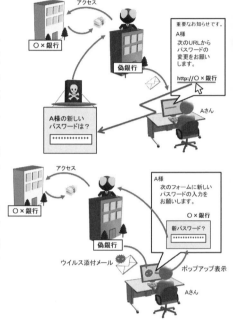

　その後、今から10年程前になると、不正送金ウイルスが登場しました。ウイルスを添付したメールを送りつけ、別サイトへクリックさせて誘導しなくても、マルウェアが動作してポップアップ画面を表示し個人情報の入力を促す、というものです。本人は正規の金融機関サイトにアクセスしていると思っていても、実際にはその情報は偽サイト等に送付される、という手口です。

　正規のサイトの入力フォームに悪意のあるスクリプト等を埋め込み、入力内容を悪意のある第三者に送信させる攻撃は「フォームジャッキング攻撃」等とも呼ばれています。

◆スミッシング

　SMS（ショートメッセージ）を用いたフィッシング詐欺、という意味ですが、スマートフォンの普及に伴い増加しています。

　金融機関だけでなく、運送（宅配便）業者の不在通知を装って、記載されたリンク先にアクセスさせたり、電話連絡を取らせるようなメールを送付します。携帯電話事業者等に扮して「重要なお知らせ」と称するメールを送付したりします。

　SMSは、メールアドレスを知らなくても電話番号だけでテキストメッセージを送付することができますので、電

話番号を順次増やしたりランダムにセットして送り付けることが簡単にできます。

　送付された SMS の中のリンク先の URL は、短縮形等にして本来のドメイン名等が判別しにくくなっていることも多いので、見知らぬ相手から送付された URL のリンク先にはアクセスしないことが重要です。OS やアプリを最新に保つ、そもそも怪しいアプリはインストールしない等の対策が必要です。

◆「ワンクリック詐欺」も「ツークリック詐欺」も同じ！

　ちょっとエッチな動画（アダルト）サイトを見ようとして、「年齢確認」等のボタンをクリックした途端に、「入会登録完了！」等のメッセージが表示され、高額の入会金が請求される、そこで慌てて退会しようとボタンを押したりメールを送付したりすると、その場合も高額な利用料や解約手続に要する高額費用が請求されるというものがワンクリック詐欺です。

　ボタンやリンクをクリックした際にマルウェアをダウンロードさせ、メールアドレス等の個人情報を盗み出したり、延々と支払い督促画面を表示させるような動作を行わせるのがワンクリックウェア（ワンクリウェア：§3-13参照）と呼ばれるものです。このワンクリウェアには実行形式のプログラム（exe）や VBScript（VBS）、ブラウザで自動実行可能な HTML Applications（HTA）ファイルが多く用いられています。

　場合によっては、法等を遵守して手続を行っているかのように錯覚させたり、あえて分かりにくくするために「ツークリック」させる手口も取られています。

　IP アドレス等を表示させ「入会者」が特定されているかのように思わせた

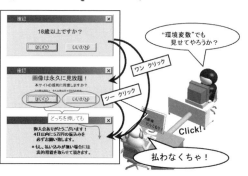

り、ウイルスの機能で画面の「閉じる（×）」の記号をクリックしても、しつこく督促画面を表示し続けるようにする等により、閲覧者を追い込んでいく、という方法もあります。

反面、このようなマルウェアの駆除を謳い文句に、別のマルウェアをダウンロードさせたり、高額な料金をむしり取ろうとする手口もありますので注意する必要があります。

「セキュリティコード（あるいはセッションキー、プロタクトキー等）が盗まれました！」とか「別サイトからのサインイン（ログイン）が検出されました。情報確認のためアカウントを凍結します」、買ってもいない商品について「お買い上げありがとうございます！」、「お届け日時を返信願います！」等、横文字を多用しながら急いで対処する必要があるように見せかけて、受信者を焦らせるような文言が並んでいます。

これらは利用者の「心理」の弱点を突いた攻撃ですので、くれぐれも引っかからないよう、落ち着いて「平常心」を心がけるようご注意ください。

§2-8　スマートフォンの盗難・亡失が実際に発生！〜どうすれば？

スマートフォンの「落とし物」が増えている。そのまま SIM カードを抜かれて転売された、あるいはデータを悪用された、戻ってきても「個人情報が覗かれたのでは？」という心配もある。危険性と対処は？

◆危険性

　スマートフォンや携帯電話の盗難・紛失が増加しています。

　最近のスマートフォンには、NFC 規格に対応する IC チップが内蔵されていることも多いので、警察や電気通信事業者、鉄道会社（乗車中の遺失の場合）等の他、カード会社等への届出も必要になる等、手続も面倒ですが、これを怠っていると、データが悪用されたり、スマートフォン自体を不正に利用される被害も発生します。

　パスワードロック程度では安心できません。簡単なパスワードならば、解除されて覗き見されてしまう危険性も高いのです。

　本体やマイクロ SD カード等の記録媒体に「大したデータは入っていない」と思っていても、SIM カードにも多くの個人情報や端末固有の情報が記録されていますので、これらのデータが盗まれ悪用される懸念もあります。

　また、自分だけでなく知人や友人の写真、電話番号や住所録等も記録されていると、これらの人々にも迷惑がかかる可能性があります。

◆対処

　iPhone の場合には、Apple 社のサービスとして「iPhone を探す」というサービスがあります。

　これは位置探索と端末のロック（アクティベーションロック）、それから端末内の全てのデータ（コンテンツと設定）を消去（初期化：リセット）する「iPhone を消去」（リモートワイプ）の機能も備えています。

　iPad や Apple Watch、さらには Mac（パソコン）にも同様のサービスが準備されています。

　Android デバイスの場合には、Google アカウントにログインしている場合には「ス

マートフォンを探す」によりスマートフォンの位置確認や着信音を鳴らすことが可能ですし、最近では Android 端末の場合でも、iCloud.com へのアクセスが可能であれば「iPhone を探す」も利用できるようになりました。

　携帯電話事業者においても、スマートフォンに搭載された GPS 機能等を利用して、電話機やスマートフォンの位置探索サービスを実施しています。

　あらかじめその機種が対応しているかどうかを確認し、事前設定等を行っておく必要はありますが、大手キャリアでは次の名称でサービス（有償又は無償）を受けることが可能となっています。

キャリア	名称（位置探索）
NTT docomo	ケータイお探しサービス（ahamo では利用不可）
au	位置検索サポート
ソフトバンクモバイル	位置ナビ

　また、家族（子供や高齢者等）の見守り用途の、各種の位置（GPS）情報（追跡）アプリをインストールしている人もいるかもしれません。

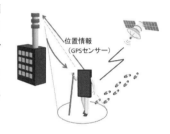

　その中には、端末の位置情報だけでなく電話帳等の個人情報を外部に送信する怪しいアプリがあるかもしれませんので、インストールする際には関係の無いデータへのアクセス権限を要するアプリには注意が必要です。

　総合セキュリティソフトの中にもリモートロック、リモート検索の機能を備えているものもあるので、信用あるベンダーの製品を選ぶようにしましょう。

○届出を！

　携帯電話事業者に対して、一時的に回線利用を停止する（通話・通信機能の停止、緊急通話停止）の手続を取ると共に、警察に対して遺失届、関係サービス提供事業者への届出も忘れずに。

　SIM フリー端末も多くなっていますが、亡失時のことを想定し、SIM カードの番号と本体の固有 ID は予め別のメディア等に記録しておくことをお勧めします。

○データの亡失を防ぐために…

　スマートフォン本体が損壊したり亡失した場合でも、中に記録されているデータや財産の亡失・盗用は防止したいものです。

　このため、重要なデータは、別媒体やクラウド上にバックアップし、端末利用に際しては、生体認証（指紋、静脈認証、顔認証等）の利用、他人に解読されないようなパスワードの設定、二段階認証と、ちょっと面倒かもしれませんが確実に設定し利用することが必要です。

　また、脆弱性があれば、パスワード等でロックしていてもパソコン等と USB 等で接続されて、攻撃コードを送り込むことにより、管理者権限が奪取されてデータも盗られてしまいますので、OS やアプリは常に最新の状態に保ち、ウイルス対策も適切に行うことが重要です。

§2-9　公共の場での入力〜個人情報が見られていませんか？

「ちゃんと SSL 対応のサイトに接続しているから大丈夫！」と思っていても、ネットカフェや図書館等の公共の場に設置されている端末で個人情報を入力することは危険だ、と言われる。これはどのような理由によるものなのか？

◆「覗き見」の防止

　スマートフォンやタブレット端末でパスワードを入力しようとしている時に、背後に人が立っているのは、それが家族であったとしても嫌なものですね。

　ましてや無線 LAN が利用できるカフェやホテルのロビー等では、不特定多数の人が出入りしていますので、盗み見られることを完全に防ぐことは難しいかもしれません。

　スマートフォンにプライバシーシール（フィルム）を貼付している人もいるとは思いますが、特に無線 LAN 環境での利用に関しては個人情報の入力には十分気をつけたいものです。

◆無線 LAN 環境

　駅やホテルのロビー、コンビニ等では、無線 LAN によりインターネット接続が可能な "ホットスポット" や "無料 Wi-Fi" が設置されている場所が増えています。

　海外からの観光客の利便性を高めるため、観光地や公園においても無料 Wi-Fi が利用できる場所が増加しています。

　正規の「アクセスポイント」になりすまし、ユーザのメールを覗き見たり、アカウントやクレジットカード番号等の情報を詐取する行為は、無線 LAN フィッシング、アクセスポイント（AP）フィッシング、Wi-Fi（ワイファイ）フィッシング、又は Wi（ワイ）フィッシング、Evil Twin（悪魔の双子）等と呼ばれることもあります。

○無線 LAN フィッシングの原理

　無線 LAN は、ケーブル等で接続しなくてもよいので便利です。近年では IoT 機器とも Wi-Fi 接続が標準的に用いられています。

　しかし、電波を利用するため、その特性に注意する必要があります。

　たとえば家庭の無線 LAN 機器等が多く使用している周波数は電子レンジや産業、科学、医療分野で利用する

本来のアクセスポイント A

偽アクセスポイント B

正規ユーザ

2.4ギガヘルツ帯や 5 ギガヘルツ帯が利用されています。

　モバイル用の WiMAX では2.4ギガヘルツ帯、WiMAX2+ では 5 ギガヘルツ帯や800メガヘルツ帯（プラチナバンド）等の電波が使用されることもあります。いずれも直進性が高く、建物等で遮られると電波が途切れることもあります。

　このため電波の強いアクセスポイントが本来のアクセスポイントの近くにあれば、

そちらに接続されてしまう可能性があり、もし自宅の近くに、他人のアクセスポイントや偽アクセスポイントが設置されて、接続の際の認証等が不十分であれば、知らないうちに偽アクセスポイントを利用してしまう、ということも起こり得ます。

このようなアクセスポイントをクラッカーが立ち上げている場合には、正規ユーザのパスワード等の個人情報や通信内容を盗むだけでなく、ウイルスやワームが組み込まれたプログラムを自動的にダウンロードさせる Web ページ（フィッシングサイト）に誘導することも簡単です。

偽アクセスポイントというと、本物とは別の所に、疑わしい "アクセスポイント" 用の機器が仮設されているようなイメージを持たれるかもしれませんが、実は、隣に座っている人のノートパソコンが "偽アクセスポイント" の機能を果たしている、ということもあり得ます。

Windows 10/11のパソコンであれば、簡単に「モバイルホットスポット」機能（§6-2参照）を利用して、無線 LAN 基地局を立ち上げることは可能で、これならスマートフォン等の端末 8 台までが利用できるようになります（このようにパソコンをアクセスポイントにして接続することを逆テザリングと呼ぶ人もいます）。

多くの人がアクセスポイントを利用していると、接続できなかったり、快適な速度で利用できないことも多いので、そのような際に、簡単に接続できて快適に利用できる別のフリーWi-Fi が利用可能ならばつい利用したくなるかもしれませんが要注意です。個人情報を抜くための "野良（のら）アクセスポイント（意図的にセキュリティ設定を無効化し、誰もが利用可能な状態にしたアクセスポイント）" かもしれません。

Web メールをターゲットに、無線 LAN のパケットを解析してセッション・ハイジャック（§4-15参照）を行う手口はサイド・ジャッキング（Side Jacking）と呼ばれ、専用のツールも出回っています。

◆無線 LAN 機器自体の脆弱性

2017年10月、無線 LAN 用ルーター等のほとんどで利用されている WPA2プロトコルに脆弱性（KRACKs）が見つかり、通信内容の盗聴や改ざんが行われる危険性がある、ということで対策が進められ、2018年 6 月に Wi-Fi アライアンスから WPA3（個人用の WPA3-Personal と企業用の WPA3-Enterprise）が発表されました（§6-2参照）。

新たに出荷するルーターについては、攻撃への対策が行われていますが、数多くのホットスポット等の機器の中には、ファームウェアのアップデートが未実施のものもあるかもしれませんので、安易に怪しげな無料 Wi-Fi を利用することは避けましょう。

○信頼できる端末機器の利用

海外製等のルーターやパソコン、スマートフォン等の中には、技適（技術基準適合証明）マークが無いもの（電波法違反）やマルウェアの混入等により、端末情報等を外部に送信するような機能を有しているものがあるかもしれません。

「安い」からといって迂闊に手を出すと個人情報が抜かれてしまうかもしれませんので、信頼できるメーカーの製品を導入することが必要となります。

技適マーク

第 3 章
他人事ではないサイバー攻撃

1 「サイバー攻撃」の目的と対象～何が狙われる？

◆目的

かつては、ホームページを改ざんして **Hacked By ～**と
自身の ID を明示し、不正アクセスの腕を自慢する愉快犯
的な行為がよく見られましたが、このようなアピールだ
けでは儲からないためか、次第に、企業等の情報や金銭
の入手を目的とする**標的型攻撃**が増えていきました。

ホームページの改ざんも、自己顕示やアピールのために行うのではなく、閲覧者が気づか
ない内にマルウェアをダウンロードさせたり、別サイトに誘導するリンクを踏ませるように
仕向けるものに変わってきています。

だからといって、不特定多数のサイトを攻撃したりマルウェアをばら撒いたりする行為が
なくなっているのか、というとそうではありません。

インターネット上のサービスが多様化するにつれ、様々な目的でサイバー攻撃が行われる
ようになってきていますが、
基本的には、情報や金銭、
あるいは他サイト等への攻
撃や中継する足場としての
資源（リソース）を入手す
ること、あるいは自己ある
いは自組織等の主義・主張
を世界中に見せつけてアピ
ールする、復讐心に燃えて
至る所に誹謗中傷的な書き
込みを行ったり罵詈雑言を
浴びせる、SNS 等を炎上さ
せること自体が目的となる
ことも多いようです。

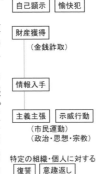

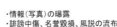

自己顕示	愉快犯	・Webページの改ざん
財産獲得 （金銭詐取）		・クレジットカード番号 ・ネットバンキングのアカウント ・電子マネー ・仮想通貨（価値記録）
情報入手		・産業スパイ ・個人情報入手
主義主張 （市民運動）	示威行動 （政治・思想・宗教）	・Webページの改ざん ・データ等破壊 ・業務妨害等
特定の組織・個人に対する 復讐	意趣返し	・情報（写真）の曝露 ・誹謗中傷、名誉毀損、風説の流布 ・営業妨害 ・ストーカー行為等
道具・踏み台の確保		・他サイト等への攻撃用

◆攻撃の対象

企業や行政機関の Web サイトがサイバー攻撃を受けたりする
と、マスコミ等で大きく取り上げられるのでインパクトはあり
ますが、攻撃対象はそれだけではありません。個人のパソコン
やスマートフォン、タブレットも、その中には個人情報だけで
なく、貯金やポイント等、換金することが可能なデータも記録
されていますので、セキュリティ対策の不完全な端末も攻撃対
象となります。

また職場の様々なシステム、サーバや端末、ネットワークだ
けでなく、これらを操作する職員・社員や、開発環境、保守端
末等、全てのものが攻撃対象となります。攻撃対象は部内に限定されるものではありません。
開発業務やメンテナンス、監視等の業務をアウトソーシングしている場合には、受託企業等
のシステムや開発用端末、ソフトウェア部品（ライブラリ）等に脆弱性があれば、侵入を許

してしまうことにもなりかねませんし、その開発端末で構築したアプリケーションに脆弱性が残ってしまうかもしれません。

　様々なセンサーやカメラ等、IoT機器についても、インターネット等で様々な制御システムに接続されて利用されることも多くなっていますので、安心はできません。適切なウイルス対策やソフトウェアの更新が適切に行われていないと、マルウェア等の攻撃を受けることになります。

　そのシステムの更新や保守の際に、保守員が持ち込む端末や記録媒体からマルウェア感染が拡大する事故も、過去度々発生しています。

　自サイトのサーバやデータベースだけを防御していればよい、という訳ではありません。その場合でも、プロバイダ等のDNSや関連するサイトが攻撃を受けて、自サイトの名前解決ができないためにWebサイト等に辿り着けない、ということも生じますし、多くのサービスが互いに依存関係にある現代社会では、各種のクラウドサービスやデータセンターを業務やサービスの一部に組み込んで利用していることも多いので、これらのどこかに弱点があれば、そこを狙ったサイバー攻撃が行われて、爆発的な感染拡大やシステムの機能停止が引き起こされる可能性があります。

　現在は、**サイバーレジリエンス**を実現することが可能なシステムの構築が望まれています。サイバー攻撃を受けた場合にも、その影響を局所化・限定的なものとし、迅速に復旧・業務を再開することが可能な、強靭な基礎体力を備えるシステムの構築、という難しい課題です。しかも、クラウド化の進展と共に、個々の利用者システムの対応だけでなく、クラウドやネットワーク等、社会全体でのセキュリティ対策が重要となっています。

　本節では攻撃対象の脆弱性を探査する手法等について説明します。

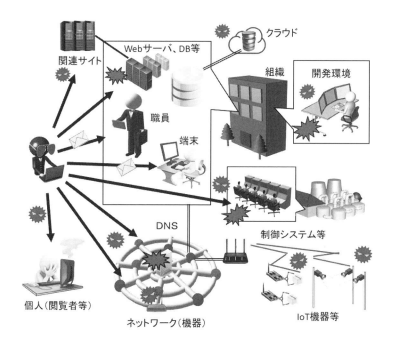

§3-1　脆弱性（弱点）を見つける方法

「泥棒」が空き巣に入ろうとする場合、できれば家人が居ない方が住民とのトラブルも避けることができるし、鍵が掛かっていなければ、それに越したことはない。そのため、下見（準備）は念入りに行う。ネットワーク経由の不正アクセスも、労少なくして侵入できる方がよいに決まっている。
では、事前の情報収集はどのように行っているのであろうか？

◆システムの概要（機器構成等）

　現在、企業等のサーバは、ホスティングサービスやクラウドサービスを利用することが多くなってきましたが、かつては自社の社屋内等にサーバが設置されていることが多かったので、これをターゲットとしてサイバー攻撃が行われていました。

外壁・エクステリア等が老朽化、破損

割れ窓

玄関や門扉が無施錠

お留守ですか～

　攻撃の前段階として、そのサイトの状況を知るための探索行為が行われることが多くありました。そのためには、まず、その企業に割当てられたIPアドレスの範囲をwhoisサービス等により検索し、その個々のIPアドレスやポートに対して探索のためのパケットを送付します。

　その探索パケットに対して応答パケットが返されてくるのか、応答がある場合には、その応答パケットの内容はどのようなものなのか、ということを判読することにより、どれがWebサーバなのか、あるいはFTP（ファイル転送用）サーバなのか、そのサーバ構築に使用されているソフトはどのようなものなのか？　MACアドレスは？　等の情報を入手することが可能でした。

　丁度、「空き巣」に入る前に、玄関チャイムを押したり、電話番号が判っている場合には電話を架けてみて在宅状況を確認し、窓が割れていないか、防犯カメラは設置されていないか等、周囲の状況を確認するのに似ています。

　次項で説明しますが、悪意を持つ者が侵入を試みる前の前段階として調査（スキャン）を行った際に、正直に応答して自らのサイトの詳細情報を教える、ということは、泥棒に対して「どうぞお入り下さい」と言っているのと変わりがありません。

　現在では、このような応答パケットを返すような設定を行うサーバは減っていますし、そもそもサーバを自営で保持している企業等も少なくなっています。しかし「クラウドファースト（クラウドバイデフォルト）」と言われる現代でも、まだまだ自前でサーバシステムを構築・運営しているところは多く残っていますので、適切なシステム構築・運営が必要となります（応答時に、不要な情報を吐き出していないか自サイトをチェックする必要があります）。

◆サービス概要の把握

　サーバのサービス状況（ポートの利用状況）を把握したりOS等のバージョンの検出を行うには、難しいコマンド操作（入力）ができなくても、保守やネットワーク管理に必要なツールを用いて情報を収集することができます。

「セキュリティ・スキャナー」や「ペネトレーションテスト用ツール」と呼ばれるツール群の中には、ポートの開閉・サービス状況を調査（ポートスキャン）可能なツールが含まれていて、インターネット上でも無料でダウンロードして利用可能なものもあります。

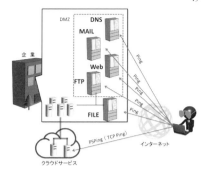

このようなツールは、本来自サイト等のセキュリティチェックを行うためのものですが、脆弱性のあるソフトが使われているかどうかを、攻撃の前に調査するために、このようなツールが「悪用」されたりします。

ネットワークの疎通状況を調べる Ping コマンド等を用いても、応答パケットから対象サイトの状況を把握することは可能ですが、クラウドサービスの中では、デフォルトでは Ping 等の ICMP（プロトコル）コマンドが使えないパブリッククラウドが多いので、TCP（プロトコル）を用いるコマンドやツールを用いる等の工夫が必要となります。

◆盗聴

盗聴というと、テーブルタップやコンセントに取り付けられた盗聴器を思い浮かべることが多いかもしれませんが、データを盗み出すことも盗聴と言い、そのためのツールは、キーボード入力（タイピング）をロギング（記録する）、という意味でキーロガーと呼ばれます。

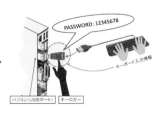

キーロガーを仕掛ける際には、USB 型のハードウェアタイプのキーロガーの場合はパソコンの USB ポートとキーボードの間に挿入する方法が取られます。

スマートフォン用のアプリやパソコン用ソフトの中にも、インストールして用いられるキーロガーソフトや通話内容を盗聴したり、パスワード、電話帳データ、現在位置等の情報を外部に勝手に送信するマルウェアもありますので、ウイルス対策用ソフトを活用する等、注意が必要です。

このような盗聴用機器やソフトウェアは「スニファー」と呼ばれ、その行為は「スニッフィング」と呼ばれます。

無線式のキーボードには、Bluetooth 接続のものや2.4ギガヘルツ帯の無線を用いるワイヤレスキーボード等があり、入力内容を暗号化していない製品では、遠隔地から傍受される危険性（KeySniffer 脆弱性）を有しているので、「AES暗号化機能搭載」等の製品を選ぶことが適当です。

またネットワーク内を流れるパケットを捕捉して内容やヘッダー情報を分析し、正常にデータの疎通が行えているのかを測定するパケット・アナライザー等の計測用機器もスニファー（又はパケット・スニファー）と呼ばれ、盗聴目的等に悪用されることもあります。

§3-2 脆弱性（弱点）を放置すれば？

脆弱性を放置すれば、どのような問題が生じるのか？　あるいは「ソフトウェア等に脆弱性がある」、というのはどのようにして判るのか？　常にシステムの状態を監視して弱点が見つかった場合にタイムリーにソフトウェア等の修正を行うには体制の確保も必要だし、何より面倒。
脆弱性が累積した時点で対処すれば十分なのではないか？

◆サーバ等の脆弱性を放置した場合…

　近年、様々な Web サイトから利用者の個人情報が流出する等の事故が発生しています。そのサイト運営企業の情報や従業員の情報が流出し、顧客（利用者）の情報が流出して悪用されたりすると、そのサイト自身の信用も失墜します。

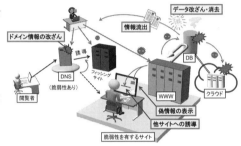

　利用者が正しく接続し利用していると思っているサイトが、実は偽サイト（フィッシングサイト）で、パスワードやネットバンキングの口座番号・パスワード等が盗まれる被害も発生しています。

　Web サイト自体に他サイトへ誘導するリンクや閲覧者にダウンロードさせるためのマルウェアを仕込む場合も、「改ざんされた！」ことをサイト管理者に気付かせないよう工夫していますので、常時適切なサイトの運営管理を実施する必要があります。

　利用するプロバイダ等の DNS に脆弱性があれば、ドメインのデータ等が改ざんされ、別のフィッシングサイト等に誘導されてしまいますし、クラウドサービスが障害や攻撃を受けてダウンした場合に、その影響を受けることもありますので、トータルなセキュリティ管理が必要です。

◆「バナー？」、「指紋？」

　サイトのセキュリティを確保するためには、ソフトウェア自身の脆弱性・セキュリティホールを塞ぐと共に、的確な設定作業を行うことが必要です。

　たとえば、不適切な入力があった場合に、システムに関する情報を不用意に応答したりすると、不正アクセスを試みようとする者に攻撃の手掛かりを与えてしまいます。

　このような応答内容のチェックで判明する情報には次のようなものがあります。

○バナーチェック

　インターネット上でバナーというと、Web ページ上に表示されるサイト広告やリンクのための画像（バナー広告）を指すことが多いのですが、バナーチェックとなると、セキュリティ上の弱点が無いかどうかのチェックを行う、という意味で用いられます。

　対象のサーバに対してコマンドを実行して、応答メッセージ（バナー）が返ってくる場合には、その情報から稼働中のソフトウェアの種類やバー

ジョンに関する情報が得られる、ということを示しています。古いOSやソフトウェアの情報が表示されれば、それだけでシステム上の脆弱なポイントを知ることができますし、何よりアップデート等をサボっていることが分かってしまいます。バナースキャンとかバナー取得等と呼ばれ、実施結果をバナーレポートと言うこともあります。

　その中で、サーバ等の稼働サービスを調べる際に、ポートの使用状況等を調査する行為はポートスキャンと呼ばれ、ターゲットのサイトに割り当てられているIPアドレスにパケットを送付してそのIPアドレスがWebサーバか、あるいはメールサーバなのか等、サービス状況を調査する行為はアドレススキャンと呼ばれています。

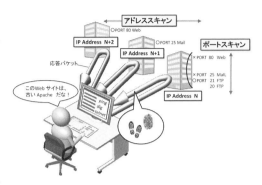

　スキャンには、telnet、ping、dig等のネットワーク・コマンドが利用されることが多いのですが、「脆弱性を有するサービスが稼働していないか?」と手作業で数多くのIPアドレスやポートにコマンド入力を行うことは非常に大変な作業ですので、これらのコマンド機能を組み込んだツールが用いられることもあります。

○スタック・フィンガープリンティング（stack fingerprinting）

　「フィンガープリント」は「指紋」のことですが、対象ホストのTCP/IPスタック（通信プログラム群）に対して問い合わせを行い、応答パケットの情報からOS種類やバージョン等の情報を得ることをスタック・フィンガープリンティング（フィンガープリンティングあるいはフットプリンティング（足跡））と呼ぶこともあります。TCP ISN（イニシャルシーケンス番号）サンプリングやFINパケットを用いたプローブ等、TCP/IPプロトコルの特性を利用して効率的な探査を行うツール（Nmap等）も存在しています。

　フィンガープリントという用語は電子文書等の改ざん防止のために用いられる電子透かしやファイルのハッシュ値を指すこともあります。

◆エラーメッセージによる情報収集

　Webサイト等で、入力誤りをチェックし、「どのように入力の仕方が悪かったのか」が、エラーメッセージとして表示されることがありますが、中には、どのようなアプリケーションを使用していて、そのエラーコードは…等、システムの詳細まで親切に表示してしまうサイトもあります。古いソフトやバージョンが表示されると脆弱性の有無まで判明してしまいます。

　Webページ作成ソフトやCMS（コンテンツ・マネジメント・システム）をデフォルト状態のままの設定で使用したりすると、そのソフトの詳細情報から攻撃の糸口を与えてしまうので、Webサイトの構築を行う場合、適切な設定を行うことが求められます。

§3-3　ソーシャル・エンジニアリングとは？

システムの「脆弱性」に対して的確な対策を執っていても、情報の管理に無関心な職員がルーズな対応やうっかり不適切な処理を行ったのでは、重要な情報を守ることはできない。
情報管理におけるソーシャル・エンジニアリングの手法やその対策はどのようにすればよいのか？

◆ 一番の弱点は「人」

　組織内部の人間が、金銭と引き換えに情報を売り渡したり、恨みや腹いせに企業秘密等を暴露する等は意図的な行為かもしれませんが、情報流出は、勘違いや「慣れ」による確認不足等情報システムの不適切な取扱いによっても発生します。

　また人間の弱さを突く、という攻撃手法は、電話ならオレオレ詐欺等の「振り込め詐欺」、メールなら「標的型攻撃」でも用いられていて、甚大な被害が発生しています。

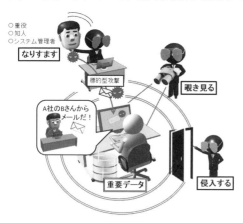

　「標的型攻撃」の場合には、日頃取引や接点のある人、顧客、組織の重役の名を騙ったり、打合せ議事録等、業務に関連の深いタイトルをメールに付けたりしています。

　添付文書の拡張子も確認せず、メールをいつもダブルクリックで開いているような人は、ウイルス等に感染し、情報を流出させてしまうかもしれません。

　このように「人」をターゲットとする攻撃はソーシャル・エンジニアリングと呼ばれています。

　「振り込め詐欺」の電話は、人を急かして落ち着いた判断が行えないような状況に陥らせて暗証番号を聞き出すことが多いのですが、ソーシャル・エンジニアリングの場合も、同じようにしてパスワード等を入手しようとしますので、平素からの落ち着いた対応が求められます。

◆ パスワード管理〜意外に徹底されていないこともある

職場の端末も、「一人一台」から「フリーアドレス」となり、生体認証の利用も進みました。今さらパスワード？　と思う人も多いでしょう。

しかし、今でもパスワード認証を用いる組織も多いのが実情です。パスワードを付箋紙等に書いて端末やモニターに張り付けていませんか？

全く部外者が出入りしない、と思っていても営業・来客で訪問する人もいるでしょうし、清掃員が夜間掃除する際に見ているかもしれません。パスワードだけでなく、肩越しにモニター画面を覗き込んで情報を得ている（ショルダー・ハッキング）かもしれません。

パスワード記載

◆ 書類の放置・不適切な処分

完全なペーパーレス化が行われていなければ、プリントアウトされた機密書類がゴミ箱に放り込まれていたり、帰宅時に机の上に放置されたままになっているかもしれません。このようなゴミ漁りはトラッシング（又はスカベンジング）と呼ばれます。

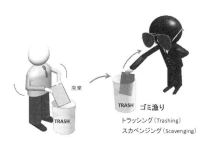

廃棄

TRASH

ゴミ漁り
トラッシング（Trashing）
スカベンジング（Scavenging）

ファクシミリやコピー機に原稿等を放置していると、持ち去られてしまったり、風で飛ばされて散逸する可能性もあります。

このような部外者の侵入による情報奪取を防止するためには、システムや端末が所在する場所に限らず、機密情報等が存在するセクションへの入退室管理を強化する必要があります。職員が同行している場合でも、不審者に脅かされて入室させようとしているかもしれません。

FAX・コピー機
（複合機）

原稿

これを阻止するために、生体認証や ID カード等による入退室管理システムや監視カメラを整備し、その記録のチェックを行う体制を確保し、そのチェック実施状況の監査を行う等も必要となります（§4-6参照）。

また関係者になりすましてメールや電話等で情報を引き出そうとする者もいます。

契約者と偽って通話記録等の情報を入手する手法はプリテキスティング（pretexting）とも呼ばれます。安易に情報を提供しないように、情報や機器の取扱い手法やメディア・リテラシー等の面で、教育を徹底する必要があります。

2 弱み（脆弱性）に付け入る攻撃手法

かつては「脆弱性」」や「セキュリティホール」というと、OS（オペレーティングシステム）の欠陥、特にWindows OSの欠陥が衆目にさらされていました。それ以前も、インターネットの黎明期には、大学等で一般的に利用されていたUNIXシステムの保守・運用作業が学生に任されていたりすることが多く、設定ミスは日常的に発生していました。

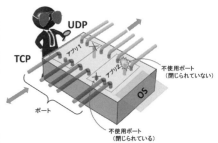

サーバOSやアプリケーションプログラムの設定が不十分で、使用しないポートが開いたまま、あるいはどのようなバージョンのソフトを使用しているのかが、外部から「丸裸」状態となっていたために、脆弱性があれば直ちに判明するので攻撃を受けてしまう事態が生じていました。

現在では、ソフトウェアやハードウェア、ネットワーク機器や媒体、端末やサーバ、その利用者や管理者を含めて、トータルにセキュリティ対策を行っていなければ、弱み（脆弱性）を突いた攻撃を受けることになります。

システム上の弱点を探査するための行為は日常的に行われています。欠陥があったり初期状態にあるような無防備な機器をインターネットに接続すると、たちまち攻撃者やマルウェアの餌食となってしまいます。

保存データが盗まれなくても、端末やネットワーク機器が乗っ取られれば、利用者が気づかないうちに、他への攻撃を行う「踏み台」として悪用されてしまうため、継続的に情報セキュリティの確保状況をチェックすることが、端末利用者にも求められています。

◆サービス提供者（企業等）の脆弱性

企業の活動もインターネットは不可欠な存在になっています。しかしグローバル企業で「連結決算」は行っていても、いわば「連結セキュリティ」というようなトータルなセキュリティ確保を行っている企業は少ないのではないでしょうか。

ネットワークは子会社や関連会社とのみ接続されているのではありません。WebサーバをホスティングするDWH（データウェアハウス）やク

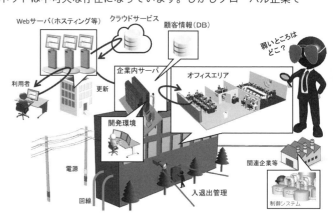

ラウドを利用している、各種 IT システムの開発・運用・保守をアウトソーシングしている等の場合には、これら外部のサイトと相互に密接にデータのやり取りを行っているはずですので、個々のセキュリティを確保するのは勿論のこと、これらの関連サイト・システムも考慮に入れてセキュリティの確保を行う必要があります。

　政府機関においても、昔は個々の省庁で Web サイトを開設し、しかも地方機関や附属機関、関係する機関・独立行政法人等も別のシステムをそれぞれ構築・運用していましたが、コストの問題だけでなくセキュリティ対策のレベルに差異があることから、政府機関が共通で利用する**「政府共通プラットフォーム」**（2013年から運用開始）へと移行して、全体でのセキュリティを向上させるようになりましたが、さらに2020年には、アマゾンウェブサービスジャパンが提供するクラウド（AWS）

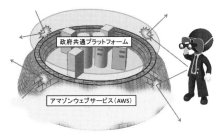

上に構築された**「第二期政府共通プラットフォーム」**も運用を開始し、政府情報システムとデータを AWS 上で統合・集約する予定となっています。

　政府等の行政機関等のシステムや情報がクラウド上に集約されるため、これを狙って攻撃を行い、あるいはその前の情報収集や脆弱性探索のための動きも一層激しくなるかもしれません。

◆**家庭のセキュリティ**

　プライベートで利用するパソコンやタブレット、スマートフォンも**「セキュリティ対策ソフトが入っているし、ソフト（アプリ）も常に最新の状態にアップデートしているから安心」**と思っていると危険です。

　インターネットに接続することが可能なスマート家電も増加しています。ビデオやテレビ等の AV 機器だけでなく、エアコンや電子レンジ、冷蔵庫、空気清浄機、掃除機等の白物家電やインターホン、防犯カメラ等もインターネットに接続され外出先から映像や情報を入手したりコントロールすることも可能になっています。

　何より新型コロナウイルスの影響により、テレワークへの移行が急激に進み、自宅環境がそのままビジネスのプラットフォームに移行した方も多いようです。

　Wi-Fi や Bluetooth 等を利用することも多いのですが、無線ルーターの設定の不備や傍受・解読されやすい暗号方式の利用、ファームウェア（基本ソフト）の脆弱性も攻撃対象となり、侵入を受けたり踏み台として悪用される危険性があります。

　本節では、このような脆弱性とそれを突いた攻撃の概要について説明します。

§3-4　アカウント管理〜パスワードの使い回しに注意！

「パスワードの定期的変更」、「パスワードを使い回さない」等と言われるが、どのような危険性があるのか？　また適正なパスワード管理以外のセキュリティ対策は？

近年、大手企業や EC サイト、SNS サービス事業者から、大量のパスワードが流出する事故が相次いで発生しています

複数のサービスで同じパスワードを使用していると、1つのサイトでアカウント情報が流出すれば、別サービス等への不正アクセスにも悪用されてしまうことになります。

◆サーバ内でのパスワードの保存方法

現在では、パスワードを平文のまま伝送したり保存したりすることは少なく、伝送には SSL（§4-13参照）を使用し、パスワードファイルを保存する場合は、端末側もサーバ側も暗号化（ハッシュ化）してディスク内に保存することが多いので、「盗られても大丈夫！」と思いがちです。

組織内の LAN 等でファイルやプリンターの共有等に利用される LM（LAN Manager）認証、NTLM 認証は CHAP 認証（§4-8参照）の一種で、パスワードは、端末側にもハッシュ化されて保存されます。サーバ側では時刻等から「チャレンジ」と呼ばれるランダムで予測困難な値を生成して端末側へ送り、サーバ側もこの「チャレンジ」から算出した値を端末側から返送されたレスポンスと比較して検証します。

認証時には平文パスワードの代わりに、LM ハッシュ値や NTLM ハッシュ値を用いているため、一見盗聴されたりファイルが盗まれても、平文ではないため安全そうに見えます。しかしハッシュ値を算出する DES や MD4は危殆化が進んでいる（破られやすい）暗号で、ハッシュ値が保存された SAM（Security Account Manager）データベースファイルがあれば、パスワードの解読は可能です。（SAM データベースは Windows では C:\Windows\System32\config\SAM やレジストリの HKLM\SAM にアカウントのパスワードのハッシュ値が格納されています）。

上の図は、NTLM の Version2の認証の仕組みを示していますが、こちらも危殆化が進んでいる MD5が用いられていますので、解読される危険性があります。既存ユーザの NTLM 認証のデータを用いてサーバに侵入する攻撃手法は NTLM リレー攻撃と呼ばれます。

2020年には、Web 会議で用いられる Windows 版 Zoom クライアントソフトのチャット機能にある UNC（Universal Naming Convention）パスの処理の脆弱性が公表されていて、これは悪意のある UNC パスをユーザにクリックさせることにより、その UNC パスのリンク先へユーザの Windows のログオン名やパスワードの NTLM ハッシュ値を SMB（Server Message Block）プロトコルにより送出するというもので、このよう

な攻撃手法はパス・ザ・ハッシュ（Pass The Hash）攻撃と呼ばれています（次の②参照）。

◆**入手したパスワードのハッシュ値(パスワード・ハッシュ)はどのように使用されるか？**

攻撃により流出したパスワード・ハッシュは、どのように悪用されるのでしょうか？

①**パスワードリスト攻撃**（リスト型アカウントハッキング）（§2-5参照）

2010年以降、入手したID、パスワードリストを用いて別のオンラインゲームや金融機関のサイト等に不正ログインするパスワードリスト攻撃が多発しています。

従来のブルートフォース攻撃、辞書攻撃では、何度もリトライしている間に制限回数に達して侵入不能となりますが、入手済みのパスワードであれば、利用者が変更しない限り高い確率で不正ログインが可能です。この操作を、ボット等を利用して自動的に行う場合、クレデンシャル（認証情報）を用いてスタッフィング（総当たり攻撃を行う）することからクレデンシャルスタッフィング（Credential Stuffing）攻撃と呼ばれることもあります。

LM/NTLMハッシュは、専用の解読ツールを用いれば容易に復号（Ophcrackで用いられるRainbow TableにちなんでRainbow Hash Cracking（Rainbow tables Attack）と呼ばれることもある）可能なので、安全性の高い暗号を使用することが必要です。

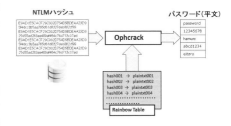

②**Pass The Hash攻撃**

IDが判明していれば、入手したLM/NTLMハッシュをパスワード代わりにして不正ログインを行うことが可能で、この攻撃手法はPass The Hash攻撃と呼ばれています。各種の攻撃用ツールも存在し、一旦侵入に成功すれば、管理者権限を奪取しバックドア等を設置することも可能です。MITM（Man In The Middle）攻撃の一種であるとも言えます。

◆**パスワードの適切な管理**

パスワードの悪用を防止するには、利用者（ユーザ）側は、パスワードの使い回しをやめ長いパスワード（15文字以上）やパスフレーズを設定する等の対策だけでなく、パスワードが保存されたファイルが奪取されないようウイルス対策やファイアウォールの適切な設定を行うことが必要。認証方式もKerberos認証（§4-8参照）等に変更したり生体認証やUSBトークン等を併用する多い**多要素認証**を採用する等の対策が必要です。さらにサーバ側では、サイト全体の侵入検知・防御対策の他、同一IPアドレスからアカウントを変更しつつ連続的に行われるアクセスを検出する等により、パスワードリスト攻撃等による不正アクセスを防止することが必要です。

「不正アクセスの攻撃により暗号化されたパスワードファイルが流出しましたが、現在のところ不正アクセス等の被害は確認されておりません」等の広報もありますが、他サイトへの不正アクセスを全て把握できる訳ではないし、一旦盗み出されれば暗号化されていても時間をかければ解読されます。なお、従来採用されていた**パスワードの定期的変更**や、**秘密の質問等の利用**については、NIST SP800-63B等で推奨されないこととなっています（§4-8参照）。

§3-5　基本ソフト（OS）やアプリケーションへの攻撃

「不正アクセス」や「ウイルス感染」等のサイバー攻撃は、OS（オペレーティングシステム）のウイルス対策を的確に実施し、常に最新のアップデートを行っていれば、防御できるのではないのか？

◆攻撃対象

　パソコンの OS を最新の状態に保ち、ウイルス対策を確実に行うだけでは、サイバー攻撃の被害を防ぐことはできません。

　パソコンの場合は入出力やメモリ管理を行うための基本的なソフトウェアである BIOS/UEFI はマザーボード上の IC チップの中に保存されています。スマートフォンや家電製品の基本ソフトも同様にファームウェアとして搭載されています（BIOS（Basic Input/Output System）、UEFI（Unified Extensible Firmware Interface））。

　OS はハードディスクや SSD 等にインストールされていますが、OS の機能だけではパソコンを楽しんだり、サーバの機能を果たすことは困難で、パソコンならオフィス用のワードプロセッサーや表計算、プレゼンテーションソフト等、サーバなら Web サーバやメールサーバ用のソフトウェアをインストールして利用できる環境となります。

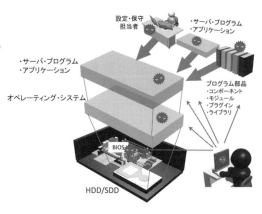

　昔は、オープンソースの Apache 等の Web サーバをパソコンにインストールして、簡単にサーバを構築していた人もいましたが、これもインストール後に適切な設定を行わなければ、その不備を突いた攻撃を受ける可能性がありますし、サーバのモジュールやプラグイン等、ソフトウェアの部品に脆弱性がある場合も攻撃を受ける可能性があります。

　OS も含めて全てのプログラムを常に最新に保ち、適切な設定を行うことが情報セキュリティの確保には不可欠です。

◆代表的な OS への攻撃手法〜BOF（Buffer OverFlow）攻撃

　OS 等への攻撃方法の代表的なものの１つがバッファオーバーフロー（オーバーラン）攻撃です。簡単に言えばプログラム作成時に適切に入力データ等を格納する領域（バッファ）の大きさ（サイズ）を規定していない場合には、想定外の大きなサイズの入力が行われた際にその入力を弾くようにしていないと、本来はもともとのプログラムの戻る位置等の情報が入力されている領域まで書きつぶしてしまい、結果的にシス

テムの管理者権限を乗っ取ったり、ウイルス等をダウンロードして発動させる等の被害が発生する、というものでメモリの使用方法（領域）の違いにより、ヒープオーバーフロー、スタックオーバーフロー等と区別して呼ばれることもあります。

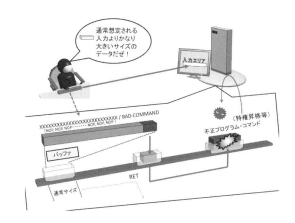

プログラム作成時には適切な入力サイズのチェックを行いバッファ内のデータを確実に消去する等、コードレビュー（ソフトウェア検査）を綿密に行って隣接エリアのデータを上書きさせないことが重要です。

最近の OS では、メモリ上にある実行する必要がないデータの実行を防止する機能（Nx bit（No eXecute bit）〜Windows の場合は DEP：Data Execution Prevention とも呼ばれる）やアドレス空間配置のランダム化（ASLR：Address Space Layout Randomization）、メモリ位置の独立実行形式（PIE：Position-Independent Executable）を採用したり、メモリ上に配置されるデータに ReadOnly 属性を付す RELRO（RELocation ReadOnly）やスタック上で Buffer Overflow の検出を行う SSP（Stack Smash Protection）等の技術を採用するものも増えていますので、昔程、OS に対する BOF 攻撃は多くはありません。

「パソコンの OS への攻撃が OS コマンドインジェクション攻撃？」と思っている人も結構多いのですが「Web アプリケーションへの攻撃手法の1つですよ」と言ってもなかなか理解しにくいかもしれません。

◆ アプリ等への攻撃〜 UAF（Use-After-free）脆弱性

アプリケーションプログラムも、バッファや入力データのサイズに留意して作成していないと攻撃を受けます。

プログラム作成時に、変数等を格納するための領域をメモリ上に確保するのですが、通常は、その変数を利用する演算等が終了すれば、そのメモリ領域を保持し続けているとメモリが不足するため、領域を解放するようになっています（不要になったメモリを自動的に開放する機能はガベージコレクション（GC：Garbage Collection）と言い、Ruby や Python 等のプログラム言語には実装されています）。

解放したエリアは別のプログラムが利用できるようになりますが、そのエリアに攻

撃コード等を記録させることができるようにする攻撃手法（脆弱性）がUAF（Use After Free）です。解放後無効化されたメモリ領域を参照し続けているポインタのことを、ダングリングポインタ（dangling pointer：ぶらさがりポインタ）と呼び、プログラム作成の際には、発生させないよう注意する必要があります。

パソコン

「ヒープスプレー（Heap Spray）」攻撃

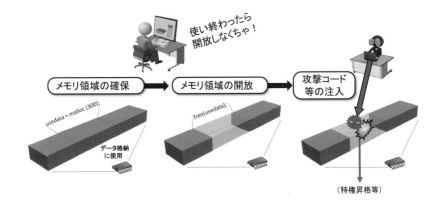

は、解放されたメモリ領域を参照して攻撃コードを起動させるために用いられます。これは、上のASLR対策を回避するために、攻撃コードをヒープ領域（メモリ）に対してスプレーを吹き付けるように大量に書き込む、という手法により攻撃コードの参照を行わせる手法で、Java Script等スクリプト系のプログラムやPDF文書等を閲覧・再生するプログラム等への攻撃手法として増加したものです。

　32bitのブラウザアプリが利用できるアドレス空間は2 GByte（残りの2 GByteはOSが制御）なので、ヒープスプレー攻撃を行うことは可能でしたが、Microsoft Edgeのような64bitアプリ（その他のブラウザも64bit版を有するものがほとんどです）では、128TByteの広大なメモリ空間に対してヒープスプレー攻撃を行うことは難しく、近年は64bitアプリの増加と共にこの攻撃は減っています。

　またWindows 10においては、攻撃コードが記録されたエリアの呼び出しを阻止するControl Flow Guard（CFG）等の機能が追加されています。

　サイバー攻撃の被害を防止するためには、OSのみならず、ブラウザ等、スクリプト系プログラムが稼働するアプリのセキュリティにも留意する必要があります。

§3-6　サーバや開発システムへの攻撃

サーバやその開発環境への攻撃、とはどのようなものか？　Apache Struts（アパッチ・ストラッツ）や Spring Framework（スプリング・フレームワーク）と言われてもピンとこないのだが？

◆ Apache Struts ?

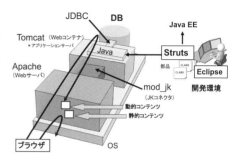

一昔前までは Web サーバといえば IIS（Microsoft）、その他オープンソースの Web サーバなら Apache（アパッチ）が主流でした。今では動作が軽快な Nginx（エンジンエックス）や LiteSpeed（ライトスピード）等の台頭も著しく、コンテンツ配信用（CDN）の Cloudflare（クラウドフレア）サーバ等も利用が増えています。これら Web サーバ自身も最新の状態にアップデートし、適切な設定を行う必要があります。

単に企業の宣伝ポスターのような静的コンテンツをブラウザからのリクエストに応じて返すだけなら、この Web サーバだけで十分なのですが、データベースと連動した回答が要求されている場合には、この回答の準備をデータベースと連携しつつ処理を行う Web アプリケーションサーバが必要となります。Java の場合、Tomcat や JavaEE/Jakarta EE、GlassFish、Jetty、JBoss EAP、WildFly 等のアプリケーションサーバが Web コンテナとして用いられています。

また、その回答作成ツール（フレームワーク）として、Java の場合、かつては Apache Struts（アパッチ・ストラッツ）がデファクトと呼べる位、利用されていました。

Struts はオープンソースで開発され、Apache Software Foundation が提供するフレームワークで、Struts 以外にも Apache Wicket、Play、JSF（Java Server Faces）、Spark 等が利用されます。Struts による開発を、迅速かつ適応的に行うアジャイル方式で実施できるよう、設定ファイルの作成や自動的な更新が行える SAStruts（Super Agile Struts）も使用されていました。

Spring Framework（省略して単に Spring と言う）も、オープンソース型の Java 開発フレームワークで、基幹システム等の開発にも利用され、主流となっています。

同様に Web アプリケーションの開発には、Java の他、Ruby や Python、PHP 等の言語により構築された各種のフレームワークや実行環境が利用されています。

近年、Struts1（2013年4月にサポート切れ）や後継の Struts2（2019年5月にサポート切れ）に脆弱性が見つかり、その脆弱性を悪用したと思われる個人情報等（メールアドレスやクレジットカード番号等）の流出が連続して発生し、サイト閉鎖等も相次ぎました。

Struts を利用する際に、使い勝手を良くするための多様なプログラム部品（プラグ

インやライブラリ）を使用することも多いのですが、その部品に脆弱性があった場合には、その部品を用いた完成品にも脆弱性が存在することになり、Struts1／Struts2により開発された業務システムは Spring 等への変換が進められています。

特に Apache の Java 用ログ管理に用いられるライブラリ（Log4j）にリモートから任意のコードが実行可能となる深刻な脆弱性（Log4Shell）も発見（2021年12月）され、ライブラリの更新が広く呼びかけられました。

OS や Web サーバ、データベースだけでなく、このような開発環境のプラグイン等も含めて脆弱性を調査し、状態を最新に保つ必要があります。

◆ CMS（Content Management System）も同じ！

各種フレームワークを駆使して Web サイトを作成するには、それなりの技術力が必要ですが、それほど複雑な処理を必要とせず、簡単にブログや SNS サイト等を立ち上げて定常的なコンテンツ管理を容易に行えるようにしたツールが CMS で、文字通り「コンテンツ管理システム」を指しています。

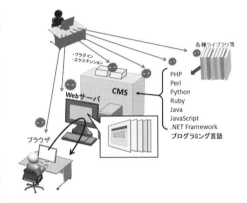

オープンソースのものも含め多様な CMS が利用されていますが、CMS の作成にもプログラミング言語は利用されています。代表的な CMS の WordPress（ワードプレス）では PHP（Hypertext Preprocessor）という Web ページ作成用のスクリプト言語を使用しており、WordPress の他にも Drupal、XOOPS Cube、Joomla! 等、多くの CMS が PHP で記述されています。

勿論、他の言語を用いている CMS もあり、Perl なら Movable Type、Python なら Mezzanine や Wagtail、django CMS、Ruby なら Joruri CMS（もともとは PHP）や RefineryCMS、Java なら OpenCms、JavaScript なら JS CMS、.NET Framework なら DNN（DotNetNuke）等、多様な CMS が利用されています。

最近では、プログラム作成不要（NoCode）等のメリットから ShareWith 等クラウド型 CMS の利用も急激に伸びています。

技術的にそれほど詳しくない人でもコンテンツの追加編集等の管理作業が楽にできる、というのがメリットかもしれませんが、セキュリティ面ではデメリットにもなっています。

WordPress や Drupal の脆弱性を突いて、サイトが改ざんされたり SQL インジェクション攻撃を受ける等の被害が相次い

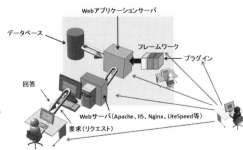

で発生していますが、これらは WordPress や Drupal 自体のセキュリティホールのみならず、利便性を向上するために追加した拡張機能用のプラグインの脆弱性をも攻撃対象としています。

　また WordPress や Drupal の開発言語である PHP 自体や PHP 自身のライブラリに脆弱性が見つかった場合、危険性は CMS に波及しているかもしれません。これは PHP 以外の言語やフレームワークで構築・開発された CMS にも当てはまります。

○ CMS 利用時のセキュリティ対策

　このため CMS を利用して Web ページ等の作成を行う場合には、

- ・常に脆弱性の無い最新のバージョンのソフトを利用し的確な設定を行う
- ・CMS の開発言語自体やそのライブラリ等の脆弱性にも注意する
- ・プラグインやテーマ等は公式に認められたもの、かつ最小限度の利用とする
- ・CMS の管理の際には SSL を利用する

等に留意することが必要です。

　また CMS には、入（出）力データのバリデーション（データチェック）やエスケープ（特殊文字の置換等）処理等のサニタイズ（無害化）の機能もありますが、これに頼るだけでなく、入出力のチェック対策等に関する知識も必要となります。

　CMS 導入の際には、コンテンツ作成能力やテンプレート管理知識のみならず、環境のスケーラブルな構築、サーバの運営・保守、セキュリティ対策等も必要になりますので、近年ではクラウド型 CMS を利用し、バックエンド側の負担を軽減させる組織も増加しています。

◆ DevSecOps ？

　開発システムや Web アプリケーションの脆弱性を突いたサイバー攻撃の増加により、セキュリティ対策の重点がアプリケーションの構築・実装時のセキュリティ確保〜SBD（Security By Design）にシフトしています。

　開発工程（「設計」→「開発」→「検証」→「運用」）のそれぞれ左側（早い）のプロセスでセキュリティを考慮せよ、という意味で「シフトレフト」という表現も行われます。

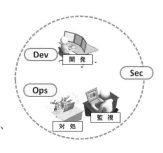

　また、Dev（Development：開発）と Ops（Operations：運用）の統合が DevOps と呼ばれるものですが、その開発の各工程に Sec（Security）対策を組み込むことにより PDCA サイクル、SDLC（Software Development Life Cycle）の効率化を図るため DevSecOps という考え方も重視されるようになっています。アプリの実行環境がクラウドに移行しつつありますので、平素の監視やセキュリティ管理の負担は軽減されるかもしれませんが、実際に攻撃を受けることを想定し、**MTD（Moving Target Defense）** 技術等を利用した脆弱性がなくマルウェア等の攻撃を受けにくいアプリの開発や設定や拡散型フロー制御等の利用による自律分散的な DDoS 攻撃・輻輳対策の実施も検討する必要があります。

§3-7　OSS（オープンソースソフトウェア）への攻撃とは？

§3-6で「オープンソース」という用語が度々登場するが、オープンソースソフトウェアへの攻撃にはどのようなものがあるのか？　利用するのは危険なのか？

◆ OSS の開発・リポジトリ

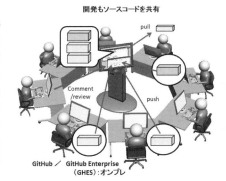

開発もソースコードを共有

pull

Comment
/review

push

GitHub ／ GitHub Enterprise
(GHES)：オンプレ

オープンソースソフトウェア（Open Source Software）は、ソフトウェアのソースコードの利用がオープンであること、またライセンス費用等コストの面での削減が可能であり、自らの利用目的に合致するようにソフトウェアに変更・修正を加えることも可能である、共同で開発することが多いことから、多くの開発者の目でセキュリティ的なチェックも行われ欠陥（セキュリティホール）も少ないのではないか、等の面で利用が進んでいます。

GitHub Enterprise Cloud
(GHEC)

開発者がコードを共有したり、相互協力を図りつつバージョン管理を的確に行うため、GitHub や Trello、Bitbucket、GitLab 等のリポジトリが利用されています。ソフトウェア開発に必要な CI/CD（Continuous Integration（継続的インテグレーション）／Continuous Delivery（継続的デリバリー）又は Continuous Deployment（継続的デプロイ））ツールの使い勝手等で、これらのリポジトリ等が使い分けられていますが、GitHub には、企業向けの GHE（GitHub Enterprise）もあり、オンプレ版の GHES とクラウド版の GHEC に分れ、クラウド環境の伸長に伴い GHEC へ移行する組織も増加しているようです。

◆ OSS の盛衰

ドキュメント類の整備が追い付いていなかったり、アクティブな開発者（グループ）が開発担当から離れた場合には、アップデートや修正が滞ってしまい、次第に廃れて（"ゾンビ化"と表現されることもある）使われなくなっていくこともあるようです。

CMS等のプラットフォーム等のソフトウェアの中には、OSSをコンポーネント（部品・構成要素）として組み込んで、長期間利用されている場合もありますが、そのような状況でも、セキュリティホールが発見された場合等に的確に対処が行われなければ、非常に危険な状態になると言えます。

ベンダーロックイン（特定ベンダーへの依存が非常に高く、別のベンダー、サービスへの変更が事実上困難であり、市場の競争を阻害する）を排除するため、官公庁のシステム調達の際等においても OSS の活用が推進され、実際コスト削減等のメリットも多いのですが、オープンであるが故に、脆弱性があった場合には利用する多くのシステムが攻撃を受けることになります。

§3-6の Apache Struts の脆弱性により大規模な情報流出事故が発生した以外では npm（Node Package Manager）パッケージ（event-stream）に攻撃コードが埋め込まれる事件（event-stream 事件）も発生（2018年）しました。これ以外の脆弱性を2例説明します。

○ OpenSSL の "ハートブリード・バグ"

2014年に発生。サイトの信頼性確保や個人情報の保護に不可欠な SSL（§4-12参照）に脆弱性があることは、まさに「心臓出血（Heart Bleed）」と呼ぶに相応しい、と大きな問題になりました。

OpenSSL は SSL/TLS の機能を実装したオープンソースのライブラリ（ソフトウェアに組み込まれて機能を実現するプログラム）であり、OS やブラウザ等のソフトウェアの他、暗号通信機能を備えるルータやファイアウォールの基本ソフトウェアにも組み込まれています。

OpenSSL の拡張機能にバグがあり、第三者からメモリ上の暗号鍵等の情報が読み取られてしまう脆弱性です。サーバやパソコン、一部のバージョンの Android OS を使用するスマートフォン、タブレットやルータ等、広範囲の機器の基本プログラムや OS の更新が必要となりました。

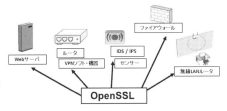

〈OpenSSL の開発とオープンソースソフトウェアのセキュリティ〉

OpenSSL は OpenSSL Project が商用利用も可能な OSS として開発し、SSL の機能を実現するために Apache や Nginx 等の Web サーバソフトにも組み込まれて利用されていることから、Microsoft 社の IIS 等は影響を受けなかったものの全世界の Web サイトの約半数が影響を受けたとも言われました。

OpenSSL の開発に従事していた OpenSSL Project メンバーが少なく開発やテスト段階で十分なチェックを行えなかったのではないか、ということで2014年4月、非営利組織の Linux Foundation が母体となり Web サービスや情報通信機器ベンダー等が基金を拠出し、オープンソースソフトウェアの開発を行うプロジェクトを資金的・人的に支援することとしました。国内では有志による「OSS セキュリティ技術の会（Secure OSS SIG）」等が検討を行っています。

○ Shellshock（シェルショック）

同じ2014年には Linux 等のシェルコマンド bash（Bourne Again shell）に存在していた脆弱性（Shellshock）を悪用し、メール（SMTP）サーバへ侵入し Bot 化する等の攻撃等も行われました。

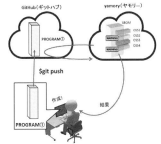

OSS を利用する際には、ソフトウェアの一部に脆弱性のある OSS が使用されていないか、ソフトの部品表：**SBOM（Software Bill Of Materials）** の作成が推奨されていて、OSS のスキャンや脆弱性チェックも行う管理ツールやサービス（yamory や FOSSA、FossID、Black Duck、Checkmarx CxSCA、WhiteSource 等）も多数ありますので、活用することが望まれます。

§3-8　ホームページを見ただけでウイルスに感染するのか？

「ホームページを見ただけでウイルスに感染する」というのは本当だろうか？
また「ウイルス感染」と表示されたら、どうすればよいのだろうか？

◆本当に感染しているのか？

　インターネットを利用していて、ブラウザ上に「ウイルスに感染」とか「ファイルが破損しています」等と表示されたら、ほとんどの人が驚くのではないでしょうか？

　実際には感染していないのに、あたかもウイルスに感染しているかのような表示を行うスケアウェア（Scareware：恐怖心を煽るソフト）とかフェイクアラートと呼ばれるものがスマートフォンでも増加しています。まず落ち着いて、本当にウイルスに感染しているのかどうかを確認しなければなりません。

　画面に「○○（電話XXX）に連絡（電話）してください」等と表示されていても、システムの修復やウイルス対策ソフトの提供を名目に架空請求を行う詐欺かもしれませんので、電話してはいけません。

　また、ウイルス対策ソフト自体が表示させる警告と同じような画面で「ボタンを押せ！」等の表示を行っている場合、ボタンを押してしまうと、マルウェア等をダウンロードしたりインストールさせるトリガーとなって、結果的にウイルスに感染してしまいますので、ボタンを押さないことが重要です。

　また、ポップアップ警告画面等は「閉じる」を押しても応答しないように設定されていることも多いので、ブラウザを終了させてから、ウイルス対策ソフト（アプリ）によりコンピュータやスマホ内をスキャンしウイルスの有無をチェックしましょう。

　このような偽セキュリティソフトは、Fake AVとか詐欺的セキュリティソフト、ボーガスウェア（bogus（偽物）の software）、ローグウェア（Rogueware：偽装ソフト）等とも呼ばれます。

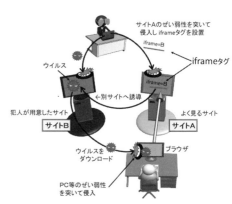

◆実際にウイルスに感染していた！（ドライブ・バイ・ダウンロード攻撃）

　実際に、ホームページを見ただけでウ

イルスに感染することはあり得ます。このような攻撃手法は「ドライブ・バイ・ダウンロード（Drive-By Download）」と呼ばれています。

2001年の Nimda（ニムダ）や2003年の Redlof（レッドロフ）等、感染した Web ページを閲覧させることによりウイルスに感染させる手法は過去にもありました。

2009年以降、企業や組織等の Web ページが改ざんを受け、そのホームページを見ただけでウイルス（Gumblar：ガンブラー）に感染する被害が発生したのは、悪意のある JavaScript や VB Script 等のコードを埋め込んだり iframe タグ（§3-13参照）等で別のサイトに誘導し、マルウェアをダウンロードさせるという手法によるものです。

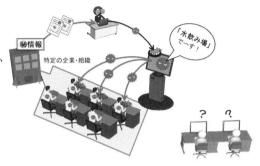

いつもチェックしているサイトでも、一見気付かれないような形でウイルスや不正タグを挿入されていたため、閲覧の際に被害に遭った、ということも多かったようです。

もっと限定的な閲覧者に対してウイルス等を感染させたい場合には、このようなサイトも限定して仕掛けを施すことになり、「水飲み場型攻撃（Watering Hole Attack）」と呼ばれています（§3-21参照）。

◆「動画を見ただけでウイルスに感染！」〜OS 以外のソフトの更新も必要

OS やブラウザ以外のプログラムも攻撃対象となります。音楽や動画等が掲示されているサイトでは、自動的にこれらのコンテンツをダウンロードさせて演奏（再生）させるようにしているかもしれません。

2020年末に Adobe の Flash Player のサポートが終了し、最近では Flash が稼働しないサイト・ブラウザがほとんどですが、動画・音楽再生プレイヤーや PDF（Portable Document Format）文書のリーダー等のプログラムに潜む脆弱性により、このような Web ページを閲覧した人が知らない間にマルウェアに感染してしまう可能性もあります。

ダウンロードした動画ファイルを開いて感染する場合や、Web の動画等を視聴している際に、表示されたアプリや偽広告をクリックしてマルウェアをダウンロードしたりインストールしてしまうこともあります。

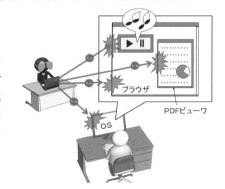

動画や音楽等の再生・表示アプリも OS やブラウザと同様、常に最新の状態にアップデートしておく必要がありますが、そもそも職場のパソコン端末等の場合には、動画再生専用のアプリケーションソフトをインストールする必要が無ければインストールできないように設定する等の対策が必要となります。

§3-9 　家庭の様々な機器が狙われる

マルウェアはパソコンだけでなく、タブレットやスマートフォンにも感染するが、家電製品は大丈夫なのだろうか？

◆白物家電も

　一昔前、インターネットに接続してレシピが簡単に得られる冷蔵庫や電子レンジが話題を呼びました。その後在庫や賞味期限の管理も可能な IT 冷蔵庫→ AI 冷蔵庫等に発展していきました。AI と IoT を組み合わせて AIoT や AIoT クラウド等、スマート家電は人々のスマートライフ、スマートホームの中にすっかり溶け込んできたようです。

　ちょっと前までは、コンピュータと家電、通信と放送の融合等、"デジタル・コンバージェンス"と言っていたものが DX（デジタル・トランスフォーメーション）へと変化していますが、ビデオ、テレビの予約を行い、"ロケフリ（ロケーションフリー）"と呼ばれるような家庭のビデオで録画した映像を遠隔地で視聴することも普通に行われ、自宅のインターホン（テレビドアホン）と直結し外出先で来客と対応したり、「家の状況を映像で知りたい」というニーズに対応するためウェブカムによりライブ画像を出先で視聴することも可能、ウェブカム操作や照明、空調、洗濯機等のオン・オフをスマートフォンからコントロール、稼働状況をモニタリングできる製品も増加しています。かつては、暖房、換気、エアコン等の冷暖房システムは HVAC（Heating, Ventilation, and Air Conditioning）システムと呼ばれていましたが、これらも含めて、「スマート家電」と呼ぶことも多いようです。

　10年程前には、携帯電話網と接続して家庭や企業内のマイクロ・ゾーンをサービス・エリアとするフェムトセル（femtocell）の普及による家電製品との連携強化が進められていました。たとえば NTT ドコモは自宅にフェムトセル基地局を置いて電波状況等を改善する等の付加サービスを「マイエリア」として提供していましたが、2012年にサービスを終了しています。現在では、フェムトセルを含むスモールセル（ピコセル、マイクロセル）と 5 G や家庭の IoT 化の加速により、新たなネットワーク構築とサービスの展開が期待されています。

◆スマート家電のリスク

　既に、スマート家電もマルウェアのターゲットになっています。

　これらの機器は、かつてはメーカ独自の基本プログラム（OS）や ITRON、VxWorks 等の組み込み用リアルタイム OS をファームウェアに実装したものが多かったのですが、スマート家電では、パソコンやスマートフォンと同様、Windows や Android、Linux 等の OS を用いることが多く、パソコンやスマートフォンと同様のセキュリティ対策を行わなければマルウェアに感染してしまいます。

　実際に設定の甘さを突いた不正アクセスにより、ボット化してスパム送出の踏み台となったレコーダ製品もありました。

またプリンターの中には Web サーバ機能を組み込み利便性の向上を図っているものもありますが、ここに脆弱性があれば、不正アクセスによりシステムが乗っ取られたり別の攻撃の踏み台として悪用される懸念があります（§6-3参照）。

◆スマート家電のソフト更新

スマート家電の脆弱性を放置したり、これらをコントロールするスマート（AI）スピーカーやスマートフォンの OS やアプリが不正アクセス等により乗っ取られれば、外部から他人がエアコンのスイッチを入れ、風呂を沸かし、ウェブカム画像を覗き見る等の悪夢が現実になってしまいます。

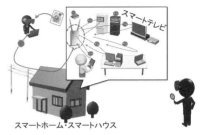

スマートホーム・スマートハウス

◆スマートハウスの規格

スマートハウスを実現するため、住宅内の各種機器をコントロールする通信プロトコルの規格については、種々のものが制定されています。

HEMS（Home Energy Management System）用の規格としては、一般社団法人エコーネットコンソーシアムが提唱する ECHONET（エコーネット）や ECHONET Lite 規格（IEC 62394 Ed2.0及び ISO/IEC 14543-4-3として国際標準化）がありますが、その他にも多くの規格が定められています。

▶インテリジェントビル用の通信規格：　BACnet（§3-10参照）
▶ホームネットワークリソース管理
　○ ISO/IEC 30100（2016）：Home Network Resource Management: HNRM
　○ IEC 62608 Multimedia home network configuration -- Basic reference model や IEC 62481 Digital living network alliance（DLNA）home networked device interoperability guidelines 等も規定されている（DLNA は規格の策定・デバイス認証を行っていたが2017年に解散し業務は SpireSpark International 社が引き継いだ）。
▶インテリジェントビルのための OSI ベースの設備制御（通信）プロトコル
　○ KNX（建物内の電子機器の分散管理システムの標準規格）：　欧州
　○ EN 50090、ISO/IEC 14543-3 Wireless short-packet（WSP）protocol optimized for energy harvesting -- Architecture and lower layer protocols, IEEE 1888
▶SEP: Smart Energy Profile（スマート・グリッド）
　○ SEP 1.0：Zigbee 規格の電力制御仕様。IEEE802.15.4
　○ SEP2.0：北米のマルチベンダー向け HEMS 用規格
▶地域エネルギーマネジメントシステム（CEMS: Community Energy Management System）
　○ OpenADR 2.0b（ADR: Automated Demand Response：自動デマンドレスポンス〜ピーク電力削減）：　アメリカ
　○ EEBus：　欧州規格〜スマートホーム、ネットワーク家電、電気自動車
▶エリアデータ活用基盤（スマートシティの IoT プラットフォーム・開発ツール）
　○ FIWARE（ファイウェア）：　Future Internet WARE

　実際の家電機器には、これらの規格に準拠するものだけでなく、スマートシティ向け共通プラットフォームとして、EU で開発された FIWARE 等が国内でも利用されるようになってきていますので、様々なプロトコルのセキュリティ対策に十分配慮する必要があります。

　かといって、家電製品は誰もが利用するもので、必ずしも十分なセキュリティ知識を持っているとは限らないことから、ユーザに負荷がかかるセキュリティ対策を強いることは避けなければなりません。

　実際にファームウェアの脆弱性により任意のコマンドが実行されたり機器の制御が乗っ取られる等の危険性も公表されていますので、メーカーでは、出荷前のセキュリティチェックを確実に実施すると共に、製品の脆弱性情報に常に留意し適切なアップデートを行う、広報の徹底等を行って頂きたいものですし、ユーザとしても家電製品や車には中にコンピュータが入っていることを認識し、パソコンと同様の対策を取るよう心がけたいものです（IPA では「脆弱性対処に向けた製品開発者向けガイド」や消費者向けの「ネット接続製品の安全な選定ガイド」、「ネット接続製品の安全な利用ガイド」を公表しています）。

　また最近は IoT ならぬ IoB（Internet of Bodies/Behavior）として、ウェラブル・デバイスやペース・メーカー等の IoT 機器をインターネットに接続し、「行動（動作）のインターネット」が注目され技術開発が進められていますが、システムの一部にでも障害や間違いがあれば、まさに命に係わる問題となりますので、万全のセキュリティ対策が望まれます。

　2021年 4 月に、経済産業省はサイバー空間・現実空間の両面でのセキュリティ対策として「スマートホームの安心・安全に向けたサイバー・フィジカル・セキュリティ対策ガイドライン」を公表しています。

◆ルータのセキュリティ

　家庭内の様々な機器をコントロールするために、スマートフォンが用いられることが多いのですが、その要となるのがネットに常時繋がっているルータです。

　そのルータに攻撃を行い、乗っ取ることができれば、ボット化して迷惑メールの送出の踏み台として使用したり、家電とのデータのやり取りや動画を盗聴することも可能となります。2018年に世界中の数十万台以上に感染が拡大した VPNFilter は、このルータを標的としたマルウェアです。VPNFilter は、収集した認証情報等を匿名通信路（Tor）を経由して外部に送出したり、スマート家電を停止することができる機能等を有していました。2020年にはルータやネットワークカメラ、スマート TV 等を標的にした IoT マルウェアの Mirai の亜種が確認されています（CVE-2020-10173）。

　ルータもスマート家電と同様、基本ソフトウェアを常にアップデートすることが重要ですが、ルータに接続して各種家電に対する不正な通信を監視して自動的に遮断したり怪しいサイトにアクセスするのを禁止する **IPS（Intrusion Prevention System）** 機能を有する防御サービスや製品も登場しているので、活用が望まれます。また家庭の Wi-Fi 機器に外部から侵入したり情報漏えいが発生するリスクが無いかどうかを診断する「**スマートホームスキャナ**」等のサービスも提供されるようになってきました。

ホームスキャナー

§3-10　防犯カメラや業務用・制御用のシステムも狙われている

金融機関や放送局のシステム、発電所や工場等の制御システム等がマルウェアに感染すると、社会生活への影響が大きいのは分かるが、ウイルス対策ソフトを利用すれば防げるのではないか？

◆昔の基幹システムとは別物

　最近では、産業用の制御システム（ICS：Industrial Control Systems）」を稼働させるための技術は、IoT 技術やクラウド・サービスの進展と相まって、IT（Information Technology）との対比から、OT（Operational Technology）とも呼ばれるようになっています。

　かつての工場の計装制御システム等は独自の基本ソフトを用いていてインターネットとも接続されていませんでしたので、ウイルス対策等は不要と思われていました（§7-4参照）。

　ところが近年になると初期投資費用やランニングコスト等（TCO：Total Cost of Ownership）の節減のため、インターネットで用いられる IP 技術を用いて基幹系・業務用システムを構築し、端末もパソコンを利用することが増えています。

　インターネットと接続していなくても、USB メモリ等を挿入してソフトウェアの更新を行って、ウイルスに感染することもありますので、「基幹系はインターネットとは接続していないので安全」と考えることは危険ですし、今ではクラウドやインターネットとも接続されることも多いので、一層注意する必要があります。

◆制御システムへの攻撃

　端末の OS やソフトウェアが最新の状態ではないと、保守業者や従業員が持ち込んだ記録媒体からマルウェアに感染し、ひいては情報漏えい事件等に発展する恐れもあります。

　2008年末から猛威をふるった Downadup（Conficker）ワームは USB メモリ等の自動実行機能を悪用して感染を拡大させました。

　2010年にはイランでライフラインを標的としたウイルス（Stuxnet）が登場し、2011年には Stuxnet から派生したと見られる Duqu が登場しましたが、これは特定組織を標的として機密データ等を収集して送出するマルウェアでした。

　その後も2012年にはイランの石油省・石油関連施設やサウジアラビアの石油会社がマルウェア Wiper（Shamoon）によってハードディスクのデータが消去される被害も発生しています。

　2013年 3 月には韓国の金融機関や放送局のシステムが時限爆弾式のマルウェアに感

68

染し、業務が停止し、2015年、2016年にはウクライナの首都キエフで電力システムの通信プロトコルに対するサイバー攻撃でIndustroyer（CrashOverride）と呼ばれるマルウェアが使用されて停電が発生しました。

2016年春には欧州の制御機器ベンダーのWebサイトが改ざんされて、制御系システムを狙ったHavex（マルウェア）が仕込まれ、被害が発生しました。

2017年には制御システムの安全性を確保するための安全計装システム（SIS：Safety Instrumented Systems）としてプラント等で利用されている緊急停止システム（Triconex）にTRITON（マルウェア）が仕掛けられ中東の工場の操業システムが停止する事案が発生しましたし、2021年5月には米パイプライン最大手のコロニアル・パイプライン社の制御システムがランサムウェアを用いたサイバー攻撃を受けて、全面的な操業停止に追い込まれた事件も発生しています（パイプライン制御にも下のSCADAシステムが多く用いられています）。

○ネットワーク

基幹系はインターネットと接続していないと思っていても、知らない間に専用線やIPsec-VPN（通信事業者のIP網上で仮想的な専用サービスを安全に提供）から、安価な「インターネットVPN（Virtual Private Netowrk)」やクラウド・サービスに置き換わっているかもしれませんし、そのままインターネットと接続されているかもしれません。

◆ POS（Point Of Sales）システムへの攻撃

2013年末から2014年初めにかけて、米スーパーマーケット等のPOS端末からクレジットカード番号を盗み出すマルウェアによる被害が相次いで発生しました。POS用のマルウェアとしては、BlackPOS、ChewBacca、Dexter、vSkimmer、FastPOS、Backoff、PunkeyPOS等があり、中には、読み取ったクレジットカード番号をTor（The Onion Router）経由で送付するものもあります。

また2016年にはPOSシステムのデータをDNSトンネリング（§3-15、§3-25参照）の

手法で送出するマルウェア（Multigrain）も登場しました。これはRAMスクレーパー（マルウェア）の一種で、顧客の磁気カードを読み取る際に、RAMメモリ上に平文で展開される瞬間を突いてRAM上の情報を窃取するものです。

◆防犯カメラやビル管理システムも狙われている？

オフィスビルの情報通信ネットワークを強化して、電力・セキュリティ管理システム等と統合的に管理することにより利便性や快適性を向上させるインテリジェント化が推進されていますが、そのビル管理に用いられるシステムも攻撃対象となっています。

防犯カメラが利用することの多い SOAP（Simple Object Access Protocol）プロトコルの gSOAP ライブラリに存在するリモートでコードが実行される Devil's Ivy 脆弱性を突いた攻撃によりインターネットに接続された多数の防犯カメラが乗っ取られたり、Mirai（マルウェア）に感染した防犯カメラを踏み台にした DDoS 攻撃（§3-23参照）が行われる等の事例も発生しています。

録画映像等

防犯カメラ等

産業制御システムでプロセス制御や監視を行うシステムは、SCADA（Supervisory Control And Data Acquisition）と呼ばれていますが、古いコントローラを利用する PLC（Programmable Logic Controller）では、Modbus（モドバス）と呼ばれる、1970年代に仕様化されたプロトコルが利用されており、現在でも利用されています。

IoT ネットワークとの接続機会も増えているため、MQTT プロトコル（§7-3参照）と共に FA 機器に用いられることも多いのですが、不正アクセスや盗聴等の危険性も高く、§3-9で説明した VPNFilter は Modbus を監視する機能も備えていました。

このため、ASHRAE（American Society of Heating, Refrigerating and Air-Conditioning Engineers：アメリカ暖房冷凍空調学会）基準を基に、インテリジェントビル管理システム用のプロトコル BACnet（バックネット）が、ISO 規格（ISO 16484-5 Building Automation and Control Systems（BACS）-- Part 5: Data communication protocol）として2003年に制定され、2014年、2017年に改定が行われました。

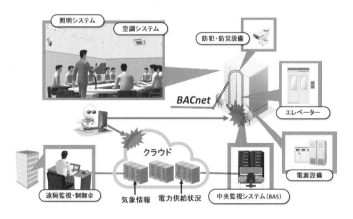

照明システム　空調システム　防犯・防災設備

BACnet

エレベーター

クラウド

遠隔監視・制御卓　気象情報　電力供給状況　中央監視システム（BAS）　電源設備

ビルの設備やエネルギー管理システムは BEMS（Building and Energy Management System）と呼ばれていて、主力もオンプレ型からクラウド型 BEMS へと移ってきています。ビル管理設備機器の監視制御システムは工場の FA（Factory Automation）等と同様、BA（Building Automation）システム（BAS）と呼ばれます。

BEMS には BAS の他、設備管理システム（BMS）やエネルギー管理システム（EMS）、課金や経営管理システム（FMS）が含まれ、HEMS（§3-9）と BEMS の相互運用性に関する国際標準は ISO/IEC 18012として2004年に規格化されています。

BACnet は、照度、温度センサー等のデータを元に効率的に空調や照明システム等を管理するためのプロトコルですが、2014年春以降、BACnet の脆弱性を探査する行為も検知されていて、実際に脆弱性も見つかっていますが、プロトコルのみならず各種のセンサーに脆弱性があれば、攻撃を受けることになります。ビル管理システムには米エシュロン社のプロトコル LonWorks（LonTalk）等も利用されています。

ビル管理システムのセキュリティに関して、経済産業省では2019年に「ビルシステムにおけるサイバー・フィジカル・セキュリティ対策ガイドライン 第1版」をまとめ、同省 Web ページ上で公開しています。

◆インターネットに接続すると…

制御用システムは、従来は閉じた LAN 内でのみ使用するか、専用線により拠点間を接続していたものが多かったのですが、コスト圧縮のためにインターネットの利用も行われています。システムをインターネットに接続した場合に受ける「探査」行為とは、その機器に対して様々な要求パケット（リクエスト）を送りつけ、その機器からの応答（レスポンス）信号を読み解くことにより、利用システムの製品名称や型番、ソフトウェア等のバージョン等を特定する、というものです。

このようなバナー情報や whois で得た IP アドレス情報等から、攻撃対象になりそうなシステムの特定を行い、脆弱性を検出しようとします。

このような調査が可能な検索サイト（SHODAN、ZoomEye、Censys 等）もありますので、脆弱性を有するプロトコルのポート番号を指定して検索して、そのプロトコルを利用している機器を抽出する等も行われますので、このようなサイト（機能）を悪用する者がいる、ということを前提に、利用するシステムのプロトコルに脆弱性が見つかった場合には、直ちに修正することが必要となります（IoT 機器（国内）のセキュリティリスクを可視化する SaaS 型検索エンジン（Karma）を提供（有償）するサービスも登場しています）。

> BEMS や HEMS と同様に、管理対象が工場（Factory）、地域全体（Community）の場合には、**FEMS、CEMS** 等と呼ばれています。電力供給網と情報通信網とが融合する地域社会は**スマートグリッド（Smart Grid）**、**スマートコミュニティ（Smart Community）** と呼ばれますが、万全なセキュリティ対策を継続的に実施しなければ、大停電（ブラックアウト）等の被害が発生する可能性も否定できません。

§3-11 端末以外も！〜調達時に潜む危険性〜サプライチェーン管理

パソコンやルータ等の機器も、高機能で安価な、海外製品（らしい）が増えている。
中には、ウイルスが混入しているものもあるらしいが、大丈夫なのだろうか？

◆サプライチェーン管理（SCM）とSCRM

　SCM（サプライチェーン・マネジメント）というと、製品の開発や製造、販売から顧客が購入して利用（消費）するまでの供給プロセス全体の効率化や最適化等、総合的な管理を示す用語ですが、ITシステムが社会生活の基盤となった今日では、サイバーセキュリティの面でも対処が必要となっています。

　一般的には、経営の効率化のために、在庫の縮小や設備稼働率の向上等の生産効率に目が向きがちですが、供給プロセスにおける安全性確保の面に重点を置く場合にはSCRM（Supply Chain Risk Management）と呼ばれます。

　取引先や下請け企業が倒産寸前ではないのか？　あるいは、制裁対象企業や反社会的勢力ではないのか？　主要幹部に要注意人物等が含まれていないか？　等はデューデリジェンス（Due Diligence）対応の面でも、従来からリスク評価やリスク低減の対象となっていますが、ネットでの協業や調達（電子調達）の安全性を図る意味ではCyber SCRM（C-SCRM）と表記されることもあります。また、この供給連鎖過程を狙ったサイバー攻撃は「サプライチェーン攻撃」と呼ばれています。

◆サプライチェーン攻撃

　IoT時代の到来を迎え、情報通信システムも自動車も、多数のセンサー情報やデバイスのコントロールを適切に行う必要がありますが、反対にこれらのシステムを攻撃対象として捉えるならば、末端の端末機器や部品を攻撃し、そこから侵入すればよいことになります。

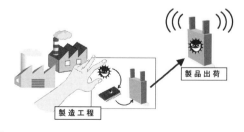

　情報通信システムで言えば、たとえばネットワークのエンドポイントに配置する無線LANルーターの場合、その製造工程でマルウェアが混入すると、折角パソコンのセキュリティ対策を万全に行っていても、情報漏えい等が発生してしまう危険性があります。

製造委託を行った事業者が悪意を有する者なら、機密情報の窃取や機能（プログラム）の改変、不正プログラム等の組込み（埋込み）等も懸念されるところです。

実際に、アメリカでは携帯電話のフラッシュメモリのファームウェアに不正プログラムが仕込まれていたり、無線 LAN ルータの基本ソフトの更新を行うためのダウンロードサイトが不正アクセスを受け、更新プログラムの中にマルウェアが仕込まれる事案も発生しています。このような攻撃手法は「ソフトウェアサプライチェーン攻撃（Software Supply Chain Attack）」と呼ばれています。

更新プログラムダウンロードサイト

無線LANルーター

無線LANルーター
ソフトウェアダウンロード・サービス
ABC-ZZZ

◆サイト連携等のリスク

他の「サプライチェーン攻撃」の手法としては、攻撃目標企業の関連企業や部品調達元等のサイトやセンサー機器等を攻撃して、セキュリティ管理が甘いサイトを踏み台として攻撃目標企業等に侵入する方法もあります。

特に、中小企業や支社・支店等の出先等、セキュリティ対策が不十分なサイトが狙われることになります。

受注や在庫管理・商品の配送、照会、決済等の業務や顧客管理を行う CRM（Customer Relationship Management）等と連携したシステムを導入したり、クラウドの SCM 機能等を活用する企業等も増加していますので、これらの連携するシステムのいずれかが攻撃を受けたり、障害が発生したりすると、業務への影響は避けられません。

サイバー攻撃のみならず、地震、台風、洪水等の自然災害や、停電等も "脅威" となりますので、BCP（業務継続計画）策定時に十分配慮する必要があります。

SCM のセキュリティを高めるためには、原料サプライヤー等の適切な管理の他、企業の設備資産全体の管理（EAM：Enterprise Asset Management）と連携して IT システム自体の強靭化を図る必要があります。

EAM 分野では、様々なソリューションが提供されていますが、電力分野向けの資産管理ソリューションに情報が漏えいする脆弱性（CVE-2019-18998）等も公表されています。

ソフトウェア資産の適切な管理も重要ですが、SAM（Software Asset Management）につきましては、§9-8で説明します。

◆サプライチェーン攻撃への対策

　攻撃対象が大企業だけでなくサプライチェーン全体に及ぶこと、また企業活動の国際化や海外企業からの調達が進展していることから、業務継続計画の一環としてグローバルサプライチェーンのセキュリティ対策を確実に実施する必要があります。

　産業界が一体となったサイバーセキュリティ対策を推進するため、我が国では2020年11月に「サプライチェーン・サイバーセキュリティ・コンソーシアム（SC3）」が設立されています（事務局は独立行政法人情報処理推進機構（IPA）が担当）。

　なお、サプライチェーンに関しては、他に次のような団体が設立されています。
　　・NPO 法人日本サプライマネジメント協会（2006）
　　・一般社団法人日本サプライチェインマネジメント協会（日本 SCM 協会）（2014）

◆ SCRM に関する国際標準等

　ISO 28000（Specification for security management systems for the supply chain）シリーズは、製品や部品の調達等、サプライチェーンのセキュリティに関する国際標準で、国際物流事業者等の中には ISO 28000に基づく認証を取得する企業もあります。

　SCRM システムを構築する際には、ISO/IEC 12207（ソフトウェアのライフサイクル規定）やセキュリティのアウトソーシングの際のガイドライン規定である ISO/IEC 27036（Information technology -- Security techniques -- Information security for supplier relationships）、あるいはリスクマネジメントの規格である ISO 31000にも留意する必要があります。

　政府機関の調達・外部委託に関しては、内閣サイバーセキュリティセンター（NISC）から政府機関等の情報セキュリティ対策のための統一基準群の適用個別マニュアルとして「外部委託等における情報セキュリティ上のサプライチェーン・リスク対応のための仕様書策定手引書」も2016年に出されています。

　ただ政府機関等の情報システムの調達に関してはクラウド・バイ・デフォルト原則に沿うこととなり、2020年１月に内閣サイバーセキュリティセンター・デジタル庁・総務省・経済産業省が運営する「政府情報システムのためのセキュリティ評価制度（Information system Security Management and Assessment Program）：略称は ISMAP（イスマップ）」が発足し、専用ポータルサイト（https://www.ismap.go.jp/）も設置されています。

○ O-TTPS（Open Trusted Technology Provider Standard）

　製品のライフサイクル確立に向けた組織的な対応を行うため、不良品や偽造品を排除するためのベストプラクティス等をまとめたものが2015年に ISO/IEC 20243（Information Technology -- Open Trusted Technology Provider Standard（O-TTPS） -- Mitigating maliciously tainted and counterfeit products）として規定され、2018年に ISO/IEC 20243-1と ISO/IEC 20243-2に分離・制定されています。これは非営利団体オープン・グループ（Open Group Trusted Technology Forum（OTTF））が TOGAF（The Open Group Architecture Framework）として規定したものを標準化したもの。国内ではオープン・グループ・ジャパン（https://opengroup.or.jp/）が活動を展開しています。

○ SCCM（サプライチェーン継続マネジメント）

　セキュリティ事故や災害等で調達計画が頓挫することもあります。このため事業継続計画（BCP）の観点からサプライチェーンの継続を図ることも重要で、国際標準としては、ISO 22318（Societal security -- Business continuity management systems -- Guidelines for supply chain continuity）が2015年に規定され、有事の際に的確なBCM（Business Continuity Management）が可能なSCCM（Supply Chain Continuity Management）のためのガイダンスとして参照されています。災害によるサプライチェーン途絶からの復旧の重要性を説明するため、災害復旧（DR）とSCMをあわせてSCDRM（Supply Chain Disaster Recovery Management）と呼ぶ人もいます。

　アメリカではサプライチェーン・リスク管理の実践のためのガイドラインとしてNIST SP 800-161 Cybersecurity Supply Chain Risk Management Practices for Federal Information Systems and Organizations、政府調達に際して企業に求める基準としてNIST 800-171 Protecting Controlled Unclassified Information in Nonfederal Systems and Organizations 等が規定されています。

　サプライチェーン・リスクを回避するためには、機密情報や個人情報が流出しないよう、情報の暗号化や確実なアクセス制御、ネットワーク監視等の物理・環境面でのセキュリティ対策を行うだけでなく、資産管理・人的資源の管理等を組織的、かつ継続的に実施する必要があります。

〈SCM〜他の用語〉
○ Secure Content Management
　（セキュリティCMS）
○ Microsoft 社の Security Compliance Manager
　（セキュリティ設定ツール及びガイダンス）
○ Software Configuration Management
　（ソフトウェアの構成管理）

〈関連語〉
○ SCP（Supply Chain Planning：需要予測）
○ SCEM（Supply Chain Event Management：イベント管理）
○ SCE（Supply Chain Execution：実行管理）
○ WMS（Warehouse Management System：倉庫管理システム）
○ TMS（Transport Management System：輸配送管理システム）
等。特に、WMS や TMS 等のロジスティクス（物流）システムや基幹業務用の ERP システムでは様々な略語が用いられています。

3　システム侵入後、マルウェアは何をするのか？

◆マルウェアの向かう場所

　パソコンやスマートフォンに侵入したマルウェアの全てがハードディスクに直行して棲みつく（保存される）訳ではありません。そもそもスマートフォンにはディスクやSSD（ソリッドステートドライブ）は搭載されていません。

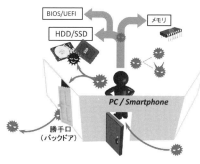

　昔は、パソコンのハードディスクに保存されず（他のプログラムに寄生せず）、メモリ上でのみ動作して自己複製（増殖）により感染拡大を行うものを**ワーム**と規定していましたが、スマートフォン等では OS が使用する領域やアプリやデータを保存する領域も半導体メモリの中となっています。このため、マルウェアの活動場所がメモリ上であることが多くなってきました。

　ハードディスクを搭載している場合も、マルウェアはハードディスクやメモリ（主記憶）だけを攻撃対象とするのではなく、BIOS や UEFI と呼ばれる起動用のプログラムが保存されているメモリ（ROM）を破壊するものもあります。

◆マルウェアの行動目的

　上の攻撃対象（ディスクとかメモリ）は、実はマルウェアの目的とも関係しています。**ワナクライ（WannaCry）**等の**ランサムウェア（身代金要求型マルウェア）**といえば、ユーザが作成した重要ファイルを人質に取って（暗号化して）脅迫を行うタイプのマルウェアですが、ディスク上のシステムを起動する際に不可欠なエリアである **MBR（Master Boot Record）**や **GPT（GUID Partition Table）**のデータを上書きして起動できなくしてしまうタイプのマルウェアもあります。

　その他、起動時に必要な **EBR（Extended Boot Record）**や **VBR（Volume Boot Record）**、**MFT（Master File Table）**、**NTLDR（NT Loader）**等をロックしたりハイジャックするマルウェアも存在しています。

　システムの破壊やデータの消去等を行う場合には、それほど複雑なプログラムは必要ありません

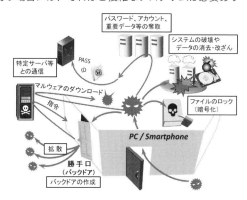

が、システム内の重要データを入手しようとする際には、別に用意したサーバ（指令サーバ等）に接続し、まずファイルを送出（転送）するためのプログラム（マルウェア等）をダウンロードさせて、これを用いて特定サーバにアップロードさせようとするかもしれません。

　また、システムを乗っ取り、いつでも出入りできるようにするためには、バックドアと呼ばれる「勝手口」が必要ですが、そのために通常は閉じてあ

るポートを開ける操作を行うことが必要となるかもしれません。

マルウェア自身をウイルス対策ソフト等に見つからないように保管するため、マルウェア自身の**属性**を**「不可視」**に変更したり、通常は利用されない**スラック・スペース**やレジストリの中等に難読化して保存することもあります。

マルウェアの目的や活動場所をまとめたものを例示すれば図のようになります。

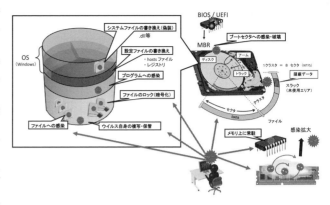

◆そもそもマルウェアはどのようにして侵入できるのか？

通常は入室を制限されているエリアに人が入ろうとすれば、隙間等から掻い潜って入るか、入室できる資格を有する人が入るタイミングで一緒に入室する（共連れ）か、その人になりすまして入室する、という方法が考えられますが、マルウェアもやっていることは同じかもしれません。

○隙間や穴？

「隙間や穴」というのは、システムの設定の不備やプログラムの脆弱性（セキュリティホール）を突いて侵入する、という意味です。マルウェアの存在を隠蔽するルートキットの中には、マルウェアの属性を「不可視」に変更するものもあり、この場合には、マルウェアの動作を捕捉することができなくなります。

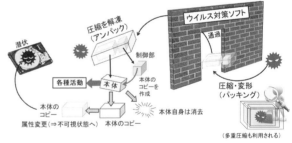

○正規の手続を経たかのように？

「ワンクリック詐欺」と同様、マルウェアをダウンロードさせたりインストールするために、利用者にボタンを押させるものです。

ボタンを押下することにより、システムは**「システム管理者（利用者）はプログラムのダウンロードやインストールを了解している」**としてマルウェアを迎え入れてしまいます。即ち正々堂々、マルウェアは入口から入り込む訳です。ネット上の正規マーケットでさえ、利便性の高いプログラム（アプリ）に偽装したマルウェアや一見普通のプログラムに見えるが実はマルウェアが潜んでいるプログラムが流通することもありますし、システムが利用しているプロセスに偽装して、チェックを掻い潜って入室しようとす

（隙間や穴から通りぬける）　　透明になって通り抜ける
　　　　　　　　　　　　　　　〜属性を不可視に変更

（正規職員の陰に隠れて入る。又は
正規職員になりすまして通り抜ける）

るマルウェアもありますので、要注意です。

　セキュリティ対策ソフト等に検知されないよう、マルウェア自身を圧縮する、暗号化により マルウェアと判断されないようにする、マルウェアの一部分だけを侵入させ、本体部分は 後からダウンロードさせる等、後で説明するように、各種の手法により検出を逃れようと工 夫していて、その手法も年々複雑・高度化が進んでいます。

○侵入後の動作

　防犯カメラを意識する強盗が、目出し帽や大きなサングラス、マ スクで変装するのと同じように、マルウェアも変装して監視の目を 潜り抜けようとします。このために圧縮ツール（**アーカイバ**）を用 いてマルウェア本体を圧縮（パック）します。

　この際には、様々な**パッカー**が利用され、その上、パスワードを かけたり多重圧縮や分割圧縮（RAR）用ツールも用いられています。 マルウェアが解析されることを避けるために、マルウェア自身を削 除（消去）したり、自身の複製も不可視状態にしてディスク内に隠蔽することもあります。

　属性変更等により不可視にしても、ファイルとして残るマルウェアであれば、解析されて しまうことになります。検出や解 析を回避するために編み出された 手法が、実体としてのファイルを 無くしてしまう**「ファイルレス攻 撃」**（ゼロフットプリント攻撃、 インメモリ攻撃、AVT（**Advanced Volatile Threat：揮発性脅威**）攻 撃等とも呼ばれます）です。

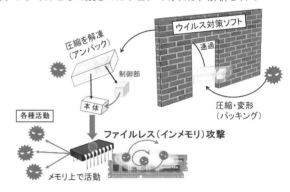

　この攻撃は、ほとんどの活動を メモリ上で展開するもので、OS 等の機能や部品をうまく利用して 攻撃を行う（このようなシステム 内のツールを用いて攻撃する手法は **Living Off The Land（LOTL）**（自給自足 / 環境寄生型） 攻撃と呼ばれています）ものが近年増えております。

　ファイルレスとはいえ、システム内の奥深くに潜伏して、攻撃の機会を窺うようになりま す。Windows の場合、上のスラック・スペースやレジストリ内に身を潜めておき、システム やユーザ情報等も含めシステム管理を行うインターフェイスである **WMI（Windows Management Instrumentation）**を悪用してスクリプトを稼働させるマルウェアも出現して います。

◆目立たない "改ざん" へ

　1990年代後半、**クラッカー**（一般的には "**ハッカー**" と言われているかもしれませんが） が行う不正な行為として、**ホームページ（Web ページ）の改ざん**が多発していました。

　ホームページの改ざんは、現在も発生していますが、日常的に生じているせいか、政府機 関等に被害が発生した場合等を除いては、大きく報道されることは少なくなったかもしれま せん。犯行する側から見てもホームページの改ざんのような目立つ行為を行えば、直ちに発 見されシステムも復旧されてしまいますので、余程目立ちたいと願う一部のクラッカーや政 治的な主張を行う**ハクティビスト**以外は、このような目立つ行為は減少しています。

実際には、ひそやかな（目立たない）改ざんは行われていて、普通の閲覧者に気付かれないように不正なプログラムやリンクをページ上に埋め込み、マルウェアをダウンロードさせたりフィッシングサイトに誘導する仕掛けが施されているかもしれません。

脆弱性を突いてサーバに侵入するマルウェアによりWebページを改ざんするだけでなく、**SQL インジェクション攻撃**（§4-15参照）等、不正なスクリプト（指令文）やコードを注入（インジェクション）することによってもWebページを改ざんすることは可能です。

ネットバンキング等のサービスが普及したことにより、単純にWebサイトを改ざんするより、銀行やオンラインショッピングサイト等になりすまして、アカウントや個人情報等を詐取する方が儲かるため、目立つよりも持続的な攻撃へと変化しています。

◆痕跡の消去

上の "改ざん" 以外に、システムに不正侵入したクラッカーは、どのような行為を行うのでしょうか？

クラッカー自身がコマンド操作によりファイルやデータの中身を見る、データを消去・改ざんする、あるいはこれらの不正行為の痕跡を消去するために、関係する記録（ログ）を消去する等の行為を手動で行う、ということは、面倒ですし、接続経路から接続元が辿られてしまう危険性が高いので、自動的に情報収集することが可能な、マルウェアやマルウェアに感染した端末群（ボットネット）を利用したものへと変化していきました。

マルウェアの動作（生態）を見るため、クラッカーが飛びつきそうな餌（さも有益そうな疑似データ等）を置いたサーバ・環境を用意し、侵入後の動作を観察する取組みは、**ハニーポット（Honeypot：蜜壺）** と呼ばれ、マルウェア対策（**振る舞い検知**）に役立てられていますが、システムに侵入した後は、**データの改ざん**や**バックドアの設置**以外に、

・ドメイン名やホスト名、OS のバージョン、ソフトウェア等の **GUID（Globally Unique ID）** 等、システム情報の収集
・仮想環境（マルウェア解析を行うためのシステム）かどうかのチェック
・IP アドレスやレジストリ等、システム設定ファイルの変更
・ログのデータやファイル、マルウェア自身の消去や暗号化

等を行います。

本節では、多様なマルウェアの動作や機能等についての説明を行います。

§3-12　マルウェアの危険性

ウイルスやワームを総称して「マルウェア」と呼んでいるのか？　どのような種類があるのだろうか？　その区別と危険性は？

◆種類

マルウェアは「悪意のあるソフトウェア（malicious software）」の意味で、有害、悪質、迷惑なプログラムを指しています。コンピュータ・ウイルスの他、ワーム、スパイウェア等も含まれます。また犯罪行為を目的とするマルウェアはクライムウェア（Crimeware）と呼ばれることもあります。

マルウェアは種々のコンピュータ言語で作成されているプログラムで、一見して「中身がわかる」訳ではありませんし、スクリプト言語で作成されたものも暗号化や難読化を行い、セキュリティ対策ソフトによる検出を逃れ、対策を無効化しようとします。マルウェアを広義の"ウイルス"と呼ぶ場合もありますが、次のように分類されることも多いようです（各種機能を兼ね備えていることも多く、ウイルス対策ベンダーによっては、同じウイルスをワームに区分することも多いし、ボット系ウイルス等と呼んだりもする）。

▶狭義のウイルス：　ファイルに感染（寄生）して、自己複製（感染拡大）を行う。

▶ワーム：　ファイルに感染（寄生）しないが自己複製（感染拡大）機能を有する、独立して実行可能なもの。

▶トロイの木馬：　自己複製（感染拡大）機能を有さず、ユーザの同意が無いままシステムに侵入するもの。一見有用なプログラムに見せかけてユーザを騙し、システムに侵入する独立プログラム。システム機能を阻害したり外部からの侵入口（バックドア）を開設する。このため、バックドアや RAT（Remote Administration Tool）とも呼ばれる（ネズミのようにコソコソ活動する、という意味を持たせている人もいる）。
　　　ネットバンキングの不正送金事案に使用されるものはバンキングトロイと呼ばれる。

▶スパイウェア：　トロイの木馬の内、情報収集が目的のもの。

▶ボット：　外部から当該コンピュータを操作するために送り込まれたもので、指示に従った動作（攻撃や情報収集等）を行う。ドローンウェア等とも呼ばれる。

▶アドウェア：　好ましくない広告を勝手に表示。システムのリソースを消費する。

▶ダウンローダー（ドロッパー、トリックラー）：　利用者の了解なく他のプログラムのダウンロードやプログラムの更新を行うもの。ダウンローダーにより攻撃者が用意したサーバ等から順次取り込まれるマルウェアはシーケンシャル（多段型）マルウェアと呼ばれることもある。

コンピュータ・ウイルス　ワーム　トロイの木馬

スパイウェア　バンキングトロイ　バックドア（RAT）　ボット　ダウンローダー
キーロガー

▶キーロガー（スヌープウェア）： ユーザの行動監視、個人情報やキーボード入力情報の搾取を行う。

◆**増加傾向にあるマルウェア**

また最近では、次のようなマルウェアも登場し、増加しています。

| ランサムウェア | コインマイナー | ルートキット | ファイルレスマルウェア |

| | | ブートキット | |

▶ランサムウェア： 画面やファイル、ハードディスク等をロック（暗号化）し、アンロックするためには仮想通貨等の支払いを行うよう警告メッセージを表示させるもの（支払ってもアンロックされない場合もある）。

▶コインマイナー： パソコンやスマートフォンのリソースを勝手に利用して、仮想通貨の掘削（発掘）に悪用するもの。

▶ルートキット、ブートキット、ハイジャッカー： システムの中枢や起動部（ブートセクタ）等に感染し、システムを乗っ取るもの。侵入後、遠隔操作等に必要なツール類をひとまとめにしたものをルートキットと呼ぶことも多い。

この他、コンピュータペスト、パラサイトウェア等、病原菌と同じような呼び方をされるもの、「ウイルスに感染した！」と表示し偽ウイルス対策ソフトのインストールを強要するもの（ローグウェアやスケアウェア）、レトロスピー（Retrospy）のように検出プログラムによる検知を妨害したり攻撃するものもあります。

データやファイルを破壊しログを削除する破壊型のマルウェアはワイパー（Wiper）と呼ばれます。本来はコンピュータの動作や機能を向上・支援するための正規のソフトウェアである、BHO（ブラウザ・ヘルパー・オブジェクト）等の中には、そのコンピュータの情報を搾取したり改変するため、トロイの木馬（スパイウェア）として扱われるものもあります。

広告関係のアドウェア等の迷惑アプリ、スクリプトやインラインフレーム（iframe）タグ等は、PUA（Potentially Unwanted Application）と呼ばれることがあります。

○**ファイルレスマルウェア**

トロイの木馬がウイルスやワームと異なるのは増殖機能を持たない、ということですが、ウイルスやワーム、トロイ自体は「ファイル」という実体を持っています。

ところが、実行ファイルを用いることなく、メモリ上にのみ展開するマルウェアが最近増加しています。ファイルとしての実体を持たないため、セキュリティ対策ソフトでは検出できず、再起動すれば、痕跡も消えることがあるので厄介なマルウェアです。

§3-13　ワンクリックウェアやクリックジャッキングの仕組み？

「クリック」させることによりマルウェアに感染させる、というのはどのような仕組み
なのだろうか？

◆ワンクリックウェア（ワンクリウェア）～「ワンクリック詐欺」より危険！

　「ワンクリック詐欺」はアダルトサイト等を閲覧している際
に、急に「入会（登録）完了！」、「入会ありがとうございま
す！」等のメッセージが表示されて、慌てて掲示されている電
話番号に架電すると、高額の利用料金が請求されてしまいます。
表示されたメールのアドレスに対して返事を出しても、同じく
料金等の請求が行われます。

　ほとんどの場合、この段階ではマルウェアに感染している訳
でも閲覧者の個人情報が、そのサイト運営者に伝わって
いる訳でもありません。IP アドレスやプロバイダ名等
が表示されているからといって個人名までが特定される
ことはありません。このため、次のような行為は決して
行ってはいけません。

　(1)　表示されている電話番号に電話する。

　(2)　「退会」等のボタンを押す。

　これは、電話を掛けてしまうとその電話番号が相手に
伝わってしまうし、「退会」等のボタンを押すと、マル
ウェア（ワンクリックウェア）に感染してしまうからです。

○スマートフォンの場合は個人情報が抜かれる恐れがある

　パソコンやタブレットの場合、SIM カードが挿入され携帯電話網を利用できるモ
バイル型のものでなく、Wi-Fi を利用しているのであれば、たとえ「法的手段に訴え
る！」と表示されていても、個人情報が相手に伝わることはないので、放置しても問
題はないのですが、表示されているボタンを押してしまうと、電話番号やメールアド
レス、各種アカウントの情報等が盗み
出される危険性があります。

　ワンクリックウェアは、「退会」ボ
タンのように、様々な手法でボタンを
クリック（タップ）させたり、アプリ
をダウンロードさせてインストールさ
せるために、「警告」のような文字で
目を引き、ポップアップ表示を行う等、
様々な工夫を凝らしています。

　このため、メールや SNS に掲示された URL リンクをクリック（タップ）したり、
怪しいソフト（アプリ）のダウンロード（インストール）を行わせるボタンや、動画コ
ンテンツ等のダウンロードや再生を行わせるためのボタンをクリック（タップ）した
場合には、個人情報へのアクセス権を与えることに同意した、と見なされてしまい、

82

電話帳や位置情報等、個人情報が抜かれたり、電話の機能を奪われることになりかねません（§6-8参照）。

◆クリックジャッキング

これも「ボタン」を押させる手法で、Webサイトの閲覧者がモニター画面上のボタンやリンクをクリックした際、見えないボタンやリンクを意図せず押してしまって不正なプログラムを実行してしまう、というものです。犯人は、サイトに iframe タグを仕込み、別途用意したサイトの情報を表示させますが、その際、ボタンやリンクなどを透明で見えない状態にして、本来のWebページの上から覆いをかける形にするものです。

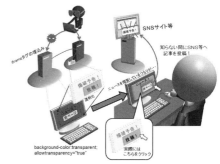

このサイトの閲覧者は、パソコン等のブラウザで、いつもと同じように「クリック」を行って閲覧しているつもりでも、実際には透明化されたボタンやクリックを押してしまっています。この結果、パソコン内の情報を外部に送出したり、システムを乗っ取ったり掲示板等への書き込みを行う機能を有する不正プログラムを実行することになります。結果的に§4-15のCSRF（クロスサイト・リクエスト・フォージェリ）と同様の被害が生じることになりますが、CSRFの場合はまずHTTPリクエストを送信させる、という手法を用いる点が閲覧者にボタンを押させる（クリックジャック）手法とは異なっています。この攻撃を防止するためにはサイトと利用者のブラウザのセキュリティを強化する必要があります。

まず、サイト側では、iframe タグを埋め込まれないよう X-FRAME-OPTIONS（XFO）機能を活用する必要があります。たとえば Apache（Webサーバ）の設定ファイル（.htaccess や httpd.conf 等）で、Header always append X-Frame-Options DENY と記述することにより iframe からの埋め込みを防止できます。同様に iframe タグの指定ページが同一ドメインの場合に表示する SAMEORIGIN を利用する場合もあります。

利用者側も適切なマルウェア対策等を実施すると共に、ブラウザも最新の状態に保つようにする必要があります。ほとんどのブラウザは上の DENY、SAMEORIGIN には対応しています（このブラウザの仕組みは「同一生成元ポリシー（Same-Origin Policy）」と呼ばれます）が、廃止された種類の ALLOW-FROM（iframe タグで指定されたページのみ表示）には対応しません。また SNS サービスの X-FRAME-OPTIONS 設定は、たとえば Twitter は SAMEORIGIN、Facebook では DENY となっている等に注意する必要があります。

◆ゼロクリック詐欺

Webサイト閲覧、ネット動画視聴をトリガーとして、クリックもしていないのに、「料金請求！」等の表示が行われ、連絡した場合に高額使用料等を詐取する、という手口の他に、端末監視用ソフト（ペガサス）をインストールさせて、スマートフォンの操作権限を奪取する等の手法もあり、iPhone 端末での被害が多発しています。

§3-14　バックドアやルートキットとは？

§3-12で、バックドアもルートキットも「トロイの木馬」に区分されているが、その違いや機能は？

◆バックドア

　システムの脆弱性等を突いた攻撃が成功し侵入できたならば、そのサイトに裏口（バックドア）を設置することにより、再び侵入することが容易となります。マルウェアの中にも、更なる感染の拡大や情報収集を容易にするために裏口を設置するものがあります。

　システムの開発設計やテスト段階に、デバッグを容易にするために「通用口」を設ける場合もありますが、プログラム完成時にその通用口を塞いでおかないと、第三者やウイルス等に不正侵入を許してしまいます。

　このようにバックドア設置を行うタイプのマルウェアは、バックドア型トロイの木馬と呼ばれています。

◆バックドアと「ポート」

　裏口は、実際には多くの場合、論理的な通信データの出入り口であるポートを開くように設定されます。

　ポートには番号が付けられています。簡単にポート番号の機能を説明すると、たとえば、IPアドレスを企業の所在地とすれば、ポート番号は企業ビルの中の機能やセクション別の小区分に相当するもので、「経理部は○階の×号室」というのと同様、「ファイル転送は21番のポートを使用する」のように記されます。

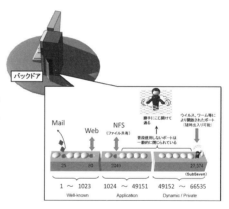

　ポート番号の内、1～1,023（"well-knownポート"と呼ばれる）は、IANA（Internet Assigned Numbers Authority）から機能を引き継いだ非営利団体ICANN（Internet Corporation for Assigned Names and Numbers）が国境を越えて一元的に管理していて、主要オペレーティングシステムが利用する各種機能やサービスはこの範囲に割り当てられることが多いようです。1,024～49,151番はアプリケーション・プログラムが利用するもので登録制となっていますが、49,152～65,535は自由に使えることとされていますので、マルウェア作成者も当然勝手に利用しています。これらのリストはRFC6335に従い公表されています（https://www.iana.org/assignments/service-names-port-numbers/service-names-port-numbers.xhtml）。

　バックドアが設置されると、システムの情報が盗まれたり「遠隔操作」されることになります。たとえば古くは2000年頃登場したSubSeven（トロイの木馬）は27,374番

ポートを使用して遠隔操作を行っていました。テレワークの増大に伴い、最近ではリモートデスクトップ（RDP）接続を可能としているシステムも増加していますので、RDPが利用する3,389番ポートをターゲットとしたバックドアも増加しています。

◆ **ルートキットとは？**

バックドアを設置する等、システムの設定状況等を変更するためには、管理者権限（ROOT権限）が必要となります。またシステムの稼動状況やネットワーク接続状況を確認する等のコマンドもシステム管理者権限がなければ詳細に情報収集を行うことができません。

それに、システムに侵入できたとしても、システム管理者の権限を持っていなければ、システム管理者によりバックドアからの出入りが検出されてしまいます。

このため、システム管理者権限を奪取し、システム管理者になることで、マルウェア自身の動作を正常なプロセスに偽装させてその動作を隠蔽します。たとえばUNIX等では、稼動しているプロセス状況等を確認するコマンドの "ps"（"show process" の意味）を利用しますので、普通であれば、システム管理者がこのコマンドによりプロセス状況をチェックすれば、マルウェアによる活動を把握することが可能ですが、ルートキットにより、このpsコマンド自体を入れ替え（ハイジャックされた）てしまえば、検出できなくなります。

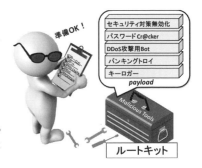

Windowsの場合も、DLL（Dynamic Link Library）やAPI（Application Program Interface）等、アプリケーションから呼び出されて使用されるシステムプログラムを改ざんしたり、その呼び出しを横取りするためにルートキットが利用されます。

攻撃ツールに特化したキットはエクスプロイトキットと呼ばれますが、これらは様々な機能を備えているため、非常に危険です。

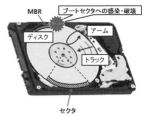

セキュリティ対策対策ソフトによる検出を忌避するため、OSの深部に潜むことも多く、OS起動時に必ず読み込むハードディスクの先頭領域（MBR：Master Boot Record）に感染することにより存在を隠蔽するものは、ブートキット（bootkit）と呼ばれます。

§3-15 "ボット"の機能と高度化

「指令サーバ」を用いて一斉に攻撃を行わせる「ボットネット」とはどのようなものか？　またどういう点が危険なのか？

◆ボットの機能
2000年頃から登場したボットはボットウイルス、感染したコンピュータ軍団は、ボットネット、ゾンビ・アーミー（クラスター）等と呼ばれてきました。

○悪者とは限らない
ボットの語源はロボット（Robot）で、命令に忠実に従い動作するプログラムを指します。この意味では、たとえばグーグル・ボット等のWebページを巡回するサーチエンジン（検索ロボット）やオンライン・ゲーム等で人間のプレーヤーに代わって戦ったりアイテムを収集するプログラムやAIを活用しSNSで自動的につぶやいたり（投稿したり）応答するプログラム（チャットボット）もボットになります。

メアド発見！

また、ネットを巡回してメールアドレスを収集するプログラムはスパムボット、クローラーと呼ばれています。

○ゾンビ
マルウェアとしてのボットは、システムの脆弱性を突いて侵入し、そのシステムを乗っ取ることも可能で、ネットに接続されるコンピュータなら、パソコンでもサーバでも構いません。システムがこのプログラムに感染し遠隔操作により操られるようになることをボット化と呼び、システムの所有者等が自覚しない内に操られるためゾンビPC、人間の代理で働くプログラムなのでエージェントとも呼ばれます。

○機能
攻撃者（ハーダー）は、指令サーバ等を経由して傘下のボットの現状把握・情報収集を行う一方で、コマンド操作によりチャット（発言）を行う感覚で、攻撃を指示することも可能です。
主たる機能としては、

指令じゃ！

了解です。

- ・スパムの送出
- ・自己プログラムのインストール・更新
- ・レジストリ改変
- ・感染の拡大
- ・DDoS攻撃
- ・CDやDVDキー情報等の入手・送信
- ・ウイルス対策ソフト等の機能停止
- ・セキュリティベンダーサイトへの接続を阻害（遮断）
- ・他のウイルス、ワーム等の活動を停止
- ・新規アカウントの追加

等が可能で、これ以外にもハーダーに命ぜられるままの動作を行います。
感染時、活動する環境が仮想マシン（解析環境）かどうかもチェックしているので、

このような環境では活動を停止します。ボットネットを遠隔操作することにより、国民生活に関係の深いライフラインのシステム（重要インフラ）に対して、一斉にDDoS攻撃等を行えば、深刻なダメージが発生し、最悪の場合は「サイバーテロ」にもなりかねません。

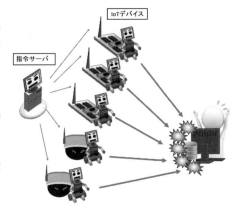

また、多数のボットを擁するボットネットは、売買の対象となったり時間貸しも行われ、様々な攻撃や攻撃を仄めかした恐喝等にも悪用されています。

IoT機器の増加により各種センサーやWebカメラ、ルータやNAS等、ネットワークに常時接続され、デフォルト状態で運用することの多いIoT機器をボット化しDDoS攻撃等を行うMiraiやMomentum、Emotet等も登場しています。2018年に登場したPurple Foxは、ファイルレスやルートキットを利用して検出が困難なことから感染が拡大しています。

総務省や情報通信研究機構（NICT）、プロバイダは、2019年からサイバー攻撃に悪用されるおそれのあるIoT機器を調査する取組みNOTICE（National Operation Towards IoT Clean Environment）を実施し、またNICTのNICTERプロジェクトで得られた分析情報を基に感染IoT機器を特定してプロバイダから利用者へ注意喚起（NICTER注意喚起）を行う取組みも行っています。

◆ 指令サーバの高度化

ボットに感染したコンピュータは、指令サーバ（C&C：Command and Controlサーバ）に接続し命令を待ちます。昔は、この指令サーバにはIRC（Internet Relay Chat）サーバ（"チャット（会話）"を行う際に必要なサーバ）が使用されることが多かったのですが、これはチャットを行う感覚でコマンド（指令）操作を行うことが可能だからです。とはいっても既存

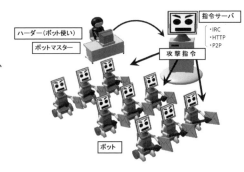

のIRCサーバを利用するのではなく、ハーダーが乗っ取ったシステムにIRCサーバプログラムを送り込んで指令サーバに仕立て上げたものがほとんどでした。

ボットネットに属する端末は同じ指令サーバのチャンネルで命令待ちの状態となるので、ハーダーは指令サーバにDoS攻撃等各種の攻撃指示を与えるだけで、旗下の軍団を操ることができます。攻撃内容の変更や、開始・終了時期を指定した一斉攻撃を行うことも可能です。

○ Webアクセスに紛れる

IRCサーバを指令サーバに利用していた時代には、IRCサーバが用いる6,667番ポ

ートを利用して攻撃指令を行うことが多かったので、
サーバ側のファイアウォール等でこのポートを閉鎖す
ることにより、攻撃指令等の受信をブロックすること
ができました。しかし現在では IRC を使用するユー
ザはいないので、指令用に IRC サーバプログラムを
用いることができません。最近のボットは Web サイ
トを利用する際に利用するポート（80番、8,080番等）
やプリンタやファイルの共有に用いられるポート
（135,445番ポート等）を用いて、HTTP/HTTPS プロト
コルにより指令サーバと接続することが多いようです。

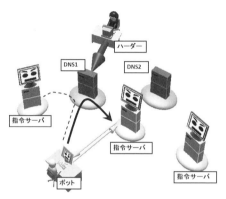

○ DNS 利用

　ボットネットからの攻撃を阻止するために
は、指令サーバの機能を停止するか、その指
令内容を変更すればよい、とは誰もが考える
ことですが、当然ハーダー側では対抗策を取
ります。指令サーバを複数用意し、1つの指
令サーバの機能が停止しても別の指令サーバ
に切り換えることにより、指令系統を確保し
ます。DNS はその接続路の切り替えに用い
られます。ボットが利用する DNS は、指令
サーバと同様、ハーダーが脆弱性を有するコ
ンピュータに侵入して構築したダイナミック

DNS（DDNS）であることも多く、ボットネットの活動を停止させるためにその DNS
を停止させても、別の DNS が活動を開始したり、ハーダーの追跡を困難にするため、
複数 DNS を短時間（数分程度）で順次切り替えて使用（ラウンドロビン）するよう設
定する手法（Fast-Flux）も利用されます。

　ボットの中には、企業等に設置した DNS を経由（プロトコルを悪用して問い合わせ
パケットの中に暗号化した“指令”を潜ませる手法）して指令等の受け渡しを行うことも
あり、このような悪用手法は DNS トンネリングと呼ばれます（§3-25参照）。

○ P2P 化

　ハーダーにとっての接続の安全性確保のた
めに指令サーバへの接続の際にパスワードを
設定したり、接続自体を暗号化（https 利用）
する、匿名通信路（Tor）を経由させたり、
更には P2P ネットワーク上で感染を拡大さ
せたり自己のアップデート等を行うハイブ
リッド P2P 形式を採用するものも増加し、
バンキングトロイ等に悪用されました。

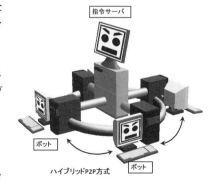

ハイブリッドP2P方式

◆亜種の増加

　ボットの多くはオープンソース（ソースコ

ードが公開されている）から発達したこともあり、インターネット上のリポジトリ（ソースコード共有サイト）のアーカイブ（書庫）から入手可能な場合もあります。このため簡単に改変し亜種を作成することも可能です。

多くのボットは機能別のモジュールで構成されていて、OS やブラウザ等の脆弱性に対応した攻撃コード（バッファオーバーフロー等を生じさせるための文字列等〜exploit）を侵入部とし、その侵入部が侵入に成功した後、ボットの本体部分をダウンロードさせる仕組みを取ります。

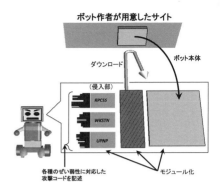

ボット作者が用意したサイト

ダウンロード

ボット本体

（侵入部）
RPCSS
WKSTN
UPNP

各種のぜい弱性に対応した攻撃コードを記述

モジュール化

◆ボット対策

政府のボット対策としては、2006年に、総務省・経済産業省の連携プロジェクトとして発足したサイバークリーンセンターにおいてボットの感染チェックや駆除ツールの提供等を実施していましたが、2014年に活動を終了しました。

後継の官民連携のマルウェア対策プロジェクトである ACTIVE（Advanced Cyber Threats response InitiatiVE）によりマルウェア感染のチェック・駆除のための無料ツールの配布や注意喚起・広報啓発活動を実施していましたが、こちらも2018年4月からは一般社団法人 ICT-ISAC に移行しました（https://www.ict-isac.jp/active/）。

ボットに感染してスパムを送出したり DoS 攻撃を行っているシステムは、適切なセキュリティのための設定やウイルス対策を行っていなかったものが多く、バージョンの古い OS を利用していたり、ブラウザ等のプログラムの更新を行っていなければ、他のマルウェアと同様、ボットにも感染してしまいます。

ウイルス対策ソフトの活用やスパムの送出等を阻止できるようファイアウォールを適切に設定する等、的確なセキュリティ対策を全てのシステム利用者が行うことが求められています。

RPA   Bot

近年、働き方改革や業務の効率化推進に向け、**RPA（Robotic Process Automation）**の導入を行う組織も増加しています。単なるマクロの機能を超えた自動化により、端末への単純入力や定型処理を人に代わって行うものですが、高度な機能を有する RPA は、マルウェアと判断され駆除されたり、多要素認証等に追随できないためパスワードを単純化（生体認証には当然対応できない）する等、ネットワークを利用する際には、セキュリティ対策を十分実施する必要があります。

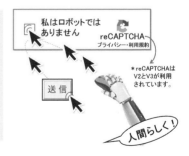

私はロボットではありません

reCAPTCHA
プライバシー・利用規約

＊reCAPTCHAは
V2とV3が利用
されています。

送信

人間らしく！

§3-16　バンキングトロイ（不正送金ウイルス）とは？

インターネットバンキングを行おうと思うが、ウイルスに感染して勝手に送金されてしまう被害が多数発生したと聞く。その仕組みや防止対策は？

◆ネットバンキングの利用と被害

スマートフォンがシニア層へも浸透し、銀行もネットバンキングへと舵を切っていますので、「モバイルバンキング」の利用も増大していますが、反面、ネットバンキング利用者の口座預金が勝手に送金されて盗まれる被害の増加も懸念されているところです。

スマートフォン向けのバンキングトロイは、「モバイルバンキング型トロイの木馬」と呼ばれ、ほとんどの被害は Android スマートフォンで発生しています。もちろん iPhone（iOS）向けのバンキングトロイも登場しています。

いずれにせよ、適切なセキュリティ対策は不可欠です。

◆ SMS による感染拡散

安易にクリック（タップ）してしまうと、スマートフォンの管理者権限をマルウェアに与え、ひいてはスマートフォン内の個人情報等が盗み出されることにつながります。

ネットバンキングを行う際には、パスワード以外の認証手法も併せて利用する多要素認証（MFA：Multi-Factor Authentication）が推奨されていますが、ドングル（トークン）型の専用装置を持ち歩くよりも、電話番号だけでメールが送受信できる SMS（Short Message Service）により送付されるワンタイムパスワードや専用アプリ等を用いる方が簡単ですが、反面、

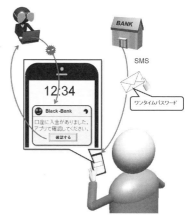

SMS によるフィッシングメール（スミッシング（§2-7、§3-22参照））等も増加し、SMS によるバンキングトロイ（MoqHao、Pegasus/Chrysaor、EventBot、Riltok、Ginp、Wroba 等）の拡散も行われていて、Twitoor では C&C サーバの代わりに Twitter（SNS）での指令を待ち受ける機能を有しています。

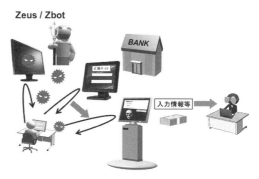

Zeus / Zbot

◆「不正送金」の手口

金融機関のセキュリティ対策の強化のため、とか「実際に個人情報が漏れている」等の不安を煽るメールを送付し、不正なリンク先（偽サイト）へ誘導し、個人情報の修正やア

プリの更新等の名目でボタンをクリック（タップ）させることによりマルウェアをインストールさせます。正規の画面に重ね合わせて（オーバーレイ）クリックさせるクリックジャッキング（§3-13）の手法やMITB（Man-In-The-Middle：中間者）攻撃（§3-22）も利用され、利用者の個人情報を搾取したり、気がつかない内に預金等の送金を行わせています。

◆バンキングトロイの脅威
○バンキングトロイの攻撃対象と機能

　バンキングトロイの攻撃対象となるOSは、昔はほとんどWindowsでしたが最近の攻撃対象はスマートフォンへと変わってきています。そもそもはボット（§3-15参照）が進化して金融機関を狙うようになったためにバンキングトロイ（Banking Trojan）と呼ばれるようになったようです。感染した後は、ボタンをクリック（タップ）させたり、不正なログイン画面をポップアップ表示させて、IDやパスワード、あるいは口座番号・金額等の入力情報を搾取します。中にはコロナ禍につけ込んだ「マスク無料送付」等、注目を集めそうなキーワードを冠したSMSを送付して拡散を図るWroba等も出現しました。

　Marcherは偽のログイン画面を表示するだけでなく、フィッシングサイトへの誘導も行いますし、SvpengはAndroid端末のアプリにより入力されたテキストを記録する等のキーロガーとしての機能も備えていました。

◆強靭化・持続性の保持

　古典的なバンキングトロイであるZeus（Zbot）は、2011年にソースコードが公開されたこともあって多数の亜種も出現し「ボットの王者」とも呼ばれ、一時は世界中の1,000万台以上のPCが感染し、スパムの送出やオンライン詐欺に悪用されました。

　Zeusは様々な亜種も産み出し、遠隔操作ツールであるVNC（Virtual Network Computing）により乗っ取った端末に接続してコントロールする機能も有していました。その他、強靭化やサステナビリティを確保するため、次のような機能を備えるトロイの木馬も増加しています。

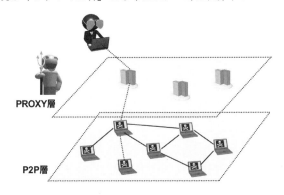

○ P2P化

　Zeusでは複雑な暗号化を採用していますが、更にP2Pネットワークを構成しているためP2P-ZeusやGOZ（GameOver Zeus）と呼ばれています。

　通常のボットネットでは、指令サーバの機能を停止することで、ゾンビ端末の機能も停止しますが、ネットワークのP2P化によりゾンビ間で指令や制御の通信を行うことが可能となります。P2P-Zeusでは、P2P層とハーダーとの中継（レピーター）機

能を果たす PROXY サーバ（スーパーノード）群で構築される PROXY 層が分離される等多層化も図られています。

○ DGA（Domain Generation Algorithm：ドメイン生成アルゴリズム）

Conficker（§3-10）に実装された感染拡大のための機能で、大量のドメインを新たに生成するものです。P2P-Zeus では、他の感染端末と通信できなくなった場合に備え、一度に1,000個以上のドメインを生成し、ハーダーとの接続が途絶えないよう伝達ルートの強靭化を図っています。DGA は Ramnit 等のトロイでも使用されています。

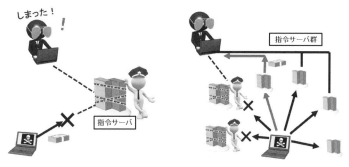

DGA（Domain Generation Algorithm）

○ステガノグラフィ技術（隠蔽）

2014年に登場した Zeus の亜種 ZeusVM（KINS）では、JPEG 画像に指令サーバとの通信を難読化・暗号化して潜ませるステガノグラフィの技術を使用し、これを解析すると標的となる日本の金融機関等が列挙されていました。ZeusVM に感染した PC からこれらの金融機関にアクセスすると、MITB 攻撃を受けます。

また、難読化・DGA の高度化、解析を阻害するためのタイマー処理等の採用、仮想マシンの利用等、悪質化が一層進み、ZeusVM の後継である Chthonic も猛威を振るいました。

○仮想通貨の奪取

Ursnif（別名 Gozi、Snifula、Papras）のソースコードを利用して作成されたバンキングトロイ（DreamBot）は、メールに添付されたりエクスプロイトキット（RIG-EK 等の脆弱性攻撃ツール）により感染拡大を図りました。金融機関や仮想通貨取引所、ウェブウォレットのサイトも攻撃対象としましたし、この亜種の中には Tor 経由で通信する機能を有するものもありました。

◆ランサムウェア化

「居直り強盗」ではないのですが、情報を盗み出せない場合、ランサムウェア（§3-17）と同様、データやデバイスをロックして脅し取ろうとするものもあります。

2013年に登場した Android 端末向けのバンキングトロイ Faketoken は2,000以上もの

金融系アプリを対象とし、偽のログイン画面を表示してアカウント情報等を詐取するものですが、海外へのSMS一斉送信等を行う機能を持っていますし、端末のファイルを暗号化（AES）して人質とする機能も有しています。

◆「不正送金」を防止するための対策

ネットバンキングを利用する際に本人の意図しない不正な送金が行われることは、インターネットが安全・安心なサービス基盤として利用されないことにもつながります。

世界的には、2003年に設立された非営利団体のAnti-Phishing Working Group（APWG）で、フィッシング対策を推進しており、国内では2005年に設立された「フィッシング対策協議会（Council of Anti-Phishing Japan）」において情報収集や注意喚起を実施しています。

不正送金を防止するためには、個人のネットバンキング利用者のみならず、金融機関やオンライン送金サービスを行う企業等、サービス提供側の適切なセキュリティ対策の実施が必要となりますが、個人としては、パソコンやスマートフォン等において、

　　・OSやブラウザ、アプリケーションソフト（専用アプリ）の適切な更新
　　・ウイルス対策ソフトの導入とパターンファイルの確実な更新
　　・ワンタイムパスワードの併用等、多要素認証の利用

等を確実に実施する等の対策が重要となります。スマートフォンのブラウザの中にはURLが表示されないものもありますが、怪しいサイトに誘導されないよう適切なブラウザを利用することも重要かもしれません。

また、不正送金やフィッシングの危険性を通知したり、対策ソフトの提供を名目（件名）としたメールにマルウェア（バンキングトロイ）を添付させることもありますので、ダブルクリックやタップにより安易に開かないことも重要です。別サイトに飛ばされたりポップアップ入力により個人情報の入力が求められた場合には、そのURLが正しいか、SSLで暗号化（アドレスバーに https:// の表記、鍵マークの表示）されているか等、まず疑ってかかる等、自衛に努めることも重要でしょう。

§3-17　ランサムウェア〜マルウェアによる脅迫

"ランサム"とは「身代金」の意味だが、マルウェアによる"脅迫"の原理はどうなっているのか？　その防止策は？

◆ランサムウェアの歴史

電子マネーで支払え！

・システムのロック
・暗号化

電子マネー

ランサムウェア（ransomware）は、ランサム（身代金）を要求するマルウェア（トロイの木馬）で hostageware とも呼ばれることがあります。

古くは1989年、AIDS 国際学会出席者等に配布（送付）されたフロッピーディスクにマルウェア（AIDS（又は Aids Info Disk や PC Cyborg と呼ばれます））が仕込まれ、このフロッピーディスクが挿入された PC のファイルを暗号化し、PC Cyborg 社の口座への送金と引き換えに復号のためのプログラムを送付した事例に遡ります。

AIDS国際学会発表データ

2005年頃からは、支払い方法を電子マネーとするものが増加しました。Internet Explorer の脆弱性を突いてマルウェアを感染させ身代金を電子マネー（E-Gold）で支払わせるためファイルを PGP 暗号でロックする PGPCoder や圧縮ツール（ZIP）を用いる Cryzip（2006年）が登場しました。

○ Reveton（2012年）

このマルウェアは Citadel（バンキングトロイ）をベースに作成されたランサムウェアです。暗号を解除するためには、Ukash や Paysafecard 等のオンライン決済用プリペイドカードによる支払いが必要で、FBI 等、警察名で罰金等の支払いを促しました。同様に警察を標榜するものとしては、Malex（2012年）、PornoBlocker（2009年）等があります（振り込め詐欺同様、警察がこのような指示を行うことは一切ありません）。

✕ あり得ません！

貴方のパソコンは違法コンテンツをダウンロードした為、ロックされました。解除を希望する場合、反則金〇〇円を下記の方法により・・・・

○ CryptoLocker（2013年）

このマルウェアに感染すると、コンピュータ内の写真、動画、文書等のファイル群が暗号化されると共に、壁紙を変更して利用者に暗号解除方法や期限が通告されます。アメリカでは警察署のシステムが暗号化される事案も発生しました。CryptoLocker は、Zeus と同様ドメイン生成を行う DGA（§3-16）機能を持ち、またファイルを暗号化する秘密鍵（AES）をさらに公開鍵（RSA）で暗号化する等を行っていますので、解読することは非常に困難です。その身代金の支払い方法も、犯人の追跡を困難にさせる仮想通貨（BitCoin）を指定しています。

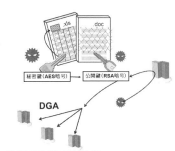

.xls　.doc

秘密鍵(AES暗号)　公開鍵(RSA暗号)

DGA

.ru, .org, .co.uk, .info, .com, .net, .biz

BitCrypt は、BitCoin による身代金の支払いを日本語で求めるランサムウェアで、RSA 暗号でファイルを暗号化し、Tor ネットワーク（§7-1参照）内のサイト（Hidden Service）への接続機能を有していました。CryptoDefense（2014年）も RSA 暗号で

ファイルを暗号化し、BitCoin での身代金の支払いを求めるものでした。

○ Sorebrect（2017年）

　検出を逃れるため Windows のサービスホストプロセス（svchost.exe）にコードインジェクションを行い更にファイルレス攻撃を行う等、高度な機能を有していました。

◆ WannaCry（ワナクライ）の登場

　2017年 5 月、世界各地で WannaCry への感染被害が発生し、病院等の業務や各種サービス・システムが機能停止に陥りました。

　それまでのランサムウェアはメールに添付されたファイルを開かなければマルウェアに感染しないものがほとんどでしたが、WannaCry は Windows の SMB（Server Message Block）サーバ機能の脆弱性を突く攻撃により感染しますので、「安易にメールを開かない」という対策のみでは防御することができません。SMB サーバは Windows OS がネットワーク上におけるファイル共有サービスに使用する機能で「サーバの機能だからパソコンは関係無いのでは？」と思うかもしれませんが、職場の共有フォルダ内のファイルを利用するためにはパソコン（端末）側にもこの機能が必要となります。

○ WannaCry の攻撃概要

　Windows の SMB サーバに関する既知の脆弱性（CVE-2017-0146や CVE-2017-0147）に関しては2017年 3 月にマイクロソフトから緊急のセキュリティ情報（MS17-010）として修正パッチが公開されていましたが、これらの脆弱性を突くための攻撃コード（exploit）はネット上に公開されており、これを悪用して、利用者にメールを開かせることなく、直接445番ポートに対して攻撃を行うことにより Windows システムに侵入し、ファイルを暗号化して脅迫文を表示させ、感染拡大を図るものでした。

　WannaCry の特徴としては、キルスイッチ（チェックサイト）を設けて、これと接続できない企業内の LAN 環境ではワーム機能を発動させ感染拡大を図る等、ボットネットにおける指令サーバと同様、活動のコントロールを行う機能を有している（キルスイッチを利用しない亜種（Uiwix 等）もある）こと、BitCoin による身代金の支払いを求めること、追跡を困難にするため攻撃者との通信を Tor 経由で行うこと等が挙げられます。

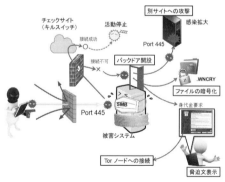

　SMB サービスやこれに用いられる445番ポートは、職場等のファイル共有サービスに利用されるものであり、SMB の他 CIFS（Common Internet File System）も利用されます。

　たとえば SMB のサービスを停止したり SMB が使用する445番ポートを閉塞すれば、WannaCry の感染拡大は阻止できますが、反面職場のファイル共有が行えなくなる可能性もあります。対外的にはこのポートをオープンにしておく必要はないため、OS 等のファイアウォール機能により外部から445番ポートに対するアクセスを遮断（閉

塞）する等の設定を的確に行う、OSのパッチ（修正）を適切に実施する、適切にデータのバックアップを取る、ウイルス対策ソフトの定義パターンを最新のものに更新する、見知らぬ発信者からのメールは安易にダブルクリック等により開かない、等の対策を職場・家庭で周知し実施することが望ましいと言えます。

　2021年には Microsoft の Exchange Server の脆弱性（ProxyLogon）を悪用する DearCry ランサムウェアも出現しています。DearCry では443番ポートが攻撃に利用されます。

◆ Bad Rabbit（バッドラビット）

　2017年10月頃からウクライナやロシア等で、Bad Rabbit と呼ばれるブートセクタの破壊（上書き）を行うランサムウェアによる被害が拡大しました。WannaCry 同様、ドロッパーの動作によりワーム活動（感染拡大）と暗号化・身代金要求を行うもので、アドビ社の Flash プレイヤーのインストー

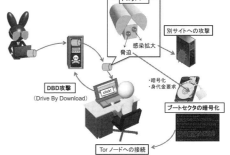

ルを行わせるためのボタンに偽装してドロッパーをダウンロードさせる DBD（ドライブ・バイ・ダウンロード）攻撃の手法により感染するもので、特定の組織（企業）等の LAN 内で感染が拡大したことから、その組織を狙った「標的型攻撃」ということもできます。同一 LAN 内のシステムのみを攻撃対象とするため、大規模な感染拡大は発生しませんが、ディスクの起動部を破壊したり、ログ等の消去、Tor 経由の通信を行う等、悪質な動作を行います。

　「ランサムウェアはメールを開かなければ大丈夫！」、「Flash 等の利用を制限すればよい」と思っていても、WannaCry のように脆弱性を悪用した攻撃により感染が拡大する場合がありますので、注意する必要があります。「データのバックアップを取っておけば大丈夫！」と思うかもしれませんが、LAN 環境上でバックアップしたデータや共有ファイルの暗号化を試みるランサムウェア（SAMAS 等）も登場していますので、別媒体等へのバックアップを行うことが適当です。

◆モバイルランサムウェア

　スマートフォン（Android OS）向けのランサムウェアは初期には警察等の機関を標榜するポリスウェア（ポリスロッカー）が多く、違法ポルノを閲覧したとして捜査の対象となっている旨の警告が表示されてスマートフォンがロックされ、ロックを解除するには罰金（身代金）として MoneyPak で300ドルを支払うよう要求するもの（Koler）や iTunes ギフトで1万円を支払うよう要求するもの（SLocker（AndroidOS_Locker））等が登場しました（§6-7参照）。

◆暴露（公開）型のランサムウェアも出現

　ランサムウェアは急激に増加し、サービスとしてのランサムウェア（Ransomware as a Service：RaaS）」とも言われます（サービスとしての犯罪用マルウェア Crimeware as a Service：CaaS という表現もあります）。

　ランサムウェアは「脅迫する」という意味から「スケアウェア (scareware)」と呼ばれることもあります。「ウイルス等に感染した」等の偽の表示を行うものは「ローグウェア（Rogueware）」と呼ばれます。ボット型の Emotet や TrickBot も脅迫の際に活用されます。

　ランサムウェアの感染経路として多いのは、メール経由や Web 閲覧時に不用意にボタンを押すことが多いのですが、その後の感染拡大によっては、職場の LAN 環境の同一セグメントの多くの端末がロックする等、業務停止に追い込まれる懸念もあります。

　端末ロックのみならず、ファイルやデータを暗号化する、身代金を支払わなければ当該データを暴露（公開）する（情報流出）ぞと脅す（二重恐喝～ダブルエクストーション）、第三者に販売すると脅迫する（２段階脅迫）等、企業等をターゲットとする標的型攻撃のツールとしてのランサムウェア（Maze や NetWalker 等）も増加しています。EKANS（Snake）等のランサムウェアでは、制御システムに特化した攻撃を行いますが、同様に教育機関や重要インフラにターゲットを絞ったマルウェアも増加しています。

　2019年に登場した Ragnar Locker は Windows システムを対象とし、企業等の機密情報をインターネット上に暴露する、として身代金を要求するものでした。同じく 2019年には LockBit が登場し、2021年にはその機能を強化（ProxyShell 脆弱性を突いた PetitPotam 攻撃によりドメインを乗っ取る）した LockBit2.0（Lockfile）による被害も拡大しています。

　2020年に登場した暴露型のランサムウェアである Cring は、UTM（統合脅威管理）ベンダーの機器の OS が備えている SSL-VPN 機能の脆弱性を悪用してサイトに侵入し、サイト内のサーバのデータを転送したり暗号化するもので、標的となる組織に身代金を要求するもので、産業制御システム等にも被害が拡大しました。

　2021年５月には、米石油パイプライン大手 Colonial Pipeline 社のシステムがアフィリエイトプログラムを利用したランサムウェアの攻撃を受け、攻撃グループの DarkSide に仮想通貨（暗号資産）を支払い、復号ツールを入手したものの、一時的に操業停止に陥ったとの報道もあり、７月にはこの攻撃グループの後継となる BlackMatter も出現しています。また最近ではクラウド上にデータを保存することも多いかもしれませんが、適切な設定を行っていないで、外部から攻撃を受け、クラウド上のデータが勝手に暗号化された事件も発生しています。

　脅迫を受けて身代金を払っても暗号化されたファイルが元に戻る保証はありません。犯人追跡のためのネットワーク事業者等と捜査機関との連携も重要ですが、利用者側（エンドポイント）においても、CDM（Continuous Diagnostics and Mitigation～継続的診断及び脅威の軽減）として、まず感染しないように適切なマルウェア対策（振る舞い検知等）、適切なファイアウォールの設定（脅威の検出・隔離）、定期的なバックアップ監視の実施、プログラムの更新、メールを開く際や Web 利用時等に細心の注意を払うように努める必要があります。

§3-18 ウイルスを作成することは罪になる？

コンピュータウイルスを作成したり人に提供すれば罪に問われるのだろうか？

◆サイバー犯罪条約との関係

サイバー犯罪に関する条約は2001年11月にストラスブール（フランス）で採択されました。我が国では、2011年6月に「情報処理の高度化等に対処するための刑法等の一部を改正する法律」が成立したことを受けて2012年7月に正式批准（公布・告示）され、2012年11月1日に発効しました。

この条約では、不正アクセス・盗聴・システム等の機能を阻害する行為（妨害）の他、児童ポルノの作成・頒布・取得・所持を禁止し、締約国間での犯罪者引き渡しや蔵置されたデータの保全手続等に関する規定が定められています。

◆刑法上の規定

刑法の規定では、コンピュータウイルスは「不正指令電磁的記録」となっています。規定では①人が電子計算機を使用するに際してその意図に沿うべき動作をさせず、又はその意図に反する動作をさせるべき不正な指令を与える電磁的記録、②前号に掲げるもののほか、同号の不正な指令を記述した電磁的記録その他の記録と、マルウェア自身だけでなくそのソースコード等も含めて規制される内容となっています。

また、その取扱い方法等により、

・不正指令電磁的記録作成・提供・供用・未遂罪（168条の2）
・不正指令電磁的記録取得・保管罪（168条の3）

に分かれて規定されています。

○作成

中学生がランサムウェアやキーロガーを作成し逮捕される、という事案も発生していますが、バッチファイルやPowerShell等、簡単なスクリプトでマルウェアを作成することは可能です。プログラム作成時、あやまってウイルスのような機能を持ってしまうと、悪用される可能性もありますので、十分なチェックを行う必要があります。

○供用

供用の具体的な形としては、ウイルスに汚染されたファイルを添付してメールを送りつけたり、ウイルスに汚染された画像やプログラム等をWebページ等に掲示し、これをダウンロードさせる行為等が該当します。

妻のスマートフォンに「遠隔操作アプリ」を勝手にインストールした男性が「不正

指令電磁的記録供用罪」の疑いで逮捕された事例も
あります。

　遠隔操作を行ったり情報収集（キーロガー）を行
うためのアプリは、ウイルスに等しい機能なので、
このアプリを本人に無断でインストールすることは、
本人の意図に反した動作をPCやスマートフォンが
行うことになります。

　たとえ家族であっても、このような使い方を行わ
ないよう注意する必要があります。

　アプリを悪用して相手のスマート
フォンの位置情報を勝手に取得する行
為は2021年に改正された**ストーカー規
制法**において禁止されました。

○ウイルスの保管

　企業のシステム管理者やセキュリ
ティ担当者、セキュリティ関連の研究
者やセキュリティ関連サービスを提供
する企業等では、端末等に感染したウイルスの「検体」を保存している場合があるか
もしれません。

　平素、インターネットに接続されないディスク
等に保管していても、不慣れな人が業務用の端末
に接続、しかもインターネットに接続されたパソ
コンだった場合等は、そのパソコンにウイルスが
感染するのみならず、検体の流出・ウイルス拡散
という非常に危険な状態となりますので注意が必
要です。

　P2Pファイル共有ソフト（share）上にウイルス
を保管した疑いでセキュリティベンダー社員が逮
捕された事例もありますが、P2Pネットワークに
接続した場合には、ウイルスだ
けでなく、わいせつ画像や著作
権法違反となる映像・音楽等の
違法コンテンツ等も、端末から
アップロードやダウンロードを
行うことにより流通（拡散）さ
せることになってしまい、公衆
送信権の侵害等にも問われる可
能性があります。

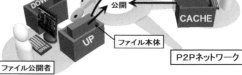

§3-19　スクリプトウイルス？

Word や Excel の「マクロ」が危険だ、という人もいるが、このようなソフトを使用していて感染するウイルスは全て「マクロウイルス」なのだろうか？　またスクリプトウイルスは全てがファイルレスマルウェアなのか？

◆マクロウイルス

　Word や Excel 等を利用して、たとえば「宛先等、文書の一部だけ変更してメールを発送したい」、「複数の Excel シートの合計を日報として計算したい」等の定型的業務を繰り返し行う際に、これらの作業を自動的に実行するよう、操作手順を覚え込ませることが可能です。

　最近では自動化のための RPA（Robotic Process Automation）ツール等も登場していますが、一連のコマンド操作を一括して実行するなら、Microsoft Office 等のアプリケーションプログラムに標準機能として備わっているマクロ機能で簡単に行うことができます。

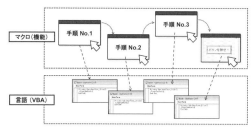

　これを実現するために用いられているのが Visual Basic の簡易版とも言える VBA（Visual Basic for Applications）と呼ばれるプログラミング言語です。

　この機能を悪用し、電子メールに添付された Word 等のファイルをオープンした途端、悪質なマクロが起動してウイルスに感染してしまう、というものがマクロウイルスです。マクロウイルスが起動するためには、そのアプリケーションソフトがそのパソコン等にインストールされている必要がありますので、多くのパソコンにインストールされている Microsoft Office、特に Word や Excel をターゲットとしたウイルスの多くは VBA により作成されています。

◆スクリプトウイルス

　一般的にスクリプト言語というと、Perl や PHP、JavaScript、WSH（VBScript、JScript）、Python、Ruby 等のインタープリタ型言語を指しています。

　しかしスクリプトウイルスには、もっと簡単な MS-DOS や Windows のコマンド（バッチ）プロンプトや UNIX 系システムのシェルで作成したものも含まれますし、動画作成用ソフトや CAD ソフト等のスクリプト（Lisp や Python 系プログラム等）で作成することも可能です。上のマクロに用いられる VBA もスクリプト言語の一種なので、マクロウイルスもスクリプトウイルスに位置づけられています。

○圧倒的に Windows を対象とするものが多い

　Windows では、バッチファイル（拡張子 .bat）でも、コマンドファイル（拡張子 .cmd）でも、各種のプログラムを実行させることが可能です。また Windows 7以降では、PowerShell（拡張子 .ps1）が標準装備されるようになりました。このため Ursnif（バンキングトロイ）等、PowerShell で記述されたマルウェアもが増加しています。

たとえばパソコン内のハードディスクを廃棄するために記録内容を消去する場合、Windows パソコンなら標準的に利用できる cipher コマンド（コマンドプロンプト）を使用することもありますが、このコマンドを利用してウイルスを作成（バッチファイルを作成）して実行させれば、システムの破壊につながります。ランサムウェアの WannaCry は、アクセス権の奪取に icacls コマンド（アクセス権の設定用コマンド）を用いていました。

忙しいなぁ〜

icacls ./grant Everyone:F /T /C /Q
cipher /w: d:

アクセス権を設定したりディスクを消去したり……

○ファイルレス（インメモリ）攻撃の増加

最近では、PowerShell の他、本来はネットワーク上のデバイス管理や Windows OS の監視に用いられる WMI（Windows Management Instrumentation）やネットワーク利用アプリケーションの構築に用いられる .NET フレームワークを用いたファイルレス攻撃も増加しています。

これらは LOTL（Living Off The Land）とか LOLBins（Living off the Land Binaries

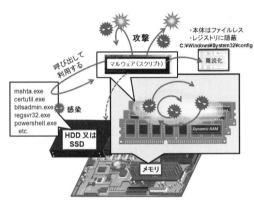

攻撃
・本体はファイルレス
・レジストリに隠蔽
C:¥Windows¥System32¥config

呼び出して利用する
マルウェア（スクリプト）
難読化

mshta.exe
certutil.exe
bitsadmin.exe
regsvr32.exe
powershell.exe
etc.

感染

HDD 又は SSD

Dynamic RAM

メモリ

：環境寄生型バイナリ）といって、本来 OS 等の機能であるモジュール等の実行ファイル（バイナリ）を呼び出して悪用するものです。元々あるファイルを感染拡大や攻撃等に目的外使用（濫用）する攻撃手法なので、スクリプトを作成すれば、実行形式のマルウェアは保存される訳ではなく、スクリプトをレジストリ内に難読化して保存し、活動自体はメモリ上で展開するため検出が困難であり、ファイルレスマルウェアと呼ばれます。

○ブラウザやサーバで稼働するスクリプト

PowerShell 等は OS（Windows）で稼働し、VBA は Office 上で稼働するものですが、JavaScript はブラウザ、PHP や Python 等はサーバ側で稼働するスクリプトです。

攻撃側では攻撃対象のプラットフォームやその利用言語（スクリプト）と脆弱性を調査し、これに応じたマルウェアを用いて侵入等を図っています。

（サーバサイド・スクリプト）
Web サーバ
PHP、Python、Ruby etc.

（クライアントサイド・スクリプト）
ブラウザ・アプリ
JavaScript、ActionScript、VBA
（MS-Office）

OS（Windows 等）
bat、PowerShell etc.

◆スクリプトウイルスの増加

スクリプト型言語は、プログラム記述が比較的簡単に行えますが、そのソースを見ればプログラムの内容が判る、というメリットが、逆にリバース・エンジニアリングにより簡単に模倣・流用されるというデメリットとなっています。このため、知的所有

権の塊であるソースプログラムを隠蔽する必要が生じ、プログラムの難読化対策やツールが発達してきました。この技術がマルウェア作成の際にも悪用されていて、圧縮ツールや正規表現化等、隠蔽のためのテクニックを併用し、検出を逃れようとします。

また PowerShell 等は、全ての Windows システムで動作することが、マルウェア作成者から見ればマルウェアの実行環境の点で非常に魅力的となっています。

PowerShell では、-EncodedCommand というパラメータを付すことにより base64 エンコードを行う（一見すると暗号化されたように見える）ことも可能で、マルウェア解析等の困難性も増大しています。

◆マクロウイルスの動作例

Word の場合、起動時に標準テンプレート（定型書式）ファイル（NORMAL.DOTM）を自動的に読みこむ機能を悪用することが多く、同様にマクロが有効な Excel の標準テンプレートは .xltm、PowerPoint の標準テンプレートは .potm となっています。

○感染経路

USB メモリに保存された文書や電子メールに添付された文書がウイルスに感染していた場合、たとえば感染した Word 文書ファイルを開くことにより、ウイルスがテンプレートファイルに感染すれば、Word を起動する度に自動的にウイルスを読みこむことになりますので、以降作成した文書はウイルスに感染することになります。

1999年に猛威を振るったメリッサ（Melissa）ワームの場合には、電子メールに添付された Word 文書を開くことにより感染しますが、メールソフト（Outlook、Outlook Express）のアドレス帳の上位50人に感染した文書ファイルを添付したメールを転送することにより感染を拡大させました。感染後のレジストリの改変、マクロウイルス自動検出機能の停止、メール送出の自動実行等の機能もマクロで作成していました。

◆感染防止対策（端末側）
〈ダブル・クリックでファイルを開かない〉

たとえば、電子メールに添付されたファイルのアイコンだけ見て、ダブル・クリックでファイルを開くようなことを日々繰り返していますと、マクロウイルスが作動する危険性だけでなく、場合によっては文書ファイルに偽装した実行形式のウイルスを起動させてしまう危険性が高いのでやめましょう。ワ

ープロソフト自体に脆弱性がなくても、その中に埋め込まれた表や画像等にウイルスを感染させ、メール受信者のOSを対象として攻撃するウイルスもあります。マクロウイルスはWindowsマシンをターゲットとする場合が多いのですが、2017年にはMac OSを狙ったWordマクロ機能を悪用するウイルスが登場しています。

○マクロ
.docm .xlsm .pptm

○スクリプト
.js .jse .vbs .vbe .wsf .wsh .ps1 .vb .sct .cs .as

○実行形式・インストーラ等
.exe .scr .dll .com .ocx .bat .cmd .pif .hta .msp .msi .mst .cpl

○ドライバ等
.inf .acm .vxd .sys

ドライバだと思ったのに！

ダブルクリックしたらマルウェアもインストールされる！

〈拡張子の表示を行う〉

添付ファイルの拡張子は偽装されやすいので、まず拡張子を表示するように設定します。Windowsの場合、コントロールパネルで「登録されている拡張子は表示しない」の設定になっている場合は、登録されている.docx等の拡張子は表示されませんので、このチェックを外して拡張子を表示させます。.exe等の実行形式の拡張子なのに文書タイトルが付されていれば、ダブル・クリックするとウイルスに感染してしまう危険性があります。

〈マクロの無効化、マクロ有効ファイルのフィルタリング〉

通常の業務で「常時マクロを有効化する必要性があるのか？」という点を検討し、なければOfficeのセキュリティセンター等で無効化します。マクロ機能が不要であれば、.docm（Word）、.xlms（Excel）、.pptm（PowerPoint）のようなマクロが機能する拡張子のファイルも不要であるはずで、受信メールにこのような拡張子のファイルが添付されていた場合にはフィルタリングする等の対策も必要かもしれません。

メールの添付ファイルを開こうとする際、「インターネットから入手したファイルは、ウイルスに感染している可能性があります。編集する必要がなければ、保護ビューのままにしておくことをお勧めします」という注意が表示されているのに、「編集を有効にする」をクリックしてマクロウイルスが発動してしまった、ということが実際に起きていますので、この「保護ビュー」機能を有効に活用しましょう。

〈圧縮ファイルやショートカット（.lnk）にも注意〉

マルウェアの検出を逃れるために、添付ファイルを.zipや.lzh等、しかもパスワード付で圧縮して送付する場合もありますので、これらの圧縮ファイルを安易に開く（解凍する）ことは避けましょう。さらにはショートカット形式（.lnk）を使えば、実行ファイルでも起動させることができるので、.lnkの拡張子にも要注意。ショートカットを悪用するマルウェアはショートカットウイルスとも呼ばれています。

〈ブラウザのセキュリティレベル〉

閲覧する際に用いるブラウザのセキュリティレベルの設定等を的確に行うことによりJavaScript等のスクリプトが無条件に実行されないようにしましょう。

○サーバサイドのセキュリティ対策

サーバ側で稼動するPHPやPerl、Ruby、Python等の場合、攻撃を受けてサーバの情報が流出したり、正規Webページが改ざんされて悪意のあるスクリプトが掲示された場合には閲覧する多くの利用者に感染が拡大するため、適切なセキュリティ対策やアクセス管理を行う必要があります。

§3-20 マルウェアは検出を逃れようとする

マルウェアは「難読化」以外にも検出や解析を回避するための対策を行っているのだろうか？

◆マルウェア検出手法

多様なマルウェア検出手法がありますが、セキュリティベンダーでは、次のような手法を組み合わせて製品やサービスとして提供しています。最近は AI 技術も利用されています。

①パターンマッチング方式： 既知のマルウェア特徴（シグネチャ）をまとめた定義データベースを用い、対象となるプログラムが同一か、類似している場合に検出するものです。

②ヒューリスティック（ルールベース）方式： 対象プログラムを実行するとどのような行動（ファイル改変等）をとるのかを予測する静的ヒューリスティックと、システムの動作に影響を与えないようにして実際にメモリ上で動作させて検査する動的ヒューリスティックがあります。

③ジェネリック方式： リアルタイムにプログラムを監視し、不正な動作（システムファイルに不正にアクセスする等）を行おうと試みた場合、プログラムを停止する等により未然に感染を阻止する方式（ビヘイビア・ブロッキング方式とも呼ぶこともあります）。

○ウイルス検出や名称の差

セキュリティベンダーはそれぞれ独自にマルウェアのサンプル（検体）を収集したりソフトウェアベンダー等から入手した情報を基に、検知のためのパターン作成と提供を行っていますので、そのパターンの内容と作成に要する時間等には差異が生じます。

また、マルウェアの命名や区分は、CARO（Computer ANtiVirus Researcher's Organization：ウイルス研究者組織）や、米の MAEC（Malware Attribute Enumeration and Characterization）、国内では IPA（情報処理推進機構）の手法等に則り、ベンダー各社で規定していますが、マルウェアの多様化等が進み、亜種、変種も増大していますので、検出カウント数は一様ではありません。ドイツの AV-TEST やオーストリアの AV-Comparatives 等のセキュリティソフト評価機関で性能評価を行っています。

この AV-TEST やセキュリティベンダーが参画するマルウェア対策テストの標準化組織として AMTSO（Anti-Malware Testing Standards Organization）が2008年に発足し、標準化やガイドラインの検討を行っています。1991年に設立された EICAR（European Institute for Computer Antivirus Research）では、マルウェア対策研究や情報セキュリティ対策全般に取り組んでいてテスト用の疑似ウイルスファイル（EICAR テストファイル）の提供も行っています。

○セキュリティ対策ソフトを利用しているのに感染？

セキュリティ対策ソフトを導入しているのにマルウェアに感染してしまった、という状況が発生することもありますが、これは主として次の理由によります。

▶マルウェアが、セキュリティ対策ソフトが起動するのを阻止したり無効化を行う（プロセスの強制削除・プログラムの削除）、セキュリティベンダーへの接続を阻害する、定義ファイルの更新（ダウンロード）を妨害する等の機能を有しているため、セキュリティ対策ソフトが機能しなかった。

▶マルウェア対策ソフトをインストールしていたが、ソフトウェアの有効期限を超過していたり適切に定義ファイルの更新等を行っていなかった。あるいは次のゼロデイ攻撃のように定義ファイルが未対応であった。

▶「ウイルス対策ソフト（アプリ）」を標榜する偽セキュリティソフト（FakeAV）を購入・インストールしているため、ウイルス対策の実効性がない（§6-5参照）。

▶暗号化・ステルス（隠蔽）化技術の採用により、検出不可。

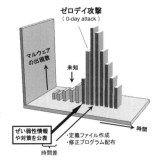

・Windows Defender の削除
・セキュリティソフトの無効化
（プロセスの強制終了）

セキュリティ対策ソフト

迂回

マルウェア対策ソフトベンダーサイト

検知結果

定義データベース

インターネット

放置された脆弱性

ウイルス

マルウェア対策ソフト

OS 等

　ウイルス感染を防止するためには、セキュリティ対策ソフト等の定義データベースを適切に更新するだけでなく、OS やアプリケーションプログラムについても、修正情報に基づく修正パッチの適用等を確実に行い、放置された穴（脆弱性）が残らないよう塞ぐと共に、OS 等のファイアウォール機能の適切な設定、不要サービスの停止等の対策を的確に実施する必要があります。

○ゼロデイ攻撃

　不正アクセス等は、OS や各種のアプリに脆弱性を発見した人（あるいはその情報を得た人）が、その弱点を突いて侵入することが可能なプログラム（exploit code）を作成して攻撃に用いることにより行われる訳ですが、もしそのタイミングが OS やアプリのベンダーがその脆弱性に関する情報や修正プログラム（セキュリティパッチ）、あるいはソフト（アプリ）のバージョンアップ、マルウェア検出用の定義パターンを提供する前の段階で行われる場合には、このマルウェアは未知のウイルスと呼ばれます。

ゼロデイ攻撃
(0-day attack)

マルウェアの出現数

未知

ぜい弱性情報や対策を公表

・定義ファイル作成
・修正プログラム配布

時間差

時間

　ベンダーにとっては、対策を講じる前に脆弱性情報や exploit code がネット上に掲出されてしまうと、それを悪用した攻撃、マルウェアの亜種等が出回ることになり、防御体制が整わない内に広範囲に被害が拡大する恐れがあり、対策のための準備期間がゼロであることから、このような攻撃はゼロデイ攻撃とも呼ばれています。

◆検出逃れ（検知回避）のテクニック

　マルウェアは、たとえばパターンマッチング方式で用いるシグネチャを一部変更する等の手法により検出を逃れようとしますが、セキュリティ対策ソフトによる検知だけでなく、「解析」されることも逃れようとしています。

○仮想環境の検知／解析ツールの検出

マルウェアを解析するためには、外部等に影響を
与えたり感染させないように隔離した環境を構築す
る必要がありますが、そのために「サンドボックス
（砂場）」が利用されています（§5-2参照）。サンド
ボックスを構築する際には、VMWare や VirtualBOX
等の仮想化ツールを用いることが多いのですが、こ
れらの仮想化ツールが標準的に設定している MAC
アドレスをレジストリから入手したりネットワーク

このサンドボックスは
Macアドレスから見て
VMWareだな～

アダプタ等の情報を GetAdaptersInfo 関数により取得することにより検出した場合には、
サンドボックス環境にある、とマルウェアが認識して活動を停止するものも増加して
いますので、動的解析作業が困難となります。

また解析時にネットワークトラフィックを分析する Wireshark やプロセスの稼働状
況を見るために Process Explore 等のツールを使用しますが、これらの監視ツールを
検知することにより動作を停止して、マルウェア解析を回避したり、反対に Process
Hollowing／Herpaderping 攻撃（プロセスのコードを改ざんしたりプロセス順序を入れ替
えることによる隠蔽手法）等を行い、解析作業を妨害します。デバッガ等の利用を検知
する「アンチデバッグ機能」を備えたマルウェアもあります。

○ステルス化

マルウェアは、いくつかの機能要素により構成
されていて、たとえば、

①感染手法（脆弱性に対する攻撃コード等）
②発病条件・タイミング判定部
③侵入後の動作、発病機能
④隠蔽手法（暗号化、復号手法等）

等の部分に分けることができます。

この④の隠蔽手法は必ずしも不可欠な構成要素
ではありませんが、セキュリティ対策ソフト等に
よる検出を免れるために隠蔽（ステルス化）
工作を行ったり、マルウェアの発病機能の一
部分を侵入後ダウンロードするもの（ダウン
ローダー）、それ自体には検出されるような
不正コードを含まずある条件（タイミング）
で不正コードを投下（作動）させるもの（ド
ロッパー）等、マルウェア対策ベンダーの目
をくらますための工夫を行っています。

○ミューテーション（変異）

生物界のウイルスが変異や環境によって形

を変えるのと同じように、マルウェアもプログラムサ
イズや表示されるコード形式を変更することにより、
セキュリティ対策ソフトのパターンマッチングの目を

逃れようとします。これにはポリモーフィック（多様化）型やメタモーフィック（変身）型があります。

ポリモーフィック型は、自身を暗号化することにより検出から逃れるもので、暗号化時の鍵をランダムに変化させることによりファイルサイズ等の外見を変えます。そのためのツールキットも各種出現しています。

メタモーフィック型は、マルウェアをいくつかのブロックに分割して順番を入れ替えたり、実行しても実行に支障のない命令やコメントを追加したり、同じ機能を果たす別のコードに変更することにより、パターンマッチングを逃れる手法です。

マルウェアのソースコードの一部を変更したりコードを追加したものを、別種のコンパイラ（プログラムを実行させるために使用するプログラムで、ソースコードを実行可能な形式に変換するもの）で実行形式に変換したり、異なるプログラム言語で記述して実行形式に変換することにより、パターンマッチングの目を潜り抜ける手法も取られます。頻繁にコンパイルを繰り返すことにより検出を逃れようとするものもあります。

○その他の証拠隠滅手法

セキュリティ対策ソフトのパターンマッチングに引っかからずにシステムに侵入したとしても、侵入してファイルやブート（起動）セクタに感染したならば、そのファイルサイズやタイムスタンプが変化してしまうので、実際にマルウェアが稼働する際にそのプロセスが検出されてしまいます。このためマルウェアをメモリ上に常駐させてOSのシステムコール（OS機能の呼び出し）を横取り（フック）して自分のプロセスを隠蔽するファイルレス攻撃（§3-19）や、セキュリティ対策ソフトが検査した場合には感染前のファイルサイズやタイムスタンプを応答したりセキュリティ対策ソフト自体を感染の対象とする手法等の隠蔽手法も考案されています。

○圧縮技術（アーカイバ/パッカーの利用）

セキュリティ対策ソフトの目を掻い潜るため、マルウェアを圧縮（自己解凍型）することも多いのですが、この場合は実行形式のプログラムを圧縮（パック）し、これを元に戻す（アンパック）ルーチンと共に一纏めにしておき、実行時にこのアンパックルーチンに従い元に戻すことによりマルウェアが起動する、ものです。

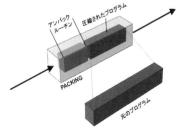

UPX（Ultimate Packer for eXecutables）やezip等、様々な圧縮ツール（パッカー）が利用されます。

圧縮されたファイルをアンパック（解凍）すると、複数のマルウェアに分離して活動を始めるものや、多重圧縮や分割圧縮（RAR）技術を利用するものもあります。

○暗号化・難読化

文字列等を暗号化したり、プログラム中の変数、サブルーチン、クラス、メソッド等の名称を判りにくいものに変更する、あるいは実行時にプログラム自身を書き換える自己書き換え等の難読化（§3-19参照）等により、解析作業が困難になっています（§5-5参照）。

　また難読化は、Web サイトに JavaScript 等により不正なコードやリンクを埋め込む際に、セキュリティ対策ソフト等で検出されないようにしたり検出を遅らせるためにも使用されます。

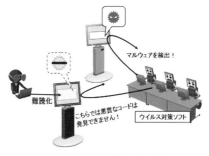

◆データの隠蔽（情報ハイディング）

　暗号や圧縮技術以外に、他人にマルウェアの存在やコードを読まれなくするためにも、各種の隠蔽手法が利用されています。これはデジタル著作権管理（DRM：Digital Rights Management）技術に用いられる電子透かし（ウォーターマーク）や電子指紋（フィンガープリント）と同じ原理で、専用ツールにより画像や音楽ファイルの中に埋め込んで隠す手法（ステガノグラフィ、インプラント、クローキング等とも呼ばれる）や QR コードに情報を重畳する形で隠蔽する手法もありますし、マルウェアをイメージ（iso、img 等）ファイルの中に埋め込む等の隠蔽手法も用いられています。犯罪者等が、ファイルの存在自体を隠したり自分以外の者がファイルの内容を読めなくするために悪用する技術は「情報ハイディング技術」と呼ばれ、アンチ・フォレンジック（§5-5参照）技術の一種です。画像の中に仕込まれたマルウェアはステゴマルウェアと呼ばれます。

○存在の隠蔽（不可視）

　Windows では「隠しファイルおよび隠しフォルダを表示しない」設定にし、隠したいファイルに「隠しファイル（H）」の属性を与える設定にするだけでエクスプローラでファイルやフォルダが表示されなくなります。他の OS の場合でも hidden 属性として指定すれば、ファイルやディレクトリの不可視化を行うことができますが、このような手法では、簡単にばれてしまいますので、もっと見つかりにくい次のようなところに隠そうとします。

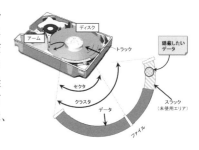

　OS がファイルをハードディスクに読み書きするには複数のセクタで構成されるクラスタ単位で行うようになっていますが、ファイルのサイズはクラスタごとに分割していくと、最後にはクラスタ内にデータの書き込まれていない "余り" の部分が生じます。データをこの隙間（スラック）やバックアップファイル等を保存することが多い不可視領域（HPA：Hidden Protected Area と呼ぶ）等に隠蔽することも行われます。

　Windows とは別のパーティションに Linux 等の Windows 以外の OS をインストールして、当該パーティションにデータを隠したり、仮想化技術を悪用したデータ隠蔽も可能です。

4 脆弱性がなければ安心？

◆サイトの安全

企業等の Web サイトのセキュリティを強化して不正アクセスを防止すれば、サイトの安全は確保できるのでしょうか？

Web 上のサービスは単独で提供している訳ではなく、様々なサービスと連携して提供されています。DNS サーバが攻撃を受ければ、企業の利用者がフィッシングサイトに誘導されてしまい、ネットワーク事業者のシステムが DDoS 攻撃を受ければ多くの Web サービスがダウンすることになります。音声読み上げサービス等を提供している場合には、これらのサービスを提供するサイトが攻撃されれば、その影響が波及することになります。

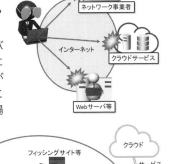

ホスティングサービスや**CDS（Contents Delivery Service）**、クラウドサービスを利用していても攻撃を受けたり、その基盤となるデータセンターに障害が発生して、サービスが停止する事態も発生しています。トータルなセキュリティを確保するためには、ネットワーク全体での対策が必要となる場合がありますので注意が必要です。

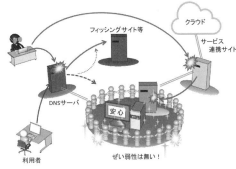

◆利用者側のセキュリティ対策

インターネット上でバンキングサービスが利用できるようになって以降、不正送金の被害に遭う事件も多く発生していますが、当時、多くの被害端末では適切なマルウェア対策を実施していなかったことにより、端末が乗っ取られていました。

マルウェア対策等の不備は、自身がサイバー攻撃の被害に遭うだけでなく、他サイトや端末のスキャン（脆弱性の調査）を行う、スパムメールを送付する、DDoS 攻撃を行う、マルウェア頒布サイトとして悪用される等、様々な攻撃の踏み台として悪用されることにもつながります。

このためパソコンやスマートフォン等、個人の機器についてもセキュリティ対策を確実に実施することが求められます。

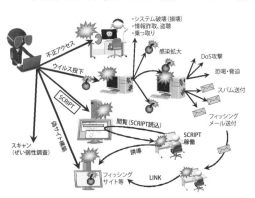

◆利用者のセキュリティ意識向上

インターネット上ではその匿名性を悪用して様々な「騙し」のテクニックが用いられます。

特に「なりすまし」は、知人や有名企業等になりすましてメールを送付するような手口だけではなく、サイト自体が本物そっくりになりすました偽サイト、という手口も多く発生しています。

このようなネット上の詐欺行為に騙されない、犯罪被害に遭わないためには、全てのインターネット利用者の防犯意識を高める必要がありますが、そのためには、防犯対策として騙す側のテクニックについて、若干技術的な説明にもなりますが、手法を知って頂きたいと思います。

○利用者側で注意すべきこと

掲示板やSNS、オークションサイト等を舞台とした不正商品等の売買、商品取引に伴う詐欺行為等の「ネットワーク利用犯罪」の多くはシステムの脆弱性とは無関係であることが多く、ネットワークの匿名性を隠れ蓑に、誹謗中傷や虚偽の風説の流布等が行われます。

インターネットにアクセス可能な環境があれば、犯罪につながる行為や利用規約に違反する行為でも、パソコンやスマートフォンから容易に行うことが可能ですから、これらのサイトでは監視の目を光らせております。違法・不適切な掲載を阻止・削除し、投稿者のアカウントを停止したりしていますが、必ずしもリアルタイムでこれらの全てを削除することはできないことから、様々なトラブル、犯罪行為に悪用されたりしています。

ネットワークを悪用する犯罪等は、被害者が情報通信サービスの仕組みや当該商品や提供サービス等の取引に精通していないことに付け込んで、行われることも多いのです。

悪意を持って犯行に及ぶ被疑者の場合、このようなサイトに書き込み、カモとなる閲覧者が網にかかってくるのを待つだけでなく、電子メール（スパム）をばら撒いて、特定サイトに誘導したり、返信してきた者を釣り上げる

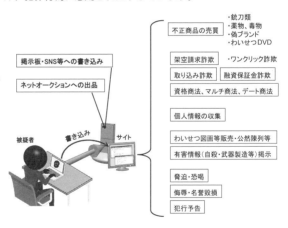

フィッシング行為で騙すだけでなく、インターネットやネットを利用する際に用いられているプロトコルや技術自体を悪用して様々な犯罪を展開しています。

ネット犯罪を撲滅するためには、利用者の情報セキュリティやルール遵守についての意識向上も不可欠ですが、ネットワークで用いられる様々技術、プロトコル等についても、ある程度は理解して頂きたいと思います。

本節では、利用者にも留意して頂きたい事項について、いくつか説明します。

§3-21　標的型攻撃と水飲み場型攻撃

標的型攻撃とか水飲み場型攻撃という言葉を聞くが、従来のサイバー攻撃とはどこが違うのだろうか？

◆標的型攻撃の種類

　金銭や機密情報の奪取を目的とし、特定の組織やその構成員等にターゲットを絞ってマルウェアが潜むメールを送付する等のサイバー攻撃は標的型攻撃（Targeted Attack）と呼ばれています。その中で、持続的・反復的に（執拗に）行われる攻撃は、APT（Advanced Persistent Threat）攻撃（持続的標的型攻撃）とも呼ばれています。

　メールではなく、攻撃対象となる組織やその職員等がよく利用する Web サイトにマルウェアを仕込み、アクセスを行った際にマルウェア等に感染させる攻撃手法は水飲み場型攻撃と呼ばれます。特定組織等を攻撃する際には、これらの手法の他、サイトの業務を妨害したりリソースを枯渇させる目的で、Web サイトの改ざんや DoS/DDoS 攻撃等も行われます。

　また金銭目的で特定組織等のデータを人質に取ったり、その組織のデータを暴露するための攻撃には、ランサムウェアも利用されます。

○スピア型攻撃

　攻撃目標を絞り、そこを目掛けて銛（スピア）を投げつけるようにメールを送付することから、標的型攻撃はスピア型攻撃とも呼ばれます。スピア型攻撃の中でも、企業の上級幹部等をターゲットに送付するメールはホエーリング（Whaling）と呼ばれることがあります。魚を釣る Phising に比べ大物狙い（捕鯨）であるため、こう呼ばれます。

攻撃対象組織　spear

　Office ソフトで作成した文書や表にマルウェアを忍ばせておき、さらにそのファイル名を業務に関連深いものとし、電子メールのタイトルも相手の業務に関係しそうなものにしておけば、たとえ送信者が知人でなくても受信者は用心することなくファイルをオープンしてしまうことが多いので、騙されることになります。

VIP

　最近でこそ企業の幹部も電子メールを活用するようになってきましたが、セキュリティを十分考慮して使いこなす幹部は少ないかもしれません。添付ファイルを無頓着にダブルクリックで開けないよう注意する必要があります。標的型攻撃は、このように人の弱点を突いた攻撃でもあります。

　そのファイルを開けてみても、実際には空ファイル（何も書いていない）であったり、ニュース記事程度のことしか書いてないことも多いので「なんだ、知ってることばかりだな」ということで本人は終わってしまいます。別段パソコンの調子が悪くなければ感染したことが発覚するのは稀で、「外

ん〜、なになに？
「〇〇業における効果的な情報セキュリティの確保のあり方」だと！
これは、読まなくては！

ファイルを"ダブルクリック"すればいいんだっけ？

カチャ　カチャ

Click !
Click !

えらい人

部に変なパケットが飛んでいる」ということを
ファイアウォール等で検知して、初めて感染や情
報漏えい等が明らかになった、ということも過去
にはよくありました。メール自身にマルウェアが
添付されていない場合でも、メール本文中に記載
された URL リンクをクリックすることで、攻撃
者が用意した悪意のある別サイトに誘導され、マ
ルウェアに感染させられてしまう場合もあります
ので、マルウェア対策の重要性等については全職
員・社員に徹底する必要があります。

○ラテラルムーブメント

いったん組織内のネットワークに
侵入できても、そこに目的とする個
人情報、機密情報や知的財産の奪取
につながる情報があるとは限りませ
ん。このため、侵入した端末等の

OS 機能（分散ソフトウェアコンポーネント間の通信機能である DCOM（Distributed
Component Object Model）等の機能を用いて感染を拡大し、次から次へと感染を拡大
し、価値の高い情報を入手する動きを行います。このように水平（横）方向への展開
を行う活動は、ラテラルムーブメントと呼ばれます。一般ユーザのアカウント情報を
奪取するだけでなく、最終的にはシステム管理者権限まで奪取される危険性がありま
す。一般ユーザのアカウントを乗っ取り、そのユーザになりすましてメールを送りつ
ける行為はラテラルフィッシングと呼ばれることもあります。このような攻撃手法は
テレワーク下、クラウドサービスの利用で増加傾向にあります。

◆水飲み場型攻撃

水飲み場はウォータリング・ホール（Watering hole）の直訳で
す。このウォータリング・ホール、ナイトクラブやビヤバーを
想像するかもしれませんが、この場合はサバンナの動物達が渇
きをいやす場所を指しています。

草食動物が水を飲みに来るのを待ち受け
る肉食動物やハンターのように、特定の企
業や組織の職員、同好会のように同じ趣味
や興味を持つグループの構成員を狙って、罠
を仕掛けて待ち伏せするサイバー攻撃の手法
を水飲み場型攻撃（溜まり場型攻撃）と呼ん
でいます。

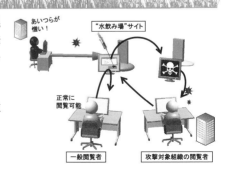

○攻撃手法

攻撃対象相手にメールを送付する標的型攻
撃とは異なり、攻撃対象組織の構成員がよく
利用・アクセスするサイトに不正に侵入し、

Web ページを外見的には改ざんしたことが分からないようにマルウェア等を埋め込みます。別のサイトにリダイレクト（誘導）を行う iframe タグ（§3-13参照）を仕込み、アクセスした閲覧者にマルウェアが仕込まれたファイルをダウンロードさせます。特定の IP アドレスから閲覧された場合のみマルウェアに感染させるようにすれば、一般の閲覧者には影響を与えることなく、ターゲットとなる組織の職員にのみ、マルウェアをダウンロードさせることが可能ですので、なかなか攻撃が発覚しないことになります。

サイトにマルウェアを埋め込むには、CMS（§3-6参照）や、その CMS プログラムを構成する PHP 等の脆弱性を突いた攻撃が行われます。

閲覧者にマルウェアが取り込まれるのは、ブラウザ等の脆弱性を突いた攻撃によることが多く、感染した場合には、端末が遠隔操作されたり情報が窃取されたりします。

○オペレーション

この水飲み場型攻撃は2012年頃から登場したもので、我が国でも2013年に自治体情報を配信する会員向けサイトや政府機関等が攻撃対象となりました。このような水飲み場型攻撃の代表的なものにはオペレーションと冠されるものも多いようです。

〈Operation SnowMan〉

ブラウザ（IE）と Flash Player の脆弱性が悪用され、米退役軍人向けサイト等が攻撃対象となりました（2014年）。同様なものとして、

Operation DeputyDog（2013 年）、Operation Ephemeral Hydra（2013 年）、Operation GreedyWonk（2014 年）、Operation Clandestine Fox（2014 年）、Operation Cloud Hopper（2017 年）、Operaton Wizard Opium（2019年）、Operation Earth Kitsune（2021年）

等があり、Operation DeputyDog は、我が国をターゲットとしたゼロデイの脆弱性を悪用した標的型攻撃です。Operation Backdoor Cut（2014年）は日本のバスケットボール関係団体の Web ページ改ざん等の攻撃、2017年の Operation Cloud Hopper（クラウドホッパー作戦）は、大規模な標的型サイバー攻撃キャンペーンで、各種のマルウェアを添付した標的型メールが政府機関等を偽装して各国の受託企業のシステムや情報資産の管理を行う MSP（Managed Services Provider）に送付されたものです。

同様の手口により日本の学術機関等に対するサイバー攻撃キャンペーンも2017年に発生しており、ChessMaster と呼ばれました。これは主として遠隔操作ツール（RAT）の ChChes を使用したファイルレス攻撃で、C&C サーバと通信する際に、HTTP リクエストのヘッダー部分の Cookie フィールドに暗号化した指令等を潜ませる等、高度な技術が用いられていました。また2017年には、PC 最適化・システムメンテナンスソフト（CCleaner：クラップクリーナー）を配布するセキュリティベンダーのサイトにおいて、このソフトにマルウェアが混入され、そのまま多くの企業等がダウンロードする事態も発生しました。

◆標的型攻撃への対策

標的型攻撃への対策としては、従業員等を対象として訓練メールを送付し、ダブルクリックで開封したり URL リンクをクリックしないかどうかをチェックする組織も

多いようですが、このような訓練を行っても「つい、うっかりメールを開封してしまった」という人の数をゼロにすることは到底できません。またゼロデイ攻撃等の検出が困難なマルウェアも増加していますので、内部への侵入を完全に阻止する（入口対策）ことは非常に困難です。

マルウェア対策やOS、アプリの脆弱性（アップデート）チェック、ログ・インシデント管理、社員教育等の広い範囲にわたる内部対策を着実に実施していても侵入を阻止することは完全にはできませんので、情報の流出を阻止する等の出口対策をしっかり行う必要があります。IDS/IPSによる検知や・防御を確実に行う、サンドボックス型のファイアウォールの設置、重要データやシステム変更のモニタリング・ユーザ監視を緻密に行うDLP（Data Loss Prevention：情報漏えい対策）により、外部への情報流出を防止する等、きめ細かな対策を継続して実施する必要があります。

たとえば被害区域を局所化するためには、§4-6で説明するセグメント分割やゾーニングが用いられます。

また平素からSIEM（Security Information and Event Management）製品（§4-7参照）の導入を行い、脅威分析等を行っている企業も増えていますが、このような製品は高価で、個々の企業等で体制を確保し、UTMやIPSの設定や日々の稼働状況の監視・管理業務を行うことは、大企業以外では難しいかもしれません。

このため、外部のセキュリティ・サービスを活用する組織も多く、このためのMSS（Managed Security Service）では、セキュリティベンダー等の監視センター（SOC：Security Operation Center）で顧客企業等のシステムの監視を行い、情報セキュリティインシデントを検出した場合には迅速な連絡や対応を実施するようになっています。

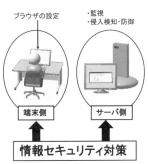

◆水飲み場型攻撃への対策

水飲み場型攻撃に対しては、サーバ側と端末側の両方での対策が必要です。攻撃を受けるおそれのある組織では、マルウェア対策やファイアウォール設定を的確に行うだけでなく、平素から攻撃を受けたり情報流出が発生していないかどうか、侵入検知やログの精査、外部接続の監視（出口対策）等を継続して行うことが重要です。

ブラウザの脆弱性を突いた攻撃も多いので、組織部内の端末であればブラウザソフトやその拡張機能・プラグイン等を利用者が勝手にインストールできないようにしたり、デスクトップ仮想化を行う等の対策も推奨されています。

テレワーク等の普及により、業務での利用やサークル、同好会等、家庭のパソコンやタブレット等の中にも、重要な情報が入っているかもしれませんので、適切なマルウェア対策のみならず、OSやアプリケーションソフトの更新、パーソナルファイアウォールの適切な設定（外部から到達するインバウンドのパケット通信のみならず、内部から外部に不正に送出されるアウトバウンドのパケット通信も阻止）を行うことが重要です。

§3-22　なりすましにひっかからない！

オレオレ詐欺（恐喝）や還付金等詐欺では、身内の者や警察官、社会保険事務所職員等になりすまし、携帯電話等で金銭の振り込みを行わせる。
ネット上のなりすましとはどのようなものか？　その危険性と対策は？

◆なりすましの態様

なりすましという言葉は、ヒトに限定されるものではありません。SNS 等の利用者であれば、アカウントやハンドル名の乗っ取りにより他人になりすます、ということを思い浮かべるかもしれませんが、フィッシングサイトや偽サイト（ドメイン）、無線 LAN ルータ等も、モノではありますが、なりすましの一種でしょう。

技術的な観点ではなりすましと同じ意味でスプーフィングという用語も使われています。IP spoofing（IP アドレスの偽造（詐称））やメールスプーフィング（送信者情報等の偽造）等があります。

◆アカウントの乗っ取り

LINE や Twitter、Facebook 等の SNS 等で「アカウント乗っ取り」被害が増加しています。不正に入手したアカウント（ID とパスワード）を使用して、当該ユーザになりすまして SNS にアクセスしメールの送受信を行う等の行為は不正アクセス行為に該当しますが、不正にアカウントを入手しなくても、他人や実在企業等になりすまして虚偽情報を発信する等の行為は、「名誉毀損」や「業務妨害」等の罪に問われる可能性があります。

特定の企業の担当者になりすましてメールを送付し、攻撃者等の口座に金銭の送付を行わせる行為は BEC（Business E-mail Compromise：本項最後で説明）と呼ばれますが、まさしく「詐欺」に該当します。

他人のアカウントを使用して迷惑メール等を送出する場合は、「特定電子メールの送信の適正化等に関する法律（迷惑メール防止法）」5 条に規定する「送信者情報を偽った送信の禁止」に該当します（架空アカウントによる送信は 6 条の規定に該当）。

メールや SNS 利用者としては、パスワードの他、携帯電話番号や認証番号、メールアドレス等が流出しないよう、それぞれのメーラーやアプリ、端末の適切な設定・管理を行う必要があります。

◆フィッシング（phishing）、ファーミング（pharming）

金融機関等の偽サイトを立ち上げて、このサイトに誘導するメールを送付するフィッシング行為もなりすましの範疇に入るものです。これにもいくつかの類型があり、主として、

① 本物と酷似したドメイン名（URL）や URL の偽装を行った HTML メール等を送付して、正規ユーザが、偽サイトを本来アクセスすべきサイトと錯覚し、ハイパーリンク等をクリックすることにより、偽サイトに誘導される、いわゆるフィッシン

グ。

　　フィッシングを行う者はフィッシャー（phisher）と呼ばれる。

② 　本来は、ドメイン名（URL）と IP アドレスの関係をデータベース化しておき、ユーザからの問い合わせに対して、適正な回答を行うための DNS サーバが、クラッカーにより、保有データが汚染されるような攻撃を受け、偽サイトに誘導するデータを返送することにより偽サイトに誘導される、いわゆるファーミング。ファーミングを行う者はファーマー（pharmer）と呼ばれる。

③ 　無線 LAN 利用時に、偽のアクセスポイントを設置して、ユーザのアカウント情報等を詐取したり、別サイトに誘導する、いわゆる無線 LAN フィッシング。Wi フィッシング（ワイフィッシング）等とも呼ばれる。

④ 　QR コードが一見しては正しい URL が記述されているかどうかが判別できないことを悪用した QRishing（QR コードフィッシング）。

等に区分されます。

○フィッシング

　過去、実際に偽夜間金庫事件が発生しています。この手口は、銀行の夜間金庫前に工事や改装中を装い「臨時夜間金庫・仮設投入口」等と表示した偽金庫を置き、中に投入された現金を詐取するものです。

　ネット上のなりすましでは、本物の銀行等のサイトとそっくりに表示されたサイトを使用します。URL も本物に似た綴りとし、アクセスした者が本物と間違うようなものを利用します。

　このフィッシング（phishing）の代表的な手口としては、まず金融機関等を装ったメールを送りつけます。その本文には個人情報やパスワード等の入力を促す案内文と当該金融機関のサイト（Web ページ）へのリンクが掲載されていて、メールを受信した人がそのリンクをクリックすると偽サイトに誘導されるか、個人情報等の入力を促すポップアップウィンドウが開き、入力されたデータを詐取するものです。

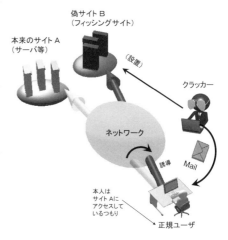

　対応策としては、送信者欄を信用しない、フォームの送受信に SSL が利用されているか確認する、メールに示された連絡方法（リンクなど）以外の正規のものと確認できている電話番号や URL などから案内が本物かどうかを確認する、などが挙げられますが、まず金融機関が個人情報に関する登録変更等を Web やメールで指示（依頼）することは無いし、金融機関の職員や警察官が電話やメールでパスワードや暗証

番号を照会することもないことを周知徹底する必要があります。

　フィッシングメールは受信しない、見ない、ということも重要です。メールが届けば開いて読んでみたくなるのが人情なので、到着を阻止するためには、迷惑メール対策のための各種フィルターを使用したり、ドメイン認証等送信元の安全性が確認されているドメインからのメールのみを受信する、電子署名（§4-13参照）付のメールしか開封しない等の用心が必要です（受信側のメールサーバでドメイン認証等に対応している必要がある）。

　また、もし、メール中のフィッシングサイトへのリンクをクリックしたとしても（安易にクリックしないことが第一ですが）、フィッシング防止機能を有するブラウザ（機能を活用できるよう設定していることが前提ですが…）を利用し、フィッシングサイトへのアクセスであることを検出・阻止することができれば、被害を未然に防止することができます。

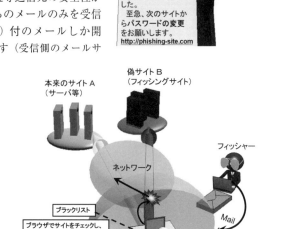

本来のサイト A
（サーバ等）

偽サイト B
（フィッシングサイト）

ネットワーク

フィッシャー

ブラックリスト

ブラウザでサイトをチェックし、フィッシングサイトへのアクセスを阻止する。

Mail

フィッシングメール（迷惑メール）のフィルタリング

全般 セキュリティ プライバシー コンテンツ 接続 プログラム 詳細設定
設定
☑ フィッシング詐欺検出機能
　○ フィッシング詐欺検出機能を無効にする
　○ 自動的 Web サイトの確認 無効にする
　◉ 自動的な Web サイトの確認 有効にする

（自動的に有効となるようブラウザを設定しておくことが重要）

正規ユーザ

Microsoft Edge の場合	SmartScreen フィルター
Google Chrome の場合	リアルタイムフィッシング保護機能　（SmartScreen も可）

○ファーミング

　フィッシングが、釣り糸を垂らして（メールを送付して）、餌に食いつくのを待つ手法とすれば、農業（farming）に由来するファーミング（pharming）は、種を蒔いて（仕掛けを用意して）、収穫を待つ手法です。

　インターネット利用者がいくら細心の注意を払ってブラウザのアドレス欄に正確なドメイン名（URL）を入力しても、悪意のあるサイトや偽サイトに誘導されてしまうもので、広義のフィッシング詐欺の一種として捉えられています。

　ファーミングには、大きく次の2つの方法があります。

〈hosts ファイルの改ざん〉

　通常、UNIX や Windows 等の OS では、DNS（Domain Name System）サーバを参照する設定でなければ、ホスト名とその IP アドレスを記載した hosts（ホスツ）ファイルを参照してネットワークに接続するようになっています。

このhostsファイルに
誤ったデータを設定してお
けば、間違ったサイトに接
続されてしまいます。

マルウェアの場合、感染
後に発見・駆除されないた
めに、セキュリティ・ベン
ダー等のサイトへの接続を
阻止し、OSの更新やウイ
ルス検出用の定義ファイル
（パターン）等を更新でき
ないよう、hostsファイル
を改ざんします。すなわち
セキュリティ・ベンダーの

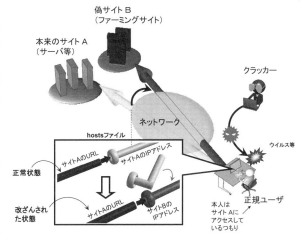

ドメイン名を列挙し、そこには接続できないように記述したhostsファイルをパソコ
ン等に送り込んで、既存ファイルと置換するか、そのようにhostsファイルを書き換
えます。

このようにhostsファイルを改ざんすれば、ユーザが特定の銀行等のドメイン名を
入力した際に偽サイトに接続させることも可能です。電子メール等にこのようなマル
ウェアを添付してターゲットの利用者に送付して感染させれば、ユーザが正確に目的
サイトのURLを入力しても、実際には偽サイトに接続されるようになります。

〈DNSの汚染（DNSキャッシュ・ポイズニング）〉

上のhostsファイルを変更するためには、ユーザにメールを送付する等により、マ
ルウェアに感染させなければなりませんが、メールを送付せずに偽サイトへ誘導する
ことも可能です。

それがDNSの汚染で、この場合の攻撃対象はDNSサーバとなります。

DNSは簡単にいうと、自マシンのhostsに相当する機能を多くの人が使えるように
したもので、ネットワーク
事業者や企業が設置するも
のを利用します。

ユーザからURLの問い
合わせを受けると、必要な
箇所のDNSを検索して問
い合わせてIPアドレスを
回答する役割を担っていま
すが、よく利用するサイト
のIPアドレス等を、その
都度検索するのは効率が悪
いので、一時的に問い合わ
せ結果を保存（キャッシュ）
する機能を持っています。

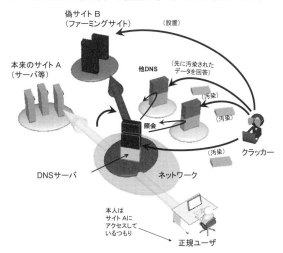

その機能を悪用してユーザからの問い合わせに対して偽のデータを回答する（汚染する：ポイズニング）攻撃手法でDNSスプーフィングとも呼ばれます。

　この攻撃手法は、対象とするDNSサーバのキャッシュにあるサイトのホスト名を照会し、このDNSが正しいIPアドレスを上位のDNSサーバ等に問い合わせて回答を得る前に、その回答を装って偽サイト等に誘導するためのIPアドレスを回答する、というもの。

　問い合わせの一連番号（ID）が一致するまで、繰り返し攻撃を行う手法もあります。

　いずれにせよ、DNSが攻撃を受け汚染された場合には、DNSサーバを利用する人は、全く自分は悪くないのに偽サイトに誘導されることになります。

　DNSの汚染を防止するため、照会に対するDNSサーバからの応答情報（IPアドレスとホスト名の対応）の信頼性を高めるために、電子署名を用いて正当性を証明するDNSSEC（Domain Name System Security Extensions）プロトコルが開発（RFC4033〜4035）され、またICANN（§3-14参照）でも2010年7月にDNSの最上位に位置するルートDNSサーバにDNSSECの導入を行いました。日本におけるドメイン名の管理を担当しているJPRS（Japan Registry Service：日本レジストリサービス）では、2011年1月からDNSSECをJPドメインへ導入しています。

○ドメイン名ハイジャック

　DNSサーバの攻撃対象はキャッシュだけではありません。登録情報自体を変更してしまう、という大胆な手法によりフィッシングサイトやマルウェア頒布サイトへの誘導を行うことも行われます。

　ドメインを登録するには、登録者はレジストラと呼ばれる要件を満たした指定事業者を経てレジストリ（日本の場合はJPRS）に登録し、その結果がDNSサーバに登録されます。

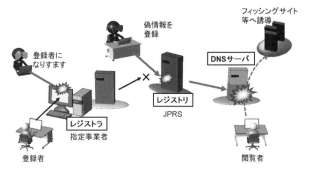

　その情報を改ざんするには、登録者やレジストリになりすまして登録するか、レジストリやレジストラの登録システムに脆弱性がある場合には、これを突いた攻撃を行うことにより登録情報（NSレコード）を書き換えます。

○ドライブ・バイ・ファーミング（Drive-By pharming）

　自宅等でインターネットを利用する場合、BB（ブロードバンド）ルータ（Wi-Fiルータ）を利用することも多いと思いますが、不慣れなユーザ等では購入時（工場出荷時）のままの初期設定値（デフォルト状態）で運用していることが多いかもしれません。

　このような状況で、あるユーザが悪意のあるサイトを訪問したと仮定しましょう。検索エンジン等で上位にランクされるようSEO（Search Engine Optimization）対策（§3-24参照）を行い、訪問する利用者を罠にかけようと狙っているサイトで、ページに悪意のあるスクリプトを埋め込んであった場合に、このサイトを閲覧したユーザが、

ブラウザの設定を JavaScript の自動実行を許可するようにしていたならば、そのサイトを閲覧した際に、パスワードが初期状態のルータの設定を、本来参照すべき DNS サーバからクラッカーが仕込んだ偽 DNS サーバに変更されてしまい、別の偽サイト（ファーミングサイト）に誘導されてしまいます。

これを悪用したマルウェアもあります。今から10年程前に多数登場したマルウェア（DNS チェンジャー）やその亜種は、不正な DNS を参照するように端末の設定を変更したりルータ等の DNS 設定を変更する機能を有しています。この場合にも、たとえユーザが正しい URL を入力してもファーミングサイトに誘導されて、入力した ID やパスワードを奪取されてしまうことになります。このようなファーミングを防止するためには、ルータのパスワード設定を確実に行うことが必要ですし、ブラウザについても JavaScript や ActiveX 等の自動実行は許容しないよう設定することが適当です。

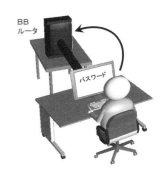

○ワイフィッシング〜無線アクセスポイントのなりすまし（Evil Twin）

公共施設や店舗等で無線 LAN（Wi-Fi）が利用できる場所（FreeWi-Fi）が増加していますが、この「アクセスポイント」になりすましてユーザのメールを覗き見たりアカウントやクレジットカード番号等の情報を詐取する犯罪も発生しています。

このような行為は無線 LAN フィッシング、アクセスポイントフィッシング、Wi-Fi フィッシング、あるいは Wi フィッシング、Evil Twin（悪魔の双子）等とも呼ばれています。

電波の強い偽アクセスポイントがパソコンやスマートフォンの近くにあり、しかも接続に際する認証も必要ないフリーなものであれば、気がつかないうちにこの偽アクセスポイントを利用してしまう、ということが起こり得ます。そうしてユーザのパスワード等の個人情報や通信内容が盗まれたり、マルウェアを自動的にダウンロードしたり別の Web ページに誘導されるかもしれません。

公衆無線 LAN サービスを提供する事業者では認証強化等の対策を実施しているかもしれませんが、インバウンド需要の高まりもあり、あまりにもセキュリティを強化すると使い勝手が悪くなる、と言われることもあるようです。

また、「企業（家庭）内のクローズした空間だから Wi-Fi を使っても大丈夫」と思うのは間違いです。普

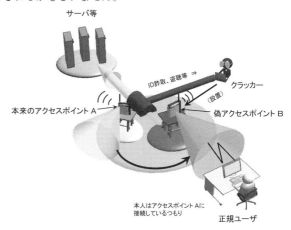

通のノートパソコンやスマートフォンに内蔵された無線LAN機能では、確かに電波伝搬距離はせいぜい数10メートル程度かもしれませんが、指向性外部アンテナ等を使えばその距離を伸ばすことが可能です。悪意があれば、攻撃対象の事業所の近くに偽アクセスポイントを設置して、従業員に利用させるように

本来のアクセスポイント A

偽アクセスポイント B

正規ユーザ

誘導したり、他人の家庭のアクセスポイントを外部から勝手に使用（"ただ乗り" ～ ウォー・ドライビング）することも可能です。

偽アクセスポイントというと、本物とは別の所に、疑わしいアクセスポイント用の機器が仮設置されている、というイメージを持つかもしれないが、実は、隣に座っている人のノートパソコンの中の無線LAN機能が偽アクセスポイントの機能を果たしているかもしれません。

OSがWindows 10のパソコンなら、**モバイルホットスポット**の設定を行うだけで、簡単にホットスポットを立ち上げることも可能（§6-2参照）です。

あやまって、このような偽アクセスポイントと接続してしまうと、暗号化されていないメールの内容や入力した個人情報等を抜かれる危険性があります。無線LANのパケットを解析してクッキー情報を入手し**セッション・ハイジャック**（§4-15参照）を行う手口は、**サイド・ジャッキング（Side Jacking）**と呼ばれます。

無線LANフィッシングや無線LANの**ただ乗り**を防止するセキュリティ対策ソフト（ウイルス対策ソフト等の機能の一部となっている場合もある）を活用し、クライアント側、アクセスポイント側双方で**暗号化・認証の強化**等、セキュリティ対策をしっかり行うことで盗聴等を防ぐことが可能です。

マンション等の集合住宅では、無線LAN機能を有するノートパソコンを起動させたら、自宅にアクセスポイントが無くても、近所のアクセスポイントに勝手に接続してインターネットが利用できた、という経験がある人もいるかもしれませんが、個人情報を抜くための**野良（のら）アクセスポイント**（意図的にセキュリティ設定を無効化し、誰もが利用可能な状態にしたアクセスポイント）かもしれないので利用するのは危険です。

◆ QR コードフィッシング

いちいち URL を入力せずに目的サイトに辿り着ける QR コードは便利ですが、QR コードだけを見て、正規のサイトかどうかを判断することは難しいため、フィッシングサイトに接続される危険性もあります。QR コードを使用してフィッシング詐欺を行うことは、短縮して QRishing と呼ばれることがあります。

過去には、フィッシングサイトに接続するように設定された QR

www.npa.go.jp

www.npago.jp

偽警察庁

短縮URL例
http://bit.ly/2CsBJuF

コードを本来の QR コードの上に重ねて貼ることにより個人情報を盗もうとした手口もありました。

また短縮 URL を使用したサイトでは、URL 表示を確認しても、正当なサイトかどうかの判断を行うことは非常に困難ですので、このようなサイトで個人情報を入力することは慎重に判断する必要があります。

◆スミッシング

携帯電話やスマートフォンのショートメッセージ（SMS）機能を悪用して、フィッシングサイトやマルウェアをダウンロードさせるサイトに誘導するメッセージを送りつける行為はスミッシング（SMS フィッシング）と呼ばれています。差出元も実在の宅配業者等に偽装することが多いので注意が必要です。

◆メールスプーフィング

他人や架空のメールアドレスを用いてメールを送りつけることはメールスプーフィングと呼ばれます。迷惑なスパムメールを送付するためだけでなく、フィッシングサイトに誘導するため、添付ファイルにマルウェアを潜ませて送付する際にもスプーフィングが用いられます。

○原理

メールの差出人の名前を改ざんすることは容易で、単に、メール送受信用ソフト（メーラー）のアカウント情報の欄に虚偽の送信者情報（氏名、アドレス）を記載すれば、相手に届くメールには虚偽の情報が表示されます。電子メールの操作に慣れていない人であれば、このような方法でも簡単に騙されてしまいます。

しかし、怪しいメールは、このような簡単な手法で送りつけることはほとんどありません。

メールには、本文の前にメールヘッダが付き、発信者名や発信元のアドレス、宛先のアドレス等が記述されています。スプーフィングは、メールヘッダの発信者情報を改ざんして送付するものです。

電子メールの送受信の仕組みを簡単に説明しておきますと、メールサーバを経由して転送される都度、ど

こから送付されてきたメールなのか、どこ宛なのかを、郵便のスタンプ（消印）のように添付していきます。

これは手紙における封筒の役目を果たすのでエンベロープと呼ばれていますが、メールサーバを自分で立ち上げている者が、悪意を持ってこのエンベロープ情報（下の囲み記事参照）を改

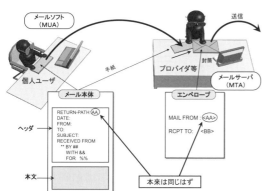

ざんすれば、メールヘッダや本文自体を改ざんしないでも、任意の宛先にメールを送付したり発信元情報を改変することが可能です。

○メールスプーフィング対策

なりすましメールはスパム等の送付に使用されますので、スパム対策も必要です。

必要以上の個人情報を晒さないために、メールアドレスを公開する際には、慎重になる必要があります。受信する際も、迷惑メールの送信元の偽装を自動的に判別するようなメールソフトやプロバイダを利用し、見知らぬ発信元からのメール（特にHTMLメール）は安易に開かない、少しでも怪しいと感じたらメールヘッダ情報を確認する、ということを習慣づけて自衛することが重要でしょう。スパム等のメールヘッダを解析するサイトもあるので、これを活用すれば偽変造を見抜くことも可能かもしれません。

さらに、ビジネスメールの送信の際等には、必要に応じて電子署名を活用し電子証明書を添付する等を行い、受信者が確認できるようにする、ということも望まれます。

ちなみに、スパムは多数のボットに感染したパソコンを通じてばら撒かれることも多く、ウイルス等が添付されている可能性も高いことから、受信する端末のマルウェア対策等は非常に重要です。

エンベロープ情報とその意味
・Return-path：メールを送信したが、相手アドレスが存在しない場合等に、受信サーバから送信者へ「メールが不達」である旨を通知するための宛先で普通は送信者（From）と同じ（メールマガジン等の場合は異なることが多い）。
・Received：経由したサーバの数だけ Received: が記載される。一番上の Received: が自受信したメールサーバ、一番下に記載されるのが送信元。
From（送信したホスト名 [IP アドレス]）
by（受信サーバ名）
with（転送方法〜SMTP 等）、id（転送時の ID 番号）
for（宛先メールアドレス）；（処理時刻）

◆ IP スプーフィング

IP（アドレス）スプーフィングは、送信元の IP アドレスを詐称（偽造）するものです。

IP（アドレス）の偽造は、電子メール送付時にのみ使用される手法ではありません。DoS 攻撃等の場合にも IP アドレスの詐称（偽造）が行われます。

パケットの送受信を行う場合、送信元アドレスの箇所に正規ユーザの IP アドレスをそのまま入力したとしても、それだけでは、その正規ユーザになりすまして通信を行うことはできません。

かつては、サーバと正しく応答を行っているかどうかを管理するシーケンス番号（送信パケットに振られる番号）や確認応答番号に容易に推測可能な一連番号を付していたため、セッションの途中で正規ユーザになりすました者に乗っ取られてしまうこともありました（現在ではこれらの番号には簡単には類推できないようランダム性を持たせています）。

IP パケットのヘッダ部分を見ると、郵便物と同様、宛名（送信先アドレス）と差出人（送信元アドレス）がセットされています。この送信元アドレスを意図的に別のも

のに変更することは、メールヘッダ情報の中の差出人情報（from:）を改ざんするのと同じです。送信元 IP アドレスを偽装する手法は、攻撃目的に応じて使い分けが行われることもあります。

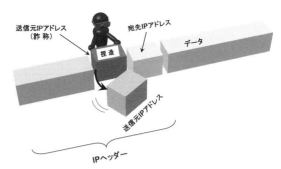

① 攻撃者 X が A（実在）になりすまして、被害者 Y を攻撃する。攻撃された Y では、記録（ログ）が残っている場合には「A からの攻撃」と解するため、A を罪に陥れたい場合等の攻撃に使用される（図①）。

② 送信元 IP アドレスの欄に、乱数や順次 IP アドレスの値を増加（又は減少）させたものを入力して、被害者 Y を攻撃する。攻撃元を隠したい場合に多い方法。

Web ページの閲覧やメールの送受信に使用される TCP（Transmission Control Protocol）通信の場合、はじめに同期信号（SYN パケット）を相手に送付し、その相手からの確認信号（ACK パケット）を受信し、確認した後に接続開始されるが、その SYN パケットの送信元を偽って次々とパケットを送りつけることにより、Y のリソースを消費し尽くして機能不全に陥らせる SYN フラッド攻撃（§3-23参照）のような DoS 攻撃に用いられる（図②）。

③ 真の攻撃目標 Y になりすまして、別の多くの IP アドレスに無差別にパケットを送信する。すると、応答信号は全て真の Y 宛に返送されてしまうことから、Y の業務が妨害されることもある。制御メッセージの転送時等に使用されるプロトコル ICMP（Internet Control Message Protocol）を使用した Smurf 攻撃（§3-23参照）等で用いられる手法（図③）。

反対に、X が Y に対し、送信元アドレスに Y の IP アドレスをセットして送付すると、Y は自分自身に応答信号を送付しようとして Y の負荷を高めてしまう。このような攻撃は LAND 攻撃（§3-23参照）と呼ばれる。

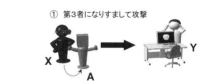

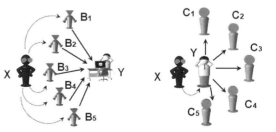

スパム（迷惑メール）の中には、送信者をカモフラージュするため、メールヘッダだけでなくパケットの内部の送信元アドレス全てを偽装するものもあります。

メール以外でも、電話やインターネットで、真の攻撃対象Yになりすまして**「カツ丼100杯と鰻重50と…を、届けて！」**といろんな店（サイト）に多数の注文を行ういやがらせや業務妨害も、発信元を偽る卑怯な攻撃です。

◆ ARP スプーフィング

ARP スプーフィングは、名称はなりすましですが、実際には**盗聴**等の不正行為を行う場合に利用される手法です。

ネットワーク上では、パケットを送受信する際には、IP アドレスだけで識別しているのではありません。送信先の IP アドレスが分かっていても、実際の機器に付けられている**物理的アドレス**（MAC（Media Access Control）アドレス）が不明だと、パケットの送受信には不便なのです。そこで、その物理的アドレスを求めるため、アドレス解決プロトコル（ARP（Address Resolution Protocol）要求）をネットワークに流して（ブロードキャスト）、回答（ARP 応答）を得ることにより、MAC アドレス情報を得ます。これを IP アドレスと関連づけたテーブル（ARP テーブル）として保存（ARP キャッシュ）しておき、パケットを送受信する際には、この値に基づきパケットを配送する、という仕組みを取っています。

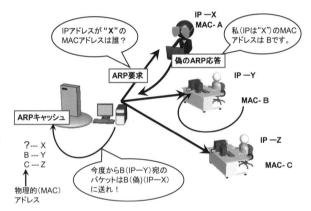

予め悪意を持つクラッカーが周囲のシステムの MAC アドレスの情報を収集しておき、ARP 要求に対して偽の（多くは自分の）MAC アドレスで ARP 応答を行うことにより、本来の通信相手（の IP アドレス）に届くべきメッセージを横取りします。その後は本来の通信相手になりすまして通信を行う行為が ARP スプーフィングです。

IP スプーフィングのようにパケットのデータを直接書き換える手法とは異なり、ARP プロトコルの仕組み自体を悪用したなりすましの手法です。

○中間者攻撃

同じネットワーク上で、AからBにメッセージを送信する場合、クラッカーXがこのようななりすましにより、Aに対してはB、Bに対して

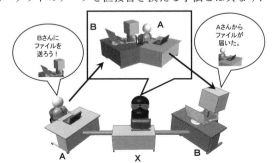

はAのふりをすることができれば、途中でそのメッセージの内容を傍受（盗聴）することも可能ですし、データの中身を改ざんすることも可能です。　ネットワークの中間地点において攻撃を行うため、中間者（Man-In-The-Middle：MITM）攻撃又はバケツリレー攻撃とも呼ばれます。

ARPスプーフィングが行われた場合、SSLStrip攻撃を受けると、HTTPS通信で暗号化されている、と思っていてもHTTP通信に変更されてしまい盗聴されてしまうことから、注意が必要です。

全ての情報がここを経由する。

サーバ等

○ ARPスプーフィングの防止

ARPスプーフィングを防止するには、アドレスを固定化する等、偽のARP応答を防止・検出する仕組みが必要となります。

大企業やインターネットプロバイダでは、接続や設定作業の簡便化や限られたIPアドレス資源の有効活用のためにDHCP（Dynamic Host Configuration Protocol）を用いて動的にIPアドレスを割り当てていることが多いかもしれませんが、外部の者が自由に出入りするフロアやネットカフェ等でARPスプーフィングが行われると、クラッカーが使用する端末等に個人情報が筒抜けになってしまう危険性があります。

最近のネットワーク機器（スイッチングハブ等）には、偽のARPパケットを検出し遮断するARPスプーフィング防止機能やDHCP Snooping（スヌーピング）機能と呼ばれる、DHCPサーバとDHCPクライアント間の通信を監視して、信頼できない通信を遮断する機能を有する製品もあります。

IPアドレスとMACアドレス

企業内LANのような場合には、IPアドレスはプライベートアドレスとして当該企業のDHCPサーバから割り当てられています。自宅でも接続の都度、プロバイダから割り当てられるIPアドレスが変わっていることに気がついた人もおられるでしょう。

IPアドレスは、一時的に割り当てを受けた「住所」みたいなものです。その時点ではIPアドレスとMACアドレスは1対1の関係にありますが、引っ越し等により「住所」は変わります。一方MACアドレスは、PCのネットワークカード等の固有の値を持っています。

これは郵便の場合の**「氏名」**に該当し、めったに変わりません（改ざんすることは可能です）。同じノートパソコンを職場と自宅の両方で使用する場合、それぞれの状況でIPアドレスは異なりますが、**MACアドレスの値は変わりません。**

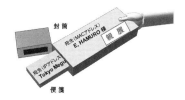

封筒

宛先(MACアドレス)
E. HAMURO 様

親展

宛先(IPアドレス)
Tokyo Mega...

便箋

◆経路ハイジャック

セッションではなく接続経路を乗っ取ることにより、偽サイトに誘導することも可能です。「○○のIPアドレスは××（偽情報）」というアナウンスがネット上で流布

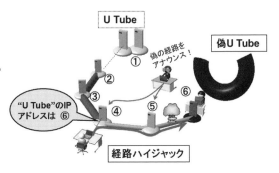

（アドバタイズ）されれば、その偽ルーティング情報を元にして、本来とは別の偽サイトに接続されることになります。このため本来のサイトに接続できない、という事態だけでなく、フィッシング詐欺や情報詐取等の被害も発生しています。

これは経路ハイジャック又は BGP 経路ハイジャックと呼ばれ、10年以上も前に大手動画共有サイトで被害が発生した古典的な手口です。仮想通貨の奪取に用いられたこともあります。

この BGP（Border Gateway Protocol）は、大規模ネットワーク同士で経路情報を交換する際に用いられるルーティング・プロトコルを指します。ルータの経路広報設定を改ざんすることにより経路ハイジャックが行われますが、ルータ等の設定ミスによる被害も発生していますので注意が必要です。

◆確実な確認を！

単なるなりすましによる被害も多く発生しています。接続先や送信元、発信者あるいは商品が「本物」であることを十分確認する必要があります。

○ BEC（Business E-mail Compromise）～ビジネスメール詐欺

マルウェアを添付せずとも、自社の幹部や取引先の重役になりすまして、経費等の送金を指示するメールを送付する BEC も発生していますので、従業員が心理的な圧迫を受けて騙されてしまわないように注意する必要があります。正しい取引先とメールをやりとりしている際に、割り込む形で偽メールを送付する BEC も発生しています。

○タイポスクワッティング（typosquatting）

URL ハイジャックと呼ばれることもありますが、入力ミスや打ち間違いを狙った攻撃手法のことです。URL への入力ミスにより、たとえば A-Tube.com と入力すべきところを、A-Tuve.com と誤入力した際に、その Web サイトが A-Tube.com そっくりであった場合には、騙されてマルウェアのダウンロードを行う等の被害に遭う可能性があります。

○売りつけ詐欺の被害も増加

高級ブランド（人気商品）や金塊等の売買を SNS 等で約束し、偽ブランド商品等を送付し、その代金についてはプリペイド型の電子マネーをコンビニ等で購入させて、その ID 番号を通知させる手口も増加しています。昔から偽ブランド商品による詐欺は発生していますが、最近は SNS 等、ネット上に舞台が移っています。

§3-23 「アクセス集中！」かと思っていたら…DoS 攻撃？

Web ページを見ていて体感的に「重い」、「かったるい」と感じたことはないだろうか？
このような「レスポンス（反応）が悪い（鈍い）」状況は、単にアクセスが集中してい
るだけなのだろうか？　あるいは DoS 攻撃等を受けているためなのだろうか？

◆ Web サイト閲覧とアクセスの集中

　パソコン等から Web ページを見る際に
は、端末側からの要求（リクエスト）に対
して、Web サーバが指定されたデータを
その端末に対して速やかに返送する必要が
あります。

　システムに障害が発生したりネットワー
クが途絶したりして Web サーバに接続で
きない場合には、その Web ページを閲覧
することができませんが、その際は「404 *** Not Found」とか「Error 404」という
表示（HTTP ステータスコード：注参照）が行われます。

　しかし、しばらく時間が経ってから、思い出したように「408 Request Timeout」
という表示が行われることがあります。文字通り指定した時間内に要求を実行できず
タイムアウト状態となってしまいまし
たという意味ですが、サーバが混雑し
ているので配信できないことを示すコー
ドです。

　サーバ側では、多くの端末から「ホー
ムページを見せろ」という要求（リ
クエスト）が寄せられますが、それぞ
れの端末にそのデータを配る必要があ
りますので、1 台の端末に応対する時
間が長ければ、多数の端末からの要求
を捌けなくなります。

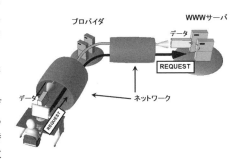

　このため、指定した時間（たとえば30秒）を決め、その時間内に処理が行えない場
合には、その端末に対する応対を終了（接続を切断）し、その際にメッセージ（408）
を返送する、という仕組みになっています。

　そのホームページを訪れる端末が少ない（接続要求が少ない）場合には指定時間は
長めに取れるかもしれませんが、人気サイト等ではそうはいきません。アクセスが集
中したちまちサーバのリソースが枯渇してしまいます。

　そのような状況に陥ることを避けるためには、閲覧状況を的確に把握及び予測し、
これに応じたサーバの能力や規模を選定する必要があります。

　たとえばサーバの接続条件については、あらかじめ接続（コネクション）に関する
時間（Keep-Alive）を指定したり、サーバ側で同時接続可能な数を指定するようになっ
ています。

○ Web サイト以外の要因

ただ、人気があってサーバが混雑することだけが重いと
感じる原因ではありません。旧型の端末でネットに接続し
て動画サイトがスムーズに閲覧できない、という経験をお
持ちの方も多いかもしれませんが、原因としては、

- ・端末の能力（CPU、搭載メモリ等）が貧弱
- ・途中のプロバイダやネットワークが混雑
- ・ネットワーク速度（回線容量）が遅い
- ・目的サイトの Web サーバやファイアウォール等の処理能力が低い
- ・掲示されているホームページのデータ量自体が大きい（動画データ等）

等、端末からサーバの間のどこかで渋滞が発生すれば、さほど混雑してしてなくてもア
クセスに対する処理が追いつかなくなります。

注）HTTP ステータスコード例（端末側のエラーコード：RFC7231等）

400 Bad Request	要求は無効
401 Unauthorized	要認証
402 Payment Required	要支払
403 Forbidden	禁止
404 Not Found	不明・不存在
405 Method Not Allowed	無効な要求メソッド
406 Not Acceptable	受理不可
407 Proxy Authentication Required	プロキシサーバの認証が必要
408 Request Timeout	時間切れ
409 Conflict	競合・矛盾
410 Gone	移動・消滅
411 Length Required	長さ（Content-length）が必要
412 Precondition Failed	条件を満たさない
413 Pay Load Too Large	ペイロードが過大
414 URI Too Long	URI が長すぎる
415 Unsupported Media Type	サポートされないメディア
416 Range Not Satisfiable	レンジが範囲外
417 Expectation Failed	要求に対する処理不可

5xx 台のコードは、サーバ側のエラーを示す。

◆アクセス集中の緩和

慢性的に Web サイトからのレスポンスが悪い場合には利用者のイライラが募りま
す。この状況を放置することは、企業等サイトの場合には顧客の信頼や満足（CS：
Customer Satisfaction）度を失うことにもなりかねません。平素からのアクセス状況
や輻輳度合を計測し、定常的にシステムの処理能力が不足している場合には、サーバ
の増強やネットワークを増速することが必要となります。

Web サーバやアプリケーションサーバ、データベース等、関係する機器の台数や
処理能力、メモリ等の性能や負荷分散等の管理プロセスを見直すことも必要であり、
自社でのシステム増強が困難であれば、プロバイダ等のサービスを活用する方策もあ

ります。

　また、動画等の大容量デジタルコンテンツを配信する場合には、このような目的に最適化されたネットワークを提供するコンテンツデリバリサービス（CDS：Contents Delivery Service）を利用したり、負荷変動に動的にサーバ規模等を追随させるクラウドのオートスケール機能を活用する等、快適なサービス提供の継続に努める必要があります。

◆ DoS 攻撃とは？

　組織の担当者が視聴者からの「Web サイトが見れない！」という連絡を、「単なるアクセスの集中だろう」と軽く考えていて、後から閲覧履歴（ログ）を確認して外部からの DoS（Denial of Service）攻撃が行われていたことを知った、ということもあります。

　意図的に異常なアクセス集中状況を発生させることにより、正常なサイトの運営や業務を妨害する攻撃手法を DoS（ドス）攻撃と呼んでいます。DoS は Denial of Service の略で「サービス拒否（妨害）攻撃」等とも呼ばれます。

　商店の前に生ゴミや動物の屍骸等を放置したりして営業を妨害するような行為は、刑法上「威力業務妨害罪」（刑法234条）に該当しますが、ネットワーク上で各種サーバ等に対して攻撃を行うことによりシステムをダウンさせ業務を妨害する行為は「電子計算機損壊等業務妨害罪」（刑法234条の2）に問われることになります。

○ DoS 攻撃は「不正アクセス」？

　DoS 攻撃は不正アクセスとは異なり、テクニックを駆使して対象サイトに侵入する必要はありません。サーバやネットワークが処理できない程膨大なトラフィック（通信量）を送りつけることで目的を達することができます。このため、電力、ガス、水道や運輸等、ライフラインに関係するシステムをターゲットとした DoS 攻撃が行われると、サービス停止状態に陥り公共サービス等の機能が麻痺する等、国民生活に深刻な打撃を与えます。

　この状況が「サイバーテロ」と呼ばれるもので、実際のダメージは軽くても、社会不安を煽ることを目的に攻撃や結果が喧伝されることもあります。

　また政治的意図や主義主張による攻撃を行うため、SNS や掲示板上に攻撃対象URL を列挙し、攻撃を行うようアジテーションを行ったり、実際にターゲットのサイトへ攻撃を行うこともあります（hacktivism）。

　意図的に大量の迷惑メール（スパム）を送りつけて受信ボックスを溢れさせるメール爆弾も広義的には DoS 攻撃の一種ですが、通常は大量のデータ（パケット）を送付することによりサーバやネットワーク機器のリソース（CPU やメモリ等）を枯渇させ、サービス停止状態に追い込む手法を DoS 攻撃と呼んでいます。

◆ DDoS とは？

DDoS 攻撃（Distributed-DoS 攻撃）は、「分散（協調）型 DoS 攻撃」や「分散型サービス妨害攻撃」等とも呼ばれ、複数の第三者のシステムを踏み台とする DoS 攻撃の手法です。

数台のマシンからの DoS 攻撃であれば、これらの IP アドレスからのデータ流入を阻止（フィルタリング）することで、システム停止等の影響を除去することは可能です。

しかし、それぞれのマシンから乱数的に発生させた大量のデタラメな（存在していない）IP アドレス（"bogon" と呼ばれる）を送信元として用いた攻撃や、予めボット（§3-15参照）化したマシン群に攻撃プログラムを仕掛けておき、それらを協調させた上で一斉に標的となるマシンに大量データ（パケット）を送りつける手法の DDoS 攻撃が行われると、フィルタリングする暇もなくネットワークやサーバのリソースが枯渇し、サービス不能状態に陥ってしまいます。

DDoS 攻撃が発生すると、標的となったサイトのサーバ等の過負荷だけでなく、ネットワーク事業者（プロバイダ等）でもネットワークの帯域が急速に消費される被害が発生し、他のユーザも利用できなくなります。

ネットワークの可用性を確保するためには、自サイトの防衛のみならず、ネットワーク事業者と連携した対策を行う必要があります。

◆ DoS 攻撃の原理（コネクション型）

平素、ちょっとしたアクセス（トラフィック）集中位では全く業務に支障がなくても、DDoS 攻撃を受けるとサーバ等の処理能力の限界を超えシステムがダウンします。

攻撃の多くは、Web ページを見るための Web サーバを対象とすることが多いのですが、メールサーバや DNS サーバを狙う攻撃も行われます。

Web サーバへの接続を例にとって説明しますと、Web ページの閲覧を行う際には、Web サーバと接続する（コネクションを張る）ことが必要となりますが、1 人のユーザ（ブラウザ）でも同時に複数のコンテンツのダウンロードを行う等、サーバに対して数多くの接続を行うことが可能です。

Web サーバでは予めこの同時接続数を設定しています（MaxClients 数等）が、この数を大きい値に設定して数多くの接続要求に対応しようとすると、消費メモリが増大し処理時間が遅くなる状況（閲覧者から見ると「重く感じる」状況）が発生します。また設定値以上の接続要求が行われた場合には、サーバは過負荷に耐えられずシステムダウンとなります。

接続することを前提とするこのような攻撃は「コネクション型 DoS 攻撃」とも呼ばれます。

DoS 攻撃は、想定を超える膨大なトラフィックが洪水のように押し寄せる、という意味で、フラッディング（Flooding）、フラッド攻撃とも呼ばれます。

代表的な DoS 攻撃の 1 つ、syn-flood 攻撃の場合には、攻撃対象サイトに接続要求（syn）のみ送りつけて、サーバ側からの確認応答（syn+ack）パケットを無視します。即ち意図的にサーバ側に接続の手続が未完了の宙ぶらりんの状態（ハーフ・オープン状態）を生じさせて、コンピュータのメモリ等のリソースを無駄に消費（枯渇）させることにより機能を停止させる仕組みを取ります。

送信元の IP アドレスには詐称したものを使用しますので、サーバ側の確認応答パケットはその偽装された IP アドレス宛に返送されるため、履歴（ログ）を精査しても、真の攻撃者の特定を行うことは困難です。

また Web サーバを狙った攻撃でも、そこに至る途中の機器やネットワークの処理能力が低ければ、そこがボトルネックになります。大量のパケットをファイアウォールで捌ききれなければ、ファイアウォールがダウンすることもあります。攻撃を行う側は、自分の真の送信元が判らないようにボットネットを利用したDDoS 攻撃を行うことが多く、また必ずしも TCP 接続を確立する必要が無い攻撃手法では発信元 IP アドレスを詐称したり、乱数等を使用し

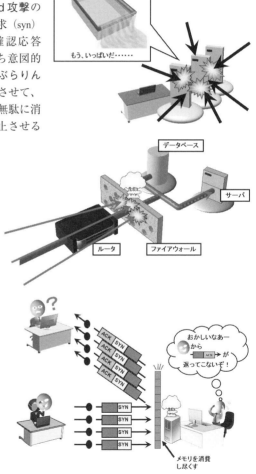

てランダムに生成した IP アドレスを時々刻々変化させつつ攻撃パケットを送りつけるので、処理能力の限界に達したファイアウォールの方が先にダウンする可能性があります（昔は OS のファイアウォール機能の設定だけ、というサイトもありました…）。

ファイアウォール製品の中には、ハーフ・オープン状態の TCP 接続に閾値を設定し、これを超える接続要求があった場合にサーバへの接続をファイアウォール側で保留するものや、DDoS 攻撃対応に特化したクラウド型の WAF（Web Application Firewall）等もありますので、これらの的確な活用により攻撃を遮断する必要があります。

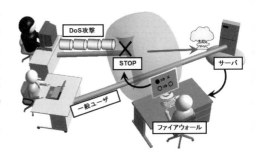

◆ DoS 攻撃の手法
○ F 5（リロード）攻撃

かつての DoS 攻撃は、コマンド操作により大きなサイズのパケットを送出する、ということが行われていました。また DoS 攻撃用のツールもインターネット上で多数出回っていました。

このため、攻撃の仕組みを知らなくても、攻撃ツールを起動して攻撃対象の URL や IP アドレスを入力するだけで攻撃を行うことは可能です。

最も簡単な方法には、多数の者が一斉に Web ページの再読み込み（リロード）を繰り返し行うリロード攻撃と呼ばれる手法によりアクセス集中と同じ状況を発生させてサーバを過負荷状態に追い込む、という手法もあります。多くのブラウザでは再読み込み（リロード）の機能をキーボードの F 5 キーに割り当てているので F 5 攻撃とも呼ばれます。ただこのような攻撃手法では、被害サイト側で当該攻撃パケットの送信元、即ち再読み込みを行った端末の IP アドレスをフィルタリングすることにより Web サーバへの影響を軽減することが容易に行えますし、IP アドレスの詐称まで行っていることは少ないため攻撃の履歴もログに残されるでしょう。また自営システムでも Web サーバのデータを直接読み込むのではなく、プロキシサーバに一次的に置かれたデータを読み込むようにさせていますので、このような場合には

F 5 攻撃は功を奏さないことが多いので、最近はあまり使用されることもありません。

このような大量パケットを攻撃対象に送りつける手法とは異なり、少量パケットを長時間にわたり接続状況が持続するよう送付することにより、接続を占有して他の閲覧がアクセスできないよう妨害する攻撃手法もあります。これらは Slow HTTP DoS Attack（又は Slow Client Attack、Slow Rate Attack 等）と呼ばれています。

○コネクションレス型の DoS 攻撃

DoS 攻撃は、各種の伝送手順（プロトコル）の仕組みを悪用したものが多いのですが、利用されるプロトコルは TCP（Transmission Control Protocol：接続相手やデータ到達確認を行うプロトコル）に限定されたものではありません。

応答確認（コネクション）の必要がなく送信元の偽装が行いやすい UDP（User Datagram Protocol：データ到達確認は行わないので転送効率は高いが信頼性は低いプロトコル）や ICMP（Internet Control Message Protocol：通常はネットワーク診断用等に利用されるプロトコル）等も攻撃に利用されます。

例）
○ TCP SYN フラッド、LAND 攻撃
○ UDP UDP フラッド、FRAGGLE 攻撃
○ ICMP Ping フラッド、SMURF 攻撃

◆ DNS 増幅（反射）攻撃（DNS Amplification / Reflection Attack）

DDoS 攻撃の威力を更に高める攻撃手法で、DNS サーバの機能を悪用したものです。

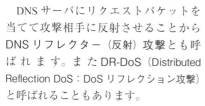

これは、DNS サーバの検索結果のデータは DNS サーバに照会される際に入力されたデータよりもサイズが大きいということを利用し、DNS サーバがちょうど拡声器のように入力データを増幅しているように見えることから、DNS 増幅攻撃と呼ばれます。

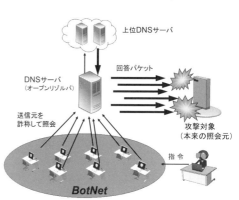

DNS サーバにリクエストパケットを当てて攻撃相手に反射させることから DNS リフレクター（反射）攻撃とも呼ばれます。また DR-DoS（Distributed Reflection DoS：DoS リフレクション攻撃）と呼ばれることもあります。

攻撃対象のサイト（照会者）等に偽装（スプーフィング）したボット等から一斉に DNS サーバに対して照会を行うと、大量の照会結果が本来の照会者に返送されることになり、リソースが枯渇してしまいます。2013年 3 月、スパム対策組織であるスパムハウス・プロジェクトとこれを支援するセキュリティベンダーである米クラウドフレア社のサイトが、過去最大規模と言われる大量の通信トラフィック（300Gbps）による DDoS 攻撃を受けました。スパムハウス・プロジェクトでは、スパム送出を行うサイトの IP アドレスをブラックリストの形で公表（DNSBL）しましたので、ブラックリストに載せられたサイトから送付された電子メールの受信を拒否（ブロック）することができるようになりました。

スパムハウス・プロジェクトやプロバイダ等への攻撃は、ボットネットを用いて照会パケットをオープンリゾルバ（不特定のサイトからの照会を認めている DNS サーバ）に一斉に送付したため、一部地域のインターネットで通信障害が発生しました。

攻撃に利用されるオープンリゾルバは世界中に多数存在していることから、オープンリゾルバのリストを公開し、これを根絶する運動（Open DNS Resolver Project）が推進され、照会に対する回答を制限する DNS RRL（Response Rate Limiting）の導入

が進められました。

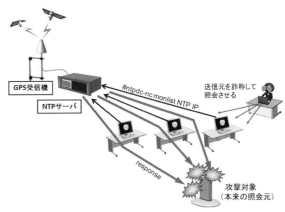

◆ NTP 増幅（反射）攻撃

2014年に欧米でピーク時に400Gbpsに上る大規模なDDoS攻撃が発生し、プロバイダ等のネットワークに対する脅威となったのがNTP増幅（反射）攻撃です。

この攻撃は、本来はサーバ等の時刻同期を取るために利用されるプロトコルであるNetwork Time Protocol（NTP）を悪用したものです。

NTPサーバは公開されており、誰でも接続することが可能で、そのNTPサーバは、monlistを用いて（ntpdc -nc monlist【IP】）状態を確認することができます。

送信元を攻撃対象のIPアドレスに偽装してNTPサーバに送付することにより、NTPサーバから偽装された送信元に大量データが返送されます。200byte程度のリクエストパケットに対して100倍以上のレスポンスデータが返送される、という増幅率に着目した攻撃手法で、リフレクション攻撃の一種です。

リフレクション攻撃としては、NTP以外にもNetBIOSネームサーバ、RPCポートマップ（RPC Portmap）、統計ソフトのSPSS（Statistical Package for Social Science）用のライセンス管理サーバ（Sentinel RMS License Manager）の反射等を悪用した攻撃手法があります。

◆ SNMP Reflection DDoS 攻撃

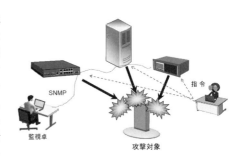

SNMP（Simple Network Management Protocol）プロトコルはIP網におけるサーバ等の機器の状態監視・制御を行う場合に使用されますが、2014年春以降、このプロトコルを悪用したDDoS攻撃が増加しました。これは、監視・制御のためのリクエストを多くのネットワークデバイスに対して一斉に送出し、その応答パケットが一度に攻撃対象サイトに集中して戻ることを利用した攻撃です。

◈ SSDP Reflection DDoS 攻撃

マウスや USB メモリ等をパソコンの USB 端子に挿すだけ
で利用可能になる機能はプラグアンドプレイ（Plug and
Play：PnP）と呼ばれていますが、これと同様にパソコンや
ルータ、ネット家電等の機器を接続するだけで認識され、
ネットワークに接続（参加）できる機能はユニバーサルプラ
グアンドプレイ（Universal Plug and Play：UPnP）と呼ばれ
ています。

ネットワーク上の UPnP 対応機器を探索する際に用いられ
るプロトコルが SSDP（Simple Service Discovery Protocol）で、攻撃者は SSDP の
M-SEARCH メッセージに応答を返すような、UPnP 機能が有効でかつ外部からのアク
セスに対してファイアウォール等によるアクセス制限等の対策を取っていない機器を
探索し、これを踏み台として攻撃を行うものです。送信元を攻撃対象の IP アドレス
に設定して接続要求パケットを送出すると、その応答メッセージが攻撃パケットとし
て返送される、という攻撃手法で SSDP リフレクター攻撃とも呼ばれます。

家庭用のルータ機器では家庭内 LAN
側の SSDP が有効になっていればよいの
ですが、古いルータではインターネット
側からの探索等にも応答するものがあり、
攻撃に悪用される懸念があります。2014
年頃から増大した攻撃手法です。

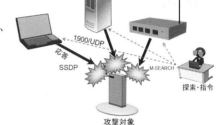

◈ その他のリフレクション攻撃

SNMP や SSDP と同様、プロトコルの
応答機能を悪用したリフレクション攻撃
としては、2015年に発生した RIPv1 レフレクション DDoS 攻撃もあります。RIP
（Routing Information Protocol）はルータ等における IPv4向けダイナミックルーティン
グ（経路情報を動的に規定する仕組み）用の古いプロトコルで、ルータからの問い合わ
せに対してネットワーク上の各デバイスが一斉に経路情報を応答する仕組みを悪用し
た DDoS 攻撃を発生させるものです。

2018年3月には、分散データベースに用いられる KVS（Key Value Store）にアクセ
スする際に利用される memcached プロトコル（メモリ上でデータを保持）を悪用し、
本来は拒否すべき外部からのアクセスを受け付ける設定となっていた分散型メモリ
キャッシュサーバに送信元を偽装したリクエストを送出することにより、ソフトウェ
ア開発プロジェクト共有サービスの GitHub サイトに対して最大1.35Tbps の
memcached リフレクション DDoS 攻撃が行われました。

ポートマップリフレクション攻撃は2020年頃に登場したリフレクション攻撃です。
rpcbind、portmap、RPC Portmapper 等のポートマッパーは、ポート番号を管理する機
能ですが、この機能が利用する UDP 111番ポートに対して偽装したデータ（クエリ）
を送りつけると数倍～数十倍の応答パケットがあることを利用して UDP リフレク
ション攻撃を行うものです。

NFS（Network File System）やNIS（Network Information Service）等のRPCサービスを使わない場合は、ポートマッパー機能は不要なので停止する等の対策を行う必要があります。

その他、LDAP（Lightweight Directory Access Protocol）、CLDAP（Connection-less LDAP）、QOTD（Quote of the Day：サーバから設定された短い文章を返すプロトコル）、CHARGEN（デバッグ等の際にサーバから適当な文字列を返すプロトコル）等のプロトコルを悪用したリフレクション攻撃があります。

◆ IDDoS（IoT DDoS）攻撃

2016年秋以降、家庭用ルータ等IoT機器をターゲットとしたマルウェア（Mirai）に感染した機器がボットネットを構築し、DDoS攻撃を行い被害を発生させています。

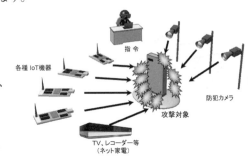

防犯カメラやテレビ、ビデオレコーダ等の家電製品の他、各種センサー等IoT機器の増加に伴い、これらの脆弱性を突いたり、スキャンを行うことによりパスワードがデフォルト（工場出荷時のまま）状態の機器を攻撃してボットネット化を行い攻撃に使用するものをIDDoS攻撃と呼んでいます。今後もIoT機器の増加につれて、IDDoS攻撃の増加が懸念されます。

◆ E-DoS（Economic Denial of Sustainability）攻撃

各種クラウドサービスを利用する組織が増大していますが、クラウドの利用料金体系が従量制で課金されているような場合には、その企業の経済的損失を惹起することを目的に、無駄にクラウドに対するアクセス量を増大させることにより、利用者に対して間接的に経済的損失を与えることが可能です。このような攻撃はE-DoS攻撃と呼ばれています。

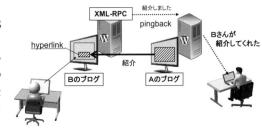

◆ WordPress Pingback DDoS攻撃

2014年3月に発生した攻撃でCMS（コンテンツ管理システム：§3-6参照）の一種で、ブログサイト構築等で高いシェアを持つオープンソースのWordPress（ワードプレス）を用いたサイトがDDoS攻撃の踏み台に悪用される事件が発生しました。

WordPressには、ブログ等に参照URL（ハイパーリンク）を記述すると、そのサイトに自動的に通知を行う機能であるpingback（ピンバック）機能が備わっています。

初期状態で有効になっているバージョンのWordPress（当時のVersion 3.5以降のもの

はデフォルトで有効）を導入しているサイトが踏み台として狙われました。

pingback 機能を担当する XML-RPC（XML-Remote Procedure Call）プロトコルでは、管理画面からだけでなく、リモートからの書き込みも許容されるので、「俺のブログ、評判なんだ！」と思っていると単に踏み台を経由した攻撃を受けていた、ということで問題になりました。

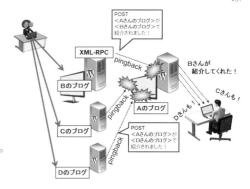

SNS や掲示板等の利用者が多いことから、各種のいやがらせ、無駄な広告を掲示する "荒らし"、コメントスパム、トラックバックスパム等やこれらを自動的に行うロボットプログラム等による攻撃も行われています。

◆ ランサム DDoS（RDoS）攻撃

2017年以降、ランサム（身代金）DDoS と呼ばれる攻撃も増加しました。

WannaCry 等のランサムウェア（§3-17参照）は一般的にはマルウェアとして攻撃対象システムに侵入し、ファイルを暗号化したりディスクをロックします。

この場合、一旦システムに侵入しないと、そのシステムを「人質」に取ることはできませんが、ランサム DDoS 攻撃であれば、わざわざ侵入せずともボットネットによる「攻撃」をちらつかせて恫喝するメールを送付するだけで、効果があります。

インターネットビジネス等を主力とする企業の場合、システムやサービスが停止すれば大打撃を受けることになるので、身代金を支払う企業があれば儲けもの、という卑怯な攻撃手法です。

◆ ゲームサーバへの DoS 攻撃

オンラインゲームにおいてユーザやアクセス時のログイン・認証管理を担当するのがロビーサーバ（ログインサーバ）ですが、人気ゲームの場合、アクセスが集中し、DoS 攻撃のように多くのユーザが利用できない状態が発生します。

利用ユーザ数や集中の度合いを考慮した上で、適切なネットワークやサーバ等の容量設計が行われていれば問題は無いのですが、想定を上回るトラフィックの集中が発生すれば、最悪の場合システムダウンにつながります。

ゲームソフトの場合、使用言語や著作権、販売（許諾）テリトリー、企業の経営戦

138

略等の理由から、国外での販売を制限している場合があります。

　国内のオンラインゲームでも、海外からのアクセスを認めていない場合があります。

　海外ユーザのアカウント取得を認めない、アクセス元のIPアドレスが国外のものである場合は接続しない等の手法により、国内ユーザのみが利用できるようにしていますが、このような制限が課せられていても「どうしてもゲームに参加したい」とする海外のユーザは、国内のサイトをいわば踏み台にして、オンラインゲームに参加します。その際に使用されるのが日本国内に設置したプロキシサーバです。

　プロキシ（PROXY：代理）サーバは、インターネットアクセスを中継したり、企業内の内部ネットワークに接続する端末の代理としてインターネットにアクセスする等の機能を担っています。プロキシサーバは、専用のハードウェアを購入せずとも、プロキシ・ソフトをパソコンにインストールすることでも構築は可能です。このソフトには無償で利用できるものも多く、SquidやDeleGate、c.c.Proxy Server等がありますし、Webサーバとして利用されるApacheのプロキシ機能（mod_proxy）を利用することでも可能です。

　国外ユーザは、このプロキシサーバを経由してロビーサーバにアクセスします。この際、アクセス元のIPアドレスだけで判断していた場合には、プロキシサーバのIPアドレスが日本国内に割り当てられたIPアドレスであるならば、ロビーサーバではじかれることはありません。

　実際に、自宅に設置したプロキシサーバを中国内の多数のゲームユーザに利用させて、国外からのアクセスが認められていないオンラインゲームのサーバコンピュータに接続させた中国人が検挙される、という事件も発生しました。

中国内の多数のゲームユーザからのアクセスがサーバに集中したため、このゲームサイトではサーバの電源を切断する状況に陥ったため、刑法234条の2に規定される「電子計算機損壊等業務妨害罪」に問われました。

　このような行為は「不正アクセス禁止法」や「電気通信事業法」に違反することにもなりかねないのでやめましょう。

◆ DoS 攻撃対策

　被害者サイトで履歴（ログ）を見ても、攻撃によりシステム自体がダウンしてしまい攻撃の様子がログに残されていない、ということもありました。

　またDoS攻撃の場合には、送信元IPが記載されていたとしても、IPアドレス自体が詐称されていることも多いので「攻撃終了後に犯人（送信元）を特定すればよい」と思っていると、偽装されたIPアドレスの利用者が被疑者である、と誤認してしまいます。

　平素からDoS攻撃を検知できるシステムや体制を構築しておくと共に、実際にDoS攻撃が行われた場合には、速やかにネットワーク事業者や関係機関と連携しながら、対処することが重要です。DoS攻撃に対応した監視・防御システム（IPS/IDS）やファイアウォール（FW）を導入し、攻撃元のIPアドレスを特定、遮断したり、DoS攻撃軽減（DoS Attack Mitigation）装置（アプライアンス）と呼ばれる製品もありますが、基本的にはユーザ側で、きちんとしたフィルタリングルールの下にACL（Access Control List）を設定して、IPパケットのフィルタリングが適切に行えるようにしておかなければなりません。これはサーバシステムのオペレーティングシステム等の設定にも言えることであり、たとえばDoS攻撃の中でも多いsyn -flood（SYNフラッド）攻撃に対しては、ほとんどのLinuxではsyn-cookiesと呼ばれるDoS攻撃軽減対策技術が実装されているし、Windows ServerではレジストリのSynAttackProtectの項目がデフォルト状態では0（無効）となっていますので、変更してタイムアウト時間を短くする等の対策も取られます。

　また、自サイトの防御のみならず、それぞれのネットワークの管理者が連携して送信元を偽装したパケットの転送を防ぐための手法としてRFC3704のイングレスフィルタリング（Ingress Filtering）やuRPF（unicast Reverse Path Forwarding）等の導入も推進されましたが、これらはどちらもパケットの通過方向により制御を行う技術で、送信元のチェックを行うSAV（Source Address Validation）と呼ばれています。

　イングレスフィルタリングは、内部のアドレスを送信元に記載したパケットが外部からルータに到着した場合（外部者による内部アドレス詐称）や、内部で使用されることのないアドレスを送信元に記載したパケットが内部からルータを経由して出ていこうとする際にフィルタリングを行う技術で、uRPFもルータに到着するパケットの送信元を経路表（ルーティング・テーブル）と照合してチェックする仕組みを言います。

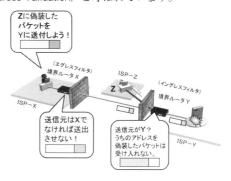

　DoS被害の軽減のためにCDS（Contents Delivery Service）やクラウドサービスの利用も増加しています。

　ボットを利用したリフレクション型のDDoS攻撃等、ネットワークのトラフィックを圧迫する膨大なパケットを用いた回線飽和型の攻撃に対しては、プロバイダ等側での対策やクラウド型のWAF、サーバやネットワークの仮想化、CDN（Contents Delivery Network）を用いてサービスやデータの分散化を図ること等、総合的な対策が必要となります。

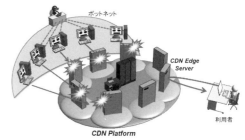

§3-24　Web を利用したマーケティング？ クッキー？ クッキーレス？

昔は平気で Web ページ等にメールアカウント等を書き込んでいた気がするが、個人情報を収集する手法やクッキーの利用方法はどうなっているのだろうか？
また個人情報保護の観点から、「クッキーレス」と言われているようだが？

◆ Web ページ上の情報収集～クローラー

　Web ページ等にメールアカウント等を書き込む人は、昔と比べて非常に減少していますが、それでも Web 上には様々な個人情報が掲載されています。
　大手の検索サイトを利用すれば、個人情報だけでなく、様々な情報の検索・収集が可能です。

○検索エンジンの原理

　検索サイト等で用いる検索エンジン（サーチエンジン）はクローラーやスパイダーとも呼ばれ、多くは自動巡回プログラム（ロボット）によりインターネット上の公開情報を収集・分類・索引づけ（インデックス）し、「どのサイトにどのような情報が掲載されているのか」ということをデータベース化しています。その情報は定期的に更新されており、検索サイトの利用者はその情報を元に、キーワードを入力して目的のサイトに辿り着く、というものです。
　最近では、AI（人工知能）を活用して、鼻歌だけでその曲を特定したり、入力間違いを指摘してくれたりもします。
　かつてはこのようなクローラーを利用してスパム送出に使用するメールアドレスの収集も行われました。
　検索エンジンは、単に知りたい情報を得るために利用されているのではなく、利用者の次の行動（購入、訪問等）につなげる、というビジネスチャンスとも密接に関係しています。

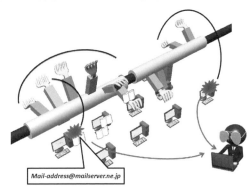

Mail-address@mailserver.ne.jp

　通常、利用者は検索結果が複数ある場合、検索結果表示画面の上から順番に見ていきます。たとえば、ある商品を購入しようとして、その商品名をキーワードとして入力した場合には、商品の概要・性能・評価の他、ショップリスト等もリストアップされますので、上位にランクされたショップ程、購入のために訪問して貰える可能性は高くなります。
　そのため、商品を販売する側としては、できるだけ上のランクに位置づけられるよう努力しています。これは SEO（Search Engine Optimization：検索エンジン最適化）対策と呼ばれています。
　検索結果の上位に広告が表示されるようにする手法はリスティング広告と呼ばれ、更に検索連動型広告（検索結果画面へ検索した内容に関係する文字広告を表示）とディスプレイ広告（画像等も表示）に区分されることもあります。クリックしてその広告サ

イトを訪問させるようにしたものは PPC（Pay Per Click）広告と呼ばれます。リスティング広告も PPC 広告も運用代行・代理店サービスを提供する企業が増加しています。PPC 広告を活用してアフィリエイト（成功報酬型）プログラムで稼ぐ手法は PPC アフィリエイトと呼ばれます。

　検索サイトでは、評価システムや基準はそれぞれで決められていますが、基本的には数多くのキーワードを網羅したコンテンツが評価される仕組みとなっています。姑息な手段を用いて検索結果が上位となるようにしているページを見つけた場合には排除する等の対応も取っています。

　かつては、小さな文字や画像を背景色で埋め込んだり、一般の閲覧者には見えない、表示エリアの外に掲載（クローラーは把握）する等によりランクアップを図る手法もあったようです。

　サイバー攻撃を行う者も、様々なサイトで利用している OS やソフトウェア（アプリ）のバージョン等を確認するために検索エンジンを利用します。バージョンが判れば、脆弱性の有無も確認できるので、攻撃対象のピックアップが可能だからです。

○ SEO の悪用

　オンライン決済・ショッピング等のサイトも、ブックマーク等に保存していないサイトの場合には、検索サイトで調べて、そのサイトへのリンクを辿ることが多いのではないでしょうか？

　この仕組みを悪用して検索結果をアップさせるサイバー攻撃の手法は、SEO ポイズニング（SEO Poisoning）と呼ばれています。

　個人情報や財産を搾取するために ID やパスワードを盗み出すようなフィッシングサイト（偽サイト）に誘導してマルウェアをダウンロードさせたり、偽セキュリティ対策（ワクチン）ソフト（§6-5参照）を購入（ダウンロード）させるようなものもあります。

○誰もが検索サイトで上位ランキング入りを目指す訳ではない

　アダルトサイトには、会費の徴収や動画等のダウンロード料金を得る営利目的のものばかりではなく、同人系のサイトも存在しています。

　同様に、ドラッグ、死体、自殺等、違法なコンテンツを扱うサイトは、密やかに集まって活動することが目的であるため、フィルタリングソフトで阻止されるまでもなく、検索エンジン等に引っ掛かって衆目に曝されることは望んでいません。

　しかし、優秀なサーチエンジンは認証を要するサイトの中身までも曝してしまうことがあり

ます。

　そこでこれらのサイトでは、サーチエンジンによりキャッシュされることを避けるため、Webページを記述する際に、〈head〉〈/head〉の冒頭部分にメタタグでnoindex、nofollow、noarchive等を指定する等により、情報収集を忌避したり、隠語や符丁を多用したりしています。

◆ Webマーケティングと Cookie 等の利用

　サイバー攻撃にも攻撃対象を限定した標的型攻撃があるのと同じように、ネット上の広告も利用者の趣味嗜好や購買意欲等のマーケティングを緻密に行い、その興味を引きそうなWeb広告をタイムリーに表示させる行動ターゲティング広告や利用者が訪問した複数のWebサイトの閲覧履歴等から最適の広告を表示させるオーディエンスターゲティング広告が主流となっていて、その際に用いられるユーザの嗜好等に関する情報はオーディエンスデータと呼ばれます。

　たとえば「お取り寄せグルメ」にはまっている人なら、関係のないWebページを見ていても、おいしそうな飲食物の広告が、つきまとうかのように表示される、という経験をしたことがあるかもしれません。スマーフォンでも検索サイトのキーワードに「ランチ」と入力する（あるいは話しかける）だけで、近隣の飲食店が地図とともにリストアップされたりします。このようなコンテンツターゲティング、インタレストターゲティング、ロケーションターゲティング等と呼ばれる様々な広告手法が利用されています。

　このように行動や趣味嗜好等にマッチした広告を行うためには、スマートフォン端末の位置やWeb上の行動（閲覧）履歴等をタイムリーに分析する必要があります。

　検索サイトを活用する人も多いので、検索結果の右横スペース等に表示される検索連動型広告も利用されています。

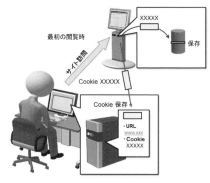

　このような広告を行うためには、スマートフォンやパソコンのブラウザや様々なアプリに許可されたり関連付けされている端末（ユーザ）の位置や使用履歴・個人情報が、これらのサービスを行うサイト等に提供される必要があります。

　利用されるデータとして代表的なものはクッキー（Cookie）情報とデジタル

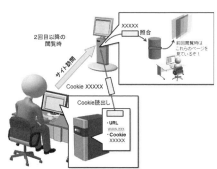

フィンガープリント等とも呼ばれる端末等のパラメータです。

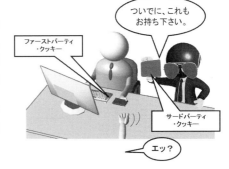

Cookie

| name | expires | domain | path | secure |

| （クッキー名） | （有効期限） | （送信先ドメイン） | （パス） | （SSL等安全なサイトの場合のみ送信） |

○クッキー（Cookie）の役割

クッキーは、あるサイト（Webページ）を訪れた人（ブラウザ）に対して、そのサイトのサーバから当該ユーザに対して、識別を容易にするために発行した一連の記号番号を指します。会員制サイト等の場合、一度登録しておくと二度目以降の訪問の際には自動的にログインさせて、ユーザの利便性を向上させたりします。

病院の診察券や各種サービス・ショップの会員カードと同じように、次回訪問した際に提示することにより手続等の簡素化を図るこのようなクッキーはファーストパーティ・クッキーと呼ばれていて、名称（値）や有効期限等がセットされています。

最初にサイトを訪問した際に、クッキーをユーザのブラウザによりコンピュータ内に保存させておき、次に訪問した際にこのクッキーを呼び出して、サーバ側で保存していたデータと照合することによりユーザの識別を行うものです。クッキーと関連づけられたサイト内における過去の行動（閲覧）履歴はサイト側に残されていますので、「前回お買い上げになった商品」や「閲覧した商品」のページが判る仕組みとなっています。

ショッピングサイト等を利用する際に、2回目以降にアカウント入力を行わなくても自動ログインが可能なのは、このファーストパーティ・クッキーを用いているからで、クッキーの構成上、クッキー自体に氏名等の個人情報が記載されている訳ではないので、ファーストパーティ・クッキーの利用をブロックしている人は少ないでしょう。

○サードパーティ・クッキーの仕組み

現実世界において、病院やショップで診察券や会員証を受け取る際に、横から見知らぬ人が「これも持っていけ」と別の会員証を差し出したならば、普通は受け取りませんよね。

このような横柄な行為をネット上で行うのがサードパーティ・クッキー又は強制クッキーと呼ばれるものです。

このクッキーは、閲覧しているサイト以外の「第三者」から発行されてユーザのコンピュータに送り込まれるため、サードパーティ・クッキーと呼ばれ、バナー広告等でも利用されます。ウェブバグ、ウェブビーコン等とも呼ばれるものです。

ユーザが後日別サイトを閲覧した際にも、その第三者のバナー広告があれば、ユーザ側端末に保存されたクッキー情報を参照して、ユーザが興味を持っていそうな内容の広告が表示される仕組みとなっています。

○サードパーティ・クッキーの悪用

サードパーティ・クッキーは悪用されることもあり、その場合にはトラッキング・

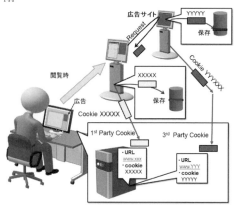

クッキー（Tracking Cookie）、トレーシング・クッキー（Tracing Cookie）等とも呼ばれます。

　このクッキーはイラストや写真、アニメーション等で目立つバナー広告から送りこまれるとは限りません。ウェブバグとかウェブビーコンとも呼ばれるのは、一見分からないような小さな画像ファイルを埋め込む、という手法も利用されるからです。

　ユーザにクリックさせて広告主のページを閲覧して貰う必要がないため、端的には1x1ピクセル（px：pixel〜画素）の透明GIF等の画像が使われてしまえば、ユーザが肉眼で見破ることはできません。

　このような画像を多くのサイトに送り込む、あるいは個人情報の収集のためにこのような画像を配置したそれらしいサイトを多数立ち上げてしまえば、まさし

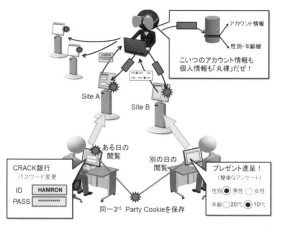

くビーコンのように個人の行動や趣味嗜好を収集することが可能となります。

　正規の金融機関等のサイトを改ざんし、このようなクッキーを送り込まなくても、それらしいサイトを立ち上げてアカウントを盗み出してしまえば、別のサイトで趣味嗜好等の匿名アンケートを実施した際、直接個人情報は収集していないような体裁を取っていたとしても、実際にはサードパーティ・クッキーの同一性から、アカウント情報等との関連づけ（紐づけ）が行われ、個人情報が丸裸となってしまいます。

　また、このようなクッキーの悪用だけでなく、閲覧者にマルウェアを感染させたり、フィッシングサイトに誘導するWeb広告を掲示したり、広告主が入手した広告枠を乗っ取る不正広告（マルバタイジング：Malvertising（Malicious Advertising））と呼ばれ

る「悪意のある広告」が掲示されることもあるので、クリックしないよう注意する必要があります。

○ eCRM と Web マーケティングビジネス

一般的な CRM（Customer Relationship Management）は、個々の顧客の嗜好やニーズに適合した商品やサービスを提供するための管理手法を指すものですが、eCRM（electronic Customer Relationship Management）となると、電子化されて個々の顧客の購買履歴や要望・苦情等のデータを一元管理すると共に、サーチエンジン等を利用した検索の結果によりWeb サイトを訪問するユーザへも、リアルタイムで最適化した広告を行うことが求められます。

その成否を握るのがWeb 上のマーケティングで、SEO 対策のみならずアフィリエイト型広告やSNS 広告等への対応も求められます。

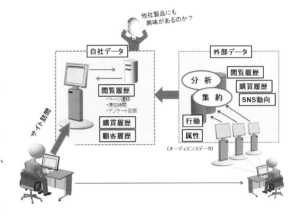

そのためにはマーケティングデータを効率よく収集・分析し、ユーザに「欲しい！」と思わせるような広告をタイムリーに Web 上で見せたり、メールにより案内する必要があります。

自社に残された顧客の閲覧ログや購入履歴、顧客情報だけが当該顧客の行動を示すデータではなく、他社製品を買っていたり、自社製品でも購入したジャンル以外の製品も買って貰える要素があるかもしれません。

このため、顧客の外部の動向に関するデータも入手することにより、更なるビジネスチャンスの拡大を図るために、ネット上でリアルタイムに広告代理店のような役割を果たすための仕組みが利用されるようになっています。

CRM と同様、マーケティング支援を行うツール（システム）としては、自動化を中心とした MA（Marketing Automation）ツール、営業活動全般を支援するための SFA（Sales Force Automation）ツール等があります。

○ SSP、DSP、3PAS、DMP

Web マーケティングは若干複雑な仕組みかもしれません。簡単に説明するために、あるスポーツ好きの独身男性が人気の Web サイトを閲覧した際に、新聞広告と同様、この Web ページのスペースに自社以外の広告も載せたい、とその Web サイトの管理者が考えた場合を想定します。

その際に、いちいち広告主を探したり、多数の広告主から特定の企業を選定する作業は非常に面倒なので、SSP 業者に依頼することになります。

SSP（Supply Side Platform）は、Web ページ等の広告枠から最大限の収益を図るためのプラットフォームで、この広告枠をできるだけ高く売りたいと考えますが、反対

に広告主側では、閲覧者・顧客に対して効率的な（低コストで）広告を行いたい訳です。

そこで、自社から直接広告データをSSP等に渡すのではなくまとめて出稿して貰う、というニーズに対応するものが3PAS（第三者配信）と言われるものになります。

3PAS（スリーパス）は、3rd Party Ad Serving の略で、第三者の配信サーバ（アドサーバ）を経由して広告を一元的に配信する仕組みですが、ターゲティング等を行うDSPもその一種と言えます。

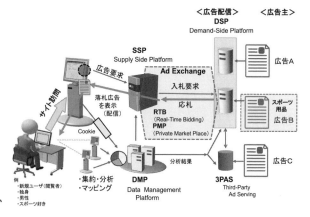

広告主の広告効果の最適化を図るためのプラットフォームであるDSP（Demand Side Platform）では、費用対効果が高い広告出稿（eCPM：effective Cost Per Mille〜1,000回の広告表示（インプレッション）コスト）を行うべく、データの集約や分析を行っています。

DSPは、これらのデータを基に、SSPに対して広告枠の価格が妥当で閲覧者に提示すべき適切な広告がある場合には応札し、落札すればその製品の広告がWebサイト上に掲示される仕組みとなっています。この応札の仕組みもアルゴリズム型や運用型（手動型）等に大別されるようです。

落札者を決める際に用いられるのがRTB（Real Time Bidding）で、リアルタイムのオークション（数ミリ秒で決着）が機械的に行われ、最高額を提示した広告主が広告を掲示する権利を得ます。この入札の仕組みはアドエクスチェンジ（Ad Exchange）と呼ばれます。

RTBだけでなく、広告の質を維持するために広告主等を限定したPMP（Private Market Place）取引も利用されます。

DMP（Data Management Platform）は、ユーザの行動や嗜好に関するインターネット上の各種情報を統合的に管理（収集・分析・活用）するためのプラットフォームで、自社の顧客管理のためのものはプライベートDMP、第三者データの利用も可能なものはパブリックDMPと呼ばれます。

ユーザが各種Webサイトを閲覧したりショッピングを行う等の行動を取った際に、当該ユーザに対して発行されたクッキー情報を収集（クロス・ドメイン・トラッキング）して統合的にマッピング（紐づけ）することにより、ユーザのWeb上の行動や嗜好等に関する情報を

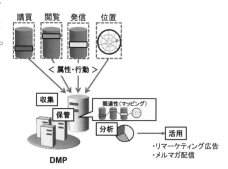

得て、プロファイリングを行うことも可能になります。この機能はクッキーシンク（Cookie Sync）やクッキー連携とも呼ばれ、ユーザの嗜好にあわせた特定の広告を繰り返し登場させるリターゲティング（リタゲ）広告等にも利用されています。

　DMP 業者にはサードパーティ・クッキーを利用するものとファーストパーティ・クッキーに限定して収集するものがあります。

　大手検索サイトでは、独自の手法によりユーザ情報を収集・活用しています。DSP と DMP の関係で示すと、たとえば Google と Yahoo! では、

DSP：GDN（Google ディスプレイネットワーク）
　　　YDA（Yahoo! ディスプレイアドネットワーク）

に対して

DMP：Google Analytics
　　　Yahoo! DMP

が対応しています。

　顧客の個人情報まで含めて集積・管理を行うプライベート DMP は CDP（Customer Data Platform）と呼ばれることもあります。

○（デジタル）フィンガープリンティング

　サードパーティ・クッキーは個人情報保護の観点でいえば、上で説明したように、他との組み合わせでプロファイリングも可能となるため取扱いは慎重に行わなければなりません。

　広告主側では特定された個人情報（パーソナルデータ）でなくても、営業利益につながるオーディエンスデータ（Web 上の行動等から閲覧者等の趣味嗜好等のプロファイリングが可能なデータ）は欲しいところです。

　個人情報保護法（個人情報の保護に関する法律）の 2 条で、個人情報としては個人識別符号が含まれる情報のみならず「他の情報と容易に照合することができ、それにより特定の個人を識別することができることとなるものも含む」という規定が行われていることもあり、ブラウザの設定等でもサードパーティ・クッキーをブロックするよう設定するユーザも増加しています。

　このため DMP 等では、サードパーティ・クッキーではなく、疑似クッキー（又は Super Cookie）と呼ばれる様々なパラメータを用いてユーザのプロファイリングに利用しています。

　クッキー以外に設定・収集可能なデータとしては、次のものがあります。

〈端末等のフィンガープリント〉

　端末機器に固有の情報やブラウザの環境変数等から固有情報を得ることを、それぞれ Device Fingerprinting、Browser Fingerprinting と呼んでいます。

〈Flash クッキー〉

　今やインストールした端末は減っていますが、動画等視聴用に Adobe の Flash プレイヤーを利用している PC は残っています。この Flash プレイヤーがサイトの情報として作成しユーザ端末内に保存（有効期限も無い）するローカル共有オブジェクト（LSO：Local Shared Object）を Flash クッキーとしてユーザの特定に利用するサイト

もありました。

〈HSTS スーパークッキー〉

安全性の高い HTTPS（Hypertext Transfer Protocol Secure）での利用が可能な Web サイトに対して、ユーザがブラウザのアドレスバーに "http:〜" と入力した場合でも、自動的に HTTPS ページをリクエストできるよう Web サーバがブラウザに対して指示できる機能を HSTS（HTTP Strict Transport Security）機能と呼んでいます。

この指示を受けたブラウザでは、その情報を記録し、再度当該 Web サイトにアクセスした際には、HTTP ではなく自動的に HTTPS で接続することが可能となります。どのサイトに HTTPS で接続しなくてはならないかという情報をブラウザが保存しておく必要があります。大手サイト等では HTTPS 対応が行われるとしてプリロードHSTS（Preload HSTS）の一覧リストに入っているため、ブラウザ側で自動的にHTTPS での接続を行います。

悪意のある Web サイト側が、もしこの HSTS 機能を悪用すれば、記録された情報を見て、他サイトも含めたユーザの利用状況を把握することが可能となります（HSTSは RFC 6797で規定され、クッキーの有効期間のように保存する時間（秒）を max-age として規定することが可能で、長期（数年以上）にわたる有効期間を設定することも可能）。

スマートフォンの場合に、アプリが広告用に利用する識別用 ID としては次のものが用いられます。

- AAID（Google Android Advertising ID）：　Android OS 用（GAID、ADID 等とも呼ばれます）
- IDFA （ID For Advertising）：　iOS 用

その他、個体識別番号等（IMEI／MEID／ESN/ICCID／OpenUDID／IDFV等）もトラッキング等に利用されています。

またスマートフォン内の加速度計、ジャイロスコープ、磁力センサー等の工場出荷時のキャリブレーション情報を用いて端末を識別する技術も着目されています（この SensorID 情報を個人特定等に悪用する場合は、キャリブレーションフィンガープリンティング攻撃と呼ばれます）。

◆ 「クッキーレス」の時代へ

既に欧州では GDPR（§4-4参照）が施行され、e プライバシー規則（e-Privacy Regulation）によりクッキー保存に際しては事前同意が必要となっていますし、国内でも個人情報保護法が改正される等、クッキー情報等から個人情報を収集することは、次第に困難になってきています。

また一度でも訪問したことがあるユーザのブラウザに対して Web サイトから製品広告等の表示を行うリターゲティング広告は、利用者から見れば「ウザい」と感じるかもしれません。個人の趣味嗜好の追跡を避け広告を表示させないようにする取組み

も進んでいます。

○ユーザ（ブラウザ）側での個人情報収集防止対策

　ブラウザでは、クッキーや閲覧履歴等を保存しないような利用方法も可能です。もともとは共用端末や出先等での一時的利用の際の個人情報保護のためのものですが、プライベートモードやシークレットモード等として利用することが可能です。

　Microsoft Edge の場合：　InPrivate ブラウズ

　Google Chrome の場合：　シークレットモード、ゲストモード

　Firefox の場合：　プライベートブラウジング

○クッキーのブロック

　ファーストパーティ・クッキーまでブロックしてしまうと、度々閲覧するサイトでもログインの都度、ID 等の入力を行わなければならなくなるためブロックする人は少ないかもしれませんが、トラッキング目的のサードパーティ・クッキーはブロックしても支障はほとんど生じません。

　サイトによっては「このようにしてサードパーティ・クッキーを受け入れるよう、設定して下さい」と掲示しているようなサイトもありますが、個人情報を保護するためには、そのサイトをどうしても利用する必要があるのか等を熟慮した上で、もし必要がある場合でも、そのサイト以外を訪問する場合には、元のブロック状態に戻しておかないと、多くのサイトのサードパーティ・クッキーを受け入れてしまうことになります。サードパーティ・クッキーは、ブラウザの初期設定時にはブロックされてい

ないことが多いと思いますので、適切に設定する必要があります。例 と し て Microsoft Edge と Google Chrome の Cookie 設定の方法は図のとおりです。

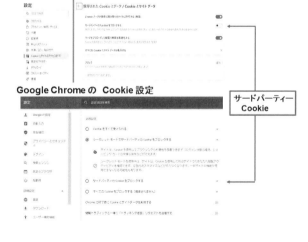

　またサイトを閲覧するためのページ表示を要求する際に、リクエスト・ヘッダに「トラッキングを拒否する」旨の記述を行うことにより Web サイト側に「プライバシー保護」の意志を伝える DNT（Do Not Track）REQUEST（トラッキング拒否リクエスト）の送出もブラウザから設定することが可能です。これも Microsoft Edge と Google Chrome の設定項目例は図のとおりです。

　また OS だけでなく、各種アプリをインストールする場合も、不必要な個人情報へのアクセスを許可することがないよう留意することが必要です。

○スマートフォンの設定

　このような対策はスマートフォンでも進められていて、Apple社ではプライバシー保護の観点からiOS11以降のiPhone等のブラウザ（Safari）にトラッキング・クッキーをブロックする機能を装備し、これをITP（Intelligent Tracking Prevention）と名付けています。具体的にはSafariの設定では、「設定」⇒「Safari」⇒「サイト越えトラッキングを防ぐ」をオンにすることで可能です。

　またiOS14以降では追跡型広告を制限（LAT：Limit Ad Tracking）する設定項目はなくなり、アプリごとにIDFAを用いた追跡を許可するかどうかをユーザに判断させるようになりました。iOS 14.5から導入されたATT（App Tracking Transparency：アプリのトラッキングの透明性）と呼ばれる機能は、ユーザの行動（閲覧）をアプリが勝手に追跡することを制限することによりプライバシーを保護するもので、ユーザに「このアプリがあなたのアクティビティを追跡することを許可しますか？」等の許可を求める機能をアプリが備えるようにするものです。

○位置情報に基づくマーケティング広告表示の制限

　GPS等の現在位置の情報に合わせて情報配信を行うことはLBM（Location Based Marketing）と呼ばれます。

　また、ソーシャル（SOcial）、ローカル（LOcal）、モバイル（MObile）を組み合わせたSoLoMoマーケティングは、スマートフォン等のモバイル端末のユーザをターゲットに、位リアルタイムで現在の状況（位置）にピッタリとあった広告をSNS等と連動させたマーケティング手法で、たとえば、飲食店のクーポン等を店の近傍にいる人に配信することができるもので、従来のO2O（Online To Offline）マーケティング（オンラインで集客して実店舗へ誘導）やオムニ／マルチチャネルマーケティング等と並んで、集客のみならず行政の分野でも周知媒体として注目されるようになっています。

　利用者側で位置情報に基づく広告を拒否するには、「設定」⇒「プライバシー」⇒「位置情報サービス」⇒「システムサービス」⇒「位置情報に基づく通知」等の項目をオフにする必要があります。PCもスマートフォンも、OSインストール時や購入時のデフォルト状態では、端末等に固有の情報（パラメータ）を、ネットを通じて外部に送信する設定となっていることが多いので、利便性の追求は必要かもしれませんが、平素から不必要な情報の送出は行わないよう、特にアプリのインストール時にはよく考えて設定して頂きたいと思います。

○「ゼロパーティデータ」の活用

　クッキーレス、脱クッキーと言われるようになると、顧客の消費行動を予測したり、顧客の嗜好や興味等を収集し、それに沿った商品広告を個々パーソナライズして提供することが困難になります。

　趣味嗜好等に関して顧客の了解を得て収集したデータ、たとえばアンケート等を通じて収集するデ

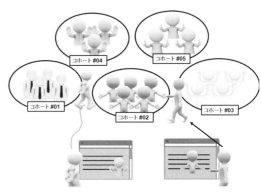

ータは「ゼロパーティデータ」と呼ばれることがあります。アンケートのような形で顧客の趣味嗜好等を収集し、それをいわば「同好の士」、同じ属性、共通性を持つユーザグループとして集団化したものを、モバイルマーケティングの世界ではコホート（cohort）と呼んでいるようです。

あるコホートの構成メンバーに共通的なゼロパーティデータを的確に把握することができれば、クッキーが利用できなくなった際にも、そのグループに対して戦略的な広報を行うことが可能となりますので、現在急ピッチで様々な検討が進められています。

○グーグルのプライバシー・サンドボックスイニシアチブ

グーグル社では、同社のブラウザ（Chrome）におけるサードパーティー・クッキーのサポートを、将来（2023年）打ち切る予定であることを発表しています。

個人情報保護の推進と、クッキーの代替となる効率的な広告手法について、グーグル社ではプライバシー・サンドボックスイニシアチブと呼ばれる取組みを実施しています。

グーグル社では、ブラウザの様々な API を検討していて、中でも FLoC（Federated Learning of Cohorts：フロック）と呼ばれる協調機械学習により生成されたコホート群にユーザを分類し、各コホートに対する効率的な広告を行う手法（TURTLRDOVE：キジバト）や、そのブラウザへの実装（FLEDGE API：First Locally-Executed Decisions over Groups Experiment）手法等、広告に利用可能な技術的手法について検討を行っています。

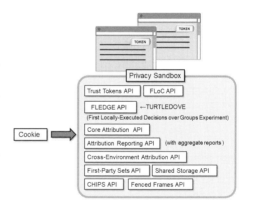

クラウドで顧客データの収集・管理を行う CDP や、顧客の位置情報や嗜好に基づきプッシュ通知（広告）等を行うようなマーケティング業務の自動化ツール（MA（マーケティング・オートメーション）ツール）が急速に普及していますが、信頼性の高いサービスを選定することが必要です。

SEO／SEM／SMO ?
SEO によく似ているが使い分けされることも多いので注意。
SEM（Search Engine Marketing）：サーチエンジンを使用したマーケティング手法
SMO（Social Media Optimization）：SMS 等を活用したマーケティング手法

§3-25　DNS への攻撃・DNS の悪用

ドメイン名ハイジャック（なりすまし）や DNS スプーフィング（ファーミング）、DNS アンプ（DDoS 攻撃）以外にも DNS をターゲットとした攻撃等はあるのだろうか？

◆ DNS（Domain Name System）サーバの重要性

　DNS はホスト名と IP アドレスの関係づけを行う（名前解決）仕組みで、ドメイン・ツリーという階層構造を取る分散型のサービスを担う重要な機能を担っています。

　DNS レコード（リソースレコード）には様々な種類（レコードタイプ）のものが利用されます。主要なものでは A レコード（IPv4）又は AAAA レコード（IPv6）は、アドレスの解決（ドメイン名と IP アドレスの変換）に用いられます。

　CNAME（キャノニカルネーム）レコードは、1 つの IP アドレスに複数のドメイン名が付されている場合に利用されるものです。MX レコードはメール送付に用いられるもの、NS レコードには組織のネームサーバの情報を記述してあるもの等、40種程度のレコードが規定されています。リアルタイムで照会に対応する DNS ですが、不特定多数の端末等からの問い合わせに応じる親切な DNS（オープンリゾルバ）は、実は DDoS 攻撃等の踏み台となる危険性を有しています。

　家庭用のブロードバンドルータ等はその設置された家庭の家族等、限定されたユーザだけが利用できればよいのであって、見ず知らずの他人からの問い合わせに応える義理はありません。

　ところがオープンリゾルバでは、悪意のある第三者からの問い合わせにも応答パケットを返送することから、DNS 増幅（反射）攻撃（§3-23）等の踏み台に利用されてしまうのです。

　また、このような外部からの個々の問い合わせに応答するものだけでなく、ゾーン内のサーバ名や IP アドレス全体の情報を転送することについても、外部からの転送要求に応答してしまい、組織のネットワーク情報が意図せず流出する、というゾーン転送の設定不備を突いた攻撃の危険性について、2016年に注意喚起されています。

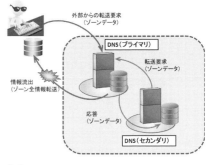

　通常、DNS サーバは、プライマリーセカンダリの 2 台（以上）構成で運用されており、DNS の登録情報を両者間で同期を取るために、ゾーン転送要求、という一括転送命令が使用されますが、プライマリサーバではセカンダリサーバの IP アドレスからの要求のみを受け付け、セカンダリサーバ側では全ての IP アドレスからのゾーン転送要求を拒絶する設定にしておかないと、ゾーン情報が第三者に流出してしまう、というものです。

　またこのような設定の不備をついて、間違った応答を行うように偽データを仕込んでおく DNS キャッシュポイズニングやこれに用いられるカミンスキー攻撃の脅威は、十数年以上前から言われてきているものですが、最近でも DNS キャッシュポイズニ

ングの手法を用いた SAD DNS 攻撃が登場しています。

インターネット上の交通整理を担う DNS への攻撃手法としては、簡単には 3 通りあります。

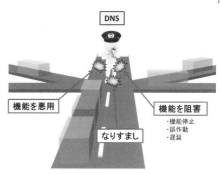

①なりすましとしては、ドメイン名を乗っ取ってしまうドメイン名ハイジャック。また②機能を阻害するものとしては、キャッシュデータを改ざんしてフィッシングサイトに誘導する DNS スプーフィング（§3-22）等、③機能を悪用するものとしては、上で説明したような攻撃や DNS 増幅（反射）攻撃等があります。

これら以外の DNS の機能を阻害したり悪用するような攻撃手法について簡単に説明します。

◆ DNS 水責め攻撃（ランダムサブドメイン攻撃、ランダム DNS クエリー攻撃）

水責めは、体温の低下、睡眠妨害等により体力低下を強いる拷問方法ですが、DNS 水責め攻撃（DNS Water Torture／Slow Drip Attack）も、DNS サーバの機能を低下させる攻撃で、攻撃対象サイトのサービスを妨害する DDoS 攻撃の手法の一種です。

攻撃方法としては、まずボットに感染した端末に、攻撃対象サイトに実在するかどうかに関係無く、ランダムにサブドメイン名を発生させます。それから、そのサブドメイン名を用いて、プロバイダの DNS サーバやオープンリゾルバに問い合わせを行わせる。そうすると DNS の手持ちのデータ（キャッシュ）の中には、応答データが準備されていない（知らない）ので、攻撃対象サイトのドメインの情報を保持する DNS（権威 DNS）に対してサブドメインの情報を照会することになります。照会数が少ない場合には機能を阻害するまでには至らないのですが、ボットネット等から一斉に問い合わせを行った場合には、膨大な負荷に耐えられなくなる、と

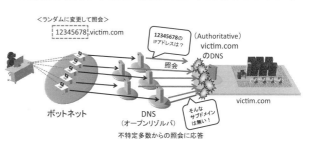

いうものです。IoT 機器の増大に伴い、これらの機器を踏み台とした攻撃やこれらの機器に感染するマルウェアの増加が懸念されていて、Mirai に感染したボットネットからの攻撃も発生しています。

また、DNS 水責め攻撃と同様、権威 DNS サーバが応答する委任情報を悪用することで、脆弱なリゾルバを踏み台として、1,620 倍以上の高い増幅率を得ることのできるリフレクション攻撃を行う NXNSAttack の脆弱性についても、2020年に公表され

ています。

◆ DNS トンネリング

この場合の「トンネル」は、「トンネル効果」や「トンネル接合」等の技術的説明ではなく、意味合いとしては「トンネル会社」に近いもので、具体的には遠隔操作ウイルスによる DNS 機能の悪用のことを指しています。

ボット系のマルウェアに感染した端末が指令サーバやハーダー側に現在の位置や状況（感染端末のデータ）を報告する際に、まず DNS に問い合わせ、その結果（IP アドレス等）を DNS の各種レコードを用いてハーダー側に送出し、あるいは指令を受け取るための経路として利用する、というもので、2015年以降登場した手法です。

DNS は頻繁に利用されるため、その履歴や動作状況を確実に把握することが難しく、いわば「トンネル」のように DNS の通信がマルウェアに悪用されてしまう、というものです。

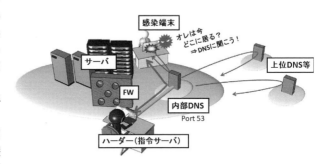

・FeedBot や DNS Messenger 等のマルウェアは TXT レコード

・FrameworkPOS、Helminth 等は A（IPv4）又は AAAA（IPv6）レコード

・C3PRO-RACCOON は CNAME レコード

を利用します。

◆ DNS の防御

DNS はインターネットを利用する上で重要な役割を担っている分、攻撃対象にもなりやすいと言えます。このため、プロバイダのみならず個々の企業等に設置する DNS サーバの防御を確実に行うことが重要となります。

外部からの問い合わせにも応じるオープンリゾルバ状態となることを避けるため、DNS が使用する53番ポートを予めブロックする IP53B（Inbound Port 53 Blocking）も用いられますが、DNS キャッシュポイズニング対策としては、DNSSEC（§3-22）の導入も推進されています。その他、DNS に問い合わせる際のポート番号をランダムに変更する手法や、盗聴や中間者攻撃を防ぐためのプロトコル DoT（DNS over TLS：RFC7858-2016年）、DoH（DNS over HTTPS:RFC8484-2018年）、DNSCrypt（DNS 暗号化プロトコル）、DNSCurve（楕円曲線暗号を用いたサーバ認証と暗号化により DNS スプーフィングを防止するプロトコル）等の手法も開発されています。

DoT/DoH に対応するネットワーク事業者も増えていますが、反面、C2サーバとの接続を隠蔽するために DoH を悪用する DDoS ワーム（Godula）も登場（2019年）する等、悪用される懸念がありますので注意が必要です。

第 4 章

セキュリティを確保する！

──事前の準備とその対策

1　組織のセキュリティ対策に必要なこと？

　組織のセキュリティ対策は、システム担当や経営者だけが知っていればよい、という時代ではなくなっています。職員・社員のちょっとした油断が組織の存亡の危機に発展するケースも想定されます。組織全体のセキュリティ対策を推進するために重要なことはなんでしょうか？

　情報セキュリティ関連規定については、第9章でも触れますが、規定・規格の多様化・複雑化が進んでいます。

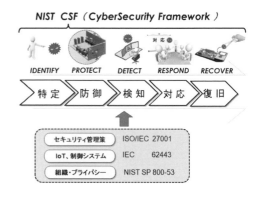

○アメリカにおけるサイバーセキュリティフレームワーク

　アメリカでは、ISO/IEC 27001のみならず、制御システムに関する規定（IEC 62443）や組織・プライバシー保護等の規定（NIST SP 800-53）等を網羅した **CSF（Cyber Security Framework）** を2014年2月に制定していましたが、さらにID管理やアクセス制御に関する明確化を行い **SCRM** とも連携するよう、2018年4月にCSFをアップデート（**CSF 1.1**）しました（**NISTIR 8170 Approaches for Federal Agencies to Use the Cybersecurity Framework**）。

　このフレームワークでは、政府機関や重要インフラ事業者等のそれぞれの組織が、個人情報やアカウントの的確な管理を行う等、セキュリティ向上のために必要な対策を規定しています。

　クラウドサービス等も含めたサイバーセキュリティリスクの自己評価を実施するため、**リスク管理策（リスクマネジメントフレームワーク：RMF2.0）** 等の改訂も実施しています（§4-1参照）。

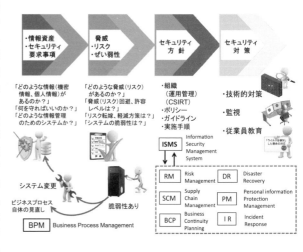

　本章では、サイバーセキュリティインシデントに対する事前準備や対策の基本について、次章ではインシデント発生を検知した際の対処について説明します。

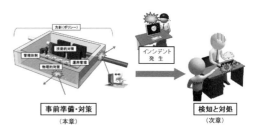

◆サイバーセキュリティ対策のフロー

最近は**サイバーレジリエンス（強靭さ・回復力）**の重要性も力説されていますが、単なるデータ保護のみならず、インシデントの迅速な検出と対処等、**攻撃を受けることを前提とした対応**が求められるようになっています。

事実、組織の Web サイトには、日々膨大な業務関連のデータに紛れて、スパムやフィッシングメールが送付され、スキャン、DoS 攻撃等が行われたり、内部から外部に向けても、C&C サーバに対する接続要求パケット等が創出されている

UTM（Unified Threat Management）： 統合的脅威管理
IDS/IPS（Incident Detection System／Incident Protection System）： 不正侵入検知(防御)
FW（FireWall）： 防火壁

かもしれません。自サイトのみならず、顧客やそのデータの安全性も含めて対処するには、単に **FW／IDS／IPS／UTM** 等の装置・機器を導入すればよい、というものではありません。

取り扱う情報データの重要性や脅威を精査し、現状の弱点（脆弱性）を洗い出して、その結果に応じてシステム（ハードウェアやソフトウェア、ネットワーク等）の見直しや、場合によってはビジネスプロセス自体の改革が求められる場合もあります。

ISMS（Information Security Management System） という用語も浸透してきましたが、次のような観点も考慮しながら方針を立てて具体的な対策を講じ、その対策の効果を検証することが必要となります。

- ・**RM（Risk Management）**： リスク管理
- ・**IdM/IAM（Identity Management / Identity & Access Management）**： ID 管理／ID とアクセス管理
- ・**SCM（Supply Chain Management）**： 供給連鎖管理 又は **SCRM（Supply Chain Risk Management）**
- ・**PM（Personal information Protection Management）**： 個人情報管理
- ・**BCP（Business Continuity Planning）**： 業務継続計画
- ・**IR（Incident Response）**： インシデント対応
- ・**DR（Disaster Recovery）**： 災害復旧

本章では、ISMS の概要の他、セキュリティポリシー、運用管理やその体制、技術的対策等について説明し、本節ではまずリスク分析・評価等の基本的事項について解説します。

> ISMS は大組織のみが必要とするものではありませんが、中小企業等ではセキュリティ対策のための体制の確保やコストが大きい負担となるかもしれません。しかし対策を疎かにして万一個人情報等の流出が発生した場合には、一層困難な状況となりますので、対策は不可欠です。
> **NIST IR 7621 Rev.1** Small Business Information Security や IPA の **「中小企業の情報セキュリティ対策ガイドライン 第 3 版」** 等も公表されていますので参照のこと。

§4-1　リスク分析とその評価

リスク管理方法とはどのようなものか？　またリスク管理が必要となるのは、何もサイバーセキュリティの分野だけではないはずだが、特にセキュリティ対策に特徴的なものはどのようなことか？

◆リスク管理の手法（標準）

　リスク管理に関する国際標準としては2009年に制定（2018年2月に改訂）されたISO 31000（Risk management-Principles and guidelines）があります。これを基に2010年に我が国の日本工業規格 JIS Q31000（リスクマネジメント－原則及び指針）として規定（2019年に改訂）されています。

　規格では、サイバーセキュリティの分野に限らず、リスクに関する運用管理を体系的に行うためには、リスク管理を的確に実践することはもとより、そのモニタリングやレビューを継続的に実施し、改善していく取組みが大事であるとしています。

　リスク管理のプロセスは図のようになっていて、リスクアセスメント（リスク特定、リスク分析、リスク評価）に基づくリスク緩和のための対策を継続的に取る必要があります。リスク対応方策には、そもそもリスクを発生させないようにするための予防や、リスクの回避、軽減、リスク源の除去（排除）等が含まれるが、それでも対応後にリスクが残存する場合があり、残留（residual）リスクと呼ばれます。

　リスクマネジメント規格 ISO 31000に関する技術解説としては 2013 年 に ISO/TR 31004（Risk Management -- Guidance for the implementation of ISO

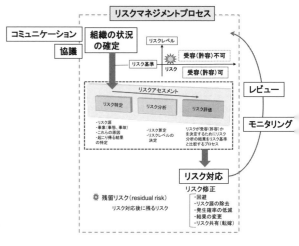

31000）が規定され、リスク評価技法については2009年に ISO/IEC 31010（Risk management -- Risk assessment techniques）が規定されています。

○アメリカの規定

　アメリカでは従来連邦政府に適用していたリスクマネジメントの規格を2018年に見直し、対象を連邦政府以外の組織にも広げると共に、プライバシーリスクも含めたものとなりました（NIST SP800-37 Rev.2 では、Risk Management Framework for Information Systems and Organizations：A System Life Cycle Approach for Security and Privacy（RMF 2.0）§9-6参照）。

　＊その他の関係規定
　・SP800-30 Rev.1　　Guide for Conducting Risk Assessments
　・SP800-39　　Managing Information Security Risk: Organization, Mission, and Information System View

- SP800-53 Rev.5　Security and Privacy Controls for Information Systems and Organizations
- NIST SP800-122　Guide To Protecting The Confidentiality of Personally Identifiable Information（PII）
- NIST IR 8062　An Introduction to Privacy Engineering and Risk Management in Federal Systems

◆情報セキュリティリスク

　情報セキュリティの管理やリスク等に関するベストプラクティスがまとめられたJIS Q27000（情報技術－セキュリティ技術－情報セキュリティマネジメントシステム－用語）は2013年に規定されたISO/IEC 27000（Information technology-Security techniques-Information security management systems-Overview and vocabulary）の第3版に基づき2014年に制定され2019年に改正されたものです。

　この規定では、情報セキュリティリスクは「脅威が情報資産の脆弱性又は情報資産グループの脆弱性を悪用し、その結果、組織に損害を与える可能性」と規定されています。

　脅威や脆弱性の規定に関しては§2-1で説明しましたが、単純に「脆弱性とはセキュリティ・ホールのこと」、「マルウェア対策さえしっかりしておけばよい」等と考えることがないよう注意する必要があります。

　なお、ISO/IEC 27000シリーズの中の情報リスクマネジメントに関する標準ISO/IEC 27005は2008年に制定され、2011年、2018年に改訂されています（ISO/IEC 27005：Information technology -- Security techniques -- Information security risk management）。

○リスクはどこに？

　かつては、情報セキュリティ対策における脅威とは、情報システムに対する不正アクセスやDoS攻撃、と単純に考えられてきましたが、最早、これでは不十分です。

　情報セキュリティマネジメントシステム（ISMS）では、情報システムや自組織の情報資産（データ）の安全性のみを考慮すればよいという時代ではなくなっています。多くの組織でWeb、メール、クラウドサービス等多岐にわたるシステムを連携した情報システムを構築・運用し、その中で膨大な個人情報を取り扱っています。

　このため、個人情報保護（PMS：Personal information protection Management System）と、ITサービス管理（ITSMS：IT Service Management System）は、プロバイダ等のIT企業のみならず、全ての組織で不可欠のものとなっています。

　個人情報等の情報データに関しても、入力や保管、加工から処分（廃棄）に至る情報のライフサイクルにおけるリスクを抽出し、保管や伝送の際には暗号化する等のアプローチも必要（§2-3）ですし、情報システムの設計から整備、運用段階も含めたシステムのライフサイクルにおける安全性の確保（§2-4）やソフトウェアのライフサイクル等、サービスを提供する側のセキュリティ確保だけでなく、利用する側のユーザや端末機器、ネットワーク網を含めたトータルなリスク分析と評価、リスク対応が求められています。

　セキュリティ対応を外部にアウトソーシングしている場合、そのアウトソーシングする行為自体にもリスクは存在しています。

§4-2 リスク評価の指標とは？

企業のリスクを評価するために用いられる指標とは？

◆ COSO ERM（全社的リスク管理）フレームワーク

前節のISO 31000（リスクマネジメント−原則及び指針）は、組織運営におけるリスク管理に必要な要素と各要素間の関係についてのガイドラインを示したものですが、内部統制のデファクトスタンダードである米国のCOSO（Committee of Sponsoring Organizations of the Treadway Commission；トレッドウェイ委員会支援組織委員会）フレームワークが、2004年にエンタープライズ・リスクマネジメント（Enterprise Risk Management）の観点から拡張したものがCOSO ERMフレームワークと呼ばれるものです。この時には企業組織のリスクを4つの目的（戦略、業務活動、財務報告、コンプライアンス）と8つの構成要素（内部環境、目的設定、事象の特定、リスク評価、リスク対応、統制活動、情報伝達、監視活動）で形成される立方体（キューブ）の各要素で、全社的かつ継続的に評価、改善する管理手法を示したものでした。

しかしながら、IT技術やサービスの進展、企業活動のグローバル化と共に、リスクの多様性が増大したことから、COSOは内部統制フレームワークを2013年に改訂し、これに続く形で2017年にERMフレームワークも見直しました。

リスク管理のキーパーソンが経営層であるにもかかわらず、従来のERMフレームワークが複雑なこと等により経営層に浸透しなかったことから、リスク管理と企業戦略や業績との関係性を重視し、企業文化（組織理念）に合致したリスク対応が行えるよう改訂したものです。

このフレームワークでは、リスクを企業戦略や経営目標の達成に影響を与える不確実性と捉え、5つの関連する構成要素（ガバナンスと企業文化、リスク戦略・目標設定、戦略実行時のリスク、レビュー・改善（見直し）、情報・伝達と報告）と、これにそれぞれ関連する20の原則を設定し、企業のリスク管理の強固な基盤を築くことを目指しています。

◆リスク管理の指標
○ KRI（Key Risk Indicator：重要リスク指標）

リスクが表面化（顕在化）する予兆を捕捉し、被害の発生や被害拡大の可能性を数値的に予測する

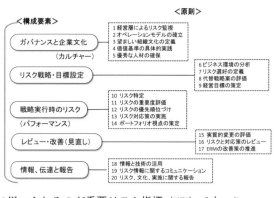

リスク管理フレームワークにおける構成要素と原則

ため、リスクの切迫性を表すために用いられるのが重要リスク指標（KRI）です。この指標は、サイバー攻撃の前の探索等、リスク発生の先行事象の変化を示すものとし

てリスク先行指標（RPI：Risk Precursory Indicator）として利用されることもあります。

ITシステムへの攻撃の場合、たとえば企業の サーバやセンサの特定のポートに対して到達する パケットをこの指標とすることも可能です。その 量が1日に数パケット程度であれば問題ない状態 （許容可能）であっても、急激に数万パケットに 増加した場合、それが80番ポート（Webサーバ）

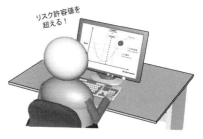

に対するリクエストであればDoS攻撃ではないか？　445番ポートに対するスキャン であれば共有ポートを狙うマルウェア（ワーム等）が増加しているのではないか？ と疑うに十分な状況となります。

この攻撃のレベル（閾値）や連続性を適切に設定し、警告や的確な対処を行うこと により、防御や感染拡大の防止を図ることが可能となります。

リスク管理においては、危険を事前に察知し、被害等の発生を未然に防止すること が重要ですが、情報セキュリティリスクに関しては、「インシデントは必ず発生する」

ということを前提に、発災後の速 やかな復旧に関する計画をも事前 に策定しておく必要があります。

DR（Disaster Recovery Plan：災 害復旧計画）もBRP（Business Recovery Plan：事業復旧計画）も BCPと密接に関係しており、災 害復旧や障害統計関係に関する 様々な指標が利用されています。

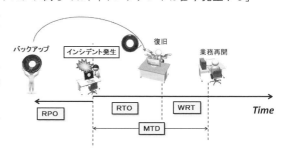

○ KCI（Key Control Indicator：重要管理指標）：　組織におけるリスク管理の効果を示 す指標
○ RTO（Recovery Time Objective：目標復旧時間）：　復旧の目標時間を示す指標
○ WRT（Work Recovery Time：業務復旧時間）
○ RLO（Recovery Level Objective：目標復旧レベル）：　目標復旧時間内に復旧させるレ ベルの目標値を示す指標
○ RPO（Recovery Point Objective：目標復旧時点）：　目標復旧時間内に、どの時点のデ ータまで復旧すべきかの目標時点（時間）データバックアップのための指標
○ MTPD（Maximum Tolerable Period of Disruption：最大許容停止時間）：　業務継続上、 最大限許容可能な中断（停止）時間を示す指標
○ MTD（Maximum Tolerable Downtime：最大許容停止時間）
○ MTO（Maximum Tolerable Outage：最大許容停止）
○ MTBF（Mean Time Between Failure：平均故障間隔）：　MTBF=MTTF+MTTR
○ MTTF（Mean Time Between Failure：平均故障時間）
○ MTTR（Mean Time To Repair/Recovery：平均復旧時間）

§4-3 情報セキュリティマネジメントシステムとは？

情報セキュリティ管理を行う機械が情報セキュリティマネジメントシステムなのでは？

◆機械（装置）の導入＝情報セキュリティマネジメントではない

　UTM（Unified Thread Management：統合脅威管理）製品や SIEM（Security Information and Event Management）と呼ばれるログ等のセキュリティ情報を分析して脅威となるイベントを検出して対策を行うツールが登場したことにより、このような製品（アプライアンス）を導入すれば情報セキュリティ管理が的確に行える、あるいはソ

リューションという名の高価なサービス（役務）契約を締結し、その企業に任せておけば安心と思っている人（企業）は、まだまだ多くおられると思います。

○情報セキュリティマネジメントシステム

　ISMS（Information Security Management System）と表すこともある情報セキュリティマネジメントシステムですが、これは組織における情報（資産）のセキュリティを管理するための仕組みで、「システム」と称するハードウェアを指し示すものではありません。

　様々な脅威を抽出しリスク評価を適切に実施することにより、組織における総合的な情報セキュリティを確保し、業務の円滑な継続を行うことがその仕組みを構築し運用する目的です。

○情報セキュリティ管理の基本～CIA

　ISMS（Information Security Management System）の基本は CIA と言われています。

　CIA は Confidentiality（機密性）、Integrity（完全性）、Availability（可用性）の頭文字を取ったものですが、情報セキュリティマネジメントは、この3要素をバランスよく確保することが重要で、機密性は、「①認められた者のみが、②アクセスできる」ことを詳細に管理しなければならない、ということを表しています。

　企業等の場合、部署に関わらず、また幹部でも平社員やアルバイトでも、あるいはインターネットで接続された外部の顧客・ユーザでも、認証さ

えクリアすれば、同じデータベースにアクセス可能であるということはないでしょうか？　情報資産を精査し、重要機密データやファイルと定型的なルーチン業務のドキュメント等を峻別して「何が重要なデータ（ファイル）なのか？」、「そのデータ（ファイル）にアクセスする権限を有しているのは誰なのか？」ということは予め定めておく必要があります。

　これを行わずに「外部から不正アクセスが行われた」、「情報漏えいが発生した」と言うことは、平素の管理が杜撰であることを表しているにすぎません。

　完全性は、当該情報が正確に元のままの状態である、ということを示すもので、改ざん等が行われないようにすることを表したものです。そもそも本当に重要な機密データや個人情報であれば、外部から容易にアクセスしたり書き換えられるような所に無防備な形で置くべきではなく、書き換え不可のメディアに保存し、これを隔離された場所に保管する等の対策も必要となります。

　また本当に機密性が高い情報ならば、可用性（必要な時に利用できること）を犠牲にしなければならないこともあり得ます。

　「いつでも、どこでも、気楽に」アクセスできる必要性はあるのか、出入りが制限された物理的な書庫の中で書類を閲覧すれば事足りるのではないか等、情報にアクセスする利便性をどこまで確保するのか、よく考える必要があります。

○ ISMS の基本と規格

　総合的な情報セキュリティ対策を実施するためには、まず業務の内容や情報の流れを熟知し、組織や人・情報インフラ等の資源・資産と、これを取り巻く脅威（リスク）を洗い出す必要があります。

　不正アクセスや DoS 攻撃等、外部からネットワークを経由して行われる攻撃のみを対象とするのではなく、自然災害やプログラミング上の誤り・瑕疵等により発生する障害や従業員による情報漏えい等、あらゆる脅威にも的確に対応するためには、明確な目標・ポリシーを設定し、管理機構や指針・方向性を規定し、これを組織全体で共有するための教養を徹底した上で、これらの達成・浸透状況を逐次

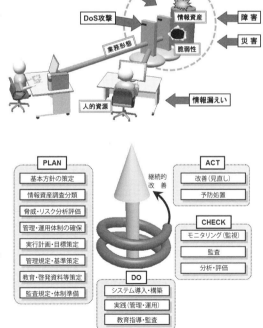

チェックし、継続的に改善していくという、PDCA サイクルに則した実践が求められます。

その具体的な要求事項や実践規範の規格化は、1995年にイギリス BSI（British Standards Institution：イギリス規格協会）により制定された BS 7799 から図のような変遷を辿って国際標準化が行われました。

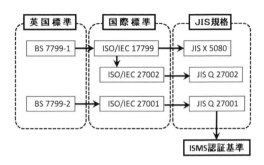

それぞれ2005年に、ISO/IEC 27001（Information technology -- Security techniques -- Management Systems -- Requirements：情報セキュリティマネジメントシステムの要求事項）と ISO/IEC 27002（Information technology -- Security techniques -- Code of practice for Information Security Managements：情報セキュリティマネジメントの実践規範）にまとめられ、我が国の日本工業規格では、JIS Q 27001 と JIS Q 27002 として制定されました。

その後、度々改正と体系化が行われ、ISO/IEC27000ファミリーとしてまとめられています。

その一部を示すと次図のようになります。

JIS Q 27000：2019　情報技術－セキュリティ技術－情報セキュリティマネジメントシステム－用語
ISO/IEC 27000:2018 Information technology – Security techniques
　　　　　　　　– Information security management system – Overview and vocabulary

JIS Q 27001：2014　情報技術－セキュリティ技術－情報セキュリティマネジメントシステム－要求事項
ISO/IEC 27001:2013 Information technology – Security techniques
　　　　　　　　– Information security management system – Requirements

JIS Q 27002：2014　情報技術－セキュリティ技術－情報セキュリティ管理策の実践のための規範
ISO/IEC 27002:2013 Information technology – Security techniques
　　　　　　　　–Code of practice for information security controls

ISO/IEC 27003:2017 Information technology – Security techniques
　　　　　　　　–Information security management system - Guidance　　ISMS 実装のガイダンス

ISO/IEC 27004:2016 Information technology – Security techniques
　　　　　　　　–Monitoring,measurement,analysis and evaluation　　モニタリング、測定、分析、評価

ISO/IEC 27005:2018 Information technology – Security techniques
　　　　　　　　–Information security risk management　　リスクマネジメント

JIS Q 27006：2018　情報技術－セキュリティ技術－情報セキュリティマネジメントシステムの審査及び
　　　　　　　　認証を行う機関に対する要求事項
ISO/IEC 27006:2018 Information technology – Security techniques
　　　　　　　　–Requirements for bodies providing audit and certification of information security
　　　　　　　　management system

ISO/IEC 27007:2020 Information technology – Security techniques
　　　　　　　　–Guidelines for information security management system auditing　　監査のガイドライン

2014年に改正された ISO/IEC 27002の実践規範では、用語や定義、構成等の他、次

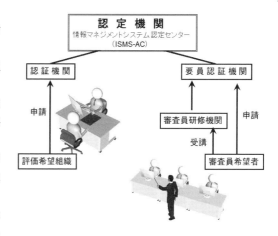

の事項が規定されています。

- ・情報セキュリティのための方針群
- ・情報セキュリティのための組織
- ・人的資源のセキュリティ（雇用前、雇用期間中、雇用の終了及び変更）
- ・資産の管理（資産の特定・管理責任、情報分類、媒体の取扱い）
- ・アクセス制御（知る必要性（Need to know）、使用する必要性（Need to use）等）
- ・暗号（鍵生成、鍵管理、認証、否認防止等）
- ・物理的及び環境的セキュリティ
- ・運用のセキュリティ
- ・通信のセキュリティ
- ・システムの取得、開発（外部委託を含む）及び保守、処分
- ・供給者関係（サプライチェーン等）
- ・情報セキュリティ・インシデント管理
- ・事業継続マネジメントにおける情報セキュリティの側面（BCM、DRM 等）
- ・遵守（コンプライアンス関連）

○ ISMS 認証とは？

　組織における情報セキュリティマネジメントシステムが的確に ISO/IEC 27001に適合しているかどうかを第三者が評価する制度が ISMS 適合性評価制度で、一般社団法人情報マネジメントシステム認定センター（ISMS-AC：ISMS Accreditation Center）が認定機関となり、認証機関や要員認証機関を認定する仕組みとなっています。認証登録後も定期的な審査（サーベイランス）が必要となっています（認証機関の認定に関してはISO/IEC 27006等も参照のこと）。

○個人情報保護

　個人情報保護に関しては次項で説明しますが、ISMS を個人情報保護に拡張したものが ISO/IEC 27701 Security techniques -- Extension to ISO/IEC 27001 and ISO/IEC 27002 for privacy information management -- Requirements and guidelines で2019年に制定されました。個人情報の処理によりプライバシーに影響を与えないための要求事項やガイドラインが規定され、ISMS 適合性評価制度に組み込まれる予定となっています。

§4-4　Pマークだけじゃダメ？ GDPRの施行！〜個人情報保護対策

「Pマーク」は取得してるよ！　という企業も多いかもしれないが、個人情報保護対策はそれだけでは十分とは言えない。ではGDPRって何？

◆個人情報保護制度の動向

○個人情報保護関連の法制度

⑴　個人情報保護法

　「プライバシー保護と個人データの国際流通についてのガイドラインに関するOECD理事会勧告（プライバシー・ガイドライン：1980年)」を受けて、行政機関を対象とした法律（行政機関の保有する個人情報の保護に関する法律）と並び、民間事業者において個人情報を取り扱う際の保護規定として2003年に「個人情報の保護に関する法律（個人情報保護法）」として制定されたものです。

　民間事業者には、この個人情報保護法だけでなく、様々なガイドラインや規格を順守することが求められています。

⑵　JIS Q15001（PMS）

　我が国では、諸外国に先駆け、PMS（Personal information protection Management System）として JIS 規格化（1999年）が行われています。これが JIS Q15001（個人情報保護に関するマネジメントシステム－要求事項）で、「個人情報保護管理者」の選任や事業者が備えるべき個人情報保護管理システムの整備に関して規定されています。

　プライバシーマーク（Pマーク）は、この JIS Q15001の要求事項を満足している事業者が認証された際に使用できる "証" です。しかしプライバシーマークを取得しているからといって、情報漏えい等が絶無である、ということを証明するものではありません。実際、大手企業を含め、Pマークを取得した企業でも大量の個人情報事案が発生していることが公表されています。

⑶　個人情報保護法や JIS Q15001の改正

　企業活動の海外展開にあわせて、個人情報管理のグローバル化も必要となっています。個人情報を取り扱うクラウド事業者（CSP等）も増加し、さらにその個人情報を匿名加工化することによりビッグデータとして活用・流通するニーズも増大しています。

　このため、2015年に個人情報保護法を改正し、個人情報の定義の明確化、匿名加工情報に関する加工方法や取扱い等の規定の整備を行うと共に、第三者に提供する場合の確認・記録作成義務等トレーサビリティの確保、個人情報保護委員会の新設やその権限に関する規定の整備を行っています。

　たとえば「個人情報」に関しては、

　▶個人情報：　生存する個人に関する情報で、氏名、生年月日等、特定の個人を識別できるもの。

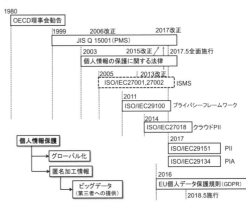

▶個人識別符号： ＊特定の個人の身体の一部の特徴を電子計算機の用に供するために変換した、文字、番号、記号その他の符号（DNA、顔認証、指掌紋、静脈認証、虹彩（アイリス）、歩容データ等）であって特定の個人を識別できるもの。

＊顧客等の個人に割り当てられる会員番号や会員カード等に記載されて利用者等を識別できるもの。

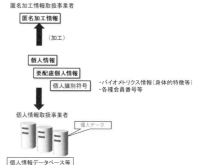

▶要配慮個人情報： 本人の人種、信条、社会的身分、病歴、犯歴、犯罪により害を被った事実その他本人に対する不当な差別、偏見その他の不利益が生じないようにその取扱いに特に配慮を要するものとして政令で定める記述（心身の機能の障害、健康診断等の結果、刑事事件の被疑者・被告人等）が含まれる個人情報。

等の規定が行われています。

また、匿名加工情報については、個人識別符号の削除等の規定された措置を講じることにより「特定の個人を識別することができないように個人情報を加工して得られる個人に関する情報であって、当該個人情報を復元することができないようにしたもの」と定義されています。

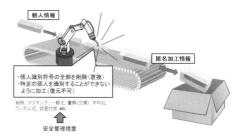

この個人情報保護法の改正にあわせ、JIS Q15001も2017年に大幅に改正し、個人情報の定義等について個人情報保護法との整合性を図り、また2013年に改正されたISMS関連の国際標準（ISO/IEC 27001、27002）の規定に準じて、リスクアセスメントにおいて残留リスクの把握・管理が必須とされています。

ただ、JIS Q15001においては、「個人情報」の定義として、個人情報保護法では生存する個人の情報が前提でしたが、JIS Q15001では「個人に関する情報で、特定の個人を識別できるもの」とあり、生死は問わない、ということに留意する必要があります。

⑷ 仮名加工情報、個人関連情報～個人情報保護法の改正 (2020年)

2020年に改正された個人情報保護法では、個人情報と匿名加工情報の中間に位置づけられるものとして、他の情報と照合しない場合には特定の個人を識別することができないよう加工した情報である仮名加工情報が規定されました。

また「生存する個人に関する情報であって、個人情報、仮名加工情報及び匿名加工情報のいずれにも該当しないもの」として個人関連情報が位置づけされています。

いずれも、データ利活用に関する施策の一環として、デジタル流通を促進する観点から規定されたもので、2022年4月に施行されましたが、確実な個人情報保護を行うために、罰則も強化されています。

〈2020年の改正内容〉

2020年の改正（2022年4月施行）では、①本人の請求権の拡大（不適正な利用がなされた際に利用

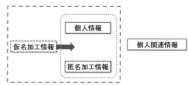

停止等を請求することが可能（30条1項、16条の2））、②**事業者責務の追加**（個人情報取扱事業者に対し、個人データの漏洩等が発生した場合の報告義務及び本人に対する通知義務（22条の2第1項））、③**事業者の自主的取組みの推進**（個人情報取扱いに関する苦情処理、個人情報等の適正な取扱いに関する情報の提供等の取組の内、特定の分野のみを対象とすることが可能となった（47条1項・2項））、④**データ利**

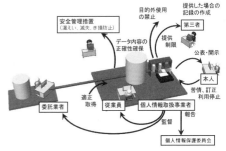

活用の促進（個人情報の氏名等を削除して、他の情報と照合しない限り個人を特定できないように加工した場合（仮名加工情報）は、その利用を仮名加工情報取扱事業者内部での分析等に限定することを条件に、開示・利用停止請求への対応等の義務を緩和した（2条9項・10項、35条の2、35条の3））、⑤**罰則の強化**（措置命令に違反した個人に対しては、「1年以下の懲役又は100万円以下の罰金」に、報告義務違反に対しては「50万円以下の罰金」に強化され、法人に対する罰金は、個人と同じだった旧法から、改正後は措置命令違反と個人情報データベース等の不正流用については「1億円以下」に引き上げられた）、⑥**域外適用等の拡充**（日本国内にある者に係る個人情報等を取り扱う外国事業者を報告徴収・命令の対象とし、罰則も適用（75条）。個人情報取扱事業者が外国にある第三者に個人データを提供する場合には、移転先事業者における個人情報の取扱いに関する制度等について本人への情報提供義務等が規定された（24条2項・3項））等が改正・規定されました。

　特に、取得時には個人情報には該当しないデータでも、第三者に提供することにより個人情報に紐づけされて個人情報となる場合や個人情報となることが想定される場合には、本人の同意を得ているかの確認が必要となる「第三者提供規制」等の規定に十分留意する必要があります。

(5) 個人関連情報の取扱い

　個人関連情報の例としては、クッキー（§3-24参照）やIPアドレス、MACアドレス等を用いて収集された個人のWebサイト閲覧履歴や、アンケート等を実施することにより得られたメールアドレス（アドレス単体で個人情報が分からない場合）とそのアンケート

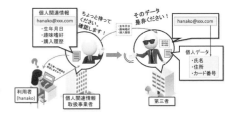

に回答した人の年齢や趣味嗜好等の情報、携帯電話の位置情報等が挙げられることが多いのですが、たとえ個人の位置情報自体が「個人情報ではない」としても、その位置情報を連続的に収集・蓄積することにより個人を識別することが可能な場合には、個人情報に該当することになります。

　個人関連情報を第三者に提供しようとする場合、提供することによりその提供先において個人情報となることが想定される場合には、本人の同意が必要となります。

　本人の同意を得るには、たとえば同意する旨を認めた文書（メール）を受け取るとか、Webページ上に確認欄を設けてチェックさせる、という方法等がありますが、具体的には、個人情報保護委員会の「個人情報の保護に関する法律についてのガイドライン（通則編）」等を参照することが適当です。

　個人関連情報の第三者提供に際しては、提供元に記録義務がありますので、本人同意を確認した旨、提供年月日、第三者の氏名（名称）等、個人関連情報の項目等を記録し、これを3年間（原則）保存する必要があります。

◆ 国際標準～プライバシーフレームワーク（ISO/IEC 29100）

　国際標準としてはISO/IEC 29100（Information technology -- Security techniques -- Privacy framework）が2011年に制定され、JIS X9250（情報技術−セキュリティ技術−プライバシーフレームワーク（プライバシー保護の枠組み及び原則））として2017年に国内標準化が行われました。

　ISO/IEC 29100と関連して、ISO/IEC 29151（PII Protection 個人を識別できる情報の保護：Information technology -- Security techniques -- Code of practice for personally identifiable information protection）と ISO/IEC 29134（PIA ガイドライン：Information technology -- Security techniques -- Guidelines for privacy impact assessment）が2017年に標準化されました。

　またクラウド環境における個人情報保護に関する国際規格としてはISO/IEC 27018（Information technology -- Security techniques -- Code of practice for protection of personally identifiable information（PII）in public clouds acting as PII processors）が2014年に制定されています（アメリカではNIST SP800-122 Guide to Protecting the Confidentiality of Personally Identifiable Information（PII）が2010年に規定されています。その他 SP 800-144　Guidelines on Security and Privacy in Public Cloud Computing 等を参照のこと）。

　これらの規定では、プライバシー保護のための用語の規定や透明性の確保、説明責任、安全対策（管理策）、IT システムにおける開発・実装技術等を規定しています。

　SBD（Security By Design）と同様、パーソナルデータの利活用を行うビジネスやサービスを展開するためには、これらの規定を参照し、その設計段階から事前にリスクアセスメントを行い、個人情報の保護を図ることが重要です（PBD（Privacy By Design：プライバシー・バイ・デザイン））。

　またこれらの規定においてはPII（Personally Identifiable Information：個人識別情報）やPIA（Privacy Impact Assessment：プライバシー影響（事前）評価）等の用語が使用されているが、「行政手続における特定の個人を識別するための番号の利用等に関する法律（マイナンバー法又は番号法）」に関して「特定個人情報保護評価」を PIA と呼ぶことがあります。

　金融サービス業者が顧客等の財務データの処理に関する PIA やリスク対処手法に関しては、 2008年にISO 22307（Financial services -- Privacy impact assessment）が規定されています。

　ISO/IEC 29100においては、個人識別情報を第三者に提供する場合には、「PII 管理者（PII Controller）」は情報の主体（PII Subject）の同意を得て目的と手段を決定すること、また PII の加工処理を行わせる場合には「PII 処理者（PII Processor）」に指示（委託）して行わせること等が規定されています。

◆ 「GDPR」って何？

(1) 国際動向

　個人情報の保護に関しては、国際的な標準化のみならず、世界各地で様々な規制や保護のための取組みが行われてきています。

　欧州では1995年に「EU データ保護指令（Data Protection Directive：Directive 95/46/EC of the European Parliament and of the Council of 24 October 1995 on the protection of individuals with regard to the processing of personal data and on the free movement of such data）」が定められ、これに基づき各国の法制度が定められました。

　環太平洋地域においては、2004年に APEC（Asia-Pacific Economic Cooperation アジア太平洋経済協力）の枠組みの中で「APEC プライバシー・フレームワーク」が定められ、国境を越える個人情報保護に関した認証制度 CBPR（Cross Border Privacy Rules system）や、法執行面での協力に関した取り決めとして CPEA（Cross border Privacy Enforcement Arrangement）を構築し、我が国も参画しています。また APPA（Asia Pacific Privacy Authorities：アジア太平洋プライバシー機関）フォーラム等により各国間の情報交換を行っています。

　OECD のプライバシー保護に関する法執行における国境を越えた協力に関する理事会勧告（2007年）に基づき、2010年に GPEN（Global Privacy Enforcement Network：グローバル・プライバシー執行機関ネットワーク）が設立されています。

　個人情報データの保護に関する国際会議としては、1979年から ICDPPC（International Conference of Data Protection & Privacy Commissioners：データ保護プライバシー・コミッショナー国際会議）が開催されており、我が国は2014年以降オブザーバーとして参加。2017年に「個人情報保護委員会（PPC：Personal Information Protection Commission）」が正式メンバーとして承認されています。

(2) GDPR の概要

　上の EU データ保護指令を受けた各国の法制の共通化を図るため、2016年に欧州議会本会議で制定され、2018年 5 月25日から施行されたものが GDPR と呼ばれる「EU 一般データ保護規則（General Data Protection Regulation）」です（EU データ保護指令や加盟各国のデータ保護法等は廃止）。

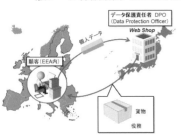

　これは、欧州経済領域（EEA：European Economic Area）における個人データ（氏名やメールアドレス、クレジットカード番号等）の保護を目的として、第三国への移転を管理するために規定された規則ですが、EEA 内だけでなく我が国の企業でも、EEA 内居住者に対して商品をインターネット販売する場合等には、当該顧客情報等の個人データを適正に管理する必要があり、そのためのデータ保護責任者（DPO：Data Protection Officer）を選任したり EEA 内において代理人（Representative）を選任する義務が生じる。EEA 内に現地法人や駐在員を置く企業等でも、従業員等の人事情報等の個人情報を日本国内の本社に移転す

る際には規制の対象となりますし、EEA内拠点間の個人データの移転でも、一旦日本国内のサーバ等を経由するような場合には、規制対象となります。

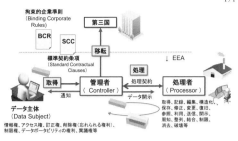

▶個人データ：　規制対象となる「個人データ」は、識別（可能）な個人（データ主体）に関する全ての情報であり、氏名、識別番号、所在地データ（ロケーション）、オンライン識別子、又は身体的・生理的・遺伝子的・精神的・経済的・文化的・社会的固有性等の因子から、直接又は間接的に個人を識別することが可能な情報で、Cookie 等のコンピュータ処理により収集されてプロファイリングされる趣味嗜好データや IP アドレス等のデータも含まれる等、我が国の個人情報保護法で規定する個人情報より範囲が広いため注意が必要です。

▶データ保護責任者、管理者、処理者：　データ保護責任者の責務としては、管理者、処理者、個人データを処理する従業員に対して情報を提供したり助言を行ったり、管理者・処理者が適切に個人データ保護指針を遵守しているかの管理・監督を行うことであり、データ保護実務に関する専門的知識や技量を備えた専門家であることが求められています。

　また ISO/IEC 29100における PII 管理者や PII 処理者と同様に、管理者や処理者、あるいはその処理の内容、データ主体の権利等も規定されています。

▶SCC、BCR：　個人データの EEA 域外への移転に関しては、移転先の国・地域が十分に個人データ保護対策を講じている場合（日本、アンドラ公国、アルゼンチン、カナダ、フェロー諸島（デンマーク王国自治領）、ガーンジー島（英国王室属領）、イスラエル、マン島（英国王室属領）、ジャージー（英国王室属領）、ニュージーランド、スイス、ウルグアイ）のみ認められています。

　当初は、EU の個人データを米国企業へ移転することを認める枠組みとしてプライバシー・シールドが2016年8月から施行されていましたが、EU 司法裁判所が2020年7月に、プライバシー・シールドが無効であると判断（シュレムス II 判決）したことから、米への個人データの移転に際して 標準契約条項（SCC：Standard Contractual Clauses）を締結するか拘束的企業準則（BCR：Binding Corporate Rules）の承認を受けることが必要となります。

　SCC は、データ移転の当事者間で、適切な保護措置の下、データ移転を実施するという契約で、BCR は、データ移転先（企業グループ）における統一的な個人データの取扱い規範としての BCR を文書化して、各国の監督機関による承認を得ることにより、移転を可能とするものです。

○参考

　CSA ジャパン（§8-8参照）では CSA が作成した「Code of Conduct for GDPR Compliance」を訳した「GDPR 準拠の為の行動規範」を Web ページ上で公開（2018年8月）しています。

　ビッグデータの流通・活用が求められる昨今ですが、現在の個人データは、戦略物資（貨物、役務）等と同様、適切な輸出（移転）管理を行い保護することが必要となっています。

2　攻撃状況が「見えない」ことが難しい！

　企業や家庭の防犯・防火・防災対策は重要で、日頃の備え、あるいは発災時の速やかな対処のための訓練や注意喚起等も、地域ぐるみで行われているかもしれません。

　「防犯カメラを設置しましょう！」というと、一軒家に住んでいる住人にとっては、効果のイメージは理解しやすいし、企業の場合でも、不必要な経費だとは言われないと思います。防犯カメラを1台設置する際に、費用対効果を求める人も少ないのではないでしょうか？

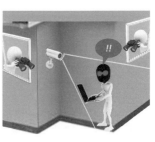

　ところが、自社や自宅の情報セキュリティ対策として**「エンドポイントの防御のために UTM や HIPS（§4-7）の導入はいかが？」**と言っても、このようなセキュリティ対策のための投資がすんなり受け入れられることは少ないのではないでしょうか？　幹部の方に UTM や HIPS がどのようなものか？　ということを説明する（結構これが面倒ですが）必要もあるのですが、**「導入（購入）効果はどうなのか？」**等、費用対効果の面で厳しい査定を受けることが多いのが現実です。

　一方で、ネットワーク上で防犯カメラの機能を果たしている各種検知システムが不備だったせいで情報漏えい（流出）事故が発生する等、実際に情報セキュリティインシデントが発生するまでマルウェアに感染したり不正アクセスを受けたことに気がつかなかった、ということも実際に多く発生しています。

　情報セキュリティ対策の推進・浸透のためには、まず脅威や対策等の**「可視化（見える化）」**を進めることが重要です。

◆「エンドポイント」？

　何の**終端（エンドポイント）**なのか、というと**ネットワーク**です。ネットワークを視点の中心として捉え**ネットワーク・セキュリティ**対策を進めてきた事業者や企業の目線では家庭のパソコンやスマートフォン等の端末機器が**エンドポイント**となり、ネットワークとエンドポイントの**「境界（ゲートウェイ）」**はブロードバンドルータ等の機器に相当します。

　IoT 等も、従来は**エッジインフラ**として位置づけられていましたが、インテリジェント化の推進により**エンドポイント AI** の重要な一翼を担うようになっています。

　このように情報データの通り道の位置に着目して、**エンドポイント・セキュリティ**とか**ゲートウェイ・セキュリティ**、**クラウド・セキュリティ**等の呼び方を行うこともあります。

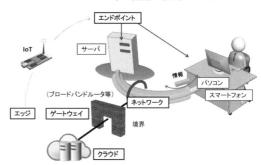

◆ 「入口対策」、「出口対策」、「内部対策」

エンドポイント・セキュリティを考える際に**「入口対策だけじゃダメだ。出口対策や内部対策も！」**ということもあります。

○「入口対策」とは？

現実社会においても、海外からのウイルスを水際で阻止するために**「検疫」**が設けられていて、新型コロナウイルスの感染阻止のため、その重要性は一層増大していますが、パソコンやスマートフォンにマルウェアが侵入したり不正アクセスが行われるのを阻止するための対策が「入口対策」と呼ばれるものです。

「水際阻止」

マルウェア対策やファイアウォール、侵入検知装置の設置、ソフトウェアを常に最新に保つ（パッチをあてる）等、従来から行われている手法を指しています。

○「出口対策」、「内部対策」

しかしパソコンやスマートフォンに入り込もうとするマルウェアを全て阻止し、不正アクセスをシャットアウトすることは実際上非常に困難です。

一旦、マルウェア等が入口を突破して侵入してしまった場合には、このような対策だけではシステム内部のデータが持ち出されたり、削除・改ざんされたりする行為を止めることはできません。

このため、**「出口対策」**や**「内部対策」**が必要となっています（§4-7参照）。

特にゼロデイ型攻撃や標的型攻撃等の場合には、繰り返し執拗な攻撃が行われるため、これらの対策、しかも**多層（多段階）防御**が必要となります。

「出口対策」の基本は、個人データ等の重要なデータが外部に流出することを防止（遮断）することです。

外向けパケットの精査と阻止が可能なファイアウォール等の設置や、システムが正常に動作しているかを常に監視し、その記録（ログ）を保存しておく等の措置により、**トレーサビリティ（追跡可能性）**を確保することも重要です。

平素の監視（モニタリング）やロギングの他、ユーザ管理（認証）や重要ファイル等の暗号化・バックアップ等の地道な保守作業を指して**「内部対策」**と呼ぶことも多いようです。

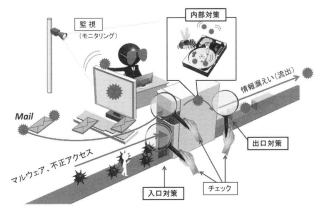

§4-5　セキュリティ対策①　組織・人的対策

「リスクアセスメント」に基づく情報セキュリティ対策はどのようなことを実施すれば
よいのだろうか？

◆基本的な考え方（セキュリティポリシーの策定）

　組織における具体的な脅威（セキュリティリスク）、たとえば標的型攻撃等のサイバー攻撃を受けたり、マルウェア感染事案が発生する等の事態が発生した場合に、これ
をどのように検知し、また得られたデータを分析した上でどのように対応すればよいのでしょうか？

　あるいは情報漏えいを防止し、個人情報を保護するためには、どのような組織を構築すればよいのでしょうか？また、情報資産の保護のための暗号化やバックアップはどうすればよいのでしょうか？

　このような情報システムの技術的対応・防護措置は、セキュリティ担当者が個々に対応すればよい、というものではありません。組織全体での指針や基準に沿ったものでなければならないからです。

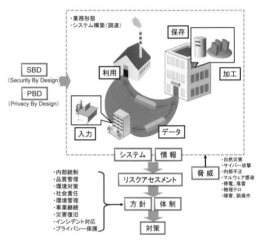

　組織全体のセキュリティポリシーは、障害や災害が発生した場合の復旧計画や事業継続計画の策定も含め、サイバー・レジリエンスを実現するための内部統制や社会責任のあり方等の大局的な判断に関する検討を経た上で、情報及びシステム防護のための基本方針として策定することが望ましいものです。

　もちろん技術的な見地から個々のルータ等のネットワーク機器やサーバ・ソフトウェアのセキュリティに関する設定を行うことも重要で、その際に必要となる基準（ローカルセキュリティポリシー）を単にセキュリティポリシーと呼ぶ場合もあります。

　セキュリティポリシーには、セキュリティ関連資機材の調達整備のための予算措置から従業員教育のためのマニュアル、手順書の作成まで、組織防衛のための広範な対策や行動指針が網羅される必要があることから、組織のトップが決断を下す必要があるものです。

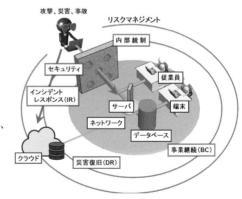

◆セキュリティ管理組織と責任者

情報化の進展や個人情報保護ニーズの増大にあわせ、様々な視点からの対応が求められています。

○セキュリティと RM、DR、BC

情報セキュリティに対する脅威は、外部からネットワーク経由で行われる攻撃だけとは限りません。内部からの情報漏えいや災害・障害によるシステムダウン等も考慮しなければなりません。

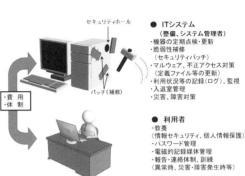

実際に被害を認知すれば CSO（Chief Security Officer：最高セキュリティ責任者）は単に情報セキュリティ分野でのみ対処すればよいという訳にはいきません。CRO（Chief Risk Officer：リスク管理最高責任者）としての的確な指示や復旧対応等、リスクマネジメント（RM）が求められます。特に罹災時は、その攻撃や障害のダメージを最小限にするための対応（IR：Incident Response）、災害復旧（DR：Disaster Recovery）だけでなく、事業継続（BC：Business Continuity）が重要な課題となります。

○運用管理・インシデント対応組織

職場に端末機器が数十台もあると、一人位パソコンに詳しい人間がいたって、メンテナンスや教養を行うことは非常に困難です。特にインターネットに接続されている端末機器が多かったり、そのインターネットに接続された端末にイントラネットの端末からデータを持ち出そうとする際に USB メモリ等の電磁的記録媒体を用いている場合には、OS・各種アプリケーションの状態を最新に保ったり、セキュリティ対策ソフトの状態を最新のものに更新する、端末が不具合になった場合の対処等、運用管理だけでも専従体制が敷かれているかもしれません。

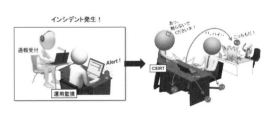

マルウェアに感染し外部に不正なパケットが送出されている等、重大な情報セキュリティインシデントが発生した場合には、これを速やかに検出し、的確な対処を行う必要がありますが、これを担当するのが CSIRT（Computer Security Incident Response Team）で、平素からログ等の精査を行ったり、不正アクセス等の監視を行って、異常状態を迅速に検知し、その情報を分析して適切なインシデント対応を行うことが可能な人材を配置する必要があります。

日本シーサート協議会では、実際にセキュリティインシデントの対処を行うインシデントハンドラーの他、コマンダー（統括）、マネージャー（管理）、インベスティゲ

ーター・キュレーター（調査・情報収集）等、役割と任務付与を整理しています。

　また自社が出荷している ICT 製品の脆弱性への対応を行うために PSIRT（Product-SIRT：製品セキュリティインシデント対応体制）を設置する企業も増えています。

○監視・運用管理のアウトソーシング

　しかし全ての組織で、このような監視・保守体制を確保することは困難です。その上、近年増加している標的型攻撃等のサイバー攻撃では、攻撃者は実際の攻撃の前にサイトのシステム構成や脆弱性を探る偵察行為を行うことも多いので、サイバー攻撃の予兆を捉え、その段階で対処することが望ましいのですが、個々の企業が単独でこのような体制を構築して監視活動を行うことはなかなか難しいものです。

　このため、技術に精通したエンジニアを24時間体制でオペレーションセンターSOC（Security Operation Center）に詰めさせ、顧客のサーバやネットワークのリアルタイム稼働・運用状況を監視し、不正アクセス等実際にセキュリティインシデントを検出した場合に、顧客に速報し的確な対処を行う SOC サービスも活用されています。

　またクラウドサービス等の利用も進んでいます、これらの事業者に責任の全てを委任できる訳ではないため、アウトソーシングを行う場合には信頼できるサービスを利用することが重要です。

○ CRO、CISO の責任

　CEO や COO 等、CXO と表記される責任者が増えています。

　GDPR の施行に伴い選任されるようになった DPO（Data Protection Officer：データ保護責任）は CXO ではありませんが、これもそもそもは CPO（Chief Privacy Officer）と呼ばれていたものです。

個人情報保護管理者
（CPO:Chief Privacy Officer）

CSO（Chief Security/Safety/Strategy/Storage Officer）
CTO（Chief Technology Officer ）

　CRO（Chief Risk Officer：最高リスク管理責任者）や CISO（Chief Information Security Officer：最高情報セキュリティ責任者）と呼ばれていても、必ずしも IT 技術に精通した人が配置されている訳ではありません。「不正経理」等を未然に防止するため経理担当役員が、あるいは総務や法務担当が兼務しているかもしれません。名目的には CRO や CISO でも、実務は技術担当に「任せきり」だと、情報漏えい等のインシデントが実際に発生した場合には、右往左往してしまう可能性もあります。

　情報通信システムの日々の運用保守やセキュリティ対策を外部業者等に委託していることも多いかもしれませんが、自組織内に CRO や CISO を設置していないと、最新の企業状況を把握しつつ、全体の情報セキュリティを確保するためのリソース配分

や職員へのセキュリティ教育・指導、情報セキュリティ対策への投資を的確に実施することが難しいかもしれません。

○ CSO／CISO の業務

平素、被害の未然防止のために CSO／CISO や情報セキュリティ担当者は、

・被害発生を回避するために常に最新のセキュリティ対策を行い、脆弱な穴（セキュリティホール）を塞ぐ。

・システム利用者（従業員）に対する情報セキュリティ教養を徹底すると共に、CSIRT に命じて、実際の攻撃事案が発生した場合を想定した報告要領や対処訓練を平素から反復実施させる（「有事即応体制」の確立）。

等、非常に地味な作業を実施しています。

また、実際の被害発生に備え、前兆現象や、攻撃元、被害範囲・状況の迅速な特定が可能となるように、各種記録を保存・精査したり、業務を継続させるためのバックアップや代替システムの準備等の作業も重要です。対策の効果測定（パフォーマンス評価）を行い、改善・是正措置を行うこと等も CSO／CISO の重要な責務です（経済産業省では、経営層に対するセキュリティガイドラインとして、「セキュリティサイバーセキュリティは経営問題」という書き出しから始まる「サイバーセキュリティ経営ガイドライン Ver.2.0」を公表（2017年）しています）。

○従業員へのセキュリティ教育

情報リテラシーや情報モラルに関する指導・教育は学校等でも実施される機会が多くなってきましたが、情報セキュリティや個人情報保護に関しては、その内容の中に技術的なものも多く含まれているせいか、あまり浸透していません。人的資源のセキュリティ確保も情報セキュリティ管理を実践する上で重要です（ISO/IEC 27002中でも規定）。

しかし「ウイルス対策を確実に！」とか「ソフトウェアのアップデートを忘れずに！」、「パスワードに誕生日や電話番号を使わない！」等の初歩的な知識以上のことをきちんと教えられる人は、まだまだ少ないかもしれません。

ブロックチェーンの仕組みや暗号理論の基礎的な知識がなければ、フィンテックや仮想通貨、あるいは Wi-Fi の安全性を正確に説明することは難しく、さらに全く知識の無い人にこれらの技術的な仕組みを説明することは至難の業かもしれません。CSO／CISO には、分かりやすい教育を行う（又は行わせる）能力も必要でしょう。

総務省が2021年に公表した**「スマートシティセキュリティガイドライン（第2.0版）」**やその普及啓発のために作成した**「スマートシティセキュリティガイドブック」**では、セキュリティ関連の推進主体の幹部のみならず、各種サービス事業者・提供者向けに、スマートシティの構築・運営におけるセキュリティの考え方やセキュリティ対策を分かりやすく取りまとめています。セキュリティガバナンスのための戦略・政策のみならず、組織やネットワーク・センサー等のアセットまで、広く網羅していますので、CISO のみならず、セキュリティ対策に従事される方々にも最適です。

§4-6　セキュリティ対策②　物理的対策

では、セキュリティ確保のための「物理的対策」は、どのようなものがあるのだろうか？

◆物理的対策とは？

　情報セキュリティ対策については、組織の構成員（社員等）が守るべき規定やマニュアルを策定する等の人的対策、マルウェア対策や侵入検知システムの設置、認証手法等の技術的対策と並んで、防犯対策等の物理的対策の3つの領域に分類されることが多く、JIS Q27001（ISO/IEC 27001）でも、組織の情報及び情報処理施設に対する、許可されていない物理的アクセスや損傷・妨害を防止するための対策について規定されています。また、サーバ等（ローカル）のセキュリティ対策の重要性についても規定されています。

◆入退出管理・庁舎防護

　サーバ機器や開発・試験環境等については、許可された者だけにアクセス権を付与すると共に、実際に機器の操作を行うための入退管理、あるいは保守、処分に至るまでの間の的確な管理が求められます。

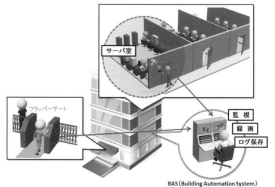

BAS（Building Automation System）

　サーバルームのみならず構外（屋外）や無人で運用する端末やカメラ、センサー等の防護対策も重要で、今後一層IoTの利活用の進展と共に、確実な防護措置が必要となります。またサーバルームだけでなく、事務処理を行うオフィス部門でも端末機器が設置されていたり、無線LANルータ等を設置して職員・社員が端末を利用できる環境を構築していますので、これらのエリアについても物理的なセキュリティ確保が必要となります。

　入退出管理は「個人認証」と同じように取り扱われることも多く、ICカードを活用した認証やバイオメトリクス（生体認証）と呼ばれる指掌紋や静脈データ、顔（静止画、3D）認証、虹彩（アイリス）等の認証システムの導入も推進されています。

　もちろん、これらを複数組み合わせたり、IDや暗証番号入力と併用することも多く、出退勤の勤怠管理、残業時間の管理を兼ねる場合もあるかもしれません。

　入退出の際、これらの認証システムを用いて本人確認を行うだけでなく、防犯カメラ等の場合には、録画しつつ様子を監視したり履歴をチェックすることもできますので、個人情報等の一層の適切な管理を行う必要が求められています。

　庁舎への入退庁と防災・防犯機器、エレベーター等の設備管理を総合的に行うため、ビル管理システム、ビル・オートメーション・システム（Building Automation

System）が用いられることも増加していますが、このようなシステムへのサイバー攻撃もある（§3-10）ので注意が必要です。

◆ゾーニングとセグメント

ゾーニングというとゾーン分け、即ち所属等に壁を設け、施錠管理を確実に行えばよい、と思われるかもしれません（フラットな組織構築を行っている企業や「大部屋主義」の組織には、拒否感を持たれるかもしれませんね）。

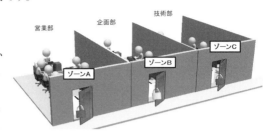

情報セキュリティ対策としてのゾーニングは、このような所属ごとの施錠管理を示しているものではありません。組織内の情報資産の重要度レベルに応じた区分を指すものです。担当業務ごとに取り扱うデータの領域を、物理的に制限することにより情報流出等を未然に防ぐ対策です。

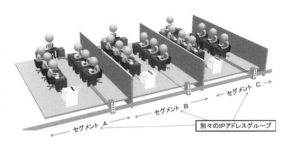

営業部職員が開発中の技術データの詳細を知る必要が無ければ、このようなデータへの営業部職員のアクセスを制限する等、アクセス・コントロールも併せて行うことにより効率的なセキュリティ対策を実施することができます。

また、盗聴やなりすましの危険性、セキュリティ・インシデント対応のことを考え、多くの端末が利用されている企業等では、全ての端末を同一ネットワーク上に配置するのではなく、ルータやスイッチでネットワークを分割するセグメント分割（セグメンテーション）を用いて、攻撃被害を局所的に限定する必要もあります。

細かくセグメント分割を行うこと（マイクロセグメンテーション）により、マルウェアに感染した場合でも、感染拡大を当該セグメント内に限定できる可能性が高くなります。またセグメントごとにルータやスイッチを設置するコスト等を軽減するため、仮想的にネットワークを分割するVLAN（Virtual LAN）技術も多く用いられています。

◆共同利用型オフィスの場合

一般社団法人日本テレワーク協会と一般社団法人セキュアIoTプラットフォーム協議会（SIOTP）は、2021年3月にレンタルオフィスやコワーキングスペース、サテライトオフィス、シェアオフィス等の共同利

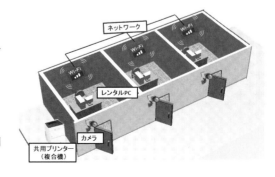

用オフィスを運営する企業等を対象に、セキュリティ上の対策等を解説した「共同利用型オフィス等で備えたいセキュリティ対策について（第2版)」を公表しています。Wi-Fiルータ等のネットワーク機器やレンタルPC、共同利用する複合機等におけるセキュリティ対策が分かりやすくまとめられています。

◆サーバルーム等の保護

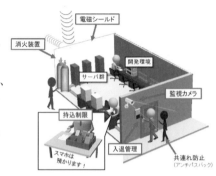

サーバルームにはサーバ機器だけでなく、各種記録媒体やネットワーク、電源設備等、種々のシステムや機器が配置されていることが多く、重要な個人情報・機密情報の詰まっているデータベースが置かれているかもしれません。

このため、外部からの脅威に対応するだけでなく、内部からの情報資産の持ち出し等、様々なリスクに対応することが求められます。

サーバ機器等に対しては、障害対策としてシステム構成を二重化する等の冗長化が行われることが多いのですが、その他留意すべき事項には次のようなものがあります。

○携帯・スマートフォンの持込み制限

入退出管理と併せ、サーバルームへ入室する際には、パソコンやスマートフォン、記録媒体等は持ち込ませず、決められた受渡場所において預かる等の対策を行います。これは、データの流出を防止する観点だけでなく、サーバ等にマルウェアを感染させたり、データを消去・改ざんするためにも必要な措置です。

これらの機器等を隠して持ち込もうとした場合を考慮し、これらの機器のデータ伝送機能を止めるため多くのデータセンター等では、電磁波シールドを設置しています。

漏えい電磁波による情報流出（テンペスト：TEMPEST（Transient Electromagnetic Pulse Surveillance Technology））を防止したり、電磁パルス（EMP：Electro Magnetic Pulse）攻撃からシステムを防護することが必要な場合も、電磁波シールドは有効です。また雷サージ対策としてのSPD（Surge Protective Device：避雷器）等の設置も考慮する必要があります。

また消火設備については、通常はスプリンクラーや消火栓の設置も必要ですが、サーバルームやデータセンターの場合、散水によるデータ損傷を避けるため、不活ガス等を用いた消火装置の設置を行うことも多くあります。

○保守

携帯機器等を持ち込ませないといっても、サーバや各種機器等の保守（メンテナンス）や試験のため部外の要員が持込む機器や媒体を阻止することはできません。

過去には、これらのサービス・エンジニ

アが持ち込む機器や媒体等からマルウェアが感染した事例も多数発生しました。サーバやネットワーク機器の監視・保守業務を外部に委託したり、クラウドサービスやデータセンターを利用する場合も、信頼性の高い事業者を選定することが不可欠です。

○配置（窓）

これも昔実際にあった話ですが、インターネットプロバイダのオペレーションルームがビルの１階にあり、操作の状況が一般通行人も通る窓の外から「丸見え」の状態となっていた、ということがありました。そんな馬鹿な、と思う人も多いかもしれませんが、今でも外部の人が通る場所でパスワードを平気で入力したり、そのパスワード自体を付箋紙等に書いてモニター等に貼り付けている人がいることは確かです。

○クリアデスク・クリアスクリーン

このため、職員を対象に情報セキュリティ教育を実施する際には、昔ながらですが、パスワード管理の重要性や離席時のセキュリティ確保についても繰り返し指導することが重要となっています。単に「机の上を片付けろ！」と言うのではなく、机の上の機密情報が記載された書類等が他人に覗き見されたり持ち去られたりしないように、机の引き出し・キャビネット内に保管する等の習慣づけを行うことも重要かもしれません。書類だけでなくモバイル機器や記録媒体等を机上に放置しない等も、特に新人の内に徹底することが必要かもしれません。

これらはサーバルーム等に限定されるものではなく、たとえば経理担当部署で予定価格が記載された書類を机上に放置していたならば、通りがかった業者に見られる危険性があるので注意するのは当たり前のことでしょう。端末機器に部外者が容易にアクセス可能である場合には、情報が奪取される（たとえばUSBメモリに入れて持ち出す）ことや、反対にUSBポートにUSBメモリ型のデバイス（USBキラー）が挿入されて、発生した高圧電流により機器が破壊される危険性もあります。

机上や端末機器のデスクトップをクリーンにする（スクリーンロックを行う）クリアデスク・クリアスクリーンは、今でも情報セキュリティ確保の基本ですので、教育の徹底が必要です。

◆ネットワークや電源の保護

ネットワークのセキュリティ対策としては盗聴（傍受）や掘削工事、災害等による切断、業務妨害等を意図した損壊等、種々の物理的脅威に対応する必要がありますので、回線事業者・引込ルートの二重化（冗長構成）等も検討する必要があ

ります。

　建物内のケーブル配線等についても、部外者が無
断で使用したり盗聴することができないようにする
必要があります。接続可能な端末を Mac アドレス
等により限定している組織も多いかもしれません。
職場内で無線 LAN の利用が可能なところも多いか
もしれませんが、特に Wi-Fi の利用に当たっては、
暗号や認証手法等、高いセキュリティ強度となるよ

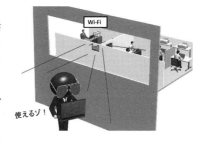

う注意することが必要です。漏れ電波を防止するために職場の広さに応じて電波出力
を調節し、部外からのアクセスができないようにすることも効果的です。

　Bluetooth も、Class 3 なら最大 1 m、Class 2 なら最大10m の到達距離しかありませ
んが、ビーコン等所在管理等の目的で Class 1 機
器を利用している場合には、最大100m の距離ま
で利用可能ですので注意が必要です。

　同様に、電源についても、ミッションクリティ
カルなシステムの場合には、電源系統の二重化や
停電時にもシステムの運用を可能とする発動発電
機・CVCF（Constant Voltage Constant
Frequency）の設置を検討する必要もあるでしょう。

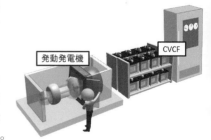

　ノートパソコンの場合には、バッテリーを搭載しているため、停電（商用電源が遮
断）しても短時間であれば、データは保持されますが、サーバ機器等の場合は瞬断で
も停電時のショックで機器や実行中のソフトウェア、オンライン取引等が破壊・消去
されることもありますので、必要に応じて無停電電源装置（UPS：Uninterruptible
Power Supply）の導入を検討することが適当です。

◆バックアップ

　稼働中のシステムに対する脅威は、停電だけではありません。操作ミスでデータを
上書きした、うっかりファイルを削除してしまった等のような人為的なミス、ランサ
ムウェアに感染して勝手にファイルが暗号化されてしまったり不正アクセスによりデ
ータやログが削除されてしまった等のような外部からのサイバー攻撃、天災や障害に

よりハードディスクが飛んだ（壊れた）
等、様々な状況が発生する可能性があり
ますが、データのバックアップを取って
いなかった場合には、お手上げ状態とな
ることがほとんどです。

　データの復旧や業務継続の観点から、
外部記録媒体へバックアップするだけで
なく、オンラインストレージや DWH

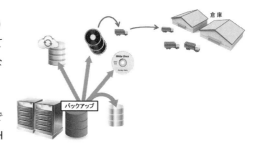

（Data Ware House）、DC（Data Center）、DC のリソースを共同で使用するコロケーション（collocation）サービス等の利用が拡大しています。

　その媒体を保管する倉庫や DWH は、大規模災害の発生によりデータが同時に消滅する危険を避けるため、遠隔地のものが利用されます。

　媒体の種類や性能等によっては、衝撃で傷つく、磁力によりデータが消滅、経年変化により劣化して読み取ることができなくなる等の事態が発生することを前提に、シールドや温度・湿度管理が的確に行われているかどうかの確認も必要でしょう（媒体にカビが生えることもあります）。

　バックアップを行う対象や方法（種類：フルバックアップ、差分バックアップ等）、時期（頻度）、保存期間等を決め、RPO（§4-2）等の指標を基に世代管理を的確に実施する必要もあります。

　また、ログ等の一旦記録したデータが意図的に消去されたり改ざんされない WORM（Write Once Read Many）機能を有する記録媒体を利用することにより、不正アクセス等の被害を防止することが可能となります（バックアップデータに感染するマルウェアもあります）。

◆持ち出し用（モバイル）機器や電磁的記録媒体の管理

　職場から出張や業務で持ち出すパソコン、タブレットや記録媒体の管理にも注意が必要となります。職場の機器を持ち帰って、テレワークを行わなければならない状況になっている人も増加しているかもしれませんね。その際に、盗難・亡失時を考慮し、ディスクやファイルの暗号化を行うアプリを導入する等の措置を行って機密情報の保護を行う組織も多いかもしれません。

　外出から職場に戻った際には、手指消毒はしても、そのまま、その機器や媒体を使用していないでしょうか？

　たとえば訪問先のパソコンやプロジェクターを借用してプレゼンや説明を行った際に、持参した USB メモリをパソコンに挿す、ということはありませんか？　昔、私はある学校でセキュリティの説明を行う際に、このようなプレゼン環境を用意して貰って説明を実施し、その媒体を持って帰ってチェックしたらマルウェアに感染していたことがありましたが、もしこのような記録媒体をそのまま組織のネットワーク端末等に接続して使用すれば、マルウェアの感染が拡大する事態が発生します。

　それ以来、データを持ち出す際には、DVD-R 等、書き込みができないメディアを利用するようにしていましたが、最近は DVD ドライブの無いパソコンも増えていますので、少なくとも媒体の書き込み禁止を行い戻った際にはマルウェアに感染していないかチェックするようにしています。

§4-7　セキュリティ対策③　運用管理（監視）〜攻撃の「見える化」

サイバー攻撃を防止するためには、どのような対策が必要なのか？　あるいはどのような機器を購入すればよいのか？　ファイアウォールだけで十分なのでは？

◆ファイアウォールだけでは**不十分**！

ファイアウォール（防火壁）という表現は、火事の延焼防止のように、外部からのサイバー攻撃を防ぎ止めることが可能な装置のように思えますが、実際には外部ネットワークと内部ネットワークの境界（ルータ等）で監視業務に就いているセキュリティ担当の"門番"のようなイメージです。

外部からの侵入や内部からの情報流出を全て阻止することができればよいのですが、最近ではマルウェア等のステルス化の進展等により、ファイアウォールのみでは十分阻止できなくなっています。

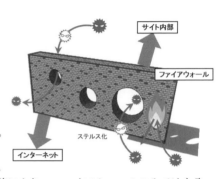

◆多層防御と監視・可視化

標的型攻撃等のサイバー攻撃に対しては、本節の最初に説明しましたが、複数のセキュリティ対策を組み合わせる多層（多段階）防御が必要となっています。

セキュリティ対策のための製品（アプライアンス）には様々な種類のものがあります。セキュリティベンダーの中には、FW（ファイアウォール）やIDS（侵入検知システム）、IPS（侵入防護システム）、WAF（アプリケーション・ファイアウォール）を多層的に配置することにより防護することが多層防御である、という説明を行っているかもしれませんが、単にこれらの入口対策や出口対策、あるいはホストの要塞化等のハードウェア的な対策だけでなく、保存されているデータの暗号化や従業員への教育等も含め、総合的な対策を実施することが多層防御なのではないでしょうか？

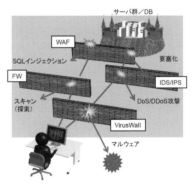

○ PDCA サイクルと OODA ループ

ISO/IEC 27001やJIS Q27001（情報セキュリティマネジメントシステム（InformationSecurity Management System：ISMS））、JIS Q15001（個人情報保護マネジメントシステム）では、PDCAサイクルに基づく評価や改善が求められています。

また、ソフトウェアの品質管理やプロセス評価のための規格であるJIS X0145（ISO/IEC 15504）やIT サー

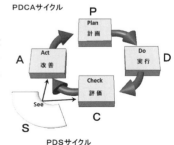

ビスマネジメントの規格である JIS Q20000（ISO/IEC 20000）でも PDCA モデルによるプロセスアプローチが導入されています。

　PDCA は Plan（計画）、Do（実行）、Check（評価）、Act（改善）の頭文字をつなげたもので、デミング賞の名の由来でもある品質管理の父として有名なエドワーズ・デミング（W. Edwards Deming）が普及させたものなのでデミング・サイクルとも呼ばれています。

　ISO 9001（JIS Q9001）や ISO 14001（JIS Q14001）等の品質管理（QMS：Quality Management System）や環境マネジメント等でも利用される用語です。マネジメントサイクルでは PDS（Plan-Do-See）サイクルという用語も利用されています。See には評価とか統制の意味をあてて説明されることも多いのですが PDCA の C（評価）と A（改善）をあわせたもの、と考えられます。

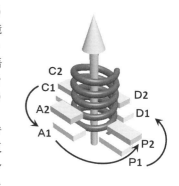

　これらのサイクルモデルは単なる循環を示したものではありません。A（改善）は、当然、次の計画立案に反映させるべきものですので、ループではなくスパイラルアップ（Spiral Up）というらせんの形で説明されたりします。

　一方で、サイバー攻撃への対応においては、軍事行動と同様、戦略的な対応が必要との考えから、もともとは米空軍将校が提唱していた OODA（ウーダ）ループが着目されています。OODA は、監視（Observe）－状況判断（Orient）－意思決定（Decide）－行動（Act）のサイクルを繰り返すことにより、迅速な意思決定を行う考え方です。サイバーセキュリティの場合には、目に見えない敵からのサイバー攻撃を常に監視・分析することにより、的確に対処することが求められていること

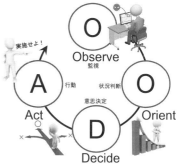

から、OODA ループのフレームワークを取り入れようとする動きも増大しています。

　攻撃が行われていることに気がつかない内にマルウェア感染が拡大し、業務停止状態となった事例も多いので、適切な手法により定常的な監視を行い、サイバー攻撃の状況を可視化することにより、的確な対処のための意志決定を迅速に行う必要があります。

◆様々なアプライアンス

　上で説明しましたがセキュリティ製品（アプライアンス）には多くの種類があります。

　FW、IDS や IPS、WAF、UTM の他、負荷分散装置（バランサー）や帯域制御（パケットシェイパー等）も用いられています。これらの内の複数の機能を兼ねた製品もありますし、サービ

ス（ソリューション）として提供しているベンダーも多いことから、コスト面でも、製品の「買取」か、サービス・役務の「月額料金」等を選ぶのは難しい問題となります。

これらの機器等の基本的な機能は次のとおりです。

○ FW（FireWall：ファイアウォール）

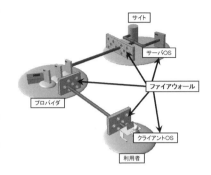

もともとはパケットフィルタリングを行うことにより、外部からの不正アクセスを防止することがFWの機能で、ロギング（履歴の記録）機能も備えています。マルウェア等に感染したことに気がつかないまま内部から情報が流出したり外部に向けた攻撃パケットの送出を防止するため、双方向のパケットを監視し阻止可能な機能を有するものが増加しています。

サイト（サーバ）の防護を目的としたものだけでなく、クライアント（パーソナルコンピュータ等）を防護するためのもの（パーソナルファイアウォール：PFW）もあります。

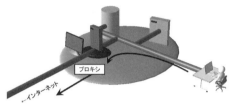

一般的なWindows 10 / 11パソコンの「Microsoft Defender ファイアウォール」機能は、OSの機能として提供されるものですが、フリーソフトやマルウェア対策ソフトを含む統合セキュリティソフトの機能の一部に組み込まれていたり、プロバイダの顧客用サービスとして提供されるもの等もあります。

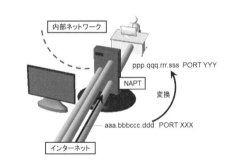

アプライアンス（装置）として販売されているものの中には、ルータと一体化してゲートウェイ機能を提供するものもあります。

名称にファイアウォールが付いていなくても、プロキシやNAT（ナット）の機能を有するサーバやブロードバンドルータはファイアウォール機能を有していますが、「プロキシやNATがあるから安全である」とは思ってはいけません。

たとえば、企業内LANに接続されるパソコンからインターネット（Web）を利用する際には、ブラウザの設定でプロキシサーバを経由する設定を行うよう求められる場合がありますが、このプロキシは、HTTP／HTTPSプロトコルに関して一時的にWebサーバへのアクセス結果をキャッシュ（保存）することにより効率的なネットワーク利用を図ることが主目的です。

折角パケットを開封して宛先や内容等を確認する機能を有していても、そこでチェックのポイントや処理をルール化せずに全てのパケットを接続する設定であれば、

ファイアウォールとしての機能は果たすことはできません。

　同様に NAT（Network Address Transfer）や NAPT（Network Address Port Translation）は部内外のネットワークの IP アドレスやポート番号の整合性を取ることが主目的で、NAPT の場合、結果として特定のポート番号を利用するマルウェアの活動が阻止されることもありますが、これで全ての不正アクセスやマルウェア侵入を遮断できる、と考えることは早計です。

〈パケットフィルタリング機能〉

　パケットのヘッダ情報（送信元と宛先の IP アドレスやポート番号）を検査（インスペクション）し、予め設定されたルール（条件）に基づき、接続（中継）するか遮断（拒否）するものです。この内、ファイアウォールの内側から送出した要求パケットと、これに対する応答パケットの整合性を検査し、矛盾が無い場合だけ要求されたポートをオープンするものはステートフル・パケット・インスペクション（SPI）と呼ばれます。

　次の IDS と連動させてサイバー攻撃を遮断することも可能ですが、ファイアウォールでは、どのようなルールにより通過させるか遮断するのか、ということが明確に規定されていないと、導入しただけでは的確なフィルタリングは行えません。

○ IDS（Intrusion Detection System：不正侵入検知システム）

　正規の通信パケットになりすまし、正当な宛先に対して適切なポートを利用して届けられるデータは FW では阻止できません。たとえば、Web ページを見たり、オンラインショッピングを利用する際には、通常80番ポートを利用しますので、このポートはインターネットに接続されるシステムではオープンの状態になっています。このため80番のポートを利用して大量の接続要求を行うような DoS 攻撃のパケットを送付しても、ヘッダ情報しか見ない FW では止めることができません（アプリケーション層（レイヤー7）に対応する WAF はパケットの中身の精査も可能）。

　このような攻撃を検出するシステムが不正侵入検知システム（IDS：Intrusion Detection System）です。

〈監視対象の違い〉

　ネットワーク上を流れるパケットを監視するタイプ（ネットワーク型 IDS）と、特定のサーバ等のシステムログ等を逐次チェックすることによりサーバの稼動状況に異変が生じていないかを監視するタイプ（ホスト型 IDS）があります。ネットワーク型の中でも、ネットワークに挿入して利用されるタイプはインライン型 IDS と呼ばれています。

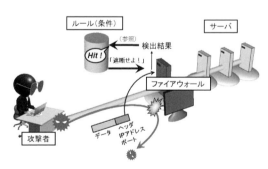

　これらの中には、装置（アプライアンス）もあれば、システム管理者が自分でフリーソフトを使用して構築することもあります。

　IDS は、設置する場所や目的、ネットワーク容量（速度）等に応じて、使い分けられています。

ネットワーク型 IDS の動作原理は、ネットワークを流れるパケットを精査し、持っている攻撃パターン（シグネチャ）と対比することにより攻撃かどうかを判定するものです。

しかし、DDoS 攻撃のようにネットワーク上を流れるデータ量が膨大なものになれば、パケットの取りこぼしが発生してしまう可能性があります。

またインライン型 IDS の場合には全てのパケットをチェックして、通過させるかどうかを判定するため、データ量に比較して処理能力が低ければ滞留が発生します。

このため FW と組み合わせ、ある程度データ量を絞った後に全パケット検査を実施することが多いのですが、負荷が相当高いため高速のネットワークで利用されるインライン IDS の多くは、ハードウェアによる高速化を図った装置（アプライアンス）として提供されます。

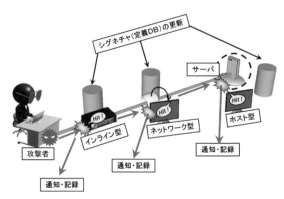

〈シグネチャ〉

マルウェア検出と基本的には同じ技術を用いていて、過去の攻撃手口をパターン化した定義ファイルを常に最新のものに更新しておかなければ、攻撃を見逃してしまいます。

このようなパターン・マッチング方式だけでなく、トラフィックやプロトコルのアノマリー（異常値）を検出する手法も用いられます。

〈攻撃の阻止〉

たとえば Web サーバに対して DoS 攻撃が行われた場合、IDS で検出した攻撃元の IP アドレス等のデータは、FW や Web サーバプログラムの設定項目に反映させることにより、効果的なフィルタリングを行うことが可能となります。

但し、DDoS 攻撃のように膨大なパケットを浴びると、IDS 自体が機能不全に陥る懸念もあることから、前段で帯域管理（制限）装置等により流量を絞り込んだり、流れを分割することが必要な場合もあります。

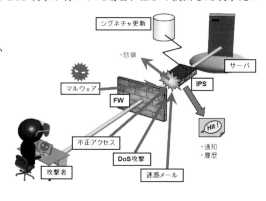

○ IPS（Intrusion Prevention System：不正侵入防護システム）

IDS の基本的な機能は不正侵入等の検知・通報を行うことであり、防御機能を備えている訳ではありません。

ただ、上のように IDS と FW を連動させて攻撃を阻止することは可能ですし、イ

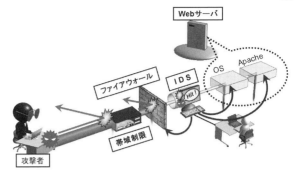

ンライン型 IDS では、ネットワーク間に挿入する機構から、検出した結果に基づき不正パケットを遮断する機能を備えているものも多くあります。

　このように攻撃の検知と防御を一体的に行うシステムが不正侵入防止システム（IPS：Intrusion Prevention System）です。不正侵入検知・防御システム（IDP：Intrusion Detection & Prevention system）と称している製品もあります。

〈IPS のタイプ〉

　IDS と同様、IPS にもネットワーク型（NIPS：Network IPS）とサーバ等の OS やアプリケーションプログラムを防護するためのホスト型（HIPS：Host-based IPS）の製品があり、ネットワーク型は、ハードウェア（アプライアンス）製品、ホスト型はソフトウェア製品やサービスとして提供されることが多いようです。

　ホスト型 IPS はサーバを防御することからセキュリティベンダーも提供していて、システムや OS の改変が行われないかを常時監視するものが多いようです。

〈IPS の機能〉

　IPS は、到着したパケットの IP アドレスやポートをチェックしたり、ファイル転送（FTP）やメール（SMTP）等のプロトコルに対応して、不正アクセスやマルウェアの検出・DoS 攻撃の防御を行う機能を有しています。

　マルウェア等の攻撃パターンがシグネチャとして記録されていて、これを参照することにより攻撃を検出します。

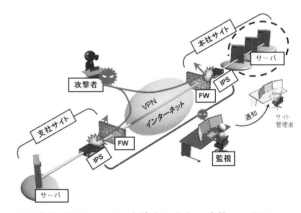

またトラフィックやプロトコルの異常値（アノーマリ）を検出したり、攻撃コードの態様・振る舞い（ビヘイビア）を分析して検出する製品もあります（§5-2参照）。

　攻撃を検出した場合には、接続の遮断、当該セッションの記録（ログ保存）を行い、電子メール等によりシステム管理者に通報します。ホスト型 IPS では、サーバ自体のシャットダウンも可能です。

〈イントラネットと IPS〉

　IPS は、インターネットと内部ネットワークの境界部分に設置されるだけではありません。

　電磁的記録媒体等によるマルウェア感染等から内部ネットワークやサーバを防御す

るため、あるいは内部ネットワークから攻撃パケットが送出されないよう、イントラネットにも配置されます。本社と支社等の間を VPN で接続し業務を行っている場合等には、個々のサイトに IPS を設置し、これを集中的に管理（監視）したり、当該監視業務を外部に委託し、レポートをサイトの管理者が受理するような運用形態を取ることもあります。

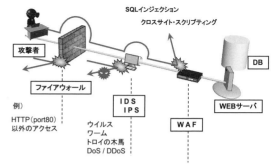

このような場合、シグネチャを常に最新の状態に更新しておかなければ、的確に攻撃を遮断することはできませんし、IPS を導入したからといって、サーバ等の脆弱性を放置していると、侵入を許してしまうことになります。

○ WAF（Web Application Firewall：Web アプリケーション・ファイアウォール）

FW がチェックできるのは、プロトコルや送信元や宛先の IP アドレス、ポート等、封筒で言えば表裏の住所・氏名ぐらいなので、中に不正なコードが仕込まれていてもチェックできません。

一方で、WAF の場合には、データ部の中も検査の対象としています。上の例でいえば、封筒の中身（コンテンツ）まで X 線検査を行うのと同じように、Web サーバ等に接続するに相応しいかどうかをチェックしています。

Web アプリケーションが稼動しているサイトにおいては、クライアントから HTTP/HTTPS プロトコルで送出されたリクエストは、FW を通過する際には内容はチェックされませんが、その後、IDS や IPS、マルウェア対策ソフト等で照合され、サイバー攻撃と判断される場合には検出・遮断されます。

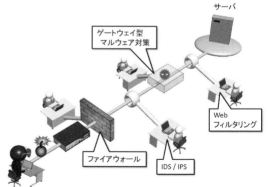

しかし、元来 IDS や IPS のシグネチャは OS や主要アプリケーションプログラムの脆弱性に対する攻撃手口を網羅したものが主体ですので、クロスサイト・スクリプティング攻撃や SQL インジェクション攻撃等、Web アプリケーションの脆弱性を突いた攻撃手口のパターンを全て網羅している訳ではありません。

IDS/IPS 製品の中には、Web アプリケーションに対する攻撃パターンもシグネチャに追加しているものもありますが、IDS や IPS で阻止されずにサーバに到達する懸念

があったことから WAF が登場しました。

　アプリケーション層の FW という意味で、WAF を L 7 -FW（Layer 7 - FireWall）と呼ぶこともあります（この場合、従来の FW はネットワーク層の FW という意味で L 4 -FW と呼ばれます）。あるいは次世代 FW（FGFW）として「SPI 機能 ＋ WAF ＋ IPS」を充てることもあります。

〈WAF のタイプと機能〉

　WAF も IDS/IPS と同様、防護対象により区分すると、ホスト型とネットワーク型があります。

　ネットワーク型は設置の態様により、透過的にパケットを処理するタイプ（インライン型）とネットワークに挿入され Web サーバの代理としてクライアントからの要求に応答するリバースプロキシ型に区別されることがあります。

　またシグネチャの構成で区分すれば、原則として全てのパケットを阻止しておき、許可を与えたパケット（ホワイトリスト）のみ通過させるタイプ（ポジティブ型）と、原則は通行自由でブラックリストに掲載されたもののみブロックするタイプ（ネガティブ型）に分けられます。

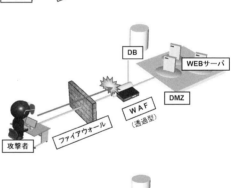

　WAF は Web アプリケーションの脆弱性に対する攻撃の特徴的なパターンをシグネチャとして保有はしていても、個々のサイト固有のプログラミング・ミスや脆弱性をカバーし、防護するものではありません。

　WAF を導入したからといって、

　　・OS や Web アプリケーションの脆弱性を放置
　　・ウイルス対策ソフトや IDS/IPS、WAF のシグネチャを未更新
　　・そもそも Web アプリケーションプログラムに欠陥・瑕疵が存在

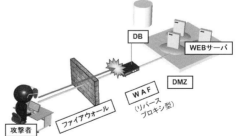

という状態では、セキュリティ確保は無理です。トータルなセキュリティ管理と継続的な確認が必要です。

　これらの導入・運用時のコストや人的負担等を軽減するため、クラウドの普及にあわせてクラウド型 WAF のサービスも増加しています。

○ UTM（Unified Threat Management：統合脅威管理）

〈セキュリティ脅威の多様化〉

　FW では対応できないセキュリティ脅威に対して IDS/IPS を導入し、さらに Web ア

プリケーションに対する脅威に対応するために WAF を設置した、と脅威の増大に対して逐次設備を追加していたのでは、機器の導入に伴う費用や運用・保守管理の負担が増大します。

　また、障害が発生した場合の対応も、全てのシステムのチェックが必要となる上に、相互に連動している際には、一部の機器のルール等を変更しようとしても関連システムも含めた調整が必要となります。

〈UTM の登場〉

　このような複雑で負担が大きいセキュリティ管理業務を統合的に推進するため、FW や IDS/IPS、マルウェア対策等、多くの機能を同一システムに融合させて一元管理することが可能な UTM 製品も増加しています。UTM 導入により、費用の面のみならず、設定や管理等の実務面での負担も軽減することが可能となります。

　情報漏えい対策の面で、UTM 機器をユーザシステムに設置し、24時間体制でその監視を行い、結果をユーザに通知するサービスを提供する企業もあります。ファイアウォールではパケットのヘッダ情報のみしかチェックしませんが、UTM では WAF と同様、データの中まで丹念に吟味してチェックする仕組みとなっています。

〈UTM 利用上の留意点〉

　UTM 機器では、ハードウェア化を行うことにより処理の高速化が図られていますが、パケットの中味まで精査し、暗号・復号化処理を行う等、従来複数のシステムでこなしていた業務を1台で処理しているため負荷が重くなります。

　このため、トラフィック量の多い大規模サイト等では、これに見合った高スループット（単位時間当たりの処理量）の UTM 装置を導入しなければ、その UTM 装置自体がボトルネックとなって、却って渋滞を引き起こす懸念があります。

　また、この UTM にセキュリティ機能が凝縮されていますので、もし障害が発生したり一部の機能が麻痺した場合等のフェールセーフ（障害発生時の安全対策）の考慮も必要です。

　UTM 導入の際には、メールやマルウェアのチェックがどこまで行えるのか？（たとえばサンドボックス機能を有しているのか等）、機能を十分検討し、他に必要となる機能や装置は無いのかということについて、事前に検討する必要があります。

　多くの機能を詰め込んでいるため、拡張性もそれほど高くないことから、業務やシステムの将来的な展開等も見据えた上での導入が求められます。

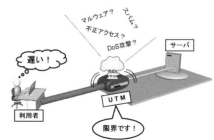

◆出口対策

　UTM や WAF を設置したとしても、それだけでは、攻撃者が物理的に内部に侵入してマルウェアに感染した USB メモリ等を内部ネットワークの端末等に挿入したり、部内の職員が持ち出し用の端末や外部記録媒体が部外でマルウェアに感染してそれを内部ネットワークで利用した際の感染拡大を阻止することはできません。

　一旦内部に入ったマルウェア等により重要なデータ等が外部に流出（漏えい）しないようにする対策を出口対策と呼んでいます（§5-3参照）。

　具体的な手法としては、部外から持ち込まれたプログラム等が怪しい行動をとらないかを追跡（行動確認）したり、仮想的環境（サンドボックス）内での振る舞いを確認

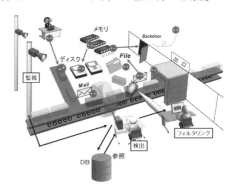

する、個々のシステムプログラムを監視し、変更等が行われないか常にチェックする等、システム内の監視を強化することが主体となります。内側から外部への情報流出を阻止するための対策、という意味で内部対策と言う場合もあります。

　実際にボット化した端末からC&C（指令）サーバに接続している通信が行われ、重要なデータが流出していても気付かない企業の管理者もいますので、出口におけるチェック強化は不可欠です。

◆ SIEM（Security Information and Event Management：セキュリティ情報イベント管理〜シーム）

　監視機能を強化するためには、サイバー攻撃等が行われた際には、いち早くその状況を確認する必要があります。そのための対策として登場したのが SIEM です。

　SIEM は SIM（Security Information Management）と SEM（Security Event Management）を組み合わせ、リアルタイムでシステムのセキュリティ状態を分析し、その結果を可視化することにより、攻撃に対して的確な対処を行うためのツールです。従来は、ログ記録というと、アクセスログ等、入退室管理のように単に記録しておくだけ、しかもその膨大な量のログは、監査か、万が一のサイバー犯罪等が行われた際のフォレンジック用として保管されているデータのことを指すことが多かったものです。しかもログに残す項目を増やせば増やすほど、データ量が膨大となり、ディスク容量を圧迫したり、記録媒体の保管に困る、どちらかといえばやっかい者として扱われてきました。

　ところが、ビッグデータの活用や、様々なセンサー機器からのデータをリアルタイムで処理する IoT 時代が到来し、微細なログともいえるイベントレベルでの情報の量は膨大なものになっていますが、これを監視することにより、不正アクセス等を検知することが可能となって

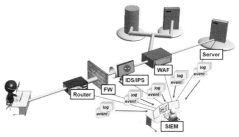

います。

　SIEM は単にサイバー攻撃を検出するだけではなく、部内職員等による不正行為や異常行動を監視する内部統制や監察業務等にも活用されています。

◆持続的監視が重要

　不正アクセスやマルウェア等を実際に検知した場合の対処をどのように行うのか、ということはリアクティブと呼ばれ、サンドボックス機能等によりマルウェア等の振る舞いを解析することにより攻撃パターンや被害を予測し、先手を打つ防御手法はプロアクティブと呼ばれることが多いようです。

　しかしマルウェアの中には、このようなサンドボックスの存在を察知すると活動を停止したり、サンドボックスを回避するものも出現していますので、さらに先手を考えたプロアクティブ・ソリューションが必要となっています。

　特に、APT 攻撃（§3-21参照）のような執拗な攻撃に対しては、定常業務としてネットワーク監視を行うことが重要です。まさに「継続は力なり」かもしれません。このため防御のための NSM（Network Security Monitoring：ネットワークセキュリティ監視）や CDM（Continuous Diagnostics and Mitigation：持続的な診断と緩和）が重要視されるようになっています。

　オープンソースソフトウェアの中にも、ネットワークやサーバの監視をリモートで行うことが可能なものがあります。たとえば Zabbix は、SNMP（Simple Network Management Protocol）を用いて監視を行うことが可能で、クラウドの監視も可能です。

　パブリッククラウドの場合、AWS では CloudWatch、Microsoft Azure なら Azure Monitor、Google Cloud では、Google Analytics と の 連 携 も 可 能 な Cloud Monitoring 等、各種モニタリングツールが利用されます。

　運用管理に関しては、NIST SP800-137 Information Security Continuous Monitoring（ISCM）for Federal Information Systems and Organizations 等の規定も参考になります。

◆帯域制御・負荷分散・CDN の利用

　DoS 攻撃の場合には、トラフィックの集中時における対策と同じ様な対策が必要ですが、発信元の偽装等が行われていない正当なユーザからの接続要求をサーバ側に渡すようにふるいにかける必要

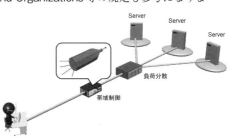

がありますが、圧倒的な量のパケットが殺到するような場合には、帯域制御装置で流量を絞り、負荷分散装置（ロードバランサ）等でサーバやネットワークの負荷の軽減を図る必要があります。自営システムの場合、対応に限界がありますので、クラウドサービスや CDN（Contents Delivery Network）サービスの利用を行う企業等も増加しています（§3-23参照）。

§4-8 アクセス制御と認証

コンピュータやネットワークのアクセス制御の仕組みは？
生体認証を使えば安心なのでは？

◆アクセス制御の基本

認証手法の1つにケルベロス認証という認証手法があります。ケルベロスは3つの頭部を持つ冥府（地獄）の番犬を意味し、その頭のそれぞれに、認証、承認、監査の意味があてられています。

たとえば庁舎等への入場の際のゲートチェック等を考えてみましょう。

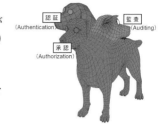

ICカードや顔認証等の生体認証で本人確認（認証）を行うことも多いのですが、この際、承認された後にゲートが開き、入場が可能となります。

システムを用いている場合、その履歴は定期的な監査等に用いられています。

ゲートが開いた、ということは、庁舎へのアクセス権を得た、庁舎に入る資格を有する人だと識別された訳ですが、それで庁舎内のどこでも入れる訳ではありません。

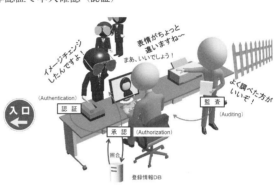

一般訪問者は事務室には入れても、サーバルームへは入れないでしょうし、部内の職員でも、窓口担当職員が商品開発等の機密資料にアクセスできる、ということはあまり想定されていません。

アクセス権は、その人がどの範囲・程度の場所や機密情報にアクセスできるのか、を設定するものです。

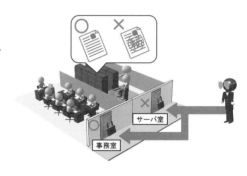

◆ネットワーク経由のアクセス

部内の情報システムに外部の人間がアクセスすることを認めている組織は、それほど無いのではないでしょうか？

人の認証
（端末・システム）

端末の認証
（ネットワーク・システム）

普通なら、部内の職員・社員に対して、専用の ID カード（磁気カードや IC カード）を割り当て、パスワードを設定し、指掌紋や虹彩（アイリス）等の生体認証データを登録して、これにより認証を行うことが多いのではないでしょうか？

これが一般的なユーザ認証ですが、職員ならどの部署の端末からでもシステムの利用が可能でしょうか？ あるいは複数のシステムの端末がある場合、どのシステムも利用できるようになっているでしょうか？ 外部から持ち込んだパソコンが組織内のネットワークに接続できるでしょうか？

このように、認証権限を設定する際には、そのユーザがアクセス可能な範囲を決め、端末を登録済みのものに限定する等の措置が必要となります。

この場合、ユーザ認証だけでなく端末の認証も必要となります。

このように利用許可の要件をルールとして定め、これに合致したユーザや端末の利用を認めることが承認です。

◆サーバ等のアクセス制御

ログインしてサーバにアクセスできても全てのリソースにアクセスできる訳ではありません。

ユーザごとのアクセス可能な資源を定義したリストであるアクセス制御リスト（ACL：Access Control List）の仕組みには DAC、MAC、RBAC、ABAC、IBAC 等があります。

▶ DAC（Discretionary Access Control：任意アクセス制御）

ファイル作成者・所有者が、自由にファイルに対する書き込みや読み取りの許可や禁止等の設定を行えるもの。

▶ MAC（Mandatory Access Control：強制アクセス制御）

システム管理者が予め設定する。システムの設定や変更等、システム管理者のみが使用するプログラムやファイルは、一般ユーザに触れさせないように設定している。

▶ RBAC（Role-Based Access Control：ロールベースアクセス制御）

ユーザ等の中でロール（役割）を与える者をグループ化し、グループごとにアクセス権を付与するもの。企業内でもプロジェクトメンバー内だけで共有する文書やフォルダについては、プロジェクトメンバー以外からはアクセスできないようにする（両プロジェクト兼務者は両方へのアクセスを認める〜コア RBAC）。

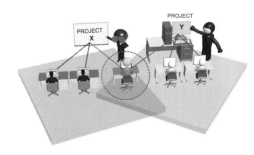

▷ ABAC（Attribute-Based Access Control：属性ベースアクセス制御）

ユーザの属性に基づいてアクセス制御を行う手法。ユーザの属性に応じ、実行可能な機能やアクセス可能サービスを限定できる。

リソースや環境条件も考慮したアクセス権限の付与が可能。部外からのアクセス要求に対しては要求元 IP アドレス等も考慮したアクセス制限を行う等、クラウド利用の際にも利用される。AWS の場合の属性はタグと呼ばれる。

▷ IBAC（Identity Based Access Control：アイデンティティベースアクセス制御）

ID ベースのアクセス制御は、アクセス要求者の認証された ID やリソースに基づいてサービス等へのアクセスを制御するもの。

◆ネットワーク越しの認証

サーバへのアクセスはネットワーク経由で行うのが一般的かもしれませんが、実はそこに問題点があります。認証データをネットワーク越しに送付するということは、盗聴のリスクと戦わなければならないし、ユーザや端末のなりすましの危険性もあるからです。

最近では AI 技術を用いたロボットやボットからのアクセスも行われるので、正当に利用することが認められている本人、端末であることを認証する必要があります。

また、一連のサーバ群を利用する場合、それぞれのサーバでログインする手続きを行うのは面倒ですので、最初のセッションで承認を受ければ最後にログアウトするまで途中で再度ログイン手続を行うことがない（SSO：シングルサインオン）ようにすることも重要です。

このため、様々な認証手法が考えられています。

本人認証では、主として次の 3 方法が用いられています。（　）内は例。

▷ 知識（SYK：Something You Know）

（ID とパスワード、パスフレーズ、PIN（Personal Identification Number））

▷ 所有物（SYH：Something You Have）

（電子証明書、ワンタイム・パスワードのトークン、IC カード等）

IC カード等に記録された所有者の個人情報は CHUID（Cardholder Unique IDentifier）と呼ばれています。また IC カードは身分証明等に利用されることも多く、これを用いた認証は PIV（Personal Identity Verification）スマードカード認証と呼ばれることもあります。

▷ 生体情報（SYA：Something You Are）

（指掌紋、静脈、虹彩、網膜、声紋、顔形、筆跡等）

◆リスクベース認証？

これらの認証手法は、通常はユーザ側に何らかの操作を行って貰うことにより正当な権限を有しているかを判断するものなので、アクティブ認証と呼ばれることもあります。

その反対に、ユーザ側に操作を求めることなく認証を行う方法はパッシブ認証と呼ばれます。Cookie 等を用いても実現できますが Pass The Cookie 攻撃等を受けるリスクもありますので注意が必要です。

リスクベース認証もパッシブ認証の1つで、そのユーザの
アクセス履歴を保存しておき、平素のログイン時と異なる環
境変数（IPアドレスやブラウザ情報等）であれば、そのIDが
乗っ取られた可能性がある、として不正アクセスを防止する
ために、正しいパスワードを回答した場合でも追加質問する
認証手法です。CAPTCHA（Completely Automated Public
Turing test to tell Computers and Humans Apart）のようなテス
トを受けさせられる場合もあります。

リスクベース認証では、ブラウザから環境変数やCookie
が取得されて保存されます。本人でも別の環境からログイン
する際には確認のために、予め登録した本人しか知らない秘
密の質問に正答しないとログインできないこともあるので、
面倒だと感じる人（私）もいるようです。

Googleではボットと人間を自動的に区別しスパ
ムコメントを防止するためにreCAPTCHAと呼ば
れる認証テストを利用者に行わせる認証手法や、さ
らに進んで一定の期間が経過後はテスト不要で自動
的に認証が可能となるInvisible reCAPTCHAを提
供し、採用するサイト等も増加しているようです
（サイトが改ざんされて、reCAPTCHA認証に見せかけ
た不正なポップアップを表示し、他サイトに誘導する細
工が行われた事例もあるようなので、注意が必要です）。

◆多段階（多要素）認証～ワンタイム・パスワード

リスクベース認証は、怪しまれた際の質疑応答の形を取りますが、オンラインバン
キング利用時等では、トークンを用いた2段階認証等も利用されています。

このような際にはワンタイム・パスワードが用いられることが多いのですが、物理
的なトークン（ハードウェア）はコストもかかり常に持ち運ぶ必要がありますので、
メールやSMSを用いるトークンもあります。またGoogle Authenticator等、スマート
フォン用の2段階認証用のトーク
ンアプリを用いる方法等も利用さ
れています。

そのワンタイム・パスワードの
発生方法も様々な手法が用いられ
ます。算出時には暗号も利用され
ますが、サーバ側が不正アクセス
を受けた場合には共通鍵が流出す
る危険性もあることから公開鍵を
用いた生成アルゴリズムも利用さ
れます。

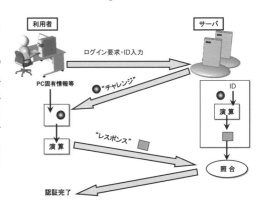

○チャレンジ＆レスポンス式（CHAP）

次項の②で説明しますが、サーバ側から投げかけられた質問（チャレンジ）に対し、適切な回答（レスポンス）を返送することにより、正当なユーザ（端末）であることを認めてもらう方式です。そのユーザ（ID）や端末（PC）固有の情報と、サーバ側から送付された毎回異なるチャレンジの値から演算の結果求められたレスポンスが、サーバ側で算出したデータと照合され、合致すれば認証されるもので、パソコンやスマートフォンに専用アプリをインストールして利用することができます。

○カウンタ同期方式（HOTP：HMAC-Based OTP Algorithm）

HMAC（Hash-based Message Authentication Code）は、メッセージ認証符号（MAC：Message Authentication Code）の一種で、秘密鍵とメッセージ（データ）とハッシュ関数から計算を行うもので RFC 4226で規定されています。パスワード生成回数のカウンタ値を利用者側とサーバ側で共有する仕組みを取っています。

○時刻同期方式（TOTP：Time-based One-time Password Algorithm）

RFC 6238で規定された方式で、利用者とサーバ側で共有する秘密鍵と現在時刻から、一定時間間隔でワンタイム・パスワードを生成する方式です。

◆ **様々な認証システム**

そもそもはダイヤルアップ等のネットワーク経由でサーバに接続する際のユーザ認証等のために開発された RAS（Remote Access Service）サーバから発展して、様々な認証システムが開発されています。

①パスワード認証（PAP（Password Authentication Protocol）認証）

RFC 1334（PPP Authentication Protocols）で規定される、ユーザから平文で送信されたパスワードをサーバで暗号化して、暗号化して保存されているパスワードファイルの中の値と比較するものですが、通信路で盗聴されたり不正アクセスにより暗号化されたパスワードファイルが奪取されて解読される危険性があります。

② CHAP(チャップ)認証(Challenge-Handshake Authentication Protocol 認証)

RFC 1994（PPP Challenge Handshake Authentication Protocol）で規定されていますが、サーバから送付された乱数列（チャレンジ）によりパスワードを暗号化

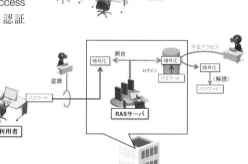

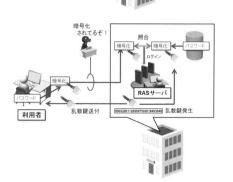

200

して送信することにより通信路における盗聴を防ぐものです。頻繁に実施することでなりすましの防止にもなります。上で説明したように OTP にも利用されます。もしサーバへの侵入を許し乱数生成の仕組みや当該パスワードファイルが盗まれてしまえばアカウントが奪取されることになります。

③ **Radius**（ラディウス）**：RFC 2138/2865**（Remote Authentication Dial In User Service）

上の①、②の認証方式では、個々のサーバにログインする際には、それぞれの RAS サーバにおける認証を受ける必要があり、また複数の RAS サーバの認証データベースの斉一化を図る必要があります。

このことから、それぞれの RAS サーバに認証データベ

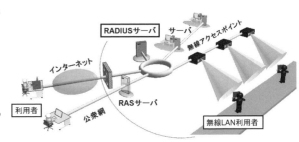

ースを置かず、一括管理するデータベース（RADIUS）を置くようになりました。統合的にユーザ管理やアクセス履歴の管理を担うのがこの RADIUS で、そもそもはアナログ公衆回線や PHS、ISDN 網等からダイヤルアップ接続により RAS サーバを経由してアクセスを行うユーザの認証や課金管理のための仕組みですが、次第に VPN での認証や、たとえば企業内のフロアで無線 LAN を使用する場合等、移動してそれまでと異なるアクセスポイントのサービスエリアに入った場合、再度認証手続を行うのは非常に面倒である、ということから一括してユーザを管理するために利用されるようになりました。

Radius は UDP ベースですが、TCP ベースで Cisco 社が開発する TACACS ＋（タカクス プラス：TACACS ＋ は RFC 8907：The Terminal Access Controller Access-Control System Plus（TACACS+）Protocol で規定されます）もユーザ認証に利用されています。

Radius には半径という意味もありますが、認証プロトコルとしては半径の倍の直径を表す Diameter という基本プロトコル（RFC 6733 Diameter Base Protocol）もあります。

④ **Kerberos**（ケルベロス）**：RFC 4120**（The Kerberos Network Authentication Service（V 5 ））

サーバと利用者間でいちいち認証手続を行わなくてもサービスが受けられるシングルサインオン（SSO）をサポートする認証手法です。暗号化とチケット制を導入することで、ネットワーク利用者に安全性と利便性を提供する認証手法がケルベロスです。

たとえば遊園地で、入場券売場でパスポートを購入すれば、どのアトラクションでも利用可能な仕組みのところもあれば、入場券を買って中に入っても、また個々のアトラクションを利用する際に、その利用料を支払うか、専用のチケットを購入しなければならないところもありますが、ケルベロスではこのようなチケットの概念を使用しています。

実際にはチケットという概念は利用時の鍵を表すもので、暗号化を行うことにより盗聴を防止していますが、認証サーバ（AS：Authentication Server）と鍵配布サーバ（TGS：Ticket Granting Server）で構成される KDC（Key Distribution Center）で管理を行います。

まず AS で認証されるための ID、パスワードが必要ですが、その際に TGT（Ticket

4-8

Granting Ticket：イニシャルチケット）の交付を受けておくことにより、以降のパスワード入力作業が不要となります。

この TGT チケットを持って TGS に行くと、今度は、利用したいサーバ用のセッション鍵（サーバチケット）の交付を受けるので、これによりサーバの利用が可能となるものです。

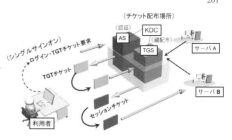

○ AD（Active Directory）認証

Windows 環境においては、Kerberos 認証を組み込んだ AD（Active Directory）サーバによる認証により、複数サーバへのログオンを一括して行うことも多いのですが、Active Directory の DC（ドメインコントローラ）が Kerberos の KDC として機能し、LDAP（Lightweight Directory Access Protocol）サーバ（DB）と連携してユーザ認証を行う仕組みとなっています。

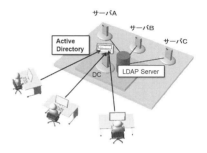

複数のドメインをまたがる場合の SSO を行うために AD 認証を拡大したものが ADFS（Active Directory Federation Service）であり、ADFS サーバが発行するトークンを利用して、複数ドメインにおける ID 連携（フェデレーション認証）を可能としています。

◆ Web サイトの認証システム

○ Basic 認証、Digest 認証、Form 認証

Web サイトへのログイン時には、昔は、ブラウザと連動した Basic（基本）認証が利用されていました。これは ID とパスワードを入力すればよいというもので、http 通信の場合には、平文のまま（Base64エンコードだけ）ネットワークを流れるので盗聴は簡単です。

盗聴や改ざんを防止するためには、暗号化アルゴリズムを用いた Digest（ダイジェスト）認証や、通信路ごと暗号化する https 通信を利用することが必要です。

クラウド時代の到来により、また複数サイトにまたがる利用が増加するにつれ、SSO 認証や ID 連携のニーズが高くなりましたので、効率的な WAM（Web Access Management）を行うために Form（フォーム）認証が用いられるようになりました。

Form 認証では、認証チケットに Cookie を利用することにより SSO を実現しています。しかしながら、その Cookie の利用方法に不備がある場合等には、XSS（クロスサイトスクリプティング）攻撃等を受ける可能性があります。

また今までは「パスワードの使い回しはやめましょう！」という注意喚起が繰り返し行われてきましたが、既に複数サービスを共通アカウントで利用する、次のような手法も利用が進んでいます。

○ SAML（Security Assertion Markup Language：サムル）認証

クラウド対応の SSO 規格である SAML は、RFC 7522で規定されていますが、

Cookie を使用せずに、IdP（Identity Provider）にユーザ認証情報を登録する仕組みを取ることにより、ID 連携を行っています（SAML のユーザ確認手法には bearer（トークン所持者）、holder-of-key（秘密鍵所持者）、sender-vouches（サーバ側による認証）があります。ID 連携に関しては、NISTIR 8149 Developing Trust Frameworks to Support Identity Federations 等を参照）。

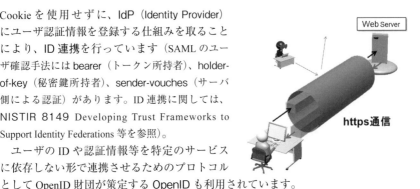

ユーザの ID や認証情報等を特定のサービスに依存しない形で連携させるためのプロトコルとして OpenID 財団が策定する OpenID も利用されています。

○ OAuth 認証

SAML や OpenID が SSO 実現のための手法であるのとは異なり、OAuth はサービス連携のためのユーザ管理手法です。

相互に信頼関係が構築されているサービスにおいて、そのユーザの了解を得て、そのユーザの権限を委譲する仕組みが OAuth（オーオース）です。

特定のサービスでアカウント情報が不正アクセス等の被害が発生し、奪取されたパスワードが関連するサービス等で悪用されることを防止するため、アカウント情報自体をサービス間でやり取りするのではなくアクセストークンによる認証を行う仕組みで、SNS や FinTech 利用時の認証に用いられています。

OpenID を用いてサービス連携を行う OpenID Connect（OIDC）も OAuth 2.0（RFC 6749）のアクセストークンを利用しています。複数ドメイン間で自動的に ID 情報の交換を行うための規格である SCIM（System for Cross-domain Identity Management）のデータフォーマットに関しては RFC 7642〜7644で規定されています。信頼関係の無い者がなりすまし等によりユーザのトークンを入手・悪用すれば、関連するサービスの信頼も失墜してしまう危険性があります。

これらのサービスやスタンダードは個人情報保護との関連も深く、規格化・標準化作業の途中にあるものも多くあります。OAuth 2.0の後継とも言われている GNAP（Grant Negotiation and Authorization Protocol）の仕様化も進められていますので、動向を注視する必要があります。

◆ パスワード（ファイル）への攻撃

○古典的な攻撃手法〜辞書攻撃、ブルートフォース攻撃

以下、簡単にパスワードの解析（解読）の脅威について説明します。

サーバ等に保存されているパスワードが暗号化されていても、一定の暗号化手法で処理されるだけですので、簡単なパスワード、パスフレーズであれば、単語等やその組み合わせによる辞書攻撃や、順次記号や数次等の値や組み合わせを変化させながら暗号化を試みて暗号化されたパスワードと照合する、力任せのブルートフォース攻撃により、容易に解読されてしまいます。ちなみに、ファイルをロックして他人が読み書きできなくするためにもパスワードは利用されています。

昔のワープロソフトの中には、パスワード設定機能は有しているものの、そのソフ

ト以外のビューワ（文書閲覧ソフト）やテキストエディタで開けば内容は丸見え、というものもありました。今は、パスワードを元に暗号化を行っているので、このようなことをしても、中身は見えません。ただ、よく見ると、どのような暗号化を行っているのか、どのような文書作成ソフトを用いたのか等の情報が判明する場合もありますし、世の中にはパスワード・リカバリー用のツールも存在していて、パスワードが解読されて文書の内容が漏えいする可能性があります。

○パスワードリスト攻撃

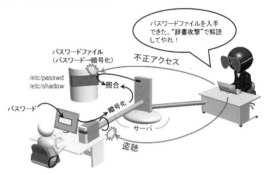

パスワードリスト攻撃（アカウントリスト攻撃）は、不正アクセス等の手法により入手してリスト化を行ったID・パスワードを利用し、様々なWebサイトにログインを試み、ID・パスワードを複数のサイトで使用しているユーザとして不正アクセスを行うものです。

この攻撃については§3-4でも説明しましたが、2013年頃には、この攻撃により国内の大手ポータルサイト等から大量のアカウント情報が流出する事件が相次いで発生し、多（段階）要素認証やID連携への取組みが加速しました。

○文書やパスワードの暗号化の仕組み

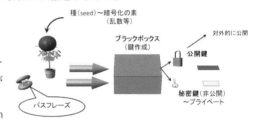

暗号には公開鍵、共通鍵（秘密鍵）の区分だけでなく、電子署名、守秘、鍵配送（共有）、ハッシュ関数等、それぞれの目的に合わせて多様な手法が存在しています。

かつては、DES（Data Encryption Standard）等が暗号化手法としてよく利用されていました（今では危殆化～すぐに解読されてしまいます）が、このようなブロック暗号と呼ばれる共通鍵暗号は、56、64、128ビット等のデータ・ブロックごとに入れ替えたり、反転させたりといった関数演算を繰り返すアルゴリズムを採用することにより、文書データ等をバラバラに切り刻み、解読されないようにして、暗号文を生成しています（共通鍵、公開鍵等については§4-12参照）。

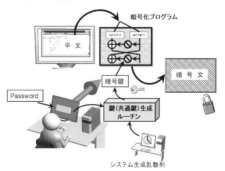

といっても、このような手法やアルゴリズムの主要部分は公開されているため、パスワードだけで共通鍵を作成すると、解読される懸念があります。

このため、パスワードから求めたハッシュ値やシステムで発生させた乱数・時間等を"種"とする一定の生成ルーチンを経て共通鍵（秘密鍵）を生

成する等、手間をかけて暗号鍵の安全性を確保しています。暗号文を元の平文に戻す（復号する）際には、パスワードを元に同じ手順により求めた鍵を用いることになります。

パスワードではなく、指紋データ等生体認証データを元に共通鍵を作成することも可能で、このような鍵を用いてファイルを暗号化した場合には、本人以外には復号化できません。

◆生体認証

生体（バイオメトリックス）認証を利用する個人認証も普及が進み、生体認証用のデバイスを組み込んだノートパソコンやスマートフォンも普及しています。

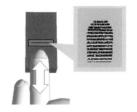

この生体認証データを元に共通鍵（秘密鍵）を作成することも可能で、このような鍵を用いて、ファイルを暗号化した場合には、本人以外には復号できません。

○顔認証システム

既に入退室管理等で導入も進み、スマートフォンでは iPhone の FaceID、Android OS の Smart Lock で顔認証の機能が実現されています。

その他の導入例としては次のとおりです。

▶入国管理における顔認証ゲートの活用

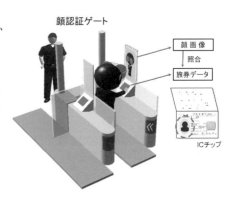

顔認証ゲート

2012年8～9月、法務省入国管理局は、空港における出入国審査の際に自動ゲートを設置し、カメラで撮影した顔画像をIC パスポートに記録された顔写真データと比較し、本人確認を行う実験を実施しました。約3万人を対象に実施した実証実験で、本人を本人と認証しない比率（本人拒否率）が全体の17.7%を占める結果となったことから、2013年5月の出入国管理政策懇談会の報告（訪日外国人2500万人時代の出入国管理行政の在り方に関する検討結果）の結果、「直ちに顔認証のみによる自動化ゲートを導入することは困難ではあるが、顔認証により自動化ゲートの利用者を画期的に増加させることができることから、その技術的動向を注視しつつ早期に顔認証による自動化ゲートの導入を図ることが望まれる」とされ、法務省入国管理局では再実験を実施し本人拒否率の低下を確認し、2017年10月から羽田空港上陸（帰国）審査場に顔認証ゲート3台を先行的に導入しました。

出入国在留管理庁では2018年から各空港での日本人の出帰国手続において、2019年からは外国人出国手続における運用を開始しました。

〈本人拒否率とは？〉

認証システムにおいて本人が本人と認識されない確率を 本人拒否率（FRR：False Rejection Rate）と呼び、指紋や静脈認証を用いたシステムでは、0.1～0.01% を達成

している製品もあります。反対に、他人を本人と間違えて認証してしまう確率を他人受入率（FAR：False Acceptance Rate）と呼んでいます。

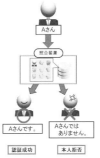
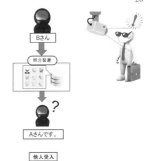

理想的には、本人拒否率も他人受入率も0であることが望ましいのですが、実際にそのようなシステムを構築することは非常に難しく、一般的には、本人拒否率を低くしようとすれば他人受入率は高くなり、他人受入率を低くしようとすれば本人拒否率は高くなるというトレードオフの関係にあります。

認証ゲート等では、どうしても安全性を重視するため、本人拒否率が高くなってしまうことが多いので、本人からのクレームが出やすいのですが、利便性のみを追求した場合には、他人受入率が高く、"なりすまし"を容認してしまうことになりかねないので、システムの閾値を適切に設定する必要があります。

▶ **テーマパークの「顔パス」**

2007年から、大阪のテーマパーク（USJ）では、年間パスポートを有する入場者が、2回目以降入園する際に顔認証システムによる「顔パス」入場が行えるようにしています。その後、富士急ハイランドやムーミンバレーパーク等でもシステムの導入や実証実験が行われています。

またコンサートや大規模イベント開催時の円滑な入場やチケット転売防止のためにも顔認証システム導入による本人確認が行われるようになりました。

▶ **ホームセキュリティ**

自宅への訪問者を自動的に顔画像で認識し、その人物名をスマートフォンに通知したり、予め登録された人物の場合には、そのままドアのオートロックを解除するシステムが各種製品化・販売されています。

▶ **自動販売機**

2008年に、タスポ（たばこ自販機用成人識別カード）が無くても、顔認証方式により年齢を判定し、成年と判断した場合にのみたばこを販売する顔認証方式の自販機が、全国で約5,000台導入されましたが、未成年者が顔をしかめて皺を作ったり、成人の顔写真をかざして購入する等の情報が相次いだことから、一部の自販機（第一段階で顔認証により成年・未成年を判断し、補足的に運転免許証により判断するもので財務省が指定するもの）を除いては、現在使用されていません。

ダイドードリンコは飲料の自動販売機における顔認証決済サービス（カオーネ）を2021年4月から展開しています。

▶キャッシュレス決済

同様に、AI 技術等を活用した顔認証により無人店舗におけるキャッシュレス決済を行ったり、iPhone の FaceID を用いた Apple Pay の決済等も普及が進められています。精度の高いシステムでは、マスクを着用したままでの認証も可能となっています。

▶その他の顔認証

この他、さらに精度の高い動画顔認証や 3 D 顔認証システムも開発されています。顔認証システムについては、プライバシー保護の観点からの議論や対策も必要とされており、既に顔の特徴抽出を妨げるよう照明用 LED を備えたメガネ型デバイス等も考えられています。顔画像が流出する事態を想定して、顔画像情報を暗号化した状態で認証する秘匿生体認証技術の研究も進められており、一部実用化されています。

○その他の生体認証技術

その他の生体認証技術としては、人の耳介（耳形）や音声（周波数）、DNA 等の他、人の歩き方（速度、歩幅や癖等）に着目し、年齢・性別の推定や個人の特定に用いる歩容認証の実用化に向けた研究も進められています。

生体認証は、個人の特徴をデジタル化したものですので簡単に変更するものではありません。認証手法が悪い場合には、この登録データが盗まれて悪用される危険性もありますし、本人であっても、怪我をしたり老化による変形・変質によって認証を拒否される場合もありますので注意が必要です。

◆ FIDO（Fast IDentity Online）～パスワードレスの（素早い）オンライン認証

2012年に発足した非営利の標準化団体 FIDO Alliance（ファイドアライアンス）が標準化を推進している、パスワードを使用せず生体認証や多要素認証技術を応用した次世代のオンライン認証技術が FIDO です。

パスワードを用いたオンライン認証では、途中経路での盗聴やなりすまし、サーバにおける不正アクセス等によりパスワードファイル自体が奪取される等のリスクがあることは説明してきた通りですが、一方生体認証システムを備えたスマートフォン等の普及や認証技術の高度化により、端末装置におけるローカル認証の精度や安全性が向上してきました。

この生体認証データをそのままサーバ側にネットワーク経由で送付して ID と紐づけして保管し、ログイン等の都度そのデータと照合するための仕組みやセキュリティ確保は非常に大変であることから、ローカル認証と秘密鍵・公開鍵の組み合わせとデジタル署名技術により、素早く安全にユーザ認証を行い、その上 SSO を前提としたサービス（ID）連携にも使おうとする仕組みが FIDO です。パスワードレスということで金融サービスや IT サービスでの普及が推進されています。

FIDO は、スマートフォン等のアプリや生体認証を活用した UAF（Universal Authentication Framework）と USB や NFC によりパソコンやスマートフォンとは別の外部ハードウェアに実装した FIDO 認証器（Authenticator）を利用する 2 要素認証を活用する U2F（Universal 2nd Factor）に大別されます。

既に発売されている、虹彩認証や指紋認証装置を備えたスマートフォンの中には

FIDO の規格に従うものも製品として登場していますし、U2F デバイスとしても各種 USB トークンタイプの製品等が数千円程度で販売されていて、各種ネットワークサービスへの SSO（シングルサインオン）に利用されています。

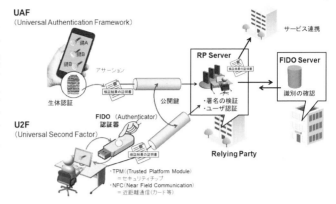

またUAF、U2F を統合したFIDO2は、パスワードレスの Web 認証の標準「Web Authentication（WebAuthn）」として W3C（World Wide Web Consortium）が検討を行い、これに対応する FIDO Alliance の CTAP（Client to Authenticator Protocols：デバイス間連携仕様）で外部認証器の仕様が定められていて、Android OS も2019年に FIDO2認定を取得しています。

かつて金融機関の ATM で用いる磁気カードの中には、4桁の暗証番号や度数がそのまま記録されていた、という時代から見れば、FIDO の仕組みは非常にセキュリティが高いように思われます。

しかしながら、利用者の個人情報を適切に保護するためには、登録時のアカウント情報等や利用時の端末、認証デバイス、RP（Relying Party）サーバ等の安全性・信頼性を継続的に高く保持する必要があります。

なお、2017年に NIST は、SP800-63-3 Digital Identity Guidelines を規定しましたが、これは Digital Authentication Guideline（デジタル認証ガイドライン）とも呼ばれています。その附属書の SP800-63B Authentication and Lifecycle Management には、U2F や OTP 等の Authenticator（認証器）がまとめられています（この SP800-63B でパスワードの定期的な変更や秘密の質問は有効ではない、認証失敗回数に達した場合はロックする等が規定されています）。

○認証のレベル

またこの SP800-63A〜63C では認証の強度レベルやフェーズ等が規定されています。

・IAL（Identity Assurance Level）：　本人確認の厳格さ

IAL1（弱：自己申告のみ）、IAL2（中：遠隔又は対面で確認）、IAL3（強：有資格者による対面確認）

・AAL（Authenticator Assurance Level）：　認証強度

AAL1（弱：単要素認証のみ）、AAL2（中：2 要素認証（内 1 要素はソフトベースも可能）、AAL3（強：2 要素認証（ハードウェアトークン等が必要））

・FAL（Federation Assurance Level）：　ID 連携実施時におけるデータ交換の強度

FAL1（弱：RP に送付する IdP での認証結果への署名のみ）、FAL2（中：署名＋RP のみが復号可能な暗号化）、FAL3（強：FAL2＋Holder-of-Key によるユーザ確認）

◆端末の認証

　利用者が画面を見ながら ID とパスワードを入力するのは、その端末のリソース（ソフトウェアを含む）を利用するためのユーザ認証である場合と、端末が接続されている先のサーバ等にアクセスするためのユーザ認証である場合、もしくはその両者を兼ねている場合に区分されます。ドングルや指紋・掌紋等の生体認証器が USB ポート等に挿入されていたり、その機能が本体に組み込まれている場合も同じです。

　一方サーバ側から見れば、ユーザだけでなく端末機器自体も、正当な接続権限を持つ端末であり正当なネットワークを経由した接続であることを確認する必要があります。端末や回線を認証するためには、これらの端末機器特有の番号や回線の種別等を判別する必要があります。

　LAN カードや無線 LAN の機能を備えた端末であれば、MAC（Media Access Control）アドレスが割り振られていて、この MAC アドレスが判れば、ネットワークインターフェースカード（NIC：Network Interface Card）の製造メーカーも判明します（§6-2参照）。但し MAC アドレスが偽装されて不正アクセスが行われる場合もありますので、認証の際に過信することは禁物です。

　その他、Cookie 等も認証に利用される場合があり、リスクベース認証の項で説明しましたが、ブラウザ経由で知ることが可能な環境変数等にも固有の情報が含まれているので、これらのパラメータを組み合わせることにより端末認証を行うことが可能です。

　職場内のシステムの場合には、端末認証を行っている場合も多いのですが、個人がプライベートで様々なネットワークサービスを利用する際には、家庭からアクセスしたり出先等でスマートフォンから利用することも多いので、種々の環境からどのように利用しているのか、履歴を適切に管理する必要があります。

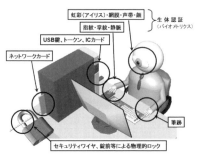

　また、テレワークの推進により、職場のパソコンやタブレットを自宅に持ち帰って VPN で職場のネットワークに接続する場合や、クラウドに接続してアプリケーションを利用する場合等、様々な形態が利用されていますので、そのタイプに合ったセキュリティ対策を遵守し、情報流出等を防止することが重要です。

　サービスを利用する際に、利用者側が登録した携帯電話番号を入力すると、その携帯電話番号宛に SMS が届き、その中に記載された数字等の認証コードを当該サイトに入力することにより本人確認を行う「SMS 認証」も、当該電話機を所持している、という前提で、多要素認証として用いられる場合がありますが、「SMS 認証代行サービス」等は、「なりすまし」が前提となっていますので、本来の本人確認ではありません。

§4-9　日常業務～マルウェア対策・ソフトウェア更新

システムの運用管理を行う担当者の重要な業務の1つが、ウイルス等に感染したり、不正アクセスの被害を未然に防止することだが…。

◆保守担当者の多忙な業務

　システム管理者の業務は、サーバのメンテナンス、トラブル対応だけではありません。利用者側の不適切な取扱いによる故障・断線等への対応や、そもそも端末の使い方に関する教育や指導等への対応も求められています。

○端末への脅威

　端末の防護を図るのは、端末の中の情報を防護することが主たる目的ではありません。端末から離れたサーバにアクセスしたり、データベース内の情報が窃取される事態を避けることの方が重要です。

　また、換金目的で端末自体を盗み出す事件等も発生していますが、単に物理的な被害だけでなく、端末が売却された場合等に端末内に記録されていた情報が流出することも防止する必要があります。

　端末のセキュリティ対策については第6章で説明しますが、マルウェアへの感染、端末や媒体の持ち出し、画面の覗き見、出力帳票等の持ち出し等の様々な脅威に対する防護策を日常的に継続して実施することが求められます。また端末が設置されていない場所であっても、HUBやLANポート、無線LAN等に自由に接続できるようになっていると、盗聴されたり端末を勝手に接続してシステムが不正に利用（無権限利用）される危険性があるため、サーバやデータベース内の情報を防護するためにも、盗聴防止、端末認証等の防護対策を確実に実施する必要があります。

○端末情報の保護（セキュリティチップ）

　パソコンハードウェアベンダー等で構成されるTCG（Trusted Computing Group）が制定した端末のセキュリティ仕様の業界標準に基づきパソコン等に搭載されているのがTPM（Trusted Platform Module）です。

　現在使用しているパソコンのTPMの製造元やバージョンを知りたいときは、たとえばWindows 10 / 11で管理者権限がある場合には、スタートボタンを右クリックし「ファイル名を指定して実行」を選び、入力欄に"tpm.msc"と入力すればTPM製造元や仕様バージョン等の情報を表示できます。

　従来は暗号化する際の暗号鍵の情報もハードディスクやSSD内に記録されていたため、端末やハードディスクを盗み出し、この鍵を入手すれば、解読されてしまう危

険性がありました（市販のファイル暗号化ソフトには、この危険性を考慮して、別の媒体（USB キー、ドングル等）に鍵を保存したりしています）。

セキュリティチップ（暗号鍵保存）

ハードディスク（暗号文保存）

　暗号化や復号に関する鍵の生成情報等を記録し、さらにパスワードで保護することによりデータの安全性を高めているのがセキュリティチップです。

　Windows 11の場合は TPM 2.0チップが実装されたハードウェアの使用が推奨されていて BitLocker（Windows のデータ暗号化機能）と連携してドライブの暗号化を行うことが可能となっています。

　このセキュリティチップと外付けの USB メモリ、トークンや FeliCa カード、指紋センサー等と併用することにより、より高度なセキュリティを確保することが可能となります。

　TCG では、ネットワーク上のアクセス制御をハードウェア利用により実現する TNC（Trusted Network Connect）の仕様についても検討しています。

　また TPM チップは、プリンターや Wi-Fi ルータ等にも搭載されています。自動車向けにも走行中の振動等の環境に耐えることが可能な仕様（TCG TPM 2.0 Automotive Thin Profile）に基づいた TPM チップが開発されています。

やはり暖かい飲み物はいいねえ〜

　その他、勝手に USB メモリ等の記録媒体や扇風機・カップウォーマー等の機器を接続させないようにする等の物理的

カップウォーマー

なセキュリティ対策については第6章で説明しますが、離席時にはモニタ画面は消去するか、必ずスクリーンセーバーを稼動させて着席時に再度認証を要するようにする等、利用者に対する個人情報等保護等遵守事項の徹底も重要な業務となります。

◆ソフトウェアの更新（セキュリティパッチ）　WSUS〜WUB
○ WSUS（ダブルサス）サーバ

　個人の Windows パソコンの場合には、Windows Update により、マルウェア対策（Windows Defender）の定義パターンが更新され、月例のセキュリティ更新プログラムも配信（毎月第2火曜の次の日）されるようになっています。

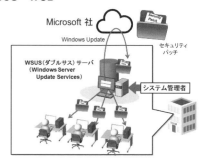

Microsoft 社

Windows Update

Security Patch

セキュリティパッチ

WSUS（ダブルサス）サーバ（Windows Server Update Services）

システム管理者

　何台もパソコンを持っている人は、一斉にセキュリティ更新を行おうとすると、再起動を求められる場合もありますので、結構面倒な作業になります。

　職場の場合にも、個々の端末のセキュリティパッチあて作業やマルウェア対策の定義パターンをそれぞれ端末利用者に任せていたのでは、作業をサボる人がいたりして、斉一なセキュリティレベルの保持は困難となります。

　このため、従来は WSUS（Windows Server Update Services）サーバを設置し、職

場の Windows PC の集中管理を行うことが多くなりました。大規模な組織では、1台の WSUS サーバで全ての端末を管理するのではなく、拠点ごとにそれを中継するための下位の WSUS サーバを設置（階層化）して負荷分散を図る、というものです。

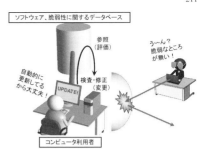

単にパッチをあてるだけでなく、端末の状態を常に把握し、コンプライアンスへの準拠状況や障害時の自動修復を図ることが重要ですが、クラウドベースでモバイルデバイスやデータ漏えい対策等の管理（EMS：Enterprise Mobility + Security）や統合的なデバイス管理（MEM：Microsoft Endpoint Manager）が可能な Microsoft 社の製品もありますので、導入を検討して業務負担の軽減を図ることが適当です。

○ WUB とは？

Microsoft 社 は Windows 10の 登 場 以 降、Windows OS を WaaS（Windows as a Service）として位置づけ、最新の機能とセキュリティを確保するため、アップデート機能の向上に努め、リリースされた2015年から Windows 10 バージョン1703まで、WIPB（Windows Insider Program）、CB（Current Branch）、CBB（Current Branch for Business）、LTSB（Long-Term Servicing Branch）の4つのブランチ（グループ）に区分し、それぞれ導入した組織においてアップデートのタイミングを選択できるようにしました。

この手法は WUB（Windows Update for Business）と呼ばれていましたが、結構管理が複雑であったことから、Windows 10 バージョン1709からはチャネルという区分に変更されました。

これは Semi-Annual Channel（SAC）と呼ばれていて、Windows 10の大型更新サイクルを春秋の年2回として、利用者が計画的にアップデートを実施できるようにしたものです。

Windows 11では、SAC は廃止され、大型の機能アップデートは年1回になっています。

以上は Windows を OS とする端末の管理手法についての説明ですが、当然、Mac OS や IoT 機器等、OS として Linux を使用する端末も日常の業務の中で多数使われています。

特にインターネットと接続される機器の OS やアプリケーションソフトについては、定期的にアップデート用サーバやサービスを活用する等、適切な更新を図ることが重要です（クラウド上で端末機器・媒体やソフトウェア等のリソース管理等を提供するサービスもあります）。

◆ Windows OS 以外の脆弱性に関する情報の収集・パッチあて

Windows 端末が多い職場等においては、AD（Active Directory）サーバ等により、ユーザ管理、グループポリシーの設定、OS ライセンスの認証、等を行う必要があります。

脆弱性が問題となるのは Windows OS ばかりとは限りません。端末やサーバでは、

様々なソフトウェアが利用されています。それが Microsoft オフィス（Word や Excel 等）製品だけなら、Microsoft 社のアップデートにより更新すればよいのですが、実際には Microsoft 製品以外にも様々なソフトウェアが利用されています。

　その脆弱性情報を迅速に入手し、もし脆弱性を有するソフトウェアを利用していた場合には迅速に修正プログラムを入手し適用する必要があります。

○ソフトウェアの自動的更新

〈アメリカでの取組み〉

　アメリカでは、2002年に FISMA（Federal Information Security Management Act of 2002：連邦情報セキュリティマネジメント法）が成立したことを受け、情報セキュリティを自動的に確保するための ISAP（Information Security Automation Program）と呼ばれる取組みや、そのための具体的な標準化や自動化に向けた SCAP（Security Content Automation Program：セキュリティ設定共通化手順）と呼ばれる取組みが推進されています。

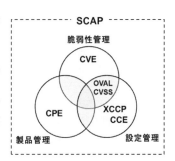

　この SCAP（エスキャップ）は、XML ベースの次の6つの標準から構成されています。

- ・CVE（Common Vulnerabilities and Exposures ～共通脆弱性識別子）： 脆弱性を識別するために識別符号を付して整理したリスト
- ・CPE（Common Platform Enumeration ～共通プラットフォーム一覧）： 情報システムのソフトウェア等の製品を体系的に整理したリスト
- ・CCE（Common Configuration Enumeration ～共通セキュリティ設定一覧）： プログラムの設定に起因するセキュリティ問題を体系化して整理したリスト
- ・XCCDF（eXtensible Configuration Checklist Description Format ～セキュリティ設定チェックリストの記述形式）
- ・OVAL（Open Vulnerability and Assessment Language ～プログラムの脆弱性やセキュリティ設定を検査するための言語仕様）
- ・CVSS（Common Vulnerability Scoring System ～システムに与える脆弱性の影響が深刻かどうかを数値的に評価するためのシステム）： 現在は CVSS Ver.3.1（2019）。車両搭載機器のリスク評価指標として CVSS に基づく CRSS（CVSS based Risk Scoring System）も利用されています（CVSS は ITU-T 勧告の X.1521で規定されています）。

▶ OpenSCAP

　OpenSCAP は、SCAP の規格に従いシステムの構成や脆弱性の検査を行うためのオープンソースツールですが、Linux の場合には、Fedora、Red Hat、Scientific Linux、CentOS、Debian、Ubuntu のディストリビューションで利用できますし、Windows の場合も GitHub 等で、インストーラ付きのパッケージ（OpenSCAP-1.3.5-win32.msi）等をダウンロードすることができます。

▶ その他の脆弱性リスト

　脆弱性対策として、次の2つの標準も利用されています。

- ・CWE（Common Weakness Enumeration ～脆弱性の類型を識別するための一覧リス

ト）：　NIST の NVD でも利用されていますし、OWASP top 10 Project 等で採用している脆弱性評価システムの CWSS（Common Weakness Scoring System）も CWE プロジェクトの一部となっています（CWE は ITU-T 勧告の X.1524、CWSS は X.1525 で規定）。

　我が国（IPA）の JVN も CWE 互換となっています。

・CRF（Common Result Format ～ CVE リストの結果出力形式の仕様）：　たとえば、CVE でリスト化された脆弱性について、その深刻度については CVSS、区分（カテゴリー）については CWE で規定されています。

　その他、次のような様々な攻撃（インシデント）対応に関する標準化も進められています。

・CAPEC（Common Attack Pattern Enumeration and Classification）：　攻撃パターンを体系的に整理分類するもの

・MAEC（Malware Attribute Enumeration and Characterization）：　マルウェアの動作、痕跡、攻撃パターンなどの特徴・属性を記述するための仕様

・STIX（Structured Threat Information eXpression）：サイバー攻撃により観測された事象（Observables）やインシデントの分析、サイバー攻撃を検知するための指標（indicator）の特定を行い、サイバー攻撃者の行動や手口（TTPs：Tactics,Techniques & Procedures）と攻撃に関与する人・組織（Threat_ Actors）や攻撃対象（Exploit_Targets）との関係及び攻撃に対処するために取るべき措置等に関する情報の共有などを目的とした仕様

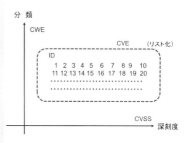

・CEE（Common Event Expression）：　イベントやその記録（ログ）形式等の標準

・CybOX（Cyber Observable eXpression）：　サイバー攻撃の観測結果を記述するための仕様。CAPEC と MAEC、CEE との連携により検討されたもの。現在は CybOX Ver 2.1.1 OVAL（Open Vulnerability and Assessment Language）と呼ばれるセキュリティ検査言語）と組み合わせ、セキュリティオペレーション（観測された事象の確認）をプログラムで処理することが可能。

・IODEF（Incident Object Description Exchange Format）：　インシデント情報の記述や情報交換に関するフォーマット。RFC5070（インターネットソサエティ）で2007年に規定され、バージョン 2 が2016年に規定されている。

　アメリカでは既に、政府機関のデスクトップパソコンの設定基準（FDCC：Federal Desktop Core Configuration）や米国政府共通設定基準（USGCB：The United States Government Configuration Baseline）、政府情報システムのセキュリティ管理の推奨方法（NIST SP800-53）等を規定し、SCAP と連動させて推進し、民間へも普及を図っていますが、この SP800-53 を改訂（Rev.5）したものが Security and Privacy Controls for Information Systems and Organizations で、政府機関以外の組織も含め情報システムのセキュリティとプライバシー管理策に適用の拡大を図っています。

　なお、SCAP に関しては NIST SP800-126 Rev.3 The Technical Specification for the Security Content Automation Protocol（SCAP）：SCAP Version 1.3、NIST IR 7511 Rev. 5 Security Content Automation Protocol（SCAP）Version 1.3 Validation Program Test

Requirements が規定されています。

○ OWASP

　Open Web Application Security Project（オワスプ）は組織がアプリケーション等の導入にあたり信頼できるものかが判断できるようにするために、脆弱性対策の重要性について啓発を行うオープンコミュティで、OWASP アプリケーションセキュリティ検証標準（OWASP Application Security Verification Standard：現在はバージョン4.0）を策定する他、重大なアプリケーションリスクの Top10 を公表しています。

○ NVD（National Vulnerability Database）

　米 NIST が管理している脆弱性情報のデータベースで、SCAP とも連動していて、NVD ＝ CVE ＋ CVSS の関係にあります。NIST では、脆弱性管理や脅威情報の共有、修正ソフト（パッチ）策定に関する文書等も公表しています（SP 800-53、SP 800-150、SP 800-40 Rev.3等）。

○ CNNVD（China National Vulnerability Database of Information Security）

　中華人民共和国（国家情報安全漏洞庫）の脆弱性情報データベース（cnnvd.org.cn/）。概ね NVD よりも情報が早く掲載されているようです。

○脆弱性情報の開示

　ソフトウェア製品の脆弱性情報の開示に関する国際標準も規定されています。

　・ISO/IEC 29147 Vulnerability disclosure（脆弱性の公開）
　・ISO/IEC 30111 Vulnerability handling processes（脆弱性取扱いプロセス）

◆我が国における取組み動向

　独立行政法人情報処理推進機構（IPA）と一般社団法人 JPCERT コーディネーションセンターでは、国内で利用されているソフトウェアの脆弱性やその対策情報を提供するポータルサイトとして2004年に JVN（Japan Vulnerability Notes：jvn.jp）を立ち上げました。脆弱性対策情報データベース（JVN iPedia：https://jvndb.jvn.jp/apis/myjvn/vccheckdotnet.html）を利用した脆弱性対策情報の効率的収集やパソコン・サーバにインストールされたソフトウェアが最新バージョンかどうかを確認することが可能な機能（バージョンチェッカー）を提供する仕組みとして MyJVN を2009年11月から、実際のソフトウェアインターフェースとして JVN API を2010年2月から提供しています。JVN iPedia のサイトから、パソコンにインストールされたソフトウェア製品のバージョンが最新であるかどうかを確認することが可能なツール（MyJVNバージョンチェッカ for .NET）をダウンロードすることが可能です。また JVN iPedia では脆弱性対策情報の概要を RSS 形式で提供しています（JVNDBRSS）。

○制御システム等の脆弱性情報

　米 ICS-CERT（Industrial Control Systems - CERT）は制御システムや医療用画像機器等に関する脆弱性を公開していますが、IPA でもこれを更新しつつ掲載しています。

　IPA では「制御システムのセキュリティリスク分析ガイド 第2版〜セキュリティ対策におけるリスクアセスメントの実施と活用〜」を2018年にまとめています。同じく2018年に「制御システムセーフティ・セキュリティ要件検討ガイド」を公表しています。一般社団法人日本電機工業会（JEMA）は2017年に「制御システムの脆弱性関連情報への対応のための組織体制構築のガイドライン」の公表を行っています。

§4-10 セキュリティ監査とペネトレーションテスト

情報セキュリティ監査はポリシーや管理体制等のチェックを行えばよいのか？
「ペネトレーションテスト」とは？

◆情報セキュリティ監査の規格

　情報セキュリティ監査におけるガイドラインは ISO/IEC 27007 Guidelines for information security management systems auditing として規定されていますが、これはマネジメントシステム監査の指針である ISO 19011（JIS Q19011）マネジメントシステム監査のための指針に情報セキュリティ固有の内容を付加したものです。アメリカの NIST ではセキュリティテスト・評価の技術的ガイドとして SP800-115 Technical Guide to Information Security Testing and Assessment を規定しています。

　日本では、経済産業省の情報セキュリティ監査（管理）基準等がありますが、これらは、もともとは ISO/IEC 17799 等を基に策定されましたが、その後 ISO/IEC 27000 シリーズ等との整合性が図られました。

　セキュリティ監査は重要であり、不正アクセス等の防止対策やサーバ群の設定の監査を実施するには、専門的かつ高い技術力が必要で、脆弱性のスキャンや耐タンパー性（解析のしにくさ）の評価を行うため、まさにハッカーと同じ視点での能力を監査に使うことになりますが、一方では、非常に高いモラルが求められる業務です。

◆ペネトレーションテスト（ペンテスト）

▶貫通試験：　ペネトレーションテスト
（Penetration Test）は、直訳すれば貫通（侵
入）テスト。システムを擬似的に攻撃することにより、システムのセキュリティ面での安全性、脆弱性の調査や診断、セキュリティ監査を実施する手法として用いられています。略してペンテスト（Pen-Test）と言うこともありますが、単なる定型的な脆弱性診断よりも徹底的にチェックするという意味合いが強いかもしれません。テストの結果ネットワークやシステムの欠陥が判明すれば、改善を行う必要があります。

　定期健康診断のように「○年間に1回やればよい」というものではありません。昨今は新たな攻撃手法が次々と登場し、一方では企業の Web サイト側もコンテンツを追加したり、サイトのリニューアルが行われることから、状態変化のタイミングを捉えて、その都度テストを行うことが望ましいものです。擬似的な攻撃によりセキュリティ対策の有効性を検証するために行うペネトレは TLPT（Threat-Led Penetration Testing：脅威ベースのペネトレ）と呼ばれます。また仮想的な攻撃を自動的に行いセキュリティ対策の有効性を自動的に診断するテストツールは、BAS（Breach and Attack Simulation：侵害／攻撃シミュレーション）ツールと呼ばれます。

▶テスト項目：　ペンテストの内容ですが、健康診断や人間ドッグと同様、多くの検査項目があります。テスト実施を外部に委託する場合、検査項目が多ければ費用が嵩みます。

　対象もサーバデータベースだけなのか、端末も含むのか、あるいは CSIRT 要員

や職員も巻き込んだ標的型攻撃への対処訓練等も行うのか等、範囲や必要性を事前に検討する必要があります。オンラインビジネスを展開する企業であれば、単なる OS やサーバの脆弱性チェックだけでは不十分で、Web アプリや設定状況等も確認する必要があります。

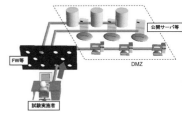

○オンサイト？　オンライン？

ペネトレーションテストは、実際のサイバー攻撃のようにソフトウェアやハードウェアに対する攻撃を行い、侵入が可能かどうかをチェックしたりポートの開閉（利用）状況等を調査（スキャン）するものです。このため高い負荷をシステムにかけることになります。

ペネトレーションテストには、オンラインで遠隔地（リモート）から実施する方法と、実際にそのサイトに赴いてチェックを行う方法があります。

実施者は、特にリモートアクセスによるテストの前には、サイト側と綿密な打ち合わせを行う必要があります。もし実際に Web サービスを提供中のサイトに、インターネット経由で、たとえば DoS 攻撃への耐性を調査するためと称して抜き打ちで大量のパケットを送りつけるようなテストを実施すれば、もはや疑似攻撃ではなく攻撃そのもの。システムやネットワークを利用する多くの顧客や経由するプロバイダ等に迷惑を与えること必至の行為です。クラウドサービスの利用も普及していて、以前はペネトレ実施については事前申請が必要なサービスも多かったようです。現在は事前申請が不要なところが多いようですが、申請する前に利用規約を確認・遵守する必要があります。

リモートで行えるテストはネットワークでつながった機器に対象が限定され、内部のシステムやネットワークの詳細な診断を行うには、当該サイトにおいて（オンサイト）、他に迷惑をかけることがないよう十二分に配慮した上で実施する必要があります。

○外部監査は信頼できる業者を！

ペネトレーションテストを実施するには不正アクセス行為に準じた知識とノウハウが必要で、もし外部業者に委託する場合にも、保秘に十分注意する必要があります。フリーソフトの中にもペネトレーションや脆弱性スキャン用ツールは多く、ある程度のレポート出力が得られます。しかしそのままでは高い知見を有する技術者でなければ、その意味や脆弱性への対処が分かりにくいので、そのまま放置しないよう適切な説明やアドバイスを行う業者やサービスを選定するようにしたいものですし、これらのツールを、実際の攻撃のための脆弱性探査に悪用することは厳禁です。

§4-11　バックアップと仮想化

パソコンでも「重要なデータはバックアップしろ」と言われるが、企業等のシステムのバックアップはどのように行っているのか？「仮想化」との関係は？

◆バックアップの目的

　不正アクセスの被害に遭い、データが消滅・改ざんされたり、暗号化を行うマルウェアに感染して、重要なデータが読み出せなくなる等の要因だけではなく、ちょっとした電気ショックや物理的なダメージ等でも、ハードディスクは壊れやすいものです。

　ハードディスクだけでなくSSDやUSBメモリ等も読み書きの頻度が高い使用方法では、寿命が短くなってしまいます。もし、それがバックアップを取っていない唯一無二のデータだったとすれば、データレスキュー（サルベージ、リカバリ）サービス等を活用したとしても、高い費用と時間を費やしても元のファイルに戻せる保証はありません。

　このため、種々の方法によりバックアップを行うことが推奨されています。

　US-CERT（United States Computer Emergency Readiness Team）が2012年にData Backup Optionsで、データ保護の3−2−1ルール（The 3-2-1 Backup Rule）として提唱したものがありますが、これは、3つのバックアップを作成し、2つの異なるメディアに保存し、またその内の1つは離れた場所にバックアップを行う、ということを意味しています。

　企業活動では、サイバー攻撃や障害・災害等による被害が発生した場合でも、BCPやDR等の観点から、業務の継続や速やかな業務の再開が求められています。最近では、データをクラウド上に保存することも多いのですが、障害によりデータが消滅することもあります。また暗号化・ロックするランサムウェアに感染するリスク等もありますので、データのバックアップは不可欠です。

　本項では、バックアップの原理や、バックアップと同様、業務継続等の観点から必要なシステムの二重化、仮想化等について説明を行います。

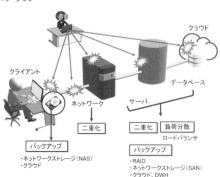

◆バックアップの仕組み

サイバー攻撃を受けても障害等が発生しても遅滞なく業務を行うためには、データのバックアップだけではなく、システムやネットワークの二重化（多重化）が必要となります。

アクセス集中が発生したり DoS 攻撃を受けた場合には、その負荷を分散する仕組みも必要です。

○ミラーサイト

このように本来のサイトと別に、負荷分散のためにファイルを複製保存（ミラーリング）するサイトを設ける場合には、これはミラーサイト、あるいは単にミラーと呼ばれます（スマートフォンの画面をテレビやモニターの画面に表示させる機能もミラーリングと呼ばれます）。

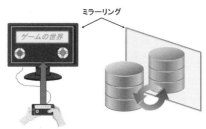

○ RAID（Redundant Array of Independent Disks：レイド）

ミラーサイトは別サイトに同一内容を記録するものですが、同じサイトや事業者内でも、システムに障害が生じた場合等に備えるため、記録装置（ハードディスク）を冗長化しています。その代表的な手法が RAID です。

〈RAID（複数の独立ディスクによる冗長構成）の種類〉

1つのディスクにデータを記録する際に右図のように順次記録されると仮定します。

この1台のディスクが障害等により稼動できなくなることを避けるために、複数のディスクに分散記録する手法が RAID で、RAID-0からRAID-6の方法とこれらを組み合わせて使用する方法があります。

RAID-0はストライピングとも呼ばれていて、単に複数台のディスクに順に振り分けて、これを同時に読み書きすることによりアクセス時間の低減等を図るものですが、いずれかのディスクが壊れればその中のデータは失われることになるので"冗長化"とは言えません。

RAID-1はミラーリングと呼ばれているもので、同じデータを複数のディスクに書き込み、いずれかのディスクが故障した場合でも、残りのディスクで業務が継続できるようにしたものです。（ミラーリング（RAID-1）とストライピング（RAID-0）を組み合わせたものは RAID-10と呼ばれます）。

その他、RAID-5では、高速化・大容量化と

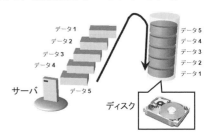

RAID-0

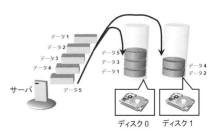

RAID-1

共に、1台のディスクに障害が生じても、残りのディスクからデータを復元できる仕組みを実現しています（ストライピング・ウィズ・パリティ）。

このパリティとは、データの誤り検出（チェック）を0や1の数が奇数か偶数かで行うもので、RAID-6はRAID-5を改良し、二重化パリティを行うことによりデータ訂正を行うものです。RAIDは、1台のディスクに障害が生じた場合には復旧することが可能ですが、複数のディスクを制御するコントローラー（制御装置や基板）を冗長化していないと、コントローラーに障害が発生した場合には、ディスクへのアクセスが行えなくなります。

○クラスタリング（clustering）と負荷分散

クラスタリングは、Webサーバ等を複数接続し、負荷分散と対障害性の向上を図る技術を指すことが多い（クラスタNASのようにストレージにも用いられる用語です）のですが、サーバクラスタリングには次のような種類があります。

〈HPC（High Performance Computing）クラスタ〉

複数台のサーバ等を結合することにより、1台のマシンでは得られない高性能を得ることが目的です。Webサーバのみならず、仮想通貨の発掘（マイニング）にGPU（Graphics Processing Unit）をクラスタリングしたスパコン並の高性能マシンを利用することも行われています。

〈HA（High Availability）クラスタ〉

システム全体の可用性を向上させる（高可用性の確保）ことを目的としています。基幹システムのサーバ系等の冗長化に用いられる手法で、現用システムに障害が発生すると待機していた別サーバが業務を引き継ぐ（フェイルオーバー）ことにより、処理を中断させることなく業務継続性を確保しています。Active-Standby型クラスタ等とも呼ばれます。

ラウンドロビン

〈ロードバランサー（LB）（負荷分散クラスタ）〉

同一の役割を持たせた複数台のコンピュータを並列に稼働させることにより負荷の分散を図るものです。利用者側から見れば1台のロードバランサーがあるようにしか見えないのですが、実際にはトラフィックが高いWebサイト等では、複数のWebサーバが用意されています。

このWebサーバへの負荷の分散手法としては、スタティック方式とダイナミック方式の2

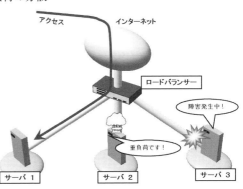

種類があります。

スタティック方式の代表的なものが DNS ラウンドロビンと呼ばれる手法で、これはアクセスがある都度、これを受け付けた DNS サーバで順次 Web サーバを割り当てることにより、負荷の分散（均等化）を図るものです。

ラウンドロビン以外の負荷分散方式としては、クライアント側からのリクエストを比率配分して割り振る方法（レシオ（比率））もあります。

スタティック方式では、たまたま障害が発生している Web サーバに割り当てられてしまったアクセスは "閲覧不能" の状態に陥ってしまうことになります。

Web サーバの状態を常に把握し、その負荷状況に合わせてアクセスを振り分ける方式がダイナミック方式で、代表的なロードバランシング手法としては、現在のコネクション数が最も小さいサーバに割り振るリーストコネクション（Least Connections）があります。

実際に接続処理を行っているコネクション数以外にも、各 Web サーバの障害状況やリクエストの未処理数を勘案して、新たなアクセス（負荷）を割り当てる手法もあります（リーストトラフィック／プロセッシング、ファーストアンサー（Fastest）、Observed、Predictive、Dynamic Ratio 等の方法が用いられています）。これらサーバのロードバランサーは SLB（Server Load Balancer）と呼ばれています。

なお、クライアント側からの要求パケットをロードバランサー経由で受け取ったサーバが、応答パケットをロードバランサー経由ではなく直接クライアント側へ返送する方式は DSR（Direct Server Return）と呼ばれています。

負荷分散機能だけでなく装置を発展させ、キャッシュサーバ（一時保存）機能やセキュリティ機能（SSL 暗号化）も追加した高機能なものは AP（アプリケーション）・スイッチ、L7 スイッチやアプリケーション・デリバリ・コントローラ（ADC）と呼ばれ、さらに仮想化（仮想ロードバランサー：vLB）も行われるようになっていきました。

〈クラウドのロードバランサー〉

クラウドサービスの進展と共に、ロードバランサー機能も高度化していて、上のようなアプリケーション層（L7）のロードバランシング機能を持ったものも登場しています。AWS の場合は ALB（Application Load Balancer）、Azure（マイクロソフト）の場合は ApplicationGateway がこれに相当します。

ちなみに、IP アドレスやポート番号等、OSI 参照モデルの第3層（ネットワーク層）と第4層（トランスポート層）での処理を行うタイプは L4 ロードバランサーと呼ばれています。

AWS の場合には NLB（Network Load Balancer）、Azure の場合には LoadBalancer（MUX）がこれに相当し、OSI 参照モデルの第3層（ネットワーク層）と第4層（トランスポート層）にて解析し処理を行います。

AWS の ELB（Elastic Load Balancing）には、ALB、NLB の他、GLB（Gateway Load Balancer）、CLB（Classic Load Balancer）の機能が用意されています。

○ストレージのネットワーク化の進展

従来のストレージシステムの多くは、サーバに直接接続されていましたので DAS（Direct Attached Storage）と呼ばれていました。次第にネットワークの高速化が進むにつれて、ストレージはサーバから離れ、イーサネット等ネットワークを介して接続

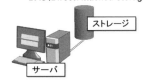

されるようになっていきました。

　NAS（Network Attached Storage）は、ストレージを既存の LAN に接続し、職場内でファイルの共有を行ったりすることができますが、小規模な範囲での情報共有やバックアップを行うのが目的であるため、比較的容易に導入することが可能です。Windows OS の 場 合 は CIFS（Common Internet File System）、Mac OS の 場 合 は AFP（Apple Filing Protocol）、UNIX 系 OS では NFS（Network File System）等のファイル共有プロトコルが利用されます。

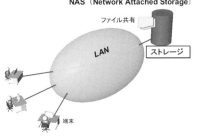

　企業のデータベース等では、ストレージ専用の Fiber Channel を用いた高速ネットワーク SAN（Storage Area Network）が利用されます（FC-SAN と呼ばれます。イーサネット等の IP 網を利用する場合は IP-SAN と呼ばれます）。

〈クラスタ化〉

　記録装置（ストレージ）のクラスタ化（クラスタリング）は、分散ファイルシステム（DFS: Distributed File System：複数のサーバ等に分散されたファイル群をあたかも１つのファイルとして扱うことが可能なファイルシステム）等を利用して、ディスクに障害

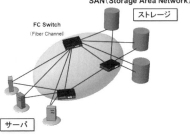

が生じた場合でも、データの完全性を保持できるようにしています。信頼性の向上のみならず拡張性も高く、データベース等に利用されます。NAS のクラスタ化（クラスタ NAS）や仮想化も行われています。

○バックアップとレプリケーション、アーカイブの違い

　現用システムのデータをディスクやテープに定期的に保存することはバックアップと呼ばれ、フルバックアップ（データ全体）や差分（増分）バックアップ（データ変更分）等があります。これとは別にデータベースを扱う際にはレプリケーションやアーカイブという用語も登場します。

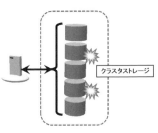

〈レプリケーション（複製）〉

　災害時の業務継続の観点から、遠隔地に現用データと同期を取りつつ複製を作成し保管しておくことにより被災時等の迅速な復旧を図るもの

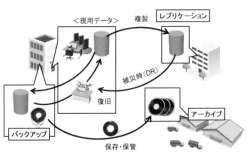

です。

〈アーカイブ〉

法規定等に基づき長期保存が必要なデータ、ファイル、ログ等を保管するため、データの圧縮を行ったり、長期保存が可能な媒体に記録したりしています。

パソコンでもアーカイブ（書庫）という名称はよく使われますが、内容的には圧縮（展開）ソフトです。監査等に用いる証跡データ等、データの改ざん（上書き）や消去等を防止するため、正確なタイムスタンプやデジタル署名、書き込み防止措置等が必要となります。

○ネットワークの二重化

ネットワークの二重化にもいくつかの方法があります。

〈マルチホーミング（ISP の多重化）〉

マルチホーミングは、複数の回線事業者（インターネット・サービス・プロバイダ）と契約することにより、いずれかのネットワークやプロバイダ機器に障害や輻輳状態が発生しても、フェイルオーバー（障害発生時、別のネットワークに切り替え、迂回させる）を行うことにより、通信を確保することが可能なネットワーク冗長化技術で、3つ以上のネットワーク接続を用意している場合を指す言葉で、二重化ならデュアル・ホーミングと表現します。

〈リンク・アグリゲーション（link aggregation）〉

回線の冗長化（集約）手法で、同一事業者と契約し、論理的には1本の回線となっていても、実際

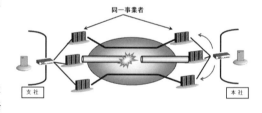

の物理回線は複数ルートで構成されていて、いずれかの回線に障害が発生した場合でも、他から迂回可能な構成とするものを指します。

◆仮想化

サイバー攻撃や災害・障害により IT システムに被害が発生した場合でも、速やかに復旧させて業務を再開させるために、データのバックアップやシステム・ネットワークの二重化等は重要ですが、これらの対策を実施するにはコストもかかります。

高可用性やセキュリティを確保しつつコスト面での節減が可能な解決策として、仮想化技術が急速に普及しました。

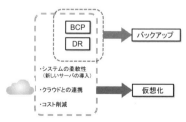

○サーバの仮想化

仮想化は、物理的なリソースと論理的なリソースを分離することにより各種環境の統合や集約を行い、業務の効率化・最適化を行うことを目的としているものです。仮想化技術を用いれば、1台のサーバマシンに複数の仮想サーバを構築することが可能です。

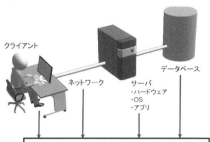

図はWebサーバの例ですが、同じIPアドレスを持ちながら、別々のURLを持ったWebサイトを立ち上げることも可能です。

「仮想化」の技術は、サーバだけでなく、ストレージやネットワーク、クライアント（端末）やアプリケーション、デスクトップ等、多様な部門で利用されています。

仮想化技術の導入メリットとして代表的なものとしては次のとおりです。

▶ 物理的なリソースの節減： コストの節約。単一サーバであればアイドル時間の発生等によりCPUの処理能力やメモリ等のリソースに余力が生じる場合もありますが、複数のサーバで共有することにより有効活用を図ることが可能。

▶ 迅速な事業継続／災害復旧対応： 攻撃や災害等により本社等のシステムがダウンし、業務継続が困難になった場合に、仮想サーバのシステムやデータを別サイトの環境に移して迅速な業務を再開することが可能。

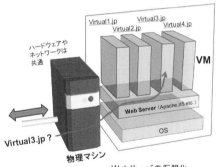

Webサーバの仮想化

▶ サービスやシステムの開発・評価の効率化： 実システムを導入せずに、仮想環境で開発・評価を行い、導入フェーズに移行させることにより、開発期間やコストの低減を図ることが可能。

サーバの仮想化を行うには、複数のサーバを並列的に稼働できるようにする仮想化ソフトを導入する必要があります。仮想化ソフト（VMware、XenServer、KVM（Karnel-based Virtual Machine）、Hyper-V等）を用いて、ゲストOSを導入して、それぞれがあたかも見かけ上は1台のサーバとして扱う場合、これを仮想サーバ（マシン）と呼び、物理サーバ（マシン）と区別しています（VM：Virtual Machine）。

仮想専用サーバはVPS（Virtual Private Server）とかVDS（Virtual Dedicated Server）等とも呼ばれ、レンタルサーバ事業者等のホスティングサービス等でも数多く利用されていましたが、パブリック・クラウドサービス等の台頭により、減少傾向にあります。

▶スナップショット： ある時点での仮想マシンの状態を記録したものをスナップショットと呼んでいます。これを保存することにより、障害発生時等に復元し、速やかに業務を復旧するのに用いられます。

▶仮想化の脆弱性： 2015年に QEMU や Xen、KVM にホストサーバや他の仮想サーバが不正操作される VENOM（Virtualized Environment Neglected Operations Manipulation）と呼ばれる脆弱性が公表されました。仮想化技術においては、複数の仮想サーバが同一 CPU のキャッシュメモリ等を共有するため、情報が流出する危険性があります。仮想化技術自身に脆弱性がある場合には、速やかにソフトウェアを更新する必要がありますが、仮想サーバ等の運用管理には専門技術が必要ですので注意が必要です。

○ストレージの仮想化

NAS や SAN の普及と共に、ストレージの仮想化（vHD：virtual Hard Disk）技術やそのためのファイルシステムの仮想化技術も進展しています。

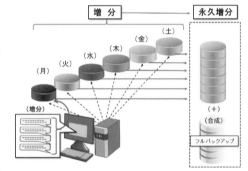

〈バックアップ手法〉

バックアップの手法としては、全てのデータを一度にバックアップする「フルバックアップ」の他、「差分（Reversed Incremental）バックアップ」、「増分（Forward Incremental）バックアップ」、前回のバックアップからの変更分のみバックアップする「永久増分（Permanent Incremental）バックアップ」等の手法がありますが、バックアップデータ量の増大と共に、「永久増分バックアップ」等、データ（転送）容量が小さくてリストアに要する時間の短縮が可能な手法が利用されるようになっています。

〈ファイルシステムの仮想化〉

ファイルシステムの仮想化は、大別してホストベース、ネットワークベース、ストレージベースの3種類に分かれ、いずれも、あたかも実物のハードディスクがあるかのようにマウントしたりアンマウントする等が可能ですが、その実態は RAID や SAN、クラスタ化した個別のハードディスクに記録されているデータを、仮想化ソフトや仮想化アプライアンスにより管理する、というのがストレージ仮想化技術で、ボリューム容量の仮想化も行うことが可能です。

〈シン・プロビジョニング（Thin Provisioning）〉

実際の物理的容量とは無関係に、仮想的に利用可能なボリューム容量を設定できるシン・プロビジョニング機能をサポートしたストレージの場合、実際の物理的容量より大きい容量値を設定する（見せかける）ことが可能であることから、ストレージの実容量を削減することにより設備投資・運用コストの低減を図ることも可能となっています。

○クライアント（端末やデスクトップ）の仮想化

　職場の端末のセキュリティ確保はどの組織でも大きな課題で、職員が勝手に音楽・動画プレーヤーソフト等を端末にインストールすることを許可していると、情報セキュリティインシデントの発生原因になるかもしれません。また端末障害への対応等、クライアント端末の運用管理は負担が重いので、シンクライアントが利用されるようになっていきました。

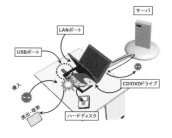

〈シンクライアントの必要性〉

　ディスクや DVD 等のドライブ、各種カードや外部記録メディアが利用可能なポートが備わったパソコンの場合には、このようなポートからマルウェアの侵入や不正アクセスを受ける可能性がありますし、反対に中の個人情報や機密データを外部記録メディアに保存して持ち出す等の危険性をゼロにすることもできません。端末のマル

ウェア感染状況をチェックしたり、インストールされている OS や各種アプリケーションプログラムを常に最新状態に保つための負担を軽減するために考えられたのが、シンクライアントです。

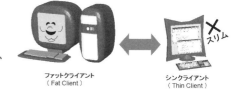

ファットクライアント
（Fat Client）

シンクライアント
（Thin Client）

〈シンクライアントとは？〉

　シン（thin）クライアントの反対は、ファット（fat）クライアント、シック（thick）クライアントと呼ばれ、別に大きなデスクトップパソコンを指すのではなく、CPU やハードディスク、各種ドライブを完備し、OS もアプリケーションソフトもインストールされている、ごく一般的な機能を有する端末を指します。

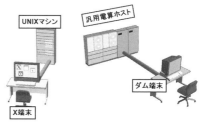

　年配の方であれば、汎用機のダム端末、若干若い人なら UNIX マシンにおける X 端末（X サーバが起動する能力を備えた端末）が、シンクライアントの機能を表現するのに近いイメージかもしれません。

　シンクライアントは、機能が絞り込まれ最小限のリソースしか保有していない端末を指し、コロナ禍による在宅勤務環境整備のために普及が促進されました。

〈シンクライアントの実現方式〉

　「個々の従業員のデスク上（あるいは自宅）の PC までは、なかなか管理・監視の目が行き届かない」という実態に鑑み、モニタ部とキーボード等の入出力部のみを従業員の机上に残し、本体部分は機械室等で一括管理する、というのがシンクライアントの原点です。

　パソコン本体を積み上げたのでは場所をとることから、PC サーバのように、ラック内に並べたブレードの 1 つ 1 つを個々のユーザに割り当てるブレード PC

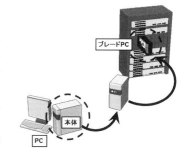

（クライアント）方式では、個々のユーザがそれぞ
れ専用ハードウェアを占有することができる、と
いうものでした。端末側にキーボード、マウス、
モニタだけ設置し、入力されたデータを基に、ア
プリケーションの実行やデータの保存等の処理は
全てサーバ側で行うのはサーバベース方式
（SBC：Server Based Computing）と呼ばれ、これ
らのリソースを複数のシンクライアント端末から
リモートで使用（RDS：Remote Desktop Services）
するものです。

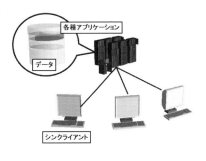

　専用のハードウェアを割り当てず、ユーザ各自に仮想 PC を割り振る方法は、デス
クトップ仮想化（VDI：Virtual Desktop Infrastructure）と呼ばれます。個々のユーザが
各自のパソコンを利用する感覚で利用できるため、クライアント環境の独立性を保持
することが可能で、ハードウェア資産を有効活用することも可能です。VMware
Horizon や Citrix XenDesktop 等のツールが VDI の実現に利用されます。

　ただ、サーバ機器がダウンすると多くの利用者がシステムを利用できなくなったり、
例えば個々のユーザのブラウザのキャッシュ等のゴミがサーバ側に溜まりすぎて「動
作が重いぞ！」等のクレームが発生することがあるかもしれません。

〈VNC：Virtual Network Computing～端末の遠隔操作〉

　テレワーク実施時に職場の端末
にアクセスしたい、という場合に
用いられるのが VNC 接続で、PC
の CPU がこれに対応している場
合には、専用ソフトを用いること
により、リモート操作を行うこと
が可能です。インテル社製の
CPU の場合、Intel ME の脆弱性
を放置した場合には、攻撃に晒さ
れることになりますので、修正等
を行う必要があります。

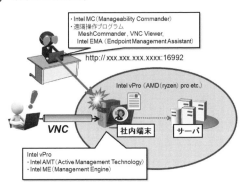

○ネットワークの仮想化

　ネットワークの仮想化は古くから行われています。VLAN や VPN がその代表例で
すが、詳細については、§8-2で説明します。

　業務継続のために、システムやネットワークの多重化や冗長化が行われています。
　障害等により異常が発生した際には、迅速に予備系等に切り替えて処理を継続するための様々な
仕組みが昔から構築されています。
　しかし、この切り替えポイントで障害が発生することによりシステム全体の稼働が停止すること
があります。これは SPOF（Single Point Of Failure：単一障害点）と呼ばれていますが、多重化や仮
想化を行う際にも SPOF を作らないようにすることが基本です。

3 「Webアプリケーション」のセキュリティ確保

◆ Webアプリケーションの脆弱性

SQLインジェクション攻撃や**クロスサイト・スクリプティング（XSS）**等、Webアプリケーションの脆弱性を突いたサイバー攻撃は数多いのですが、**Webアプリケーション**の仕組み自体が分かりにくいせいもあって、これらの攻撃手法や対処方法は、説明しても分かりにくい、とよく言われます。

○ Webアプリケーション（Webアプリ）

一般的に**Webアプリ**は、Webブラウザを経由して利用するプログラムを指すことが多く、たとえば検索サイト等を利用する時にはブラウザに文字等を入力し結果が表示されるのを待つ、という方法を取りますが、これも立派なWebアプリの1つです。ブラウザを経由して、文字を入力するものだけでなく、マウスクリックによる入力や音声入力を理解して、結果も音声で知らせてくれたり、地図に表示するようなWebサービスも増加しています。

○ Webアプリの開発言語、フレームワーク？　CMS?

Webページの作成には**HTML**（Hyper Text Markup Language）やその見栄え（スタイルや装飾）を記述するための**CSS**（Cascading Style Sheets）、**JavaScript**等の言語・ツールが使用されます。

〈フレームワーク（FW）〉

この「見栄え」は、ブラウザを通して利用するWebアプリでは非常に重要な要素で、CSSを簡単に、より綺麗に見せる仕組みとして**CSSフレームワーク**と呼ばれるツールが多数存在しています。BootstrapやFoundation、Tailwind CSS等では、多様なライブラリやモジュール、コンポーネント、テンプレートが用意されています。

たとえるなら、スーツ（背広）を購入する際に、既成服（吊るし）は嫌だけど、注文（フルオーダーメイド、オートクチュール）は時間がかかり高価、という人はイージー（パターン）オーダーを利用することが多いと思いますが、これと同じように、リーズナブルにカスタムWebページを作成するために、このような**フレームワーク**と呼ばれる開発の枠組みが利用されています。

CSSフレームワークだけでなく、JavaやPython、PHP、Ruby、JavaScript、Goといった言語ごとに数多くの開発フレームワークが構築され、利用されています（§3-6参照）。

これらの**Webアプリケーションフレームワーク**は**WAF**と略されることもありますが、Webアプリケーションファイアウォールと同じ表記となりますので御注意。

一方で、**WordPress**等の**CMS**（Content Management System）は高い技術力は必要とせず、コンテンツの追加・編集等を行うことができることから、個人のブログ等でも多く利用されています。

いずれにせよ、各種フレームワークやCMS自体の脆弱性だけでなく、これを構成しているプログラム言語やライブラリ等のセキュリティにも留意していないと、これらのツールを用いて作成したWebアプリに脆弱性が含まれる事態にもなりかねません。また開発段階でHTTPS化やCookie管理、データベース

との連携等、適切な対策を行っていなければ攻撃を受けることになるので注意が必要です。

◆ハイブリッドアプリの開発フレーム

ハイブリッドという用語は自動車だけでなく、アプリの世界でも用いられています。Webコンテンツはパソコンのブラウザから利用するだけでなく、タブレットやスマートフォンからも利用されるので、それを前提に構築する必要があるからです。

通常、スマートフォンで利用するアプリ、即ち Android や iPhone のアプリは、それぞれ**Google Play** や **App Store** から入手してスマートフォンにインストールして利用することが多いので、端末側のプログラムは Android OS や iOS の機能に密着した開発が必要となります。

これらはデバイスにインストールしない Web アプリとの対比で**ネイティブアプリ**と呼ばれます。

ネイティブアプリは、カメラや位置センサー等のデバイス固有の機能を十分引き出すことはできるのですが、一方でプラットフォームごとに Objective-C や Swift といったスマホ用アプリの開発言語を用いてプログラムを作成する必要があり、OS の更新等に追随してアプリの開発・更新等を行う必要もあります。

ハイブリッドアプリは端末にインストールする必要はあるものの、**WebView** と呼ばれるアプリ内で Web ページを表示させることが可能なコンポーネント技術を利用するアプリを指します。**WebView** を呼び出すことにより、Web ページの取得・表示を行い、セッション管理等もアプリ側で行うことが可能で、Web アプリと同様、HTML や CSS、JavaScript で開発することが可能であることから、効率的でスピーディーなアプリ開発が可能となります。

一方で、Windows や Android、iOS 等の**クロスプラットフォーム**上で動作する、というメリットの裏返しで、アプリ開発が複雑になったり、いずれかのプラットフォームに脆弱性があれば、その影響を受ける、ということに注意する必要があります。ハイブリッドアプリの開発にもフレームワークが利用され、Cordova や React、Redux 等が代表的なものですが、最近では、Google 社の、Web アプリをネイティブアプリのようにモバイル機器にもインストール可能とした**PWA**

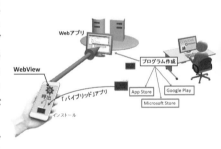

(Progressive Web Apps) や Web アプリを一時的に端末側で利用可能とする **App Clips**（Apple 社）等の技術も登場しています。

ハイブリッドアプリのセキュリティを確保するためには、関連する Web アプリやネイティブアプリの脆弱性、**WebView** や開発フレームワーク、そのプラグイン等のセキュリティにも留意することが必要となります。またモバイルアプリを作成する際には、**CSP（Content Security Policy）** を的確に記述し、iOS の場合には、**ATS（App Transport Security）** 等にも留意する必要があります。

プログラム記述に用いる HTML 5 や JavaScript、CSS はテキスト表示なので、アプリの画面表示や処理手法等がそのまま判読されてしまうこともあり、盗用防止のための難読化等の対策も必要です（モバイルアプリに関しては **SP 800-163 Rev. 1 Vetting the Security of Mobile Applications** 等参照のこと）。

§4-12　SSL(TLS)や VPN の仕組み〜ネットワークのセキュリティ確保

テレワークで用いられる VPN や SSL（TLS）等の名称については聞いたことがあるが、セキュリティ確保のための仕組みはどうなっているのか？

◆テレワークにおける VPN 接続

テレワークで使用するリモートアクセス用の VPN（Virtual Private Network）は、IPsec を用いたものと SSL（TLS）を用いたものに大別できます。

SSL（TLS）の場合には、専用のソフトを用いなくてもブラウザがあれば利用できることも多いのですが、IPsec の場合には、専用のアプリ（VPN Client）をインストールする必要がある等、仕組みが異なっています。

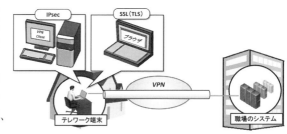

◆通信路の暗号化手法

○ SSL とは？

SSL といえば、ブラウザの下の方に閉じた錠前が表示され、URL の欄は https:// で始まる、ということはご存知だと思います。その SSL は Secure Socket Layer の略ですが、安全なソケット層とはどういう意味でしょうか？

たとえば、昔懐かしい裸電球のソケット。普段使用する際に気に留めたことはあまりないと思いますが、電気を供給する重要な役目を担っていて、ここで漏電すればショートしたり感電してしまうところです。ネットワーク接続においてもソケットは重要な役割を果たしていて、ここにデータを渡せば相手に届けてくれる、という接続点を表しています。

コンピュータ処理において、異なるアプリケーション（プロセス）間の通信（ソケット層）を、暗号化手法等を活用して安全（セキュア）に行うものを SSL と呼んでいて、具体的には、IP アドレスとプロトコル、ポート番号を指定して利用しています。

http（HyperText Transfer Protocol）が80番ポートを利用するのに対して、https（http over SSL/TLS）では、通常は443番ポートを使用して通信を行っています。パソコンのブラウザでも、気軽にサーバとの間で暗号化通信が行えるので、Web 上のショッピングや

モバイル環境での安全確保に利用されています。

○暗号化～共通鍵と公開鍵

ただ、この暗号化の手法を説明するためには、公開鍵暗号方式の原理を説明する必要があるので、結構面倒です。公開鍵を説明するには、まず共通鍵の暗号方式についても説明しなければならないからです。

共通鍵は秘密鍵、対称鍵等とも呼ばれていて、暗号化と復号に使用する鍵が同じものです。この共通鍵を利用する暗号方式は慣用暗号方式とも呼ばれ、古典的な暗号手法の1つです。

送受信相手が固定されていて同じ鍵を保有している場合には簡単で分かりやすい暗号化手法ですが、鍵の盗難（盗聴）が発生すれば、暗号文も解読されてしまうことになります。

これに対して、開鍵は錠前と鍵のように一対の"鍵"の組み合わ

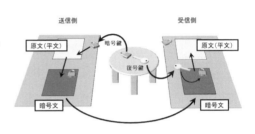

せを作り、暗号化と復号の役目を分担させる暗号化手法です。上図でいえば、暗号鍵が公開鍵、復号鍵が秘密鍵に相当します。この一対の鍵のペア（公開鍵と秘密鍵）を生成する際には、様々な暗号化手法が利用されていて、高度な数学理論・量子論に基づいて作成された長い桁数の公開鍵ならば公開しても容易には秘密鍵は求められないであろう、ということから対外的に公開されています。

ただ、この暗号化手法や鍵生成の素となる乱数発生方法、パスフレーズ等が既知であれば、公開鍵から秘密鍵を算出することは可能なので、これらの取扱いも注意しなければなりません。

○鍵の配送

暗号通信におけるキーポイントが鍵の配送（共有）ですが、特に秘密鍵は他人に漏れないように注意する必要があります。

SSLは基本的にはこの秘密鍵によりデータの暗号化を行い、通信を行うものですが、その秘密鍵を安全に配送（相手と共有）するためには、セッションごとにサーバ側の公開鍵を用いて暗号化を行ってサーバ側に返送する、という手段を取ります。これにより、その利用者とサーバのみが解読可能な鍵（セッション鍵）によりデータ

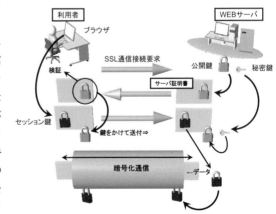

を暗号化して通信を行うものとなっています。

　この際、サーバ側が適切な暗号化措置を行っていることを証明するために、公開鍵が含まれるサーバ証明書をクライアント側に送付しますが、この証明書自体が正当であることを証明するためには、正しい認証局が発行した証明書でなければなりません。

　ブラウザの鍵のマークをクリックし、証明書の表示を行うことにより、Webサイトの所有者（発行先）、証明書の発行機関（発行者）、証明書の有効期間、さらには公開鍵の暗号化手法等も表示することができます。信頼できる証明機関の認証を受けていないサイトは、フィッシング詐欺等の被害に遭う可能性がありますので危険です。

〈危殆化〉

　SSL通信なら安全という訳ではありません。SSL 3.0ではクッキー情報の一部が解読されるPOODLE（Padding Oracle On Downgraded Legacy Encryption）と呼ばれる脆弱性もあり、TLSへの移行が進められています。

　SSL/TLSに関する規格（IETF）としては、SSL Ver.3を元にしたTLS（Transport Layer Security）1.0がRFC 2246、TLS 1.1がRFC 4346、TLS1.2がRFC 5246と、TLS 1.3がRFC 8446として規定されています。

　TLSはセッション鍵交換プロトコルの脆弱性を突くLogjam攻撃やFREAK（Factoring RSA Export Keys）攻撃、KCI（Key Compromised Impersonation）攻撃、SLOTH（Security Losses from Obsolete and Truncated Transcript Hashes）攻撃、Triple Handshake攻撃、BEAST（Browser Exploit Against SSL/TLS）攻撃等を受ける危険性により危険な状態となった（危殆化）ことからTLS 1.0/1.1は無効化されました。しかし日常的には今でもSSLやSSL/TLSと呼ばれることが多いので注意が必要です。

○ IPsec（アイピーセック）

　IPsecはインターネットソサエティが定めるRFC（Request for Comments）1825/2401/4301（Security Architecture for the Internet Protocol）等で規定される「インターネット上でセキュリティを確保するための手法」で、企業等の拠点間接続のセキュリティ確保に用いられます。

　一方SSLは、ブラウザとサーバ間等、アプリケーション層で利用するもので、モバイル環境等で用いられることが多く、アプリケーションごとの設定が必要となります。

　ブラウザ以外に、電子メールをSSLで送受信する場合、メーラーはSMTP/POP over SSLに対応し、465番／995番ポートを開ける必要があります（通常のSMTP/POPでは25番／110番ポートを使用します）。

　IPsecもSSLと同様、共通鍵の交換を安全な手法（IKE（Internet Key Exchange）と呼ばれる鍵交換手法）で行った後に、この共通鍵暗号を使用した暗号化通信を行うようになっています（IKEv2はRFC 4306/4555/4718/5996で、IKEv3はRFC 6071で規定されています）。

　IPsecでは、そのカプセル化の手法（プロトコル）により、AH（Authentication Header）を付す場合とESP（Encapsulating Security Payload）用のヘッダ、トレーラ

等と呼ばれるパケットを付すことによりカプセル化を行う場合があります。

また、使用モードとしては、トンネル・モード（IPヘッダ情報も含めて全て暗号化）とトランスポート・モード（データ部のみ暗号化を行いIPヘッダ情報は暗号化しない）の2つのモードがあり、これらを組み合わせて利用することが可能ですが、実質的には、拠点間でインター

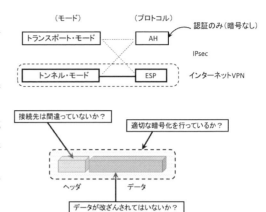

ネットVPN（Virtual Private Network）を張る場合は、保秘のための暗号化や送信相手の確認、データが改ざんされていないかを検出することが可能なESPでトンネル・モードにより使用することが一般的です。

道路を通行する際に、トンネル内を通行する車両の状況がトンネルの外からは見えないのと同様、伝送するパケットにヘッダを付して暗号化により内容が見えないように包み込む（カプセル化）ことにより、専用線を利用するのと同じ環境を仮想的に構築するという意味で「トンネル」と呼んでいます。

一般的には、SSLよりIPsecの方が設定が難しく、端末では専用ソフトをインストールするか、専用機器を用意する必要があります。またリモート環境においては、適切なユーザ認証を行わなければ、当該端末を亡失した場合等には不正アクセスの被害が発生する危険性があります。

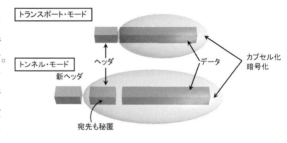

リモート環境では、PPTP（Point to Point Tunneling Protocol）やL2F、L2TP等、データリンク層（イーサネット等で機器同士が接続されるもの。第2層）のプロトコルも使用されます。

PPTPは、Microsoft社がWindows 98以降のOSに搭載している機能で、主としてPPPを使用したダイヤルアップ接続の際に端末—サーバ間でパケットの暗号化・カプセル化を行う手法で、リモートアクセス環境でのVPN接続が可能となります。

同じくL2F（Layer 2 Forwarding）はCisco社が開発したトンネル化技術、L2TPはPPTPとL2Fを統合しRFC 2661として規定されたLayer 2 Tunneling Protocolを指

しています。L2TP 自体には暗号化機能が含まれないため、IPsec 等と組み合わせて（L2TP over IPSec）、セキュリティを確保しています。

PPTP では TCP ポート1723が、L2F と L2TP では TCP ポート1701が利用されます。

IPsec と同じ Layer 3（ネットワーク層）におけるカプセル化プロトコルとして GRE（Generic Routing Encapsulation）があり、RFC 1701/ 2784/ 2890で規定されていますが、暗号化機能がないことから、やはり IPsec と組み合わせて（GRE over IPSec）利用されます。

同様にラベル・スイッチ技術である MPLS（Multi Protocol Label Switching）でも VPN のためのカプセル・トンネル化技術が規定されています（RFC 2547/ 3031/ 4364/ 4659/ 6790/ 7274/ 8012等）。

現状では、在宅勤務やサテライトオフィスとの接続には IPsec-VPN、モバイル環境での利用については SSL-VPN と、VPN と併用して利用されることが多いようです。

○高速化への対応～QUIC（クイック）

TCP ではなく UDP（User Datagram Protocol）上の TLS としては DTLS（Datagram Transport Layer Security）で、TLS 1.1に対応する DTLS 1.0が RFC 4347で、TLS 1.2に対応する DTLS 1.2が RFC 6347等と規定されています（DTLS 1.0は TLS 1.1と同様、無効化されています）。

また HTTP で UDP を使用して高速化を図るため、TLS 1.3と同様のセキュリティを確保する手法として HTTP/3（HTTP-over-QUIC）のトランスポート層のプロトコルとして Google が開発したものが QUIC（Quick UDP Internet Connections）で、2021年 5 月に RFC 9000（QUIC：A UDP-Based Multiplexed and Secure Transport）として標準化されました。

Google の Chrome だけでなく、Microsoft Edge や Firefox、Safari 等のブラウザでも実装されていますし、SMB over QUIC 等の実装も増えています。

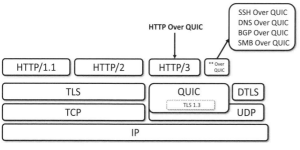

悪用禁止
　セキュリティ確保やデータ保護の名目でメッセージの暗号化や End-to-End での通信路の安全確保が簡単にできる Telegram や Signal、Slack、Threema 等のメッセージングアプリが仮想通貨の取引等で利用されることも多いようですが、悪用は厳禁です。

234

§4-13 電子証明書や認証局の役割と仕組み

§4-12にサーバ証明書や認証局の説明があるが、これによりWebサイトが安全である、というのはどのような仕組みになっているのだろうか？

◆ 「証明書」の役割

SSLには、前項で説明したような暗号化の機能だけでなく、正しい相手と通信していることを証明する機能も持っています。

Web利用の際、SSL（https）通信が行われていると、ブラウザの鍵アイコンの表示が閉じた錠前の絵

となっていますので、この鍵のマークをクリックしてSSLサーバ証明書の内容を確認することができます。

SSLサーバ証明は、①証明書に表示されているサーバの所有者、②サーバと端末の間におけるSSL暗号通信の2つを証明する、いわばサーバの身元保証です。

もし「このウェブサイトは無効な証明書を使用しています」、「このWebサイトは認証されていません」等の警告が表示されたり、アドレスバーに表示されたURLとは異なる企業のドメインがサブジェクトに表示されている、発行者機関情報が怪しげ、有効期限が切れているかデタラメ等、少しでも胡散臭いところがあれば、この証明書が偽造されている可能性がありますので、アクセスは中止すべきでしょう。

○サーバ証明書の有効期限

昔は証明書の有効期限は最長5年でしたが、次第に3年、2年と短縮され、2020年9月1日からは、397日（約13カ月）となりましたので、サーバ管理者は失効しないよう適切に管理する必要があります。有効期限を超過するとブラウザ側ではエラーが表示されます。

また有効期限内でも、不正アクセス等により秘密鍵等が流出した場合には、サーバ証明書は失効し、その失効情報（シリアル番号と失効日）がCRL（Certificate Revocation List）として認証局（CA）ごとに作成・更新され、この情報をCRL配布ポイントから読み込んだブラウザは、証明書のシリアル番号を対比し、もし失効している場合には、セキュリティ警告（エラーメッセージ）を表示することになります。

○ドメイン証明だけでは不十分

本物のサイトと酷似したURLを持つサイトを立ち上げ、そのURLで本物のSSLサーバ証明書（ドメイン証明書）を取得するフィッシングサイトも登場していて、このような場合には、ちゃんと錠前が閉じた状態で表示されます。たとえば、true-bank.co.jpという金融機関に類似したtruth-bank.co.jpをtrue-bankのフィッシングサイトとして立ち上げ、信頼性を上げるためにドメイン証

明書を取得する、ということも可能です。

　この場合には、閉じた錠前マークに騙され、true-bank.co.jp だと思って truth-bank.co.jp にアクセスしてしまうことがあるかもしれません。秘密鍵や公開鍵を利用してデジタル証明書を作成すれば、自分で証明書（オレオレ証明書～自己署名証明書）を発行することも、簡単にできてしまいます。経費削減等のため、社内ポータル、イントラネット等で使用されているかもしれませんが、組織全体のリスクが高まることにつながりますので、避けるべきでしょう。

○ドメイン認証のランク

　サーバ証明書にはドメインに登録されている登録者のみ確認することができるドメイン認証（DV）以外にも、Web サイトを運営している組織が実在していることを証明する企業（実在）認証（OV）、さらに上位の EV 認証のグレードがあります。この EV-SSL（Extended Validation -- SSL）証明書は、認証局とブラウザベンダー等で構成される非営利の業界団体 CA/Browser フォーラム（CABF）で定めた「EV 証明書ガイドライン」に規定されたサーバの身元調査等、各種審査項目を満たしたものしか、証明書は発行されない仕組みとなっています。

　EV 認証を受けたサイトにアクセスした場合、主要なブラウザのアドレスバーが緑色に変化し、サイトの運営主体（組織）名や認証局名が表示されます（通常の SSL 証明書の場合には白色、フィッシングサイトの場合は赤色で表示されます）。

　同一ドメインに属している複数のサブドメインを 1 枚のサーバ証明書で管理することも可能となっています（ワイルドカード SSL サーバ証明書）。

　これは、*.example-server.com のように、一番左にアスタリスク（*）を指定したサーバ証明書です。クラウドや仮想環境のマルチサーバ、マルチドメインへの対応が可能なサーバ証明書を提供するサービスが種々提供され、コスト圧縮に利用されています。

　また利用者側から見れば、サイトの信頼性はブラウザ上に表示された情報から判断するしかありませんので、「個人情報の入力を求めているのに SSL が使用されていないので危険かもしれない」と他サイト等と比較して直感的に判断することも重要でしょう。

　アメリカの非営利団体の ISRG（Internet Security Research Group）が運営し、90日間有効な DV 証明書を ACME（Automated Certificate Management Environment）プロトコルにより無料かつ自動的にサーバ証明書を発行する「Let's Encrypt」のサービスを利用するサイトも増加しています。

○安全なサイトであることのアピール

　利用者に、フィッシングサイトではない正規のサイトである、という安心感を与えることも重要で、自組織の情報セキュリティマネジメントが確立された状況を PR するために ISMS 認証マークを掲げたり、自社や自サイトが個人情報の管理を適切に実施していることを示す P（プライバシー）マークや TRUSTe（トラスティー）マークを

掲げて安全性をアピールするサイトもあ
ります（§4-13、§9-3参照）。

ISP（インターネットサービスプロバイ
ダ）レベルでは、インターネット接続サー
ビス安全・安心マーク推進協議会が認
定する安全・安心マークを取得している
か否かが、プロバイダや公衆無線LAN
事業者を選択する際の目安の１つになる
かもしれません。

"怪しい"グッズこそ
安全なサイトで
入手したい！

◆認証局と PKI

○ PKI

匿名性の高いネット社会においては、自分が自分であることや自分が作成したもの
である、ということを証明するのは実は難しいことです。実社会の実印・印鑑証明の
ように、公開鍵を用いて、このような証明を行う電子認証の基盤は PKI（Public Key
Infrastructure：公開鍵暗号基盤）と呼ばれています。

行政機関に対する申請や届出等をインターネット経由で行うペーパーレス化・電子
申請が進展し、マイナンバーカードも用いられていますが、その申請書等の真正性を
確認する電子政府の仕組みは、GPKI（Government PKI：政府認証基盤）と呼ばれてい
ます。

○電子署名

書類に署名・押印を行う、ということ
は、①内容が正しいことを確認した上で、
②それを自分自身が認めた（認証した）、
という２つのことを示すものです。

これをインターネット上で行う場合に
は、送受信の段階で、送信元の情報や送
信内容が途中で盗聴され、改ざん、なり
すましが行われる危険性があります。

では、私の
ハンコを
押そう！

内容に
間違いは
無いな。

①完全性の保持
（改ざん防止）

②認証

その上「そんなものは送っていない！」と否認されることだってあるかもしれない
のです。インターネット上における署名・押印を、デジタル技術を用いて実現したも
のが電子署名でデジタル署名とも呼ばれます。

○電子署名の仕組み

電子署名は、文書に署名を行ったのが送信者本人であり、その文書が通信路上で改
ざんされていない、そして確かに送信を行った、ということを確認（なりすまし、改
ざん、否認の防止）できるよう行うもので、そこには暗号技術が利用されています。

即ち、作成した電子文書（原文）から、送信者（A）が暗号化手法を応用した一方
向性ハッシュ関数（メッセージを要約して固定長の文字列を生成する暗号技術を応用した

関数で、その固定長の文字列から元のメッセージを導くことが困難であるもの）により、一定の固定長のデータ（メッセージダイジェスト又はハッシュ値と呼ばれます）を生成し、このメッセージダイジェストを送信者（A）自身の秘密鍵で暗号化したものが電子署名です。

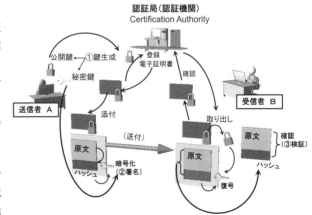

受信者（B）は、同封された電子証明書の中から取り出した送信者（A）の公開鍵を使用して開封することにより、当該電子文書が送信者から確かに送付されたものであり、途中で改ざんされていないことを確認することができる、という仕組みです（§4-12の公開鍵の説明では、公開鍵を用いて暗号化したものを秘密鍵で復号しているが、これとは逆になっていることに注意）。

○電子証明書と「認証局」

上のケースで、送信者（A）の秘密鍵を盗んだり、そもそも送信者（A）のふりをして秘密鍵・公開鍵のペアを作成したら、簡単になりすましが行えます。

このため、確実に送信者（A）自身が送付した、ということを証明する必要があります。このための信用できる第三者機関のことを認証局（C）又は法律的には認証機関と呼んでいます。

認証機関では、利用者（A）の本人確認を行った上で、本人と公開鍵を関連付ける証明書（電子証明書）を発行します。

電子文書を受信した者（B）は、当該証明書を確認（発行機関自体の証明書も添付されている）することにより、送信者（A）自身が送信したことを確認できます。

登録・登記等、公的機関への申請手続の他、金融機関等でもフィッシング詐欺等を防止するため電子メール送付の際に電子署名を付与するようになってきていますが、これらの署名・証明も受信者自身が確実に検証しなければ、自己認証（オレオレ認証）局の発行する証明書等に騙されてしまいますので、しっかり確認することが必要です。

238

○電子メールへの電子署名添付

S/MIME（Secure/Multipurpose Internet Mail Extensions）は、上の原理により MIME でカプセル化した電子メールを暗号化しデジタル署名を行うための規格で、Version 4.0は2019年4月に RFC 8551 として規定されています。

メールの暗号を行うため、かつて（30年前）は PGP（Pretty Good Privacy）も利用され、OpenPGP や GnuPG 等も登場しました。

S/MIME では認証局（CA）が公開鍵の正当性を保証する仕組みとなっていますが、PGP では認証局を設けず、利用者が相互に認証を行う仕組みで、比較的小規模なコミュニティやサークル等において利用されていました。

○時刻認証局（タイムスタンプの付与）

また、郵便の消印と同様、電子文書においても時刻は重要なポイントです。電子署名自体には、「何時」当該電子文書を作成したのかを証明する機能は備えていません。

税務や医療関係書類の中には「何時、作成（提出）したのか？」ということが重要な意味を持つものもあるため、完全性（原本性）を確保する意味で、㈶日本データ通信協会（タイムビジネス認定センター）の「タイムビジネス信頼・安心認定制度（2005年2月発足）」に基づくタイムスタンプの付与が義務付けられているものもあります。

電子署名法等との関係で、時刻配信局（TAA：Time Assessment Authority）や時刻認証局（TSA：Time‐Stamping Authority）の活用ニーズに合わせ「認定タイムスタンプを利用する事業者に関する登録制度（日本データ通信協会）」もスタートし、2006年7月には「タイムビジネス協議会（TBF）」も設立されました。このタイムビジネス協議会は、2018年6月に「トラストサービス推進フォーラム」に改組されています。

○電子契約サービス

電子ファイル（PDF）の契約書に、電子署名とタイムスタンプを付与するのが電子契約書です。認証・電子契約サービス事業者によって方法は若干異なるかもしれませんが、作成した電子契約データ（PDF）を相手先に送付し、受信先でその PDF データの正当性を確認した後、契約締結時に電子署名を行い、タイムスタンプを付与します。送受信双方、あるいはクラウド上で契約書データを保管・管理するもので、様々な電子契約サービス事業者が登場しています。

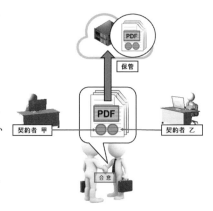

◆匿名認証 (Anonymous Authentication)

　デジタル署名は、確かに自分が書いた文書である、ということを相手に示すための技術ですが、個人情報を保護しつつ、これをビッグデータとしての活用を図り、あるいは電子投票を実施する場合等には、匿名性の確保が重要な課題となります。

　たとえば電子投票の場合、替え玉による投票や投票用紙を複製した投票等を防止する必要がありますが、選挙管理委員会にブラインド署名（メッセージ内容を見せることなく署名を行わせる）を行わせることにより、投票内容を開示することなく、投票用紙の正当性を保証することは可能です。

　また個人を特定することなくグループに所属していることのみ認証を行うことが可能なグループ署名技術も暗号技術を利用していて、これらは匿名認証基盤として普及が進んでいます。

　これらの技術では、自分が持っている情報を相手に伝えることなく、自分がそれを知っている、という事実のみを相手に伝えるゼロ知識証明（ZKP：Zero Knowledge Proof）が用いられていますが、詳細については暗号関連書籍等を参照してください。

〈関連規定等〉

　○電子署名法（電子署名及び認証業務に関する法律）

　○公的個人認証法（電子署名に係る地方公共団体情報システム機構の認証業務に関する法律）

　○商業登記に基づく電子認証制度（商業登記法12条の2「電磁的記録の作成者を示す措置の確認に必要な事項等の証明」）

　○電子帳簿保存法（電子計算機を使用して作成する国税関係帳簿書類の保存方法等の特例に関する法律）＊注

　○電子契約法（電子消費者契約法）：電子消費者契約及び電子承諾通知に関する民法の特例に関する法律

　○電子契約活用ガイドライン（公益社団法人 日本文書情報マネジメント協会（JIIMA））

　＊注）保存の際も注意：　改正電子帳簿保存法が2022年1月に施行され、保存義務者は、記録段階からコンピュータにより電子取引情報を作成している場合は、所定の要件を満たす場合に税務署長等の承認を受けた場合は、その電磁的記録の備付け及びCOM（Computer Output Microfilm：電子計算機出力マイクロフィルム）の保存により取引情報（書類）の保存に代えることが可能ですが、基本的には電子データ（電磁的記録）で保存することになります。

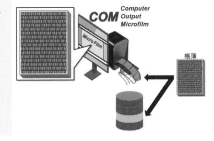

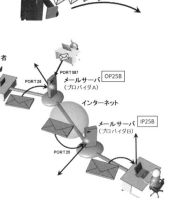

§4-14　メール送付における「送信ドメイン認証」

§4-13でメールを送付する際に電子署名を付すことによりなりすましを防止することが可能、と言う説明があるが、メールの送受信の都度、暗号化等の作業を行うことは面倒だが…。

◆「なりすましメール」の防止方法

　なりすましメールは、金融、行政機関やブランドショップ等の企業に扮してメールを送りつけるものですが、スパム（迷惑メール）も送信元を偽装してばら撒いています。

　このように迷惑な送信元偽装メールのなりすましを防止するために、メールに電子署名が添付されます。

　これには、前項で説明したPKI（公開鍵暗号基盤）を活用したS/MIME（Secure Multipurpose Internet Mail Extensions）やPGP（Pretty Good Privacy）等が用いられています。

◆プロバイダ側での防止対策

○スパム送出防止

〈OP25B〉

　プロバイダ等では、特定のユーザから大量のメールが送付されないよう、一定時間内に送信されるメール数を制限する等の対策を取っています。

　それ以外にも、多くのプロバイダでは、そのプロバイダ等の管理下のネットワークから外に向けた正規のメールサーバ経由以外のメール送信を止める措置として、Outbound Port25 Blocking（OP25B）と呼ばれる手法を採用しています。

　これは、通常メール送信に利用する25番ポートを使用して、プロバイダに加入している人の端末等から、プロバイダの外部向け（他社ネットや携帯電話）にメールを送信することを遮断する、というものです。これにより、ボットネットの指令サーバからの指示を受けたゾンビ端末（ボットに感染した端末）がスパムを送信しようとしても、この仕組みにより送出を阻止することができます。

　ただ、この対策では、外出時等に普段使用しているプロバイダのメールアカウントが利用できなくなることから、サブミッションポート（通常の25番ポートではなくTCP587番ポートを送信受付用に指定したもの）を使用することにより、正規ユーザであることを認証した上でメールの送信のみが行えるような仕組みを取っています。

〈IP25B〉

　OP25Bとは逆に、IP25Bは受信する側の対策です。ボット等に感染した端末等が指

令によりスパム等を送出する場合には、プロバイダが
接続の都度割り当てている IP アドレス（動的 IP アド
レス）と、それに追随して固定したホスト名での接続
が可能な DDNS（ダイナミック DNS）サービスがよく
利用されています。

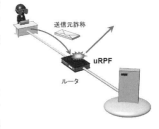

送信元詐称

uRPF

ルータ

　このため、これら他プロバイダ等に割り当てられた
IP アドレスから自プロバイダのメールサーバに向け
た迷惑メールの受信を拒否する Inbound Port 25
Blocking（IP25B）と呼ばれる手法も採用されています。メールの送出手法である
SMTP（Simple Mail Transfer Protocol）によるメールの受理そのものを拒否する技術は、
S25R（Selective 25（SMTP）Rejection）と呼ばれます。

〈uRPF 等〉

　ルータのルーティングテーブルを利用して、ボット等に感染した端末から送付され
る送信元が詐称されたメール等を弾く技術としては uRPF（unicast Reverse Path
Forwarding）があります。

　この他、送信元情報による判定手法としては、

・RBL（Realtime Black List）方式：　既存のスパム送信元の IP アドレスをまとめたリ
　ストとの対比
・RHSBL（Right Hand Side Black List）方式：　既存のスパム送信元のホスト名をまと
　めたリストとの対比
・DNSBL（DNS（-based）Blacklist）：　スパム等送信元の IP アドレス集
・DNSWL（DNS（-based）Whitelist）：　接続可能な IP アドレス集
・URIBL（Uniform Resource Identifier Blacklist）：　スパム等メッセージ本文内に記載さ
　れた接続すべきではない URL や IP アドレスをまとめ、接続させないための仕組み
・DCC（Distributed Checksum Clearinghouse）方式：　メールのチェックサムをカウント
　することによりスパムを判定（多数の送信先に同一メッセージを送付していることを
　判定）

等があります。

○ SPF、DKIM、DMARC

　いずれも送信ドメイン認証に用いられる手法です。

〈SPF（Sender Policy Framework）/Sender ID〉

　SPF は送信メールサーバを IP アドレスから判別する方式です。送信側は、あらか
じめ送信メールサーバで使用する IP ア
ドレスを SPF レコードに記述し DNS に
登録しておきます。受信側では、送信者
が使用するドメイン名と IP アドレスを
比較し、詐称されていないかどうかを判
定します。

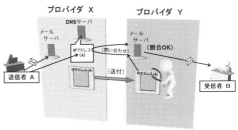

プロバイダ X　　　　　プロバイダ Y
DNSサーバ
メールサーバ　　　　　メールサーバ（照合OK）
IPアドレス（A）　（問い合わせ）
送信者 A　　IPアドレス（A）（送付）IPアドレス（A）　受信者 B

　Sender ID は SPF より一歩踏み込み、
ヘッダの From や Sender 等から PRA
（Purported Responsible Address）と呼ば

れる送信元情報を割り出し、このドメインの SPF レコードから送信元を検証する点が SPF と異なります（RFC 7208）。

〈DKIM（Domain Keys Identified Mail）〉

送信者や受信者がわざわざ暗号化や電子署名の付加等の手間をかけなくても、送受信メールサーバ間で公開鍵暗号を利用して送信ドメイン認証を行う仕組みです。米 Yahoo! の認証技術 DomainKeys

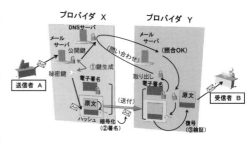

等を発展させたもので RFC 6376で規定されています。送信側のプロバイダ（図の X）では、メールに電子署名を付加し、公開鍵は DNS サーバで公開しておきます。受信側プロバイダ（図の Y）では、電子署名から公開鍵を取り出し、プロバイダ X の DNS サーバで公開されている公開鍵と照合して、その正当性を検証（送信ドメイン認証）することによりなりすましを防止するものです。正しい場合には復号して受信者にメールを渡します。

〈DMARC（Domain-based Message Authentication, Reporting and Conformance）〉

DMARC は、送信元を IP アドレスから判別する SPF と、電子署名で正当性を検証する DKIM を併用し、その受信側での認証結果を送信側でもリアルタイムで受け取れる仕組みです。SPF と DKIM の両者で認証できなかった場合、送信者側の設定により受信側がなりすましメールを受信した場合の挙動を制御できるようにしています。

従来は、SPF や DKIM で認証に失敗したなりすましメールでも、受信プロバイダ側がそのまま受理して受信者のメールボックスに送達されてしまう事態も発生していましたが、DMARC の場合、送信プロバイダ側で設定（認証できなかったメールは検疫（隔離）（quarantine）させるか、拒否（reject）させるか、何もしない（そのまま通す〜none））を行い、これを公開しておくことにより、自サイトになりすましたメール配信の制御（処理）を行うことができる仕組みで、RFC 7489（Domain-based Message Authentication, Reporting, and Conformance）で規定されています。

認証に失敗したメールの受信を拒否する設定は「Reject ポリシー」と呼ばれていますが、まだまだ普及率は低いようです。

◆メール内容で判断

メールの内容により、スパムかどうかを判断する手法としては、次のようなものがあり、複数を併用したり、人工知能（AI）技術を活用してフィルタリング精度を上げています。

- ・ベイジアン（Bayesian）： メール受信者がスパムと判断したメールを基に、統計（ベイズ推定）的にスパムを判断する手法。画像スパム等には対応できない。Gmail 等で利用。
- ・ヒューリスティック（Heuristic）： メールヘッダや本文を学習、経験的にスコア化を行う方式。
- ・シグネチャ（Signature）： スパム特有の表現パターンをデータベース化して、これと対比する方式。

・テキストフィルタ（キーワードマッチング）：　特定の語句が含まれているメールを判定。
・URL コンテンツカテゴリ：　メッセージ内含まれるリンク（URL）先のサイトのコンテンツを評価する方式。フィッシング対策としても有効。

○添付ファイルは？

　添付ファイルについても、内容を上のような手法により検査したり、サイズ（大きさ）や種類（拡張子）、名称等でフィルタリングを行うよう設定することが可能です。なりすましを検出した場合の措置（アクション）についても、メッセージ全体の削除、添付ファイルの削除、ファイル名称を変更して受信等の対応を行うことが可能です。

　マルウェア等、実行可能なファイル等が添付されている場合等には、適切にフィルタリングする必要があります（§3-19参照）。

◆暗号化

　その他のスパム・迷惑メール対策としては、End-To-End（E2E）の暗号化によりセキュリティを確保するものも含まれます。LINE や WhatsApp、Signal、Telegram（シークレットチャット機能）等が採用しています（例：LINE の場合は LEGY（LINE Event GatewaY）暗号が用いられます）。

HashCash

◆メール送付に際する金銭的負担（課金）～ハッシュキャッシュ

　スパムに課金（コスト負担）することにより、スパム送出が「割に合わない！」ということを送信者に認識させることにより不要なトラフィックを低減させる手法がハッシュキャッシュ（Hash Cash）と呼ばれるものです。

　メール1通を送出する都度、課金（決済）する仕組みを構築することは大変ですが、料金の徴収自体が目的ではないため、**複雑な演算を行わせることによりCPU能力**（リソース）を消費させ、ひいては電気料金の負担を送信者に求める手法で、コンテンツフィルタリング等との併用により迷惑メール対策の推進に寄与するものとして考えられましたが、1通のメールを送出するのに何秒も要していたのでは、イライラ感が募り効率的でもないため、スパム対策としては用いられることはほんどありませんでしたが、そのアイデアは仮想通貨等に用いられているブロックチェーン技術に生かされています。限定された条件の下、ハッシュ値がある閾値以下になるような入力値を求める、という演算が PoW（Proof of Work）として、仮想通貨の獲得（発掘）につながる、という仕組みは、スパム防止対策から発展したものです（§6-15参照）。

　企業等のメールサーバでも種々の対策が求められますが、フィルタリング手法によっては負荷が大きかったり、必要なメールの受信も阻止される場合があります。
　企業規模に応じ、メールサーバと連動したフィルタリングソフト製品やフィルタリング技術をハードウェア化した専用機等の導入により、効率的なスパム処理を行うことが求められます。
　個人でブログを開設している場合、トラックバックを容認していると、記事とは全く関係のない大量の**トラックバックスパム（Trackback Spam）**が届き、宣伝サイトやフィッシングサイトへ誘導される等にも悪用されることがあるので、適切なトラックバックの公開設定や**承認制**にする等の対策を適切に行う必要があります。

§4-15　Web アプリケーションへの攻撃

Web アプリケーションの脆弱性を突いた攻撃はどのように行われるのだろうか？　また SQL インジェクション攻撃やクロスサイト・スクリプティング攻撃の仕組みはどうなっているのだろうか？

◆偵察・情報収集

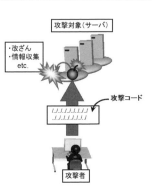

　サイバー攻撃を行おうとする場合、まず攻撃対象システムが用いている OS や Web サーバ、Web アプリケーション等の種類やバージョン、それからその脆弱性を調べておく必要があります。

　昔は、OS 自体や Web サーバ等の脆弱性に関する情報がネット上に掲載され攻撃コード（exploit）がダウンロードできる状態になると、その攻撃コードを用いて脆弱性を有する Web サイトを攻撃し、Web ページを改ざんする、というケースが多く見られました。

　典型的な攻撃手法としては、

①攻撃前に、Nmap（エヌマップ）やその GUI 版の Zenmap と呼ばれるセキュリティ・スキャナー（ポートスキャンツール）等を用いて攻撃ターゲットのサイトの脆弱性を調査し、

②脆弱性を突く攻撃コードを用いて不正アクセス等の行為を行う。

という方法で、サイバー攻撃が行われました。

　上の①のような偵察・情報収集行為は現在も多いようですが、これも単なるツールを利用したものから、ロボット等を利用した自動化・高度化が図られているものまで様々です。

　このような行為は、たとえば対潜水艦戦で目標艦の探索を行うためにアクティブ・ソナーを用いて探信（Ping）を使用する行為が、攻撃準備と受け取られるのと同様、あるいは空き巣狙い（侵入盗）が住宅地で片っ端からインターフォンを押して在宅状況を確認する行為にも似ているかもしれません。つまり他人の Web サイトへスキャンをかける行為は、サイバー攻撃の予兆と捉えられることも多いのです。

○ Web アプリケーションの脆弱性診断ツール

　最近では、Nmap（Zenmap）や OWASP ZAP、Zmap/ZGrab 等のセキュリティテストツール以外にも、VAddy 等のクラウド型のセキュリティ診断ツールもありますし、ネットワーク層の脆弱性を見つけるためのツール（InsightVM、Nessus 等）もあります。

　自サイトやネットワークの脆弱性の有無をチェックするために、これらのツールは使用するもので、他者のサイトに向けて利用する等、悪用は厳禁です。

　また、セキュリティ診断（ペネトレーションテスト）を実施したり、診断作業を外部の業者に依頼する場合には、診断結果等の情報管理を適切に行い、あるいは業者にも保秘を適切に行わせる必要があります。

○各種脆弱性情報の収集

　Web アプリケーションのソフト自体の脆弱性、たとえば（アプリケーション）バッ

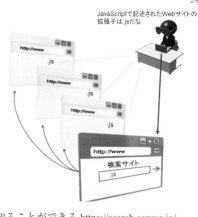

ファ（ヒープ、スタック）オーバーフロー（§3-5参照）や並列処理におけるデータの競合（レース・コンディション）を攻撃者自身が見つけ出しているとは限りません。多くの場合、他の人が見つけ出した脆弱性や攻撃コードを入手して不正アクセス等に用いています。§4-9に記載しました各種の脆弱性情報は、当然クラッカー達も見ています。

さらに、

・EXPLOIT DATABASE（https://www.exploit-db.com/）等、実際の攻撃コード（exploit）が掲示されるサイト

・サイトや IoT のセキュリティ（サーバ情報）を知ることができる https://search.censys.io/ や https://www.shodan.io/

等のサイトの情報にも目を光らせ、利用しています。システムを防御する側でも、これらの情報は知っておく必要があるのかもしれません。

○検索エンジンの悪用（検索エンジンハッキング）

上の SHODAN や Censys 等の専用サイトだけでなく、Google 等の検索サイト（エンジン）でも、オプション指定を行うことにより、特定のドメインのみを対象とした検索や、ページのタイトルに指定した文字を含むものや指定された拡張子を持つものだけをピックアップすることができます。このような機能を悪用すれば、脆弱性を有するサイトを見つけ出すことも可能です。

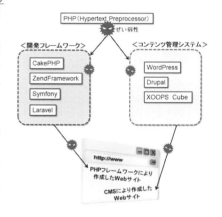

特定のサイトを攻撃するような標的型攻撃ではなく脆弱性を有するサイトならどこでもよいから攻撃してやろう、というのであれば、たとえば PHP 言語自体に脆弱性があることが判明した場合には、PHP を用いる開発フレームワークや CMS 等により作成された Web アプリやサイトにも脆弱性が残っていることがありますので、このようなサイトを抽出することが可能となります。

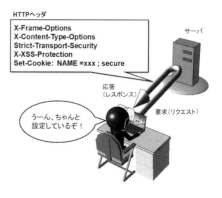

Web ページの下の方（フッター）に、Powered by XXX と CMS 等アプリの名称を掲示したり、ブラウザでページのソースを表示すると作成アプリ（Generator）名が見える場合には、脆弱性の手掛かりを攻撃者に与えてしまうことになるため、このような不要な

情報は削除することが適切です。

　また、不自然な入力に対して過剰なエラーメッセージを回答・表示することも、攻撃への手掛かりを与えてしまうかもしれないので注意が必要です。

　ただ、リクエストに対して適切な設定が行われていることをレスポンスヘッダで示す（X-Frame-Options 指定等：DENY と指定することにより他サイトからの frame 要素や iframe 要素による読み込みを制限。§3-13参照）等を適切に実施することが求められます。

◆ Web アプリに対する攻撃の進化

　かつては Web ページの改ざんを目的に、サーバ OS の脆弱性を突いた攻撃が行われる、というのが主流だった時期もありましたが、近年は、個人情報や仮想通貨等の現実社会に置き換えれば価値に転化することが可能なデータを搾取することが大きな目的となっています。

　また、その攻撃ターゲットも、サーバ自身の設定やプログラムの不備等の脆弱性を攻撃対象とするセッ

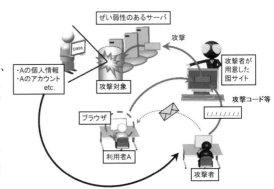

ション・ハイジャック（セッションの乗っ取り）や SQL インジェクション攻撃だけでなく、攻撃の矛先を端末やブラウザ、Web サイトの制作会社の開発システムや保守・監視サイトのシステム端末やコンソール、あるいはこれらを操作する人にまで拡大するようになってきています。

　一旦ターゲットのシステムへの侵入に成功すれば、サーバやデータベース内の情報を覗き見したり Web ページの改ざん、サーバを踏み台として他サイトへ攻撃を行うこともできるようになりますし、攻撃用のマルウェアやスクリプトを置いて、一般閲覧者のブラウザにこれをダウンロードさせて実行させることにより、別のサイトへの攻撃を行わせる（クロスサイト）ことにも利用されたりします。

◆脆弱性と攻撃手法

　以下、クロスサイト・スクリプティング（XSS）攻撃等、代表的な Web アプリケーションへの攻撃手法について説明します（HTML 5 への移行やブラウザ等の対策が進み、被害がほとんど発生しなくなった古典的な攻撃手法を含む）。

(1)　XSS（クロスサイト・スクリプティング）とセッション管理

　セッション・ハイジャックを行うための手法の１つが、クロスサイト・スクリプティング（Cross Site Scripting）で、セッション・ハイジャックだけでなくフィッシング等にも用いられます。

○セッションとは？

　インターネットサイトでショッピングを行う際には、ログインするために会員 ID やパスワードを入力し、それが認証された後に、商品選定・在庫確認や注文画面へと

移ります。

　その後支払い手段や届け先等を入力し、注文内容を確定してログアウトする、という一連の流れを経て、はじめて手続が完了します（ワンクリックでこの手続を完結させるサイトもあります）。

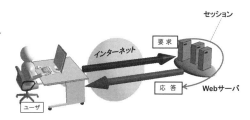

　利用者端末のブラウザがこれらの入力を送付（リクエスト：要求）し、サーバからの返事（リプライ：応答）を得るための処理を担っていて、この一連の流れをセッションと呼んでいます。

○セッション管理とは？

　ネットショッピング等に必要な一連の手続は、実際には複数の画面を経て行われています。この一連の画面遷移の流れ、即ちセッションを管理する手法は、サーバとユーザが使用しているブラウザが相互に認証する手法でもあります。

　メールで注文やその確認を行う際には、一連の顧客番号や注文番号を付して処理することが多いのですが、

注文確定に至るまでに画面が変わる都度、この一番号を入力する等により認証手続をやり直すのは面倒です（きっとイライラします）ので、番号に代わる目印をどこかに埋め込み、認証状態を保持する仕組みが必要となります。

　この手法としては①hidden パラメータを活用した方法や、②直接 URL パラメータとして記入する方法（URL リライティング）、あるいは§3-24で説明したように③クッキー（Cookie）を利用する方法が用いられます。

① hidden パラメータを用いる方法

　hidden パラメータは、いわば Web ページのHTML 文書の欄外、見えない領域に番号を記入する手法です。

　たとえば役所等の申請窓口等で、様式の欄外等に役所の担当者が管理番号を付すようなもので、サーバとブラウザ間の情報伝達を行うものです。

　HTML 文書を作成する場合、入力フォームの type（属性）の値に hidden と指定すれば、画面上に表示されない隠された部品としてセッション ID の値等を入れることが可能となります。

　たとえば〈input type=" hidden" name=" sessionID" value=" 0001"〉のように、簡単な番号を付すように設定したりしていると、Web ページのソース表

示により内容を判読されて、コピーされたり適当な値を入れてセッションが乗っ取られる危険性があります。

② URL リライティング方式

URL に文字（数字）列を追加し、セッション ID を記述する方式で、Java や PHP 等の言語で書き換える（リライティング）ことが可能です。

URL リライティングの最も単純な例では、

〈a href="Index.html;sessionID=0001"〉……〈/a〉

のように記述されますが、他人がこの ID 番号を使用したり、別の ID 番号を類推して入力することにより、セッションが乗っ取られることになります。

③ Cookie を利用する方式

Cookie については、§3-24で説明しましたが、ユーザがその Web サイトを過去に訪れたことがあるのか、訪問したことがある場合には今までに何回アクセスしているのか等、サーバ側で端末の利用状況を把握する、アクセス解析のためにも利用されます。

アクセス解析に使用する Cookie の有効期限は長ければ長いほど、ユーザの閲覧履歴・動向を把握するのに便利となります。しかし、長い固定値の有効期限に設定した Cookie をセッション管理に利用すると、セッション・ハイジャックが行われ、なりすましによる各種情報の窃取や不正出金が行われる危険性があります。

これを防止するため、セッション ID 番号には、単純な番号付与や日時、ID 等を利用したものを使用せず、有効期限もログアウト時にはきちんとクリアされ、適切なログアウト処理が行われなかった場合でも速やかに破棄するように設定しておくことが望まれます。

○セッション・ハイジャック（乗っ取り）とは？

セッションが乗っ取られてしまうのがセッション・ハイジャックですが、その主要な方法としては、

ア　盗聴等によりセッション ID を推測

イ　XSS 等の攻撃によるセッション ID の奪取

ウ　セッション ID の固定化（フィクセーション）による攻撃があります。

〈ア　盗聴〉

適切な暗号化等により通信路が保護されていない場合には、通信路を盗聴することにより Cookie や個人情報は容易に抜かれてしまいます。

同一のセッション ID を利用している、簡単に類推することが可能な規則的な数値

や文字列の Cookie の値をそのままセッション ID に使用している場合には、悪意を持つ者が同じ規則に従って生成することにより、セッションが乗っ取られてしまいます。

▶ Cookie を見る方法

ブラウザの種類により、簡単に Cookie が確認できるものもあれば、できないものもあります。

Firefox ではデータベース形式で次のような場所に保存されていますので、データベース閲覧ソフトがインストールされていれば、Cookie の確認を行うことが可能です。

C:/Users/*********/AppData/Roaming/Mozilla/Firefox/Profiles/xxxxxxxxxx.default/cookies.sqlite

Google Chrome の場合には、設定→プライバシーとセキュリティ→ Cookie と他のサイトデータ→すべての Cookie とサイトデータを表示

で確認・削除を行うことができます。

その他 EditThisCookie（Google Chrome）等、拡張機能やアドオンソフトの利用により Cookie の管理を行うことも可能です。

また、たとえば Firefox のアドオン（HTTP Header Live 等）や Chrome の拡張機能（Live HTTP Headers 等）を使用すれば、ブラウザからのリクエスト、サーバからのレスポンスの Cookie も含めた HTTP ヘッダ情報がリアルタイムで見えるようになります。

このようなツールを利用して Cookie のセッション番号に規則性が現れる場合には、その規則に則った値に変更することにより、セッションを乗っ取る（ハイジャックする）ことが可能となります。

現在では、このような単純な形でセッション ID を付与することはなく、サイト側では、乱数を用いてセッション ID を発生させ、サーバと端末側で複数回往復し複雑な演算等を行わせて認証を行ったり、SSL/TLS 通信を利用する、Cookie の有効期限を短く設定する等により、盗聴やセッション ID が類推されることを防止しています（SSL/TLS を利用していても、Cookie の発行時にセキュア（secure）の属性をセットしていないと、暗号化された HTTPS でも盗聴により Cookie 情報が盗まれてしまいます）。

またサーバ側の PHP 等のソフトで標準的にセッション番号を発生させる関数が、MD 5（Message Digest Algorithm 5）等の古い暗号化アルゴリズムを使用してハッシュ値（データ内容を要約した値）を生成させている場合には、クラックされる危険性があります。これらのソフトを「標準的な関数であるから利用した」等と思って安易に利用するのではなく、SHA-512 等、最新で安全なものを利用する必要があります。

〈イ　XSS（Cross Site（X-Site）Scripting）の手法〉

クロスサイト・スクリプティングは「サイトをまたいで（クロスして）悪意のあるスクリプト（プログラム）を仕掛ける」という意味で、このような仕掛けを施されることを避けるためには、Web アプリ作成時に、入力情報等の確実なチェック・処理を行う必要があります。

XSS 攻撃は Web アプリ作成者だけが注意していればよいのか、というと、そうで

はありません。

　実際の攻撃対象は一般の Web 利用者の端末のブラウザであり、仕掛けられたスクリプトがブラウザで実行されて Cookie（セッション ID）を特定のサイトに送出し、セッション・ハイジャックが行われたり、ポップアップウィンドウを表示して入力を求めてフィッシングを行う等の被害が発生することになります。

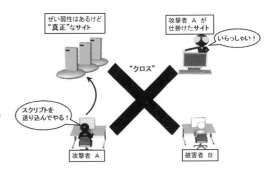

▶XSS の手口

　Web サイトの入力フォーム等に、**悪意のあるスクリプト等の攻撃コード**（exploit）を入力し、ブラウザでこのスクリプトを実行させることにより、アプリ側の処理の不備等をついて端末の Cookie（セッション ID）を入手することが可能となります。

　たとえば掲示板サイト等で、投稿したテキスト等がそのまま Web ページに表示されるような場合に、その入力テキスト等をサーバ側で何らチェックしないで、そのまま表示すると、そのサイトはクロスサイト・スクリプティングの餌食になってしまいます。

　'¥*' 等のメタ文字を単なる顔文字やアスキーアートだと思うのは非常に危

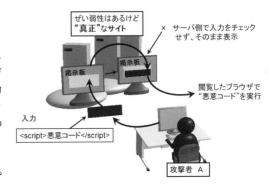

険で、script や object、img 等を表示する際に使用されると特殊な意味を持つ場合があります。〈script〉…（スクリプト）…〈/script〉のように表示して、このスクリプトをサーバ側に表示させ、これを閲覧者のパソコンのブラウザに読み込ませて実行させることで、Cookie を攻撃者が別に用意した情報収集サーバ等に転送させたり、パスワード等の入力を求めるダイアログを表示させる等のことが可能となります。

　また、script タグではなく style タグを悪用することにより、真正なサイトに不正な画像を埋め込み、サイト利用者を別の偽サイトに誘導する XSIO（Cross Site Image Overlaying）と呼ばれる攻撃手法もあります。

▶XSS 対策

　サーバ側では、サーバ OS のセキュリティを確保することは勿論必要ですが、Web アプリ作成時にも、入力文字やパラメータのチェック、制御コード等の無害化（たとえば文字コード位置を表示する場合に使用される "&" は、文字（アンパサンド）として & に変換する＝「エスケープ処理」等と呼ぶ）など、検査やテストを綿密に実施し、当該 Web サイトの利用者が XSS 被害に遭わないよう最大限の努力を払うことが求められます。

　クロスサイト・スクリプティング対策は個々のサイトで必要ですが、サイトによっ

ては、脆弱性対策が不十分な場合もあ
ります。

　利用者側でも、サイト側の対策に任
せきりではなく、ブラウザのセキュリ
ティ設定を見直して防衛を図ることが
重要です。

　ブラウザには XSS 対策として XSS
フィルタ等が用意されている（Google
Chrome の場合には Trusted Types～ 昔は
XSS Auditor でした）ものもあります
ので、機能を有効に設定しておくこと

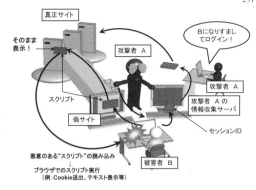

が重要ですが、全ての XSS 攻撃をブロックできるとは限りませんし、XSS フィルタ
を悪用した情報窃取や XSS フィルタを迂回（バイパス）する攻撃にも注意する必要が
あります。

〈ウ　セッション・フィクセーション（fixation）〉

　セッションのフィクセーション（fixation）
は「セッション ID の固定」という意味で、
セッション・ハイジャックを行う手法の 1
つです。

　サーバとクライアント間でセッションが
確立された状態で、盗聴やセッション番号
の類推により、横入りするセッション・ハ
イジャックに対して、セッション・フィク
セーションでは、セッション番号を攻撃者
側が用意し、それを利用者に使わせる、と
いう点が異なっています。

　下世話な比喩で言えば、ダフ屋につかまされたチケットで入場したら、その席には
既に反社の人が座っていて身ぐるみ剥がれてしまった、というのに似ているのかもし
れません。

▶セッション・フィクセーション攻撃の仕組み

　攻撃者 A（次図）がこのダフ屋と同じことをネット上で行うためには、予め正当な
チケット（セッション ID）を入手しておく必要があります。

　そして、ある本物のサイトに似た偽サイトを立ち上げておき、HTML メール等を
被害者（次図 B）に送付します。

　被害者がうっかりこのメールの中に記載されている URL をクリックする（リンク
を踏む）と、攻撃者 A が立ち上げたこの偽サイトに接続し、セットされていたセッ
ション ID を受け取ってしまいます。

　偽サイトから発行されたセッション ID は、通常、真正サイト側では受理しないよ
うになっていますが、もし、受理するような真正サイトがあれば、偽サイトからその
まま真正サイトに接続（リダイレクト）してログイン状態となった場合には、攻撃者
A がセットしたセッション ID が被害者 B のアカウントと同様の役割を果たすことに

なります。攻撃者Aは、このセッションIDを用いて被害者Bになりすまして、真正サイトにアクセスすることができるようになります。これがセッション・フィクセーションの攻撃方法です。

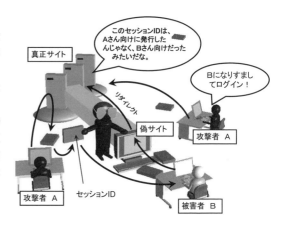

他ドメインのセッションID（Cookie）を受理する、という欠陥以外に、セッションIDの有効期間が長い、しかもログインした後も変化しない（固定されている）ことが、このような攻撃の背景となっています。

セッションIDの有効期間が長過ぎた場合等には、盗聴等によりセッションIDが盗み出され、そのセッションIDが他人により再利用される、ということも起こり得ますが、この攻撃手法はセッションリプレイと呼ばれることもあります。

▶**セッション・フィクセーション対策**

セッションIDの発行のタイミングとしては、ログイン（認証）後に、今まで使用していたセッションIDは使用できないよう廃棄した上で、改めて新しいセッションIDを発行することが適切で、そのセッションIDが盗聴されたり類推されることがないように設定する必要があります。

また、

・自ドメインが発行したセッションID（Cookie）かどうかをチェックして、他ドメインのものは受け取らない

・有効期間を短く設定する

・二重ログインの禁止（同一セッションIDの利用チェック）

等を確実に行い、安全性を確保する必要があります。

(2) CSRF（クロスサイト・リクエストフォージェリ）

XSSと同様、クロスサイト・リクエストフォージェリ（CSRF：Cross Site Request Forgery）も、サイトをまたいで（クロスサイト）仕掛けられた悪意のあるスクリプトが、ユーザのパスワードを勝手に変更したりユーザの知らない内にショッピング等を行う手口です。

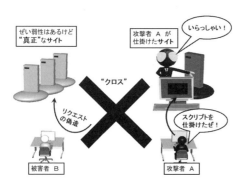

XSSでは入手したCookie等を利用してセッション・ハイジャックを行う者が直接的な攻撃者であるのに対して、CSRFではサイトの利用者（被害者）自身が認識しないうちに

攻撃に加担させられてしまう、という点が異なります。

たとえば、ある SNS サイトに不適切な書き込みが行われた場合に、アクセス元の IP アドレスがサーバのログに残っていたとしても、その IP アドレスから追跡できるのはその IP アドレスを、その利用者（被害者）が使用していたということだけです。

このため、事件やトラブルに発展した際、「利用者（被害者）自身が（たとえ意識していなかったにせよ）書き込んだ」、「書き込んだことを忘れている？」、「誰かに言われて操作したのでは？」等と誤解されてしまう懸念があります。

CSRF は SNS 等の認証を要するサイトをもターゲットにしていますので「会員以外は閲覧したり改ざんしたりできない」と思い込まないようにしなければなりません。

○ CSRF の手口

リクエストフォージェリは、直訳すればリクエスト（要求コマンド）の偽造という意味です。たとえば、ある会員制の SNS サイトを利用していて、被疑者自身はリクエスト（要求コマンド）を送付した覚えがないのに、パスワードを変更したり任意の書き込みを行ったりしていた、ということもあり得ます。

有効期間の長い Cookie を使用して認証状態を保持し、Cookie が合致していれば正当なユーザからのアクセスと判断する、という場合には、CSRF 攻撃を受ける可能性があります。

会員制の SNS サイトでは、通常は会員ではない者が書き込みを行うことはできないので、このサイトに侵入するために、まず正規ユーザの目を惹きつける囮サイトを用意し、そのサイトの Web ページ上のリンクや画像をクリックさせるように仕向けます。

そこに特定のテキストを表示させたり、パスワードを攻撃者の意図に沿って変更したりするようなリクエスト文を掲示しておけば、認証済みの Cookie を持ったユーザ自身がクリックことにより、SNS に潜り込むことができます。

もし、この不正なスクリプトの内容が、SNS 内のブログに書き込みを行うもので、これを閲覧しクリックした者も、同様にブログに書き込むようになっていたならば、その SNS 内に連鎖的に書き込みが増殖します。単なる書き込みではなく、パスワードや個人情報の変更等を行わせるような悪意を持ったスクリプトの場合には、重大な被害が発生する可能性があります。

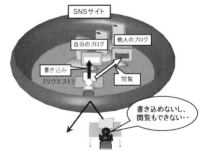

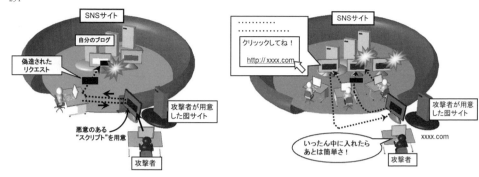

○ CSRF 対策

　ユーザに負担を強いる（面倒臭い）、画面に表示された画像を見てアルファベット等を入力させる画像認証手法 CAPTCHA（Completely Automated Public Turing test to tell Computers and Humans Apart：キャプチャ）を採用するサイトも結構多いのですが、画像イメージから CAPTCHA のテキスト文字を抽出するソフトも出現している他、当該イメージを別サイトに転送して解読する等によりこの認証手法を自動的に破るボットも登場していて、サイト管理者との AI（人工知能）同士の戦いとなっています。

　サイト側では、SSL/TLS の使用、サイト外からのリクエストの受理を拒否する、パスワードの再入力や正規利用者のみが知っている秘密の情報を入力させる等の認証手法の採用、適切な Cookie の有効期間設定とセッション ID の付与等、トータルなセキュリティを確保し、ユーザを防護する必要がありますが、利用者側としても、適切なアカウントの保護やサイト利用時の確実なログアウト等、自営対策に努める必要があります。

(3)　XST（クロスサイト・トレーシング）

　クロスサイト・トレーシング（Cross Site Tracing）も XSS と同様、悪意のあるスクリプト（プログラム）を仕掛け、これを実行させることにより、アカウント奪取を行うものです。XSS と TRACE メソッドを組み合わせた古典的な攻撃手法です。

○ XST の手法

　ID とパスワードを入力する基本認証（Basic 認証）を使用し、XSS の脆弱性を有していると、ID やパスワードが奪われる、という攻撃手法がクロスサイト・トレーシング（XST）です。

　通常はデバッグ（トレーシング）や試験（ループバックテスト）の際に使用する TRACE メソッド（Web サーバ側でクライアント側から送出したリクエスト（要求コマンド）をそのまま返送する機能）が有効である場合に、返送されたヘッダ情報の中から認証（Authorization）情報、あるいは Cookie を使用している場合にはその Cookie の情報までも抜き取ってしまう、という攻撃手法です。

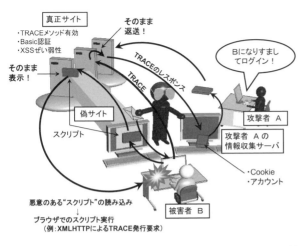

真正サイト
・TRACEメソッド有効
・Basic認証
・XSSぜい弱性

そのまま
返送！

Bになりすまし
てログイン！

そのまま
表示！

TRACEのレスポンス

TRACE

偽サイト

スクリプト

攻撃者 A

攻撃者 Aの
情報収集サーバ

・Cookie
・アカウント

悪意のある"スクリプト"の読み込み

ブラウザでのスクリプト実行
（例：XMLHTTPによるTRACE発行要求）

被害者 B

攻撃者は、ターゲットとなる真正サイトに誘導するために、まず悪意のあるスクリプトを潜ませた偽サイトに被害者を誘導します。そのスクリプトがターゲットのサイトに TRACE 発行を要求し、その返送先を攻撃者のサーバに指定すると、攻撃者は返送（レスポンス）情報から被害者のアカウントを奪取することが可能となる、というものです。

最近のブラウザは高機能化が進んでいますが、特に地図表示等をグリグリと円滑に表示させようとする際には、Ajax（Asynchronous JavaScript + XML）（端末とサーバが非同期に通信して表示等を更新する技術）が多く利用されています。

この際、JavaScript 技術では、XMLHttpRequest（XHR）というサーバとの通信をブラウザ側で行えるように組み込まれたオブジェクト（open や send 等のプログラム）の利用が可能ですが、そのオブジェクトの中でも TRACE メソッドの発行要求を行えることが XST 攻撃を可能にしました。

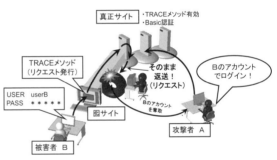

真正サイト
・TRACEメソッド有効
・Basic認証

TRACEメソッド
（リクエスト発行）

そのまま
返送！
（リクエスト）

Bのアカウント
でログイン！

Bのアカウント
を奪取

USER　userB
PASS　＊＊＊＊＊

囮サイト

攻撃者 A

被害者 B

直接 JavaScript で Basic 認証におけるアカウント情報を入手することはできませんが、囮サイトや怪しいプロキシサーバを立ち上げ、リクエストを送出すれば、認証情報や Cookie 情報もブラウザから付加されて送出されますので、TRACE メソッドによりそのまま返送されたヘッダ情報を見ることにより、アカウント情報等を入手することができるようになります。

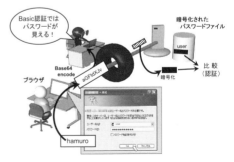

Basic認証では
パスワードが
見える！

暗号化された
パスワードファイル

user

比較
（認証）

Base64
encode

aGFtdXJv

暗号化

ブラウザ

hamuro

○ XST 対策

XST 対策は XSS 対策を行うことでもあるのですが、そもそも Basic 認証では通信路を傍受すれば ID、パスワード等は暗号化されていない（符号化は行われている）ため SSL/TLS を使用することが適当です。

代表的な Web サーバの Apache では、設定ファイル（httpd.conf）に "TraceEnable

Off" と記述することにより TRACE メソッドを無効化することができます（同じく Web サーバソフトの Nginx はデフォルトで TRACE メソッドは許容していないので設定は不要です）。

　その他、サーバ側ではプロキシ（リバースプロキシ）の設定、ユーザ側では古いブラウザ（最近のブラウザでは TRACE 送信は不可となっています）を使用していないか等にも注意する必要があります。

⑷　ファイルインクルード（File Inclusion）攻撃

　ユーザの入力を適切にチェックしていないと、サーバ等の中にある、意図しない（ユーザが利用可能であるとは想定していない）ファイルを include して（読み込んで）しまう、という攻撃手法を指します。

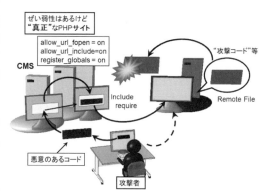

　読み込むファイルが悪意のあるスクリプトであれば、閲覧者のブラウザで実行させ、情報の窃取やマルウェアへの感染等を行わせることが可能となります。

　ファイルインクルードには、LFI（Local File Inclusion：ローカル・ファイルインクルード）と RFI（Remote File Inclusion：リモート・ファイルインクルード）の 2 種類があります。

　ローカル・ファイルインクルードは、攻撃スクリプトを埋め込んだ文書や画像ファイルを Web サーバにアップロードさせ、これを include 文で読み込ませて実行させる、という攻撃に用いられます。

　リモート・ファイルインクルードは、別のサーバ上にあるファイルを指定して読み込ませることができる、という機能を利用した攻撃手法です。

　RFI も XSS と同様、入力のチェックの不備な点を突いた攻撃手口です。XSS の場合は、脆弱性を有するサイト（サーバ）にスクリプトを埋め込むのは、そのコードを閲覧者のブラウザで実行させることを目的としていますが、RFI の場合には、その悪意あるコードを実行するのは閲覧者のブラウザではありません。攻撃対象の脆弱性を有するサイトとは別に、攻撃者が用意したリモートサイトのファイル（攻撃コマンド等）を呼び込み、実行させるからです。

　RFI が成立するのは、Web アプリケーションに PHP（オープンソースの汎用スクリプト言語）が利用されている場合で、別サイトのファイルをオープンしたり呼び込むための機能（allow_url_fopen や allow_url_include）を悪用する場合です。

　この攻撃者が用意したリモートサイトには、他サイトへの DoS 攻撃や情報収集、ボット等の感染拡大を狙うプログラム等が仕掛けられ、このサイトを攻撃の踏み台として利用することが可能となります。

○対策

　入力のチェックを確実に行うと共に、外部のファイル等を include（読み込む）させ

ないよう、設定ファイル（php.ini ファイル）の記述が確実に行われている（allow_url_fopen = off、allow_url_include = off）ことが必要です。

⑸ ディレクトリ・トラバーサル（Directory Traversal）

ユーザ入力に対する検証が不十分であるため、親ディレクトリへの横断（traversal）を行うことを示すコマンド（../）やファイルが置かれている場所（絶対パス）を指定すること等により、本来は公開対象ではないファイルが外部から閲覧できたり、改ざん・削除等が行われてしまう、というものです。

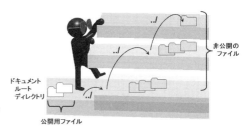

対策としては、入力のチェックの厳密化やファイル・ディレクトリ等のアクセス権を的確に設定する等が必要です。

アドレスバーに直接 URL を入力することにより、非公開のディレクトリやファイルにアクセスを行うことは強制ブラウジングと呼ばれています。

たとえば http://www.target.co.jp/files 等と URL に入力することにより攻撃対象サイトの files ディレクトリ内のファイル一覧を表示させることはディレクトリ・リスティングと呼ばれ、サイトの構造が丸見えとなります。

対策としては、Web サーバの適切な設定を行う必要があります（Apache の場合には、設定ファイル（httpd.conf）の Indexes オプションを削除する等）。

⑹ SQL インジェクション

○ SQL の注入？

SQL インジェクションは、直訳すれば SQL の注入ですが、データベースへの不正アクセスを目的とする攻撃手法を指します。

個々の顧客の要望やニーズに対応するようなサービスを Web 上で展開する際には、顧客管理や商品の管理を的確に行う必要があり、様々な関連づけがなされたデータベース（リレーショナル・データベース：RDB）が利用されています。データベースを管理するためのシステムを DBMS（データベース・マネージメントシステム）と呼び、SQL（Structured Query Language：構造化問合せ言語）はその代表的なものです。

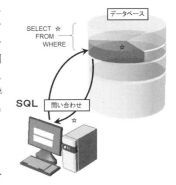

PHP や Perl 等のスクリプト言語や様々な Web アプリケーションプログラム等が、データベースの操作を行うために利用され、Web サーバプログラムとも連動しています。

○攻撃対象はサイトのデータベース？

SQL インジェクションは、入力チェックが不完全なサイトにおいて、通常想定さ

れていないような悪意のある SQL 文（スクリプト）を入力することにより、データベースに不正にアクセスする攻撃手法を指しています。

攻撃者はデータの改ざんや破壊等、Web サイトの業務妨害を図る場合もあるのですが、多くの場合、攻撃目的はデータベースに記録された顧客等のデータを詐取することであり、真の被害者は顧客自身です。

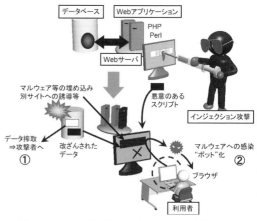

○攻撃手法

PHP 等により記述されたプログラムはサーバ側で稼動しますので、SQL インジェクションはサイト自身のデータを狙ったもの（図の①）ですが、XSS 攻撃と同様、悪意のあるスクリプトを注入することにより、まずサイトの閲覧者（顧客）のブラウザにこのスクリプトを実行させます。 そしてマルウェアに感染させて別サイトに用意した別のマルウェアをダウンロードさせて、それに感染させたりその端末をボット化する、アカウント情報を奪取する等を実行します（図の②）。サイトにアクセスした顧客のカード番号や銀行口座番号、メールアドレス等の個人情報の奪取を試みる場合もあります。

○対策

まずは攻撃されないよう、Web アプリ等を常に最新の状態に保つと共に、入力されたデータのチェックやエスケープ処理（PHP の場合は dbx_escape_string（）等）を確実に行う、入力エラー等が発生した際には余計なエラー表示を行わない等、Web サービスを開始する前に対策を十分行うことが必要です。

また WAF の活用やサイトの安全性評価試験（ペネトレーションテスト）を実施することにより、徹底した脆弱性調査と対策を行い、日常的にも、ログ等の精査により攻撃の痕跡や攻撃手口を確認することが重要です。

⑺ その他のインジェクション攻撃等

インターネットに接続された端末から検索や登録を行う場合、リクエスト（端末への入力）からレスポンス返送（回答表示）に至る過程のどこかに、何らかの不備、たとえばリクエストの中に潜む不正なスクリプトを実行するような欠陥があれば、SQL インジェクションと同じような攻撃を受ける可能性があります。

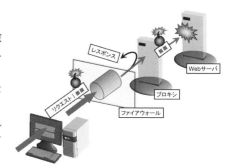

○ XPath インジェクション

XML（eXtensible Markup Language：拡張可能マークアップ言語）は、タグ情報が固定されている HTML（HyperText Markup Language）とは異なり、タグ情報を利用者が自

由に定義することが可能で、たとえば医療カルテ等では MML（メディカル ML：Medical ML）、地理情報等では G-XML（Geography XML）等が利用されています（§9-10参照）。

このような XML 文書において、特定の要素等を検索したり規定する際に利用される言語が XPath（XML Path Language）です。

SQL インジェクションと同様、XML データベース（XMLDB）に問い合わせる際に不正な入力により攻撃を行うものが XPath インジェクションです。

○ XXE（XML Xternal Entity）（インジェクション）攻撃（XML 外部実体参照攻撃）

XML には、外部の URL や内部ファイルを読み込む機能として DTD（Document Type Definition：実体参照）と呼ばれる文書型を宣言する構文があります。外部の Word のリモートテンプレート等の外部エンティティを読み出すだけでなく、この機能を用いてシステム内のパスワードファイル等を読み出そうとする攻撃が XXE 攻撃です。この機能が不要な場合は、無効化する等の実装面での対策が必要となります。

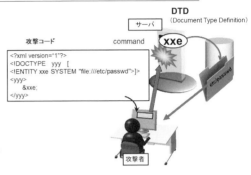

○ LDAP インジェクション

Microsoft の Active Directory（AD）等、多数の会員パスワード等のアカウント情報を一元的に分類管理・検索する際に使用されるのが LDAP（Lightweight Directory Access Protocol）サーバと呼ばれるものですが、ディレクトリ検索を行う際に、検索条件に不正な入力を行うことにより攻撃を行うものは LDAP インジェクションと呼ばれています。

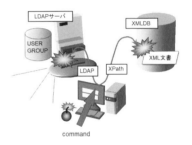

○コマンド・インジェクション

それ以外にも、入力フォーム等から直接サーバの OS を操作するようなコマンドを注入する攻撃は OS コマンド・インジェクションと呼ばれています。

かつては、自分自身のホームページ（Web ページ）を設置すると、訪問者数を示す「カウンター」等のプログラムをプロバイダ側で用意して貼り付けてくれるサービスがありました。この際に利用される CGI（Common Gateway Interface）や SSI（Server Side Include）コマンドも、不正入力のチェックを行っていないと OS やシステムに重大な影響を与えるような不正コマンドを注入される懸念があります。このような攻撃は SSI インジェクションと呼ばれています。

この場合、入力のチェックが不完全であった場合、稼動 OS やアプリケーションプログラムの実行権限によりシステムの操作が可能となります。最悪の場合、システ

ム管理者権限により全ての操作が可能となってしまいます。

たとえは悪いかもしれませんが、通常の社長決裁文書の下に不正な決裁書類（社長命令を得る稟議書）を潜り込ませ、ついでに押印してもらうことに成功（有印私公文書偽造）すれば、その文書の効力の範囲で不正な指示が行える、というのと似ているかもしれません。

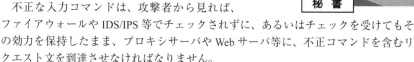

○ CRLF インジェクション等

不正な入力コマンドは、攻撃者から見れば、ファイアウォールや IDS/IPS 等でチェックされずに、あるいはチェックを受けてもその効力を保持したまま、プロキシサーバや Web サーバ等に、不正コマンドを含むリクエスト文を到達させなければなりません。

しかし、このプロキシサーバ等における文法チェック等の解釈のゆらぎを突いた攻撃も存在しています。たとえば、コマンドを分割する際等に利用される「改行コード」は "CR" や "LF"、あるいはその両方を用いる "CR+LF" という記号が用いられます（CR は Carriage Return、LF は Line Feed）。

このため、悪意のあるコマンドを、通常のコマンドの後に付けて 1 つのリクエスト文のように記述し、途中でチェックされないようにしてサーバに到達させます。このコマンドを受理したサーバ側では、改行（CRLF）コードがあれば、そこでリクエスト文を分割しますが、これにより不正なスクリプト（命令）が発動する、という攻撃が CRLF インジェクション（HTTP レスポンス分割：HTTP Response Splitting）と呼ばれているものです。

同様に、不正なリクエスト文自体をチェックの目を潜り抜けさせてサーバに密輸し、プロキシサーバのキャッシュを汚染させる攻撃は、HTTP Request Smuggling（HTTP リクエストの密輸）と呼ばれています。

(8) **汚染**（ポイズニング）

注入（インジェクション）に似た攻撃手法にポイズニングというのもあります。インジェクションもポイズニングも不正なプログラムやデータによる攻撃を連想する用語ではありますが、コンピュータ・プログラミング関連の用語としては、必ずしも悪意を表すとは限りません。

たとえば依存性注入（DI：Dependency Injection）は、ソフトウェア・コンポーネントの管理手法に関する用語であり、ルート・ポイズニング（Route Poisoning）は、伝送路上の障害等により到達不能が判明した際に、隣接ルータ等に通知する場合の用語でもあります。

○ポイズニングによる攻撃

目的の Web サイトを閲覧しようとする場合、直接ブラウザの URL 欄に "http://www…" 等と入力するのは面倒です。

度々訪問するサイトの場合にはブックマークや履歴の中から選ぶ、知らないサイト

なら検索サイト（サーチ・エンジン）で探し出して目的サイトに到達する、ということが多いのではないでしょうか？　テレビ等の広告・宣伝でも、URL を直接示さず"詳しくは 〇〇（商品名やサイト名等） で 検索 "等と表示されたりします。

　このような Web の利用方法では、いくら目的サイトのセキュリティを確保したとしても、利用者のパソコン（ブラウザ）や検索サイト（検索結果）、あるいはサイトに誘導する DNS サーバ等、インターネットのそれぞれの段階で、誤作動や意図的な攪乱が行われれば、目的サイトに辿り着かなかったり、フィッシングサイト等に誘導され、個人情報等を搾取されたりマルウェア等をダウンロードするように仕向けられてしまいます。

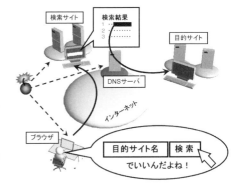

　検索サイトでは、独自の手法により Web ページを評価しランク付けを行っていますが、不当に高い評価点を得て上位ランキングに表示させる行為は、検索結果を汚染（ポイズニング）するため SEO ポイズニングと呼ばれています。

　通常は別サイトの内容を表示する際等に利用される iframe（インラインフレーム）タグを悪用して、利用者に気づかれないように別サイトに誘導し、別のプログラムや画像等に見せかけてマルウェア配布等を行う攻撃手法は iframe SEO ポイズニングと呼ばれることもあります。

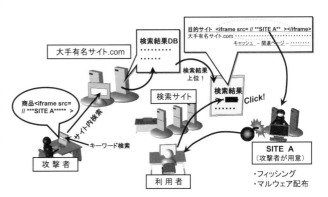

◆ブラウザにおけるセキュリティ対策

○ ActiveX（アクティブエックス）

　Edge の前身の古い IE 等では「Active X コントロールとプラグインの実行」という項目がセキュリティレベル設定の中にありました。Active X はマイクロソフトが開発したインターネット関連の様々な技術を総称しているもので、音楽等をメディアプレイヤーで演奏させる等、ブラウザ上で動的なコンテンツを表現するために用いられていました。

　インターネットを経由して、サーバの資源を端末側のブラウザ（IE）で利用できるように、たとえば、表示された Web ページから Windows Media Player を起動させてサーバの音楽ファイルを自動的に演奏させるような際に、パソコンの中にプレイヤーソフトが無い場合には、その機能を果たす Active X コントロールの場所を Web ペー

ジ上で指定し、これを自動的にダウンロードしてパソコンにインストールさせてから演奏させる、ということも可能ですし、反対に、そのサーバ内に当該音楽ファイルが無くても、掲示されているサイトの所在が判明しているならば、その所在を指定して演奏する、ということも可能でした。自分で全てのデータやプログラムを保有せず、まるで他人の褌で相撲を取るようなこと

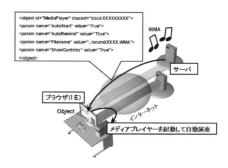

が可能な技術で、他のプログラム等からの呼び出しにより実行されるプラグインとして機能する便利なものでした。

Active X コントロールを読み込んだブラウザ（IE）がプラットフォームとして稼動し、Windows マシンの内部プログラム（OS コマンド）を動作させたりファイル操作を行う等、「勝手に自分のパソコンをいじられる」とも言えるのですが、Windows 標準のブラウザが IE であったことから、Active X コントロールの読み込みが有効になっていると、悪意のある Active X が作動した場合には、システム内の情報が搾取されたりシステム自身が破壊されたり乗っ取られる危険性がありました。

また Active X コントロールは Microsoft 社自身が作成しているものではなく、自動的に更新されることもないため、IE のバージョンアップに追随したアップデートが行われず、このコントロールにセキュリティ上の欠陥が見つかった場合でも、的確な対応が取られてきませんでした。このため Microsoft 社では、IE の後継である Edge においては、Active X の稼働を許していません。他のブラウザにおいても VBScript、Flash（Adobe）等、Active X コントロールと同様の利便性が高いプラグイン等の無効化が進展しています。

○ XSS 等対策

サイトをまたがる（クロスサイト）攻撃に対応するため、最近のブラウザでは SOP（Same-Origin Policy：同一オリジンポリシー）と呼ばれる、ホストやポート、プロトコルが同一であるかをチェックし、異なっているサイトのデータ等がフレームに埋め込まれている場合にはアクセスできないよう制限する、という機能を備えています。

ただし、別オリジンへのアクセスを可能とする CORS（Cross-Origin Resource Sharing：オリジン間リソース共有）と呼ばれる手法の用い方が不適切である場合や SOP をバイパス（迂回）する脆弱性がある場合には、XSS や CSRF 攻撃を受ける危険性があります。Web ブラウザの脆弱性を突いた XSS 攻撃は UXSS（ユニバーサル XSS）と呼ばれます。

いずれにせよ、ブラウザのセキュリティを確保する上でも、常に最新のバージョンに更新すると共に、拡張機能やプラグインの利用

は最小限度にすることが必要です。

スマートフォン等、モバイル機器用のブラウザも多種・多様なものが登場していますが、匿名性の確保やブラウジング履歴を残さない等のプライバシー面にのみ注意するだけでなく、フィルタリングやアクセス制限機能等にも目を向けて選び、正しく設定することが望まれます。

◆アプリの起動にも注意～フィッシングや標的型攻撃に用いられる CEMI（CSV Excel Macro Injection）攻撃？

フィッシングメール等に添付されるマルウェアが添付されたファイルの拡張子がexe や vbs、scr 等の実行可能なものであれば、受信したメールサーバ側等でフィルタリング設定することは可能ですが、docx や xlsx 等のオフィス系の拡張子であればフィルタリングせずそのまま受信ボックスに渡されることが多いかもしれません。

特に CSV（Comma Separated Value）形式（テキスト）であれば、マルウェアとは無縁のものとして捉えられがちかもしれません。CSV ファイルが、（カンマ）で区切られた単なるテキストであったとしても、それがテキストとして扱われるのは、あくまでもメモ帳等を起動させて見るからであって、ほとんどのパソコンの設定では、標準的に CSV ファイルをダブルクリックすると、Excel がインストールされている場合は Excel が起動されます。その中にプログラムの起動や関連サイトへのリンクが記述されている場合、セキュリティ警告表示等を無視すると、悪質なサイトに飛んでマルウェアをダウンロードし、感染してしまうことになります。

このような攻撃手法は CEMI 攻撃（CSV インジェクション攻撃）等と呼ばれ、2018年頃から出現し、標的型攻撃等に用いられます。

同様に、拡張子が .iqy（Internet QuerY）という、あまり利用されないが Excel の Web クエリー機能により収集したファイルで使用される拡張子が付いたファイルをメールで送付し、ウイルスに感染させる事案も2018年夏頃に急増しました。

これも、添付されたファイルをダブルクリックして開かせることにより、紐づけされた Excel が起動し、更にセキュリティ警告を無視することによりマルウェアに感染してしまう事例ですが、ファイルをダブルクリックで開かないという鉄則を遵守する必要があります。

> IPA では、Web サイトの運営に関して**「安全なウェブサイト運営にむけて～企業ウェブサイトのための脆弱性対応ガイド～」**を公表しています。

§4-16　PPAP なぜ禁止？

2020年秋に、政府機関では「PPAP使用禁止」を発表し、追随する企業等も多い。
PPAPの問題点等は？

◆ **PPAPとは？**

「PPAP」は、① P：Password付のZipファイルを送付、②
P：Passwordを送付、③ A：暗号化（Angou）した、④ P：
Protocol（プロトコル）の頭文字を続けたものですが、国内では
メール送付時に添付ドキュメントがある場合に、その添付ファ
イルをパスワード付Zipファイルとすることにより、盗聴防止
等を図っていたものです。

◆ **PPAPの廃止**

2020年11月以降、政府機関では「メールでパスワード付きファイルを送り、パスワ
ードを別送する方法（いわゆるPPAP方式）」については「廃止」されることになりま
した。

中央官庁だけでなく、プロバイダや企業の中にも、外部から受信したパスワード付
きのZipファイルを受信時にメー
ルサーバで自動的に削除するよう
に変更した組織が増加しています。

メール誤送信防止のために、自
動的にパスワード付きZipファイ
ルにして送信する、という手法を

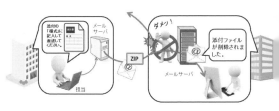

取っていた組織では一部混乱が生じたようですが、リスク軽減のために次第に容認さ
れるようになりました。

◆ **PPAPの危険性**

そもそもZipは、ファイルサイズを圧縮したり、複数
ファイルを単一アーカイブ（書庫）としてまとめるため
に使用するツールです。

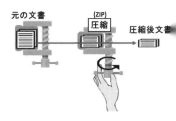

圧縮ツールにはZip以外にも多様な種類（LHA、RAR
等）がありますが、パスワードを簡単に設定できる、と
いう点でZipは便利です。

パスワードを設定しておくと、もしファイルを他人に誤送信した場合でも、解凍で
きない（パスワードが判らなければ内容が読み取れない）ため、情報保護（誤送信防止対
策）の観点でも利用されてきました。

半面、簡単とはいえ、一種の暗号化を行っていますので、「パターンマッチング」

方式のマルウェア対策ソフトをすり抜けてしまう、とい
う懸念もあります（通常は、圧縮した状態での検出が可能
だったり、振る舞い検知と共に使用されるので、組み込まれ
たマルウェアが全て通過する訳ではありません）。

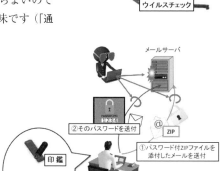

また、暗号化により盗聴防止対策にもなる、というの
も利用されてきた大きな理由ですが、携帯電話等、別の
通信路を用いて「パスワード」を送信するならよいので
しょうが、同一通信路で送付することは無意味です（「通
帳」と「印鑑」を同一場所に保管しておくよ
うなものだ、と喩えることもあるようです）。

「PPAPは誤送信防止に役立っている」、
という人もいます。パスワードが判らなけ
れば間違った宛先に送付してもファイルの
中身を見ることはできないので安全、と思
われがちです。

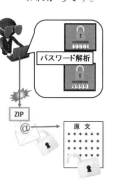

しかし、パスワード
が判らなくても、総当
たり方式や、辞書式等
の攻撃手法によりパス
ワードを解析してしまうツールも、ネット上で出回っています。
パスワードZip化しても、そのファイル自体が奪取された場合に
は、パスワードがなくても時間をかければ復号は可能なので、セ
キュリティの面から言えば、手間をかける割には、セキュリティ
確保にはつながっていないことになります。

◆ マルウェア（Emotet）の感染拡大

　2020年秋頃に登場した情報窃取に用いられるマルウェアのEmotet（エモテット）は、
メールに添付されて感染が拡大するものです。

　「新型コロナウイルス」をタイトルに付したり、メール返信を装って「RE：」を付
して業務に関連した題材を入れて返信する形を取っているものが多いようです。

　Zip化することによりマルウェア検知を逃れる、ということもPPAP廃止の判断に
つながっているようです。

◆ PPAPの代替手法

　文書のセキュリティ確保（暗号を破られない）と誤送信防止（別の相手に送付しない）
の観点から、Zip以外の高度な暗号により文書を暗号化して、ファイル交換サービス
やオンライン・ストレージを使用する等、多様な手法やサービスが提供されています
ので、適切な利用を行うことが望まれます。

第 5 章

「異常」発生？

──検知（検出）と対処

平素の運用状況（定常状態）を把握し、"異常"発生時に備える！

◆攻撃の検知

情報セキュリティの確保の重要性は、最近でこそ組織の中で浸透してきているかもしれませんが、昔は結構ひどい状況でした。

まず外部からのサイバー攻撃を「攻撃」として検知できていないし、実際に被害が発生した場合も、単なる**障害**として片づけてしまったり、その際にも**「早く復旧させればよい」**というスタンスの対応により原因特定や分析等が全く行われない、という状況もありました。

さらに、障害発生時や攻撃を受けた際に、誰に連絡すればよいのか、ということが分かっていなかったり、分かっていてもインシデント発生後何日も経過してから担当者に通知する等、タイミングを逸していたことも多かったようです。

対応を行う側も、担当者がいない、いても専従でないため通報があった際に対処が後回しになってしまう、そもそも職員からの障害通報待ちで、ネットワークコマンドを用いた機器・疎通テスト等アクティブな運用管理は実施していない、ということも多くありました。

実際にワームの感染等のインシデントが発生しても、被害の全体像が把握できない、感染ルートの特定も行うことができない、**「まず何をなすべきか？」**ということも分かっていない、現場の責任者に権限が委譲されておらず、システムの停止や稼働の判断もスピーディーに行うことができないなどなど…。

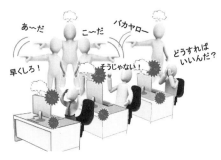

このような阿鼻叫喚の修羅場を体験した人には、セキュリティ確保の重要性は身に染みて理解して頂けるのですが、そうでない人には**「自分には無縁！」**となかなか理解して頂けない時期も長かったような気がします。

◆的確なインシデント対応

サイバー攻撃等の情報セキュリティインシデントが発生した場合には、迅速に認知（検知）する必要がありますが、そのためには的確かつ継続的に監視を行い、定常時の状態とは異なる兆候等が出現した場合に異常と判断し、速やかに対処することが望まれます。

　早期対処には、被害の拡大防止措置や迅速な復旧が含まれますが、事業（業務）継続・再開までの所要時間を短縮することのみに捉われるのではなく、原因究明や再発防止、証拠保全も並行して行うことが重要です。

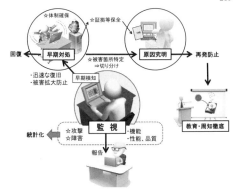

　このため、セキュリティインシデントのハンドリングを行う場合には、デジタル・フォレンジックの手法も考慮しつつ対応（インシデント・レスポンス）する必要がありますが、最近では、オンプレミス環境のみならずクラウドサービスを利用した業務やサービスも増加しているので、これら外部リソースの障害が自社のサービスに波及しないよう、予防策や代替手法等を事前に準備することも重要です。

○教育、周知徹底の難しさ

　原因究明や再発防止対策を実際に行うことは非常に重要かつ貴重な経験ですので、単にシステムの脆弱性を修正する等の技術的対応だ、と片付けるのではなく、組織全体で共有を図り、教訓として周知徹底することが望ましいと思います。

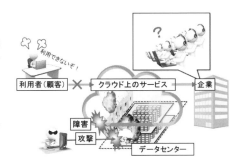

　特に、IT技術やセキュリティ管理には様々な用語が用いられており、理解が難しいものや、業務によっては別の意味にもなる略語も多く利用されています。

　たとえば、セキュリティインシデントの窓口を説明しようとして **PoC** という略号を使ったりすると、**Point of Contact（窓口）** と正しく認識する人もいれば、**Proof of Concept**（これも、①AI等システム開発時においては概念を実証するための実験等の取組みを表す場合、②脆弱性に対する攻撃コード exploit code と同様の意味に使う場合、の2つの意味があります）や **Proof of Consensus**（仮想通貨の承認手法の1つ）と思う人もいるかもしれません。どちらかといえば「概念実証」の意味で使われることの方が多いかもしれません。

　多様な用語をシチュエーションに応じて使い分け、分かりやすく説明することは非常に難しいのですが、本章では、マルウェア感染等、セキュリティインシデント発生時の認知（検知）や対処（インシデント・レスポンス）や証拠保全（デジタル・フォレンジック）に関して、図解していきたいと思います。耳慣れない用語も多いかもしれませんが、慣れて頂ければ幸いです。

§5-1　エンドポイント・セキュリティと「ゼロトラスト」

「エンドポイント・セキュリティ」という言葉を聞くが、社内LANの端末におけるセキュリティを確保すればよいのだろうか？

◆エンドポイントの防護

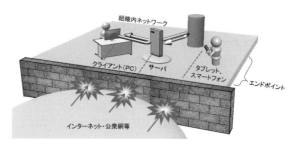

　エンドポイントについては第4章の概要説明2で触れていますが、業務形態の多様化やインターネット利用の浸透により、タブレットやスマートフォン等も業務に利用されるようになったことから、これらの機器やサーバ等、インターネット等からの脅威に直接曝される機器がネットワークの終端（エンドポイント）として、防護すべき対象となっています。

　ルータ等、外部との接点にある機器は、境界（ゲートウェイ）と呼ばれていますが、具体的にはFWやUTM装置等がゲートウェイ・セキュリティの機能を担い、従来のセキュリティ対策の中心となっていました。

　モバイルデバイス等も含め統合的なエンドポイント管理を行うことはUEM（Unified Endpoint Management）と呼ばれています。

◆エンドポイント・セキュリティの重要性

　ゲートウェイでの防御（入口対策）が完璧であればよいのですが、標的型攻撃やゼロデイ攻撃等、様々な手法による攻撃を阻止できず、ネットワーク内部に入ることを許してしまう可能性は否定できません。またインターネットを経由した不正アクセスやマルウェア感染だけではなく、利用者が不用意に端末機器等に差し込んだUSBメモリや、充電のために接続したスマートフォン、音楽プレーヤー等からマルウェアに感染する事例も発生しています。マルウェア自体の高度化・複雑化も進み、組織内部の機器に感染が拡大してしまえば、入口のファイアウォールではその拡大を阻止することができません。

　また、Webサーバやメールサーバ等、サーバ機器は日々外部からのスキャンや攻撃に曝されていますが、反面、ウイルス定義パターンの更新やソフトウェアの自動更新等のために定常的に接続する必要があるサイトも多いので、多様な到達パケットを定常的にチェックすることが不可欠となっています。従来のこのような「入口対策」も重要なのですが、最近は、個人情報や機密情報等が流出（漏えい）する事故も多いことから、その阻止のための「出口対策」、あるいは様々な活動を監視する「内部対策」等へと、多層防御の重要性が増大してきました。

　高度化が進む様々な脅威に対しては、サーバの保守担当者のような、最新技術をマスターした者のみが防御・対策すればよい、と片付けないで、端末利用者の意識向上等、非常に広範囲の対策を行うことが求められています。

◆ EDR（Endpoint Detection and Response）

　EDRは、エンドポイント・セキュリティのソリューションを指す用語ですが、現在では多様なサービスが提供されるようになっています。

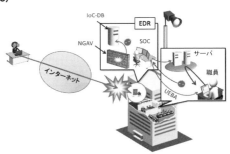

　組織内の端末やサーバ等のエンドポイントにインストールされているアプリケーションやそのログ、プロセス等の収集と分析を行い、インシデントの検知と迅速な対応（プロセスの停止等）、侵入経路や原因究明を実施し、システムと機密・個人データの防護（DLP：Data Loss Prevention）を行うものですが、クラウド利用の増加に伴い、次のNGAVやUEBA（§8-6）と共に、サイバー攻撃対策のソリューションとして提供されたりもしています。あるいは入退室管理や端末の挙動（振る舞い）監視（検知）機能との連携をアピールする製品・サービスもあります。

　またIoT利用の増大と共に、これらのデバイスのセキュリティ確保も重要（§7-3参照）となっていますが、高速レスポンスが求められる場合には、機械学習やAI技術を活用した「エンドポイントAI」機能が活用されるようになっています。

　このように多様な機能を有するエンドポイントやネットワーク、クラウドを含めトータルなセキュリティ対策を行うソリューションはXDR、このような管理サービスはMEDR（Managed Endpoint Detection and Response）やマネージドEDR等と呼ばれています（なお、EDRはEvent Data Recorder（車両に搭載されたエアバッグ制御用の事故記録装置）を意味する場合もあります）。

○ NGAV（Next Generation Anti-Virus：次世代のマルウェア対策）

　過去のIoC（Indicator of Compromise：攻撃の痕跡）だけでなく、IoA（Indicator of Attack：攻撃の可能性が大きい挙動）の検知・収集を行い、被害を事前に防止する機能を指します。NGEPP（Next Generation Endpoint Protection Platform）等とも呼ばれます。

　テレワークやリモート会議等、組織の業務から見れば、エンドポイントは家庭の中にまで拡大しています。
　貴方の知らないところで、貴方に扮したアバターが勝手に活動しないよう、留意しなければならない時代となってきました。

§5-2 「サンドボックス」〜振る舞いの検知？

エンドポイントにおけるファイルの挙動を監視するために「サンドボックス」も利用される、と聞くが、どのようなものだろうか？

◆サンドボックス（砂場）

IDS や IPS は、ネットワークを流れるパケットを見て監視・防御を行っています。メールにファイルが添付されている場合、ファイアウォール（FW）では、ファイルを開いて中身までチェックする訳ではありません。

空港の保安検査等でも、トランクの荷札に書かれた持ち主の名前だけ見て通すのが FW ですが、これでは危険物の持込みを防止することができないこともあるので、トランクを開けて中を確認し、パソコン等が入っていた場合には、実際に動作させて確認させることもあります（かつて私はさせられました）。

IDS や IPS でも、シグネチャ検知、パターンマッチングの他、アノマリ検知により不正アクセスやマルウェアを検出していますが、メールに添付されたファイルの中身の解析等、コンテンツレベルの動的解析を行うため「サンドボックス」を用いています。

「砂場」で子供が遊ぶのを見守るように、マルウェアが他に危害を与えることがない環境で、どのような動き（振る舞い）を行うのかを観察するための機構がサンドボックスです。

◆サンドボックスの機能

ここでは、アプリケーションプログラムを実際に実行させることが可能な複数の仮想環境を構築し、そこで、通信を行おうとするのか、どのファイルにアクセスしようとするのかを具体的に観察します。

システムが不正に操作されたり、マルウェアに感染するような不正な動作を検知した場合には、これらの動作が実環境に対して行われないよう、そのファイルを排除します。

サンドボックスは、リアルタイムでシステムに到達するパケットをチェックするために用いられるだけでなく、マルウェア解析にも用いられますし、サンドボックス機能はアプリケーションプログラムにも取り入れられています。

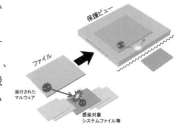

　マルウェアの定義パターン（シグネチャ）作成に用いられたり、ボット等のマルウェアが接続しようとするサイト（URL）をピックアップして、ブラックリストを作成する等にも利用されます。

　PDF文書を開く際に使用されるAcrobat Readerの保護モードやマイクロソフトオフィスの保護（された）ビュー（PV：Protected View）もサンドボックス機能を利用しています。マクロウイルス等のマルウェアに感染した文書を開こうとすると「この文書は不正な使用方法から保護されています。コンテンツを読むには、**編集とコンテンツを有効化してください**」等の警告が表示されます。そのファイルが安全かどうかをよく確認せず編集機能等を有効化すると、悪意のあるマクロまでも有効化されて、マルウェアの機能が実行されてしまう可能性があります。

○留意点

　最近のサンドボックス製品の中には、検疫（§5-3参照）技術等も併用し、ファイルやレジストリ等を退避させておいて、万一感染してファイル等が感染してしまった場合でも元に戻せる機能、たとえばランサムウェアによりファイルが暗号化された場合でも、暗号化される前の状態に戻す等、高機能なものもありますが、サンドボックスで、全てのマルウェアを阻止できる訳ではありません。

　マルウェア側でも仮想環境がよく利用するプロセス・関数やMACアドレス、レジストリを監視することにより、仮想環境かどうかを判断し、仮想環境であった場合には動作を停止したり、自分自身を削除する等、サンドボックス機能を回避するものもあります。

　システム内のファイル等が感染し、改ざん等を受ける前に阻止できるよう、トータルな対策によりエンドポイントセキュリティを確保することが必要です。

◆その他の分析方法

○ペイロード分析

　パケットのデータ部分（ペイロード）を、サンドボックスを利用したDPI（Deep Packet Inspection）により、マルウェア等の挙動を分析するものです。

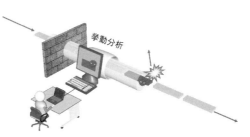

挙動分析

○ NTA（Network Traffic Analysis）

　組織内のLAN上のトラフィックを分析し、異常な通信や振る舞いを検知するものです。

○ハニーポット

　敢えて脆弱性を残した囮サーバ等を構築して、インターネット等に晒すことにより、クラッカー（攻撃者）を引き寄せ、その侵入方法や動向を観察するもので、サイバー攻撃対策に資することを目的とした多様なものがあります。

HONEY POT

　囮（デコイ）サーバのような疑似餌（Honey Tokens）に食いついてい

る間に、SIEM（§4-7等）等と連携して攻撃を検知し、サーバ側の防衛体制を整えるためのサイバーデセプション（Cyber Deception）製品も登場しています。

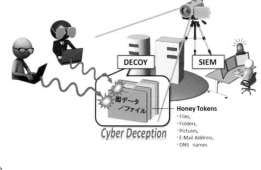

○ AI（人工知能）技術の活用

平常時の状態等の観測結果を機械学習させることにより、その状況と到達パケットをリアルタイムで比較し、攻撃やマルウェアによるものかを判断し、マルウェアの場合には自動的に隔離（削除）するプロアクティブなシステム保護を行うための技術やサービスも増加しています。

◆ IoB（Indicator of Behavior）の重要性

§5-1で、IoCやIoAの検知・収集について説明していますが、これらは、被害を事前に防止するプロアクティブな機能に着目したもので、可能であれば攻撃前の偵察段階等、予兆（サイン）を見逃さず捉えて、的確な対策を実施するために収集するデータです。一方§3-9で説明し

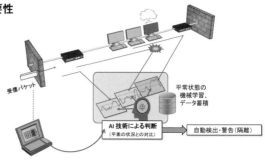

ましたIoB（Indicator of Bodies/Behavior）は、振る舞いの痕跡、リアル世界の犯罪でいえば、被疑者の侵入手口を目撃した目撃者の証言のようなものに相当するかもしれません。IoBも被疑者の人着（人相、着衣）のようなIoCとあわせて、被疑者（マルウェア）の特定等に利用されますが、それだけでなく今後の防御対策にも役立つ重要なものです。

またIoCに関しては、§5-1で説明しましたが、MITRE等が策定するSTIX（Structured Threat Information eXpression：XMLベース）やSTIX 2.0（JSONベース）等のデータベース化が進められています。

大規模なDoS攻撃や標的型攻撃を行うボットの指令（C&C）サーバに関する情報については、被害を防止する観点から、世界的な情報共有が図られていて、脅威情報の標準的な記述形式であるSTIXや、これを自動的に交換交換するために規定された仕様であるTAXII（Trusted Automated eXchange of Indicator Information）の普及も進んでいて、STIX/TAXII形式としてサーバが立てられ、情報共有が行われています。

§5-3　検疫ネットワーク・出口対策

出口対策に関して DLP が重要なのは理解できるが、フォレンジックや検疫技術とは、どのような関係があるのだろうか？

　第4章の概要説明2で、マルウェア等の侵入を阻止するための対策が「入口対策」であるかのような絵を描いていますが、実際には、不正なパソコンや記録媒体等の持込みや内部ネットワークへの接続も阻止しなければなりません。

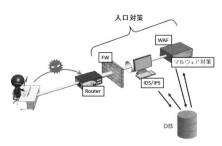

　さらに「出口対策」として、重要データや端末、電磁的記録媒体や紙の資料も含め、勝手に外部に持ち出されることも未然に防止する必要があります。

　この機能は、空港や港湾において海外から病原体等が持ち込まれたり、海外へ持ち出されることを防止するのと同様、検疫（Quarantine）と呼ばれています。

◆検疫ネットワーク

　ネットワークにおいて、水際（瀬戸際）でのマルウェア感染を阻止、という点だけでなく、ポリシーに違反する端末や記録媒体を持ち込んだり、作成途上あるいは暗号化が行われていない機密情報データ等を勝手に保存して持ち出す行為を未然に阻止する、という点で検疫ネットワークは重要な機能を有しています。

　検疫ネットワークは、そのようなポリシー違反あるいは危殆化したエンドポイントから、ネットワーク全体にリスクが拡散しないようにするための仕組み、とも言えます。検疫は多くの場合次の3つの段階で構成されます。

①**検出・検査：**　未登録・ポリシー違反の端末の検出・調査
②**隔離：**　ポリシー違反の端末をネットワークから隔離
③**修復（治療）：**　ポリシーに従い、パッチをあてたり、ウイルス定義パターンを更新

　意図的に企業内にマルウェアをばら撒こうとしたり機密情報や個人情報の搾取を目論んで外部からパソコンを持ち込む人がいなかったとしても、しばらく使っていなかった（更新していなかった）パソコンをインターネットに接続してマルウェアに感染してしまった、という事例も多く発生しています。

　企業内のネットワークにこのようなセキュリティが確保

されていない端末が接続
された場合、これを速や
かに検出して、必要に応
じてセキュリティパッチ
をあてたりウイルス対策
用の定義ファイルを更新
する等の治療を行うため
に設置するのが検疫ネッ
トワークです。

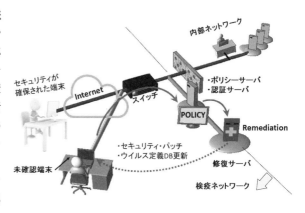

　検疫システムは、ベン
ダーによって呼び方が異
なっていて、シスコシス
テム社では NAC（Network Admission Control）、シマンテック社は NAC（Network Access Control）等と呼ばれます。他のベンダー等でも、OS やスイッチ、マルウェア対策の機能として盛り込んでいることもあります。クラウド版の製品も増加しています。

○検疫ネットワークの構成と機能

　持ち込まれた PC や媒体が接続される機器により
システム構成は変わるものの、次のような機器で担
当することが多く、併用されることもあります。

・認証スイッチ（LAN スイッチや無線アクセスポイ
　ント）
・DHCP（Dynamic Host Configuration Protocol）サ
　ーバ（IP アドレス自動割当サーバ）
・ファイアウォール（FW）
・ゲートウェイ（ルータ、IPS 等）

　たとえば、未確認端末が組織内の LAN に接続された場合、これを速やかに検知すると共に接続可能な範囲を限定的なものとし、正当なアクセス権を有する端末か、この状態でセキュリティ状態が最新のものになっているかどうか（セキュリティ・ポリシーに合致しているかどうか）を認証（ポリシー）サーバで確認し、問題がある場合には隔離して、セキュリティを確保した健全な状態となるよう修復サーバで治療（修復）します。問題がない場合のみ内部ネットワークのリソースが利用できるようにする、というものです。

　BYOD の普及等により MDM（Mobile Device Management）／MDP（Mobile Data Protection）や EMM（Enterprise Mobility Management）（§6-9参照）の一環として、スマートフォン等の端末の的確な管理を行う必要がありますし、テレワークの進展により、たとえ VPN と企業等が支給する専用端末を利用して業務を推進している場合でも、適切にセキュリティパッチがあてられていない端末が接続されることを避けるた

めにも検疫は必要で、IPSとの連動や検疫用アプリ（プラグイン）やクラウド化も進展しています。

◆ DLP（Data Loss/Leakage Prevention）

情報持ち出しや情報漏えいの防止はDLPと呼ばれ、出口対策の中核となっています。サイバー攻撃や内部不正・誤送信（誤操作）等による機密情報等の流出（漏えい）を防止するための技術で、UTM等のアプライアンスに機能が統合されている場合や、クラウドを用いて提供されたりします。

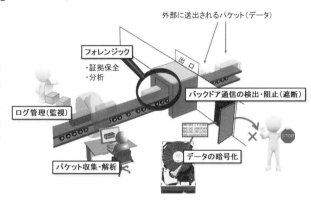

出口対策は、標的型攻撃等を受け、外部に情報が流出しようとする際、これを直前に阻止するための、多層防御のいわば最後の砦で、外部から到達するパケットやメールを監視し、その振る舞いをサンドボックスを利用して検証したり、バックドアが設置されていないかをチェックするだけでなく、内部から外へ向かうパケットやメールもリアルタイムで監視し、一元的に収集・管理した各種ログを精査する等の総合的な対策を行うことにより、情報流出を食い止めるものです。

万が一情報が流出したり媒体を亡失した場合でも、ファイルの内容が見られないよう、データやファイル自体を暗号化すると共に、流出経路を特定するため、ネットワークに接続される端末や記録媒体等の使用履歴を管理することも必要です。

攻撃や情報漏えいの証拠データの保存（証拠保全）や経路の調査、原因分析には、デジタル・フォレンジック（§5-5参照）技術も用いられています。

機密性の高い情報については、的確な分類（定義）を行った上で適正に保管することが必要ですが、その取扱区分等を変更することが可能な権限を有する職員・社員が意図的に機密性のランクを下げてから外部に持ち出す、等も想定されます。職員・社員の意識向上を図ることも重要です。

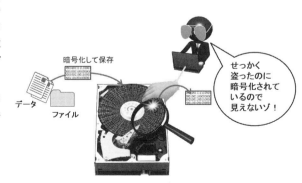

§5-4　インシデント・レスポンスの留意点

実際にサイバー攻撃を受けた場合等のインシデント・レスポンスで重要な点はどのようなことだろうか？

◆認知

　サイバー攻撃を受けている、ということを迅速に認知することは、実はかなり難しいことです。

　自社サイトが不正アクセス等の攻撃を受けてサービス停止に陥った、というのであれば、直ちに判明するかもしれませんが、自社サーバ等が踏み台になって、外部に DDoS 攻撃パケットを送出し他サイトに迷惑をかけている、と外部からの通報により判明した場合には、あたふたと対処しなければなりません。

　このような状況になると、平素のセキュリティ管理体制等の不備が外部に露呈するかもしれません。システムや端末の監視を行っていれば全てのインシデントを把握することができる、という訳ではありません。

　インシデント発生時に、外部からの通報を受けたり、部内の端末利用者からの通報（申告）を直ちに受理できるよう、窓口や受理体制を確保することが必要ですし、部内の職員に対しても、端末の障害発生時や「普段と違う」と感じる状況が生じた場合の連絡先を周知徹底し、教育を行うことが重要です。

○通報

　職員教育を行う上で最も重要なことは、まずインシデントが発生した、という事実を直ちに報告（通報）する、ということだと思います。

　セキュリティポリシーを制定している組織の中には、やたらに多くの項目を網羅した様式やチェックリストを規定し、それが埋まっていなければ報告できない、という昔の「お役所」のような指導を職員に対して行ったりしていると、大事な報告が遅れてしまいます。報告を受ける者が、そのさらに上位の者、ひいては CISO 等に報告できるまで、そのそれぞれの項目に対して意味や説明を求めたりしていると、さらに時間が経過していきます。

　不正アクセス等への対応は時間との闘いでもあり、その中で、技術を理解していない上司に対して、現場担当者に基礎的事項を説明させるような愚を犯してはなりません。細かな数値や原因等が判明していない段階でも一報を行うよう教育を行うことが重要ではないでしょうか。

◆対応・トリアージ

セキュリティインシデントが発生した場合、「業務の復旧・再開が最優先」と考えがちですが、システムの脆弱性を悪用したサイバー攻撃等による被害が発生したのであれば、復旧作業のみを優先することは適切ではありません。

脆弱性弱性を放置したままでバックアップしたデータからシステム復旧を行ったのであれば、同じ攻撃手法により再度システムがダウンすることもあり得ます。インシデント・レスポンスとしては、被害状況（スナップショット）を確認しつつ証拠保全を的確に行い原因分析につなげる必要があり、その際にデジタル・フォレンジック技術を効果的に活用することが求められます。それから復旧等の対処を行うことになりますが、対処するにも、平常時から「何を優先するのか（トリアージ）」ということを検討した上でマニュアル化し、重要度に対する認識を職員が共有することが重要です。「障害時も直ちに通報！」ということを徹底すれば、断線や機器障害等も含め、あらゆる不都合・不便な現象が発生する都度、受理窓口に通報されるようになりますので、これらを選別し、単純障害は対応部署等に振り分け、CSIRT がセキュリティインシデントに対して的確に対処できるようにすることが重要です。

認 知
- ○検知（監視）
- ○通報（報告）
- ○情報収集

対 応
- ○被害状況の把握（被害範囲の特定）
- ○被害拡大防止（封じ込め・仮復旧）
- ○原因分析
- ○根絶・復旧・業務再開
- ○証拠（証跡）保全
- ○報告・広報

デジタル・フォレンジック技術

検 証
- ○再発防止対策
- ○対応状況の検証
- ○教訓・周知徹底

○標準・規格

インシデント・レスポンス（ハンドリング）等に関する規格化も行われています。
- ・ISO/IEC 27035-1：2016： Information technology -- Security techniques -- Information security incident management – Part 1 : Principles of incident management
- ・ISO/IEC 27035-2：2016： Information technology -- Security techniques – Information security incident management – Part 2 : Guidelines to plan and prepare for incident response
- ・ISO/IEC 27035-3：2020： Information technology -- Information security incident management -- Part 3 : Guidelines for ICT incident response operations
- ・RFC 2350（1998）： Expectations for Computer Security Incident Response
- ・NIST SP800-61 Rev.2（2012）： Computer Security Incident Handling Guide
- ・NIST SP800-83 Rev.1（2013）： Guide to Malware Incident Prevention and Handling for Desktops and Laptops
- ・NIST SP800-184（2016）： Guide for Cybersecurity Event Recovery

§5-5　デジタル・フォレンジックとは？

インシデント・レスポンスの中でデジタル・フォレンジック技術が必要？　とはどのような意味か？

◆デジタル・フォレンジックとは？

　フォレンジック（forensics）はそもそも鑑識や科学捜査を意味する用語ですが、デジタル・フォレンジックに関して、警察では「犯罪の立証のための電磁的記録の解析技術及びその手続」という意味で使用されています。警察庁に1990年代中頃、情報管理課に解析のための係が設置され（平成8年）活動を開始したことからスタート（私が担当しました）しています。

　インターネット上では、あたかもデジタル探偵、デジタル興信所のような意味合いで使用されたりもしていますが、実際にパソコンやサーバの調査等のサービスを提供するベンダーも増加しています。

　この背景には、デジタル先進国であるアメリカの影響が大きいようです。訴訟大国アメリカでは、一連の粉飾決算事件を受け、企業も厳格な内部統制とこれを裏付ける適正な監査の履行がSOX法（Sarbanes-Oxley Act of 2002）等で義務づけられることになりました。

　また民事訴訟の際には、この電子証拠の開示（eDiscovery）が必要となっています。このためコンピュータシステムや電磁的記録媒体に残されたデータやログを調査し、その会計監査やシステム監査、内部統制監査、情報セキュリティ監査等の結果を訴訟の際に証拠・疎明資料として提出する場合には、正確かつ客観的に判断できるものでなければならず、このことが民間におけるデジタル・フォレンジック技術の発展につながっていったようです。

　このため、今のサイバー犯罪が最初コンピュータ犯罪と呼ばれたように、デジタル・フォレンジックも当初はコンピュータ・フォレンジックと呼ばれていました。

　我が国においても、日本版SOX法とも言われる「金融商品取引法（投資サービス法）」の施行に伴いIT技術を利用した内部統制が求められたこと、個人情報保護法の施行とこれに反するかのようにファイル共有ソフトの利用による情報漏えい事件が相次いで発生したこと等を受け、官民でデジタル・フォレンジックに対する機運も高まり、2004年には特定非営利活動法人デジタル・フォレンジック研究会が設立されています。

○デジタル・フォレンジックの種類

　様々な区分が行われていますが、たとえばフォレンジックの対象で区分したものだけでも、次のようなものがあります。

・コンピュータ・フォレンジック
・ディスク・フォレンジック
・ネットワーク・フォレンジック（§5-6参照）
・モバイル（デバイス）・フォレンジック（スマートフォン、ドローン、カーナビ等の解析）

- ・メモリ・フォレンジック（Volatility Forensics：揮発性データの解析）
- ・チップオフ・フォレンジック（破損した機器からメモリチップを外して解析）
- ・Windows（レジストリ）・フォレンジック
- ・データベース・フォレンジック
- ・クラウド・フォレンジック（§8-7参照）
- ・デジタル画像／映像／音声フォレンジック（映像解析はVCA（Video Content Analysis）とも呼ばれます）
- ・その他の解析（ログ解析、タイムライン解析、パスワード解析、マルウェア解析、ファイル解析、破損機器解析等）

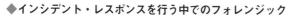

◆インシデント・レスポンスを行う中でのフォレンジック

○事件等への対応

粉飾決算事件のような場合には、不適正会計処理の証拠が隠滅されていなければ、システム内のデータや端末に残されたファイルを調査することにより、事件解明につなげることは可能です。

証拠データ等が消去されていた場合でも、ディスクやSSDの中を精査することにより、データの復旧（カービングと呼ばれることもある）や復元、可視化を行い証拠保全が可能な場合もあり、このような調査・復元に係る作業もフォレンジックの中に含まれます。

○不正アクセス等への対応

しかし、ネットワーク経由で外部から攻撃を今まさに受けている、という場合はどうでしょうか？「攻撃はどこから、誰が行い、システムのどこを改変したり不正なプログラム等を潜ませているのか？」等をトレースしなければ犯人検挙には結びつきません。コンピュータ内部の削除・改ざんされたファイルの有無や状態を精査する必要もありますが、攻撃・侵入経路や攻撃者に関する情報はシステムに残されないことも多いし、ログも消去・隠滅や改ざんを受けているかもしれません。

攻撃者・攻撃ルートを特定するためには、今まさに攻撃が行われているという状況下、現場臨場し調査や対応を行う必要がありますが、実際その場にいる担当者の心情としては、攻撃に用いられている回線を遮断して一刻も早く復旧作業に入りたい、というのが本音でしょう。

緊急事態下で復旧作業とインシデント・レスポンスを行いながら、同時並行で証拠保全や解析を行い、原因究明やマルウェアの感染（拡大）を阻止するための活動はラ

イブ・フォレンジックと呼ばれ、静的な解析作業（スタティック・フォレンジック）と区別される場合もあります。

特に、優先度の高い作業（デジタル・トリアージ）については、ファスト・フォレンジックと呼ばれ、揮発性メモリ（RAM）上の情報を含めコンピュータ等に残された痕跡（アーティファクト）等の情報を迅速に収集することが必要となります。

またネットワークコマンド等を利用して不正アクセスや感染の経路等をトレースすることはネットワーク・フォレンジックと呼ばれることもあります。

○ファスト・フォレンジックで利用される Windows OS のアーティファクト例

メモリ上でのみ活動するマルウェアの増加により、従来のようにハードディスク内のファイルやデータを精査するだけでは、的確な対応が難しくなっています。

初動対応でも、イベント・ログやジャーナル、レジストリの状況等の他、メインメモリ上に展開されたデータやプリフェッチ（prefetch）ファイルからキャッシュファイルに読み込まれたデータ、MFT（Master File Table：NTFS ファイルシステムにおけるファイルエントリ管理テーブル）等のデータの保全が求められる可能性もあります。

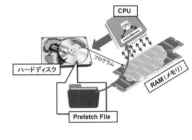

◆電磁的記録解析上の留意点

たとえば、犯罪現場等から押収したパソコン等の記録内容を確認しようとして、捜査員が電源を投入すれば、その時点でハードディスク等の記録内容が更新されてしまいます。

このため、
①誰もが記録を改変・消去することなく証拠物としての記録媒体を適正に保管する（機密性・完全性の確保）
②解析を行うために使用する複写物を、いかに原本に忠実に複写する（同一性・真正性の確保）
ということには十分留意する必要があります。

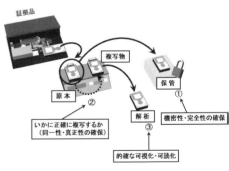

その上で、この複写物を元に、慎重かつ的確な可視化・可読化を実施する（③）よう努める必要があります。

◆様々なニーズ

IT 技術・サービスの発展と共に、デジタル・フォレンジックは様々な分野で活用が進んでいます。

離婚訴訟の際に用いられるデジタル証拠、たとえばスマートフォンや携帯電話のメ

ールや画像データを解析したり復元する作業は**離婚フォレンジック**と呼ばれることもありますが、その他の訴訟やセクハラ・パワハラ調査等、各種調査等の過程においてもデジタル・フォレンジック技術が活用されています。

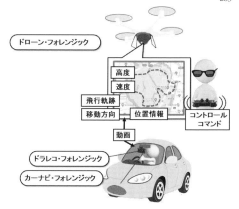

防犯カメラやドライブレコーダー（ドラレコ）の動画はテレビのニュース等でもよく見かけますが、車両やドローンの事故等が発生した場合には、ドローンやカーナビ等についても、走行（飛行）軌跡や移動方向・位置情報等を分析するため、フォレンジックのニーズが増大しています。

また組織の労務・超過勤務管理や会計監査や検査等でも、各種データやログ等の解析が必要となる場合があり、デジタル・フォレンジックの専門家は**デジタル探偵**あるいは**フォレンジッカー**と呼ばれることもあります。

クレジットカード情報を取り扱う企業等が準拠する**PCI DSS**（Payment Card Industry Data Security Standard　§6-14参照）においても、カード情報漏えい時のフォレンジック調査機関（PFIs：PCI Forensic Investigators）の認定について規定されています。

◆デジタル・フォレンジック実施上の課題
○膨大なデータ量との闘い

ハードディスクの大容量化だけでなく、IoT機器のセンシングデータやWeb・クラウド上のビッグデータの中から、サイバー攻撃等の原因となるデータを特定し、分析する（BDA（Big Data Analytics））作業は、IT化の進展やハードディスク容量の増大と共に、量的に膨大なものとなっています。

AI技術の応用等により、必要となるデータを効率的に抽出する手法も採用されるようになりましたが、たとえばマルウェアに感染したハードディスクを解析しようとする場合には、その前に原本を複写したりウイルスチェックを行うことを考えると、作業時間が確実に増加しています。

○データの消滅防止

ハードディスクも、昔ならパーティション（Partition：領域）の分割やMBR（Master Boot Record）からの起動プロセスを教えるのはそれ程難しいことではありませんでしたが、ディスク容量の増大に伴いGPT（GUID Partition Table）化が行われ、BIOS（Basic Input/Output System）もUEFI（Unified Extensible Firmware Interface）を採用する（Windows

11ではレガシBIOSをサポートしなくなりました）ものが増え、ファイルシステムもFAT（File Allocation Table）からNTFS（NT File Systgem）、さらには各種分散ファイルシステム（DFS：Distributed File System）や仮想ファイルシステム（VFS：Virtual File System）等、抽象的なファイルシステムを利用するシステムも多くなりましたので、これらの違いを念頭においた解析作業が必要となってきています。

　また様々な規格のディスクや媒体が利用されていることから、これらの規格に合ったケーブルやインターフェイス等を使用して解析作業を行わないと、機器・媒体が破損（破壊）したり、データが消滅する危険性があります（ハードディスクへの書き込みの禁止さえ行っておけばよい、と思っている人もいますが…）。

　またメモリ上で稼働するインメモリデータベース（IMDB）やメインメモリデータベース（MMDB）やプログラム、マルウェアも増加していますので、これらのデータの取得・保存手法（スナップショット、仮想マシンのチェックポイントイメージ等）を適切に行う必要があります。

○難読化への対応

　JavaScript等のスクリプト言語で作成されたプログラムはソースコードを見れば、その動作や機能が判明します。

　このようにして、リバースエンジニアリングにより動作を解析し、若干コードを変更するだけの「模倣」により知的財産権が侵害されたり、プログラムの改ざんを防止するため、難読化（Obfuscate）が行われます（§3-19参照）。

　この技術は、マルウェア作成者等にも悪用され、インジェクション攻撃等においても、難読化されたスクリプトが利用されるケースもあります。

　リバースエンジニアリングを行う際には、逆コンパイル・逆アセンブル等を用いて、プログラムの制御フローを分析することから、解析されないようにするため、マルウェア作成者等は、無駄なコード（ダミーコード）を挿入したり制御命令の置換を行う他、暗号や圧縮ツール等も利用したりして難読化を図っています。このためマルウェアの難読化をパッキング（圧縮）、難読化ツールをパッカーと呼ぶ人もいます。様々なパッキングツール（§3-20参照）を二重・三重に用いる等、複雑・高度な技術を導入して作成されたマルウェアを解析するには、作成者以上の技術と知識が必要となります。

◆アンチ・フォレンジック技術

　デジタル・フォレンジックの普及・技術の高度化に向け、各種手法の開発・研究が進められています。

　そのデジタル・フォレンジックの作業を妨害・攪乱する、あるいは不正アクセスやマルウェア感染等の痕跡を消去・隠蔽したり、マルウェア本体ファイルを隠匿するための技術をアンチ・フォレンジックと呼び、そのツールをAFT（Anti-Forensic Tools）と呼んでいます。

　フォレンジック技術がオープンになると、そのフォ
レンジック手法やツールを無力化・迂回したり、裏を
かくためのアンチ・フォレンジックを行うための手法
やツールの開発に悪用される懸念がありますので、注
意する必要があります。

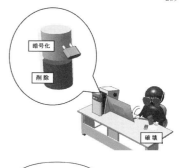

　IT技術を犯罪に悪用しようとする者の中には、様々
な手法で捜査の目を逃れようと試みる者がいるかもし
れません。証拠データや不正アクセス等の痕跡を消去
したり暗号化やステガノグラフィ（電子透かし）を用
いることにより、普通の捜査官では読み出せない形で
隠匿したり、フォレンジック・ツールでも読み出せな
いハードディスクの空きエリア（スラック・スペース）
や未割当領域内に独自の暗号化を行い隠蔽する、証拠
データやパソコン等の使用履歴、閲覧履歴の消去・改
ざんを行う等、様々な手法やツールが次々に編み出さ
れています（§3-20参照）。

　中には解析を行おうとしてマシンを起動したりシャットダウンしたりす
ると、システムを破壊するシーケンスが開始されるようなプログラムを仕
掛ける、という手法もありますし、わざわざツールを使用しなくとも、記
録メディア等を物理的に破壊する等により、記録されたデータが読み出さ
れることを妨害する者がいるかもしれません。

○フォレンジック・ツール

　デジタル・フォレンジックのための手法やツール自体も、
悪用されれば危険です。同様に障害対応や保守で用いるレ
スキューやバックアップ用ツールの中にも、悪用されたく
ないものが多くあります。

　たとえば、「"パスワードを忘れた！"という時のための
パスワード・リカバリー」等のツールを悪用すれば、他人
のシステムやパスワードを設定したファイルでも読み出す
ことが可能ですし、操作ミス等で消去してしまったファイルも復元（データ・リカバ
リー）ソフトがあれば助かるかもしれませんが、他人がそのソフトを使えば読まれて
しまいます。企業等では予め許諾したアプリケーション以外には、一般ユーザがこれ
らのツールやメディアを使用して端末を利用したり、利用権限外の情報データ等を読
み出すことができないような措置を施すことが望まれますが、システム管理者、ネッ
トワーク管理者がプロトコル・アナライザを用いてスニッフィング（盗聴）を行うこ
ともあり得ます。

◆デジタル・フォレンジックに関する標準

　現在、制定途上のものも含め、次のような標準が規定されています。
・ISO/IEC 27037（2012年：デジタル証拠の識別、収集、取得及び保全に関するガイドライ
　ン）eForensics

- ISO/IEC 27041（2015年：インシデント調査手法の適合性及び妥当性を保証するためのガイダンス）
- ISO/IEC 27042（2015年：デジタル証拠の解析及び解釈に関するガイドライン）
- ISO/IEC 27043（2015年：インシデント調査の原則及びプロセス）
- ISO/IEC 27044（SIEM：Security Information and Event Management 〜セキュリティ情報・イベント管理）
- ISO/IEC 27050-1 （2019年：電子情報開示 パート1 概要とコンセプト）
- ISO/IEC 27050-2（2018年：電子情報開示 パート2 ガバナンスと管理のためのガイダンス）
- ISO/IEC 30121（2015年：デジタル・フォレンジックのガバナンス・リスク管理フレームワーク）
- NIST SP800-72（2004年：PDA フォレンジック）
- NIST SP800-86（2006年：インシデント対応へのフォレンジック技術の統合ガイド）
- NIST SP800-88 rev.1（2014年：媒体のサニタイズ（データ消去）に関するガイドライン）
- NIST SP800-92（2006年：コンピュータセキュリティログ管理ガイド）
- NIST SP800-101 rev.1（2014年：モバイルデバイスフォレンジックガイドライン）
- NIST SP800-202（2018年：モバイルデバイス上のデータデータ解析ガイド）
- NIST IR7617（2009 年：Mobile Forensic Reference Materials: a Methodology and Reification）
- NIST IR7559（2010 年：Forensics Web Services（FWS））
- RFC 3227（2002年：証拠収集とアーカイビングのためのガイドライン）

NIST SP800-86

収集（Collection）→ 検査（Examination）→ 分析（Analysis）→ 報告（Reporting）

・識別（Identification）
・収集（Collection）
・取得（Acquisition）
・保全（Preservation）
ISO/IEC 27037

ISO/IEC 27037においては、現場で最初に対応する人（DEFR：Digital Evidence First Responder）やデジタル証拠の専門家（DES：Digital Evidence Specialist）が取るべき措置やデジタル証拠の収集プロセスに関して規定されています。その後の分析等のプロセスに関しては NIST SP800-86に詳しく規定されています。

またデジタル・フォレンジック用ツールの試験に関してはNISTのCFTT（Computer Forensics Tool Testing Program）で検討が行われています。

フォレンジックの対象であるディスクやSSD、クラウドに関するセキュリティ標準等にも留意する必要があります（たとえば2020年10月に規定された SP800-209 Security Guidelines for Storage Inflastructure）。

◆犯罪捜査と証拠保全

かつては、被疑者が職場のシステムを悪用したり証拠ファイルを本社のファイルサーバ等に蔵置していたような場合に、そのサーバ自体を停止させた上で差し押さえる、ということはその企業の業務継続上も難しい課題でした。

このため、リモートからのデータ抽出等が可能となるよう刑事訴訟法において捜査手続等が規定されました。

たとえば、

▶メールサーバ等のコンピュータを差し押さえる代わりに、その中のメールデータ等を複

写して複写して差押えができるようにしました（刑
事訴訟法99条２項）。

▶ プロバイダ等の電気通信事業者等電磁的記録の保管
者に対して、必要なデータをCD-R等に記録させて、
これを差し押さえること（「記録命令付差押え」と
呼ばれる。刑事訴訟法99条の２）ができるように
なりました。

▶ 「被疑者が勤務する企業の支社に赴いて関連データ
の捜索差押を行おうとしたら、そのファイルは本
社サイトに蔵置されていた」というような場合には、
その本社サイトのファイル（接続先の電磁的記録）
をリモートアクセスにより入手（複写）し、その
記録を差し押さえること（刑事訴訟法218条２項）
ができるようになりました。

　電磁的記録媒体の差押え方法（刑事訴訟法110条の２）、通信ログ等に関する保全要
請方法（刑事訴訟法197条）、不正に作成された電磁的記録、没収された電磁的記録の
処分に関する規定（刑事訴訟法498条の２）等も追加されました。

　この際、必要に応じて、指定されたファイル（原本）と入手（複写）したファイルの
同一性を担保するため、両ファイルのハッシュ値を求めておく等の措置も行われます。

　企業内の不正経理等のチェックに際しては、関係職員が使用する端末のみならず、
サーバ等のデータやファイルに不正にアクセスしたり改ざんを行っていないか等を調
査することもフォレンジック担当者の実務となります。

〈刑事訴訟法110条の２〉

　差し押さえるべき物が電磁的記録に係る記録媒体であるときは、差押状の執行をする
者は、その差押えに代えて次に掲げる処分をすることができる。公判廷で差押えをする
場合も、同様である。

一　差し押さえるべき記録媒体に記録された電磁的記録を他の記録媒体に複写し、印刷
　　し、又は移転した上、当該他の記録媒体を差し押さえること。

二　差押えを受ける者に挿し押させるべき記録媒体に記録された電磁的記録を他の記録
　　媒体に複写させ、印刷させ、又は移転させたうえ、当該他の記録媒体を差し押さえること。

〈刑事訴訟法218条２項〉

　差し押さえるべき物が電子計算機であるときは、当該電子計算機に電気通信回線で接
続している記録媒体であって、当該電子計算機で作成若しくは変更をした電磁的記録又
は当該電子計算機で変更若しくは消去をすることができることとされている電磁的記録
を保管するために使用されていると認めるに足る状況にあるものから、その電磁的記録
を当該電子計算機又は他の記録媒体に複写した上、当該電子計算機又は当該他の記録媒
体を差し押さえることができる。

○クラウドコンピューティングのフォレンジック

　アメリカではクラウドサービスにおけるフォレンジックに関して標
準化も進められています（NIST IR8006（2020年）Cloud Computing
Forensic Science Challenges 等）。

§5-6　ネットワーク・フォレンジックとトレース

出口対策やインシデント・レスポンスを行う上でネットワーク・フォレンジックの技術はどのように活用されるのだろうか？

◆ SPAN/TAP 機能？

ネットワークのモニタリング（NSM）については§4-7で説明しましたが、このような監視や分析のためのパケットキャプチャを行う際に用いられることが多いのがSPAN接続です。

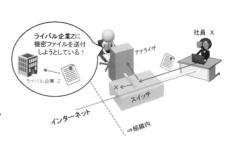

SPAN（Switched Port ANalyzer）機能は、ポートミラーリング（ポートモニタリング）とも呼ばれます。スイッチの特定のポートで送受信したパケットを他のポートへ転送し、ネットワーク・アナライザ等により解析を行うものです。アナライザでは、キャプチャしたパケットの宛先等により不適切（危険）な通信を遮断（ブロック）することも可能です。同一スイッチでの転送は、ローカルSPANとも呼ばれています。

別のスイッチに転送する機能はRSPAN（Remote-SPAN）と呼ばれます。パケットをカプセル化してVLAN経由で別サイト等に転送するERSPAN（Encapsulated Remote –SPAN）機能を有するものもあります。

同様に、ネットワーク自体を分岐（複写）してデータをキャプチャするものはTAP（Terminal Access Point：タップ）、分岐せずにネットワークに挿入するものはインライン型と呼ばれます。

いずれにせよ、機密情報等の流出阻止等のために、ネットワーク・トラフィックを監視するためのツールとして活用されるもので、IDS（§4-7参照）もこの機能を応用したものですが、盗聴等に悪用されないよう留意する必要があります。

◆ トレース（追跡）

○ トレースバック

情報漏えい（流出）事故等が発生した場合の端末・職員の特定を行う作業（追跡）も内部統制・ガバナンスの確保に必要となります。このためには、各種サーバやファイアウォール等のログデータを収集し、タイムスタンプ情報等により時系列に整理して分析（タイムライン解析）する必要があります。

IDSやIPS等のログ等の情報により、部外へ送出された機密データ等を特定することも行われます。

ネットワークに挿入するインライン型

のパケット収集システムにより、全ト
ラフィックの検査を行う機器もありま
すが、大きな組織では、全てのデータ
をリアルタイムで保存するためには、
膨大なストレージ容量が必要となりま
すので、効率的な収集・分析手法を検
討した上でシステムを構築することに
より、内部からの情報漏えい源や接続

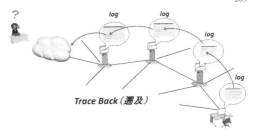

Trace Back（遡及）

先の IP アドレスを特定することが可能となります。このような情報流出元を特定す
るトレースは遡及（トレースバック）と呼ばれます。

　サイバー攻撃等、外部から内部に行われる攻撃の場合には、送信元の IP アドレス
が詐称されていることも多いので、攻撃元を判明させるためには、基本的には残され
たログ等のデータを丹念に追い、逐次接続元を辿る作業が必要となります。

　最近はクラウドサービスの利用も進んでいますが、アメリカでは2015年に NIST IR
7904 Trusted Geolocation in the Cloud: Proof of Concept Implementation を規定し、
クラウド内のどの通信設備で処理されているのか、地理的位置もリアルタイムで把握
できるようにしています。

○トレースフォワード

　反対に、流出した機密ファイルやデータ等がどこ
まで流出しているのかを調査したり、違法コンテン
ツ等を、P2P ネットワーク等を用いて拡散させたよ
うな場合のダウンロード先を調査することは追跡
（トレースフォワード）と呼ばれます。

Trace Forward（追跡）

○トレース手法

　今まさにサイバー攻撃を受けている事態で必要な
ライブ・フォレンジック（ライフ・レスポンス）では、ログの迅速な解析だけでなく、
コマンドを利用してネットワーク接続状況を追ったり、トラブルシューティング用の
ツール（Windows の場合なら Sysinternals ツール群（Process Explorer、TCPView、PsTools、
AccessChk）等）を用いてシステムや稼働プロセス、アクセス権限等の状況を確認した
りします。

　たとえばコマンド操作であれば traceroute（tracert）や whois により IP アドレスや
MAC アドレスを求めることができます。MAC アドレスが判れば、ネットワークカー
ドのベンダー識別子 OUI（Organizationally Unique Identifier）と固有識別（製造）番
号も判明します。

　これらの情報は、システムの電源断により消滅するデータ（揮発性データ）で、マ
ルウェア等によりログ等が消去・改ざんされる場合もあり
ますので、メモリ・フォレンジックによるレジストリデー
タやプロセス情報等の収集・保全を行うことも必要となり
ますし、収集した流出経路等データ等の証跡も、捜査や監
査に必要となる場合がありますので適切に保存することが
必要です。

第6章

端末機器のセキュリティ
——職場のパソコンや自分のスマホは大丈夫？

1 職場で「セキュリティ担当」に指名されたら？

◆「君、パソコンに詳しいんだってね！」の一言で指名されたら？

　セキュリティ専従の専門家が組織内にいない場合や、支店・部や課・グループ等の中で、セキュリティを含めた端末の管理担当に指名された、ということがよくあるようです。

- ・セキュリティポリシーの策定をはじめとするセキュリティ関連業務の企画・立案、システム構築・運用
- ・情報セキュリティ・インシデントへの対応
- ・職場の情報システムの効率化・改善
- ・その他情報セキュリティ・個人情報保護対策

等、言葉にすれば数行の記述なのですが、気が遠くなるような膨大な守備範囲を任された悲哀を嘆く人も多いのではないでしょうか。

　あるいは、システム整備担当部署がそのままセキュリティ管理業務を背負わされるケースも多いかもしれません。

　特に小規模の組織では、セキュリティ関連のハード・ソフトの導入経費、あるいはセキュリティ人材が潤沢ではないかもしれません。どこまでが担当者としての責任範囲なのか、セキュリティ確保のために必要システム等を購入・整備する権限があるのか、インシデント等発生時に同僚や他部門に指示できるのか等を明確にしておかないと、平素は雑務に追われ、事案発生時には責任を問われる損な役回りだけ引き受けさせられることになります。

◆トラブル・障害対応

　「インターネットが利用できない」、「パソコン（操作）が重い！」、「起動しない！」、「プリントアウトできない！」等、利用者の設定・操作ミスやハードウェア障害・トラブルの申告にも、保守担当者としては適切に対応することが求められます。

　単なる障害だと思い込み、端末をその内に保守業者に引き渡そう、と思っている間に、マルウェア被害が拡散してしまうかもしれません。状況確認を速やかに行い、情報セキュリティ・インシデントかどうかを判断し、被害の拡大を防ぐことが第一です。

　このため、障害等受理窓口の設置等の体制整備と職員・社員への周知を行う必要があります。

◆セキュリティ担当者の役割

　ISMS（情報セキュリティ・マネジメント・システム）のための PDCA サイクルを回す、と口で言うのは簡単ですが、平素の地道な積み重ねでしかセキュリティは確保できません。

　その組織における**「守るべき情報資産」**を十分把握した上で、万一その情報が外部に漏え

い（流出）した場合の有形無形の損失がどれほどになるのかを見積もり、トータルなリスク分析・リスク評価を行う必要がありますが、そのためには、まず個々の職員・社員が日常的に行わなければならないことを周知徹底し、教育することも必要です。

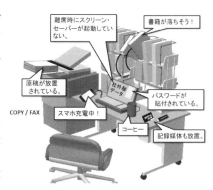

まずは、職場の現状をよく見て、情報セキュリティ対策がどこまで徹底されているのかを把握し、改善策、あるいは抜本的な改革の必要性を検討することが求められます。

また時期を見て、システムや端末機器の状態や職員等の意識・理解度をチェック（監査）する必要があるかもしれません。

情報セキュリティ・インシデントが実際に発生した職場以外の職員等は、往々にして**他人事**のように感じる、というのが情報セキュリティ対策かもしれません。**「他山の石」**となるような事例は数多く発生していますので、タイミングを捉えた教育や周知徹底を行うと共に、我が社（うちの組織）の場合はどうか、どうすべきなのか？　等、イメージ・トレーニングを重ね、実戦的かつ職員等を巻き込んだ演習・トレーニングを行う、あるいはその環境づくりから始める必要があります。

○システム管理者等との連携

SE やシステム管理部門の担当者は独特の表現を用いたりします。VPN（§4-12）を設定することを**「トンネルを掘る」**と言う人もいれば、システムに対しても**「生きてる」**とか**「死んでる」**と平気で呼び、山ほどの横文字が飛び交います。「もっと分かりやすく喋れ！」と職場でも言い続けていますが、彼らと親しくなるには、このような表現にも慣れ親しむ必要があるのでしょうね…と思います。

国民のための情報セキュリティサイト（総務省）や NISC（内閣サイバーセキュリティセンター）、JNSA（日本ネットワークセキュリティ協会）等の Web ページには、分かりやすい様々なセキュリティ関連資料が掲示されています。

また一般社団法人**セキュリティ対策推進協議会（SPREAD：Security Promotion Realizing sEcurity meAsures Distribution）**では様々なセキュリティ情報を公開すると共に、サポーター／マイスター検定を実施しています。

§6-1 職場の PC や端末の管理は？

端末等はウイルス対策をしっかりやっていればよいのではなかろうか？

◆マルウェア対策

マルウェアへの感染 ⇒ 機密情報等の流出

パソコンやスマートフォンのセキュリティ対策といえばウイルス対策？　と思う人が多いのではないでしょうか。確かにマルウェア感染が原因となる個人情報や機密情報の流出事件が後を絶たない、ということから、マルウェア対策をしっかりやれば情報等が流出することはない、と思われるかもしれません。

しかし特定の組織や人を狙って様々な手法により侵入を試みる標的型攻撃等も増加していて、マルウェアの侵入を未然に阻止することは非常に難しい上に、マルウェア以外の手段でも情報流出は発生しています。

○更新（アップデート）

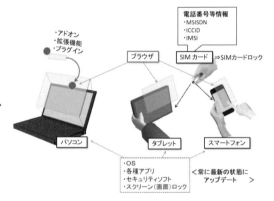

パソコンのみならずタブレットやスマートフォンにも共通する対策としては、マルウェア対策ソフト等の定義ファイル（パターンファイル）を更新するだけでなく、Windows や Android、iOS 等のオペレーティングシステム、各種アプリを常に最新の状態に更新する必要があるということです。

利用者が勝手に職場の端末 PC に好きなソフト（アプリケーション）をインストールする、ということを防止するためには、平素の情報セキュリティ教養や指導が重要なのですが、物理的にも、このようなことができないよう、グループポリシーによる制限（ソフトウェア制限ポリシー：SRP（Software Restriction Policies））等を行い、WSUS サーバ（§4-9参照）を利用してソフトウェアのアップデートを的確に行っている組織も多いかもしれません。

たとえば、インターネットに接続された端末において、特定のブラウザしか利用できないようにしている組織も多いかもしれません。しかし、ブラウザに追加的に組み込んで使用するアドオン、拡張機能、プラグイン等と呼ばれていて、利用者の趣味嗜好等に応じて動画の視聴やダウンロード等が便利にできるようになる様々なソフトウェアについても、管理者側でクラス ID（CLSID）等によりグループポリシーを設定しておかなければ、勝手にインストールされてしまうかもしれません。このようなアドオン等の中には、古く更新されないまま放置されているものも多く、その中にマルウェアに汚染されたり、脆弱性を有していたり、セキュリティ・ホールが新たに見つ

かったようなものがあれば、マルウェア等に感染す
る危険性があります。

　また、マルウェア対策ソフトやOS等のアップデ
ートを行った場合、再起動しなければ更新が反映さ
れないこともありますので、職場の端末等は、終業
時、帰宅する前にきちんとパソコンのシャットダウ
ンを行うよう、職員・社員に周知する必要がありま
す。

非公式マーケット（ストア）

非正規アプリ
（野良アプリ）

　　面倒だから、とディスプレイをバタンと閉じて、スリープ
（サスペンド）状態としただけで帰宅する職員等がいないか、情
報セキュリティ担当者は注意しましょう。

　　特に、一旦蓋を閉じた端末のディスプレイを再び開けた際に、
再ログインしなくても蓋を閉じる前の状態に復帰し、業務を再
開できるような設定だったりすると、職員等が帰宅した後、勝
手にデータやパスワード等が盗み出されてしまうかもしれませ
ん。

○アプリ導入時の留意点

　個人所有機器を業務でも利用するBYOD（§6-9）を認めてい
る場合には、その機器自体の安全性を確保する必要があります。

　Google PlayやApp Storeのような正規（公式）マーケット（ス
トア）以外のサイト等で配布されるアプリ（野良アプリ）の安全
性が保証されたものではありませんし、正規ストアに登録されて
いるアプリの中にも、トロイの木馬等のマルウェアやアドウェア
が混入している可能性がありますので、信頼できるアプリかどう
か、評価等を参照しつつ、必要最小限のアプリをインストールす
る必要があります。

　また、説明書きが外国語でのみ記載されているアプリでは、どの程度、スマート
フォンの各種データにアクセスするのかが分かりにくいかもしれませんが、十分「ア
クセス許可」の範囲については確認する必要があります。たとえば最寄りの飲食店等
を探し出すためのアプリであれば、位置情報へのアクセスは当然必要ではありますが、
それ以外の個人情報等へのアクセスは果たして必要なのだろうか？　等、よく吟味し
た上で導入を図ることが重要です。特に管理者権限をこれらのアプリに与えてしまえ
ば、利用者であってもアプリの削除が行えなくなったり、端末自体が乗っ取られてし
まう恐れがあり危険です。

　パソコンでも、たとえばWindows 10であれば、「設定」⇒「プライバシー」から位
置情報やアカウント情報等にアクセス可能なアプリの設定を行うことができます
（Windows 11の場合は「設定」⇒「プライバシーとセキュリティ」⇒「アプリのアクセス許
可」から位置情報等へのアクセス可否の設定が可能です）。

◆端末の盗難・亡失、マルウェア感染等の防止

　また、スマートフォンを業務に利用している場合には、盗難・亡失等にも注意する必要があります。

　「落とし物」の中でも、スマートフォンや携帯電話は常に上位にランクインしています。盗難等の被害に遭っても、中の情報が読まれないよう、指紋や顔画像等による生体認証により保護することは不可欠ですが、携帯電話事業者等では、被害に遭った際にも、リモートロック・ワイプ（消去）が可能なサービスを提供しています（§2-8参照。ドコモ・あんしんセキュリティ、au・安心セキュリティパック、SoftBank・スマートセキュリティ等）。

○機器や媒体の持ち出しや持ち込み

　「スマートフォンやUSBメモリを亡失し、中の個人情報が…」等の報道は後を絶ちません。記録時に暗号化を行うことが可能な記録媒体も増えていますが、第一には媒体や端末を必要時以外は持ち出させないことが重要です。反対に、私的に持ち込んだ機器や媒体をネットワークや端末に安易につながせない、ということについても職員に周知徹底する必要があります。

　「ちょっと充電しているだけ！」等とスマートフォンや音楽プレーヤーをパソコンのUSB端子に接続したりすると、外部記録媒体として利用できてしまいます。もしプライベートでダウンロードした音楽・動画ファイルにマルウェア等が潜んでいた場合、接続した端末機器だけでなく職場のシステム全体に被害が拡大することも想定されます。

　スマートフォン機器を職場で充電する際には専用のACアダプタ等で充電しているか等もチェックポイントです（格安のUSB充電器の中には発火・爆発の危険性がありますし、同じくUSB接続ケーブルの中には断線・ショートしやすそうな製品もありますので、粗悪品を利用しないよう注意する必要があります。またこれらの機器等をコンセント等に挿しっぱなしにしないよう注意しましょう。短絡（ショート）する危険性があります）。

○USBメモリ等の記録媒体の取扱いにも注意！

　スマートフォンだけでなく、デジカメや各種記録媒体（USBメモリやSD、ミニSD、マイクロSDカードの他、コンパクトフラッシュカードやXDピクチャーカード、メモリスティック等）も、昔からマルウェアの感染を媒介する

携帯型
音楽プレーヤー

ナビゲーション
システム
（車載、携帯）

危険性が高いものです。

　デジカメプリント機や、コンビニ等のマルチコピー機、あるいは職場と家庭、プレゼンを行うために訪問した先でこれらの媒体を抜差しして利用していると、いずれかの端末で感染したマルウェアに感染し、その感染を多数の機器に拡大する恐れがあります。

　音楽プレーヤーやナビゲーションシステム等にもこれらのメディアの音楽等が再生できるように USB ポート等が備わったものも多く、これらの機器への感染も懸念されます。

○ "ライトプロテクト"機能による書き込み防止

　マルウェアが外部記録媒体を媒介して感染するのを阻止するためには、その媒体を書き込み禁止にしてしまうことが必要です。

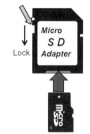

　SD カードには、ライトプロテクト（書き込み防止）スイッチがあるので、これをロックしておけば、ウイルスに感染したり勝手に書き込まれることはありません。

　携帯電話等でも利用されるマイクロ SD 自体にライトプロテクトスイッチはなくても、図のように SD カードタイプのアダプタのライトプロテクトスイッチをロックすることにより、書き込み防止が可能となりますので、パソコン等に使用する場合には、アダプタを活用したいものです。同様に USB メモリ等にも、ライトプロテクトスイッチを備えるものがあります。

　パソコン側では、たとえば Wondows 10 の場合、ローカルグループポリシーやレジストリの設定等により、書き込み禁止を行うことも可能です。

○各種 USB 機器の接続

　一昔前のパソコンに備えられていたプリンターやアナログ CRT 用のポート（VGA、D-Sub 15pin）は徐々に姿を消し、HDMI 等デジタル方式のビデオ入出力以外の周辺機器とのインターフェイスには USB 規格のものが多く利用されています。

　USB はマウスやスキャナ、プリンター、ビデオカメラ等の機器だけでなく、USB メモリ等の記録媒体やメモリを内蔵した音楽プレーヤー等も利用します。

　パソコン以外にもゲーム機やテレビ、ビデオ等、USB 端子を備えた機器は多くあります。

　USB には、標準サイズのソケットだけでなく、Type-A、Type-B、Type-C ポートやミニ／マイクロ USB のプラグやソケット等多様な規格のものが存在しているため、接続する場合にはきちんと目で確認し、間違えないようにしたいものです。

　反対に、USB 機器を取り外す際には、パソコン上で「ハードウェアの安全な取り外し」等の操作を行ってから外すようにしないと、当該機器のみならずパソコン等本体にも損傷を与える可能性がありますので注意しましょう。

○電源供給ポートとしての利用

　USB 機器には、これらパソコン周辺機器として

の利用だけでなく、ミニ扇風機や玩具類のようにパソコンのUSBポートを単なる直流電源としてしか考えていない機器もあります。

中にはストレス解消や気分転換用なのか絶え間無く腹筋を繰り返す人形なんていうのもあります。心を癒される人がいるかもしれませんが、無理やりその動作を止めたりして過電流が流れた際には、パソコン本体が損傷する危険性があります。また電源サポートの無いUSBハブ等を用いて分岐し、多くのUSB機器を接続したりすると、電源コンセントの「タコ足配線」と同様、過電流状態となりやすいので注意が必要です。

また、USB機器の中には、冷蔵庫やカップウォーマー、ドリンクや弁当等、便利な保温（冷）器もあります。職場のパソコンでは、情報流出やマルウェア感染を防止するため、USBメモリや個人のデジタルカメラ等の接続を禁止している組織も多いかもしれませんが、このような保温（冷）器等は、情報流出やマルウェア感染と無縁である、と思って利用している人が多いかもしれません。

このような機器は、パソコンの近傍で飲んだり食べたりすることを前提としている製品で、砂糖やミルクをタップリ入れたコーヒーや塩分の多い味噌汁がパソコン上にこぼれる可能性があります。そうすれば、キーボード操作に支障をきたすだけでなく、主基板（マザーボード）等の損傷も発生します。主基板の交換は、本体を買い替えるのに匹敵する修理費用が必要となるだけでなく、場合によっては、データの消滅が生じる可能性もあります。USB加湿器をパソコンの直近に設置して、水蒸気がパソコン本体内にFANから取り込まれると短絡等の原因ともなります。

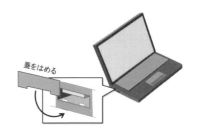

蓋をはめる

USBメモリやHDDやSSD等をUSB接続するUAS（USB Attached SCSI）デバイス等の周辺機器であれば、USBポートに接続されたことを認識して、読み書きの禁止を行ったり、警告等を発する等の措置を行うことは可能ですが、電源を取るだけの機器は、挿入時に認識して使用を阻止することが難しいのが現状です。

同期ソフト

バックアップソフト

穴（USBポート）が空いているから、そこにUSBプラグを差したくなるのかもしれない、とその穴を塞いでUSBポートを利用させないようにするパーツも販売されています。

ちょうど、AC100V電源コンセントに幼児が悪戯して感電しないように塞いでしまうキャップ（蓋）と同じ感覚かもしれません。

○本体側の設定も重要

スマートフォンや電磁的記録媒体を利用させないためには、ポートの機能を塞ぐだ

けでなく、パソコン等本体側にも勝手にアプリをインストールできないよう対策を取ることも必要です。

もしスマートフォン等と同期を取ったりバックアップを行うことが可能なソフトをパソコン側にインストールしていたり、USBデバッグモードが使用可能な状態となっていると、パソコン側のデータをスマートフォンや媒体に記録して持ち出すことも可能です。

アンドロイド端末とパソコンを接続する際のプロトコルとしては、端末をカメラとして認識するPTP（Picture Transfer Protocol）と、記録媒体として認識するMTP（Media Transfer Protocol）、MSC（Mass Storage Class）があり、ユーザにファイル転送を行わせないためには、これらの接続を禁止する、ということも検討する必要があります。

○ USB メモリの構造とデータの保護

USB メモリの中にはメモリチップのみが入っている訳ではありません。コンデンサーや抵抗等の部品の他、同期クロック発生用の水晶振動子が基板に乗っている場合もあります。SSD や SD カードでも同じだが、メモリチップにデータを書き込んだり、あるいはパソコンからデータを読み出す場合のコントロールを行うためのチップも入っています。

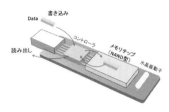

もし「USB メモリが認識しない」とか「被疑者により意図的にデータが入ったメモリを壊された！」というような事態になった時には、これらの部品のいずれかが機能していないかもしれません。

このようなメモリが「ポキッ！」と折られた場合、基板の配線やチップの足を修理したり再接続する作業はデジタル・フォレンジックの範疇かもしれませんが、非常に神経と集中力を要する作業です。

◆ 基礎的な利用方法（リテラシー）教育

端末へのマルウェア感染は、不用意なメールの開封やWebの閲覧によっても発生します。

特に「メールや添付ファイルはダブルクリックで開かない！」ということは、職員に対して繰り返し言っていてもなかなか浸透しないものです。組織内で、標的型メール攻撃訓練等で、EICAR テストウイルス（§3-20参照）等の疑似マルウェアを添付したメールを送付すると、ダブルクリック等により不用意に開封しようとする人は今でも多く、特に年配者・偉い人は、そのような傾向が見受けられるような気がし

ます。

　「設定で拡張子を表示させよう。exe ファイル等の実行形式の文書ファイルが添付されることは無いので開けないようにしよう！」としても、古典的な RLO 偽装ファイル等に引っかかってしまうかもしれません。

　RLO は Right-to-Left Override のことで、ファイル名に RLO 制御コードを挿入することにより、ファイル名を右から読ませることが可能となります（同様に LRO（Left-to-Right Override）、LRE（Left-to-Right Embedding）や戻すための PDF（Pop Directional Formatting）等の制御コードがあります）。

いえいえ、
セキュリティ的に
無理ですよ～

　これにより実行形式のファイルを文書ファイル等に偽装して送付し受け取った人に開かせる、という昔ながらの手法なので、じっくりよく見ればファイルの種類が「アプリケーション」になっているため簡単に見破ることができるのですが、普段から何でもダブルクリックで開く癖を持っている人は、簡単に騙されてしまいます。このような騙しの手法があることを定期的に教養することで、不用意にファイルを開くことを防ぐことは可能ですが、システム的にも端末で実行形式ファイルの実行を行えないようにする等の対策も必要でしょう。

◆利便性の向上とセキュリティの確保

　セキュリティの重要性を周知することは重要なのですが「セキュリティ至上主義」に陥ることは避けなければなりません。セキュリティ確保を口実に、煩雑な簿冊への記載を求め、さらに上司の決裁を職員等に求める等、事務量と精神面での負担を強いたり、利便性向上のための取組みや提案を「門前払い」にしないよう注意する必要があります。

　現場のニーズは、システムの構築・保守担当にも適切に伝え、ニーズに合致したシステムを構築できないか、検討することが重要で、これを拒否したり放置した場合には、勝手に LAN を構築したり、部署独自でネットワークディスク（NAS）を買ってきてファイルサーバを立ててしまう、という事態が生じ、却ってセキュリティリスクが高まることになるかもしれません。

そっちの端末とこっちの端末を
接続しちゃいましょう！

NASも設置しました！
課員同士でファイルを
共有しましょう！

NAS

§6-2 ルータ、ハブ、NAS、Wi-Fi 機器にも注意！

パソコン等の端末等のセキュリティを確保するためにはどのような点に留意すればよいのか？

◆ネットワーク機器

　§6-1でNASやLANケーブルについて触れましたが、ネットワークやネットワーク機器の障害も多く発生します。特に人事異動や組織改変等の際には、職場のレイアウト変更も必要となることが多いのですが、机の配置が変更されると配線周りの工事も必要となります。

　通常は、システム管理者やシステム管理者の指示により工事担当者が順次配線変更や設定を行うことになりますが、どうしても待ち時間が発生したりします。その時間を惜しんで職員が勝手に机や端末、IP電話機等を引越ししようとして、余計なトラブルが発生することがよくあります。

　LANケーブルがちぎれる、LANケーブルに引きずられて端末機器が机から落ちて本体や液晶が破損する等の物理的な障害も多いのですが、ちょっと見ただけでは分からない次のような障害も発生したりします。

○ブロードキャストストーム

　プラグをスイッチ（HUB）から抜き、デスクを移動させた後、またプラグを挿して、電話機や端末を利用しようとして「使用できない」、しかも他のフロアでもシステムが利用できなくなる、ということが発生する場合には「ブロードキャストストーム」が発生しているのかもしれません。

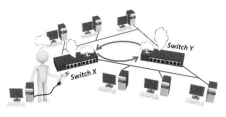

　多くの場合、誤ったスイッチ（HUB）にLANケーブルを挿入することにより、ネットワークがループ構成となり、極端なトラフィックの増大から通信帯域の圧迫、サーバの過負荷等が発生し、機能停止に陥るもので、「サーバ機能が停止している」という申告から調査をはじめると、勝手にレイアウト変更を行った所属まで辿り着くのにかなりの時間を要することになります。

　ケーブルの色分けやタグを利用する等、利用者に誤解させない、障害が発生しても直ちに見分けることができる工夫を、設置工事の段階から講じておく必要があります。

○盗聴

　有線LANを利用する場合、昔はスイッチング機能のあるハブ（スイッチングHUB）ではなく、単純なレピータHUBを用いることも多かったのですが、露出して設置されていると、第三者等が持ち込んだ機器をHUBに接続して、盗聴（スニッフィング）を行ったり、システムの無断利用を行う、マルウェアを感染させる等の事故・障害も発生していました。

　スイッチングHUBや無線LANを利用している場合も、接続が許可されたNIC（Network Interface Card：LANカードやWi-Fiカード等）のMACアドレス以外のものは接続しないよう設定（MACアド

レスフィルタリング）しておくことが必要です。

　但し、MACアドレスの偽装（変更）は簡単に行うことが可能なので、確実な認証を行うことが必要です。

○フリーアドレスオフィスと DHCP

　最近は、自分の固定的なデスクを持たず、自由に席を選んで仕事を行う「フリーアドレス」制を取る企業が増加しています。

　その際には、端末に IP アドレスを固定的に割り当てるのではなく、接続時に自動的に割り当てる DHCP（Dynamic Host Configuration Protocol）方式が多く利用されています。無線 LAN の場合は、複数基地局同士の干渉等を如何に軽減するか等の問題を解決することも重要ですが、部外者や持込み機器を勝手に接続されることがないよう認証を確実に行う必要があります。

　また Windows が端末 PC の OS だと、無線 LAN 機能が有効な場合にはモバイルホットスポットの機能を用いて ICS（Internet Connection Sharing：インターネット接続の共有）を行うことが可能なので、部外者や使用が承認された機器以外のものが勝手に接続されることがないよう設定することが重要です。

◆ Wi-Fi 機器（無線 LAN ルータ等）の基本ソフトの更新

　無線 LAN ルータを悪用した偽装 AP（なりすまし）や中間者（MITM）攻撃等については、既に説明しました（§3-22参照）が、アクセスポイントに対する直接的な DoS/DDoS 攻撃、盗聴、マルウェア感染（拡散）、不正アクセス（パスワードクラック）等の攻撃を防止するためにも、NAS や無線 LAN ルータ等の基本ソフトもパソコンやスマートフォンの OS と同様、常に最新の状態となるよう、メーカー等のアップデート情報に留意する必要があります。

○ WPA3の登場

　Wi-Fi 接続を保護するための標準規格 WPA3（Wi-Fi Protected Access 3）が2018年 6 月に策定されています（Wi-Fi Alliance）。

　2004年に策定された WPA2と比較すると、接続開始時に SAE（Simultaneous Authentication of Equals：同等性同時認証）と呼ばれる手順を追加することで傍受やクラッキングを防止し、WPA3-Personal では128bit ですが、WPA3-Enterprise ではより暗号強度を増す（セッションキーを192bit とした CNSA（Commercial National Security Algorithm）を採用）等、安全性が向上しています。WPA2にも脆弱性（KRACKs：Key Reinstallation Attacks 等）があるので、順次 WPA3対応ルータ製品等に移行することが適当ですが、2019年には WPA3の SAE ハンドシェイクの別名（Dragonfly）に関する Dragonblood と呼ばれる盗聴される脆弱性やサイドチャネル攻撃が可能となる脆弱性が判明していますし、2021年には KRACKs の発見者により、全 Wi-Fi 機器に共通する FragAttacks 脆弱性が発表される等、既に複数の脆弱性が発見されています。

§6-3 オフィスの複合機（MFP）に注意？

MFP（デジタル複合機）から情報漏えいが発生したり、サイバー攻撃の踏み台に利用される危険性がある、と言われているが、どのような点に留意すればよいのか？

◆複合機とは？

2013年秋、国内の複数の大学において、複合機内に蓄積されていた講義資料や答案、住民票等のデータがインターネットから誰でも閲覧可能な状態となっていたことが明らかになり、大きく報道されました。

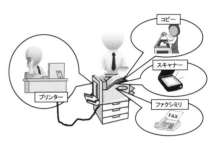

複合機とは、基本的にはファクシミリ、プリンター、スキャナー、コピー機能の全て又は複数の機能を有する機器を指します。多機能プリンター（MFP：Multi Function Printer/Peripheral/Product）とも呼ばれ、タブレットやスマートフォンからも無線LAN経由で印刷や文書読込みができる機種が増えています。

企業等においても、ペーパーレス化を推進するため、複合機で読み取ったデータをファイルサーバ等と連携させて保存・活用することも増えています。

◆情報流出の仕組み

従来から複写機等に内蔵されたディスク内のデータについては、複写機の保守・廃棄やリース期間終了了に伴う返却の際に確実なデータ消去を行う等の対策を実施するよう求められていますが、複合機の場合には、ネットワークを経由して印刷したり、読み取ったデータをネットワーク経由で取り出したりできる、という機能を備えているため、インターネットに情報が流出する危険性があります。

○簡易 Web サーバ内蔵

離れた場所から印刷を行ったりデータを読出しを行うために、複合機内には組み込み型の Web サーバ（EWS：Embedded Web Server）を内蔵し、パソコン等からブラウザにより簡単に設定・管理することが可能な製品が多くあります。このため、パソコンの OS と同様、適切な設定やプログラムの更新が行われていなければ、その脆弱性を突いて侵入されたり他サイト等への攻撃の踏み台として悪用される危険性があります。

○グローバル IP アドレスの利用

　昔のことですが、萌芽期からインターネットを利用している老舗大学や研究機関等の中に、プリンターにもグローバル IP アドレスを複合機に割り振っている、ということが外部からも丸見えになっていて、しかもファイアウォール等を導入していなかったということでびっくりしたことがありましたが、このように適切な設定を行っていなかった場合等は、容易に外部から攻撃を受けることになります。

○発火の恐れ？

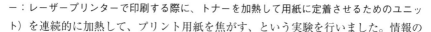

　2011年、コロンビア大学の研究者が、ネットワーク経由でプリンターを遠隔操作し、ファームウェアの脆弱性を突いて温度スイッチを切り、定着器（フューザー：レーザープリンターで印刷する際に、トナーを加熱して用紙に定着させるためのユニット）を連続的に加熱して、プリント用紙を焦がす、という実験を行いました。情報の窃取のみならず、物理的な被害も発生する危険性について警鐘を鳴らしたものですが、実際、過電圧による発火事故も発生していますので注意が必要です。

○オンライン接続されたデバイスを曝すサイト

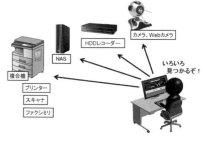

　ネットワークに接続された複合機や周辺機器を探すための検索サイトも存在しています。この SHODAN や Censys（§3-10参照）では、全世界のインターネットに接続されている機器に関する情報を確認することが可能で、アカウント登録により機器の種類や搭載 OS、ファームウェアのバージョンまで絞り込んで調査することも可能となっています。

　複合機だけでなく、カメラやビデオレコーダーのような家庭用の機器や、発電所の制御システムや IP 電話等まで網羅していて、セキュリティ面で無防備な機器が衆目に曝されてしまうため悪用は厳禁ですが、組織のセキュリティ管理のために利用されることも多いようです。

　最近も、顧客情報が記録されたファイルをコピー機で印字した際に、同じコピー機で印字した別の書類の中に、顧客情報をプリントアウトした情報が紛れ込んで、そのまま外部に配布してしまった、という単純なミスから個人情報の流出も発生しています。

　複合機については、①プログラムの更新・アップデートを適切に実施する、②必要が無い限りインターネットに接続しない、③インターネットと接続する場合にはファイアウォールを経由させ許可する通信のみ送受信させる、④複合機の ID、パスワードは購入時の初期状態（デフォルト）のまま使用せず変更し、アクセス時に認証を行い、職員にも、送付したファクシミリの原稿は放置せず、また読み込んだデータ、受信したデータも確実に消去する等を順守させる等を徹底する必要があります。オフィスのみならず、自宅の多機能プリンター等についてもセキュリティ確保に注意したいものです。

§6-4　コンプライアンスや内部統制、監査との関係？

役所なら監察、企業でものコンプライアンス、内部統制や監査を担当する総務部門等は煙たい存在だったりするが、情報セキュリティも関係するのか？

◆懈怠（けたい）

　電車やバスの中で、スマートフォンに目を据え親指をせわしなく動かしていたり、2台、3台のスマホを同時に扱う情景も見かけます。どうやらメールやSNSを利用しているようだ、という人もいれば、ゲームに興じている人もいるようです。これが職場の光景ならどうでしょう？

　企業等の就業規則においても職務専念義務が規定されていることも多いので、懈怠や職務専念義務違反等に問われる可能性もあり、パソコンやスマートフォンでゲームにうつつを抜かすことは厳に慎まなければならない行為でしょうし、そのような行為を黙認することも許されないのでしょう。

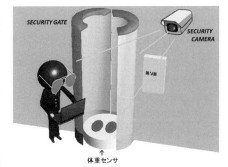

◆ログ（証跡）管理

　職員・社員が残業や休日出勤を行っていながら、職場の端末からゲームサイトやアダルトサイトを利用してはいないか、あるいは勤務中に個人のスマートフォンから株の売買・個人的なブログの更新、SNSによる情報発信等を行っていないか等は組織のコンプライアンス担当者から見れば非常に気になるところかもしれません。

　セキュリティポリシー等でいくら「情報資産の適正な利用と管理」、「CISOを中心とするISMSの確立」等を謳っていても、職員がこれらの規定を遵守していなければ、結局は情報流出等に発展する危険性は否定できません。

○機器や情報の持ち込み／持ち出し

　機密情報を取り扱う区域においては、端末の利用状況やデータベース等へのアクセス状況に関するログを取得していることを職員に周知すると共に、実際、定期的にこれらのログを精査し、不正利用や情報流出の有無をチェックするか、異常値を検出してアラートを出す仕組みを採用するようにしているところも多いかもしれません。

　また、このような部署（エリア）への入退出に関しては、スマートフォン等の持ち込みを禁止、入退管理として体重センサ等の設置等を行ったりして、資料等の持ち出しチェックが行われているかもしれません。

　ログ管理を厳密に行い入室時の記録が無ければ退室できないようにしたり、体重センサによるチェックを実施して共連れ（Tail Gate）を防止（アンチパスバック）するこ

とは可能かもしれませんが、ポケットの中に隠したマイクロ SD カード 1 枚を持ち出すことまでを防止できる訳ではありませんし、スマートフォンを使用して、機密データを撮影したり、端末等に接続して、データを保存して持ち出すことも懸念されます。

　職員等への教育だけでなく、機密性の高い情報を取り扱うエリアにおいては、セキュリティ・（監視）カメラを設置したり、端末への接続が行えないような物理的対策や履歴の確認等を定常的に実施することが求められます。

◆職員・社員の異動と情報管理

　職員・社員の異動時に、残された書類から業務の未処理・放置（先送り）が発覚することもありますが、ペーパーレス化が進展していますので、メールやデータについても適切にチェックを行い、的確に引継ぎを行う必要があります。

○幽霊アカウント

　異動に伴い、アカウント管理も忘れないように行う必要があります。辞めた職員や社員宛のメールが引き続き送付されて

きても、誰も気がつかない。顧客からのメールの場合、「返信が無い！」として縁が切れてしまうことになります。
　システム管理担当者のアカウントが残っていたりすると、退職後も外部からの不正アクセスを受ける危険性がありますので、退職等に伴う不要アカウントは速やかに、かつ確実に削除する必要があります。

　急病や自己都合等で休職・退職する際には、端末等の電子メールを引き継ぎ、データも回収する必要があるので、事前に上司等の許可を得てシステム管理者等が端末操作等を行う仕組みやルール化を図る必要もあります。

◆監査と指導

　セキュリティ監査や指導は定期的あるいは抜き打ちで行われることが多いのですが、形式的なチェックだけで済ませていると、実効性に欠けるものとなってしまいます。

　部内の職員等による指導や監査で、特に旧知の間柄の職員が担当官だったりすると、ある意味、顔見知りの故に厳しい指摘と指導を行うことが難しかったりします。このため、部外監査等を活用し、部内の職員とは別の視点から、遠慮なくチェックを行って貰うことも必要かもしれません。

　指導や指摘の内容は全体で共有し、その改善結果等についても部内周知を行う等、適切な指導や監査が実施されるためのルールを策定する必要があります。

§6-5 「ウイルスが検出されました！」と表示されたら？

「ウイルスを検出！」という表示を見れば、パニック状態に陥ることにならないか？
冷静に対処するには、どのような点に留意すればよいのだろうか？

◆偽セキュリティソフト

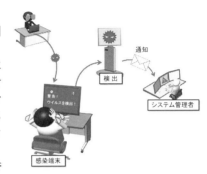

§3-8で説明しましたが「直ちに削除（修復）！」
等と表示されてボタンを押させようとしたり、
「○○まで電話を！」と表示されるような場合に
迂闊にクリックしたり電話をすることは避けなけ
ればなりません。もしクリックしてしまうと、マ
ルウェア等のダウンロードやインストール、ある
いは悪質なサイトのURLへ誘導され効果なソフ
トウェアの購入を勧められる危険性があります。

職場の端末であれば、直ちに部内のシステム管
理者に連絡し、その指示に従うこと（セキュリティソフトにもよりますが、マルウェアに
感染した場合には、そのソフトによる警告と同時にシステム管理者に通報され、システム管
理者から連絡が行われることもあります）。

○ケーブルは抜く？

以前は、ワーム等に感染したことが判明した
ならば、職場中の端末にネットワーク経由で感
染が拡大することを阻止するために、「直ちに
LANケーブルを抜く！」ことが必要、と言わ
れていたこともありました。

これも、組織のセキュリティ対策システムに
より違いがありますが、マルウェア感染を検知
した場合には、即座に自動遮断を行う機能を有しているものも多いし、Wi-Fi接続で
利用している際には、LANケーブルの抜き差しを行うことに意味はありません。第一、
気がついた時にケーブルを手で抜いても、その時は既に他の端末にも感染してますよ
ね。

あらかじめ、職場におけるマルウェア感染時に、職員やセキュリティ管理担当者が、
どのような対処を行う必要があるのか、規定をよく理解しておく必要があります。

◆マルウェア対策ソフトの動き

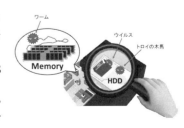

ウイルスはファイルに感染しますが、ワームやトロ
イの木馬は独立して動作します。ワームの動作はメモ
リ上で行われ、拡散活動を展開してゆきます。

マルウェアの中には、レジストリを変更したりOS
の正規プログラムを乗っ取るものもあります。

これに対するマルウェア対策ソフトの「駆除」や
「削除」、「隔離」等の機能は、似ているようでベンダ

308

ーによって違いもあります
ので注意が必要です。

　基本的には、「駆除」は
ファイルに感染したウイル
ス部分を取り除いて、ファ
イルを元の正常な状態に戻
すこと、「削除」はハード
ディスク上から文字通り削
除すること、「隔離」は専
用フォルダの中に、暗号化
して無害化することにより、
動作・実行されることがな
いようにすることを指すこ

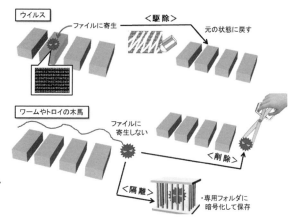

とが多く、隔離されたマルウェアは削除することが可能となりますが、削除しないと
別のセキュリティソフトに入れ替えた場合には検出されてしまうことがあります。

　個人でも、コンピュータ・ウイルスを溜め込んでいると、「不正指令電磁的記録保
管」等に問われる可能性がありますので注意しましょう（私も随分昔（このような法の
規定ができる前）に、そのままマルウェア検体を送付しようとして、受信側のセキュリティ
対策ソフトで削除されてしまって焦った経験があります。マルウェアを徒に取り扱うことは
危険ですね）。

◆修復

　マルウェア感染によりコンピュータの、SSD／HDD が破壊される、OS が起動しな
い、そもそも BIOS が起動しない等、様々な被害が発生する場合もあれば、明確な症
状が出ない場合もあります。

　システムが起動しない、等の症状が出れば、システム管理者に連絡し修復・修理を
行うことが可能ですが、症状が出なくとも、情報の流出が発生したりバックドアが設
置され他システムへの踏み台に悪用されることもあります。

　このため、一定の時刻にスケジュール・スキャンが行われるよう設定されているこ
とも多いのですが、その時刻に電源がオン状態でなければスキャンは行われません。

　このため端末の電源が投入された直後等にスキャンを
行うよう設定されていることも多いのですが、このよう
な場合には若干端末 PC 等の起動直後の動作が緩慢に思
えることもありますが、セキュリティ確保のためイライ
ラせず我慢することも重要でしょう。

　マルウェア対策ソフトにリアルタイム保護機能がある
場合には、「ウイルス検出」等が表示されても、その時
には侵入は阻止（削除、隔離）できていることから安心
してよいのですが、念のため定義パターンを最新のもの
にしてディスク全体のスキャンを行い、感染状態を確認
することが適当でしょう。

§6-6 「リベンジポルノ」と「ネットストーカー」

これらの卑劣な行為による被害を防止するためには、どうすればよいのだろうか？

◆リベンジポルノ

　別れた配偶者や恋人が復讐や腹いせ・いやがらせのために性的な写真データを公開するリベンジポルノについては、プロバイダに連絡することで削除することは可能です。

　一般社団法人セーファーインターネット協会（SIA）が運営するセーフラインでも通報を受け付けています（公序良俗に反する投稿等の場合。「これらの写真データをばら撒くぞ」として脅迫するセクストーション（性的脅迫）等の犯罪行為については、インターネット・ホットラインセンターや各都道府県警察等へ相談された方がよいと思います）。

　一般的に検索エンジンを利用していて、このような画像を発見することも多いのですが、その際にはこれらの検索エンジンサイトへ通報し、検索結果として表示しないようリクエストすることも可能です。

　リベンジポルノ以外にも、「P2Pで流出した画像ファイルを回収して欲しい。」等の要望や「掲示板やSNS上に私の写真が掲示されている。管理者に申し出れば削除してもらえるのか？」という相談や問い合わせを受けたこともあります。同様に、未成年の生徒（男性の場合も女性の場合も）が、遊び半分で自己の全裸画像を携帯電話のデジタルカメラ機能を

使用して撮影して友人に送信したものがネット上にばら撒かれてしまったり、盗み撮りされた横顔が曝されたので削除できないか、という被害や相談も多いのですが、一旦、誰もがアクセス可能なネット上に曝された画像等のデータは、その掲示板やSNS上から削除されたとしても、端末にダウンロードされたデータまで根こそぎ削除することはできません。

　水痘・帯状疱疹ウイルスが身体の中に潜み、疲れが溜まった時等のタイミングで症状が現れるのに似て、誰かがまたアップロードする可能性が否定できないのです。既に別の人に転送していたり、P2Pファイル共有ソフトで拡散されている場合もあり、たとえネット上にばら撒いたり投稿した人間は特定できたとしても、流出したデータ全てを回収・削除することは非常に困難です。

　個人情報自体をSNS上に晒さないことは勿論、自宅や近所の風景等を掲示することで、個人が特定されてしまうこともある、ということは子供達にも教養を徹底する必要があります。

　リベンジポルノに関しては「私事性的画像記録の提供等による被害の防止に関する法律（リベンジポルノ対策法、リベンジポルノ防止法等と

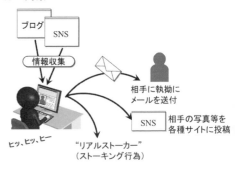

も呼ばれる)」が2014年に制定されていますし、場合によっては名誉毀損、脅迫、傷害等の罪にも該当するかもしれませんが、まずは「安易に画像や個人情報をオープンにしない」等の教養を徹底する必要があります。

◆ネットワーク上も現実社会〜ネットストーカー対策

VR（Virtual Reality：仮想現実）やAR（Augmented Reality：拡張現実）、さらにはMR（Mixed Reality：複合現実）やSR（Substitutional Reality：代替現実）等、現実社会との境界がますます曖昧になってきているせいか、ネットワーク上ではいかなる行為も罪に問われない、と思っている人がまだいるように思われます。

ネットストーキングはネットの匿名性を隠れ蓑とした卑劣な行為の代表的なものですが、ネットストーカー達は「ネットワーク上は現実社会とは別」とでも思っているのか、現実社会の規範意識をかなぐり捨てています。インターネット・SNS上で特定の人につきまといを行うストーカーは、ネットストーカー、サイバーストーカーと呼ばれ、ストーカーと被害者とが現実社会ではそもそも全く接点を持っていなかった、ということも多く、掲示板やチャット、プロフに掲載した写真や文章等に一目ぼれして、ストーカー行為に走る可能性もあります。

ネットストーカーの被害に遭わないためには、極力個人情報や写真の露出を少なくする必要があります。

またスマートフォンのアプリの中には、子供の見守りのため等の目的で位置情報を通知する機能を備えているものもありますし、ドライブレコーダーにも位置情報を記録するものがありますが、一方で、これらを悪用したり、GPS機器等をひそかに取

り付けて位置情報を取得して、ストーカー行為を行う危険性もあるので要注意です。

○軽い気持ちから…

電子メールによるいやがらせや犯罪は、迷惑メール（スパム）やフィッシング詐欺等に限りません。電子メールで直接的な恐喝や脅迫を受けることは論外ですが、見知らぬ相手から執拗にメールが送りつけられるのも気味が悪いものです。

ストーカー行為は、なにも現実につきまとったり、待ち伏せや行動監視をする行為だけを指すものではありません。電話や電子メール、チャットを利用したとしても、このようなつきまとい行為が許されるはずもないのに、「そんな法律があることは知らなかった」と平然と言う人も多いようです（「ストーカー行為等の規制等に関する法律」では、電話やファクシミリ、電子メール等により、その行動を監視していると思わせるよう

な事項を告げ、又はその知り得る状態に置くことも「つきまとい等」に該当します）。

◆児童ポルノ・児童のプライバシー

2014年に児童買春・児童ポルノ禁止法（「児童買春、児童ポルノに係る行為等の規制及び処罰並びに児童の保護等に関する法律」）が改正され、性的好奇心を満たす目的で自己の意思に基づく所持（単純所持）に対しては1年以下の懲役又は100万円以下の罰金、盗撮による児童ポルノ製造については、3年以下の懲役又は300万円以下の罰金とする規定等が設けられました。

アメリカには、2003年の児童ポルノ禁止法（通称 Protect 法）がある他、2000年から施行された COPPA（Children's Online Privacy Protection Act：児童オンライン・プライバシー保護法）により、13歳未満の子供から親の同意なしで個人情報に関するデータを収集することが規制されています。

○削除の要請

Web サイトや掲示板上等に写真等が晒された場合、そのデータが個人の端末にダウンロードされてしまうと回収できなくなります。これらのサイト上だけでなく、検索サイト等での検索結果や一時保存データ（キャッシュ）等の中にも残っている場合がありますので、これらも忘れないようにしなければなりません。

プロバイダや掲示板の管理者等にデータ削除を要請する際の様式等については、一般社団法人テレコムサービス協会（TELESA）の Web ページ（https://www.telesa.or.jp/guideline）に掲載されている手引・ガイドラインやプロバイダ責任制限法（正式には「特定電気通信役務提供者の損害賠償責任の制限及び発信者情報の開示に関する法律」）関連情報 Web サイト（http://www.isplaw.jp/）に掲載されています。

参考

携帯電話やスマートフォンの位置特定の手法としては、GPS 受信機能を利用する方法以外に、複数の携帯電話用無線基地局における受信電波の状況等から発信位置の概要を得る方法も利用されています。

画像データだけでなく、位置情報についても、ネット上に公開する際には十分注意する必要がありますが、SNS の種類ごとに、位置情報に限らず各種情報を掲示させないための方法が異なっていますので、インストール時に細心の注意を払って設定するようにしたいものです。

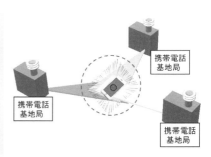

またストーカー規制法の改正により、2021年8月からは、GPS 機器等を用いた位置情報の無承諾取得等は規制されています。

2　スマートフォンの危険性？

◆利便性と危険性

　スマートフォンと SNS は、どちらもすっかり日常生活の中に溶け込んで利用されています。

　サイバースペースの利用者が増加し稠密な状況になると、人と人の軋轢・トラブルが増加します。誹謗・中傷、いじめをはじめ、詐欺や悪徳商法（高額請求）の被害等、様々な犯罪行為に巻き込まれる危険性について、十分な知識を持ち、適切に対応することが求められています。

◆パソコンより安全？

　ひと昔前は、スマートフォンを対象とするマルウェアは少なく、パソコンのような不正アクセス被害も少なかったので、**「スマートフォンにはセキュリティソフトは不要！」**と考える人も結構多かったのですが、今では膨大な数のスマートフォン用マルウェア（モバイルマルウェア）が登場しています。うっかりして、広告記事に潜むトロイの木馬をクリックしてしまう危険性も多いのです。

　スマートフォンでも、フィッシング詐欺やワンクリック詐欺、偽セキュリティ警告等、様々な被害が発生していますので、パソコンと同様に危険、と警鐘を鳴らす人も多いのですが、むしろ**「パソコンよりも危険である」**と考えた方がよいのかもしれません。

　スマートフォンや SIM カードが挿せるタイプのタブレット型パソコンが、デスクトップパソコン等と異なるのは、その **SIM カード**に電話番号や端末識別のための ID 番号が記録されている、という点です。

　SIM カードには、

- ・**ICCID（IC Card ID）：　SIM カード固有の識別番号**
- ・**MSISDN（Mobile Subscriber Integrated Services Digital Network Number）：　携帯電話番号**
- ・**IMSI（International Mobile Subscription ID）：　加入者識別番号**

が記録されていて、これらの情報は、通話の接続や課金に用いられます。

　スマートフォン自体が決済機能を有していたり、オンラインバンキング等の利用時の2要素認証（Two-Factor Authentication：2FA）として、スマートフォンに SMS でワンタイムパスワードが送付される等、様々なサービスだけでなく、認証にも使用されています。

　スマートフォン本体のみならず SIM カードにも**パスワード（SIM PIN）**をかけて（**PIN コードロック**）、第三者による無断使用を防止しておかないと、盗難・亡失時の被害が膨大なものとなる危険性があります。またアプリ自体が、これらの識別番号や様々な個人情報、位置情報にも**アクセス許可**を求める場合も多いのですが、誤ってマルウェア等に汚染されたアプリにアクセス権限を与えてしまうと、これらの情報が窃取されますので、アプリの安易なインストールやいい加減な設定は避ける必要があります。

◆ロック

スマートフォンのロックについては、上の SIM カードロック以外に、**スクリーンロック**や**遠隔ロック**があります。

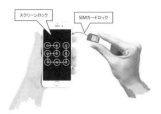

スクリーンロックには、第三者による端末の操作を避けるための方法として、パスワード（パスコード）の設定や、指紋・顔認証等の生体認証、パターンロック等の手法が用いられます。

また実際に盗難・紛失した際の対策として、電気通信事業者のサービスとして通信回線の遮断や端末の遠隔ロック、データ消去、端末捜索サービス等が利用できる場合がありますので、加入した事業者のサービスをよく知っておく必要があります。おサイフケータイ等のサービスについては、不正利用を防止するため、利用しているサービスごとに停止手続が必要となることに注意する必要があります。

IoT 機器への組み込み普及や携帯電話の 5 G 化にあわせ、**eSIM（embedded SIM）型**の SIM を搭載した端末も登場していますが、これは、SIM 本体の差し替えが不要となるよう電波（**OTA：Over The Air**）により SIM カード情報を変更することが可能となっています。SIM カードを物理的に抜き取る、という被害は防止することができますが、セキュリティ上の欠陥等によりクローン化される危険性等もあり、今後の普及に向け一層のセキュリティ確保が求められます。

◆ SNS とソーシャルログイン

SNS の危険性については本章の中で説明しますが、SNS 以外の様々なアプリやサービスを利用する際に、SNS のアカウントでログインすることが可能、という場合も多くなっています。

これは**ソーシャルログイン（ID 連携）**と呼ばれ、SNS のアカウントにより会員登録の手間等を省く狙いがあり、ユーザとしても、いちいち個人情報を入力する時間等が節約できるので、普及しています。これは§4-8で説明した**OAuth 認証**を用いているもので、サードパーティーのアプリに OAuth の許可トークンを与えることを利用してソーシャル連携を行っているものですが、SNS の登録情報が流出したりフィッシング詐欺に悪用される危険性も高いことから、SNS のパスワードを変更した際には、トークンも無効化されるような信頼度の高い SNS やアプリの利用を行うことが必要です（**「アプリ連携解除アプリ」**のようなものも存在しています）。

◆セキュリティ対策まとめ（スマートフォン、SNS）

- ・危険性の認識、利用上の留意
- ・セキュリティ対策ソフトの利用、設定（各種アプリ）、OS やアプリの更新（最新状態に保つ）
- ・盗難・亡失時の対策（SIM カードロック、スクリーンロック、遠隔ロック等）
- ・ソーシャルログイン／ID 連携等のアプリに注意！

§6-7　スマートフォンへの攻撃

スマートフォン用を利用する上で、どのような危険性に留意すればよいのか？　また
アプリ等を利用する際に気をつけるべきことは？

◆スマートフォンの攻撃対象
○スマートフォンの脆弱性はどこ？

スマートフォンは個人情報や位置情報を記録するための各種メモリや SIM カード、センサー、外部とのデータ伝送や充電を行うための種々のインターフェイスを備えています。

OS や導入したアプリの脆弱性等を放置すると、不正アクセスを受けたりマルウェアに感染して端末が乗っ取られる危険性がありますが、それだけでなく様々な媒体やインターフェイスも攻撃対象となりますので、セキュリティを確保することが必要です。

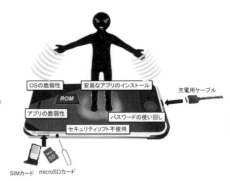

◆マルウェア

スマートフォンを攻撃対象としたマルウェアは、今やパソコンを対象としたものを凌駕する程、増加しています。

このため、よくご存じのこととは思いますが、

・セキュリティ対策ソフトの導入

・信頼できるアプリを導入し常に最新の状態に保つ

・安易にクリックしない

等の対策を遵守する必要があります。

Web サイトの閲覧時等、安易にクリック（タップ）を繰り返していると、マルウェアのインストールや悪質なサイトへの誘導が行われたり、フィッシング詐欺等の被害に遭う危険性が高いので注意が必要です。2018年以降、ローミングマンティス (Roaming Mantis) と呼ばれる Android 端末を狙って送り付けるフィッシング、スミッシングのためのメール（SMS）により感染が拡大し、不正サイトへ誘導させられるトロイの木馬による被害も発生しています。

○アプリ・インストール時のクリックに注意！

スマートフォン用のアプリをインストールする際には、詳細な注意書きが書かれていることも多いのですが、結構小さな文字で表示されていて、しかも英語だったりして、老眼の私にはつらく感じることも多いのですが、全てを読んでからインストールして人は少ないのではないでしょうか？

中には、必要も無さそうなのに Root（管理

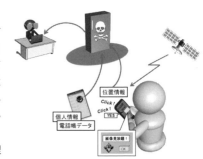

者）権限を要するアプリ、電話番号・連絡先データや SIM 情報等端末ステータスの読み取り、SMS メッセージの送受信、精細位置情報（GPS 受信情報）、外部記録媒体（SD カード）への書き込み、完全なインターネットアクセス等の許可を求めるアプリもあり、このようなアプリには手を出さないようにしています。

「おもしろそうなアプリだ。評価も高いみたい」と思わせるように装ったアプリに飛びついて、アクセスする権限（パーミッション）を精査することなくインストールしてしまうと、アプリ開発者が悪意を持っている場合には、その思う壺に嵌ってしまいます。端末内の個人情報等が勝手に外部に送信されてしまったり、端末自体が乗っ取られてしまうこともあります。怪しい野良アプリをインストールするために、Android 端末なら「（提供元）不明アプリのインストールを許可」にチェックを入れたり、iPhone 端末なら Xcode（開発環境）をインストールすることは避けるべきかもしれません。

◆マルウェアによるスマホの乗っ取り

パソコンを人質に取り身代金を要求するランサムウェアの WannaCry はスマートフォンには感染しないので、スマホ利用者には関係無い、と思っているかもしれません。

しかし、既にスマートフォンもランサムウェアの標的となっていて、モバイルランサムウェア等とも呼ばれています。

既に2014年には、スマートフォン（Android）を人質に取る CryptoLocker が登場しています。CryptoLocker が含まれているアプリ（APK ファイル）をダウンロードするよう誘導され、これをインストールして起動すると、児童ポルノ画像が表示され、その画像をダウンロードし所持する行為に対する罰金（身代金）を MoneyPak（プリペイドカード）等で支払うことを求めるもので、欧米等で感染が拡大しました。

同じく2014年 6 月には、実際に Android 端末の SD／microSD カード内に記録したファイルを暗号化し、身代金を要求する Simplocker が登場しています。Google Play を装う偽サイトで配布され、主にロシア語圏の利用者が狙われました。

WannaCry と同様、Android 端末上のファイルを暗号化して人質にする SLocker も登場しています。ファイルの暗号化や端末ロックだけでなく、端末内のデータや閲覧履歴等をばら撒くぞと脅すもの（LeakerLocker 等）もあります。

モバイルランサムウェアの中でも、警察・司法機関になりすまして、「罰金を支払え」等と脅迫するものはポリスランサムあるいはポリスウェア、ポリスロッカー等と呼ばれます。

○ iPhone、iPad も…

Android 端末と同様、Apple 社の iPhone や iPad が突然ロックされ、これを解除するために PayPal（電子決済サービス）による身代金の支払いを要求される事件も発生しています。

通常、端末等を紛失した際には、端末の保有者が使用する iPhone を探すという iCloud 用のアプリを用いて、まずその端末のデータが不正に利用されるのを防止するためロックするのですが、この機能を悪用して Apple ID とパスワードを不正に入手した者が端末をロックし、身代金を要求するメッセージを表示させるものです。同じパスワードを複数の SNS サービス等で使い回したり、単純なパスワードを設定していた場合には、このような被害を招く危険性があります。

万一端末がロックされても、パスコードを入力すればロックを解除することが可能であることから、予めパスコードを設定しておくことが必要です。これを行っていない場合、第三者に勝手なパスコードを設定され、自分では解除できなくなってしまいます。

○知らぬ間に端末の設定変更が行われる？

クリックジャッキング（§3-13参照）は、スマートフォンの場合には、マウスをクリックする代わりに画面をタップすることからタップジャッキングと呼ばれることもあります。

Android では、端末利用者へのお知らせ、テキスト画面表示を行う機能のトースト（Toast）が利用できるのですが、この簡易ポップアップ表示を悪用して、別の不正アプリのダウンロードや有料サイトへの登録等を行わせたり、端末の設定変更を行わせるものです。

○カメラの乗っ取り

§6-6セクストーションも、SNS 等ネットから入手した画像により脅迫を行うものだけでなく、盗聴器のように、自分自身の全裸画像等が気づかれないうちに撮影されて相手に送信される、という手法により行われる場合があります。

これを行うものがクリープウェア（creepware）と呼ばれる遠隔操作型のマルウェアです。ストーカー等により意図的にインストールされたり、メール等に添付する等により感染すると、PC やスマートフォンのカメラが勝手に操作され、動画撮影やスクリーンショットの保存、SNS への投稿等をリモートで行ったり、そのファイルの送出も可能となります。

○スマートフォンを踏み台にした DDoS 攻撃

2017年には、公式アプリストアからダウンロードしたアプリに潜んでいたマルウェア（Android/Clickerand）に感染した Android 端末がボットネット（WireX）に組み込まれて、Akamai や Cloudflare 等の CDN を狙って大規模な DDoS 攻撃を行う事案も発生しています。

スマートフォンやパソコンのカメラだけでなく、インターネットに接続された Web カメラ等の乗っ取り事例も

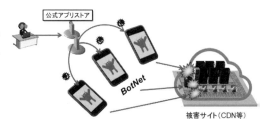

ありますので、十分なセキュリティ対策が不可欠です。

○物理的な破壊も！

同じく2017年には、Android スマートフォンの機能を停止・破壊する恐れのあるマルウェア（Loapi）も登場しています。

このマルウェアは、もともと仮想通貨の採掘や DDoS 攻撃を行う機能を有していましたが、その高負荷によりスマートフォンに内蔵されたバッテリーが過熱し、筐体の変形・膨張や最悪の場合には爆発・破壊する可能性がある、というものです。

○ Juice Jacking（ジュースジャッキング）攻撃〜USB ポート

空港等の公共スペースで、スマートフォンを充電できるようなサービスがあり、USB の充電ポートが用意されていたりします。

充電は「CHARGE」だけでなく、「Juice Up（補給する）」という用語も使われるようですが、「充電」を名目に、マルウェアに感染させたり、その結果としてデータを詐取する攻撃手法が Juice Jacking 攻撃と呼ばれるものです。

感染を防止するため、USB ケーブルと USB ポートの間に挿入して、充電だけができるようにするツール（Juice Jacking Defender や USB コンドームと呼ばれる製品）もあるようです。

○ MITD（Man-In-The-Disk）攻撃〜外部ストレージ

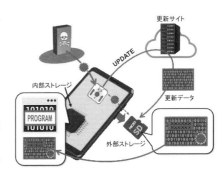

Android スマートフォンのアプリの中には、各種モジュール・部品やアップデート等をダウンロードした際に、一時的に外部ストレージに保存することがありますが、外部ストレージのセキュリティが本体内のメモリに比べて、セキュリティ管理が甘いことを突いて、このデータを書き換える攻撃が Man-In-The-Disk 攻撃と呼ばれるものです。

外部ストレージへの読み書き権限を持つアプリがこの改ざんされたデータを取り込むことにより、内部ストレージ内のプログラムも汚染されてしまう、というものです。内部ストレージ内のプログラムはサンドボックス機能により他プログラム等からはアクセスできないことから、本丸（内部ストレージのプログラム）を攻めるために、まず出城（外部ストレージのデータ）から落とす（改ざんする）、という攻撃手法です。

◆ SIM カードを狙う攻撃

○ SIM スワップ（SIM スプリッティング（分割）、SIM ハイジャック、ナンバー移植）

SIM スワップは、アカウントを乗っ取り、メールや個人情報を盗み出す詐欺の手

口です。

　被疑者はターゲットのアカウント情報を入手した上で、ターゲットが契約する携帯電話事業者に連絡して、ターゲットになりすまして、SIM カードの切り替え手続を行う手口です。

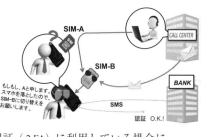

　手続き完了後、ターゲットの被害者は電話等が利用できなくなり、SMS 等の情報も被疑者側に送付されるようになります。

　スマートフォンの SMS を金融機関等の 2 要素認証（2 FA）に利用している場合には、迅速に対応しなければ、取引や財産の移動等も本人であるにもかかわらずできなくなってしまいます。

○ Simjacker 攻撃（SIM カードの脆弱性を狙う攻撃）

　スマートフォンには SIM カードの利便性を高めるための SIM Toolkit（STK）と呼ばれるアプリが昔から備わっていて、SIM カード上で実行されるようになっています。

　STK の中に S@T Browser と呼ばれるブラウザアプリがあり、スマートフォン内部の情報（LOCAL INFO）を取得したり、SMS を送出させるコマンドをリモートから送り込むことができる、という脆弱性を有しています。

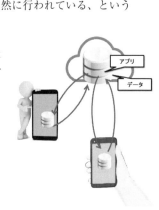

　これを悪用して、特定の相手の位置情報（Cell-ID）や IMEI（識別番号）を、相手に分からないようにして収集し、SMS を用いて返信させることができることから、Simjacker 攻撃と呼ばれています。

◆クラウド（ストレージ）サービス利用時のセキュリティ確保

　スマートフォンのデータをバックアップするためにクラウドサービスを利用することも普通のことになっています。端末とのデータ連携が自然に行われている、という人も多いのではないでしょうか。

　「オンラインストレージ」等とも呼ばれるこのようなクラウドサービスの中には、無料で大容量のファイルが保存可能なものも多いのですが、「無料！」という言葉に飛びついて怪しいサービスを利用したりすると、個人情報を窃取されたり、ファイルの内容が覗かれてしまうかもしれませんので、信頼性の高いサービスを選択する必要があります。

　また、複数のクラウドサービスを利用している人は、同一パスワードの使い回しを行ったり、普段利用しないサービスを放置したままにしていると、第三者に悪用されることもありますので要注意です。

§6-8 「ワンクリック詐欺」に引っかからない！

パソコンやスマートフォンでクリック（タップ）ジャッキング等による詐欺の被害に遭わないようにするためには、どのような点に留意すればよいのだろうか？

◆ワンクリック詐欺やツークリック詐欺になぜ騙されるのか？

　実際に有料サイトで画像や動画コンテンツを閲覧したりダウンロードして入会金や料金を要求されたならば仕方がないとあきらめもつくかもしれませんが、ネットサーフィン中ふらりと訪れただけ、入会の意思も示していないのに、1回か2回クリックしただけで入会したとみなされ、高額料金を請求するボッタクリの被害に遭う人が多数いるようです。

　架空請求詐欺（恐喝）の一種ですが、1回クリック（ワンクリック）しただけで入会登録が完了したような画面を表示させて料金等の支払いを請求するワンクリック詐欺（ワンクリ詐欺）や、それに念の入ったことですが、あたかも意思確認を行ったかのような画面を加えて2回クリック（ツークリック）させた上で料金を請求するツークリック詐欺もあります。身に覚えがないならば、不当に請求された料金を支払う必要は全くないのですが、うまくボタンをクリックするよう誘導されてしまったり電話をかけてしまって、高額の会費や料金をむしり取られる被害が後を絶ちません。

　これは、あたかも「個人が特定されている（逃げても無駄だ。追いかけられる）」ような画面を表示したり、アラーム、バイブレーション（スマートフォン）起動等の効果をプラスして心理的に追い込むようなことを行っているからでしょう。

　ワンクリック詐欺やツークリック詐欺では、「貴方の個人（PC）識別コード（番号）は○○です」、「お客様のIPアドレス、ドメインは次のとおりです」等、いかにも「お前の事は分かっているぞ」、「どこからアクセスしているのか、ちゃんと把握してるし、その個人情報は記録してるぞ」、「払わないと法的手段に訴えるぞ」、「今なら安くしといてやる」と言わんばかりに、たたみかけるような表示で「料金を払わなければならない」という気持ちに追い込んでいきます。

　入会費や料金に関する説明文字のフォントは小さく、入会の意思確認画面では"はい（YES）"をクリックしても"いいえ（NO）"をクリックしても、「御入会ありがとう

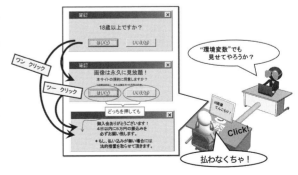

ございました」と表示されることが多く、「間違って"はい"を押してしまったのか！」と思わせるのが手口です。

§3-13でも説明しましたが、ホームページを閲覧しただけで個人が特定されてしまう、ということはありません。

スリークリック以上押させるものやノークリック（ゼロクリック）で料金請求等を行う手口もありますが、基本的な手法はワンクリックの場合と同様です。

○環境変数

犯人は個人情報を入手したと思わせるために、ブラウザの環境変数を利用しています。

あるサイトを閲覧する場合には、端末からサーバ側に対して、サイトの URL だけを送出するのだけでなく、その回答結果が端末のブラウザで適正に表示できるよう、ブラウザの種類や表示画面のドット数等の設定条件等も伝えています。

この情報が環境変数で、IP アドレスやプロバイダ情報、パソコンの OS 等の情報も含まれています。スマートフォンで端末情報等へのアクセスを許可している場合には、ブラウザが個体（端末）識別番号（契約者固有 ID）や位置情報等も含めて送出するかもしれません。

詐欺犯は、これらの環境変数を表示させ、「お前のことはすっかり調査済み。名前や住所だって問い合わせればすぐ判明するぜ」と思わせているのです。これらの情報だけで個人情報が特定されることはあり得ませんし、プロバイダや携帯電話事業者等が使用 IP アドレスにより照会されても、詐欺犯に対して個人情報を回答することはありませんので、実際に利用した有料サイト等の料金を踏み倒していない限り無視することが一番でしょう。

○クリックしてしまった！

「電子消費者契約及び電子承諾通知に関する民法の特例に関する法律」の規定（3条）にも、インターネット等を経由した契約では、消費者に対して誤操作を防止する

措置を講じていない場合は、消費者に過失があったとしても、錯誤による意図しない契約は取り消すことができる、と規定されていますので、訴訟云々をちらつかせた恫喝に屈することはありません。下手に「退会したい」等のメールや返事を出せば、今度は「退会料金を支払え」と要求されることになります。メールアドレスが判明する上、「退会の事務処理に必要なので、住所、氏名、電話番号を知らせよ」等の質問に返事するのは、詐欺犯の思う壺で、個人情報を自分から進んで教えることになります。電話の場合にワンギリ（ワンコール）商法と呼ばれる、携帯電話にワンギリで着信させ、着信履歴から返信すると高額の情報料等を請求する、というのと似た手口かもしれません。

○ワンクリウェア（one-click ware）

クリックした際にワンクリウェア（§3-13）を送り込まれて、パソコンやスマートフォンの画面に、頻繁に料金支払い請求画面を表示する等の手法が用いられ、被害も発生しています。

携帯電話やスマートフォンの場合には、マルウェアに感染した場合には、電話番号等の個人情報データが盗み出されてしまいますが、たとえマルウェアに感染していなくても、SNS・メッセージアプリを利用する際に、リンクを開かせて（クリックさせて）詐欺サイトに誘導するものも多いので、注意が必要です。

また、あるSNSサイトを閲覧しながら別のSNSサイトも利用しようとする場合は、若干手間がかかるかもしれませんが、複数サイトを同時に利用するのではなく、一旦退出した上で別サイトにログインするという具合に、自己防衛に努めることも重要です。

スマートフォンを用いて、複数の怪しいWebサイトで個人情報を入力したりショッピングを行ったりを繰り返していると、環境変数から得た個体識別番号等の情報と、入力した電話番号等の情報が照合され、ちょうど§3-24の疑似クッキーと同様、実際の個人情報が特定されてしまう危険性がありますので、注意する必要があります。

§6-9　スマートフォンを業務で利用する？

個人のスマートフォンを業務で使用することを認めている企業等も多いが、企業のトレードシークレットや個人情報の管理を適切に行う仕組みはどうなっているのだろうか？

◆ COPE、BYOD？

業務でスマートフォンを利用する形態にはいくつかのパターンがあります。

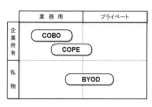

・企業がスマートフォンを支給し業務で利用する場合（CPD：Company Provided Device又はCOBO：Corporate Owned Business Only）

・企業がスマートフォンを支給し、プライベート利用も認める場合（COPE：Corporate Owned, Personally Enabled）。その中でも端末を利用者が選べる場合はCYOD（Choose Your Own Device）と呼ばれます。

・職員の私物を業務で利用する場合（BYOD：Bring Your Own Device）

○ BYOD 利用の指針

スマートフォンを企業等が支給するところもありますが、経費節減や効率化、緊急時対応等のためにBYODを認める民間企業も増加しています。政府機関においても「私物端末の業務利用におけるセキュリティ要件の考え方」や「スマートフォン等の業務利用における情報セキュリティ対策の実施手順策定手引書」等の策定が行われています。

○ BYOD のリスク

セキュリティの面からBYODを導入しようとする際の懸念事項は、概ね次の3点です。

①職員・社員が私物機器を破損させたり、盗難・亡失事故が発生した場合に、中に記録されている顧客情報や機密情報等が流出してしまわないか？

②私物機器がマルウェア等に感染した際に、企業等のサーバ等のシステムに感染が拡大しないか？　あるいはその結果としてサーバやデータベースの情報が流出しないか？

③企業が管理していない個人端末（シャドーIT）が、企業のシステムに勝手に接続されないか？

また、職員の側からも「企業に個人のプライバシーを覗かれてしまわないか？」とか「企業に動静や位置まで管理されるのでは？」といった懸念、「業務利用の課金に相当する代金はちゃんと払って貰えるのだろうか？」等の疑問の声があがっています。

○モバイル端末管理手法

スマートフォン等のモバイル端末等の管理の手法としては、

・MDM（Mobile Device Management）

・MAM（Mobile Application Management）

・MCM（Mobile Content Management）又は MIM
（Mobile Information Management）

及びこれらを統合した概念として EMM
（Enterprise Mobility Management）と呼ばれる手法
があります（簡単に言えば EMM ＝ MDM ＋ MAM
＋ MCM）。

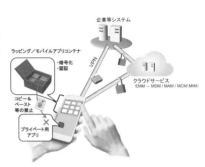

紛失した場合等に会社がリモートロックやワイ
プ（消去）を行うことも可能な機能も有する
MDM だと、CPD 端末の場合は問題なくとも、
BYOD では「私のスマホをどうして会社が管理
するのか？」という不満もあるせいか、BYOD
の場合は MAM や MCM の方が職員には受け入れ
られやすいかもしれません。

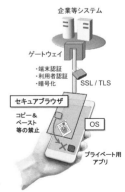

◆「プライベート」との分離

MAM や MCM では、業務用のアプリやコンテ
ンツをプライベートなものと完全に分離すること
によりセキュリティを確保しています。

スマートフォン上に、業務用のアプリを包み込み専用の格納エリアに収容するため、
暗号・認証技術を活用したラッピングやコンテナと呼ばれる手法が用いられていて、
業務用エリアのデータをコピーしてプライベートエリアに移したり、他へ拡散するこ
とができないようにしています。あるいは、端末内に業務用データを残さないよう
VDI（Virtual Desktop Infrastructure：デスクトップ仮想化）等のシンクライアント
（§4-11 参照）技術（アプリ）を導入している場合があるかもしれません。

スマートフォン等の端末を業務で利用する際には、盗聴等を防止するため VPN 等
のセキュアなネットワークを利用し、シャドーIT の接続を防止するため適切な認証
を行う必要もありますので、モバイル端末等の管理のための専用の端末を企業内に設
置したり、EMM 等の機能を有するクラウドサービスを利用することも進んでいます。

○「セキュアブラウザ」の利用

MAM や MCM 用のサーバの代わりに、端末や利用者の認証等
を行うゲートウェイを設置し、セキュアブラウザやその機能を組
み込んだアプリを端末にインストールして、モバイル端末の管理
を行うことも可能です。

セキュアブラウザではフィルタリング機能により接続先が限定
されていて、機密情報やログオン時のアカウント情報、クッキー
等端末に保存することができないようにして追跡や広告をブ
ロックしたり、クリップボードの情報等をメモ帳等にコピーして
プライベート側のアプリに複写・転送できないようにする、ブラ
ウザ終了時に不必要な履歴等を残さないようにする等、セキュア
な設定を行うことが可能で、無料のセキュアブラウザ（Avast

Secure Browser）等も登場しています。

　またクライアント証明書機能により端末を限定することも可能で、シャドーIT 等からの接続を阻止することもできる他、ゲートウェイ側で接続時間を制限したりアクセスログを取得する等、利用者や端末の管理を的確に行うことが可能です。盗難・亡失時等の対応に不安を覚える場合には、MDM サーバと併用することにより、当該端末のリモートロックやワイプ（データ消去）を行うことも可能です。

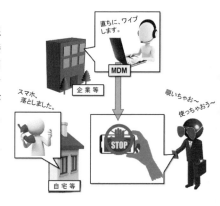

◆リモートデスクトップ（遠隔操作）

　これとは反対に、外出先で、職場のパソコンを操作したい、という場合があるかもしれません。特にテレワークの機会が多くなっているので、ニーズも増大しています。

　Windows 10/11pro のリモートデスクトップ（RDP）、ブラウザであれば Chrome のリモートデスクトップ、専用アプリであれば、Splashtop 等、チームで作業する場合に同僚のパソコンを操作する必要に対応する場合は TeamViewer 等のアプリをインストールすることにより、リモートからの操作が可能となります。他人に乗っ取られないよう、アプリを最新にし、設定をしっかりする等、セキュリティの確保が重要です。

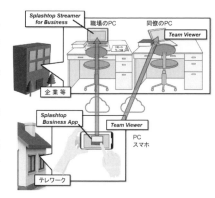

参考（ガイドライン等）
　JSSEC（一般社団法人**日本スマートフォンセキュリティ協会**　www.jssec.org）や NPO（特定非営利活動）法人 JNSA（**日本ネットワークセキュリティ協会**　www.jnsa.org）では、スマートフォンのセキュリティレベルを維持・向上に資する活動を展開し、スマートフォンの業務利用に関する参考資料等を Web サイト上に掲示しています。

〈JSSEC 資料〉
○『**スマートフォン＆タブレットの業務利用に関するセキュリティガイドライン**』【第2版】
○スマートフォンの業務利用におけるクラウド活用ガイド
○スマートフォンの業務クラウド利用における、端末からの業務データの情報漏洩を防ぐことを目的とした、企業のシステム管理者のための開発・運用管理ガイド（スマクラガイド）
○『MDM 導入・運用検討ガイド』【第1版】
○『Android アプリのセキュア設計・セキュアコーディングガイド』
○スマートデバイスの堅牢化ガイド

〈JNSA 資料〉
○スマートフォンの安全な利活用のすすめ〜スマートフォン利用ガイドライン〜【1.0版】
　その他、総務省（**スマートフォン安心・安全利用促進プログラム、スマートフォンプライバシーイニシアティブ：SPI**）や一般社団法人モバイル・コンテンツ・フォーラム（MCF）の「**スマートフォンのアプリケーション・プライバシーポリシーに関するガイドライン**」等が掲載されています。

§6-10 スマートフォンにおけるフィルタリング設定

青少年がスマートフォンを利用する際に、安全・安心に利用できるようにする仕組みはどのようになっているのか？ フィルタリングサービスを利用すればよいのだろうか？

◆青少年ネット規制法の規定

青少年ネット規制法は正式には「青少年が安全に安心してインターネットを利用できる環境の整備等に関する法律」と言い、有害サイト規制法等とも呼ばれます。

法律では、18歳未満の青少年が安全に安心してインターネットを利用することができるようにするため、行政機関や保護者、サイト管理者・運営者等の責務等について規定されています。

また、これに基づき「青少年が安全に安心してインターネットを利用できるようにするための施策に関する基本的な計画」が策定（2021年6月から青少年インターネット環境整備基本計画（第5次））されています。

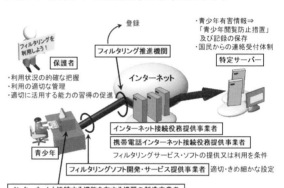

○国及び地方公共団体の責務

国や地方自治体が執るべき責務としては、

- ・学校・社会・家庭教育におけるインターネットの適切な利用に関する教育の推進に必要な施策
- ・青少年のインターネットを適切に活用する能力の習得のための効果的な手法の開発及び普及を促進するための研究の支援、情報の収集及び提供その他の必要な施策
- ・家庭における青少年有害情報フィルタリングソフトウェアの利用の普及を図るために必要な施策
- ・インターネットの適切な利用に関する広報啓発活動の実施

について定められています。

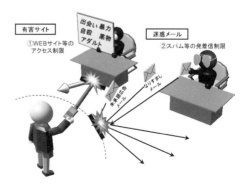

○関係事業者（サイト管理者等）の責務

青少年有害情報の閲覧（視聴）をブロックするため、サイトの運営者（特定サーバー管理者）にも、インターネット

を利用して青少年が青少年有害情報を閲覧できないようにするための措置（青少年閲覧防止措置）を執り、青少年有害情報に関する国民からの連絡を受け付けるための体制を整備するための努力義務が課せられていますし、青少年有害情報フィルタリングソフトウェア開発（フィルタリングサービス提供）事業者の努力義務やインターネット接続機器の製造（接続役務提供）事業者やインターネット接続機器の動作を直接制御する機能を有するプログラムを開発する事業者の義務等について定められています。

○青少年有害情報とは？

青少年有害情報は「インターネットを利用して公衆の閲覧（視聴を含む）に供されている情報であって青少年の健全な成長を著しく阻害するもの」として、例示も行われていて、たとえば「犯罪若しくは刑罰法令に触れる行為を直接的かつ明示的に請け負い、仲介し、若しくは誘引し、又は自殺を直接的かつ明示的に誘引する情報」等として規定されています。

スマートフォンの普及にあわせて、青少年の出会い系サイト利用による被害が増加

したことを受け、青少年の保護者については契約の際に未成年である旨の適正な申告が必要となり、携帯電話事業者についてはフィルタリングに関する内容説明と有効化措置を義務付ける法の改正が行われました。

青少年有害情報フィルタリングソフトウェアやサービスに関する調査研究、普及及び啓発を行ったり、当該ソフトウェアの技術開発の推進を行う事業者については、フィルタリング推進機関として総務・経産大臣の登録を受けることが可能であると規定されています。

青少年が安心してインターネットを利用できる環境づくりには、有害情報等を見せないだけでなく書き込ませないことも必要で、SNS上等に、個人情報や顔画像等を不用意に晒して個人が被害に遭うケースも多く発生しています（§6-6参照）。

○コンテンツフィルタリングの仕組み

フィルタリングの手法としては、大きくは利用（閲覧・接続）しようとしているサイトのアドレス（URL）により接続制限を行うURLフィルタリング方式と、実際のサイトのデータを監視し、特定のキーワードやフレーズが含まれているか等を基準に制限を行う動的コンテンツフィルタリング方式に分けられます。

URLフィルタリング方式は、主として、好ましくない内容（コンテンツ）を含む違法・有害サイトをその内容により特定のカテゴリーやジャンルごとに分類したり、有害情報やキーワードを含むサイトをブラックリストとして指定する方式と、閲覧可能なサイトを明示（接続先を限定）するホワイトリストにより指定するものに分けられ、ブラックリストを作成する際のURLの判定基準やデータベース作成を自己が行う場

合と第三者がレイティング（判断）して行う場合等に区分する場合もあります。

URL フィルタリング方式では、初期段階ではブラックリスト方式が多く利用されてきました。しかし、URL ではなく IP アドレスを直接入力することにより閲覧する、リアルタイムに参照するデータベースの更新ができない、画像等の判定ができない等のデメリットもあります。

また、未成年者に見せたくない違法・有害サイトは出会い系サイトだけではありません。わいせつ画像や麻薬等の違法なコンテンツを扱うものは判断が比較的容易かもしれませんが、同人系サイト等の趣味・嗜好部門では判断に差があります。

これらのことから、画像判定等も AI ／機械学習（ディープラーニング）技術やビッグデータを用いて行うことが可能な動的コンテンツフィルタリング方式へと進展しています。

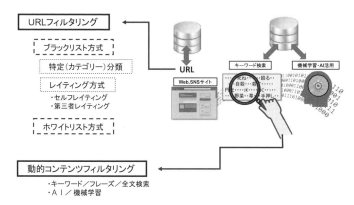

2011年に設立された一般社団法人インターネットコンテンツセーフティ協会（ICSA：Internet Content Safety Association）では、SIA（一般社団法人セーファーインターネット協会）の IHC（インターネットホットラインセンター）やセーフライン（§6-6参照）と連携しつつ、児童ポルノ画像が掲載されたサイトに係るアドレスリストの作成・管理・提供を実施しています。

また、公平・公正な基準の下でフィルタリングを行うため、コンテンツ審査を行う第三者機関（一般社団法人インターネットコンテンツ審査監視機構（I-ROI：Internet-Rating Observation Institute））が2008年に設立されています。モバイルコンテンツ審査・運用監視機構（EMA）は解散（2018年5月）しています（認定コンテンツの管理等の一部業務は一般社団法人モバイル・コンテンツ・フォーラム（MCF）が引き継いだ）。

◆ **フィルタリングの回避**

携帯電話事業者回線を経由してインターネットに接続する際には、フィルタリングサービスにより違法・有害サイトに接続しようとするとブロックされてしまう、というのがかつてのフィルタリングの仕組みでした。

携帯電話回線のみを利用していた時代には、携帯事業者のフィルタリングサービス

を利用することによりフィルタリン
グを行うことは可能でしたが、スマ
ートフォンやタブレットの普及によ
り、家庭の無線 LAN ルーターや
ホットスポットの Wi-Fi を経由した
インターネット接続ではフィルタリ
ング機能が働かないため、違法・有
害サイトへの接続が行われることも
多くありました。

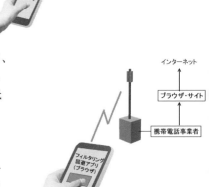

また、携帯電話事業者回線を利用
する場合でも、フィルタリングを回
避することが可能なブラウザを利用する等により、
種々のサイトに接続できる方法がネット上等でも
紹介されたりして、フィルタリングの実効性の低
下が問題視されることになりました。

◆ Wi-Fi でも可能なフィルタリングサービス

携帯電話事業者は、それまで個別の名称とサー
ビス内容で提供していたフィルタリングサービス
を2017年 2 月からあんしんフィルター（for 事業
者）の統一名称で提供しています。これは専用ア
プリを利用して、Android や iOS のスマートフォンが、携帯電話回線を利用していて
も Wi-Fi を利用していてもフィルタリングが可能となり、別のブラウザ等のアプリを
インストールできないようにしている等、セキュアブラウザ（§6-9参照）の機能を利
用しています。

これらは保護者が、利用時間帯の設定等、管理者としてこまめに管理を行う必要が
ありますが、管理者のアカウントを子供に教えることは厳禁です。子供にインター
ネット利用の危険性や適切な活用方法を教えることは保護者の責務であり、格安 SIM
（スマホ）等を利用する場合でも、
あんしんフィルターや i-フィルター
等を用いたフィルタリングサービス
を無料又は有料で提供していますの
で、活用したいものです。

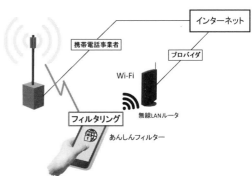

§6-11　ネット選挙とSNSの利用

ネット選挙が解禁となっているが、スマートフォンやSNSを利用する際の注意点は？

◆ネット選挙の解禁
○改正概要
　2013年4月の公職選挙法（公選法）改正により、選挙運動の際にインターネット（Webやメール）を利用することが可能となっています。

〈Webサイト等を利用する方法による文書図画の頒布（公選法142条の3第1項）〉
　誰でも、選挙運動にホームページ、ブログ・掲示板、SNS、動画中継（共有）サイト等を利用することが可能となりました。但し連絡先としての電子メールアドレスやSNS等のユーザ・アカウント名等を表示することが義務づけられています（公選法142条の3第3項）。

〈電子メールを利用する方法による文書図画の頒布（公選法142条の4）〉
　候補者と政党等に限り、電子メールによる文書等の頒布が可能となっています。しかも、予め選挙運動用電子メールの受信を希望するか継続的に受信している人にしか送付することができない等の制限が課せられています。更に送信者氏名・名称や電子メールアドレス等の表示義務もあります。SNSと同じ感覚で、有権者が友人に投票依頼等のために電子メールを送付することは認められませんので注意が必要です。

〈インターネット等を利用する方法による候補者の氏名等を表示した有料広告の禁止（公選法142条の6）〉
　原則は禁止ですが、政党等に限り政党等のホームページにリンクする有料バナー広告を掲示することが可能です。（公選法142条の6第4項）。
　以上をまとめると右図のようになります。候補者のつぶやきへのリツイートや演説中の候補者の状況を動画サイトに投稿する等は可能ですが、これらの行為は未成年者（18歳未満）については禁止されている（公選法137条の2）ので注意する必要があります。

「ネット選挙」でできること（○）とできないこと（×）

	候補者	政党	有権者等
メール	△ 勝手に送り付ける行為は違反となる（禁錮2年・罰金50万円以下の罰則）	△	✕ 投票依頼メールの転送、呼びかけも駄目
SNS	○	○	○
HP ブログ	○	○	○
バナー広告	✕	○	✕

○「ネット選挙」に伴い発生する懸念のある犯罪等
〈なりすまし〉
　候補者等になりすましメールを送信するもので氏名等の虚偽表示罪（公選法235条の5）等に該当します。
　手法としては、政治家本人名と紛らわしいメールアカウントを取得して送付する方法や電子メールのヘッダー部を改ざんしたり、メールアカウントを利用するためのパ

スワード等を不正に入手して送付する等の方法が考えられます。

また、落選したり引退した政治家の、更新されないで放置されたブログが改ざんされたり、SNS のアカウントが不正アクセス等により乗っ取られて悪用されることもありますので、休眠状態のアカウントや Web ページを放置したままにしないよう注意する必要があります。

反対に、候補者自身が送信したメールでも、迷惑メールやなりすましメールとして扱われてしまうことがあります。これは候補者自身が独自ドメインを取得している場合等で、SPF や DKIM（§4-14参照）の設定が適切に行われていないと、怪しいドメインやなりすましメール等と判断されて相手にメールが届かないことになります。

〈誹謗・中傷〉

誹謗・中傷は、虚偽事項公表罪（公選法235条）や名誉毀損罪（刑法230条）、侮辱罪（刑法231条）等に該当する場合があります。公選法にあわせプロバイダ責任制限法（§6-6参照）も改正され、選挙運動期間（公示・告示日から投票日の前日まで）中に掲載された誹謗・中傷情報は、プロバイダ等に削除の申出があった場合には、プロバイダ等から情報発信者に対する削除同意照会期間が通常の 7 日から 2 日に短縮され、2 日経過しても情報発信者から削除に同意しない旨の申出がなければ、当該情報を削除することが可能となっています。また情報発信者の連絡先等が適切に表示されていない場合には、速やかに当該情報が削除されることとなっています。

誹謗・中傷でなくとも、特定の候補者を落選させることを目的に実施する政治活動（落選運動）において Web サイト等を利用する場合は、選挙期日の公示日（告示日）から投票日当日までの間については、自分のメールアドレスあるいは返信用フォームの URL や SNS アカウント等の連絡先を表示する必要があります。

〈候補者や政党の Web ページへのサイバー攻撃（改ざんや DoS 攻撃）〉

このような行為は、選挙の自由妨害罪（公選法225条）、不正アクセス禁止法違反、電子計算機損壊等業務妨害罪（刑法234条の 2）等に抵触する可能性があります。また、標的型攻撃を行う目的で、候補者や政党の Web ページにウイルス等を仕込むことも想定されるので、CMS（§3-6参照）等のソフトのセキュリティを確保する等、予防措置が不可欠です。

○その他

選挙に便乗して、ニセの献金・寄付金を勧誘するメールや別サイトへの誘導を図るマルウェア添付メールの送付も考えられますので、安易に開封しないよう留意する必要があります。

> 2018年 6 月に成立した**「民法の一部を改正する法律」**（2022年 4 月 1 日施行）により有権者年齢が18歳以上に引き下げられました。誹謗・中傷やなりすましだけでなく、買収や Web ページをプリントアウトして配布する等、禁止事項の一層の徹底が必要です。

§6-12　スマートフォンでも P2P には要注意

一昔前には、P2P ファイル共有ソフトの利用によりパソコンがマルウェアに感染し、個人情報等が漏えいする事件が多発していたが、スマートフォンは関係ないのだろうか？
また P2P ファイル共有ソフトの動作の仕組み等はどうなっているのだろうか？

◆様々なアプリ

スマートフォンのアプリを入手する公式マーケットにも、様々な P2P アプリが並んでいます。昔と同様、メッセージ交換やファイル交換機能を有するアプリもあれば、IP カメラの管理を行うアプリ、それからファイナンス（送金等）で用いられるものが多いようです。

最近のスマートフォン（Android 4.0以降）では、ルータ（親機）無しに端末同士を直接接続することが可能な Wi-Fi Direct の機能を有していて、対応機器であれば、たとえば無線 LAN ルータを経由することなく、スマートフォンからプリンターにダイレクトに接続を行い印刷やスキャンを行うことが可能です。また P2P 機能を用いてメッセージを多数の端末に対してブロードキャストで伝えることが可能なアプリも登場しています。

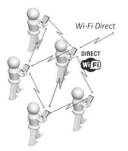

地震発生時等の緊急事態が発生した際の斉報通信を行うことが可能等、有用なアプリも多いのですが、違法コンテンツ等のアップロードやダウンロードが違法であることについては、パソコンとスマートフォンに差はありません。

さらに、これらの怪しいアプリや違法コンテンツを利用しようとすると、マルウェアに感染する危険性が高いこともパソコンと同じです。

◆スマートフォン独自の P2P 機能

オンライン接続せず（課金されず）に、近傍の端末間で画像や動画等の大容量ファイルを高速に転送できるということは利便性が高く、Bluetooth で接続を開始し、実際のファイル転送は Wi-Fi を用いる、という Apple（iPhone）の Multipeer Connectivity Framework を用いた AirDrop（エアドロ）が有名ですが、同様の仕組みにより P2P ファイル転送を行う仕組みは、Android 系の端末にも備わるようになりました（NFC を利用した Android Beam は、Android 4 で追加された機能ですが、Android 10で廃止されています）。

Wi-Fi Direct の機能を用いた Android の Nearby Share（Android 10以降）や中国企業のスマートフォンの、次表ではたとえば Xiaomi の Mi Drop を掲載しましたが、このような機能は各社の端末で使えるようになっています。

この相互接続の仕組みは、既に Huawei では独自の規格（Huawei Share）により実

機能名称	iOS	Android	Windows	bluetooth	Wi-Fi	備考	類似
AirDrop	○			○	○	Multipeer Connectivity	huawei share, Mi Drop
Nearby Share	○	○			○	Android Beam の後継	
Wi-Fi Direct	○	○	○		○		

現していましたが、互伝連盟（P2P Mutual Transmission Alliance（MTA））に加盟する Xiaomi、OPPO、Vivo、Meizu、realme、Black Shark、OnePlus 各社は、各スマートフォン用基本ソフトにこの機能を統合し実現しています。この企業連合には、韓国 Samsung も参画しています。

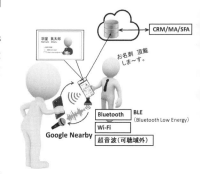

ビジネスシーンで名刺の交換を行う、というのも P2P 技術を用いています。

法人向け、個人向けの名刺管理アプリも増えていますが、クラウド上に交換した名刺データを保存したり、CRM や MA、SFA システム（§3-24）と連携するツールも提供されるようになっていますが、この場合の P2P としては、Google API の場合には、Bluetooth（BLE）や Wi-Fi のような無線通信のみならず、通常耳では聴こえない可聴周波数外の超音波を用いて、周囲の端末の探索や端末間でのデータ交換を行い、クラウドへのデータ転送を行う等の仕組みを取っています。

○ AirDrop の悪用（AirDrop 痴漢／テロ／ハラスメント）

Apple の AirDrop は便利に利用されてきましたが、その分、この機能を悪用した迷惑行為の被害に遭ったり、情報を流出させないよう、適切な設定を行うことが必要です。

iOS13が登場するまでは、AirDrop 機能による情報共有（ファイル受領）を受け入れない場合でも、たとえばそのファイルが画像であれば、サムネイルとして表示されていましたので、わいせつ画像等を送り付けたり、勧誘を行う等の迷惑行為（犯罪）等が多発していました。

また相互認証機構の脆弱性により、知らない内に自分の本名やメールアドレス、動画、写真等が流出する危険性もありますので、適切に設定・更新を行うことが必要です。

◆ P2P 技術はスマートフォン以外にも…

P2P 技術は、現在のネットワーク上で様々な形で用いられています。

たとえば、下で説明していますが、SNS やインターネット通話アプリで利用されている LINE や Skype のようなツールも P2P の仕組みを利用したものですし、暗号資産（仮想通貨）の取引や送金を行う際にも、そのネットワークを構成する技術には P2P が用いられていて、今後も多様な利用が行われるものと想定されています。

以下、パソコンの時代から利用されてきた P2P 技術の基本的な説明を簡単にまとめておきます。

◆ P2P 通信の原理

○ P2P とは

P2P は Peer to Peer の略称で、ネットワーク上のコンピュータ（ノード）の集合体で構成されるものです。ノード同士は、クライアント・サーバ（C/S）システムのように上下の関係にあるのではなく、各ノードが状況に応じてクライアントとしてもサーバとしても動作することにより、直接ノード間で情報を交換したりリソースを共有する仕組みとなっています。

ピュア P2P

この P2P 技術がファイル共有に利用されていますが、Winny のように全く中枢機能を担うサーバが無い P2P は"ピュア P2P"、Napster のように中央サーバが必要な P2P は"ハイブリッド P2P"と区別されています。

中央サーバにデータ（トラフィック）が集中することを避けることが P2P の特徴なので、ハイブリッド P2P のような中央サーバが設置されている場合でも、ここでは、データの所在のみを管理していますので、Web サーバのような負荷集中は生じません。

○ P2P はファイル共有だけではない

かつては、P2P ソフトといえばファイル共有ソフト、しかも著作権法違反や個人情報・機密情報漏えいの元凶、といったイメージが強かったものです。

しかし各種インスタント・メッセンジャー（IM）や Skype 等のインターネット電話も P2P 技術を利用していますし、掲示板や分散コンピューティング、各種コンテンツ配信、オンライン・ストレージ等のビジネス分野等でも P2P 技術が利用されています。

○ ファイル共有ソフトの仕組み

P2P ファイル共有ソフトの仕組みについて、古くなりますが Winny を例に説明します。

あるファイルを公開しようとする人が、このファイルをアップロードフォルダに置くと、Winny によりファイル本体が暗号化されると共に、ファイルの名称やサイズ、更新時刻等のハッシュ値と、位置情報としての IP アド

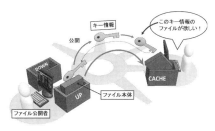

レスやポート番号等からキー情報が作成されて、隣接ノード間で、このキー情報が順次交換されます。キー情報には一定の寿命はあるものの、次第に Winny ネットワーク上を拡散していきます。

「このファイルが欲しい」、と思った人は検索して、そのキーを指定することにより、所有者のノードと接続し、暗号化されたファイル本体をダウンロードして、キャッシュフォルダに格納します。転送が完了すれば復号化され、ダウンロードフォルダに格納されますが、キャッシュフォルダのファイルはそのまま残され、こちらも公開される、という連鎖によりデータが拡散する仕組みとなっています。

○ ファイル共有ソフトとウイルス感染

たとえば、Winny を使用していて、間違って重要なデータを記録したファイルを

アップロードフォルダに置いてしまったとすれば、そのファイルは当然のことながら公開されてしまいます。「そんなこと、普通はしないよ」と甘く考えていると悲惨な状況に陥ります。

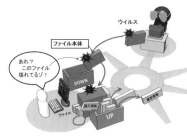

Antinny 等の暴露型のウイルスは、まさにそれを狙って感染の触手を伸ばしています。

たとえば、ファイル共有ソフトでお気に入りの音楽・画像ファイルを入手したので視聴しようと思ってそれをダブルクリックしたとします。「音楽ファイルなのに再生されないぞ？　ファイルが壊れているのかな？」と思っていると、実はマルウェアに感染しているかもしれません。Winny は更新も行われなかったので、脆弱性を突いて攻撃コードが仕込まれやすい状況にありました。また Anntiny 等には様々な亜種が出現し、種々のファイルを削除したり偽エラーメッセージを表示するものや、個人情報や機密情報の流出を引き起こした例もありました。

○ノード数は減っているものの…

国内では Winny の他、Share や Perfect Dark（PD）、LimeWire、WinMX、Cabos、BitTorrent 等の利用度が高く、今から15年程前には、多いもので数十万ノードが国内に存在していました（現在でも数万ノードあるようです）。いずれのファイル共有ソフトも、利用することにより個人情報や機密情報が漏えいする危険性や著作権法等への抵触が大きな問題となりました。

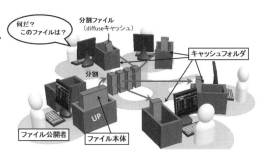

Winny の場合、取り扱えるファイルサイズが 2 ギガバイト以下でなければならないので、これを超えるような大きさの、たとえば映画のようなファイルでは、圧縮・分割といった作業が必要となりますが、Share では32ギガバイトのファイルまでアップロードが可能である上に、ファイルをアップロードする者（一次放流者）の匿名性を高める「拡散アップロード」の手法も採用されていました。

これは、ファイルをアップロードする際に 1 メガバイト単位に分割し、その分割されたファイル（ブロック）を近くのノードに強制的にアップロードさせる、という手法です。この近隣ノードのキャッシュフォルダからさらに拡散されることにより放流元の特定が困難になる仕組みでした。当時、P2P ファイル共有ソフトを用いて各種のファイルをダウンロードしている人の中には、「仕事

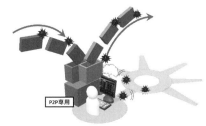

や個人情報を扱う PC とは別に、Winny 専用 PC を用意して、動画や音楽ファイルを楽しんでいるので、情報漏えいはあり得ない」という考えを持った人もいたものですが、P2P ファイル共有ソフトをターゲットにしたマルウェアも多く、全てが既知のものではないため、マルウェア対策等をいくら万全に行っていると思い込んでいたとしても、決して十分ではありません。

しかもキャッシュとして各種ファイル（またはその断片）を自分の PC に格納しているということは、ウイルス付のファイルや著作権法等に抵触するファイルを共有し、その拡散の手助け（中継）をしていることにもつながる、ということを十分認識する必要があります。

著作権法の改正により、2010年からは、権利者に無断でアップロードされている音楽や映像ファイルを、違法と知りながらダウンロードする行為は、「私的利用のための複製」としては認められない違法な行為として規定されました。

◆ Web（IP）カメラと P2P

防犯カメラの危険性については§3-12で説明しましたが、DX や IoT 推進の波に乗り、インターネットに接続される Web カメラの数は随分増加しています。

従来の Web カメラでは、DDNS（ダイナミック DNS）等を使用する場合には、設置者が慣れていないと、ルータのポート開放、ポート変換等、結構設定作業が難しく、デフォルト状態のまま使用して乗っ取られてしまう事例も多くありました。

しかし最近の製品の中には P2P 方式を採用するものも増加しています。ネットワークカメラ自体にも ONVIF（Open Network Video Interface Forum）規格に準拠したインターフェイスを有する製品も増えていて、パソコンの Web カメラや SIM カードを抜いたスマートフォンでも、Wi-Fi 接続環境があればカメラで撮影した動画等をリモートで監視・管理することができるような様々なアプリがあり、インストールすれば簡単に利用できるようになっています。

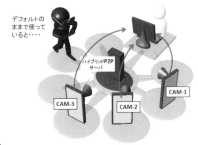

このようなカメラは、ルータに接続するだけで、ルータが DHCP、UPnP に対応している場合には、難しい設定なしに利用できてしまいます。この P2P 方式は、画像データ自体は送信側から受信側の端末機器に直接伝送されるようにはなっていますが、その利用者管理のためにサーバを設置する「ハイブリッド P2P 方式」を取るものも多くあります。

スマートフォン用の正規マーケットにも多くのアプリが掲示されていて、外国語表記でよく分からないものも多いのですが、もし、利用者や接続情報の管理が適切に行われていないサーバを用いるような杜撰なアプリをインストールしてしまうと、カメラやスマートフォンが乗っ取られる危険性があります。また映像ストリーミングをクラウド上やサーバに吸い上げたり、勝手に端末を操って盗撮するような粗悪な製品・サービスも存在しますので、信頼性の高いカメラやアプリを導入する必要があります。

◆ゲームの"ロム"と"エミュ"も P2P？

　今でも、ゲーム機のエミュレータ（パソコンやスマートフォン上でゲーム機の役割を担うソフトやアプリ）やロム（ROM）イメージ（ゲームソフトの本体データ）を配布しているWebサイトは存在していますし、P2P等での流通が消滅した訳でもありません。

ROMイメージ

ゲームエミュレーター
（エミュ）

スマートフォン

> 携帯ゲーム機、
> 持ってなくても
> 遊べるもんね！

　子供に遊ばせたくないソフトを買い与えないよう細心の注意を払っていても、子供の方は親の知らない所で、著作権のことなぞ考えもせず、秘かにネット上で流通しているゲームソフトを、ファイル共有用ソフトを通じて入手して遊んでいるかもしれないのです。

○ロム（ROM）の吸い出し

　ゲームソフトは専用のCD／DVDやカセット、カートリッジに記録され、コピーは不可、たとえコピーできたとしても、ゲーム機に挿入して使える訳がない、と親は思っているかもしれません。しかし専用の「バックアップ」ツールを使えば、別の記録媒体にコピーすることも可能ですし、この記録媒体をゲーム機本体で動作させるための「アダプター」やツール、本体ソフト等の改造テクニックもネット上で出回っています。

> イメージを吸い出して
> "ロム"化して……
>
> コピー？　いえいえ
> 「バックアップ」してる
> だけですよ。

インターネット
（アップロード）

イメージファイル
（データ）

CD/DVD

ゲームソフト

カートリッジ

　本人が自己のソフトからゲームのプログラムやデータを別メディアにバックアップ保存する行為が著作権法に抵触しないとしても、バックアップしたデータがネット上に流通すれば、誰もがこのソフトを利用することができるようになってしまいます。

　ゲームソフトのカートリッジは普通のユーザがパソコン等で読み書きできないようなROM（Read Only Memory）形式で記録されていますが、専用ツール等を用いてカートリッジから抜き出すことを「ROMイメージを吸い出す（吸い上げる）」と表現しています。

○"ROMイメージ"の利用方法①

　ゲームのROMイメージを掲示しているWebサイトからダウンロードしたりP2Pファイル共有ソフトにより入手したROMイメージのデータファイルを記録媒体に書き込み、これを専用カートリッジと同じサイズ・形状で端子が付随するアダプター等（通販等

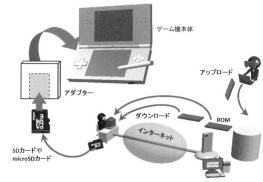

ゲーム機本体

アップロード

アダプター

ダウンロード

ROM

インターネット

SDカードや
microSDカード

で入手可）に入れゲーム機本体に挿入すれば、当該ゲームが利用可能となります。ゲーム機によっては本体改造や設定変更を必要とする場合もあります。

○ "ROMイメージ"の利用方法②〜"エミュ"

パソコンやスマートフォン上でゲーム機本体と同じ機能を果たすようにする（エミュレーション（emulation））ソフト（ゲームエミュレータ）を入手（ダウンロード可能なサイトが存在している）することにより、そのゲーム機用のROMイメージをそのエミュレータ（エミュ）により動作させれば、ゲーム機を持っていない場合でもソフトを稼動することが可能となります。

これらのソフトやイメージデータには、カートリッジデータ等を破壊するプログラムやマルウェア等が仕込まれていることも多いので、著作権の問題を抜きにしても、手を出さないことが賢明です。

ゲーム機やソフトが記録されたカートリッジ等は、**著作権**のみならず、**特許（実用新案）**や**意匠権・商標権**等の工業所有権等により保護されていることがほとんどです。

また、ゲーム機やソフトには、**コピーコントロール機能**（複製を認めなかったり複製回数を制限する機能）や**アクセスコントロール機能**（視聴を認めなかったり視聴回数を制限する機能）が組み込まれていることも多く、改造によりこれらの機能を阻害するような商品を販売したり当該機能等を提供する行為は**「不正競争防止法」**に抵触する可能性があります。

不正競争防止法では、"コピー防止機能"等は**「技術的制限手段」**として、次のように規定されています（注：著作権法では**「技術的保護手段」**として規定されています）。

「技術的制限手段」とは、「電磁的方法（電子的方法、磁気的方法その他の人の知覚によって認識することができない方法をいう。）により影像若しくは音の視聴若しくはプログラムの実行又は影像、音若しくはプログラムの記録を制限する手段であって、視聴等機器（影像若しくは音の視聴若しくはプログラムの実行又は影像、音若しくはプログラムの記録のために用いられる機器をいう。以下同じ。）が特定の反応をする信号を影像、音若しくはプログラムとともに記録媒体に記録し、若しくは送信する方式又は視聴等機器が特定の変換を必要とするよう影像、音若しくはプログラムを変換して記録媒体に記録し、若しくは送信する方式によるものをいう」。

４Ｋテレビの普及と共に、著作権保護された映像をモニターするための機器にHDMI 2.0/2.1、HDCP 2.2/2.3等が必要となっていますが、この**HDCP**は、**High-bandwidth Digital Content Protection**の略で、HDMIインターフェイスを経由する際の不正コピーを防止するための規格を示しています（HDCPはソニーのゲーム機等に採用されています）。

§6-13　スマートフォンの迷惑メール？

スマートフォンにもスパム等の「迷惑メール」やフィッシング、振り込め詐欺等を目的とするメールが届くが、被害を防止するための対策や自衛策は？

◆どんな迷惑メールが届く？（手段）

スマートフォンは、携帯電話事業者の回線だけでなく Wi-Fi（無線 LAN）経由でインターネットと接続することが可能ですが、進化が早いので私のような高齢者にはなかなか理解が追い付かない面も多くあります。5G（ファイブジー：5th Generation）と無線 LAN が利用する周波数の 5G（5GHz：5 ギガヘルツ）の違いが分かるか？　と言われると怪しいものです。

Wi-Fi の仕組みを用いるものの中にも、インターネットを経由するものだけではなく、P2P で直接相手の端末からメッセージが届くことだってあります（§6-12参照）。

さらには、Bluetooth を用いてメッセージ交換が可能なアプリも存在していますし、Apple 社の端末同士ならば AirDrop で、Android 端末同士であれば Nearby Share で、端末間のデータを交換することも可能です。

○メールの送出方法（種類）

スマートフォンに対してメールを送付するには、プロバイダと契約してメールアドレスを割り当てられ、パソコンやスマートフォンから、インターネットを経由して送付する E-Mail と Google や Yahoo! 等の Web メールを利用する方法だけでなく、携帯電話事業者と契約した際に利用することが可能なキャリアメール

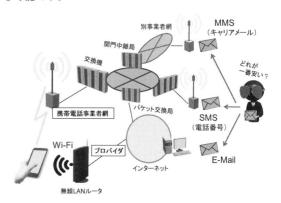

（MMS：Multimedia Messaging Service）や、電話番号さえ分かっていれば送付可能な SMS（Short Message Service）や C メール（au の場合）が利用可能です。SMS／C メールでは全角660〜670文字のテキスト文章しか送付できませんが、大手キャリア（au、ドコモ、ソフトバンク）の＋メッセージ（プラスメッセージ）では、無料で全角2,730文字のテキストや各種添付ファイル（100MB まで）も送付することが可能です。

○迷惑メール（内容）

迷惑メール、と一口に言っても様々な内容のものがあります。

・広告宣伝目的のもの

・振り込め詐欺等、金銭や個人情報を窃取するためのもの（マルウェアが添付されて

いる場合や発信元を詐称する場合も含む）

・特定の者からの誹謗・中傷やストーキング、嫌がらせ等のためのもの

・青少年に有害情報等を提供するためのもの

・デマ情報を拡散するためのものやチェーンメール等

また、迷惑メールは SPAM メール、ジャンクメール、UBE（Unsolicited Bulk Email）、UCE（Unsolicited Commercial Email）等と呼ばれることもあります。

○迷惑メールの送出方法

① SMS（C メール）の利用

携帯電話やスマートフォンのキーパッドを開いて、相手の携帯電話番号を入力し、それから短文メッセージを入力するのは、何通も送付する場合には、結構面倒な作業です。それでも、かつてはレンタル携帯や飛ばしケータイを使用する、あるいは架電する場合の184（非通知設定）と同様、発信元番号を非通知にして送付する迷惑メールが横行していました。このため現在では SMS の非通知設定での送付は不可能となっています。

しかしながら、ブラウザの拡張機能やアプリを使用する等パソコンとスマートフォンを連動させたりクラウドサービスを利用する等により、パソコンからも SMS を送出、しかも一斉送信も可能な手法も用いられています。

SMS は、スマートフォン・携帯電話があれば、電話番号だけで本人確認ができることから、種々のサービスで所有者認証として用いられていますが、一方で、パソコン等を用いることにより、送付先の電話番号を0001⇒0002⇒0003のようなインクリメンタルな数字で送出したり、ランダムな数字を発生させて迷惑メールを送付することも可能です。もちろん、MMS や E-Mail の場合も同様にランダムなメールアドレスやドメイン名を生成させて迷惑メールを送付することも行われます。

§3-22で説明しましたが SMS フィッシング（スミッシング）等、フィッシング詐欺で特定のサイト（URL）に誘導するために、bit.ly 等の短縮 URL を用いることがあり、もし SMS や E-Mail の中に、このような短縮 URL をメール内に記述していると、それだけでブラックリストに登録されフィルタリングされてしまうこともありますので、通常のメール送受の際に短縮 URL を利用するには注意が必要です。

②ボットネット等の利用

悪質なマルウェアであるボットに感染した端末群に C&C サーバ等から指示を行うことにより、DoS 攻撃を行ったり迷惑メールを送出することが可能です。

　この場合も、送信元のメールアドレス等は、ランダムに生成されたり詐称されたものであることがほとんどです。Webメール等でも、入手したアカウント等を用いて、ランダムに生成させたアドレスに対して迷惑メールを送出することが行われています。

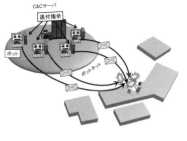

◆迷惑メール対策

　スマートフォンは、携帯電話事業者回線を経由してインターネットと接続する場合と、Wi-Fi等を経由する場合がありますので、迷惑メールに対しては、携帯電話事業者とISP（プロバイダ）、それぞれでの対策が必要となります。勿論、利用者自身がスマートフォンの設定を適切に行うことが必要です。

①プロバイダにおける対策

　迷惑メールを送付させないことが一番なので、送出側のプロバイダ、受信側のプロバイダで連携して、迷惑メールの送受信を阻止することが必要です（§4-14のOP25BやIP25）。

　スマートフォンのブラウザから利用するWebメールの場合も、サービス主体のポリシー等により違いはありますが、機械学習技術をはじめ様々なフィルタリング技術を組み合わせたフィルタリングを行っています。

②携帯電話事業者における対策

　携帯電話事業者においてもプロバイダと同様、フィルタリング等の対策を講じています。

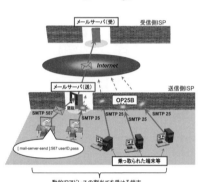

動的IPアドレスの割当てを受ける端末

フィルタリング

○送信元が偽装されていないか？
○フィッシングサイトへ誘導するリンクが含まれていないか？
○マルウェアが添付されていないか？
○猥褻画像等が含まれていないか？
○迷惑メールに特有な語句等が含まれていないか？

　携帯電話やスマートフォンに到達するメールの中にはパソコン等から送付されるものもあるので、携帯電話やスマートフォンからのメールのみ許可する、等の設定も可能です。またフィッシングサイトへの誘導を避けるため、上でも説明しましたがURLリンクが記載されたメールのブロックを設定できるものもあります。

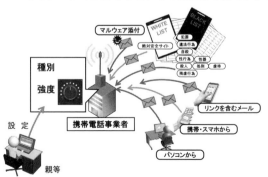

　いずれにせよ、携帯電話サイトにログインする等により利用者自身が設定することが必要となりますので、忘れないように設定することが求められます。個々の項目で設定できる事業者もあれば、小

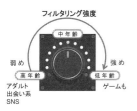

フィルタリング強度

弱め　中年齢　強め

高年齢　　　低年齢

アダルト
出会い系
SNS

ゲームも

学生等の低年齢層に対してはゲームサイト等へ誘導するための件名や本文が含まれるものも受信しないようにできる「強め」のフィルタリングにし、年齢が高くなると「弱め」の設定が行えるようにしている事業者もあります。親としては、子供の年齢層に応じて適切なフィルタリング設定を行うよう心掛けたいものです。

③個人の設定

　子供のスマートフォンだけでなく保護者自身の端末についても、有害サイトの閲覧をブロックするよう適切なWebブラウザを選び、きちんと設定する必要がありますが、忘れずにメール受信のフィルタリング設定も的確に行いましょう。

フィッシングサイト等

HTML MAIL

Link URL

　SNS・トークアプリの中にはWeb閲覧機能を持つ（アプリ内ブラウザ）ものもありますので、URLリンクが含まれたメッセージが到着した際に、そのURLを不用意に押してしまうと、不適切・有害なサイトに接続されてしまう可能性がありますので、注意が必要です。

◆オプトアウトからオプトインへ（広告メールの受け入れ）

　「特定電子メール送信適正化法（特定電子メールの送信の適正化に関する法律）」は、いわゆる迷惑メールを規制するために2008年に改正され、それまで認められていた「オプトアウト（opt out）」方式が認められなくなっています。事前に電子メールの送信に同意した相手に対してのみ、広告、宣伝等を目的とする電子メールの送信を許可する方式（「オプトイン（opt in）」方式）に改正されています。

　「オプトアウト」方式は「メールの送信は自由であり受信したくない者は個々に受信拒否の通知を行うこと」という意味なので、かつては、メール件名の最初に「未承諾広告※」と記載してダイレクトメールを送りつけることが往々にしてありました。受信者から「もう送るな！」という返事が返ってくれば、以降のダイレクトメール等の送信は行ってはいけない、というのが昔の規定で、「イヤなら断ればよい」という意味なのですが、この「断わる」というところが曲者なの

誰も送ってくれなんて言ってないゾ！

イヤなら断ればイイじゃん！

未承諾広告※

ジャンクメール

スパム

オプトアウト

オイオイ！返事が来たぜ！このメアド使われてるんだ！

このメアド、譲るぜ！

メアド

サンキュー！

第三者
（悪徳DM業者等）

「こんなメール要らない」って返事出しとかなくちゃ！

です。

　返事を出すということは、そのメールを見ている人がいる、あるいはそのメールアドレスが実際に使われていることを意味しています。

　スパムを大量にばら撒く者は、必ずしも実在するメールアドレスに対してメールを送出している訳ではなく、ランダムに文字列を発生させたり、順次機械的に送付したりすることの方が多いことから、そ

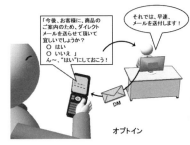

オプトイン

れに律儀に返事をしたためることは、その生きたメールアドレスの存在をスパマーに知らしめてしまうことを意味します。実際にこのようにしてゲットしたメールアドレスは転売され、新たなスパムが到来することになります。

　また、受信拒否の連絡を行うメールアドレスを記載する際に、HTML 形式で「受信を希望しない方は次のアドレスを開いて下さい http://www...」等として、実際にはフィッシングサイト等への誘導を図る等、フィッシングの道具としても利用されたりしていました。そこで、不特定多数への特定電子メールの送信は原則禁止となり、予め送信に同意する場合（オプトイン）等のみ、送信が認められるように改正が行われました。

特定電子メールの送信の制限

３条　送信者は、次に掲げる者以外の者に対し、特定電子メールの送信をしてはならない。

一　あらかじめ、特定電子メールの送信をするように求める旨又は送信をすることに同意する旨を送信者又は送信委託者（電子メールの送信を委託した者（営利を目的とする団体及び営業を営む場合における個人に限る。）をいう。以下同じ。）に対し通知した者

（以下、省略）

　また、この改正により、違反した場合の罰則は、法人に対する罰金の最高額が従来の100万から3000万へ引き上げられました。

法では、業者に承諾記録の保存義務が課せられていますが、事前に取得しておかねばならない受信者の具体的な同意の取り付け方等については、総務省のガイドライン（特定電子メールの送信等に関するガイドライン）等に示されています。

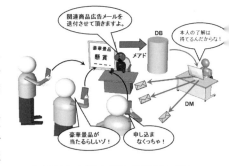

　利用者としても「明確に受信者の意思が反映される形」となっているかどうか、十分チェックする必要があります。たとえば、過去にも Web 上で懸賞等を餌に、メールアドレスの大量収集を図る行為が頻繁に行われていましたが、そこに小さな文字で特定電子メールを送付する旨の記載を行い、これを了解しなければ懸賞等に応募できない、という仕組みになっていることも多くありました。この場合、普通の受信者は、心底広告宣伝メールを希望しているのではなく、意識せず承認してしまっている、というのが実情でしょう（「特定電子メール送信適正化法」の改正にあわせ、「特定商取引に関する法律」や「割賦販売法」についても改正が行われ、承諾をしていない者に対する「電子メール広告の提供」が禁止されました）。

◆フィルタリングと（サイト）ブロッキング

　Gmail のように、プロバイダやソフト（アプリ）側で自動的に迷惑メールの受信を阻止してくれる、ということは受信者にとって大変ありがたいことです。

　しかし、その仕組みや判断基準は必ずしも公開されている訳ではありません。

　Web サイトの視聴に関しても、プロバイダ側の基準により Web サイトのコンテンツ等を評価していますので、例えば、メール文の中に記載された海賊版等違法コンテンツ等

を掲示するサイトへの URL リンクをクリックすることにより接続リクエストを送出しても、DNS 等でブロック（DNS ブロッキング）するサイトブロッキングに関しては、通信の秘密との関係等の点で問題点も指摘されたりしていて、全ての接続事業者が実施している訳ではありませんので、Web 利用の際のブロッキング対応はそれぞれ利用環境をよく確認する必要があります。

　またブロッキングが行われていない状況でもブラウザのセーフサーチ機能を活用する等により不適切なコンテンツを検索結果に表示させず、子供が違法・有害サイトを利用することを防止する、ということも考慮することが適当です。

◆ SNS の「迷惑トーク」等

　SNS を利用していると、見知らぬユーザから突然トークメッセージ等が届く場合があるかもしれません。その SNS の ID や電話番号が流出したり、ID 検索等から知られたのかもしれません。

　このような見知らぬユーザからのメッセージに迂闊に返事してしまうと、執拗な勧誘や詐欺等を目的とした悪質なサイトへの誘導等に嵌ってしまう危険性がありますので、このような迷惑メッセージに対しては安易に返事をしない、メッセージ受信拒否等によりブロックする等の対策が必要となります。

◆ SNS の連携アプリ

　SNS との連携や同期を行うアプリの利用にも注意が必要です。SNS のアカウントや個人情報が抜き取られ乗っ取られてしまう悪質なものや、コメントスパム、スパムツイートを勝手に送信するアプリ等をインストールしてしまうと非常に危険ですので、不用意なアプリ連携は行わないことが一番です。

　個人情報へのアクセス許可を要するアプリや投稿（フォローやコメント、ツイート等）が可能なアプリは事前によく確認し、少しでも怪しいものはインストールしないこと。

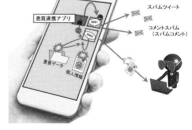

§6-14　スマートフォンがおサイフ？

新型コロナ感染防止のためにもメリットがある、非接触での決済が可能な「キャッシュレス」化が急激に進展した。Suica や PASMO 等の交通系カードやデビットカードのようなカード式のものだけでなく、スマートフォン自体に電子マネーの支払い機能やクレジットカードの機能を持たせ、キャッシュレス決済が進展している。その仕組みは？　セキュリティ面で留意すべきことは？

◆スマートフォンにおける決済は大丈夫？

　スマートフォンで決済が行える様々な機能は、携帯電話に NFC（Near Field Communication）チップが搭載されるようになった2010年頃から実現されるようになりました。

　まずはクレジットカードの機能の搭載に関して、2011年4月に日本クレジットカード協会（JCCA）は「スマートフォン決済の安全基準等に関する基本的な考え方」を策定し、これを受ける形で、2012年6月に社団法人日本クレジット協会（JCA）では「スマートフォン決済セキュリティガイドライン」を制定しました。

　このガイドラインでは、たとえばカード情報の保護に関して、①データ保存の禁止、②確実なデータ消去、③カード番号の非表示等の基準等が規定されています（JCA では同3月に「インターネット上での取引時における本人なりすましによる不正使用防止のためのガイドライン」も制定しました）。

　クレジットカードに関しては、カード情報や取引情報の保護の仕組みとして PCI-DSS（§6-14参照）への準拠が求められていますが、その他、交通系 IC カードの機能を取り込んだ FeliCa タイプの電子マネーや様々なプリペイド、チャージ可能な電子マネーや QR コード等を利用した決済も利用が拡大しています。

　Apple 社も2022年中に NFC を用いたスマホ決済（Tap to Pay）を実用化することとしていますので、さらなる普及拡大が予測される分野です。

◆電子マネーをスマートフォンで利用する仕組み

　現金やキャッシュカード、クレジットカード等のカードではなく、スマホで決済する方法には、

・決済用の専用アプリをインストール
・IC カード機能（非接触〜かざして利用）
・QR コード決済

等の手法があります。

　その他、オンラインで購入した商品代金を携帯電話料金と一緒に引き落とすことが可能なキャリア決済もあります。

　この内、非接触型の IC カード機能の発達により、スマートフォンが便利な「おサ

イフケータイ」として利用されるようになりました。

○ハードウェア

　スマートフォンでは、携帯電話事業者回線以外にも Wi-Fi や Bluetooth、赤外線（IR）による近傍端末とのデータ交換やテレビ等のリモコン制御等も可能となっていますが、決済機能については NFC（Near Field Communication）の技術を利用しています。

　赤外線通信以外は無線技術を用いた伝送を行っていて、スマートフォンに搭載される Wi-Fi や Bluetooth では、2.4GHz 帯や 5 GHz 帯の高い周波数が用いられ、数メートル程度の伝送が可能ですが、NFC の場合は短波ラジオの周波数帯を使用していて、決済等の用途には伝送距離が10センチメートル程度の近接型が多く利用されています。

　無線を利用したデータ送受信は OTA（Over The Air）とも呼ばれていて、eSIM カードの普及と共に電気通信事業者情報等もリモートで書き換えることが可能となってきています。

◆「カード決済」の基礎

　IC カードも、接触型と非接触型に分かれますし、同じカードでも、昔から使われてきたのは、磁気ストライプの付いたカードですので、これらの規格に関して先に説明しておきます。

○接触型と非接触型

　今でも銀行カードやクレジットカード、スマートフォンの中の SIM カードは**接触型**のものが多いのですが、その中には磁気カードと IC カードのものがあります。一方、Suica や PASMO 等の**電子乗車券**やタスポ（たばこ購入用成人識別 IC カード）等は接点の見えない**非接触型**で中には IC チップが入っています。

　接触型と非接触型には相互の互換性はありませんし、非接触型のカードも使用する距離や無線周波数等により各種の規格が存在しています。

○金融サービス用 IC カード（接触型）

　昔（昭和の時代）は、現金自動支払い機（CD：Cash Dispenser）で現金を引き出したりするためのカードといえば、金融機関が発行する磁気カード（キャッシュ・カード）が普通でした。この頃、暗証番号は磁気ストライプに磁気データとして保存されていましたので、これを解析することによりキャッシュカードの偽造も行われていました。

　CD 機の横に捨てられた利用明細書等のデータも、偽造の際に口座番号等を入手するために利用されたりしていましたので、このような方法あるいは拾得したり窃取したカードを用いて不正に現金を引き出す犯罪は「CD 犯罪」とも呼ばれていました。

　さすがに磁気ストライプの中に暗証番号を記録するのは拙いだろう、ということでカード内の暗証データは "ゼロ" にして、専用回線を経由して銀行側で照合する「ゼロ暗証」化が行われました。

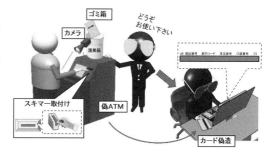

　これも当初は「専用回線」ということで暗号化も行われておらず、盗聴した暗証番号データによりカードを偽造する事案も発生しました。

　この他、現在でも偽ATM（Automatic Teller Machine）を設置したり、カメラ、スキマー（カードの磁気情報を不正に読み取る機器）等を取り付けてデータを詐取することが行われています。このため金融機関等では、生体認証機能付ICカード、さらには生体認証データのみ（カード不要）で本人確認を行うことも進められています。

〈セキュリティ規格〉

　接触型ICカードの主な用途で、かつ、最もセキュリティ確保を要するものが、銀行キャッシュカードやクレジットカードであることから、ISO（国際標準化機構）でも、金融サービスについては、独立した金融委員会TC68（TC：Technical Committee）で検討が行われていて、各種インターフェイスや暗号化の手法、セキュリティに関して規格化が行われています。

　ISO/IEC 7816は基本事項の規定で、クレジットカードについては業界のデファクトスタンダードとしてEMV仕様（Europay、Master Card、Visaの略。Eureopayは Master Cardと経営統合しました）が利用されています。

　我が国では、一般社団法人ID認証技術推進協会（JICSAP 〜 Japan ID Connect with Secure Authentication Promotional association：旧日本ICカードシステム利用促進協議会）が定めるICカード仕様が利用されています（ISO/IEC 7816をJIS規格にしたものが制定されていますが、2020年から2021年にかけてこの内のJIS X6320-1, 2, 3, 5, 6, 8, 9, 13が廃止されています）。

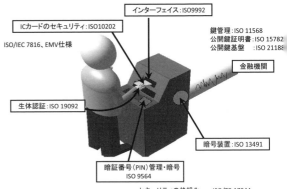

　一般社団法人日本クレジットカード協会（JCCA）の「ICカード対応端末機能仕様書（JCCA仕様）」や全銀協（全国銀行協会）の「全銀協ICキャッシュカード標準仕様（全銀協仕様）」はEMV仕様に準拠していて、セキュリティに関しては、データ認証（SDA：Static Data Authentication、DDA：Dynamic Data Authentication、CDA：Combined DDA）、カード保持者認証（オンライン、オフライン、手書き署名）、完全性（改

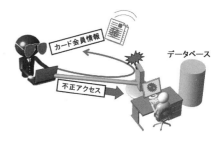

ざん防止）確保のための取引ごとのセッション鍵やAC（Application Cryptogram）生成機能等の攻撃対策を行っています。

◆クレジットカードのセキュリティ対策と PCI-DSS

○ EMV 仕様

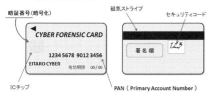

IC クレジットカード (EMV 仕様) では、キャッシング時にはカードが必要ですが、カードに記載されたカードの会員番号（PAN（Primary Account Number）と呼ばれる14〜16桁の番号）や有効期限、セキュリティコード等の情報自体が重要で、カード現物を提示することなくネット上で利用することが可能なことから、カード利用者の個人情報を狙った不正アクセスやカードの偽造は依然として多発しています。これを防止するために IC カード化が進められました（暗証番号は暗号化されて IC チップに保存されています）。

またクレジットカードも非接触型のもの（EMV Contactless）の利用が拡大しています。EMV コンタクトレスでは、対応カード（スマートフォン）を端末にタッチすると、Type-A 又は Type-B の NFC（無線）を利用して通信を行い決済する仕組みとなっています。

クレジットの場合は事後に請求（ポストペイ）され、デビットカードやプリペイド（前払い型）の場合は代金が即時に引き落とされますので、従来のような店頭の端末にカードを差し込んだり抜き取ったりする必要がある接触型のカードに比較すると、接触することなくスムーズに決済できますので新型コロナ禍の感染拡大も普及のトリガーとなっているのかもしれません。

国内では、古くからキャッシュカードをそのままデビットカードとして用いる J-Debit がありましたが、最近では Visa のタッチ決済や JCB コンタクトレス等、非接触型サービスが伸長しています。

○ PCI-DSS

クレジットカードの安全性に対しては、カード発行会社のみならず、これを取り扱う事業者やカード決済を行う加盟店、EC サイト等が高いセキュリティを保持しなければ、カード情報の漏えい等が発生します。

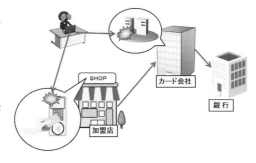

カード情報等の個人情報の漏えい防止等、取引の安全性確保のために制定されたプロトコルが SET（Secure Electronic Transaction）ですが、３D セキュア（3-D Secure）等の本人認証システムも利用されてきました（各クレジット会社等）。

この３D セキュアは、2016年秋に３D セキュア2.0（EMV 3-D セキュア）がリリースされていますが、なりすまし等を防止するため SMS やアプリを使用したワンタイムパスワードやリスクベース認証（RBA）を導入する等、セキュリティの高度化が図られています。

また、2006年に、カード決済の一連の処理に関するトータルで具体的な国際標準規

格やガイドラインを制定するため、主要カード発行企業が合同でPCIセキュリティ標準化機関（PCI-SSC：PCI Security Standard Council）を創設しましたが、その本人認証システムの規格はPCI 3DS（Payment Card Industry -- 3-D Secure）と呼ばれています。

　このPCI-SSCがカード会員情報の保護のために制定したセキュリティ標準規格（PCI-DSS：Payment Card Industry Data Security Standard）は、事業者がカード情報を取り扱う条件となっていて、加盟店や事業者はこの基準を遵守する必要があり、支払いのための決済アプリケーション向けのセキュリティ基準としてはPA-DSS（Payment Application DSS）が規定されています（2022年にPCI-DSSのV4.0をリリース）。

　加盟店の店頭等に設置するPIN（暗証番号）入力端末に関するセキュリティ基準としてはPTS（PIN Transaction Security）が制定されています。

　スーパーマーケットのレジ等に設置されているPOS端末では、カードリーダで読み取ったカード情報をそのままPOS端末のメモリ上に平文で保持していたことから、そのメモリを狙ったRAM（Memory）Scrapingの手法による攻撃が行われた、ということもあり、カードリーダにおける暗号化（SRED：Secure Reading & Exchange of Data）が行われるようになりましたが、このSREDはPTSのセキュリティ要件ともなっています。

　2点間の通信路の暗号化を行う規格としてはP2PE（Point-to-Point Encryption）が規定されていますし、この暗号化だけでなく、WAF等の設置やマルウェア対策、アクセス監視等についても網羅された規格になっています。

　PCI-SSCでは、参加団体はPO（Participating Organization）と呼び、また次で説明しますが、QSA、ASV等の用語もよく登場します。

〈評価の仕組み〉

　カード取扱事業者のセキュリティ管理体制のチェックに関しては、ISMSのような網羅的な体制ではなく、カード情報の取扱いに限定していて、より具体的に遵守すべき事項を掲げると共に、その遵守状況を継続的に評価する仕組みになっています。

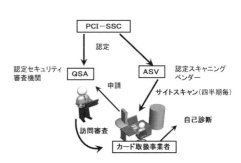

　そのため、カード会社や決済取扱件数により差はあるものの、PCI-SSCでは、事業者の自己申告を鵜呑みにするのではなく、審査機関（QSA：Qualified Security Assessor）を認定し、その審査機関に事業者を訪問させて実地審査を行ったり、Webサイトからの不正侵入によりカード情報が盗み取られることがないよう、スキャニング・ベンダー（ASV：Approved Scanning Vendor）を認定し、そのベンダーのスキャンツールにより、四半期に1回以上の外部スキャン、ペネトレーションテスト（§4-10参照）を行うことにより、当該サイトの脆弱性の有無を確認する仕組みを取っていて、これらの要件を満たすことによりPCI認証（コンプライアンス）を取得できるようになっています。

〈国内における普及・啓発〉

　2020年3月に、JCCAが事務局を担当している「クレジット取引セキュリティ対策協議会」（2015年設立）では、クレジットカード・セキュリティガイドライン【1.0版】を公表（2021年3月に改定し2.0版を公表）し、PCI-DSSへの準拠等を推奨しています。

　また2009年には、日本カード情報セキュリティ協議会（Japan Card Data Security Consortium：JCDSC）が設立され、PCI-DSSの普及・啓発活動等を実施しています。同協議会では、2020年3月までに加盟店のIC対応（IC対応の決済専用端末（CCT：Credit Center Terminal）の導入、クレジットカード等のICカード化）やPCI-DSS準拠等の他、次の「カード情報の非保持化」についても進めていました。

○カード情報の非保持化

　中小企業や小規模店舗においては、PCI-DSSに準拠するにはシステム整備費用等の面で、負担が重いので、2016年12月に「割賦販売法」が改正され、クレジットカード情報を取り扱う加盟店等は、カード情報保護のため、暗号化等を行うPCI-DSSに準拠するか、あるいは自己のシステム・端末等においてカード情報の非保持化（電磁的記録として保存・処理・通過（伝送）等を行わない）をするか、二者択一を迫られることとなりました（改正割賦販売法の施行は2018年6月。事業者等の達成期限は2018年3月末）。

　カード情報の非保持を行うには、ネット利用者がWebサイトで決済を行う場合、カード情報を、暗号技術（ハッシュ関数）を利用して「トークン」化を行う「トークン決済（式)」か、決済代行業者（PSP: Payment Service Provider）等の決済画面に一旦遷移し、当該画面で入力したカード情報は決済代行業者内に保管され別の形にして伝送する「リンク決済（式)」に大別されます。

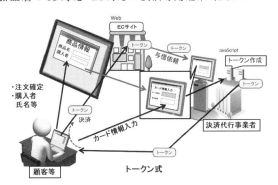

トークン式

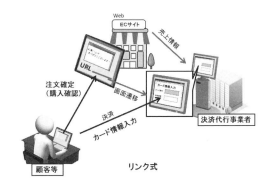

リンク式

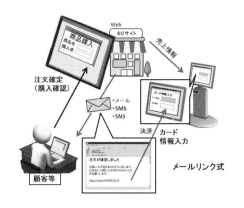

メールリンク式

　決済代行業者からメール、SMS、QR コードに置き換えたデータを送付し、当該メールに含まれる URL リンクにより決済画面に遷移して入力させたり、QR コードを読み取らせることにより決済を行わせるものは「メールリンク（依頼）決済（式）」等と呼ばれます。いずれもカード情報自身は途中で保持しないよう工夫を行っていますが、利用者としても、なりすましのメール、サイトに引っかからない等、十分注意する必要があります（2020年 6 月に改正された割賦販売法（2021年 4 月 1 日施行）により、コード決済事業者や決済代行事業者にも PCI-DSS への準拠等が求められるようになりました）。

○非接触型

　IC カードは、キャッシュカードやクレジットカード、電子マネー等金融系のカードのみならず、各種会員カードや交通系カード、社員の ID カードや入退室管理等にも採用され、非接触型の IC カードも増加しています。

　またカード型のみならず、無線タグ等や非接触錠（キーレスエントリー）等、多くの用途に非接触型デバイスが利用されています。

ICカードリーダ

　たとえば、無線タグ（RFID：Radio Frequency ID）は、無線を使用した商品等の荷札で、在庫・商品管理等に利用されていますが、電子タグ、IC タグとも呼ばれています。

　これらは非接触型 IC カードと同じ規格で作られていますが、接触型のものに比較すれば、コイル式のアンテナ等が含まれており、無線部のインターフェイスや伝送プロトコル・伝送速度等を規定する必要がありますし、読取装置（リーダ）の仕様も接触型のものと異なります。

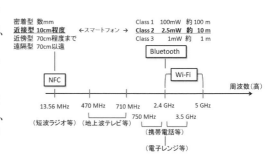

　各種試験方式等も細かく規格化が行われています。ISO/IEC 規格で表せば、概ね右図のようになります。

　本項の最初に NFC は短波ラジオ帯に近い周波数を使用していると書きましたが、NFC 等の近接型カード（PICC：Proximity Integrated Circuit Card）は13.56MHz の周波数を用いています。

　ISO/IEC 14443 の Type-A 型に準拠するものが自販機で煙

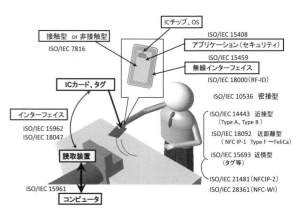

草を買う際に使用するタスポで、かつては NTT の IC テレホンカードでも利用され、MIFARE とも呼ばれています。

同じく Type-B 型がマイナンバーカードやパスポート、運転免許証等、公共目的のものに使用されています。広く使用されているのが FeliCa 型（Type-F）で、スイカやパスモが代表的なものですが、タスポで利用できた電子マネー（ピデル：Pidel）と FeliCa 型の電子マネー（エディー：Edy 等）との互換性は無く、Pidel のサービスは2015年に終了しました。

スマートフォンに NFC の機能を内蔵させたものが「おサイフケータイ」と呼ばれるものです。

なお、密着型（ISO/IEC 10536）は CICC（Close-coupled IC Card）と呼ばれ4.92MHzの無線周波数、近傍型（ISO/IEC 15693）は VICC（Vicinity IC Card）と呼ばれ、13.56MHz の無線周波数を使用します。

○非接触型 IC カードのセキュリティ

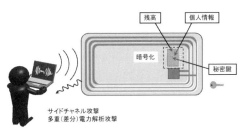

サイドチャネル攻撃
多重(差分)電力解析攻撃

個人情報や電子マネーの残高・利用履歴、暗号鍵（秘密鍵）情報等がメモリチップに記録されるため、暗号化等のセキュリティ対策が行われていますが、使用周波数やプロトコル等が公開（標準化）されていますので、読取端末や13.56MHz が受信できる短波ラジオを用意して、規定された通信方式での受信を行い、その処理時間や消費電力、漏えいする無線電力等を解析することにより内部データの復号化・読出しを行う攻撃（サイドチャネル攻撃等）等が試みられています。

また、無線電波を用いていることから、POS 端末等のリーダ機能を悪用して、他人のカードから電子マネーを盗み取る電子スリも登場しています。

RFID システムのセキュリティに関しては SP 800-98 Guidelines for Securing Radio Frequency Identification (RFID) Systems や ISO/IEC TR24729- 4 等を参照のこと。

◆スマートフォンの IC カード機能

スマートフォンの普及にあわせ、非接触型 IC カードの機能を組み込んだ端末が増加していますが、これによりもともと非接触型 IC カードで行っていた決済がスマートフォンでできるようになっただけでなく、クレジットカードの決済や各種会員（ID）カード、ポイントカードやクーポン等の管理機能も実現できるようになりました。

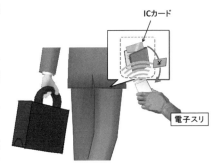

スマートフォンに組み込まれた IC カード機能は SE（Secure Element）と呼ばれ、カード情報を専用チップとして内蔵する方式（eSE：embedded Secure Element）や SIM カ

ード、マイクロ SD カードに暗号化して保存する方式、あるいはスマートフォンの CPU（ARM プロセッサ）の一種の仮想環境構築技術である TrustZone 上に構築されたセキュリティ領域（TEE：Trusted Execution Environment）を利用する方式等があり、そのセキュリティ管理機構は TSM（Trusted Service Manager）と呼ばれています。

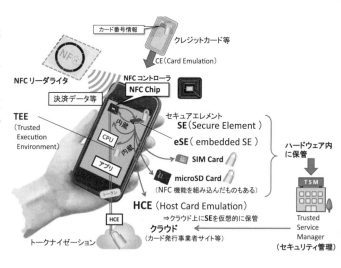

これらは物理的に端末内にカード情報を記録する方式ですが、クラウド上に SE を仮想的に保存するホストベースのカードエミュレーション手法としては HCE（Host Card Emulation）方式があり、JICSAP が「HCE 導入ガイドライン（Ver1.0 2019年）」を公表しています。HCE 等の決済の安全性を確保するために、暗号鍵生成管理を行う HSM（Hardware Security Module）が用いられます。

スマートフォンを用いたモバイル決済は、mPOS（エムポス：mobile POS）とも呼ばれますが、HCE 方式はモバイル決済・フィンテックのプラットフォームとして期待されています。

○ QR コード決済も

HCE では、NFC チップとは無関係に CPU 経由でモバイル決済を行うことが可能なので、QR コードやバーコード、Bluetooth 等を利用した決済も可能となります。

モバイル決済やオンライン決済のセキュリティを確保するために、FIDO（§4-8）や TouchID(iPhone 用の指紋認証) 等のデバイス認証・生体認証技術もあわせて利用されています。

QR コードにも、店側が金額を QR コードで提示して客側がスマートフォンで読み取る方法（正掃）と、客側が自身のスマートフォンに QR コードを掲示させて店側が読み取る場合（反掃）がありますが、決済方

生体認証

法にも、アプリにチャージした電子マネーから支払う（プリペイド）方法やクレジットカード決済（ポストペイ）のもの等、様々な手法が用いられています。

このため、国内でキャッシュレス決済の普及を推進する一般社団法人キャッシュレス推進協議会が、総務省・経済産業省の後押しを得て統一規格として JPQR を策定し、多くの決済事業者（Origami Pay、J-Coin Pay、メルペイ、au PAY、ゆうちょPay、YOKA!Pay、d 払い、LINE Pay、PayPay（利用者提示型コード決済））が参加しています。他にも QR コード決済として「クラウドペイ」も統一化が図られています。

QR コードはスマートフォンのカメラ機能を利用することにより簡単に利用できますが、反面、偽の QR コードを貼付することによりフィッシングサイトへの誘導や顧客の電子マネーを吸い取ることも容易なので、留意する必要があります。

◆カードのセキュリティ対策

我が国でも、金融庁・個人情報保護委員会の「金融分野における個人情報保護に関するガイドライン（2017年）」の 8 条（安全管理措置）の規定や、これに関する告示（「金融分野における個人情報保護に関するガイドラインの安全管理措置等についての実務指針」）の中の、「1．金融分野における個人情報保護に関するガイドライン第 8 条に定める安全管理措置の実施について　(2)個人データの安全管理措置に係る実施体制の整備　3）実施体制の整備に関する技術的安全管理措置」で、アクセス制御や認証、外部からの不正アクセスの防止措置等について、PCI-DSS と同様の内容が網羅されています。

その他決済関係等では、次のような協議会等も設立され、普及・推進活動を実施しています。

- モバイル決済推進協議会 (MOPPA：Mobile Payment Promotion Association)（2005年10月）
- 一般社団法人キャッシュレス推進協議会 (Payments Japan Association)（2018年 7 月）
- EC 決済協議会（2012年 8 月）
- モバイル NFC 協議会（2014年 2 月）
- なりすまし EC サイト対策協議会（2014年12月）一般社団法人セーファーインターネット協会
- EC 事業者協議会（2017年 9 月）
- 日本マルチペイメントネットワーク推進協議会（MPN）（2000年 5 月）

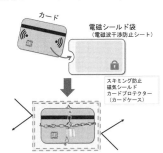

§6-15　スマートフォンで仮想通貨の取引…大丈夫？

仮想通貨は電子マネーとどう違うのか？　また「億り人」と呼ばれる仮想通貨の取引・投資により儲けた人がいるかと思えば、仮想通貨取引所へのサイバー攻撃により資産を失った人もいる。これらのセキュリティ対策はどうなっているのだろうか？

◆電子マネーとは？

　電子マネーは現金の代わりにカード等にチャージ又はクレジットカードから自動的にチャージしておき（プリペイド方式）、商品やサービスの決済に利用するものです。

　「カード等」と書いたのは、発行形態として、専用のICチップ内に貨幣価値データを記録するカード型以外に、財産的価値を有するデータの管理を行うプログラム（アプリ）をパソコンやスマートフォン等に導入し、ネットワーク経由の決済を行うタイプのものもあるからです。

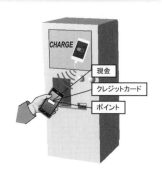

　電子マネーの運営主体では、利用額に応じたポイント付加等を行う等により利用者の増加を図っています。商品券やプリペイドカードと同様、前払式支払手段として資金決済法（資金決済に関する法律）の規制を受けるため、発行事業者等には、規定に基づく届出・登録や資金保全や表示、払い戻しの義務等が課せられています。

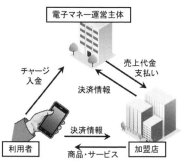

◆仮想通貨の拡がり

　かつては、たとえばオンラインゲームの中で武器等のアイテムを購入したり、SNS等でアバターが着るコスチューム等を購入する際に仮想通貨が用いられていましたが、次第にLINEコインやモバコイン、グリーコイン等、各種のSNS（アプリ）で様々な用途に利用されるようになりました。

　このような各種コインは発行者が提供するサービスでのみ利用可能である場合には、前払式支払手段の中でも、自家型と呼ばれるものに該当しているかもしれませんが、有効期限を短く設定（6カ月未満）する等により前払式支払手段としての登録を回避しているものもあります。発行者以外の者が提供するサービスでも利用可能な電子マネーは第三者型前払式支払手段と呼ばれています。

　このような仮想通貨を入手するには、サービスを利用する中でポイントを貯めるか、現金等により仮想通貨を購入する必要がありますが、仮想通貨を現金により取引することは、リアルマネートレーディング（RMT）と呼ばれます。この取引をゲーム会社等が継続的かつ個々に運営することは負担が重いことからブロックチェーン上で発行・取引が行われるようになり、NFT（Non-Fungible Token：非代替性トークン）とい

うデジタル資産としての価値を持つようになってきています。

○暗号通貨、暗号資産

ゲーム内のコインとは別のビットコインのような暗号技術を利用したP2P方式のものはCryptocurrency（暗号通貨）と呼ばれることもあります。

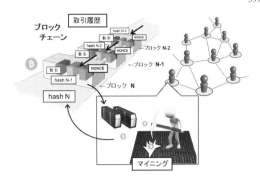

法的には、かつては価値記録（価値を有する電磁的記録）として規定されることも検討されたようですが、2016年に資金決済法等が改正され、仮想通貨を「暗号資産」として、次のように定義されています（資金決済法2条）。

5　この法律において「暗号資産」とは、次に掲げるものをいう。ただし、金融商品取引法（昭和23年法律第25号）第2条第3項に規定する電子記録移転権利を表示するものを除く。

一　物品を購入し、若しくは借り受け、又は役務の提供を受ける場合に、これらの代価の弁済のために不特定の者に対して使用することができ、かつ、不特定の者を相手方として購入及び売却を行うことができる財産的価値（電子機器その他の物に電子的方法により記録されているものに限り、本邦通貨及び外国通貨並びに通貨建資産を除く。次号において同じ。）であって、電子情報処理組織を用いて移転することができるもの

二　不特定の者を相手方として前号に掲げるものと相互に交換を行うことができる財産的価値であって、電子情報処理組織を用いて移転することができるもの

ビットコインのような暗号通貨は、銀行等の金融機関を経由することなく世界中の個人間で匿名の取引が可能で、決済手数料も安いため、急激に利用者が増加しています。ビットコイン以外に、ライトコイン、リップル等、2,000種以上あると言われています。

クラウドファンディングと同様、仮想通貨を発行・販売することにより資金調達を図ることは、株における新規公開（上場）株式（IPO：Initial Public Offering）と同様、ICO（Initial Coin Offering）（あるいは「クラウドセール」、「トークンセール」）と呼ばれ、資産の急激な増大の可能性があることから、サイバー空間における現代のゴールドラッシュと表現されることもありますし、ICO以外にもILP（Initial Loan Procurement）という債務ベースの節税型の資金調達手法もあります。

○仮想通貨とブロックチェーン

ブロックチェーン技術はFinTechの基礎技術とも言われ、仮想通貨にも採用されていて、ブロックチェーン上の仮想通貨はトークン（引換券）として発行されています。しかし、仮想通貨の全てがブロックチェーン技術を採用している訳ではありません。

DAG（Directed Acyclic Graph：有向非巡回グラフ）やHashgraph等のグラフ理論に基づく仮想通貨（Byteball、IOTA、Gbyte、Nano、Constellation、Hedera Hashgraph）も存在しているし、仮想通貨以外の用途にもブロックチェーン技術の様々な応用が考え

られているからです。

○ブロックチェーン技術の特徴

　センサーや IoT 機器の増大と共にデータ量が増大し、これをリアルタイムで処理するためにフォグコンピューティングやエッジコンピューティング（§8-1参照）が推進されているのと同様、中央集権的なシステムがない状況で、取引履歴を安全にネットワーク利用者が共有できる仕組みとして、P2P 技術と暗号技術を応用してブロックチェーン技術が考え出されています。

　ブロックチェーン技術を用いた取引では、その記録をネットワーク上に公開し、これをひとまとめ（ブロック化）にして、正当性の検証を経た後に、チェーンのように前のブロックに接続されるようになっています。この取引の正当性や取引等に使う財布（ウォレット）自体も暗号技術を活用したものとなっています。

　ブロックチェーンは、現状では仮想通貨への利用が多いので、分散型台帳技術（DLT：Distributed Ledger Technology）とも呼ばれ、Web 3.0の実現を牽引する技術です。

　証券取引所等のシステムでは、取引履歴等を一括管理するための中央集権的な巨大データベースや高性能のシステムが不可欠となっています。このような中央システムで取引履歴を一括管理する取引手法（中央集権型取引所）は CEX（Centralized Exchange）と呼ばれ Binance や日本における多くの取引所がこれに相当します。

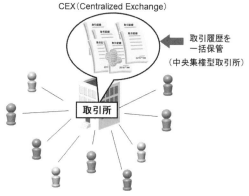

　一方、DLT 技術を利用する DEX（Decentralized Exchange）では、参加者自身のノードを通じて取引を行い、取引履歴の管理を行う方式となっていて、PancakeSwap や Uniswap、Bitshares（BTS）等は、この方式（分散型取引所）を採用しています。

　DEX は、主としてイーサリアム上のブロックチェーン上のスマートコントラクト機能（ブロックチェーン上での契約行為（売買）を自動的に実行する仕組みをプログラムで実現したもの）を利用して作られていますが、迅速な取引、低い手数料等の理由により注目されています。

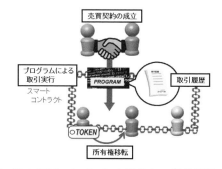

　DEX のように、ブロックチェーン上の DLT を用いる分散型金融（DeFi：Decentralized Finance）サービスは急激に進展し、それと共に扱う資産総額 TVL（Total Value Locked）も増加し、仮想通貨を保有し金利や手数料等の利益を得るイールドファーマーも増えています。

DEX では、本人確認や信用調査不要での取引も可能であったことから DeFi は急速に拡大していますが、市場の拡大と共に、課税の必要性等から、国際的にも 本人確認（KYC（Know Your Customer）認証）や補償制度等のルール作りが進められています。

TVLはDeFiを利用するために、スマートコントラクトにデポジットされた資金の総額

TVLじゃないぞ！

スマートコントラクト
→チューリング完全性を有するプログラム
→契約の自動化

○セキュリティ・トークン

この場合のセキュリティは「安全性」を示すのではなく、「有価証券」を表しています。

現在は、通帳も証券も紙媒体から「デジタル化」へと移行しています。DLT 技術を利用して証券市場の電子化（STP 化：Straight-Through Processing 化）も進んでいます。

ブロックチェーン上で資金調達を図る際、当初は ICO（Initial Coin Offering：新たに仮想通貨を発行し、

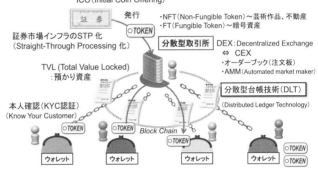

STO（Security Token Offering）
ICO（Initial Coin Offering）

証券 発行 TOKEN

証券市場インフラのSTP 化
（Straight-Through Processing 化）

TVL（Total Value Locked）
：預かり資産

本人確認（KYC認証）
（Know Your Customer）

・NFT（Non-Fungible Token）～芸術作品、不動産
・FT（Fungible Token）～暗号資産

分散型取引所 DEX：Decentralized Exchange
⇔ CEX
・オーダーブック（注文板）
・AMM（Automated market maker）

分散型台帳技術（DLT）
（Distributed Ledger Technology）

Block Chain

TOKEN TOKEN TOKEN TOKEN TOKEN

ウォレット ウォレット ウォレット ウォレット

分散型金融（DeFi：Decentralized Finance）サービスの構築

その販売による資金調達手法）によるものが多かったのですが、ICO の乱立により、新規に仮想通貨を発行する際にその販売は仮想通貨交換業者（カストディ業者）の審査を経た後に当該業者に委託することにより資金を調達する IEO（Initial Exchange Offering）や「デジタル証券」とも呼ばれ資産価値の裏付けのある Security Token（ST：セキュリティ・トークン）を用いる STO（Security Token Offering）も登場しています。

ICO や IEO で発行されるにはユーティリティ・トークンと呼ばれ、セキュリティ・トークンとは異なり、有価証券とは認められていません（ST は法的には「電子記録移転有価証券表示権利等」（金融商品取引業等に関する内閣府令）と位置づけられています）。

○インターオペラビリティ（相互運用性）

仮想通貨を支える多様なブロックチェーン技術は、個々に開発・運用されていることから、これら相互を接続し、別の仮想通貨をブロックチェーン内で使用する（送金する）等の相互運用は基本的にはできない仕組みとなっています。

相互交換（IBC：Inter-Blockchain Communication）を確保することを目的としたプロジェクトも存在しており、ポルカドット（Polkadot）やコスモス（Cosmos）等の Relay 方式（相互に他のブロックチェーンのイベント等を検証）や、TTP（Trusted Third-Party）

358

方式と呼ばれる信頼できる第三者機関を経由
した取引（Notary（公証）スキーム）を行う方
式、特定の仮想通貨を支払う取決めに合意し、
一定時間内に受理する HTLC（Hashed Time-
Locked Contract）方式等が検討されています。

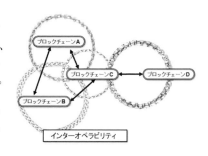

インターオペラビリティ

○ NFT（非代替性トークン）

ブロックチェーン上で取引される仮想通貨
（暗号資産）は、FT（Fungible Token）〜代替
性トークンと位置づけられていますが、ビッ
トコインキャッシュやイーサリアム等の暗号資産ごとに NFT（Non-Fungible Token）
と呼ばれるデジタルデータの取引も行われています。先に説明しましたが、ゲームの
唯一のアイテムやデジタルアート作品等、偽造不可な鑑定書及び所有証明書付きデジ
タルデータが資産として取引されるようになっています。

・ゲームのキャラクターやアイテム： CryptKitties、Alien World
・蒐集品（鑑定書付）： NBA Top Shots、Tops MLB、CryptPunks

取引に使用されるトークンは SocialToken（ソーシャルトークン）と呼ばれ、個人の
場合は、パーソナルトークン、グループやコミュニティ内の場合はコミュニティトー
クンとも呼ばれます。ソーシャルトークンの中では、NFT 投資家の Whale Shark が発
行する WHALE やイーサリアムのブロックチェーンを基盤とし、クリエイターが独
自のクリエイターコインを発行することが可能な Rally（RLY）が有名です。

2021年冬には、LINE のブロックチェーン（LINE Blockchain）上で発行された NFT
アイテムはヤフオク！で出品したり落札した
りすることも可能となっていますし、メルカ
リの子会社メルコインもブロックチェーン事
業へ参入する計画を発表する等、NFT 事業
が Metaverse（メタバース：仮想世界）を過熱
させるようになっています。

OpenSea（オープンシー）等、NFT マーケッ
トプレイスも急激に成長し取引額も拡大して
いますが、イーサリアムブロックチェーンを
利用するものでは、売買時等に「ガス代」と
称する一種の手数料（？）が必要となります
ので注意が必要です。

DeFi の取引は自動的に無人化して実行さ
れていますが、種々のサイバー攻撃を受けて、
暗号資産が不正に流出する事故が後を絶たな
い状況ですので、利用する際には安全性が確
認できるものを選ぶことが必要かもしれませ
ん。

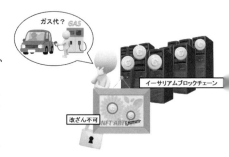

また、フラッシュローンと呼ばれる DeFi
に特徴的な機能（対象トークンの借入と返済の

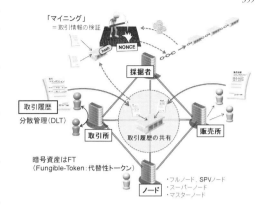

処理を同一トランザクション内で完了することにより、即時に取引が完了し利子等が発生しない)を悪用したサイバー攻撃（フラッシュローン攻撃）等も発生しています。

○ハッシュ値の利用

電子署名（§4-13参照）で、送信者や送付された文書に間違いがないことを検証するためにハッシュ関数が用いられてますが、これを取引（トランザクション）に応用し、取引内容が改ざんされていないか検証を行う作業を採掘（マイニング）と呼んでいます。

ビットコインの場合、1つ前のブロック（取引履歴）に新たなブロックを追加して報酬（コイン）を得る（最初の採掘者だけが獲得することができる）ためには、NONCE（Number used Once：ナンス）と呼ばれる数値を変化しつつ、タイムスタンプを付してハッシュ値を求めるための膨大な演算を行う必要があることから、ASIC（Application Specific IC：特定用途向けIC）を用いた専用設備への投資や必要電力等と獲得できるコインとのバランスで採掘が行われます（チーム制で行うプールマイニング等も行われます）。

○取引承認の仕組み

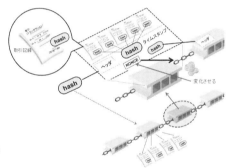

ブロックチェーン技術では、取引（トランザクション）記録をブロックに載せ、そのブロックがブロックチェーンにつながっていくことにより、取引（送金）が完了することになります。このため、その取引が各ノードで承認・検証されることが必要となります。取引や支払いを行う人の立場では、この承認に要する時間が短い程、ストレスなく取引や買物を行うことができますが、安全・安心な取引を行おうとすれば、いくつも（6段階程度）のブロックがつながった段階まで取引完了を待つことになります。

また取引を行う人が支払う手数料が採掘者（マイナー）の儲けとなりますので、取引を行う人が多くなればなる程、「採掘者＝取引検証者」は高速で処理を行う必要があり、次のPoWを採用する仮想通貨では、主としてハッシュ値の計算に多大な労力（演算力）を必要とするため、ブロックサイズの変更等の改善等に向けた取組みも行われていますが、その規格変更等が仮想通貨の分裂・分岐（フォーク）にもつながっています。

たとえば、ビットコインキャッシュ（BCH）はビットコイン（BC）のハード

フォークで誕生した仮想通貨でイーサリアム（ETH）はイーサリアムクラシック（ETC）から分岐した仮想通貨です。

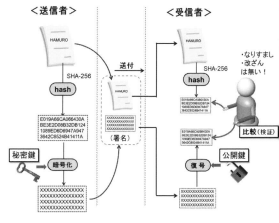

▶PoW（Proof of Work）： 上のように参加者が特定の解を求める演算を繰り返すことにより取引検証作業を行い、最初に解を求めた採掘者にブロック追加の権利と報酬としてのコインを与える承認手法をPoWと呼びます（ビットコイン、ビットコインキャッシュやライトコイン、モナコイン等で採用）。

　これらのコインの採掘ではハッシュ値の計算のために膨大な電力量やコンピュータ資源を用いることになるため、それを無駄にせず企業や消費者が利用できるようにしたPoUW（Proof of Useful Work）の手法を用いた分散型クラウドコンピューティング方式の仮想通貨（Ankr）もあります。

▶PoS（Proof of Stake）： 仮想通貨の保有量（割合）や期間が長い有力者が、それに比例して新規発行されるコインを獲得できる、富める者に手厚い分配手法（イーサリアム、XP等）。

▶DPoS（Delegated PoS）： 仮想通貨の保有者が代表者を選出し、選出された代表者が投票した者の委任を受けて取引承認を行い、得た報酬を投票した者に配分する仕組み（LISK等）。

▶PoI（Proof of Importance）： 取引量、取引回数等が多い者（ヘビーユーザ）を有力者（重要度が高い人）として、優先的にメリットを与える手法（ネム等）。

▶PoC（Proof of Consensus）： 発行主体が認めたノード（バリデータ：リップルの場合はユニークノードリスト）のみが取引の合意検証作業を行う仕組み（リップル等）。

その他、

▶PoE（Proof of Existence）： オンライン上でクリエイターが作品を公開する場を用意にするための仮想通貨。

▶PoB（Proof of Burn）： ビットコイン等を誰も取り出すことができないアドレスへ送付することにより消滅（「燃やす」と呼ぶ）させ、そのコイン量に応じて新たなコインを分配する仕組み（アリス、カウンターパーティー等）。

○合意形成上の問題

　P2Pネットワークには中央集権的なサーバが存在していないため、統一した意思決定を行うことは難しく、問題も存在しています。

　昔のように指揮命令系統が確立していない状況において、前線に複数配置された将軍達が攻撃や撤退の意思決定を行う際に、裏切りにより統一的な意思決定が

行えないことを「ビザンチン将軍問題」と呼んでいました。仮想通貨において裏切りに相当する改ざんを避けるために考え出されたのが PoW のコンセンサスアルゴリズムですが、軍の規模が大きくなると一線の状況を把握して的確な指揮を行うことが困難になるのと同様、仮想通貨の取引で PoW を利用する人が増加すると、演算量が次第に増大しブロックの中に取引が収まらない、取引速度（取引確定（ファイナライズ）までの時間）が遅くなる、という問題が生じます（スケーラビリティ問題）。

このため、ビットコインでは Segwit（Segregated Witness）と呼ばれる取引サイズの圧縮やブロックサイズの拡大（1MB から 8MB へ）等の対策を実施しました（ブロックサイズを拡大したものがビットコインキャッシュとして分岐しました）。このようなブロックチェーンの分岐は「フォーク」と呼ばれます。

また、総計算能力の過半数を占めるノードで結託して虚偽のブロックを作成してチェーンを作成することができる危険性（51%攻撃（問題））もあり、採掘者集団（マイニングプール）の寡占化と共に問題視されています。

○プライベート型、コンソーシアム型のブロックチェーン

誰でもが採掘に参加できるビットコインやネムのようなブロックチェーンはパブリック（又はオープン）型のブロックチェーンと呼ばれています。

組織内で発行する仮想通貨ではネットワークへの参加は許可性となっていて、中央の管理者が稼働ノード数を常に把握しているのでプライベート（又は許可）型のブロックチェーンと呼ばれています。パブリック型とプライベート型の中間的なブロックチェーンはコンソーシアム型と呼ばれ、複数の組織や団体で運用される仮想通貨を指します。

プライベート型やコンソーシアム型における合意形成手法としては、一部ノードが障害等により機能停止等に陥った場合でも、リーダーとなるノードを設定することにより、上のビザンチン将軍問題を回避する PBFT（Practical Byzantine Fault Tolerance）アルゴリズム等も用いられています（Zilliqa（ZIL）、Ark（ARK）等）。

PBFT をパブリックに応用した仕組みとしては DBFT（Delegated Byzantine Fault Tolerance）アルゴリズムがあり、ネオ（NEO）が採用しています。

◆財布（ウォレット）の安全性

○仮想通貨の財布はどこ？

仮想通貨を一時的に保管しておく財布のことは、文字通りウォレットと呼ばれています。国内の複数の仮想通貨取引所がサイバー攻撃を受けて、多くの顧客のウォレットの中の仮想通貨が不正送金の被害に遭う事故が発生しています。

この際に、仮想通貨の入出金や売買等が停止され、資産凍結状態に陥る利用者も多いようですが、これらは取引所に預けている状態の仮想通貨を指していますが、オンライン接続されていることから、外部から

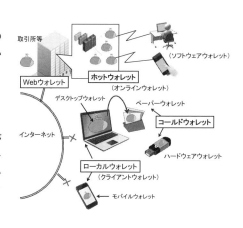

の攻撃を受けやすくホットウォレットあるいは Web ウォレットと呼ばれています。

パソコンから専用のソフトで利用していたり、スマートフォンのアプリで取引を行っているから端末に仮想通貨が保存されていると思い込んでいても、実はホットウォレットのデータを操作しているソフトウェアウォレットかもしれませんので、これらのアプリを利用する際には十分注意する必要があります。

ウォレットには前頁の図のように様々な呼び方がありますが、インターネットと切り離されている（オフライン）機器や紙に保存するものはコールドウォレットと呼ばれていて、ホットウォレットより安全であるとされています。

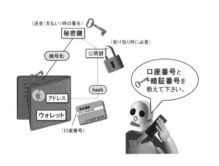

○ウォレットの構成

オレオレ詐欺等の振り込め詐欺では、キャッシュカードを騙し取ったり、警察官等に扮して暗証番号を聞き出そうとしますが、銀行口座の場合の口座番号と暗証番号に相当するものが、仮想通貨の場合は、アドレスと秘密鍵です。

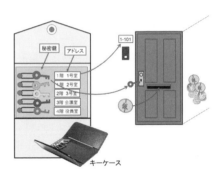

アプリ等で簡単に公開鍵と秘密鍵は生成できます（暗号化等の保護対策は実施しています）が、特に秘密鍵については、出金時には不可欠であり、盗難・亡失時には、仮想通貨の盗難に直結します。

取引ごとの個別のアドレス（公開鍵）と秘密鍵のペアをまとめて保存しておくこともできるので、こうなると財布というよりはキーケースに近いかもしれません。場所（部屋番号等）と鍵をペアで管理し、郵便物の受理等では玄関の郵便受け（アドレス）に投函できますが、それぞれの居室内のお金を持ち出そうとすれば部屋の鍵（秘密鍵）が必要、というのに似ているかもしれません。

また USB 型のコールドウォレット等に記録する場合にパスワードを設定している場合には、そのパスワードも忘れないようにする必要があります。また物理的にクラッシュしたりマルウェア等に感染しないよう留意する必要もあります。

またペーパーウォレットのように印字出力した状態で保管する場合も、コピーしたり

（紙幣や証券であれば印刷する行為は偽造になりますが、ペーパーウォレットは単なる紙でしかない）、写メ（QRコード読み取り）されて盗まれないように留意する必要があります。

○マルチシグ

住居やオフィスの鍵が盗まれたりピッキングの被害に遭わないように、最近では鍵を2つ必要とする玄関ドアも増えています。このようなダブルロックの機能を仮想通貨のウォレットでも行うものがマルチシグ（multi-signature）と呼ばれる手法です。

秘密鍵を複数用意し、1つが盗まれても仮想通貨が盗まれないようにする仕組みで、たとえば「2 of 3」と呼ばれる手法であれば、3つの秘密鍵を用意し、そのうちの2つの鍵で署名する仕組みとなっています。秘密鍵が1つ盗まれた場合でも、残りの2つが有効であれば、盗難被害に遭わない仕組みとなっています。

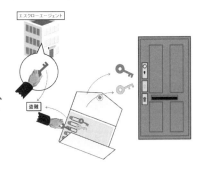

またキーエスクロー（Key Escrow）という手法もあります。

この手法は、過去には、30年近く前のことですが、アメリカにおいて通信の暗号化を行う際に専用のチップ（クリッパーチップ）を使用させ、その暗号鍵を供託（預託：エスクロー）させておいて、犯罪発生時には裁判所の許可に基づき捜査機関が暗号鍵を取得して傍受・解読を行う仕組みが提唱されていました（普及はしなかった。キーエスクロー⇒キーリカバリー）。

これと同様、秘密鍵をエスクローエージェントと呼ばれる取引仲介者に預けて、仮想通貨の取引を行わせることが可能であり、このような手法による決済（契約）の自動化・効率化はスマートコントラクトと呼ばれることもあります。

秘密鍵を複数用意しても、単一の取引所に預けていた場合には、当該取引所にサイバー攻撃が行われ、全ての秘密鍵が流出してしまう恐れがあることから、マルチシグを行う際には、秘密鍵の分散保管を考慮する必要があります。

◆仮想通貨への攻撃

ネット上で実体が見えない仮想通貨（暗号資産）に関しては、様々な業者等へのなりすましの他、仮想通貨と称して偽コイン（トークン）を発行する等による資金調達等の詐欺行為、仮想通貨の取引所や販売所、採掘者（マイナー）に対するサイバー攻撃（不正アクセスやDoS攻撃による業務妨害等）、個人のパソコンやスマートフォンに対する攻撃（マルウェア感染等）等、様々な攻撃手法が考えられています。

また通貨と異なって、仮想通貨の信用担保が明確ではなく、投機的な資産と見られ、二重払いの懸念、風評の流布等も懸念されます。

個人のパソコンやスマートフォンに感染させるマルウェアの中にも、仮想通貨の獲得を目的としたものが増加していて、これらはコ

インマイナーと呼ばれ、ブラウザやマシンの CPU を勝手に使用して端末機器等の所有者が知らない内にマイニングを試みます。

　また取引の透明性・トレーサビリティが確保されているとは言われていますが、中央集権的な位置づけが存在しないことから、資金洗浄等への悪用も懸念されます。

　このような目的のために利用されるウォレットはダークウォレット等とも呼ばれ、様々な取引を撹拌することで匿名性を高めています。実際に犯罪に関与した取引が、Tor 等の匿名通信路を経由し、国境を越えた場合に、的確な追跡を行うことが難しい状況です。

○仮想通貨の仕組みを悪用した攻撃

　51％攻撃については上で説明していますが、過半数の計算能力がなくても採掘市場をコントロールできる攻撃手法も編み出されています。

〈Block withholding attack（Selfish Mining）～なんと利己的な！〉

　PoW により合意形成を行うアルゴリズムにおいては、ブロックチェーンを伸ばすための努力が成功報酬となることから、分岐した際には、最も長いブロックチェーンを正しい系統と認め、それ以外のものは正しい取引とは認められないことが原則となっています。

　通常の採掘者は生成したブロックを直ちにネットワーク上に公開して承認を求めるようになっています。

　もし強大な計算能力を保有する採掘者（マイナー又はマイナーグループ）が、生成したブロックに続けていくつものブロック（モナコインへの攻撃の場合は最大24ブロックと言われています）を生成し、かつその公開を差し控えて（withhold）貯め込んでおき、ある時点でその長いブロックチェーンを公開するとします。

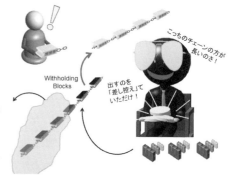

　これにより、自らのチェーンが正当で、それまで正当な系統と思われていたブロックチェーンは無効なものとなってしまいます。このまるでチェーンの乗っ取りのような行為は、Block withholding attack 又は Selfish Mining（利己的な採掘）と呼ばれています。

〈取引所の判断〉

　隠し持っていたブロックチェーンをいつ公開するのか？　ということは、取引承認のタイミングに関係します。

　未承認の取引が承認済になるには取引所が承認（決済の確定～ファイナリティ）することが必要ですが、その取引が含まれるブロックの後に続くブロックチェーンの数により「N段階」の承認として取引所が定める基準をクリアして承認が行われることになります。

　これも絶対的に確実と言えるものではなく、多くの段数を経たものであれば実績を積み重

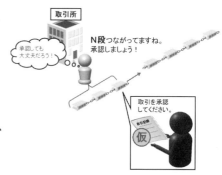

ねていることから大丈夫であろう、とい
う確率的な判断に基づき取引を確定する
もので確率的ファイナリティと呼ばれま
す。長いブロックチェーンを隠匿する者
は、取引所が承認したタイミングで、こ
れを別コインに両替を行います。

〈二重払い（Double Spending）〉

その直後に、隠匿した長いブロック
チェーンを公開します。すると先程承認
した筈の取引自体が消滅するため、元の
コインが残ったままとなっている上に換
金した別コインも入手できる、即ち二重
取りが行える、というものです。このよ
うな攻撃を行うためには、採掘を行うた
めの演算能力のみならず、タイミング良
く別のコインに換金したり隠匿したブ
ロックチェーンを公開したりする必要が
あり、連携の取れたチームが必要となり
ます。

このような二重支払いを防ぐためには、
仮想通貨保有者相互間で取引監視等を徹
底する等の対策が必要となります。

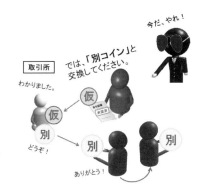

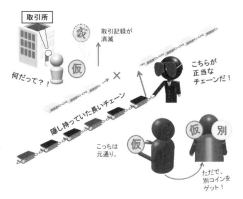

◆民間団体等による普及の推進

- ・仮想通貨事業者で構成される一般社団法人日本暗号資産ビジネス協会（旧日本仮想通貨事業者協会、日本仮想通貨ビジネス協会）（JCBA：Japan Cryptocurrency Business Association）〜NFTビジネスに関するガイドライン【第1版】
- ・一般社団法人日本ブロックチェーン協会（JBA：Japan Blockchain Association）（当初はJADA：日本価値記録事業者協会）： 2014年設立。ビジネス環境の整備や利用者保護体制の整備の推進を図っている。
- ・ブロックチェーン推進協会（BCCC：Blockchain Collaborative Consortium）： 2014年設立された業界団体。
- ・一般社団法人ブロックチェーンコンテンツ協会（BCA：Blockchain Contents Association）： 2020年設立。ブロックチェーンコンテンツ協会ガイドライン【第1、2版】等を策定。
- ・一般社団法人日本暗号資産取引業協会（JVCEA：Japan Virtual and Crypto assets Exchange Association）
- ・一般社団法人日本資金決済業協会（Japan Payment Service Association）
- ・一般社団法人日本STO協会（Japan Security Token Offering Association）
- ・一般社団法人日本セキュリティ・トークン協会（JSTA：Japan Security Token Association）
- ・Japan DeFi Alliance（JDA）

〈国際標準化動向〉
- ・ISO 22739:2020： Blockchain and distributed ledger technologies -- Vocabulary
- ・ISO/TR 23244:2020： Blockchain and distributed ledger technologies -- Privacy and personally identifiable information protection considerations
- ・ISO/FDIS 23257： Blockchain and distributed ledger technologies -- Reference architecture
- ・ISO/TR 23576:2020： Blockchain and distributed ledger technologies -- Security management of digital asset custodians
- ・ISO/DTS 23635.2： Blockchain and distributed ledger technologies -- Guidelines for governance

◆金融機関等の動向〜MiFID2？ FinTech？

2018年1月に施行された第2次金融商品市場指令（MiFID2：Markets in Financial Instruments Directive 2）により、EUの金融・資本市場における競争や統合が加速されています。もともとはFinTechの進展により高度化が急速に進む金融・資本市場の透明性と安全性を一層高めるためのもので、規制改革をターゲットにした場合には、規制（Regulation）と技術（Technology）を組み合わせRegTechと呼ぶこともあります。

金融サービスのアンバンドリング（解体）も進められています。アンバンドリングは金融システムのみならず、不動産テックや電力（発送電の分離）システム、IoTをプラットフォームとする様々なサービス・システムで急速に進んでいますので、各種業界・サービスのセキュリティ確保に関する動向にも注視する必要があります。

特にブロックチェーン技術の登場は金融機関に対して大きいインパクトを与えていて、たとえばセキュリティ・トークンについては、「ibet for Finネットワーク」コンソーシアムを設立（2021年4月）する等、組織化に向けた取組みも活発化しています。

仮想通貨取引所や交換業者には、万全のセキュリティ対策を期したいし、利用する場合も、セキュリティ対策がしっかりとした業者を選ぶようにしたいものです。

特に、スマートフォンで仮想通貨の取引を行う際には、正規のアプリ（取引所、ウォレット等）を利用する、2段階認証（Google Authenticator等）を利用する等の対策をしっかりと行うことも必要でしょう。

> ブロックチェーン技術は、電子署名やハッシュ関数を使用し改ざん検知が容易なことから、高可用性と同一性を実現することができるため、金融面での利用だけでなく、行政手続、IoT機器の真正性確保等にも応用されるようになってきています。
> ＊行政手続への応用例
> ・情報公開
> ・住民票等各種証明書の電子交付

§6-16　ネット詐欺に騙されないためには？

スマートフォンやパソコンを利用する際に、どのような詐欺被害が発生しているのだろうか？　被害に遭わないようにするためには、どのような点に留意すればよいのだろうか？

◆固定電話から携帯電話、スマートフォンへ

　少し前まで、特にアナログ電話（固定・携帯）の時代までは、ネットと電話とは別物だと考えている人が多かったかもしれません。パソコンでインターネットを利用するのは若者で、高齢者は固定電話を使用し、携帯電話やスマートフォンが登場してもなかなか利用しない人が多かったのも事実です。このためネットワーク利用犯罪の被害に遭う人も、必然的に若い人の比率が多かったかもしれません。

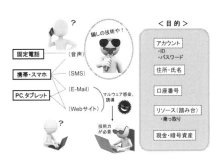

　ところが現代のシニア層の多くは、パソコンのみならずスマートフォンやタブレットもアクティブに駆使していますし、音声通話のみならず写真や動画等マルチメディアを活用し、多くの方が情報発信も行っています。

　このためネット詐欺のマルチメディア化も進展しています。パソコンもスマホも関係なく詐欺行為等に悪用されるようになっていますし、高齢者の被害も増加しています。

　音声通話も、デジタル化すれば様々なメディアの一種であり、LINE のようにデータ通信用 SIM を用いていても SNS 等の通話アプリを利用する人同士の音声通話は可能です。

　従来、訪問販売（対面）や固定電話、葉書を用いていた（警察では「欺罔（ぎもう）手段」と呼んでいます）犯罪が、非対面型のメール、ネット、Web 等に移行しているだけでこのように通信手段・メディアを区別する意味はあまりなくなってきているのかもしれません。

　もちろん、その昔、ハイテク（コンピュータ）犯罪と呼ばれたように、単なる騙しのテクニックだけで金品を詐取した時代とは異なり、詐欺の手段に不正アクセスやマルウェアを使用する際には、それなりの技術力が必要となります。

◆電話やメール利用による「特殊詐欺」

　非対面の状況を悪用して架空あるいは実在の機関・人物になりすまして、現金や電子マネー、仮想通貨等を騙し取るものは特殊詐欺と呼ばれています。過去最高だった2014年には特殊詐欺による全国の被害は565億円でしたが、2021年でも被害総額は278億円、１件当たりの被害額は約200万円となっています。

○特殊詐欺の種類

　この内、いわゆるオレオレ詐欺は、親族や警察官等になりすまし、交通事故の示談金や会社での横領等様々な名目で現金を預金口座等に振り込ませる等の方法により騙

し（脅し）取る詐欺ですが、被害額では特殊詐欺の半分以上（56%）の157億円（2021年中）を占めています。オレオレ型特殊詐欺には、オレオレ詐欺の他、預貯金詐欺やキャッシュカード詐欺（警察官や銀行（協会）職員等を名乗って「あなたの口座が犯罪に利用されています。キャッシュカードの交換が必要です」、「〇〇（税金や医療）費の過払い金があります。手続が必要なのでカードを取りに伺います」等と言ってキャッシュカードを詐取し、暗証番号を聞き出す手口）も含まれます。

架空料金請求詐欺は、出会い系サイトや有償サイト等の利用料、音楽・動画のダウンロード料や情報料等、架空の事実を名目として料金請求メールや葉書等を送付して騙し（脅し）取る詐欺です。

融資保証金詐欺は、正規の貸金業者の場合には、融資することを前提に現金（保証金）を振り込ませる等の行為はあり得ないのに、実在する金融機関や貸金業者の名前、あるいはそれらに酷似した名称でダイレクトメール（電子メールや郵便）を送付したり、広告（Webページや折込チラシによる広告）等において、「〇〇日間無利息」、「固定金利××%」等、いかにも有利な条件で融資が受けられることを匂わせ、実際には融資もせずに保証金を騙し取る手法を指します。

また還付金詐欺は、税金や医療費の還付や公共料金の過払いの返納、年金等の給付等を名目に、税務署や日本年金機構、金融機関、自治体職員等を名乗り、本来還付金等は指定の口座に振り込まれるためATM操作等は必要ないのに、「ATMで操作して頂ければ直ちに入金する」とか「今お手続していただかないと還付（返納）期限が切れる」等と、言葉巧みにATM設置場所まで足を運ばせて、ATM操作に不慣れな方から逆に振り込ませる手法です。

その他、ギャンブル詐欺、交際斡旋詐欺等もあります。たとえば、パチンコや競馬・競輪等の必勝法等の「ギャンブル必勝法」に関する情報提供等、「儲かりそう」であることを匂わせて騙し取る手口や異性との交際斡旋を名目として会員登録料や保証金を騙し取ろうとする手口の詐欺がこれに相当します。

また無価値あるいは偽の未公開株等の虚偽情報を教え、購入すれば必ず儲かる等と信じさせて購入させ、その代金や謝金等を騙し取る金融商品詐欺等もあり、これには前項の仮想通貨（暗号）資産やそのデリバティブ取引に関するものも増加しています。高利率を謳いICOがあると偽ったり、暗号資産取引所を騙るフィッシング詐欺等も発生していますし、ビットコイン等の仮想通貨（暗号資産）を要求したり支払い手段として指定する詐欺も増加しています。

従来は金を振り込ませる等の操作をさせて騙し取る手法が多かったため、「振り込め詐欺」と呼ばれることが多かったのですが、金融機関等における対策強化の結果、自宅を訪問して現金を集金したり銀行のキャッシュカードや通帳を預かる、郵便（レターパックライトやスマートレター、ゆうメール等）により送付させる、コンビニエンス

ストアでの収納代行での支払いを要求する等の手口へと多様化が進んでいます。

特殊詐欺の中では、被害者の約88%が高齢者（2021年）となっていて、高齢者の被害防止対策が急務となっています。

オレオレ詐欺では、かつてはプリペイド式、あるいはレンタル携帯電話が使われることが多かったのですが、携帯電話不正利用防止法の施行により本人確認が厳格化されたことから、偽造住民票や健康保険証等により入手した携帯電話やスマートフォンを悪用する手口等も現れています。

自宅訪問

レターパックライト

○心理的に追い込まれないこと！

融資保証金詐欺や還付金等詐欺の場合には、業者や官公署又はその職員を名乗っていますが、その連絡先が携帯電話であれば当然「怪しい！」と思うかもしれませんが、実際に被害に遭った中には「連絡先が固定電話の番号であったので信用した」という人も多いようです。

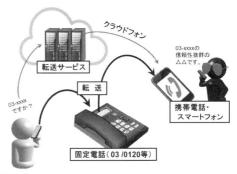

これは、その固定電話番号からさらに携帯電話に転送されていたり、クラウドフォン等のサービスを利用しているからなので、単純に「固定電話だから安心」と思ってはいけません。

また、オレオレ詐欺の場合、複数の人物を登場させる劇場型と呼ばれるタイプでは、多人数により臨場感と信憑性を増す効果を狙っています。多人数を揃えなくてもパソコン等で効果音を活用すれば、少人数で詐欺劇を演じることも可能です。

架空請求詐欺の場合に多い有償サイト等の利用料に関しては、ワンクリック詐欺等と同様、IPアドレス等の情報だけで個人は特定されない（§6-8参照）ので身に覚えが無い場合は無視するのが一番ですが、住所・氏名まできちんと記載した葉書等で支払い督促を行い、訴訟沙汰にすることをちらつかせることもあります。

かつては、架空の事実であるにも関わらず、裁判所の制度を悪用し、裁判所名で金銭等の支払いを求める事案も発生しています。これは督

促手続制度（債権者からの一方的な申立てに基づき債務者の住所のある地域の簡易裁判所が、債務者の言い分を聞かない内に「支払督促」を発する制度：民事訴訟法382条〜402条）や少額訴訟制度（60万円以下の金銭の支払いを求める訴えについては、原則としてその日のうちに審理を終え判決を下すもの：民事訴訟法368条〜381条）を悪用したものです。

　この場合には、裁判所からの文書は本物（のことが多い）であるため、「督促異議の申立て」や「答弁書」を提出する必要があり、無視しないよう注意する必要があります。

　2008年に「振り込め詐欺救済法（犯罪利用預金口座等に係る資金による被害回復分配金の支払等に関する法律）」が施行されましたが、その振り込め詐欺の救済に当たる「預金保険機構」の名をかたる詐欺行為も発生しています。

　これらの機関や官公署から能動的に連絡してくることはあり得ないので、被害相談や資金返還の請求（被害回復分配金の申請）は、各金融機関の相談窓口・ホットラインへ。

　消費者庁は2015年から局番なしの3桁番号188（いやや！）で消費者ホットラインを運用しています。弁護士や国民生活センター、消費生活センター等でも相談に対応していますが、被害届は速やかに警察へ相談することが適当でしょう。

◆ **サイバー犯罪**

　サイバー犯罪には、商標法・著作権法違反、児童買春等、直接詐欺行為には当たらないものも含まれますが、ネット通販やオークション詐欺等、詐欺行為も多数含まれています。例年、検挙件数の中でも、詐欺は児童ポルノに次いで多いようです。

　インターネットを利用した詐欺の中で、フィッシング詐欺（§2-7）、ワンクリック詐欺（§6-8）、偽セキュリティソフト（§3-8）については、それぞれの項目で説明を行いましたが、ネット通販やネット・オークション、あるいはメルカリ、ラクマのような個人売買マーケット、質屋のように手持ちの品を即座に現金化する手法からはじめたCASH（その後中古品等の買い取りをメインに実施）等、利便性が高いサービスが増加し、多様化も進んでいます。

　相手や商品を直接確認できないサービスでは、購入した商品が期待していたものと異なっている場合（粗悪品や偽物等を含む）や代金を支払ったのに商品が届かない等、トラブルや被害も発生しています。

　JADMA（Japan Direct Marketing Association：ジャドマ〜公益社団法人日本通信販売協会）では「消費者相談室」を設置し、通販に関する相談を受け付けています。また電気通信サービス利用時のトラブル等に対応するため、**電気通信消費者相談センター**（総務省）では電話による相談を受け付けています。被害発生時には警察に対する届出、金融機関に対する口座凍結措置の手続き等を速やかに行うことも必要となります。

○ SMS認証の代行

　スマートフォンの普及と共に、本人認証の手段として、その所持しているスマートフォンを利用した認証としては音声を利用したIVR（Interactive Voice Response）認証もありますが、簡単にSMS認証が使われることも増加しています。格安SIM等を利用して、そのSMS認証を代行するような違法な業者やサービスも出現していますし、このようなサービスを利用して偽名等で不正にアカウントや口座等を開設したり

サービスを利用したり商品を詐取するような犯罪も増加しています。SMS認証代行をSNS上の広告で知り利用した、という例も多いようですが、これらのサービスの提供及び利用は、ともに犯罪行為となりますので、十分注意する必要があります。

◆ターゲットはシニア層へ

　老眼になってみてスマートフォンの便利なことに驚きます。小さな字や絵もピンチアウト（タッチスクリーン上で2本の指により押し広げて拡大）することにより見やすくなります。

　画面の大きなスマートフォンも増えていて、携帯電話とパソコンが合体したものがスマートフォンであると思い、動画共有サイト等にハマっているシニア世代も多いかもしれません。私の周りにも、待ち受け画面に孫の写真をセットし、送付されてきた孫の動画を蕩けるような目つきで見る友人は多く、SNSで家族・友人とやりとりし、つぶやいたりしている人も多いようです。

　これが、アダルトコンテンツの利用に発展すると危険な状況に陥ります。§2-7等で説明したフィッシング詐欺やワンクリック詐欺等、身に覚えのない、このようなサイトから利用料の請求等が行われたら、応答せず無視するのが一番なのですが、スマートフォンを用いて少しだけ閲覧する

等、ちょっとは身に覚えのある人は、家族にも相談できず一人で処理しようとして詐欺の被害に遭ってしまうことも多く、このようなアダルト系のコンテンツや料金請求に関する相談も増加しています。

　最近では、新型コロナ感染症に関連して高齢者を狙った特殊詐欺事件も発生しています。

　また独居高齢者の「見守り」のために家族にスマートフォンを持たされている人もいるかもしれません。利便性や携帯電話事業者等の勧めにより、スマホに乗り換えるシニア層も増えていますが、シニア層が固定電話から携帯電話、スマートフォンへ利用形態が変わると共に、詐欺等を行おうと試みる者も、電話からメール、SNS等と手段を変化させてきています。

　パソコンやインターネット、セキュリティに関する知識が不足していたり、注意力

が低下している場合には、各種の詐欺の被害に遭いやすいことから、子供の場合と同様、危険なサイトに近づいたり、迷惑・フィッシングメールを受信することがないよう、Web フィルタリングやメールブロックの設定を行う等、トラブル回避のための対策を行うことが重要です。

◆子供が被害に遭わないために

幼児にスマホを与え、動画サイト等を見せて「お守り」をさせる親御さんも多いかもしれません。

子供のスマートフォン利用（保有）率や SNS 利用率も上昇していますが、正しい利用方法を教えることも親の責務です。犯罪やトラブルに巻き込まれないよう、フィルタリング等の防止対策により未然に危険なサイトやメールから保護するだけでなく、適切なタイミングで利用状況をチェックすることも必要かもしれません。

政府広報オンライン「暮らしに役立つ情報」の"ネットの危険からお子様を守るために、保護者ができる３つのポイント（(1)子供のスマートフォン等の利用状況を把握するためにペアレンタルコントロールを活用する、(2)不適切な情報や危険な出会い等を防ぐために、フィルタリングを利用する、(3)親子で家庭のルールを作る）"や総務省の"安心してインターネットを使うために「国民のための情報セキュリティサイト」"やセキュリティベンダー、携帯電話事業者サイト等にも注意点やセキュリティ上のアドバイスが各種掲載されていますので有効に活用したいものです。

また実際にフィッシング詐欺等の被害に遭いそうな場合や、執拗に「裸の写真を送れ！」と求められた場合等に、子供だけで悩むことなく、いつでも相談に乗ってあげる等、頼って貰える関係を構築しておくことも重要でしょう。

場所もわかってしまう！

〈情報発信(SNS、ブログ等)〉
○友達の悪口を書かない。
　一人だけ仲間外れにしない。
　嘘を書き込まない。
　(いやがらせ、いじめをしない)

○勝手に友達の写真をアップロードしたり、メールを転送したりしない。
　(書き込まない)

○自分のも含め、氏名、年齢、住所、電話番号やメールアドレス等は書き込まない。
　(個人情報保護)

○タレントや歌手等の写真や動画、文章等をそのままコピーして掲示しない。
　アプリや音楽等もアップロードしたり友達に送付しない。
　(著作権)

正しい利用方法！

適切なフィルタリングの設定は親の責任。

〈メール、Web〉
○知らない人のメールを開けない。(ウイルス)

○知らない人(友達や知り合いではない人)には応答しない。

○メールに書かれたリンクを開かない。
　(短縮URL等の場合もある)

ウイルス対策ソフト等の利用。

〈ダウンロード〉
○勝手にアプロをダウンロードしない。(ウイルス対策)

○映画、音楽、ゲーム等のアプリを勝手にダウンロードしない。
　(「無料」は特に危ない！
　著作権の問題、ウイルス感染 etc.)

〈ひとりで悩まない〉
「ウイルスに感染しました！」とか「○○万円支払え！」等の画面が表示されても、勝手に「はい」を押したり、電話をかけたりしない。

第 7 章

IT サービスの高度化と

セキュリティ確保

暗号・匿名・分散技術の進展とセキュリティ対策

◆個人情報等の保護

　暗号技術を悪用したサイバー犯罪等が問題視されています。しかし**暗号**は、そもそもは情報の保護のために開発された技術です。

　たとえば盗難・亡失の被害に遭いやすい各種端末内の個人情報や機密情報を保護するには、**暗号化して保存する**か、そもそも端末内に保存せず、クラウド等、別の場所に保存するかのどちらかですが、別の場所に保存するにも、転送するための通信路を暗号化する等によりセキュリティを確保する必要があります。

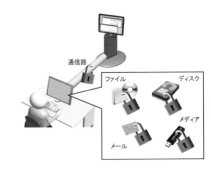

　パソコン内のハードディスクや USB メモリ等の各種記録メディアも、盗難等の事案が発生した際に、中のデータを覗かれたり不正に利用されることを避けるため、暗号化を行うことは重要です。電子メールやその添付ファイルの暗号化を行い、盗聴を防止することも重要です。

　パソコンやスマートフォン自体についても、OS やアプリのセキュリティに注意するだけでなく、利用するサイトやクラウドサービスから情報が流出しないよう留意することも重要です。

　各種サイトを閲覧する際に利用するブラウザにおいても、キャッシュ、履歴、クッキー等という名称で、認証等のために一時的に保管されているデータを使って、個人の趣味嗜好やトレースを行い、マーケティング等に利用されています。

　このような利用者が気付かない内に残している**「指紋」**や**「足跡」**を辿らせない、ということも、個人情報保護や言論の自由の確保のために重要な要素となっていて、ブラウザにおける**シークレットモード**や**プライベートブラウジング**（§3-24参照）もこのような目的で設定されています。Tor 等の**匿名通信路**も、そもそもは検閲・盗聴等からプライバシーを守るために使われていたものですが、やはり暗号技術が駆使されています。

◆分散 SNS・分散型メディアの台頭

　Mastodon 等の分散 SNS では、P2P 技術を用いた **IPFS（InterPlanetary File System）** や Ostatus、

ActivityPub 等のプロトコルが利用されています。

　ブロックチェーンを利用した SNS（Steemit、ALIS、Numa、Green Box 等）も増加しています。

　またニュース配信、動画メディア等でも分散化を行い、アクセス負荷等の管理面の負担を軽減すると共に既存の SNS や共有サイト等のプラットフォーム上に効率的にコンテンツの配信を行うサービスを展開しています。

◆暗号・匿名化手法等の悪用

　暗号技術や匿名化手法が悪意を有する者に使われることを防止するため、暗号技術や製品（装置・部品）は今でも輸出の際に留意する必要があります。

　かつては、いわゆる**ココム規制**（その後**ワッセナーアレンジメント**に移行）やこれを基にした外為法（外国為替及び外国貿易法）により、特定の国・地域に対する輸出や提供（技術）が制限されていました。

　私もかつて担当していましたが、暗号製品や技術・ソフトウェアについては、輸出令（別表第１）や外為令（別表）で特定貨物（技術）に該当するか非該当のものか、厳しく審査されています。

　現在、**「経済安全保障」**の重要性が再び脚光を浴びるようになってきていますが、犯罪防止と安全保障上の観点から、特定の国や地域を仕向地とする暗号装置や部品等の輸出のみならず、技術やデータを海外や非居住者に対してネットワーク経由で提供する際も、的確な判断に基づき、安全性を確保した上で行う必要があります。特に高度な暗号技術や匿名化手法が犯罪者や犯罪者集団に利用された場合には、犯罪行為の追跡等が困難になってしまいますので技術の流出が行われないよう十分留意する必要があります。

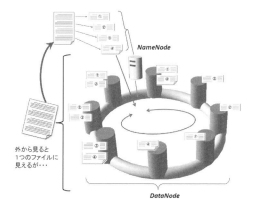

◆ファイルやデータの分散化

　負荷の分散を図り耐災害性や**耐障害性**（**フォールトトレランス**）を向上させるため、データのバックアップを行うことは重要で、分散型データベースの利用も普及してきました。

　そのために§4-11で説明しましたが各種の**分散ファイルシステム**や**仮想化技術**が利用されています。

　たとえば、Google 社が開発した分散処理技術（**Apache Hadoop**）においては、ファイルをブロック単位で分割し、そのブロック位置やファイル名等を**マスターノード**である**NameNode**で管理し、各ブロックは複数（標準的には３つ）の**スレーブノード**である **DataNode** に分散して保存する手法を取っています。

　一方、P2P 技術を用いるブロックチェーンでは、§6-15で説明したようにマスターノードは無く、個々のノードで

取引履歴の全てのデータを共有していますが、これも暗号化技術を用いてデータ等の保護を図っています（Hadoop の分散ファイルシステム **HDFS（Hadoop Distributed File System）** では、各種データベースに実装されていて、利用者が意識することなく機密データの暗号化や復号を行うことが可能な **TDE（Transparent Data Encryption：透過的データ暗号化）** 機能等が利用できます）。

分散処理のフレームワークには Hadoop（**GFS**、**MapReduce**）の他、**Apache Spark**、**SOAP（Simple Object Access Protocol）** や **JAX-WS（Java API for XML-Based Web Services）**、**REST（REpresentational State Transfer）**、**RPC（Remote Procedure Call）**、古くは **CORBA（Common Object Request Broker Architecture）** 等、様々な処理技術やプロトコルが利用されていますが、それぞれのセキュリティ確保を図ることが重要です。

◆秘密分散の規格

秘匿したい情報を複数の分散情報に分割することは**秘密分散手法（Secret Sharing Scheme）** と呼ばれています。

複数の断片に分割することにより、その内のいくつかが欠損した場合でも復元できるよう、また個々の **断片（シェア）** だけではファイル情報が判読・類推できないように工夫した方式等の秘密分散技術が2016年に **ISO/IEC 19592-1（Information technology -- Security techniques -- Secret sharing）** として国際標準化（ISO/IEC 19592-2 は2017年）されています。

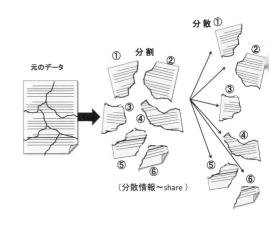

秘密分散の手法としては、**閾値秘密分散法**（Threshold Scheme）や**一般アクセス構造**（General Adversary Structures）**を持つ秘密分散法**、**ランプ型秘密分散法**（Ramp SS Scheme）、**検証可秘密分散法**（Verifiable Secret Sharing（VSS）Scheme）、**視覚復号型秘密分散法**（Visual SS：VSS）、**量子秘密分散法**（Quantum SS Scheme：QSSS）等、様々な手法が考案されています。

本章では、情報の秘匿や匿名性の確保に用いられる技術等の説明を行います。

情報データを分散保管する場合には、分割したデータを暗号化するだけでなく、その暗号化や復号に用いる鍵の配送や通信路の安全も確保する必要があります。

さらに、利用者や端末等の認証も適切に行うことが不可欠です。

§7-1　匿名性を確保するためのサービス？

インターネット上で「匿名性」を確保する必要性ってあるのだろうか？　不正行為を行おうとする者が利用するだけなのではないのか？

◆**匿名性の確保**

○**匿名代理（プロキシ）サーバ**

　ブラウザを利用して Web サイトへのアクセスを行うと、そのブラウザの情報だけでなく接続元の IP アドレスや利用ポート等の環境変数がサイト側に伝わります。

　この情報からアクセス元が辿られないようにするために、20年以上前から匿名代理（プロキシ）サーバが世界中に設けられています。他からの通信を発信元の情報を秘匿して次のサーバに中継する機能を有していて公開プロキシ、匿名串等とも呼ばれます。

　このようなサーバ（串）を複数経由する（多段プロクシ（多段串）と呼ばれる）ことにより、一層匿名性を上げようとする利用者もいます。

　匿名代理（プロキシ）サーバを経由して目的のサイトにアクセスすることにより、旧来の電話で言うところの逆探知のように、足取り・発信元を辿られないようにするものです。

　このようなサーバの中には、設置者が明確でない場合もあり、経由することにより情報が盗聴されたり改ざんを受けることも想定する必要があります。https://～と暗号化されている場合でも、偽のサーバ証明書を返送して通信を乗っ取る MITM（Man In The Middle：中間者）攻撃を受ける可能性もあります。

○**国境等を越えるための道具**

　「インターネット上には国境は無い」とはいうものの、実際には著作権等の知的財産権や販売に関する許諾、法規制等により国別に異なる取扱いが行われています。

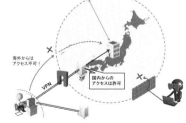

　たとえば、オンラインゲームを国内利用者のみに限定する場合、利用者の認証を行うだけでなく、実際のアクセス元の IP アドレスをチェックし、我が国に割り当てられている IP アドレス以外からのアクセスを禁止する、という手法も使われます。

　このため国内に設置した拠点までを VPN 等、§4-13で説明した各種の手法により接続し、目的サーバから見れば国内からのアクセスと認識されるようにして通信を中継する VPN Gate（SSL-VPN）のようなサービスもあります。政府の検閲を回避したり、国外の

各種情報配信サイトを国内で閲覧するためにも利用されます。

　国外居住者や海外旅行者から見れば便利なサービスかもしれませんが、本来はアクセスが認められていない外国人等のアクセス等が問題化することもありますので注意が必要です（ブロックを回避するため等、Socks5プロトコル（RFC 1928）を用いたプロキシが利用されます）。

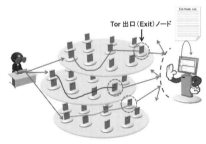

Tor 内のサーバ
（ Hidden Service ）

◆ネットワーク上の匿名サービス

○ Tor（トーア：The Onion Router）

　ネット上で犯罪や不正な取引が行われた場合には、取引等で経由したサーバに残されたログを丹念に解析することにより、アクセス元を追跡する必要があります。

　しかし、Tor の手法では、刻々と経路を変え、その経路情報自体も暗号化することにより発信元が辿れないようにしています。

　Tor のリレー（中継）ノードに参加しているサーバ・PC 等は世界中に数多く存在していて、Tor ブラウザを使用しなくても Tor Onion Services にアクセス可能な Tor2web を用いて、Tor 内に閉じたサービス（Hidden Service）にアクセスすることも可能です。Tor クライアントからのみアクセス可能な Onion ちゃんねるのような匿名掲示板サイトも存在しています。

○モバイル環境での Tor 利用

　Tor ブラウザは USB メモリ等に入れて持ち運ぶことが可能なので、出先の PC 等でも Tor を利用することも可能です。

　ただ、最近ではスマートフォンの普及にあわせ、Android 版の Tor ブラウザや iPhone の Onion Browser（オープンソース）等のアプリを用いることにより、Tor を利用することも可能です。

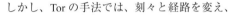

Tor 出口（Exit）ノード

Exit Node List

○ Tor からのアクセスをブロック

　Tor を経由して、掲示板サイトや企業等の Web サイトの入力フォームに犯行等を予告する書き込み等を行う者も出現しています。

　このため、これらのサイト側でも、公開されている Tor の出口ノードの IP アドレスと照合し、Tor を経由した書き込みをブロックする等の対策を行っているサイトも増加しています。この対策を行っていないと、自組織には全く関係がなく迷惑だが、さりとて無視できない、という書き込み（別組織への脅迫や犯行予告、政治的主義主張等）が行われることもありますので、Web フォームを設置している場合には、適切な設定を行うことが望まれます。

○その他の匿名化ツール等

▶I2P（Invisible Internet Project）：　始点と終点の匿名化、通信内容の暗号化を行う匿

名 P2P ネットワーク。

▶ Lair、Amoeba、Outopos： Lair（レイヤー）は匿
名掲示板、Amoeba（アメーバ）は匿名性の高い P2P
ソフト、Outopos（オウトポス）は P2P メッセージ共
有ソフト。

▶ Freenet： P2P と暗号化プロトコルにより匿名性
を確保するソフト。

▶ オフレコ（OTR）メッセージング（Off-The-Record
Messaging）： インスタントメッセージ（MSN、
Gtalk、Facebook 等）の暗号化・認証等を行う秘匿化
ツール。

▶ SeedBox： BitTorrent（P2P）を利用し、ファイル等のアップロード・ダウンロー
ドを行う専用サーバを提供するサービス。Furk.Net や ZbigZ.com 等があります。
BitTorrent を利用して匿名プロキシサービスを提供する TorGuard.net もあります。

トレースが困難な匿名通信方式は昔から開発されてきています。古くは Mix
network や Onion Routing、Crowds 等があります。それ以外にも Hordes、Herbivore、
Valkyrie、AP3（Anonymizing Peer-to-Peer Proxy）、3MN（3-Mode Net）等が提案されてい
ますし、ノード制御を分散ハッシュテーブル DHT（Distributed Hash Table）を用いて
行う Chord や Pastry 等のオーバーレイネットワーク等も考えられてきました。

◆ ダーク Web、ダークネット

これら匿名化ツールの安易な使用や悪用は厳禁。また Tor 等の発信元を「秘匿」す
るツールは、全ての通信内容を暗号化し機密性を確保している訳ではないことにも注
意する必要があります。

2007年頃には、偽の Tor サイト（ダウンロードページ）を装って、トロイの木馬
（Storm Worm）に感染させようとする手口も発生しています。

ダークネットは、そもそもはダークファイバーが「敷設したものの利用されていな
い光ファイバー」を指すのと同様、割当が行われていない未使用の IP アドレス空間
を指す用語でしたが、今ではダーク Web と同様の意味で用いられたりします。

ダーク Web は Tor の Hidden Service や I2P の EepSite を利用して、その匿名化さ
れた閉鎖的なネットワーク上のサイトで違法物品や不正な情報、マルウェア等の交
換・売買を行う等の各種ブラックマーケットが開かれたことにより闇サイトとしての
側面が強調されていて、検索にもかからない深層（deep）Web 等同様、ネット上の
いわば治安の悪い場所とも言われています。

取引にはビットコイン等の仮想通貨が用いられ、あるいはこのようなサイトを突如
閉鎖することにより集めたコインを持ち逃げ（Exit Scam：出口詐欺）する等の被害も
相次いで発生する等犯罪の温床として見られることも多いので、対策が求められてい
ます。

◆ブロックチェーンの利用（Blockstack〜インターネットとは別の分散ネット）

Tor 等の匿名性は途中経由する中間リレー（Middle Relay）のルートが辿れないことにより確保されていますが、入口ノード（Guard Relay）と出口ノード（Exit Relay）両方のトラフィックをモニターし、その相関関係を解析し、利用する DNS やサイトのフィンガープリント（指紋）等と照合して、発信元を特定する手法も考案されています。DNS への問い合わせや応答（UDP を利用）が捕捉される（"漏れる" と言われます）危険性があるだけでなく、近年では DNS の仕組みを悪用した DDoS 攻撃等も増加しています（§3-23、3-25参照）。

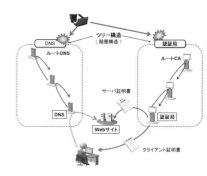

インターネットでは、DNS はルート DNS を頂点とする階層構造となっていますし、サーバやクライアントのなりすまし等を防止するために利用されているサーバ証明書やクライアント証明書を発行する認証基盤も階層構造となっています。このように、従来のインターネットは DNS 等の中央集権的なシステムの存在を前提として利用されているものですが、このような攻撃等を回避するため、DNS 等のシステムを利用しないで、ブロックチェーン技術を用いる手法が考案されています。

ビットコインから派生した仮想通貨の Namecoin は分散型 DNS 機能を有していますが、同様に P2P 技術とビットコインのブロックチェーンを用いて中央集権的ではない（decentralized）ネットワークを構築したのが Blockstack です。

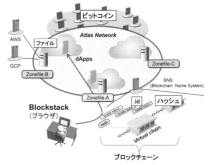

ビットコインのブロックの中には取引記録データ（ハッシュ化されたもの）が入っていますが、Blockstack では、単純化して言えば、それをユーザの識別 ID に置き換え、BNS（Blockchain Name System）として DNS の仕組みやユーザの認証の役割を担わせています。

Blockstack は単なるブラウザというよりは、インターネットとは別のインフラ（分散ネットワーク）を利用することが可能なツールとして注目されていて、AWS（Amazon Web Service）や GCP（Google Cloud Platform）と連携したデータ保存や分散型アプリ DApps（Decentralized Applications）の作成が行われ、その 1 つ Envelop は Chrome 等ブラウザの拡張機能として暗号化ストレージ等の機能を提供していました。

DID（Decentralized Identifier：分散型 ID）

プライバシー保護の観点から、ビットコインの別レイヤとして分散型 ID 管理システムを構築する手法も検討されており、Microsoft の **ION（Identity Overlay Network）** 等、分散型の公開鍵基盤（**DPKI：Decentralized Public Key Infrastructure**）を用いた身分証等が検討されています。

§7-2　個人情報の匿名性を確保するには？

ネット上に個人情報が流出しないようにセキュリティ対策を行うことは必要であるが、「匿名性の確保」とはどういう意味だろうか？

◆個人情報保護と流出の経路

　個人情報保護の枠組みやトレンド等については§4-4で説明しましたが、従来は、SNS等に自身あるいは知人の個人情報を意図的あるいは誤って公開してしまった、パソコンやマルウェアに感染してネット上に個人情報が流出してしまった等、個人がセキュリティ対策を取る必要があるものと、Webサイト運営事業者等から会員情報等が流出する等、企業・組織が対策を取る必要があるものとに大別して、個人情報の保護対策が検討されてきました。

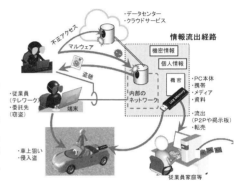

　それぞれ、「個人情報を入力する際には十分注意しましょう」、「マルウェア対策をしっかり行いましょう」、「保管する際には暗号化・施錠管理等の盗難対策を行う」、「媒体等の持ち出しや取扱者の制限」等の情報セキュリティ対策と、第三者やネットに公開する際には「データ主体の了解を得ること」、「開示や削除等の申し出が行われた際には適切に対応すること」等、個人情報自体の防護のためのルールに従った対応の徹底が進められてきています。

○記録媒体等の小型化

　金庫等に厳重に格納された「機密書類」の場合には、金庫自体の物理的セキュリティを強固に保ち、その金庫を取り扱う人間を限定することにより、機密性は確保可能です。しかし、今では指先のちっぽけな記録メディア（マイクロSDカード等）の中に、膨大な個人情報を詰め込むことが可能となっています。

　意図的に情報を搾取しようとすることもあれば、盗難・紛失等によりたまたま情報が漏えいしてしまうこともありますが、記録メディアの小型化により、担当者が持ち出すことも容易となっています。

　社内のLAN等で適切なアクセス権を設定していなければ、関係のないセクションの従業員までもが個人情報や機密情報を入手し、小型の記録メディアに記録して部外に持ち出して紛失してしまう危険性も高くなります。記録媒体だけでなくPC本体も小型化していますので、盗難・紛失だけでなく、廃棄の際の破壊又はデータ消去が不完全な場合にも情報は漏えいしてしまいます。

　個人情報をUSBメモリ等に入れて自宅に持ち帰って処理しようとして、帰路にその媒体を紛失してしまったりする事故も多く発生しています。

○ネットワーク経由

　サーバやデータベースの防護体制や対策の不備、設定ミス等による外部からの不正

アクセスやマルウェア感染による情報漏えいだけでなく、端末の操作ミスやインターネットに接続されている端末でのファイル共有ソフトの使用等によっても、機密情報は簡単に漏えいします。

　HUBやスイッチ、ルータ等のネットワーク機器の設定不備やネットワークを流れる情報の暗号化等が行われていなければ、盗聴による情報漏えいの可能性もあります。

　テレワーク時代の到来により、ネットワーク経由で個人情報を取り扱う際の防護対策は一層強固なものにする必要があります（§4-12参照）。

○情報流出対策

　簡単に言えば「防護すべき情報」とは何か？　ということを明確に規定し、情報データが必要な範囲内でのみ流通する仕組みを構築し予防措置を的確に実施すること（DLP：Data Loss Prevention 又 は Data Leakage Protection と呼ばれます）が、リスクマネージメントの基本です。一旦外部に流出した情報は瞬く間に拡散し、簡単に複製されてしまいます。これを元に恐喝するような犯罪も発生していますので、重要なデータが漏えいしないようくれぐれも注意する必要があります。

ちょっとした経緯で入手したんですが、お宅の顧客情報ですよね、コレ。引き取って頂けないなら、ネット上で公開しちゃおうかなー。

◆個人情報保護と匿名性の確保

○電子投票等の匿名性確保

　ネットワーク上において、個人が特定されない仕組みを構築する検討は昔から行われてきていて、§7-1で説明したような匿名性確保のための各種手法が用いられています。

　ネット投票が実現すれば、スピーディな処理等が行える等のメリットも大きいのですが、投票所に赴いて投票を行う現行制度から、インターネットを利用して選挙を行う方式に移行させるためには、投票の匿名性、投票数の改ざん等を防止しなければなりません（国内では「地方公共団体の議会の議員及び長の選挙に係る電磁的記録式投票機を用いて行う投票方法等の特例に関する法律（電磁記録投票法又は電子投票法）」はあるものの、インターネットを経由した投票は実施されていません）。

　また国民の言論の自由を弾圧し、政府が勝手に検閲や盗聴を行っているような国や地域の場合には匿名性を確保することが不可欠で、ネットによる内部告発（通報）を行う人の安全を確保するためにも、匿名性を確保する必要があります。

○「個人情報」の範囲の拡大とビッグデータ

　一方で、スマートフォンの普及に伴い、たとえば現在位置情報に基づいてその近傍で利用可能なサービスや店舗等の情報を、過去の閲覧・利用履歴等を参照しつつ的確に表示するようなプッシュ型の広告等も増加しています。

中には利用者が許諾していないうちに、スマートフォンのアプリが勝手に第三者に位置情報や電話帳の情報等を送信したり、マーケティング分析を行うために閲覧履歴等を提供（販売）する等の事例も発生しています。

このような問題を解決するために§4-4で説明しましたように、防護対策を行う必要性が増大していますが、一方で匿名加工情報の流通が可能となったことから、用いられる匿名加工手

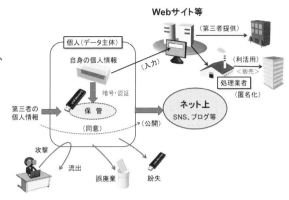

法が「本当に匿名性を確保できるのか？」、「組み合わせることにより個人が特定できないか？」ということを確認するための手法の検討も進められています。

膨大な個人情報を匿名化し、ビッグデータとして各種分析やサービスに利用する際には、複数のデータ要素をマッチングさせることにより個人名が特定されたり、その行動やWeb閲覧状況がトレースされることがないよう、万全の対策が求められます。

<u>○匿名加工手法</u>

各種ビジネス等に匿名加工情報を利活用する際には、特定の個人が識別できないよう、元々の個人情報を加工する必要があります。その情報にはWebコマース等における顧客の登録データや取引情報・履歴、その際の位置情報等が含まれている場合もあります。

特にスマートフォンにおいては、アプリに位置センサーへのアクセスを許可している場合には注意が必要です。得られた現在地情報やクッキー等により収集した閲覧者・サイト利用者の履歴情報と登録情報の中には、氏名・住所や電話番号等の個人を明確に特定する情報（「識別子」）が含まれていますので、匿名化を行う際にはこれらの情報を削除したり、あるいは年齢であれば年齢層に置き換える等の加工作業が必要となります。

このような作業は仮名加工情報（§4-4）を得る際に用いられます。仮名加工情報は「他の情報と照合しなければ個人を識別できないような措置を施した情報」と規定されていますが、このような仮名化のための措置は厳密に言えば匿名化処理とは同じではないことに留意する必要があります。

即ち、仮名化処理では、匿名加工処理のように照合して個人を特定できる確率的な指標を用いて匿名性を判断しています。

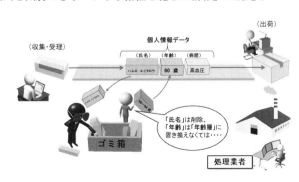

　匿名加工を行う際には、元のデータに雑音を付加したり暗号化を行う他、「k-匿名化（k-anonymity）」と呼ばれる指標が用いられることがあります。これは他の情報と照合して個人を特定することができないよう、識別子以外の、単体では個人が特定できないとしても複数組み合わせることにより個人の特定が可能となる属性（「準識別子」）について、これらの属性データに含まれるデータがk件以上存在するようにデータ変換・一般化等を行うことにより、個人が特定される確率を「k分の1以下」に低減するものです。

　これにより、万一加工データが流出した場合でも、k件までしか絞れず、完全に特定されることを防止することができます。k-匿名化を確率的指標に拡張したアルゴリズム（Pk-匿名化）も考えられています。

　同様に、属性にl（エル）種類以上の多様性を持たせるようにデータを加工する際の指標「l-多様性（l-diversity）」やデータの分布状況・分散に着目した指標である「t-近似性（t-closeness）」等も匿名化を行う際の指標として用いられています。

　これら個人情報の保護のための匿名化・曖昧（一般）化等の技術は「プライバシー保護データマイニング（PPDM：Privacy Preserving Data Mining）」と呼ばれます（NIST SP 800-188 De-Identifying Government Datasets や NISTIR 8053 De-Identification of Personal Information 等参照のこと）。

○適正な加工

　個人情報保護法の規定では、匿名加工の際に個人情報から削除した記述・個人識別符号や加工方法に関する情報の漏えいを防止するための安全管理措置を講ずることや、匿名加工情報を他の情報と照合することが禁止されている等、個人情報取扱事業者に課せられた義務規定も多いのですが、これが的確に遵守されているかどうかを検証する必要もあります。

○情報公開時の流出防止

　自治体等が情報公開を行う際には、個人情報や不開示部分については墨塗り加工によりその部分の記述が視認できないようにしています。

　紙の場合であれば、黒マジック等で塗りつぶしてしまえば、通常は、その文書をスキャナ等で読み取って Web サイト上で公開しても塗りつぶした部分が見えることはありません。

　しかし不慣れな担当者等が PDF 文書に描画ツールで黒矩形を塗りつぶしたい部分に被せただけだと、ダウンロードした文書からこの矩形部分を取り除けば、元の文書に戻ってしまいます。

　「個人情報が誰でも閲覧できる状態だった」等と報道されるのは、こういう状態を指している場合もありますので、情報公開担当者に対する教育と公開前の入念なチェックが不可欠でしょう。

§7-3　ビッグデータ、IoT機器のセキュリティ

Web上で収集するデータ以外に、IoT機器の普及等で膨大なデータが収集・蓄積されるようになっているが、このセキュリティを確保するための手法は？

◆**ビッグデータとファストデータ**

　Webコマースで顧客が入力する個人情報だけでなくSNSやWebサイトで収集される膨大なデータ（ビッグデータ）を蓄積するためにDWH（Data Ware House）等のデータベースが利用され、そのデータをビジネスの効率的に活かすために、データ分析（マイニング）やプランニングのためのツールが利用されるようになっています。

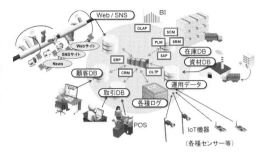

また、顧客情報や基幹システム等の膨大なデータをDWHで管理できるよう、ETL（Extract（抽出）、Transform（変換・加工）、Load（ロード））ツールやこれと連携した様々なBI（Business Intelligence）ツール等も、営業活動やマーケティングの分析を行い企業経営戦略の意志決定を行う際に用いられています。

　BIツールの機能の1つOLAP（Online Analytical Processing：オーラップ）は、多次元のデータをオンラインで分析し経営管理に用いられるシステムで、RDB（リレーショナルDB）を用いて処理を行うROLAP（Relational-OLAP）や多次元解析を得意とするMOLAP（Multidimensional-OLAP）やこれらの中間的なHOLAP（Hybrid-OLAP）が利用されていて、クラウド化やモバイル対応も進展しています。

　最近では利用者自身が分析作業やレポート作成（「見える化」等）が簡単に行えるツール（セルフサービスBI）の利用も進んでいます。

　また最近では、各種センサーやIoT機器の増加に伴い、これらの端末・機器からのデータをリアルタイムに処理（収集、分析、活用）する必要もあります。このようなシステムはサイバーフィジカルシステム（CPS：Cyber Physical System）とも呼ばれ、データはファストデータと呼ばれたりします。

　これらのストリームデータの場合、中央集権的なデータベースにデータを伝送して蓄積し、その膨大なデータの中から条件に合ったものを抽出し分析、あるいは応答することは、リアルタイムで実施することは非常に困難となります。

　センサー情報等をフィードバックし、様々な各種のデータに対して瞬時に的確なコントロールを行うためには、OLTP（Online Transaction Processing）と呼ばれる、リアルタイム性能が高い処理、さらには機器に近い場所におけるトランザクション処理（エッジコンピューティング）を行う必要があり、データベースもDWHではなく、分

散型 DB が適しています。

　さらに膨大なセンサーの追加等にも対応可能なスケーラビリティ等を有し、多様な時系列データを処理する CEP（Complex Event Processing：複合イベント処理）では、大量データをメモリ上に展開することにより高いレスポンス性能を有し、高速処理を行うことができます。米 BackType 社が開発し同社を買収した Twitter 社がオープンソース化した Apache Storm、Yahoo! が開発した Apache S4（Simple-Scalable-Streaming-System）、OSS の Esper や Streambase、HStreaming、Active Insight、OpenESB 等がリアルタイム分散処理システムの代表例です。

○様々なシステムとの連携

　§3-11で触れました CRM（Customer Relationship Management）や SCM（Supply Chain Management）、あるいは次のようなシステムが業務管理や効率化等に用いられています。これらのシステムとの連携や統合等も含めてトータルやシステム管理とセキュリティ確保を行う必要があります。

▶ ERP（Enterprise Resources Planning）システム：　企業等の戦略的な意志決定を行うためのリソース（資源）管理を的確に行うためのシステム。

▶ MES（Manufacturing Execution System）：　現場レベルでの工程管理や生産資源の配分や監視、プロセス管理をリアルタイムで担当するシステム。ERP と制御系（PLC（§7-4）等）の中間に位置するもの。

▶ PLM（Product Life cycle Management）システム：　企業等の製品開発から運用、廃棄までのライフサイクル全体を一元的に管理するためのシステム PDM（Product Data Management）は製品開発データの一元管理を指します。

▶ SRM（Supplier Relationship Management）システム：　電子調達・資材購買等を効率的に行うためのシステム。独 SAP 社のシステムが代表的であるため「SAP を導入！」等と言うこともあります。2019年には、設定不備の SAP に対する攻撃用ツール（exploit）の10KBLAZE が公開されています。SAP は、RPA 化（SAP Intelligent RPA）、クラウド化（SAP Ariba、S/4HANA Cloud（DB）、SAP Business One Cloud（中小企業向パッケージ））等も進んでいます。

◆ IoT 機器のセキュリティ

　たとえば防犯カメラを遠隔地で監視する場合、カメラが故障していなくても、モニター機器の障害や回線の途絶等が生じると、映像は正しく伝送されません。

　特に無人状態の下で稼働するセンサーや IoT 機器が破壊されたり、盗難の被害に遭った場合には、直ちにその状況を把握（検出）する必要があります。

　ネットワークの末端に偽機器が接続されることがないよう端末認証を行うことも必要です。さらに無人環境で稼働するシステムについては、不正アクセスやマルウェア感染に対する防護の他、盗難防止措置も必要となります。

　インターネットに直接接続される膨大な量の IoT 機器

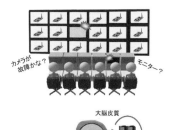

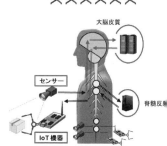

がマルウェアに感染し、サイバー攻撃等の踏み台に悪用される、ということが発生しないよう、マルウェア対策を確実に行いファームウェア等のアップデートを確実に実施することも必要です。

またコントローラ間の伝送には様々なプロトコルが利用されています。§3-10で取り上げた BACnet の他、PROFINET や CC-Link、EtherNet/IP、MECHATROLINK 等、国際標準に規定されている（IEC 611558/61784）ものだけでなく、メーカや業界ごとに定めた個別の伝送規格もありますので、これらの個々のプロトコルの脆弱性情報等にも留意する必要があります。

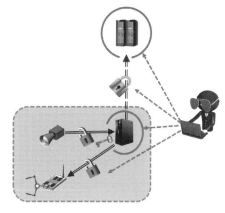

これら多様な機器・プロトコルを標準化するために、Windows ベースのものについては統合化された OPC UA（Open Platform Communications Unified Architecture）仕様（IEC 62541）等の検討や導入が推進されています（OPC Foundation：日本 OPC 協議会）。

さらに、IoT 機器の情報を吸い上げ又はコントロールするために、Bluetooth や NFC、ZigBee、Z-Wave 等、比較的近距離で利用する無線方式以外に SIGFOX、LoRaWAN、NB-IoT（Narrow Band IoT）、EC-GSM-IoT（Extended-Coverage-GSM-IoT）、eMTC（enhanced Machine Type Communication）等の LPWA（Low Power Wide Area：省電力広域無線ネットワーク）技術も利用されています。

サブギガヘルツ帯（920MHz 帯又は429MHz 帯）で超狭帯域（UNB：Ultra Narrow Band）の電波を利用してメッシュ型のネットワーク構築が可能な新しい LPWA の規格 ZETA も ZiFiSense 社により開発され、「ZETA アライアンス」による普及に向けた取組みも行われています。

同様に920MHz 帯を利用する低速度無線通信の規格としては、「Wi-SUN（Wireless Smart Utility Network）アライアンス」が標準化を進めるスマートメーター等 HEMS（§3-9 参 照）用 の Wi-SUN（Wireless-Smart Utility Network）、FAN（Field Area Network）／ HAN（Home Area Network）があります。

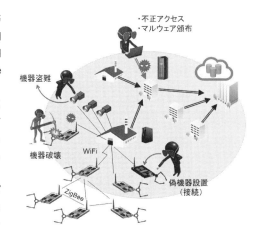

これらの無線回線のセキュリティについても十分考慮する必要がありますし、IoT 機器のソフトウェア更新も OTA（Over the Air）機能を利用することを考慮する必要があります。

無線接続については、たとえば IoT 機器だけでなく、スマートフォンとヘッドホン、パソコンとマウス、キー

ボード等をペアリングして使用する際にも使用される Bluetooth には BlueBorne（ブルーボーン）脆弱性があって、ペアリングせずにリモートで機器が乗っ取られる可能性がありますので、最新のソフトウェアに更新することが不可欠です。

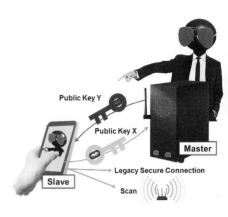

2019年には、KNOB 攻撃（Key Negotiation Of Bluetooth Attack）と名付けられたリンクキーをクラックする攻撃手法、2020年には、ペアリング時のリンクキー無しにペアリングされた機器になりすまして、ペアリングし、認証のマスターとスレーブを入れ替え、相手をスレーブとして動作させることが可能な脆弱性である BIAS 攻撃（Bluetooth Impersonation AttackS）等も公表されています。

また、盗聴やデータの改ざん防止も必要で、機器制御のための処理等をエッジで行ったり、その稼働状況等のデータを中央システムに伝送する際には、データを暗号化して伝送するだけでなく、処理後に再暗号化を行ったり暗号鍵を変更する等、IoT 機器とのやりとりに用いるデータの安全性を十分確保する必要があります。

○ IoT セキュリティの国際標準化

IoT の裾野は広く、産業用の IoT は IIoT（Industrial IoT）とも呼ばれていて、2020年には国際標準も策定されています。（ISO/IEC TR30166 Internet of things（IoT）-- Industrial IoT）IoT のシステムライフサイクルプロセスにおけるセキュリティ確保に関しては、2021年 に ISO/IEC 30147 Internet of Things（IoT）-- Methodology for trustworthiness of IoT system / service が規定されています。

〈伝送プロトコル〉

IoT を用いるシステムにおいては、インターフェースや制御系等多くの分野に関係して規格が検討されています（IEEE や OneM2M、W3C、IEC 等）。

この内、IEEE 2413（2019）IEEE Standard for an Architectural Framework for the Internet of Things（IoT）等では標準化も体系化されています。M2M（Machine to Machine）の接続プロトコルとしては MQTT や CoAP が利用されています。MQTT はアプリケーション層における IoT 向けプロトコルとして国際標準化が行われています（ISO/IEC 20922（2016）：Information technology -- Message Queuing Telemetry Transport（MQTT）v3.1.1）。

また CoAP（Constrained Application Protocol）は RFC 7252で規定されています。

センサー部からの信号に関しては、1-Wire（1 線式）や I2C（2 線式）、SPI（3 線式）等の規格があります。無線を使用するプロトコルとしては ZigBee や6LoWPAN（IPv6 over Low power WPAN）等があります。デバイス管理（Device Management）用には、OMA（Open Mobile Alliance）で OMA- DM として標準化が行われています。

〈その他（産業機器関係）〉

・ISO/IEC 21823-1, 2： IoT の相互運用性

・ISO/IEC/IEEE 21451 Smart Transduce： 信号変換関係

・ISO 13584 PLIB： 部品の標準化（パーツカタログ）： 調達関係

・ISO 15926 RDL（Reference Data Library）：　プラント用参照データライブラリ

○ IoT のセキュリティ対策

　IoT 機器を防護するための検討や製品開発も進められていて、マルウェアの検出やサイバー攻撃の検知、接続先管理等が行えるゲートウェイ型のセキュリティシステム製品等も登場しています。

　2017年10月に総務省からガイドライン「IoT セキュリティ総合対策」がまとめられ、2020年には「IoT・5G セキュリティ総合対策2020」も公表されています。

　IPA からは2018年4月に「IoT 開発におけるセキュリティ設計の手引き」が公表されています。また IoT 推進コンソーシアム（ITAC）や経済産業省・総務省が、「IoT セキュリティガイドライン Ver 1.0」を2017年に公表し、2020年11月には、「IoT セキュリティ・セーフティ・フレームワーク〜フィジカル空間とサイバー空間のつながりの信頼性の確保〜」（IoT-SSF）も公開されています。

　2020年4月から IoT デバイスに関しては、技術基準適合認定（技適）の要件が変更され、アクセス制御機能、初期設定のパスワードの変更を促す等の機能、ソフトウェアの更新機能等が必要となりましたので、注意が必要です。

　NIST SP800-160 Systems Security Engineering: Considerations for a Multidisciplinary Approach in the Engineering of Trustworthy Secure Systems においても、IoT デバイス開発時のセキュリティ対策について規定し、標準化についてのレポートもまとめています（NIST IR8200 Interagency Report on the Status of International Cybersecurity Standardization for the Internet of Things（IoT））。

　また IoT に関しては、次のような検討プロジェクトや協議会等が構築されています。

・OTA（Online Trust Alliance）：Internet of Things（IoT）trust Framework v2.5
・OWASP Internet of Things Project
・一般社団法人セキュア IoT プラットフォーム協議会（SIOTP）
・一般社団法人 IoT サービス連携協議会（AIoTS）
・一般社団法人 AI・IoT 普及推進協会（AIPA）
・IoT／AI 時代におけるオープンイノベーション推進協議会（OIC）（インターネット協会）
・スマート IoT 推進フォーラム

　　この内、SIOTP では、2022.02に IEC 62443-4の要件に NIST SP800-171（§9-6参照）を反映させた「IoT セキュリティ手引書 Ver2.0」を公開しています。

　IoT デバイスからのデータを専用線等で伝送していた時代には、外部からの不正アクセス等の脅威はほとんどなかったかもしれませんが、インターネットに接続することにより攻撃を受けやすくなります。特に従来は、個々のシステムベンダーごとに伝送プロトコル等が異なっていたので、それが外部に公表されていなければ、攻撃を受けることは少なかったかもしれませんが、プロトコルの共通化・オープン化が進むと攻撃を受けやすくなるため、暗号化等のセキュリティ対策は不可欠となります。またデバイス自身の盗難も考えられますので、端末の**リモート管理・設定**、異常発生時の**リアルタイム検出**や、端末の認証・識別等の**アクセス制御**等を確実に行う必要があります。

§7-4 制御システムのセキュリティ

制御システムのセキュリティを確保する上で留意する点や規格は？

◆工場のシステム

工場の工作機械がコンピュータ制御されるようになった頃から、NC（Numerically Controlled）装置がコンピュータ化されて CNC（Computerized NC）となり、工場全体のオートメーション化の推進と共に、計装制御システム、FA（Factory Automation）等の導入も図られていきました。化学プラント等の素材加工工場では PA（Process Automation）とも呼ばれ、産業機器の制御という意味で IA（Industrial Automation）という用語を用いることもありますし、最近では、このような工場等の生産ラインやシステムの制御管理技術を OT（Operational Technology）環境と呼ぶことも多くなっています。

FA の場合にはコントロールするコンピュータ機器は PLC（Programmable Logic Controller）と呼ばれることが多く、PLC ではシーケンサと呼ばれるリレー（電気回路の切り替え等を行う部品：昔は"継電器"と言った）制御をコンピュータで行う、というイメージが強いのですが、複数の制御・処理を同時に行うことが可能な高性能な制御装置は PAC（Programmable Automation Controller）と呼ばれます。

大規模プラント等で用いる PA 等では、高速・リアルタイム動作が要求されますので、リアルタイム OS が用いられ、DCS（Distributed Control System）と呼ばれる分散型制御システムにより管理を行う必要があります。たとえば交通信号機では、車両感知器で検出した交通流量等のデータは、当初はその地点の交通信号制御機に伝送されて、信号制御に利用されていた（単独制御）のですが、それが点から線（路線）、面での制御を行うために交通管制センターに集約され、交通の制御に最適なデータをそれぞれの交通信号機に伝えるようになっています。

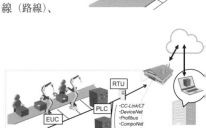

PLC 等のプログラミング言語については IEC 61131-3 Programmable controllers-Part 3：Programming language で規定されています。また制御される機器は EUC（Equipment Under Control）と呼ばれます。

○スキャダ？

SCADA（§3-10参照）は、遠隔地から工場等の設備システム全般の監視と集中的なプロセス制御を行うもので、各種プラントや工場等で用いられています。上の例で言えば交通管制センターの機能のようなものです。§3-10で説明しました Modbus 以外にも Profibus や RP-570、Conitel 等のプロトコルが用いられていて、遠方監視制御

装置 RTU（Remote Terminal Units）からセンターへ伝送されます。

　伝送の際に様々なプロトコルやポートが利用されていましたので、インターネットを経由する場合等、その脆弱性を突いたサイバー攻撃が増加したことから、**産業用制御システム**（ICS：Industrial Control System）のセキュリティ確保が重要な課題となってきました。SCADA の場合には、ネットワークとセキュリティティのモニタリング・可視化を AI 技術を活用して行う SCADAguardian 等のソリューションも提供されています。

○ CSMS（Cyber Security Management System）

　IACS（Industrial Automation and Control System：産業用のオートメーション／制御システム）をサイバー攻撃から防御するためのマネジメントシステムを CSMS と呼んでいます。

　かつては専用の制御機器や専用線で構築されていたプラントや計装制御システムですが、パソコン等が容易に入手可能となり、インターネット等も普及したことから、COTS（Commercial Off The Shelf：棚から出してすぐに使用できる民生品）と呼ばれる汎用品・汎用技術・規格を取り込んで構築されるようになってきましたので、これらの汎用品をターゲットとして、公開技術等を用いたサイバー攻撃が行われるようになってきました。

　特に、生活基盤を支えるライフライン等の重要インフラに対するサイバー攻撃等が行われた場合には、社会の混乱が惹起し、これらの業務の継続も困難となりますので、制御システムの構築・運用に当たる事業者等が遵守することによりサイバー攻撃のリスクを低減させるため、IEC 62443-2-1

Industrial communication networks -- Network and system security -- Part2-1：Establishing an industrial automation and control system security program（産業用制御装置のセキュリティ管理システム）が2010年に制定されています。

　その他、汎用制御システムに関する標準としては NIST SP800-82 Rev.2（Guide to Industrial Control Systems（ICS）Security：産業用制御システム（ICS）セキュリティガイド）が規定され、技術面でも ISO/IEC 27019が規定されています（NIST IR8011：Automation Support for Security Control Assessments 等も参照のこと）。

　各種プラント工場等で用いるコントローラも汎用システムへの統合が行われていて、これらの ICS については、工場の生産ラインにおける不正通信を監視・検出して可視化する等のソリューションが提供されるようにもなってきています。

　また専用の制御システムに関しても標準化は進められています。

　たとえば電力分野においては、

・NREC CIP（North American Electric Reliability Corporation CIP）Standard
・IEEE 1686（Intelligent Electronic Devices Cyber Security Capabilities）

- IEC 62351（Power systems management and associated information exchange -- Data and communications security）

スマートグリッド関係では、

- DoE の ES-C2M2（Electricity Subsector Cybersecurity Capability Maturity Model）：サイバーセキュリティ成熟度モデル
- NIST IR 7628（Guidelines for Smart Grid Cyber Security）
- IEC 61850（Communication networks and systems for power utility automation）
- IEC 61970（Energy management system application program interface（EMS-API））
- IEC 61968（Application integration at electric utilities -- System interfaces for distribution management）
- IEC 62325（Framework for energy market communications）
- IEC 62056（Electricity metering data exchange -- The DLMS/COSEM suite）
- IEEE 2030（Smart Grid Interoperability of Energy Technology and Information Technology Operation with the Electric Power System（EPS），End-Use Applications, and Loads）

鉄道分野では、

IEC 62236、IEC 62267、IEC 62278〜62280、IEC 62290　等

様々な規格が規定されています。

この他、機能安全面での規格 IEC 61508や ISO 26262等も遵守する必要があります。

○工作機械・産業用ロボットに関する規格

昔から数値制御工作機械、たとえば NC 旋盤やこれをコンピュータ化した CNC 機器等、プログラムによって加工を行う機器は多くありました。

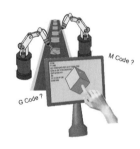

このNC コードに代わる G コード（General Code）、M コード（Machine Code）を規定し、CAD データを利用できるようにするための規格が ISO 14649（Industrial automation systems and integration -- Physical device control -- Data model for computerized numerical controllers）です。

このための EXPRESS 言語については ISO 10303で規定されています。ISO 10303（Product data representation and exchange）は通称 STEP（Standard for The Exchange of Product model data）規格と呼ばれています。

ロボットや制御システム等に組込まれるソフトウェアの仕様を標準化するため OpenEL（Open Embedded Library）と呼ばれるプラットフォームが JASA（Japan Embedded Systems Technology Association：一般社団法人組込みシステム技術協会）により策定され OMG（Object Management Group）において国際標準化を進め、HAL4RT（Hardware Abstraction Layer For Robotic Technology）として規格化されています。

IoT 機器等のデータ共有のため OMG では様々な規格の検討を行っており、「リアルタイムシステムにおけるデータ分散サービス標準（Data Distribution Service（DDS）for Real-Time Systems Standard）」やこれに準拠した Vortex（データ共有用プラットフォ

ーム）等も策定しています。

またネットワークプロトコルに関しては、自動車で用いられる CAN プロトコル（§9-9参照）を産業機器に導入するための非営利団体である CiA（CAN in Automation）で仕様の策定等を実施しています。その他、安全性等、関連する標準等には様々なものがあります。

- ・ISO 10218（JIS B8433）： 産業用ロボットの安全要求事項（米 ANSI/RIA 15.06）
- ・ISO 13482（JIS B8445、8446）： 生活支援ロボットの安全性
- ・ISO TS 15066： 協働ロボットの安全性
- ・ISO/IEC 17305（ISO 13849と IEC 62061の統合）： 機能安全規格
- ・ISO 45001（JIS Q45001、OHSAS 18000）： 労働安全衛生マネジメントシステム
- ・ISO 11593（JIS B8442）： 産業用マニピュレーティングロボット
- ・ISO 18646： サービスロボット
- ・ISO 18435、20242： 産業用オートメーションシステム
- ・ISO 22400： MES 領域の KPI
- ・ISO 841（JIS B 0310）： 産業用オートメーションシステム―座標系及び運動の記号
- ・ISO 8373（JIS B 0143）： ロボット関係用語
- ・NIST IR8011 Automation Support for Security Control Assessments, Volume 1：Overview／Volume 2：Hardware Asset Management／Volume 3：Software Asset Management／Volume 4：Software Vulnerability Management

○制御機器・システムの認証制度・規格

情報システムのセキュリティマネジメントシステムが ISMS と呼ばれ、ISMS 認証制度が設けられているのと同様、制御システムに対する情報セキュリティ認証制度としては、IEC 62443-2-1の Requirements for an IACS security management system に基づく CSMS 認証基準が2010年に制定され、ISMS-AC（情報マネジメントシステム認定センター）が CSMS 適合性評価制度に基づく認証業務を実施しています。

制御機器については、国際認証推進組織 ISCI（ISA Security Compliance Institute）が IEC 62443-4-2（Technical security requirements for IACS components）等に準拠して創設した EDSA（Embedded Device Security Assurance）認証制度もあり、国内では CSSC（Control System Security Center：技術研究組合制御システムセキュリティセンター）認証ラボラトリー（CSSC-CL）が2010年から認証評価を実施しています。

EDSA は PLC や DCS、SIS（Safety Instrumented System）コントローラ等の組込み機器を対象とし、そのベンダーのソフトウェア開発・運用プロセスの評価を行う SDSA（Software Development Security Assessment）と、実装時における機器の機能・設定を実機レベルで確認する FSA

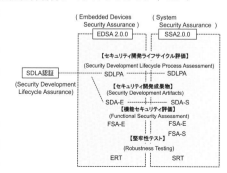

（Functional Security Assessment）や、組み込み機器のネットワークプロトコルの堅牢性を評価するCRT（Communication Robustness Testing）に区分されていましたが、組織の製品開発プロセスを評価するSDLA（Security Development Lifecycle Assurance）認証やIEC 62443-3-3に基づき制御システム全体のセキュリティ評価を行うSSA（System Security Assurance）認証と整合性を取るため、2015年にそれぞれEDSA2.0.0、SSA2.0.0に改訂し、前頁の図のような体系化を図っています。

またCSSCでは、ビル制御システムや組立プラント、火力発電所シミュレータ、ガス・化学プラント、スマートシティ等の模擬プラント制御システム（テストベッド）を構築し、疑似攻撃環境を用いた研究やサイバー演習・人材育成にも努めています。

EDSAのERT（Embedded device Robustness Testing）と同様、産業用制御デバイスやIoTシステムがネットワーク堅牢性を有することを証明する認証制度にアキレス認証（Achilles Communications Certification）があります。これは米GE Digital社傘下のWurldtech社（カナダ）が認定する第三者認証機関が認証業務を実施し、国内ではNRIセキュアテクノロジーズが認証機関として認定されています。

またWIB（Working-party on Instrument Behaviour 旧international Instrument Users' Association）が標準化を行った制御システムのセキュリティ製品を調達する際の要求仕様に基づき、提供ベンダーの組織や製造、保守プロセスのセキュリティ評価を行うWIB認証も、プラント制御装置等の要求規格として欧州メーカ等で広く利用されてきました。

米国においてはアメリカ保険業者安全試験所（Underwriters Laboratories Inc.：UL）が策定する製品安全規格（UL規格）もあります。その中でICSやIoT機器に対するサイバーセキュリティ基準としては、UL 2900-2-2（Outline of Investigation for Software Cybersecurity for Network-Connectable Products, Part 2-2：Particular Requirements for Industrial Control Systems）が2016年に規定され、これを基にソフトウェアの開発・運用体制や脆弱性への対応、マルウェア対策等に関するULサイバーセキュリティ認証プログラム（UL CAP：Cybersecurity Assurance Program）が策定され、試験や認証、トレーニング等が行われています。認証を受けた製品に対してはUL認証マークも授与されます。

○ネットワーク化と暗号

様々な重要インフラの制御システムがネットワークを経由して、特にインターネットを通じて制御されるようになると、サイバー攻撃を受けるリスクが増大します。

このため、通信路の暗号化や制御機器の処理自体の暗号化等も推進されていますが、その暗号強度や処理速度（暗号化／復号）等のみならず、復号する箇所があれば、そのポイントに対する攻撃が想定されることから、平文での伝送区間を極力減らし、その防御に十

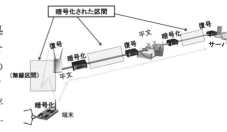

分留意する必要があります。

　また制御システムはリモート監視や制御を行ったり平素は無人の場所に設置されていることも多いですし、一度設置すると数十年継続使用することが前提の機器も多いことから、堅牢性の確保も重要ですが、一方で、この間、同じ暗号を使用し続けると危殆化が進展することから適宜更新する必要があります。実際、組み込み制御機器等の中には、FreeRTOSと呼ばれるマイクロコントローラ（IoT）向けのオープンソースのリアルタイムOSを使用したものも多いのですが、リモートからネットワーク経由で任意のコードを実行することが可能な脆弱性も公表されています。

◆制御システムのリスクアセスメント

　制御システムは独自のシステム構成・OSを使用しているし、ネットワークについても、専用線を用いているので、サイバー攻撃とは無関係、と思うかもしれません。しかしながら、これらのシステムをリモート監視・制御する場合には、インターネットを経由しているかもしれません。

　また運用管理業務の一部を外部に委託していたりする場合には、外部の技術者・作業員等が構内に立ち入り、保守等の業務に従事することがあります。システムやネットワークのみならず、トータルで安全性が確保できるよう、リスク評価を十分に行うことが必要です。

　IPAのWebページには、2020年3月に公開した「制御システムのセキュリティリスク分析ガイド 第2版〜セキュリティ対策におけるリスクアセスメントの実施と活用〜」の他、

- ・制御システムにおけるセキュリティマネジメントシステムの構築に向けて〜IEC 62443-2-1の活用のアプローチ〜
- ・「制御システム　セーフティ・セキュリティ要件検討ガイド」〜安全関連システムのセキュリティ向上にむけて〜
- ・制御システムのセキュリティリスク分析ガイド補足資料：「制御システム関連のサイバーインシデント事例」シリーズ（マルウェア、停電等）
- ・重大な経営課題となる制御システムのセキュリティリスク〜制御システムを運用する企業が実施すべきポイント〜

等がまとめられています。

　各制御システムに固有の脆弱性だけではなく、インターネットで一般的に利用するOSや機器等の脆弱性にも留意する必要があります。インターネットに接続されていないシステムでも、汎用機器・部品等については、広くインターネット社会でも利用されていることが多いので注意が必要です。

　RPA（Robotic Process Automation）には**ロボット**や**オートメーション**という用語が使われていて、PLC等と混同されやすいのですが、RPAは工場等の現場で駆動されるものではなく、**オフィスの事務の合理化**に用いられるものです（§3-15参照）。

第 8 章
クラウドの活用と
セキュリティ対策

クラウドの活用とセキュリティの確保

◆クラウド化の進展

情報システムのクラウドへの移行が急激に進行しています。

「クラウド化」というと、それまで企業等の内部に持っていた情報システムを、そのままデータセンターに持っていって預かって貰う**ホスティング**や、今まではパッケージソフトを導入して利用していたものを、組織内部には端末だけ残してクラウド上のソフトを、インターネット

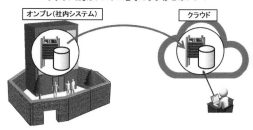

「クラウド化」はシステムをそのまま移せばいい？

オンプレ（社内システム）　　クラウド

等を経由して利用する **SaaS** のことだ、と思われている人も多いかもしれませんが、実際には様々な利用形態が行われています。

◆マルチクラウド、ハイブリッドクラウド化とセキュリティの確保

テレワークの急速な普及、モバイル環境での企業活動が増加する中、複数クラウドの利用（**マルチクラウド**）や、組織内の情報システム（オンプレ）とクラウドをシームレスに利用（**ハイブリッドクラウド**）することも増加しています。

こうなると、オンプレミスの情報システムのみならず、利用するクラウドやネットワークの全ての境界においてセキュリティを確保するためには徹底した防護策を継続して実施する必要があります。

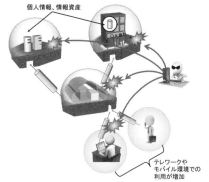

個人情報、情報資産

テレワークやモバイル環境での利用が増加

もし、これらの１箇所でも弱点を放置したままにしておくと、侵入されてデータを奪取されたり改ざんを受けてしまいます。**「社外は危険でも社内は安全」**という過去の思い込みはもはや通用しなくなりました。クラウドサービスを活用して組織の情報システムをDX 化したり、新たなサービスを提供する際に、**「安いから！」**というだけでクラウドを選定して、情報等が漏えいする事態は避けなければなりません。セキュリティの面では、現在では、全ての情報トラフィックをそのままでは信用しない、とする**「ゼロトラスト」**を前提とするようになってきました。アクセスの都度、そのアクセスが信用できるかどうかを判断すべき、という考え方です。

お安くしておきますよ！

暗ウドサービス

信用しない！

◆クラウド利用時のセキュリティ確保〜ゼロトラストの時代へ

この「ゼロトラスト」は、導入した場合のメリットも大きい、ということで普及が進んでいます。

従来のセキュリティ対策では、組織が自前の **SOC（Security Operation**

Center）や **CSIRT**（§4-5参照）等の体制を構築・運
用する負担は大きく、その要員にも高度な知識・ス
キルが求められます。企業内のクローズドネットワ
ーク内の端末だけを業務で使用するのではなく、モ
バイル端末からインターネットやクラウド経由でア
クセスする機会も増加していて、企業の**エンドポイ
ント・セキュリティ**を自社の境界で防護する、とい
うことが困難になってきましたし、境界自体も固定
的なものとは言えなくなってきました。UTM もクラ
ウドとエッジに対応する必要が増大しました。従来

のように内部を信用し外部は信用できない、というのではなく、全てを信用しない、とする
ゼロトラスト時代の到来です。このため、**EDR**（§5-1）の基盤をクラウド化して、SOC 機
能を持つ **MSS（Managed Security Service）** を提供する **MSSP（MSS Provider）** も増加し
ています。また多数の組織の攻撃状況を監視しつつ AI 技術により的確な攻撃認知を行うこ
とが可能な**コグニティブ（Cognitive）SOC** サービスの提供も行われるようになりました。

◆ トータルなセキュリティの確保

　クラウドサービスを利用することにより、企業内のシステム運
用・保守負担が軽減できるかもしれませんが、その分、外部のク
ラウドサービスを利用する訳で、これら全てが攻撃の対象となり
ます。

　このため、自社のみならず、クラウドサービス、データセンター、
ネットワーク事業者等と連携し、トータルなセキュリティを行う
必要があります。

　業務や目的によって、利用するクラウドサービスの種類や形態
を適切に選択するだけでなく、セキュリティ、サービス・事業の継続性、システム稼働の安
定性等が確保されているのか等についても留意する必要がありますし、コンテナイメージ等
を利用した独自サービスを開発する際に留意すべき事項も多くあります。

　本章では、クラウドサービス利用時の脅威とセキュリティ対策について説明します。

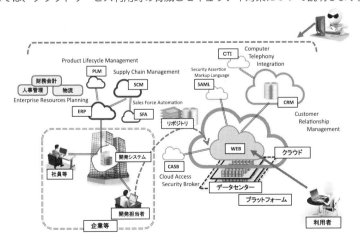

§8-1 クラウドとは？ どのような種類があるのか？ テレワークでも利用？

「クラウド」といっても、そのサービスや形態には様々な種類があるようだが、その用途や区分はどうなっているのだろうか？ テレワークでも利用されているものなのか？

◆リモート会議やテレワークの推進

昔は SOHO（Small Office/Home Office：ソーホー）や在宅ワーク等の場合、物理的な場所は限定されていましたが、現在ではモバイル環境も含めて「テレワーク」の場所は自宅とは限定されていません。

コロナ禍により多人数の集合等 "密" な状況を避ける必要が生じたことから、テレワークやリモート会議が急速に普及し、教養やセミナーも「ウェビナー（Web セミナー）」形式での開催が推進されています。自宅や出先等で業務を遂行（リモートワーク）するため、Web 会議システム（カメラ・マイクや各種アプリ、LED リングライト等の照明等）やインターネット回線・Wi-Fi 環境の整備に対する支出も増えていますが、確実なセキュリティ対策も求められています。

○ Web 連携

Web サイトを構築する際に、たとえばアクセシビリティ対応の観点から音声（テキスト）読み上げ等のサービスを用意することも多いのですが、かつては、専用ソフトを用いたり、外部サイトと連携を利用したりすることも多くありました。

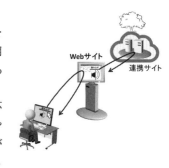

その際、読み上げサービスを提供するサイトが障害や不正アクセスの被害を受けて停止すれば、自サイトの機能や運営にも支障が出ることになりますし、これらのサイトがマルウェアに感染して、それが自サイトに波及することも想定されることから、このようなアウトソーシングサービスや、クラウドサービスを利用する際には、当該サービス提供者のセキュリティ対策を十分確認する必要があります。

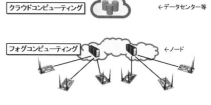

○フォグコンピューティング？

センサー等の情報を集約したり、各種IoT 機器を制御する場合、膨大な情報を全てクラウドに集約してリアルタイムに適切

な管理を行うことは難しいので、工場等のフィールドの端末（エッジ）側で処理する（エッジコンピューティング）ことでレスポンスが向上する等、管理が容易となります。

あるいは複数拠点等単位等でまとめてノード化して管理する（フォグコンピューティング）方が、効率が高い場合もあるので、用途に応じ適切なシステムを構築する必要があります（フォグコンピューティングの推進に向けた業界団体としては、2015年に Cisco や Dell、Microsoft、Intel 等が中心となって設立した OpenFog Consortium（OpenFog）が、普及・促進に向けた取組を行っていて、日本支部も設置されています。クラウドや IoT の推進を図る OPC Foundation や IoT 推進コンソーシアム（§7-3）等と連携した活動を展開しています）。

業務内容・使用目的にあわせて、利用するクラウド等の形態を選ぶ等、適切な選択を行うことが求められます。同じクラウドサービスを利用するにしても、たとえば CDS（コンテンツ配信システム）でリアルタイム性を重視する際には、視聴者の近くにコンテンツを配信するサーバを置く等に留意する必要があります。

◆クラウド利用の普及

クラウド利用が進み CDN（Content Delivery Network）のトラフィック（通信量）も増加していますが、一般的に利用されることが多い「クラウド」サービスとしては、「3大クラウド」と呼ばれる、AWS（Amazon Web Services：2006年サービス開始）、Google Cloud（2008年 開始）、Azure（Microsoft：2010年開始）が有名です。

Zoom 等の Web 会議システムもクラウドを利用していますが、システムの脆弱性を突いた攻撃や設定ミスにより不正侵入や

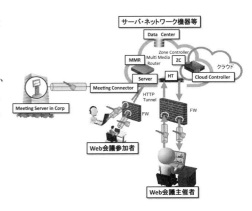

Zoombombing（ビデオ爆撃）と呼ばれる Web 会議への不正参加の他、悪意のある画像のアップロード、盗聴、マルウェア等のアップロード等の被害も発生しています。

◆パブリッククラウド？　プライベートクラウド？

自社システム（オンプレミス）環境での利用ではなく、各種のクラウド利用が進んでいますが、これらのサービスを利用する際には、機能や価格のみならず、情報セキュリティの確保に留意する必要があります。

○利用者による区分

クラウドサービスは、従来から、たとえば人事・給与・労務・勤怠・財務管理や職

員への連絡・安否確認、ファイルの保存・共有等に用いられ
ていましたが、新型コロナ禍やDX（デジタル・トランスフォ
ーメーション）に対応するためには、クラウドを活用した方
が、柔軟にシステムの構築や変更が可能で効率的である、と
いうことから、急速に普及が進みました。

　今まで自前でサーバを構築（オンプレミス）していた企業
等でも、コロナ禍を契機として、自社システムをクラウドへ
移行する事業者が増加しているようです（"プレミス"は"構
内"の意味）。

　クラウドを利用者側から見て区分する際には、誰もがオープンに利用可能なパブ
リッククラウド、一定の組織の職員に限定して利用が可能となるように構築されたプ
ライベートクラウド、あるいは両方を用いるハイブリッドクラウド、複数のクラウド
を利用するマルチクラウド等に分類することがあります。

　利用者による区分を整理すると、概ね次のようになります。

・プライベートクラウド（特定ユーザのみ）

・パブリッククラウド（不特定多数ユーザ向けにサービス提供）

・ハイブリッドクラウド（プライベート／パブリッククラウド、オンプレミス環境の混在）

・コミュニティクラウド（特定業種等の複数の事業者等へサービス提供）

・バーチャル（仮想）プライベートクラウド（パブリッククラウド内に仮想的に構築さ
　れたプライベートクラウド：VPC（Virtual Private Cloud））

　また、運用管理面で、クラウド事業者がプラットフォームのみならず、アプリケー
ションの運用管理・監視、サポート等も含めたサービスを行うクラウドは「マネージ
ドクラウド」と呼ばれます。

　なお、利用者は普通のWebサイトを利用してい
るつもりであっても、実際のサービス提供はマルチ
クラウドにより行う等、利用者側からはシステム構
成が見えないことも多く、障害発生時等に障害箇所
や責任区分が直ちに判明しないかもしれません。

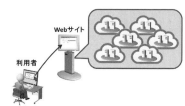

○利用範囲による区分

　かつては、自営システムをデータセンターに預ける形で、サーバラック等にシステム
構築（ハウジング）を行ったり、そのデータセンター等の機器を借用してサービス
を行う形態（ホスティング又はレンタルサーバ）が利用
されていましたが、これらがXaaS（ザース）と呼ば
れる多様なサービスに分化していきました。

　このため、組織が扱う様々な情報は自社システム
（オンプレミス）内だけで管理するのではなく、xSPや
XaaSと呼ばれるITサービスの中でも取り扱われるよ
うになりました。

クラウドサービス（CSP：Cloud Service Provider）を利用する際には、ネットワークのセキュリティ対策も含め、様々な情報セキュリティ管理策を講じているかどうかを確認する必要があります（§4-12参照）。

たとえば、CSP の形態の1つである IaaS（Infrastructure as a Service）の多くは、サーバ機器等の仮想化されたハードウェアリソースの上で、ミドルウェア等のアプリケーションが稼働する OS、ハードウェア、ネットワーク環境を提供しています。実際には1つのサーバ機器でも、複数の利用者から「専用」に与えられたかのように見えるので、この実機が

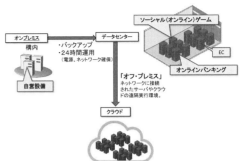

システムダウンすれば複数の利用者が影響を受けることになります。

またアプリが稼動するための OS やハードウェア等のプラットフォームを提供する PaaS（Platform as a Service）、ソフトウェアを提供する SaaS（Software as a Service）に区別することもあります。

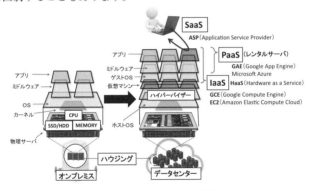

たとえば、個人が利用できる Gmail は Google が提供している SaaS ですが、同じ Google が提供しているサービスでも GAE（Google App Engine）は PaaS として位置づけられています。

GCE（Google Compute Engine）は仮想サーバ等を提供する IaaS で、コンテナ環境を提供する GKE（Google Container（Kubernetes）Engine）とあわせて、Google Cloud サービスとして提供されています。アマゾンも IaaS として AWS（Amazon Web Service）で同様に EC2（Elastic Compute Cloud）サービスを展開しています。

〈その他の XaaS〉

SaaS や PaaS、IaaS 以外に、DaaS（Desktop as a Service）、NaaS（Network as a Service）、NSaaS（Network Security as a Service）等も利用されます。

RaaS は、Robotics as a Service や Retail as a Service、Ransomware as a Service を意味する際にも利用されますので注意が必要となります。

§8-2　仮想化技術とクラウド、コンテナ？

クラウドサービスに利用されている「仮想化」の技術とはどのようなものか？　また
コンテナとは？

◆様々な「仮想化」の用途

　一般的には、「仮想化」というと、コンピュータ等の資源（リソース）を、実際の物
理的な構成と違う資源として扱い動作させる技術を指しています。

　§3-20で説明しましたが、マルウェア解析を行うための環境として用いられるサン
ドボックスも仮想化技術を用いて構築（仮想環境）されていますし、パソコン等でゲー
ム機のアプリを実行させる機能（エミュレータ）にも仮想化技術は用いられています。

　データセンターやクラウドサービスで用いられる仮想化技術は、コンピュータシス
テムやネットワーク等の可用性を高め、システムの効率的な運用を行うために用いら
れています。たとえば、「サーバ」の仮想化は、VMware や Virtual PC、QEMU 等の
「仮想化ソフト」を用いてコンピュータに仮想マシン（VM：Virtual Machine）環境を
生成するものです。

　古くは、ダイヤル Q2サーバ等の時代から、1台の Web サーバを複数サーバのよう
に扱う等の技術が利用されてきましたが、このようなサーバの仮想化技術以外に、複
数のハードディスクをまるで1台の大容量ハードディスクのように扱うストレージの
仮想化、1つのネットワークインターフェイスカード（NIC：Network Interface Card）
に複数のネットワークを割り当てて仮想的に分割する VLAN（Virtual Local Area
Network）のようなネットワーク仮想化等の技術が活用されています（その他、仮想化
技術に関しては§4-11を参照のこと）。

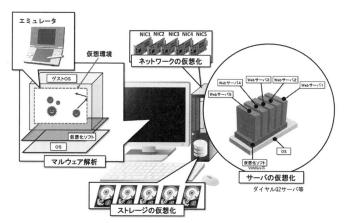

◆様々なネットワーク仮想化

　ネットワークの仮想化は古くから行われていて、上の VLAN や VPN がその代表例
です。

○ VLAN（Virtual Local Area Network）

組織内の LAN 環境は組織や組織の変更に伴い構成（配線）を変更する必要が生じます。

たとえば右の図のように組織が分割されて2つの所属になった場合には、それぞれでLAN を個別に構築しようとすると、別途スイッチの増設や設定等が必要となります。組織のダイナミックな変更に容易に追随できるよう、また配線変更コストを削減するため、物理的なネットワーク構成と別に、仮想的なネットワークを構築するのが VLAN です。

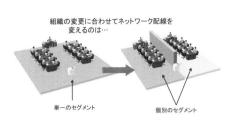

組織の変更に合わせてネットワーク配線を変えるのは…

単一のセグメント　　　個別のセグメント

VLAN は、スイッチの接続ポートや MAC アドレス、プロトコルごとに別のネットワークを構築することが可能です（それぞれポートベース VLAN、MAC ベース VLAN、プロトコルベース VLAN 等と呼ばれます）。

○ VPN（Virtual Private Network）

VPN は安価なインターネットや IP（閉域）網を利用しつつ、あたかも「専用線」のように企業の拠点間を、セキュリティを確保しつつ通信が行える仕組みを指します。特にインターネット VPN の場合には、品質（QoS：Quality of Service）やセキュリティ確保をいかに実現するかが問題となります（IPsec 等のセキュリティ確保技術については§4-12参照）。

インターネット

VPN トンネル

ルータ　　　　ルータ

IP-VPN の場合、PE ルータ（Provider Edge Router）に仮想的な別のルータを作成する VRF（Virtual Routing and Forwarding）技術を使用して独立したルーティングテーブルを保持することにより、複数ユーザが VPN を利用できるようになっています。

○ NFV（Network Function Virtualization）

ネットワークシステムを導入し運用するためには、ファイアウォールやルータ、ロードバランサー等、専用のハードウェア（アプライアンス）が必要となりますが、そのコストだけでなく設置の手間や設置場所も必要となります。

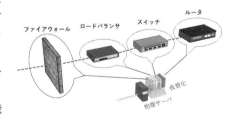

ファイアウォール　ロードバランサ　スイッチ　ルータ

仮想化

物理サーバ

NFV は、これらネットワーク機器の機能を仮想化基盤上にソフトウェア（仮想マシン）により実現する手法で、ネットワーク機能を提供するソフトウェア群（VNF：Virtualized Network Function）を用いることにより、仮想的なネットワーク機器として取り扱うことが可能となります。パケットにタグを付加し、その内容に応じてパケットを転送することにより、これらの仮想的な機器の機能を連携させ様々なサービ

スを提供する技術は、サービスファンクションチェイニング（SFC：Service Function Chaining）と呼ばれています。

物理的なネットワーク（PNF：Physical Network Function）からVNFへ、さらに現在ではクラウド上にコンテナ化によりNetwork機能を実装するCNF（Cloud-Native Network Function）へと進化しています。

○ SDN と OpenFlow

物理的なネットワークを構築するには、たとえば企業内ネットワークでも、それぞれ拠点のルータ等の機器のルーティングテーブルを適切に設定する必要があります。ネットワーク構成を変更したり機器を追加する際には、結構設定ミスも発生しますので、このような設定作業は、誰かが一括でやればいいんじゃないか！ というのがSDN（Software Defined Network）の考え方です。司令塔のようなコントローラが、経路制御の指示を各スイッチに与えることにより、ネットワークの監視や管理を集中的に行うものです。

このコントローラに搭載されるソフトウェアの代表的なものが、2011年に設立された非営利団体であるONF（Open Networking Foundation）が標準化を進めているOpenFlowです。個々のネットワーク機器のルーチングを行うような従来の経路制御の仕組みではなく、OpenFlowではOFC（OpenFlowコントローラ）が経路制御の機能（Control Plane）の役目を担い、データ転送の役割（Data Plane）を果たすOFS（OpenFlowスイッチ）を集中管理します。

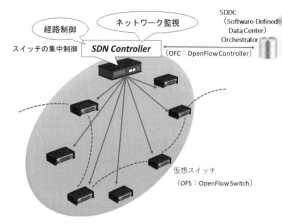

ネットワークの一元管理を行うことにより、企業内システムの運用管理の負担を軽減したり、組織変更やサービスの変更等にタイムリーに追随可能な仮想的な論理ネットワークを構築することができるようになります。同様にネットワーク仮想化ベンダのNiciraを買収したVMwareのNSXやNSX-T Data Centerは、VMwareのみなら

ず KVM やクラウド環境に対応したネットワーク仮想化ツール群を提供しています。

○ SDx、コンテナ

オーケストレータ

コンテナ

サーバやストレージ、ネットワークを統合的に仮想化して柔軟性に優れた SDDC（Software Defined Data Center）と呼ばれるデータセンターも利用されています。

その際に用いられる管理ソフトはオーケストレータと呼ばれていて、仮想サーバ等の設定や負荷分散に必要なロードバランサー、ファイウォールの構成を、セキュリティを確保しつつ自動的に行う役目を担っています。

仮想化の中でも、コンテナエンジン上でアプリケーションを稼働させるコンテナ化が進展し、オープンソースの Docker が普及しています。

コンテナは、アプリやその実行に必要な設定ファイル、ライブラリやランタイム等の実行環境をパッケージ化したもので、別の環境への移植、可搬等が容易になる等、システムの拡張時等にも柔軟・スピーディーに対応することが可能で、開発環境の構築・配布等も簡単になります。このコンテナのオーケストレータ（設定管理、運用、調整等の自動化ツール）の代表的なものはオープンソースの Kubernetes で、Google が開発し CNCF（Cloud Native Computing Foundation）が配布や保守を行っているものです。

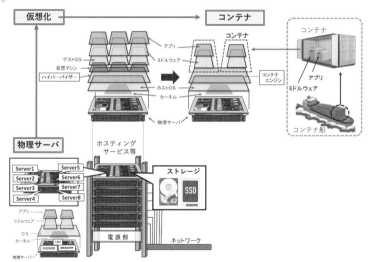

SDN や SDDC のように SDx（ソフトウェア定義〜）と表記されるものには、SDS（Software-Defined Storage）や SDC（Software-Defined Computing）、それからこれらを包含する SDI（Software Defined Infrastructure）等があります。

また SDP（Software Defined Perimeter）はソフトウェアで定義された境界の意味で

408

すが、普及が著しいゼロトラスト環境における一元的なアクセス制御・管理を行う技術で、クラウド利用時の認証に用いられ、ブラッククラウドとも呼ばれます。

○HCI（Hyper-Converged Infrastructure：ハイパーコンバージドインフラストラクチャ）

もともと垂直統合型インフラと呼ばれた CI（Converged Infrastructure）が高度化した HCI は、x86サーバと直結されたストレージ、それに搭載されたソフトウェアがギュッと詰まった（集約された）パッケージ製品として提供されているものを指します。

HCS（Hyper-Converged Solutions/System/Software）等と表わされることもあります。導入や運用管理の容易さや、スケール変更が簡単等の特長を活かして、SDN 等の仮想化基盤として用いられます。

▶CDN と SDN： §3-23で説明しましたが、CDN は DoS 攻撃にも強いことから多くの組織で利用されています。もともとコンテンツの配信が高速となるように構築された CDNですが、柔軟なサービス提供を可能とするため、HCI や SDN の導入が進んでいます。

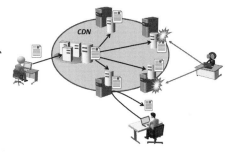

○ネットワーク仮想化の課題

仮想化はメリットばかりではありません。物理層と仮想化されたネットワークが分離されていますので、システムの構築時や障害対応時等には高い技術力・スキルと関連知識が必要となります。また障害や攻撃に強いと言われることも多いのですが、実際の攻撃状況を確認したり、証跡の分析等、フォレンジック作業にも高度な技術が必要となりますし、システムが複雑になった分、仮想化されたシステム全体のバックアップやマルウェア対策、各種ソフトウェアの更新・ライセンス管理等は、確実に行う必要があります。

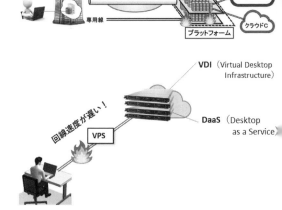

また DaaS や VDI のような仮想デスクトップサービスも含め、クラウドサービスに利用するネットワークに障害が発生したり、輻輳が生じた場合には可用性が著しく低下する、ということに留意する必要があります。

§8-3　サーバレス？ マイクロサービス？ 何のこと？

クラウドサービスに利用される仮想化技術としてはコンテナのみならず、「サーバレス」や「マイクロサービス」と呼ばれるものもあるようだが、これらはどのようなものか？

◆コンテナのプラットフォーム

§8-2で説明しましたが、コンテナ化（アプリやその実行に要する設定ファイルやライブラリ、ランタイムをパッケージとしたもの）することにより、クラウド環境に迅速に展開（デプロイ）し、負荷の変化に柔軟に対応できるようにすることが可能となりました。

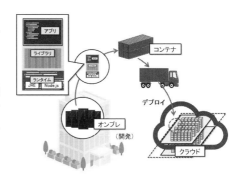

◆サーバレスのプラットフォーム

ここで、さらにライブラリやランタイム等もクラウド側で用意してもらえば、さらに身軽になるのでは？　ということでパブリッククラウド事業者が展開しているのが、サーバレスコンピューティングのサービスです。

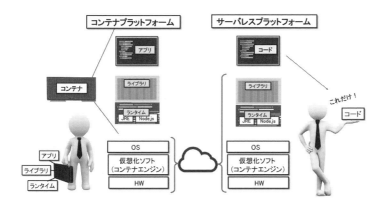

サーバレスでは、コードがオンデマンドで実行されます。

利用者側から見れば、コードを実行するために必要なことは、コードのみアップロードすれば良く、ファイルをアップロードする等、トリガーを発生させるイベントを設定する

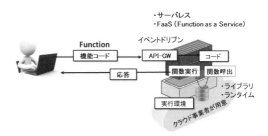

ことによりアプリが実行されるようになります。

　このようなイベント駆動型のサービスは FaaS（Function as a Service）と呼ばれ、

AWS Lambda や Google Cloud Functions、

Microsoft Azure Functions 等のパブリッ

ククラウドで提供されています。

　サーバレスでは、サーバ環境を構築

して維持する必要がなく、プログラム

を実行するために使用したリソースに

のみ課金されるため、料金の節約のた

めに利用されることもあります。

◆**マイクロサービス**

　従来のアプリは全体が単一ユニット

として設計、開発されていて、モノリ

シックアーキテクチャと呼ばれています。

　一方、アプリを構成要素（コンポーネント）に分解し、各々を独立したサービス（マ

イクロサービス）として、同一タスクを達成するために連携させて実行させるソフト

開発手法はマイクロサービスと呼ばれています。

　マイクロサービスは、機能を分解して、それぞれ別のプロセスとし、そのコンポー

ネントを組み合わせることによりアプリを構築するものなので、サーバレスのプラッ

トフォームはマイクロサービスアーキテクチャに適していることになりますが、シス

テムの開発に当たっては、適切にビジネスロジックを処理したり、業務量や業務内容

の変更に容易に追随できるよう、業務自体を知悉している必要があります。

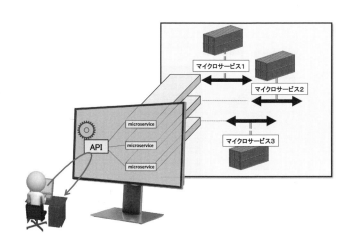

§8-4　クラウドへの攻撃

テレワークやクラウドサービスの普及が進んでいるが、これらのシステム、コンテナに対する脅威や攻撃とはどのようなものだろうか？

◆ VPN への攻撃

　コロナ禍を契機として、テレワーク等の普及が加速され、社内システムやクラウドサービスを安全に利用するために、リモートアクセスの際にデータが暗号化されるVPN（Virtual Private Network）を利用している組織も多いのですが、そのVPNを狙った攻撃も多く発生しています。その多くは、VPN 機器（Fortinet、Pulse Connect Secure（PCS）、Citrix 等）の脆弱性を狙った攻撃（CVE-2018-13379、CVE-2019-11510、CVE-2019-19781等）やリモートデスクトップ（RDP）の脆弱性を突いた攻撃（CVE-2019-0708：BlueKeep）やリモートからシステムの更新作業を行う際に用いられる Netlogon Remote Protocol（MS-NRPC）の脆弱性を突いた攻撃（CVE-2020-1472：Zerologon）等で、いずれもシステム内のアカウント情報や機密情報等を搾取したり、ランサムウェアを用いて脅迫する攻撃につながるものです。

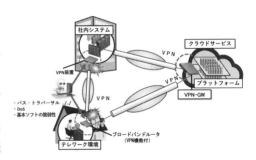

　その他、コマンド・インジェクション攻撃（CVE-2019-11539）、スタックバッファオーバーフロー攻撃（CVE-2019-11542）等が行われ、攻撃（検証）用のコード（PoC）も、インターネット上で掲示されたりしていますので、これらの機器の OS 等も最新の状態にアップデートする必要があります。

　2021年5月、アメリカ最大手のコロニアル・パイプライン社のレガシーVPN の認証システムがランサムウェア攻撃を受け、100G バイト以上の企業データが盗まれ、パイプライン操業が1週間停止に追い込まれ、6月には身代金440万ドルの支払いを求められる、という事件が発生しています。

◆クラウドへの攻撃

　クラウド利用者の立場から見れば、上の VPN の脆弱性以外にも、マルウェア感染の被害や DoS 攻撃等、様々な攻撃リスクを考慮する必要があります。

　クラウドネイティブのセキュリティの考え方のモデルとして4C（Cloud、Cluster、Container、Code）の4つの階層で検討することも多いのですが、この内のプラットフォームに相当するクラウドの基盤シ

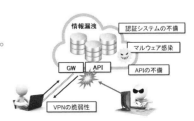

ステムに関してはクラウド事業者側の対策が必要であることから、コンテナやコード（プログラム）といった利用者側での対策を適切に実施することが求められます。

以下、クラウドサービスに用いられるコンテナへの攻撃例を紹介します。

○コンテナの脆弱性のスキャン

クラウドで用いられているコンテナには多くの種類があります。Docker が有名ですが、同様に Linux 上で稼働する OpenVZ、FreeBSD 上の Jail 等と様々な種類があります。企業のサーバ等と同様、クラウド上で稼働しているシステムに対して、不正アクセス攻撃だけでなく、脆弱性調査（スキャン）、業務妨害（DoS 攻撃）等も行われます。

脆弱性の調査に用いられるスキャナーも Anchore Engine、Dagda、Vuls、OpenSCAP、Docker Bench for Security、Clair、Microscanner、Trivy、Twistlock、Notary、Grafaes、Banyanops

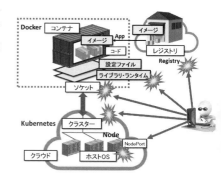

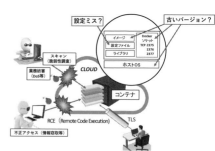

Collector、Cilium 等、様々なツールが悪用され、Docker であれば、そのソケットが利用するポート（TCP 2375/2376/2377/4243等）が狙われたりします。たとえば、Docker API がデフォルトでは TCP 4243番ポートを用いて Listen していることを利用して、

curl IP アドレス :4243/containers/$HOSTNAME/json

等のコマンドを用いて、使用しているソフト（イメージ）の情報を入手することも可能です。また、特定の脆弱性を有するサイトを探しだすために、ボットの中には Shodan（https://www.shodan.io/）のサイトを検索して、当該脆弱性を有するサイトの IP アドレス情報を入手することにより、感染を拡大させる等の攻撃に悪用するものもあります。

〈インスタンス・メタデータの取得〉

AWS EC2におけるインスタンス・メタデータ（各種の情報）を取得する方法として、

curl http://169.254.169.254/latest/meta-data/

等のコマンド（動的データを入手するには http://169.254.169.254/latest/dynamic/）操作を行うことにより、たとえば ami-id（インスタンス起動に使用される Amazon マシンイメージの ID）や hostname（インスタンスのプライベート IP DNS ホスト名）、instance-id（インスタンスの ID）、instance-type（インスタンスの種類）等、各種の情報を入手することも可能ですが、この IMDS（Instance MetaData Service）を悪用して脆弱性等の情報を入手し、次の SSRF 攻撃等にも悪用されます。

このため、コンテナ自身のみならず、ランタイム・ライブラリ、OS、イメージ等

の脆弱性が無いよう、適切に更新・設定を行う必要があります。

　クラウドのサーバ等は全てソフトウェアで構築されていますので、セキュリティ確保は適切に行う必要がありますが、設定ミス等により外部から攻撃を受けることも多く発生しています。

○ SSRF（Server Side Request Forgery）攻撃

　CSRF（§4-15）は、複数のサイトを利用する攻撃でしたが、SSRF攻撃は、通常はアクセスできないクラウド内部の閉域網であるVPC（Virtual Private Cloud）内の、外部に公開していないデータを詐取する手法を指します。

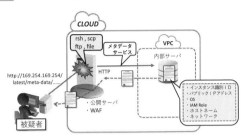

　SSRF攻撃の仕組みですが、被疑者（攻撃者）からアクセス可能な公開サーバを経由してVPC内部のサーバにリクエストを送付することにより、内部サーバのネットワーク情報等を詐取する、という手法で、rsh、scp、file、ftp等のリモートで使用するコマンドを用いて攻撃します。

○ Capital One への攻撃

　2019年7月に、アメリカの大手金融会社Capital Oneのシステムに対して不正アクセスが行われ、1億人以上の顧客情報が流出する事件が発生していますが、これはWAFの設定ミスを突いた不正アクセスにより、EC2のインスタンス・メタデータへ接続してSSRF攻撃が行われた模様です。

　また、SQLインジェクションやOSコマンドインジェクション、ディレクトリトラバーサル（§4-15）等、OSやアプリケーションの脆弱性を突いてSSRF攻撃を行うことは可能ですので、Webアプリケーションと同様、適切な設定を行うことが必要です。

　その他、Salesforce社、楽天、Trello、PayPay等、クラウドやクラウドを用いるアプリ等において、公開範囲等の設定ミスが情報流出する事故が発生しました。2021年1月には、NISCからも「Salesforceの製品の設定不備による意図しない情報が外部から参照される可能性について」として注意喚起文が出されています。

◆クラウドシステムの障害

　攻撃ではありませんが、クラウドサービスが利用するデータセンターのシステム障害によってもサービスが停止します。

　たとえば、2019年8月には、アマゾンAWSの冷却システムのオーバーヒートによりEC2サーバが停止し、多くの大企業のWebサービスが停止する、という事態が発生していますし、同じ8月末には、アメリカ東部でも障害が発生し顧客データが消失する事故が発生しています。

　また2021年9月には、AWSの東京リージョンで、企業のデータセンター等から
AWSへ専用線で接続する回線接続サービス（AWS Direct Connect）に障害が発生し、金
融決済サービス等に大きい影響を与えたり、2021年12月には停電によりAWSがダウ
ンしたためにSlackやAsana（いずれも業務管理用のコミュニケーションツール）が影響
をうける等、様々な障害が発生しています。

　いずれも、クラウドサービスのユーザ（企業）のみならず、その企業が提供するサー
ビスを利用する一般ユーザの利便性や情報資産まで損なわれる恐れがあります。

◆その他のテレワーク関連リスク

　コロナ禍が契機になったのかもしれませんが、オフィス・コストの削減や職員のワー
クライフバランスの向上等、様々なメリットにより従来は一部のクリエーターや
IT関連業務に限定されていたテレワークが様々な業務にも拡がりを見せています。

　一方で、本社オフィス等における執務とは、環境が異なることから、多様なリスク
への対処が必要となります。

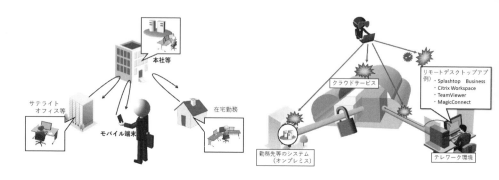

　IPAの「情報セキュリティ10大脅威2021」でも、組織部門の第3位に「テレワー
ク等のニューノーマルな働き方を狙った攻撃」が初めてランクインする等、Web会
議やVPNを狙った攻撃は増加しています。

　自宅やサテライトオフィス等で利用する端末機器が、組織が配布（貸与）するもの
か、あるいはBYOD（Bring Your Own Device）と呼ばれる個人所有機器の業務利用か、
等の状況によっても異なりますが、主要な脅威には次のようなものがあります。

・端末や記録媒体等の盗難・紛失（⇒情報漏えい、データの滅失）
・端末や記録媒体等がマルウェアに感染・サイバー攻撃等の踏み台等に悪用される（⇒本社システ
　ムへの攻撃、他サイトへの攻撃の踏み台）
・盗聴やなりすまし（⇒情報漏えい、システムの無断利用等）

　その他、個人所有パソコンのOSやアプリ、Wi-Fiルータ等、無線LAN機器のファ
ームウェア等の脆弱性を狙った不正アクセス等も想定されます。

§8-5　クラウドネイティブ、ゼロトラスト

クラウド利用の進展により「クラウドネイティブ」という言葉もよく聞かれるようになった。また「ゼロトラスト」の考え方も一般的になりつつあるようだが、これらの関係は？

◆クラウドネイティブ

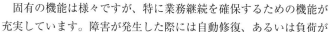

　私なぞは英語が得意ではないためか「ネイティブ」といえば、ネイティブスピーカーのことを想像してしまいがちですが、クラウドネイティブというと、クラウド、特にパブリッククラウドが持つ固有の機能を指します。

　固有の機能は様々ですが、特に業務継続を確保するための機能が充実しています。障害が発生した際には自動修復、あるいは負荷が急増した際には柔軟にサーバ機能を増強し、ネットワークやストレージ容量を増大する等、クラウドの能力を十二分に引き出すことにより達成することができます。

　これを実現するために、コンテナやサービスメッシュ、マイクロサービス、イミュータブルインフラストラクチャ等が利用されるようになっていますが、これらの機能がクラウドネイティブと呼ばれています。

　また前項でゼロトラストへの移行について説明しましたが、ゼロトラストを実現するためのシステムを開発・整備するには、クラウドの利点を最大限に活用できるよう、システム構築に関する考え方も変化してきていて、その手法は ZTA（Zero Trust Architecture）と呼ばれています。

◆オブザーバビリティ（可観測性）

○ DevOps、DevSecOps から AIOps へ

　クラウドの性能を遺憾なく発揮させるためには、コンテナ等のクラウドネイティブの機能・ソフトウェアを開発する段階から、運用時のことを想定して運用担当者と連携してスピーディーにシステムを開発する DevOps、さらにはセキュリティ確保も加味した DevSecOps（§3-6参照）を備えておく必要があります。

　その際に重要となるのが、複雑なシステムで問題が発生した場合に、如何に迅速に検出して対処できるのか、ということが鍵となります。このため、DevOps と同様、AIOps（Artificial Intelligence for IT Operations）と呼ばれる、IT システムの運用管理に AI 技術を適用して業務の効率化・自動化、効率化を図る手法も発展しています。

○状態監視・モニタリングの重要性

　迅速な対処を行うには、障害やイベント等を的確に検出する必要がありますが、そ

416

のためには、常にシステムの状態を監視・モニタリングすることが求められます。

クラウドシステムの開発では、レジストリのイメージをローカル環境にダウンロード（プル）して、アプリの実行環境を整備し、クラウド上に展開（デプロイ）する過程や、そのコンテナ等の運用状況も定常的にモニタリングすることが求められます。

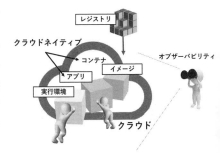

これを「オブザーバビリティ（可観測性）」と呼んでいて、APM（Application Performance Monitoring）や EUM（End User Monitoring）等のモニタリング用ツールが利用されています。またシステム全体の信頼性や効率性を向上させるための SRE（Site Reliability Engineering：サイト信頼性エンジニアリング）チームを置く組織も増加しています。SRE チームでは、サービスレベル契約（SLA）を基本に、サービスレベル目標（SLO）や、その具体的な指標となるシステムの許容された遅延時間や可用性等の信頼性に関する指標、サービスレベルインジケータ（SLO）を監視して運用管理を行います。

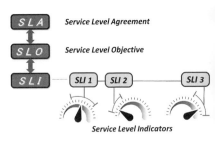

SRE の実践に際しては、Toil（労苦〜反復して行う手作業）を抽出し、自動化等を行うことにより除去することが求められます。

また監視・観測に関しては、「オブザーバビリティ（Observability）」を実現する基本的な要素として MELT（Metrics、Event、Log、Trace の頭文字をつなげたもの）を取り上げることもあり、課題や問題点を迅速に抽出し解決するツールとして期待されています。

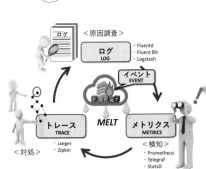

○イミュータブル〜変えない

迅速に設計変更を反映したシステムをクラウド上に実装（デプロイ）したり、セキュリティ対応等で修正パッチを当てる等の作業を稼働中のシステムに対して実施することは、障害発生、サービス停止のリスクを伴います。

このため、稼働中のサーバ等に修正作業等を行わず、新しく構築したサーバに入れ替える、という、いわば IT インフラの使い捨て（Immutable Infrastructure）の考え方が、Docker コンテナの利用が進むにつれ一般的になってきました。

コスト面でもコンテナ仮想化によるシステム構築の方が、メリットがあることから、クラウドサービスにおいて普及しています。

 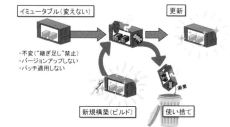

◆境界防護の極小化

　ZTA の構造等については、§8-9で説明しますが、マイクロサービスの実装と同様、マイクロセグメンテーション、マイクロ境界等、監視・管理の単位を個別のセッション・パケットレベルにまで絞ることにより、もし外部の攻撃等が発生した場合にも被害を極小化するための措置が取られています。

　ファイアウォール等によるこのような境界設定に誤りや脆弱性がある場合には、そこから攻撃を受けることになるため、正確な設定が不可欠となります。

◆レジストリ保護も重要

　コンテナを構築する場合、パブリックレジストリ・リポジトリのイメージを活用することも多いのですが、そのイメージに脆弱性がある場合や、そのイメージをそのまま用いて追加設定を行わずにサイトを構築した場合には非常に危険です。

　コンテナ構築時には、コンテナ自体のみならず、利用するイメージについても、信頼できるリポジトリから入手し、そのイメージの安全性を確認し、また適切な設定を行うことが重要です。

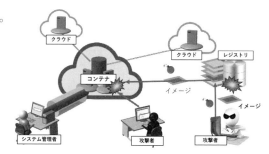

§8-6　クラウド防護の手法

クラウドのセキュリティ確保のために用いられる手法や防護策には、どのようなものがあるのか？

◆クラウドの運用管理

　クラウドサービスに対して行われるサイバー攻撃は、クラウドサービスを展開する事業者のみが防御すればよいのではありません。

　クラウドサービスを用いて、ITサービスを展開する組織や利用者も留意すべき事項は多くありますし、特に複数のクラウドを利用する際等には、総合的な運用管理、定常的な監視・モニタリングも必要となることから、これらに特化したサービス（SaaS）も利用されるようになってきています。

○リスクと対策

　クラウドへの攻撃やシステムの障害に関しては§8-4で説明しましたが、様々な脅威が潜んでいます。これらの脅威に対応するために、ユーザや端末の適切な認証の他、データの暗号化やアクセスの監視等、様々な対策が必要となります。

　たとえば「適切な認証」と図には書きましたが、多段階認証の採用や接続元IPアドレスの制限等も必要かもしれませんし、ログ管理やIDS/IPSの導入等も検討する必要があります。

◆クラウドセキュリティ・ソリューション〜次第にクラウド型へ

○SWG、CASB

　SaaSの登場にあわせて、Webフィルタリングやアンチマルウェア（サンドボックス）機能を有するオンプレミス型のSWG（Secure Web Gateway）やエンタープライズ・ファイアウォールが利用されるようになりました。

　テレワークの利用が進展し、クラウドサービスを使用する企業等が増加すると共にSWGはオンプレミス型のものから、クラウド型、あるいは両方を活用するハイブ

リッド型の SWG が使われるようになりました。

自社の業務やサービスに最も適したクラウドを選択するためには、自社システムの LCM（Life Cycle Management）や LCC（Life Cycle Cost）を考慮した上で、BCP や DR（災害からの復旧）の点から耐震性に優れ、電源やネットワークが安定的に確保されているクラウドサービスを選択する必要がありますが、そのためのユーザとクラウドを結びつけるブローカーと呼ばれるサービスが出現しました。

これらの事業者は CB（Cloud Broker）や CSB（Cloud Service Broker）、そのサービスは CBS（Cloud Broker Service）と呼ばれたりしました。

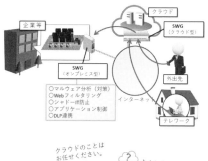

さらにクラウドサービスの興隆と共に、ユーザと複数クラウドの間にコントロールポイントを置いたキャスビー（CASB：Cloud Access Security Broker）が活用されるようになりました。

これは、コントロールポイントで監視や制御を行うことにより機密情報等の流出を防止できるよう、データのセキュリティ確保や可視化等を実現するものです。

また、利用者認証も重要な要素で、テレワークを推進する際にも、シャドーIT（隠れ端末）等アクセス権のない端末からのアクセスを許さないためにも、許可された端末（サンクション IT）のみ接続を許可するようにする必要があります。

○ RBI（Remote Browser Isolation）～ブラウザの実行環境を分離

テレワークの進展により、Web 会議に参加する機会も増えましたが、専用のソフト（アプリ）をインストールせずとも、Zoom や Skype 等のクラウド型の Web 会議システムでは、ブラウザにより参加することが可能です。

Web 会議以外でもブラウザを利用する機会は多く、そのため、ブラウザ自体が攻撃対象となることも多く、ブラウザに感染させるためのマルウェア等に感染するリスクも増大しています。

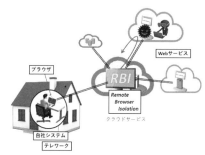

テレワーク等、職員・社員が個々に利用する PC のブラウザのセキュリティを完全に確保することは非常に困難ですので、家庭や企業のブラウザから各種の Web サービスを利用するのではなく、クラウド上等のブラウザを経由して Web サービスを利用することにより、家庭や企業（エッジ側）の端末をリスクから分離する、というのが RBI（Remote Browser Isolation）の技術で、各種のサービスが台頭しています。ファイル等をダウンロードする際にも、CDR（Content Disarm and Reconstruction：コンテンツの非武装化（無害化）と再構築）処理を行うことにより、マルウェア等が仕込まれていた場合でも、エッジ側で安全に利用できるよう浄化が行われるサービスも増えています。

○クラウド上のデータ保存と消去

パソコンにデータを保存する場合には、たとえば Windows PC の場合には BitLocker によりドライブを暗号化することが可能です。パソコンを廃棄・売却する際にはハードディスクを破壊したり、何回も上書きしたりディスクの初期化・フォーマット等を行うことにより個人情報や機密情報が盗み出されないようにしています。

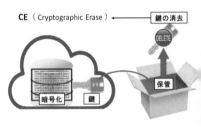

ディスクのプラッターに穴を開ける等の物理的破壊（破砕）や消磁装置を用いた方式等もありますが、米 NIST の SP 800-88 Rev.1 Guidelines for Media Sanitization においては、抹消（Sanitize）の手法として、破壊（Destroy）、除去（Purge）、消去（Clear）等と並んで、暗号化消去（CE：Cryptographic Erase）の手法も取り上げられています。

これは、暗号化を行うことによりデータが可視化できないような措置を行う、ということです。大手のパブリッククラウドでは各種の暗号化を行うサービスが提供されています。

たとえば AWS では AWS Key Management Service（KMS）等により暗号化に使用する鍵自体を暗号化して保存するサービスが利用できます。企業等のように、マルチクラウドを利用する際に鍵管理を自分で行う場合、これは BYOK（Bring Your Own Key）と呼ばれていますが、このためのサービスも多数登場しています。

暗号化消去、というのは鍵を消去してしまうことによりデータの難読化を図る手法ですので、この鍵の管理や確実な消去を行わないとデータが流出する懸念があり、確実な暗号化方式や鍵管理機関を選択する必要があります。

○ CWPP と CSPM、CNAPP とは？

業務において、複数のクラウドを利用する場合、その性能（パフォーマンス）を適正に保ち、システムの仮想マシンやコンテナの状況、負荷の量等（ワークロード）に偏りがないように配慮する必要がありますが、このようなマルチクラウドの監視と保護を行うための仕組みとして CWPP と呼ばれるソフトウェアのプラットフォームが出現しました。

　また利用するマルチクラウドを横断的に監視してセキュリティ状態を確認するための仕組みとして CSPM が 考 え ら れ、CWPP と CSPM の両方の機能を組み合わせたプラットフォームを CNAPP（Cloud Native Application Protection Platform）と呼ぶベンダーもあります。

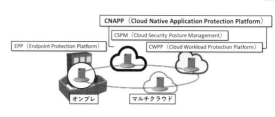

　当然のことながら、オンプレミス環境での使用等も考慮すれば、§5-1の EDR（Endpoint Detection and Response）で説明したようなエンドポイントの防護（EPP）やネットワーク監視により不正な通信を検出し対処する NDR（Network Detection and Response）も重要です。ネットワーク上の不振な挙動等を検出・分析するツールは NTA（Network Traffic Analysis）と呼ばれています。

　マルチクラウド利用の増加、コンテナ型のクラウドの増加に伴い、CWPP や CSPM の機能が求められるようになってきています。

▶CWPP（Cloud Workload Protection Platform）：クラウドワークロード保護プラットフォーム

　　マルチクラウドの稼働状況を一元的に管理するための仕組みで、多層的なネットワーク・クラウドのワークロード防護に利用される。

▶CSPM（Cloud Security Posture Management）：クラウドセキュリティポスチャ（態勢）管理

　　マルチクラウドを利用する際に、各クラウドサービスの設定情報やログを自動的にチェックすることにより設定ミス等を防止し、セキュリティ状態を適正に管理するもの。

　また、複数のクラウドを利用する際には、そのアクセス権限（エンタイトルメント）の管理も非常に重要で、適切な管理が行われていない場合には、不正アクセスによりセキュリティ侵害が発生することから、この問題を解消するために CIEM（Cloud Infrastructure Entitlement Management）と呼ばれる製品・サービスも登場しています。

　さらに、様々なクラウドサービスを利用する場合、それぞれのログを集積し、総合的に分析して可視化することにより脅威を迅速に検知し対処できるようにした SIEM（Security Information and Event Management　§4-7参照）でも、クラウド型、AI 技術・機械学習を活用したサービスが登場する等、高度化が進んでいます。

　またエンドポイントだけでなくクラウドやモバイル環境、ネットワーク等の総合的な監視と防護、ID 管理等を統合的に行うセキュリティ機能を持つ SASE（Secure Access Service Edge：サシー）をクラウド上で一括して提供するベンダーも増加しています。

ゼロトラスト時代の到来により、クラウド上においてアプリケーションや端末機器等を一元的に管理するニーズが増大したことから、CASB と SWG の両方の機能を有する SASE は、DX 移行に寄与するとして期待されています。

SASE の機能の中で、アカウントの不正使用・内部不正が行われることがないよう ID 管理・ユーザ管理（認証）を的確に行うためのツールとして考えだされたものは UEBA（User and Entity Behavior Analytics）と呼ばれています（従来は UBA（User Behavior Analytics）と呼ばれていました）。

これらのツールは組織の SOC（Security Operation Center）等においてゼロトラストを実現するために活用されるようになってきています。

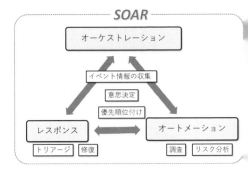

さらに「SIEM の自動化」と言えるかもしれませんが、外部からの脅威を複数のセキュリティツールを連携させることにより総合的に検知・収集し、当該インシデントの分析を行って、優先順位を付した上でインシデント対処を自動的に実施する等、情報共有と業務負担の軽減を目的に手順や対処作業を自動化する技術として SOAR（Security Orchestration, Automation and Response）と呼ばれるセキュリティソリューションの提供も行われるようになりました。

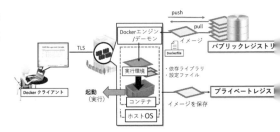

◆コンテナのセキュリティ

コンテナのセキュリティに関しては NIST SP800-190 Application Container Security Guide に記載されています。ここでは、コンテナにおける主要なリスクとして、イメージの脆弱性・設定ミス、レジストリ／リポジトリへのセキュアでない接続、オーケストレータ

への不正アクセス、コンテナのラ
ンタイムの脆弱性、ホストOSの
脆弱性等が取り上げられていて、
これらへの対策方法がまとめられ
ています。

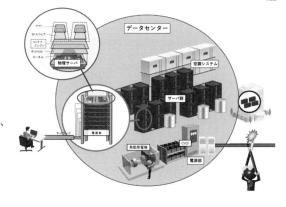

「コンテナ」自体はソフトウェ
ア群で構成されているものですが、
コンテナが稼働しているデータセ
ンターの内部に設置されているサ
ーバ群やクラウド事業者の設備等
への不正アクセス等のサイバー攻
撃だけでなく、電源、ネットワーク、空調機器等に対する物理的なテロ攻撃や障害等
の発生を防止しなければ、コンテナが稼働できなくなりますので、トータルな防護策
が必要となります。

○オーケストレータの防護

　クラウドネイティブのセキュリティモデルとして4C
（Cloud、Cluster、Container、Code）の階層で考える（§
8-4参照）際に、上のコンテナ、クラウド以外のものでは、
コードが「アプリケーション」のコーディングのことを
指し、クラスターはネットワークで接続された物理的な
サーバ群等を指しています。コンテナのオーケストレー
ションツール（オーケストレータ）も、この中に含まれ
ます。

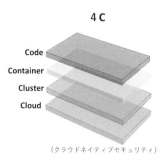

（クラウドネイティブセキュリティ）

　代表的なオーケストレータ（§8-2）であるKubernetes
の場合、マスターノードを通じてコンテナが稼働するワーカーノード群を管理する仕
組みとなっています。

　コンテナ化したアプリケーションの展開（デプロイ）や稼働コンテナ数の変更（ス
ケーリング）等の役目を担っているオーケストレータのセキュリティ確保に関しては、
アクセス権の適切な設定により不正アクセスを防止すると共に、DoS攻撃等、リソ
ースの枯渇を狙った攻撃がノードやネットワークに対して行われないよう、これらの
要素ごとのセキュリティ
対策を的確に行う必要が
あります。また、各ノー
ドのPodやその中のコ
ンテナ等、クラスター内
のコンポーネントやアプ
リケーションのトータル
なセキュリティ確保が必

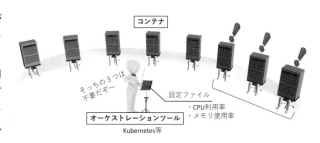

要となります。また構成自体も、障害発生時等の自動フェイルオーバー（HA：High Availability）機能を確保するために、積層 etcd（分散 KVS）トポロジー等 HA クラスターを設定することも必要です。

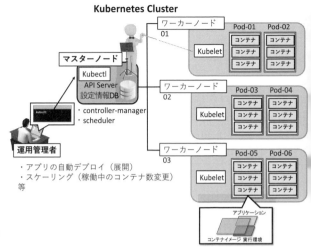

なお、パブリッククラウドサービスを利用してシステムの構築を行う場合、各要素に対する侵入テストやネットワークの負荷テスト、DDoS シミュレーション試験等を実行する際には、事前に各パブリックサービス事業者の規約・ポリシーに適合するかどうかを確認したり事業者の了解を得る必要がある場合もありますので、注意が必要です。

◆セキュリティ監視等の様々なサービス

　クラウド利用が進展するにつれ、クラウドの運用（稼働）状況を監視したり、その状況を分かりやすく可視化（グラフ化）するツールも登場しています。たとえば OSS（オープンソースソフトウェア）では、ログ監視が可能な Zabbix やネットワーク監視やデータのグラフ化が可能な Cacti があります。

　さらに大規模なシステムまで監視可能な Prometheus も用いられていますし、Prometheus が保存した時系列データをグラフ表示・分析（ダッシュボード化）することが可能な Grafana も用いられています。異常発生時にはアラートを生成し、その情報をアラートの管理を行う OSS の Alertmanager に送信することにより、Alertmanager がその情報をメールやインスタントメッセージ等のアプリにより通知する仕組みを構築することが可能となっています。また、パブリッククラウドサービスにおいても、これらの OSS と連携した監視・可視化サービス等を提供していて、たとえばアマゾンの場合には、AWS マネージドサービスとして、AMP（Amazon Managed Service for Prometheus）や AMG（Amazon Managed Service for Grafana）がこれに該当します（Google Cloud の場合は Managed Service for Prometheus、Cloud Monitoring の Grafana プラグイン等）。

§8-7　クラウド環境におけるフォレンジック

クラウドがターゲットだったり、クラウドを経由して行われるサイバー攻撃等の被害に遭ったり、マルウェア感染等のインシデントが発生した場合に、そのルートや原因を調査するフォレンジックはどのように行えばよいのだろうか？

◆クラウド内の情報収集

　リアルの世界で犯罪が発生した場合には、物証面では、遺留指掌紋・足痕跡や防犯カメラの画像等も含めて、丹念にトレースすることも犯罪捜査活動の一部ですが、サイバー犯罪捜査やサイバー攻撃への対処に際しても、様々なネットワークコマンドを活用した情報収集を行う場合があります。

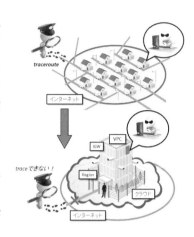

　システム管理者がサーバ等の障害発生時等に使用する様々なトラブルシューティング用のネットワーク関連コマンドを利用して情報収集を行うことも行われていますが、「クラウド」というインターネット上のいわば閉域網の中でも、これらのコマンドがそのまま利用できる訳ではありません。

○ ICMP コマンド

　クラウド上の仮想閉域網を、AWS や Google Cloud は VPC（Virtual Private Cloud）と呼んでいますが、Microsoft Azure の場合には VNet（Virtual Network）と称しています。このクラウド上の閉域網サービスにおいては、ping や tracert のような ICMP（Internet Control Message Protocol）のコマンドはデフォルト状態では利用できません。

　TCP や UDP は通ることから、traceroute/tracepath（UDP）、tcproute、tcptraceroute（TCP）等のコマンドの他、mtr（ping + traceroute）、PSPing/Hping3 等の管理用を適切に利用してインシデント発生時等の状況確認を行うことが求められます。

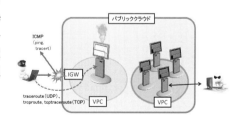

◆攻撃状況の確認

　クラウド環境においても、インターネット上の通常のサイトと同様、様々なリスクに晒されています。

　クラウドサービス事業者が様々な脅威から守ってくれる等ということはありません。またインシデント発生時にクラウドサービ

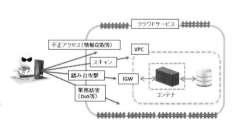

ス事業者側で、その原因や外部からの攻撃の場合の攻撃手口、侵入ルート等を全て把握している、あるいは直ちに判明する手段を有していると思うのは間違いです。ログ管理・監視を含め、適切なサービスを利用する、適切な設定を行う等により、防御を行うことが不可欠です。

クラウドサービス事業者

○各種管理用サービス（パブリッククラウド）

代表的なパブリッククラウド（アマゾン、グーグル、マイクロソフト）における各種管理・設定等のためのサービス（一部）には、次のようなものがあります。アプリケーションのトレースでは、AWS X-Ray や Google の Cloud Operation Suite 等も利用されます。フォレンジック調査の際には、これらのサービスを活用して履歴・データを調べることになります。

	AWS	Google Cloud	Azure
リソース管理・変更記録	AWS Config	Cloud Asset Inventory	
モニタリング	AWS CloudWatch	Cloud Monitoring/Logging	Azure Monitor
ID 管理	AWS IAM	Cloud IAM	Azure Active Directory
アプリの ID 管理	Amazon Cognito	Identity Platform	
アクティビティ／API 追跡	AWS CloudTrail	Cloud Audit Logs	Azure Activity Log
脅威検出・リスク管理	Amazon GuardDuty	Security Command Center	Microsoft Defender for Identity
ファイアウォール管理	AWS Firewall Manager		Azure Firewall Manager
セキュリティ情報管理	AWS Security Hub	Security Command Center	Azure Sentinel
WAF	AWS WAF	Cloud Armor	Azure Application Gateway
使用状況監査	AWS Audit Manager		

○サーバ等機能・クラウド用語

従来組織内やデータセンター内に構築していた Web サーバ等の機能を、全てパブリッククラウド上に構築しようとすると、このようなセキュリティ関連のサービスや設定に習熟するだけでなく、そもそも従来の Web サーバ（Apache）をクラウド上で稼働させるためには、どのような仮想サーバを用いるのか？　等、パブリッククラウド事業者個々に固有の名称で提供しているサービスの名称や内容についても知っておくことが必要となります。

	AWS	Google Cloud	Azure
ロードバランサ	ELB	Cloud Load Balancing	Load Balancer
仮想サーバ	EC2	Compute Engine（GCE）	Virtual Machine
リレーショナル DB	RDS	Cloud SQL	Database for SQL
DNS	Route53	Cloud DNS	Azure DNS
ストレージ	S3（Simple Storage Service）	Cloud Storage（GCS）	Azure Blob

上の表で、ロードバランサの欄に AWS では、ELB と書きましたが、アプリケーション層（L7）のロードバランシング機能を持ったものも登場し、AWS では ALB（Application Load Balancer）、Azure（マイクロソフト）では Application Gateway と呼ばれます。

ちなみに、IP アドレスやポート番号等、OSI 参照モデルの第 3 層（ネットワーク層）と第 4 層（トランスポート層）での処理を行うタイプは L4 ロードバランサと呼ばれていて、AWS の場合には NLB（Network Load Balancer）、Azure の場合には Load Balancer（MUX）がこれに相当します。AWS の ELB（Elastic Load Balancing）には、ALB、NLB の他、GLB（Gateway Load Balancer）、CLB（Classic Load Balancer）の機能が用意されています。

クラウドサービスに被害が発生すると想定した場合、たとえば、2021年11月に、Apache のログ出力ライブラリー（log4j）にリモートから任意のコードを実行することが可能な脆弱性（CVE-2021-44228：Log4Shell）が見つかりましたが、このような Java を実装したサーバが攻撃を受けた、というような場合には、クラウド上の各種ログ等の履歴を確認し、攻撃者の特定につなげる作業等を行うと共に、仮想サーバ上の Apache の脆弱性を防ぐパッチを当てる必要があります。

たとえば、AWS を利用して図のような Web サイト構築するには、仮想マシン（EC2）だけでなく様々なログや設定情報（AWS Config）等を確認する必要があります。

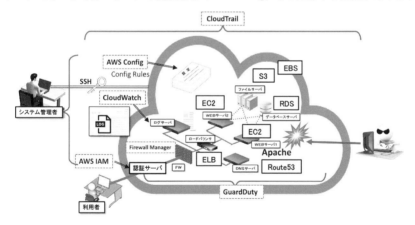

また、クラウドへの攻撃に際して、VPN が狙われることも多いのですが、企業等との接続に関してはインターネットを経由するものだけでなく専用線を利用するものもありますし、利用可能なサービスの名称や規格等も事業者ごとに異なっています。

データセンターが設置されているエリアをリージョンと呼んでいるのは共通していますが、これを細分化した単位を AWS では AZ（Availability Zone）と呼び、他の 2 社は単にゾーンと呼んでいます。

またその中での IP アドレスの付与についてもそれぞれサブネットに分割して付与していますが、AWS では サイダー（CIDR：Classless Inter-Domain Routing～

RFC4632）と呼ばれるクラスレスドメイン間ルーティングにより割り当てています。

　ネットワークへの攻撃等が発生した場合には、被害状況に応じてこのような設定・割当等の内容を把握する必要があるかもしれません。

　また、クラウドサービスを利用してシステムを構築する場合も、あるゾーン（AZ）に設置されたデータセンター等が攻撃を受けたり障害が発生することを想定し、業務の内容や継続性を検討した上で、システムに冗長性を持たせる等の対応を設計・構築時から考慮する必要があります。

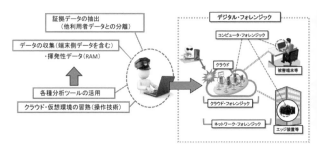

◆クラウドが関係するフォレンジック

　クラウドサービス等を利用したシステムの場合の障害対応やフォレンジック作業を行うためには、クラウドや仮想環境等に関する知識や技能に習熟することが必要となります。

○フォレンジックの基本

　デジタル・フォレンジック関連については§5-5や§5-6にまとめていますが、右のような国際標準（ISO/IEC）や米NIST（SP800-86）でも、揮発性の高いデジタル証拠データをいかに識別し、的確に収集・保全等を行うための手法やプロセスを説明することに労力が費やされています。

　特にクラウド上のデータに関しては、被害発生時にいかに迅速に保全できるかが、その後の解析や分析に

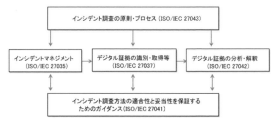

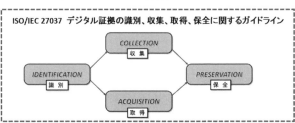

つながる重要な作業となります。

　クラウド上の仮想化されたシステムには、このような場合に利用可能な「スナップショット」と呼ばれる機能を有しています。LVM（Logical Volume Manager：論理ボリューム）スナップショットはコピーオンライト（Copy-On-Write：COW）技術の一種で、既存ボリュームのデータブロックに対する変更を監視し、いずれかのブロックに書

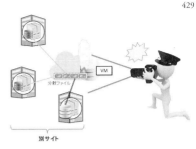

き込みが行われると、スナップショット時のブロックの値がスナップショットボリュームにコピーされる「書き換え時にコピーする」もので、仮想マシンのイメージを保存する場合にも利用される機能ですが、通常仮想マシン（VM）が利用するボリュームとは物理的に異なる筐体に保存することも可能であることから、調査用の仮想ディスク上にマウントして、システム管理者が手元に保存することも可能です。分散ファイルシステム等を利用している場合には別サイトにもファイルの実体が保存されますので、リモート接続する形でファイル全体を取得することが必要となります。

　仮想マシン自体が外部からの攻撃により消されると、証拠データも蒸発してしまいますので、必要に応じてその仮想マシンに関するシステムログや稼働アプリケーション、ファイアウォール、通信接続、監査等のログ等も収集し解析することにより、攻撃元や攻撃手法等を解明する必要があります。

　リモートアクセスにより入手したデータは書き込み防止、ハッシュ化等を行うことによりデータが変化、改ざんされることを防止し、捜査等における証拠データの真正性を確保する必要がありますし、他のユーザも利用しますので個人情報の保護は不可欠です。

　また、攻撃元の端末や被害端末が判明している場合には、当該端末のデータやログ、利用したブラウザ等アプリケーションの使用履歴等の取得も必要となります。場合によっては、関連するサイト、クラウド、レジストリ等のデータの取得が必要となるかもしれません。

　クラウド・フォレンジックに関しては、まだまだ種々議論が行われている途中のもので、米NISTでも、NIST IR 8006 NIST Cloud Computing Forensic Science Challenges（2020.08）等で標準化の検討が行われています。

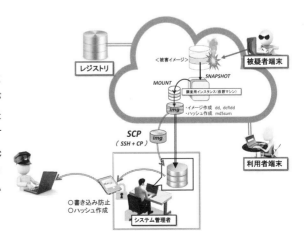

§8-8　クラウド・セキュリティに関する標準・ガイドライン

クラウドサービスを利用して組織の基幹システムを構築したり、新たなサービスを展開する際には、その機能やコスト面のみならず、セキュリティ確保等も重要となる。設計、構築時等に参考となる標準やガイドラインとはどのようなものか？

◆企画・設計段階のセキュリティ

トップダウンで新たなサービスや事業展開を行う場合も多いのですが、斬新なアイデアを、ITシステムを利用して実現するためには、セキュリティ面でも事前の検討が必要です。

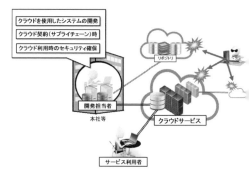

ITシステムでは、工程的に上流から下流へという流れで開発を進めることも多いのですが、上流工程においては、仕様の概略、即ち機能や性能等を検討します。その際にセキュリティ面での要件についても定義する、即ち情報セキュリティを上流工程の一部に組み入れて検討することがSBD（Security By Design）です（§9-8参照）。

企画や経営戦略に関する会議の席上、システムの仕様や機能に関して、セキュリティ面の課題や危惧を急に指摘したりすると、業務に取り組む姿勢が消極的だ、と見られることもあるかもしれませんが、DevSecOps（§8-5、§3-6参照）の重要性について職員・社員全員が認識することが必要なのかもしれません。

○開発・整備時の留意事項

一般的なシステムの開発・整備時の留意事項につきましては§9-8で説明しますが、

・システムの開発・運用を外部に委託した場合のリスク（委託先企業から漏えい、委託先が勝手に再委託し、そこから情報漏えい等）

・利用したクラウドから情報漏えい

・システム調達の際に、機器にマルウェア等が混入したり意図的に埋め込まれて情報漏えい

等に留意する必要があります。

特に個人情報を取り扱うシステムの場合には開発から廃棄に至る全ての段階でセキュリティの確保が重要であることを個々の職員や委託先に周知徹底する必要があります。

またシステムの実運用前のテストや機能追加、システム変更時のテストに利用するから、という場合に個人情報（実データ）を安易に委託先に渡して、そこから情報が流出した場合、責められるのはその実データを渡した方である、ということになりますので、くれぐれも留意することが必要です。

　たとえばオープンソースの Web アプリ開発用ツールの Apache Struts（1, 2）を用いてシステム開発を行っている開発ベンダーが、Apache Struts の脆弱性を突いたサイバー攻撃を受け、委託元の個人情報データが流出してしまった場合には、その開発ベンダーに委託した委託元の企業が責められることになります。

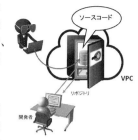

　役務を外部委託したり、システムの調達、クラウド利用を図る場合には、コスト面の検討のみならず、事前にこれらの企業等が適切なセキュリティ管理を行っているのか、あるいはその能力・実績が伴っているのかを見極めることが重要でしょう。

　経済産業省と独立行政法人情報処理推進機構（IPA）は「IT 製品の調達におけるセキュリティ要件リスト」を策定（2014年）し、IPA では、その具体的な活用例等を解説した「IT 製品の調達におけるセキュリティ要件リスト活用のためのガイドブック」も公開しています。

○チームによるシステム開発

　スピーディーな開発とリリースを可能にするためには、開発チームが一丸となってプロジェクトに取り組む必要がありますが、コロナ禍のせいもあり、リモートでのチーム開発を効率的に、かつ安全に行うことがますます求められるようになりました。

　ローカルでソースコードを保管（リポジトリ）するのとは異なり、リモート環境において、開発メンバーが協力して、齟齬なくプロジェクトを推進するためには、バージョン管理も含めてソースコードを的確に取り扱う必要があり、そのためにメンバー間のみで共有されるプライベートリポジトリ等が VPC（仮想プライベートクラウド）上に構築されて利用されています。

○分散バージョン管理システム（DVCS：Distributed Version Control Systems）

　ソースコードのバージョン管理等を適切に行うため、Git や Mercurial といった管理ツールが利用され、リポジトリとしてクラウド上の GitHub/GitLab 等が利用されることも多く、Docker コンテナ構築の場合には DockerHub 等がイメージ保存に利用されます。

　パブリックリポジトリの場合、公開されているオープンソースのソースコードが無償で入手・利用できることから、システム開発の工期短縮等にも利用されていますが、業務用のソースコードが流出したり、マルウェアが混入する場合もありますので、利用する際には注意が必要です。

　また、マルウェアのソースコードリポジトリ等もインターネット上には多数存在していますが、悪用しないよう注意する必要があります。

◆ クラウドサービス利用（調達）時の留意事項

　クラウドサービス（CSP：Cloud Service Provider）

を利用する際には、様々な情報を安全に取り扱うことができているか、ネットワークのセキュリティ対策も含めた管理策を講じているかどうかを確認する必要があります。

たとえばCSPの形態の1つであるIaaS（Infrastructure as a Service）の多くはサーバ機器等のハードウェアリソースを仮想化していて、実際には1つのサーバ機器であっても、複数の利用者それぞれがサービスを専用しているように見えるので、この実機がシステムダウンした場合には複数の利用者が影響を受けることになります。

そのクラウドのセキュリティについては、利用者側では判断できません。CSPへの脅威、たとえばクラウド利用企業については、その営業損失を目的としたE-DoS攻撃（§3-23参照）を受ける懸念等がありますが、これに対してCSP側ではどのような対策を実施しているのか等、外部の利用者が把握することはできません。

CSP利用者（CSC：クラウドサービスカスタマ）がクラウドサービスを選ぶ基準としては、利用コスト等も重要かもしれませんが、そのクラウド事業者におけるISMS対応状況や個人情報の管理が厳格に行われているかどうか、国際標準等に基づく認証を受けていることを確認することが適切です。

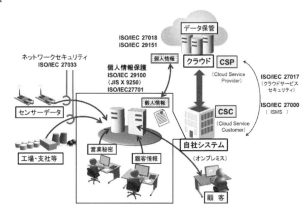

クラウド向けにISMSを拡張した国際標準が、ISO/IEC 27017（Information technology -- Security techniques -- Code of practice for information security controls based on ISO/IEC 27002 for cloud services：ISO/IEC 27002に基づくクラウドサービスのための情報セキュリティ管理策の実践規範）として2015年に規定されています。

○ SCM、SCRM（サプライチェーンのセキュリティ）

SCM、SCRMについては§3-11で説明していますが、ITシステムの場合には、ネットワークを通じて業務を関連企業に行わせたり、システムの開発や運用・監視あるいはデータの入力・加工を外部に委託することも多く、実際に委託先等からの情報流出や漏えい事故も相次いで発生していますので、セキュリティに主眼を置いてSCRM（Supply Chain Risk Management）、あるいはC-SCRM（Cyber-SCRM）と表現する場合もあります。

アメリカでは連邦政府調達に関して、NIST SP800-161 Supply Chain Risk Management Practices for Federal Information Systems and Organizations（2015.4）も規定されています（§3-11参照）。

ITサービスを提供しようとする際には、政府機関も含めて、クラウドサービスの利用が推進されていますが、次のような標準の他、SP800-53 Rev.5、SP800-171 Rev.2等（§9-6）のセキュリティ関連規定も参照することが求められています（その他サイバーレジリエントなシステムの開発に関する規定であるSP800-160 Vol.2 Rev.1

Developing Cyber-Resilient Systems: A Systems Security Engineering Approach（2021.12）も参照のこと）。

▶FedRAMP（Federal Risk and Authorization Management Program）： 米連邦政府共通のクラウドサービス調達のためのセキュリティ基準・認証制度

▶ISMAP（イスマップ：Information Security Management and Assessment Program）（2020）： 我が国の政府が求めるクラウドサービスがセキュリティ要求を満たしているかどうかを予め評価・登録する制度（政府情報システムのためのセキュリティ評価制度。日本版 FedRAMP、「クラウド・バイ・デフォルト原則」（2018））。

▶「政府情報システムにおけるクラウドサービスの利用に係る基本方針」： 政府情報システムの構築・整備に関しては、クラウドサービスの利用を第 1 候補（デフォルト）とする。

アメリカにおいても、米移民・税関執行局（ICE）と税関国境取締局（CBP）を擁する米国土安全保障局（DHS：The Department of Homeland Security）は、逐次データセンターを廃止してクラウドに移行することとしています。既にワークロードの一部は AWS への移行が完了し、ICE では AWS 及び Azure との契約も進めています。

◆**クラウドの認証・監査**
○ **ISMS クラウドセキュリティ認証**

ISO/IEC 27017ではクラウドサービスに特有なリスクのアセスメント、適切な情報セキュリティ対策の実施状況の監査等が規定されています。CSP 業者や利用側の CSC 事業者の中には、ISMS 認証取得後、ISO/IEC 27017の規定を充足することにより、安全なサービスの提供を推進し、内外の信頼を向上するために、ISMS-AC が実施するクラウドセキュリティ認証を取得する企業が増加しています。

また、日本セキュリティ監査協会（JASA）は JASA クラウドセキュリティ推進協議会を発足させ、監査ツール等の提供の他、認定資格を有する監査人による内部監査を受け、外部監査を終えた企業に対し、CS（Cloud Security）マーク（シルバー、ゴールド）をサービスごとに付与する活動も実施しています。

ASP や SaaS（Software as a Service）等のアプリケーション提供事業者については、総務省が定め、クラウド事業者が IoT サービスを提供する際のリスク対応方針も考慮して改訂した「ASP・SaaS における情報セキュリティ対策ガイドライン（第 2 版）」や「クラウドサービス提供における情報セキュリティ対策ガイドライン（第 3 版：2021.09）」等の規定も参照する必要があります。

その他、参照規格としては
・ISO/IEC 17788（JISX9401）： クラウドコンピューティング―概要及び用語
・ISO/IEC 17789（JISX9501）： クラウドコンピューティング―サービスレベル合意書（SLA）の枠組
・ISO/IEC 20000（JISQ20000）： サービスマネジメント
等があります。

クラウドセキュリティに関しては世界的な非営利団体の CSA（Cloud Security

Alliance）が設立されていて、我が国でもCSAジャパン（日本クラウドセキュリティア
ライアンス）が2013年に一般社団法人化し活動を展開しています。

　〈認証制度〉
・ISO/IEC 27017による認証取得　https://isms.jp/isms-cls/lst/ind/index.html
・JASAクラウドセキュリティ推進協議会CSゴールドマーク　https://jcispa.jasa.jp/cs_
　mark_co/cs_gold_mark_co/
　〈監査フレームワーク〉
・AICPA SOC2（日本公認会計士協会IT7（IT委員会実務指針第7）号「受託業務のセキュ
　リティ、可用性、処理のインテグリティ、機密保持及びプライバシーに係る内部統制の
　保証報告書」）SOC2+
・AICPA SOC3（SysTrust/WebTrust）（日本公認会計士協会IT2号「Trustサービスに係る実
　務指針（中間報告）」の改正について」）
　＊注）　AICPA（American Institute of Certified Public Accountants）米国公認会計士協会

◆クラウドのセキュリティ関連標準

　クラウドサービスを行うCSP（Cloud Service/Solution Provider）は、ISO/IEC 17788、
17789、20000の他、ISO/IEC 27017（2015）：Code of practice for information security controls
based on ISO/IEC 27002 for cloud servicesやISO/IEC 27018（2014）：Code of practice for
protection of personally identifiable information（PII）in public clouds acting as PII
processors等の規定も遵守する必要があります。

　アメリカでは、セキュリティ全般に関して、2014年に、2018年には改訂版の
CSFVer1.1が出されています。

　またクラウドのセキュリティに関しては、NIST SP800-144（Guidelines on Security and
Privacy in Public Cloud Computing）が規定され、SP800-145ではクラウドの定義、SP 800-
146にはクラウドの概要や推奨事項等がまとめられています。

　その他、セキュリティ関連の規定には次のようなものがあります。

・NIST SP800-190：　NIST application container security guide
・NIST SP500-291：　NIST Cloud Computing Standards Roadmap（Cloud Consumer, Cloud
　Provider, Cloud Auditor, Cloud Broker Cloud Carrier）
・NIST SP500-292：　NIST Cloud Computing Reference Architecture
・NIST SP500-307：　Cloud Computing Service Metrics Description
・NIST SP500-316：　Framework for Cloud Usability
・NIST SP500-322：　Evaluation of Cloud Computing Services Based on NIST SP800-14

GoogleもAmazonもセキュリティに関しては、それぞれ

・Google Cloud セキュリティホワイトペーパー（インフラストラクチャのセキュリティ
　設計の概要、暗号化等）
・Automating Security, Compliance, and Governance in AWS
・Introduction to AWS Security by Design

等のセキュリティに関する規定を公開しています。またCSAジャパンでは、「CSA
ガイダンス version 4.0を用いたクラウドセキュリティリファレンス（OSSマッピン
グ2019）」、「クラウド重大セキュリティ脅威対策 − DevSecOps のユースケース −」

等の資料を公開しています。

◆クラウド利用者の留意事項

　テレワークに用いるパソコンやリモートデスクトップ用のアプリ等に脆弱性がある場合には、放置しないで最新のソフトウェアに更新する必要があります。また、出先等でフリーWi-Fi等を使用したりすると、盗聴等のリスクもありますので、インターネット上に暗号化により仮想的な専用線を構築するVPN接続やモバイルルータを利用することにより、セキュリティ確保を図る必要があります。

　個人のパソコンといえども踏み台になったり不正アクセス等の被害に遭うことも多いので、マルウェア対策やデータのバックアップ、**適切な認証システムの導入等は不可欠です。**

　万が一、職場から貸与されている端末等が亡失した際にも、第三者による利用を防止するためのリモートロックやデータの消去（リモートワイプ）を行ったり、端末機器やその利用アプリの管理が企業等のシステム管理者側から行える機能（MDM（モバイルデバイス管理）やMAM（モバイルアプリケーション管理））を活用することが求められます（§6-9参照）。

　また端末機器がマルウェア等に感染したり不正アクセスの被害に遭った場合、端末から本社のサーバシステム等に感染が拡大しないよう、ファイアウォールやIDS/IPSを設置することも重要です。

　またメールやファイルの暗号化等、適切な対策を規定し、システムを利用する全ての職員・社員に対して、これを遵守させることが重要でしょう。

データのバックアップ

データやネットワークの暗号化

適切な認証（ユーザ・端末）

　テレワークやBYODに関しては、NISTの
・SP 800-46 Rev. 2 Guide to Enterprise Telework, Remote Access, and Bring Your Own Device（BYOD）Security
・SP 800-114 Rev. 1 User's Guide to Telework and Bring Your Own Device（BYOD）Security
等が参考になります。セキュリティテストに関しては
・SP800-115 Technical Guide to Information Security Testing and Assessment
等を参照して下さい。

　我が国では、「テレワークセキュリティガイドライン 第5版」（2021年5月総務省）等があります。

　その他（厚生労働省「テレワークの適切な導入及び実施の推進のためのガイドライン」（2021年3月）、日本テレワーク協会「テレワーク関連ツール一覧」、「中堅・中小企業におすすめのテレワーク製品一覧」等）。

§8-9 「ゼロトラスト」関連の規定等

「ゼロトラスト」に関係する規定はあるのだろうか？

◆コンテナセキュリティ

クラウド化の進展に関して、アプリケーションをコンテナする際のセキュリティに関する規定として§8-6でSP 800-190 Application Container Security Guide（2017.9）を記載しましたが、そのアプリケーションをさらに、単一機能を担う単位（サービス）ごとに分割して、これらを個々に開発する「マイクロサービス」を実装することも増加しており、これについては、SP800-204 Security Strategies for Microservices-based Application Systems（2019.8）で規定されています。

このようなクラウドネイティブな技術やサービスに関しては、技術革新のスピードが速く、標準規格が制定されていないものも多くあります。Linux Foundation のプロジェクトの中に、Cloud Native Computing Foundation（CNCF）があり、技術的な検討を行う他、Google 社から移管された Kubernetes の運用管理も担っています。

◆ゼロトラスト構造（ZTA）

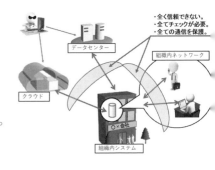

外出先やテレワークの推進により拡大したクラウド利用ですが、そのセキュリティを確保するために、たとえば全てのクラウドサービス事業者に「貴社のクラウドサービスを利用したいが、安全・安心に利用できる、というエビデンスを示せ！」と言うことはナンセンスでしょう。

このため、「全てのアクセスを信頼しない」というゼロトラストの考え方に基づくセキュリティ対策の推進が求められるようになりました。

米 NIST では、SP800-207 Zero Trust Architecture（2020.11）を規定しています（IPA のサイトから PwC Japan の日本語訳がダウンロード可能です）。

この SP800-207 では、ゼロトラストの原則として、

①全てのデータソースとコンピューティングサービスをリソースと見なす。

②ネットワークの場所に関係なく全ての通信を保護。

③個々の組織のリソースへのアクセス権は、セッション単位で付与。

④リソースへのアクセスはクライアントの ID、アプリケーション / サービス、リクエストする資産の状態、その他行動属性や環境属性を含めた動的ポリシーにより決定。

⑤全ての資産・デバイスの整合性とセキュリティ動作を監視・計測する。

⑥全てのリソースの認証と認可は、アクセスが許可される前に動的かつ厳格に実施。

⑦組織は、資産・ネットワーク・通信の状況について可能な限り多くの情報を収集し、

セキュリティ対策の改善に用いる。

が示されています。

このように、全てのネットワーク、デバイス、ID、負荷データ等のセキュリティを確保するためには、各企業によるマルウェア対策や端末のソフトウェア群のアップデート等、日々行う個々の対策のみならず、クラウドサービス事業者、ネットワーク事業者等が連携しつつ対策を推進する必要があります。

○ ZTA（Zero Trust Architecture）の構成

§8-2で説明しましたが、SDN
（Software Defined Network）では、
司令塔のようなコントローラが経
路制御等の指示を行うことにより
ネットワーク構成や設定等を柔軟
かつ動的に変更することが可能と
なるよう、ネットワーク機器を集
中的に制御する仕組みとなってい
ます。

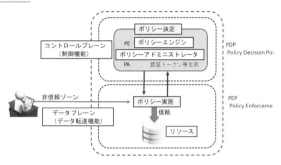

ZTA では、図のように、コントロールプレーンでポリシーを決定し、そのポリシーに基づきデータプレーンで個々の接続許可を判断する仕組みとなっています。ポリシーを決定する判断ロジックは PE（Policy Engine）、PE によるアクセス許可の判断を動的ポリシーとして管理する機能は PA（Policy Administrator）と呼ばれます。

非信頼ゾーンからのアクセスは、PDP/PEP（Policy Decision Point/ Policy Enforcement Point：ポリシー決定／実施ポイント）の許可が無い場合には、組織のリソースにアクセスできないようになっています。いわば、全てのアクセスに関して検問を実施し、身ぐるみ剥ぐように可視化を行うことが求められています。

組織が持つ情報資産の重要度やセキュリティ・リスクの許容度にもよりますが、全てのデータフローの可視化のみならず暗号化や認証等を迅速に行うことが可能な機器やネットワークが必要となりますので、事前のリスク評価を基にシステムやセキュリティ設計を行う必要があります。

株式会社ラックと日本マイクロソフトは、分かりやすくまとめた**「ゼロトラスト時代の SOC 構築と運用ガイドライン」**を作成し、公表しています（ラックの Web ページからダウンロード可能）。

第 9 章
組織の情報セキュリティ管理のために

国際標準や規格等

◆ IEC と ISO（国際標準）

IEC も ISO も **ITU（国際電気通信連合）** と同様国際機関ですが、**ITU（International Telecommunication Union）** のような国連の機関ではありません。

IEC は **International Electrotechnical Commission（国際電気標準会議）** で、ざっくりと言えば**電気系**の国際標準を策定しています。一方 ISO は **International Organization for Standardization（国際標準化機構）** で、機械系や品質管理や環境マネジメント等も含め**電気系以外**の標準化を担当しています。ISO と IEC の両方に共通的に関連する規格については、両者が密接に連携して策定しており、ISO/IEC として共通的に発行されています。

たとえば **IT サービスマネジメントシステム（ITSMS）** の国際標準は **ISO/IEC 20000** として規定されていますが、経営層に関連する **IT ガバナンス**に関しては、別に **ISO/IEC 38500** で規定されています。

同様に**情報セキュリティマネジメントシステム（ISMS）** に関する**ガバナンス**については、ISO/IEC 27000 とは別に **ISO/IEC 27014（Governance of information security）** で規定されています。またデジタル・フォレンジックに関するガバナンスに関しては **ISO/**

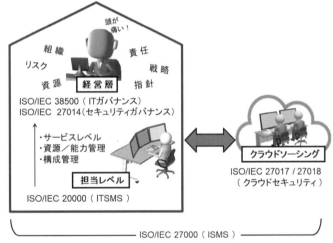

IEC 30121（Governance of digital forensic risk framework） で規定されています。

クラウドソーシングを活用する際のセキュリティ管理策等については **ISO/IEC 27017（Code of practice for information security controls based on ISO/IEC 27002 for cloud services）** で規定されています。

全体的には、ISO/IEC 27000（ISO27k）の情報セキュリティマネジメントシステム（ISMS）の規定を遵守することが求められます。

これらの国際規格は、国内規格（日本産業規格）とも連動していて、ISO/IEC 20000は **JIS Q20000**、ISO/IEC 38500は **JIS Q38500**、ISO/IEC 27000は **JIS Q27000**、ISO/IEC 27014は **JIS Q27014**、ISO/IEC 27017は **JIS Q27017**等として **JIS 規格化**されています。

◆個人情報の保護も重要

ISO/IEC 27000で扱う情報資産（データ）の中には、個人情報等の重要なデータも含まれています。個人情報の保護に関しては **ISO/IEC 29100** や **JIS Q15001**等で規定されています（§4-4参照）。

　これらの規定以外にも、制御システムの場合には、§7-4のように **IEC 62443シリーズ**において、組織やシステム、部品（装置・デバイス）のセキュリティ要件や機能ごとに規定（CSMS）されています。

　「**システム**」といってもハードウェアやソフトウェアも含まれ、そのそれぞれに対して、**ライフサイクル**や**開発ツール**等

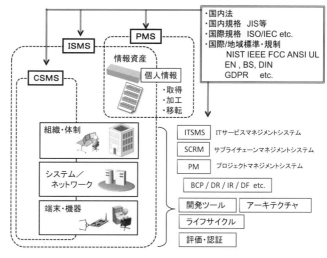

が規定され、さらには**評価**や**認証**取得の際の要件等についても個別に規定されています。またシステム開発・構築時に必要となる「**プロジェクトマネジメント**」や部品等の**調達に関するマネジメント（SCRM）**等についても規定されています。

　さらに、国際標準や国内標準以外にも、それぞれ国内法や様々な条約、各々の業界で制定されている規格やガイドライン等があります。

　たとえば、クラウドセキュリティに関しては、ISO/IEC 27017や米 NIST SP800-53 Rev.5と整合性を取る形で、2021年9月に総務省が「**クラウドサービス提供における情報セキュリティ対策ガイドライン（第3版）**」を公表しています。

　デファクト・スタンダード（事実上の標準）も部品レベルまで規定されている場合が多く、特に製品の輸出・技術提供を行う際には、必要なルールを遵守するよう、開発時からコンプライアンスに留意する必要があります（米 NIST（National Institute of Standards and Technology）の **SP（Special Publications）**や **IR（Interagency Report）**、**FIPS（Federal Information Processing Standards）**等の規格・ガイドラインは、国際標準や連邦政府の施策と密接に関係していますし、欧州（EU）域内では EN（European Norm）規格を遵守するよう注意する必要があります）。

◆資格等の要件

　また、組織や取扱（責任）者等に一定の要件（資格）が課せられることも多く、そのための認定や認証手続、認証機関等に関する規定も様々です。

　情報セキュリティに関しては、システムの操作や情報の取扱いだけでなく、一般的なユーザレベルから開発・監督者等、非常に広範な資格区分やレベルも設けられています。国家資格のレベルから特定ソフトや機器の取扱に特化したものまで千差万別です。

　中には定期的に講習を受講しなければならないものや、実務経験が求められるものもありますので、更新等の漏れがないよう注意する必要があります。

　本章では、業務等に必要なセキュリティ関係の規格や資格、各種の検討を実施している学会・団体等についての概要をまとめています。

§9-1 ISO/IEC 27000シリーズ（情報セキュリティマネジメント）の規定

ISO/IEC 27000シリーズの規格で規定されている内容はどのようなものか？　ネットワークセキュリティについても規定されているのか？

◆ ISO/IEC 27000〜27008（ISMS）

ISMS に関する情報セキュリティ規格群（ISO/IEC 27000）の内容は、次のように共通的な要求事項や監査等に関するガイドラインを27000〜27008で規定し、サイバーセキュリティやデジタル・フォレンジック関連については、27030番以降に規定されています。

			ISO/IEC	
ISO/IEC 27000：	規格概要・用語	**共通・基本事項**	27000 〜	27008
ISO/IEC 27001：	要求事項			
ISO/IEC 27002：	実践規範	**分野別ガイドライン等**	27009 〜	27023
ISO/IEC 27003：	実装ガイダンス	**サイバーセキュリティ関連**	27031 〜	
ISO/IEC 27004：	測定(管理策の有効性評価)			
ISO/IEC 27005：	情報セキュリティリスク管理			
ISO/IEC 27006：	監査及び認証機関に対する要求事項			
ISO/IEC 27007：	監査ガイドライン			
ISO/IEC 27008：	監査員のための指針			

○分野別のガイドライン

ISO/IEC 27009〜27019番台の規定は、重要インフラ事業者の ISMS 実践ガイドラインです。

ISO/IEC 27009：　分野別規格作成要求事項
ISO/IEC 27010：　重要インフラ事業分野セクター内通信におけるキュリティ管理
ISO/IEC 27011：　通信業界への適用ガイドライン
ISO/IEC 27013：　ISO/IEC 20000-1（ITSMS）と ISO/IEC 27001（ISMS）の統合
ISO/IEC 27014：　情報セキュリティガバナンスのフレームワーク
ISO/IEC TR 27015：　金融サービスのための情報セキュリティマネジメントガイドライン
ISO/IEC TR 27016：　組織の経済性
ISO/IEC 27017：　クラウドサービスのための情報セキュリティ管理策の実践規範
ISO/IEC 27018：　PII 処理者としてのパブリッククラウドにおける個人情報保護の実践規範
ISO/IEC 27019：　エネルギー事業分野のプロセス制御システムの情報セキュリティマネジメントガイドライン

○ ISO/IEC 27020番台の規定

ISO/IEC 27021：　ISMS 担当者の能力要件
ISO/IEC 27022：　情報セキュリティマネジメントプロセスに関するガイダンス
ISO/IEC（TR）27023：　ISO/IEC 27001と27002のマッピング

○サイバーセキュリティ、デジタル・ファレンジックに関するガイドライン等

ISO/IEC 27030番台の規定はサイバーセキュリティや侵入検知等に関するガイド

ラインです。

ISO/IEC 27030： IoT 関連のセキュリティ・プライバシー保護に関するガイドライン（ドラフト）

ISO/IEC 27031： 事業継続のための情報通信確保に関するガイド

ISO/IEC 27032： サイバーセキュリティに関するガイド

ISO/IEC 27033： ネットワークセキュリティ

ISO/IEC 27034： アプリケーションセキュリティ

ISO/IEC 27035： 情報セキュリティインシデントマネジメント（旧 ISO TR 18044）

ISO/IEC 27036： 情報セキュリティのサプライヤー関係（アウトソーシング）に関するガイド

27036-1： 概要、27036- 2 要件

27036-3： サプライチェーンセキュリティのための情報通信技術ガイドライン

27036-4： クラウドサービスのセキュリティのためのガイドライン

ISO/IEC 27037： デジタル証拠の収集・保全に関するガイド

ISO/IEC 27038： デジタル編集の仕様

ISO/IEC 27039： 侵入検知・防御システム（IDPS）の選定、採用、運用

ISO/IEC 27040： 記録装置（ストレージ）のセキュリティ

ISO/IEC 27041： インシデント調査手法の適合性及び妥当性を保証するためのガイダンス

ISO/IEC 27042： デジタル証拠の解析及び解釈に関するガイドライン

ISO/IEC 27043： インシデント調査の原則及びプロセス

ISO/IEC 27050： 電子情報開示

○ネットワークセキュリティに関する規定

ISO/IEC 27033-1： ネットワークセキュリティの概要とコンセプト

ISO/IEC 27033-2： ネットワークセキュリティの設計と実装のガイドライン

ISO/IEC 27033-3： 参照ネットワークシナリオ―脅威、設計技術、管理問題

ISO/IEC 27033-4： セキュリティゲートウェイを用いたセキュリティの確保

ISO/IEC 27033-5： VPN を用いたセキュリティの確保

ISO/IEC 27033-6： 無線 IP ネットワークアクセスにおける情報セキュリティの確保

◆その他（プライバシー保護等）

ISO/IEC 24760： ID 管理のフレームワーク

ISO/IEC 24761： バイオメトリクス認証

ISO/IEC 24762： DR（Disaster Recovery）サービスのための情報通信技術

ISO/IEC 29100： プライバシー保護のフレームワーク

ISO/IEC 29101： プライバシー保護の構成

ISO/IEC 29146： アクセス管理のフレームワーク

ISO/IEC 29147： 脆弱性情報の開示

ISO 22307 ： 金融サービスにおけるプライバシー影響評価（PIA：Privacy Impact Assessment）

ISO/IEC 20547-4： ビッグデータのセキュリティとプライバシー

§9-2 ISMS と ITSMS、BCMS、DR

ISMS（ISO/IEC 27000）と ITSMS（ISO/IEC 20000）や BCP、DR との関係は？

◆ ITSMS（IT サービスマネジメントシステム）

様々な企業等のニーズに対して IT（ICT）技術により解決策（ソリューション）を提供するのが IT サービスです。

ITSM は IT Service Management の略で、IT サービス提供事業者が、サービス品質を維持しつつ業務管理を適正に行うもので、その仕組みは ITSMS（IT サービスマネジメントシステム）と表されます。

企業が外部のサービスを活用する際にも、自社等のシステムの構築や運用をアウトソーシングしたり、データの保存や加工、業務運営自体もクラウドサービスに依存することも進展していますので、自社システムであるか否かに関わらず、セキュリティの確保はシステムを利用する事業だけでなく企業活動全般の継続性と大きく関係しています。

本章の最初で IT ガバナンスについて触れましたが、企業活動全般の事業継続システム

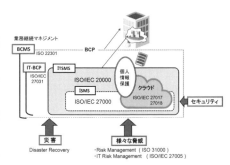

（BCMS：Business Continuity Management System）を構築する上では、IT ガバナンスのみならず IT-BCP（IT サービスの事業継続計画 ISO/IEC 27031）の策定も必要となります。

さらには災害をはじめとする各種の脅威に対しても、一般的なリスク管理以外に IT システム特有のリスクに対して、これを評価し管理する体制を構築したり対応策を取る必要もあります。

ISMS は IT システムに関する情報セキュリティ管理策や認証制度についてまとめた規定で、これを基に企業活動全般で個人情報等を守り、あるいは業務継続が可能な計画の策定を行う必要があります。

○ ITSMS 国際規格（ISO/IEC 20000）制定の流れ

ITSMS 規格は、そもそもは ITIL をベースとして制定されたものです。ITIL は IT Infrastructure Library の略ですが、IT サービスマネジメントにおけるベストプラクティス（成功事例）をまとめたガイドブックで、イギリス商務局（OGC：Office of Government Commerce）が策定したものです。現在は AXELOS（OGC の合弁企業）が管理を行っています。

まず ITIL を規格化して制定されたものが BS15000（イギリス）で、これを国際標

準にしたものがISO/IEC 20000です。この内ISO/IEC 20000-1はITサービスマネジメントのための要求仕様を定義し、第三者機関が認証する際の認証規格となっています。またISO/IEC 20000-2はITSMSの実施規準です。それぞれ我が国の標準規格（JIS Q20000-1及び2）として規格化されています。ISO/IEC 20000-3はISO/IEC 20000-1に関する定義や適用性に関するガイダンスになっています。

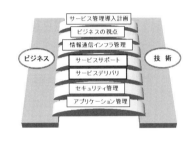

ITサービスマネジメント

これらの規格ではPDCAサイクルを採用していて、効果的にITサービスの質を高めて顧客に提供するためのガイドラインとなっています。

○規格等の構成

ITILは、ビジネスにおけるIT技術の活用や管理手法について、平素の運用管理時に役立つサービスサポートと、中長期的な展望に立った管理・改善のためのサービスデリバリの2つの領域を中心とした7つのドキュメント群で構成されていて、欧米ではITサービス提供時にデファクトスタンダードとして利用されています。

ITILにはセキュリティ管理やインシデントへの対応も含まれていることを受け、ISO/IEC 20000-1と27000シリーズとの整合性を図るため、ISO/IEC 27013としてISMSとITSMSの統合が行われています。

○ ITSMS(ISO/IEC 20000) 認証

正式には「ITSMS適合性評価制度（ITサービスマネジメントシステム適合性評価制度）」と呼ばれていますが、JIS Q20000-1を認証基準としてITサービスマネジメントシステムを第三者機関が評価する仕組みで、2007年4月に開始されているものです。

対外的にITサービスの信頼性が高いことをPRして他社との差別化を図ったり調達条件に"ITSMS認証の取得"がある場合にはビジネスに有利である、として200近い組織が認証登録を行っています。

ITSMSもISMSと同様、認証機関や要員認証機関の認定業務は一般社団法人情報マネジメントシステム認定センター（ISMS-AC）が行っています。認証登録されても毎年サーベイランス審査を受ける必要があり、3年ごとに再認証審査も必要となります。

○ itSMF

国内におけるITILの普及促進を目的として、2003年に特定非営利活動法人itSMF Japan（ITサービスマネジメントフォーラムジャパン）が設立されています。

○ ITSM 関連資格

国内ではEXIN（Examination Institute for Information Science）ジャパンがITSMスペシャリストやSIAM（Service Integration And Management）FoundationやSIAM Professional等

の試験を実施しています。

◆ IT サービスの事業継続計画
○ BCP と BCMS

BCP は Business Continuity Plan の略で事業継続計画を示すものです。

BCMS（事業継続マネジメントシステム）の国際標準規格は ISO 22301等で定められていて、BCP の策定や運用の指針についてまとめられています。

ISO 22301　　　：　事案対処準備と業務継続マネジメントシステムの要求事項

ISO 22313　　　：　事業継続マネジメントシステム―ガイダンス〜旧 ISO/PAS 22399

ISO/TS 22317：　事業継続マネジメントシステム − 事業インパクト分析（BIA）のガイドライン

ISO/TS 22318：　事業継続マネジメントシステム − サプライチェーン継続のガイドライン

ISO 22320　　　：　緊急事態対処―指揮・命令のための要求事項

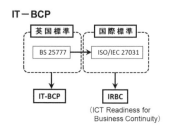

○制定の流れと BCMS 認証

BCMS も英国標準（BS25999）をベースとして国際標準や JIS 規格化が行われています。

また BCMS 認証についても BS25999に基づき一般社団法人情報マネジメントシステム認定センター（ISMS-AC）が認定業務等を担当しています。

○ IT-BCP 又は IRBC

IT-BCP（IT サービスの事業継続計画）は ISO/IEC 27031（情報セキュリティ技術―事業継続のための情報通信確保に関するガイドライン）で規定されていますが、これも BS25777をベースに規定されています。

ISO/IEC 27031では、IT-BCP ではなく IRBC（ICT Readiness for Business Continuity）としています。

◆災害復旧（DR：Disaster Recovery）

災害や障害の発生により IT システムが損傷等を受けることもあります。このような不測の事態が発生した際には、迅速に状況を把握し、的確に対応する必要があることは言うまでもありません。

平素から、復旧方針として、重要業務の選定と復旧の優先度、復旧に要する時間（目標）の設定、復旧方策及び代替方策、緊急時に継続提供するサービスレベル等について策定し、その情報を組織の全てのメンバーが共有することが重要です。

○規格化

2004年に策定されたSS（Singapore Standards：シンガポール規格）507（Business Continuity/Disaster Recovery（BC/DR）for service provider）をベースとして、2008年にサービス事業者向けのDR（Disaster Recovery）の規格であるISO/IEC 24762（情報セキュリティ技術 – 情報通信技術を用いた災害復旧サービスのためのガイドライン）が制定されています。アメリカでは次のNIST SP 800-34の他、NIST SP800-184 Guide for Cybersecurity Event Recoveryが規定されています（§5-4参照）。

◆ NIST SP800-34

アメリカで制定されたNIST SP800-34 Rev.1（政府機関の情報通信システムにおけるコンティンジェンシープラン策定のためのガイドライン）には、次のようにBCPやDR等の計画が含まれています。

- ・事業継続計画（BCP：Business Continuity Plan）／事業復旧計画（BRP：Business Recovery Plan）
- ・事業継続計画（COOP：Continuity Of Operations Plan）
- ・緊急時通信計画（CCP：Crisis Communications Plan）
- ・重要インフラ防護計画（CIP：Critical Infrastructure Protection）
- ・サイバー事案対応計画（CIRP：Cyber Incident Response Plan）
- ・災害復旧計画（DRP：Disaster Recovery Plan）
- ・情報システム対応計画（ISCP：Information System Contingency Plan）
- ・人員緊急時計画（OEP：Occupant Emergency Plan）

◆ ITシステムのリスク評価

組織のリスクマネジメントに関する規格ISO 31000に関しては§4-2で説明していますが、ITリスクマネジメントの規格としてはISO/IEC 27005（Information technology -- Security techniques -- Information security risk management）が規定されています。

ここでは、状況設定（リスクマネジメントの範囲・境界や組織）の他、リスクアセスメント（リスク特定・分析・評価）、リスク対応（低減、状態維持、回避、移転）、リスク受容（レベル）等について規定されています。その他、環境によっては労働安全衛生マネジメントシステムに関する国際規格（ISO 45001）等も参照する必要があるかもしれません。

○ IoTのリスク評価

IoTに関しては、アメリカではDHS（国土安全保障省）のStrategic Principles for Securing the Internet of Things（IoT）やNIST SP800-183 Networks of 'Things'（NoT）が規定されています。その他、OTA（Online Trust Alliance）のIoT Trust FrameworkやOWASP IoT Security Guidance、ISACAのINTERNET OF THINGS：RISK AND VALUE CONSIDERATIONS等もあります（§7-3参照）。

§9-3　個人情報・プライバシー保護

P マーク以外に TRUSTe というものもあるのか？　クラウドセキュリティでも個人情報保護に関する認証もあるようだが？

◆個人情報の枠組み

　個人情報保護に関しては、§4-4や§7-2等で説明しましたが、まとめると右図のようになります。

　国内では、個人情報保護法や JIS Q15001の規定を遵守する必要がありますが、国際標準である ISO/IEC 29100 や GDPR 等にも留意する必要があります。またクラウド事業者では ISO/IEC 27018（クラウドにおける個人情報保護）等の規定にも留意する必要があります。

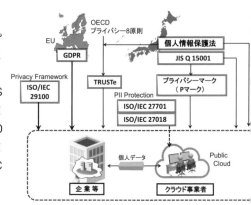

○ PMS と ISMS

　PMS は Personal information protection Management System の略で、JIS Q15001（個人情報保護に関するマネジメントシステム－要求事項）において、事業者が備えるべき「個人情報保護管理システム」を「PMS」と呼んでいます。

　PMS と ISMS（情報セキュリティマネジメントシステム）の違いは、ISMS が情報セキュリティ全般に関するマネジメント規定であるのに対して、PMS では、個人情報に特化してそのライフサイクルにおけるリスク分析や対処を取り扱っています。このため、PMS をプライバシー・マネジメント・システムと呼ぶ人（場合）も多いようです。

　JIS Q15001に基づく PMS では、事業で使用する個人情報のライフサイクルにおけるリスクの洗い出し等を厳格に行い、個人の権利や利益を保護するための方策やその点検手法等について、PDCA サイクルに則り管理を行うこととしています。

◆認証制度

○ P（プライバシー）マークを取得するためには？

　P マークは JIS Q15001の要求事項を満足している事業者が認証された際に使用できる "証" で、一般財団法人日本情報経済社会推進協会（JIPDEC）の指定を受けた機関が P マーク付与希望組織からの申請を審査した上で付与する仕組みとなっています。

　P マークの有効期間は2年間で、有効期間終了前に更新申請することにより以降2年間の延長が可能となります。国内で約1万6千以上の組織が認証を取得しています。

○ TRUSTe（トラスト・イー）マーク

　P マークが事業者の個人情報保護に対する取組み体制の確立を示すのに対して、

TRUSTe は、1997年にアメリカで電子フロンティア財団（EFF：Electric Frontier Foundation）等により創設されたアメリカの NPO 法人 TRUSTe 本部が、オンラインビジネスを手がける Web サイト単位で個人情報保護が確立されていることを認証する TRUSTe マークを交付するものです。印刷物への掲載の他、Web ページ内のリンク画像、認証確認シール等が用意されていて、閲覧者が安心できる仕組みを構築しています。我が国では、2006年に設立された一般社団法人日本プライバシー認証機構（JPAC）が認証業務を担当しています。

○クラウドの認証

ISO/IEC 27017に基づき一般社団法人情報マネジメントシステム認定センター（ISMS-AC）が実施するクラウドセキュリティ認証を取得する組織や認証機関も増加していますが、これはクラウドサービスプロバイダ（事業者）だけでなくクラウドサービスカスタマ（利用者）も対象となっています。

これに対して、クラウドサービスプロバイダの内、PII（Personally Identifiable Information）プロセッサ（§4-4参照）としてパブリッククラウド上で個人情報を取り扱う事業者については、ISO/IEC 27018に基づき BSI ジャパン等が審査を行う認証の対象にもなります。

いずれも ISMS 認証（ISO/IEC 27001）をベースにとして、クラウドサービス（提供・利用）固有のリスクについて的確なアセスメントを実施し、かつ必要な管理策を構築している場合に認証されるものです。

一方で、2019年に規格化された ISO/IEC 27701（Extension to ISO/IEC 27001 and ISO/IEC 27002 for privacy information management -- Requirements and guidelines）認証は、ISMS（ISO/IEC 27001）認証のアドオン認証として、ISMS 認証を取得した上で、この規定に基づき適切に個人情報を管理・継続的に改善するためのシステムを整備し運用する PII 管理者や PII 処理者（§4-4参照）の組織全体を認証するもので、クラウド上の個人情報そのものの保護を規定する ISO/IEC 27018とは視点が異なるものとなっています。

○ JAPICO マーク

一般社団法人日本個人情報管理協会では、JIS Q15001や個人情報保護法、各自治体の個人情報保護条例やガイドライン等に適合している場合に JAPICO マークを付与し、個人情報管理士資格の認定（6万人が合格）も実施しています。

○ JAPHIC（ジャフィック）マーク

一般社団法人 JAPHIC マーク認証機構は、個人情報保護法に準拠し適切な個人情報保護体制を有する事業者に対して JAPHIC（ジャフィック）マーク、医療・介護関係事業者には JAPHIC マークメディカルを付与しています。

§9-4　IT ガバナンスと IT 統制

情報セキュリティに関連して、コンプライアンス（法令遵守）やガバナンス、内部統制（§6-4）もよく聞くが、これらはどのような関係にあるのだろうか？

◆ IT ガバナンスと IT 統制

「コンプライアンス（法令遵守）」は、組織の不正を防止するために不可欠なもので、その仕組みをコンプライアンス・プログラムと呼んでいます。不正防止のみならず各種のリスク低減や業務効率の改善のために必要な管理体制は内部統制と呼ばれ、リスクマネージメントも内部統制の要素となっています。

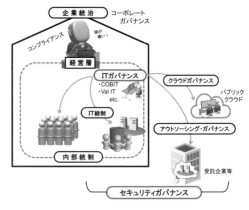

コーポレート・ガバナンス（企業統治）という用語の場合、企業内部にとらわれない、株主や国民等（ステークホルダー）の視点も入っています。

このガバナンスに "IT" が付いて IT ガバナンスとなると、企業の経営戦略や運営マネジメントにおいて、いかに "IT" を活用しているか、という IT 資産の活用程度を示す用語になります。

IT ガバナンスはコーポレート・ガバナンスの一部ですが、これと同様に、IT 統制も内部統制システムの一部を構成するもので、IT を活用してシステムや業務を管理することを指す用語となります。

財務会計等では、トータルな経営管理のための「IT 全社的統制」の他、アクセス制御やログ管理等総合的なシステム管理を行う「IT 全般統制」や個々のシステムにおける業務プロセスにおいてたとえば入力チェック等のミスを防止する（正確性・信頼性の確保）仕組み等のような「IT 業務処理統制」等に区分することも多いようです。

○ IT ガバナンスの国際規格

IT ガバナンスを客観的、合理的に評価する枠組み（フレームワーク）は各国に存在していますが、国際標準としては、2008年に ISO/IEC 38500（Corporate governance of Information Technology）が制定され、6 つの原則として、①責任（responsibility）、②戦略（Strategy）、③取得（Acquisition）、④パフォーマンス（performance）、⑤適合（conformance：法令等への適合性）、⑥人間行動（human Behavior）が示されています。

また企業経営層は、企業統治のモデルとして次の3つの統括業務を通じて IT 統制を行うことが望ましい、とされています。

・方向付け（direct）：　経営戦略やそれに基づくリスク管理の方針を指示すること。

・モニタリング（monitor）：　方向付けした計画に対する適合性や達成状況を抵抗的にモニター（測定）すること。

・評価（evaluate）：　モニタリングの結果を踏まえて方向付けした内容の妥当性を評価し、将来の方向付けにフィードバックすること。

ISO/IEC 38500は2015年に JIS 化（JIS Q38500）が行われ、2016年に改訂も行われ、更に次の規格化も行われています（制定途中のものも含みます）。

ISO/IEC 38501:2015	：	Information technology -- Governance of IT -- Implementation guide
ISO/IEC TR 38502:2017	：	Information technology -- Governance of IT -- Framework and model
ISO/IEC WD 38503	：	Information technology -- Governance of IT -- Assessment of governance of IT
ISO/IEC TR 38504:2016	：	Governance of information technology -- Guidance for principles-based standards in the governance of information technology
ISO/IEC 38505-1:201	：	Information technology -- Governance of IT -- Governance of data -- Part1: Application of ISO/IEC 38500 to the governance of data
ISO/IEC 38505-2:2018	：	Information technology -- Governance of IT -- Governance of data -- Part2: Implication of ISO/IEC 38505-1 for data management
ISO/IEC 38506:2020	：	Information technology -- Governance of IT -- Governance of IT enabled investments
ISO/IEC DIS 38507	：	Information technology -- Governance of IT -- Governance implications of the use of artificial intelligence by organizations

○ IT ガバナンスの指標〜COBIT

COBIT（Control Objectives for Information and related Technology）は、アメリカの IT ガバナンス協会（ITGI：IT Governance Institute）と情報システムコントロール協会（ISACA：Information Systems Audit and Control Association）が提唱する IT ガバナンスの実践的規範で、4 つの領域（ドメイン）（①計画・組織（Planning & Organization：PO）、②調達・導入（Acquisition & Implementation：AI）、③ サービス提供・サポート

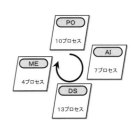

（Delivery & Support：DS）、④モニタリング・評価（Monitoring & Evaluation：ME））をさらに34の IT プロセスに区分して定義し、目標設定を行うフレームワークです。

これらを主要成功要因（CSF：Critical Success Factor）、重要目標達成指標（KGI：Key Goal Indicator）、重要成果達成指標（KPI：Key Performance Indicator）を尺度として、成熟度レベル（6段階：管理不在〜最適化）で評価しています。

○ Val IT（バルアイティ）フレームワーク（v2）

Val IT は情報化投資に関する包括的なガイドラインで2006年に ITGI が策定したものです。

COBIT が IT ベースのサービス提供時のベストプラクティスであるのに対して Val IT は IT 投資に関して投資前・投資後の評価手法等のフレームワークを提供するもの

です。

Val IT は「価値ガバナンス（Value Governance：VG）」、「ポートフォリオ管理（Portfolio Management：PM）」、「投資管理（Invest Management：IM）」の３つのプロセスから構成され、各プロセスはそれぞれ11、14、15の合計40の重点管理プラクティスを持っています。重点管理プラクティスは COBIT のコントロール目標と関連していて、COBIT を価値創造の面で補完するものとなっています。

Val IT は ITIM（Information Technology Investment Management：IT 投資管理）のフレームワークとなっています。

○内部統制と IT 統制

〈COSO フレームワーク〉

内部統制のデファクト標準としては、アメリカの COSO（Committee of Sponsoring Organizations of the Treadway Commission：トレッドウェイ委員会組織委員会）フレームワークが有名ですが、これを2004年にエンタープライズ・リスクマネジメントの観点から拡張したものが COSO ERM（Enterprise Risk Management）フレームワークです。

これは、企業組織のリスクを４つの目的（戦略、業務活動、財務報告、コンプライアンス）と８つの構成要素（内部環境、目的設定、事象の特定、リスク評価、リスク対応、統制活動、情報伝達、監視活動）で形成される立方体（キューブ）の各要素で、全社的かつ継続的に評価、改善する管理手法を示したものでした。COSO ERM の2017年の改訂では、５つのカテゴリーと20の原則に整理し直されています。

ガバナンスと文化	戦略と目標設定	実践活動	レビューと改訂	情報・伝達・報告
①経営層による監督機能の実践 ②オペレーションモデルの構築 ③要求される企業文化の定義 ④コアバリューの徹底 ⑤優秀な人材の開発・育成・保持	⑥ビジネスの分析 ⑦リスク選好の定義 ⑧代替戦略案の評価 ⑨ビジネス目標の設定	⑩リスクの特定 ⑪リスクの重要度の評価 ⑫リスクの優先順位の決定 ⑬リスク対策の浸透 ⑭ポートフォリオビューの発展	⑮実質的な変化の評価 ⑯リスクと実践活動のレビュー ⑰リスク管理の取組の改善	⑱情報技術の活用 ⑲リスク情報の伝達 ⑳リスク、文化の実践に関する報告

我が国においても COSO ERM フレームワークに倣いつつ IT への対応を追加した「財務報告に係る内部統制の評価及び監査の基準・実施基準」を金融庁（企業会計審議会）が規定しています。

〈外部委託（アウトソーシング）の「内部」統制～受託業務に係る内部統制の保証報告書〉

最近では、顧客情報や商品データ等の管理だけでなく IT システム自体に際してもデータセンターやクラウドを活用することが多くなっています。また情報システムの開発・運用等を外部に委託する組織も多いのですが、財務会計上は、自組織内の内部統制だけでなく委託先における管理体制の整備や運表状況の確認・検証についても、会計監査等で求められることになります。

パブリッククラウド等、IT 業務を受託する企業では、内部の管理体制が強固であることを第三者に保証させるため、アメリカの AICPA（American Institute of Certified

Public Accountants：米公認会計士協会）のSSAE（Statement on Standards for Attestation Engagement：保証業務基準書）18（旧SSAE 16）や日本公認会計士協会の監査・保証業務委員会の「受託業務に係る内部統制の保証報告書」（保証業務実務指針3402：旧実務指針第86号）の取得を行うことも多くあります（アメリカ標準のSSAE 16（AT Section 801 "Reporting on Controls at a Service Organization"）は、2017年からSSAE 18（AT-C Section 320 "Reporting on an Examination of Controls at a Service Organization Relevant to User Entities' Internal Control Over Financial Reporting"）に移行しています）。

　なお、国際会計士連盟（International Federation of Accountants：IFAC）の国際監査・保証基準審議会（International Auditing and Assurance Standards Board：IAASB）は2009年に国際標準であるISAE（International Standard on Assurance Engagements）3402を規定しています。

　またAICPAでは2011年にSOC（Service Organization Controls: 受託会社の内部統制）保証報告書の体系をSOC1、SOC2、SOC3の3種類に整理しています。

- ・SOC1：　財務報告に係る内部統制の詳細
- ・SOC2：　財務報告以外のセキュリティ等の領域も含む内部統制の詳細
- ・SOC3：　財務報告以外のセキュリティ等の領域も含む内部統制の簡略版

　クラウドセキュリティに関しては、SOC2に、金融情報システムセンター（FISC）の安全対策基準等の業界標準フレームワークを追加したSOC2+ が注目されています。

　これらは我が国においては次の規定等に準拠する必要があります。

	SOC1	SOC2	SOC3
国際標準	ISAE3402	ISAE3000	
米国標準	SSAE18	AT §101	
日本基準	3402号	IT 7 号	IT 2 号

- ・ISAE3000（Assurance Engagements other than Audits or Reviews of Historical Financial Information）：2005、拡張された外部報告（EER）に対する保証業務への国際保証業務基準3000
- ・AT section 101（Attest Engagements）：2016
- ・IT 7 号（IT委員会実務指針第 7 号「受託業務のセキュリティ・可用性・処理のインテグリティ・機密保持に係る内部統制の保証報告書」）：2013年
- ・IT 2 号（IT委員会実務指針第 2 号「Trust サービスに係る実務指針（中間報告）」）：2003年

　その他、ISMS認証の他、ISO/IEC 27017（クラウドセキュリティ）認証やISO/IEC 27018 認証、CSA Security, Trust & Assurance Registry（STAR）の CSA Security や Euro Cloud Europe（ECE）の StarAudit Certification、政府調達の場合には、FedRAMP（アメリカ）、G-Cloud（イギリス）の規定等を遵守する必要があります（§4-3、§9-6等参照）。

§9-5 プロジェクトマネジメントとリスクやセキュリティの管理

情報セキュリティの確保やリスクマネジメントとプロジェクトマネジメントは関係があるのか？

◆ IT統制の効率的な推進

プロジェクトの推進には、その立ち上げ時から、適切なリスク管理とセキュリティ対策が必要となります。前節のIT統制においても、たとえばシステム監査や会計監査のIT監査については、データ解析を行うためにデジタル・フォレンジック等、IT技術の利活用が求められています。

ITの利活用を適切に行うためにも的確なプロジェクト管理は必要で、従来から各種の手法が考案されています。業務全体のリスク対策やセキュリティ確保に留意しながら、プロジェクトを推進する必要があります。

◆ QCDの確保

かつてプロジェクトマネジメントは製造業等の生産管理においてQ（Quality：品質）、C（Cost：コスト）、D（Delivery：納期）を守るために用いられていたものですが、これを約30年前にアメリカの非営利団体プロジェクトマネジメント協会（PMI）がピンボック（PMBOK：Project Management Body of Knowledge）と呼ばれる知識体系ガイドブックとしてまとめ、発行したところがスタート地点となっています。この知識体系はその後逐次改訂を行い、最新版は2021年の第7版となっています。

PMBOKは国際的にもプロジェクト管理のデファクトスタンダードとなっていて、各種製造・開発業等のプロジェクトに適用されています。

○ PMBOK Ver.7の構成

PMBOK第6版ではQCDの3要素のみならず、リスク管理や調達管理等、10の知識エリアに分類し、それぞれ5段階のプロセスを的確にマネジメントすることにより目標へ到達することを目指していました。これはウォーターフォール型の開発に即した考え方でした

【8つの実践領域】

| ステークホルダー (Stakeholders) | チーム (Team) | 開発アプローチとライフサイクル (Development Approach & Life Cycle) | 計画 (Planning) |
| プロジェクト作業 (Project Work) | 納品 (Delivery) | 測定 (Measurement) | 不確実性 (Uncertainty) |

【プロジェクト管理の12原則】

受託者責務 (Stewardship)	チーム (Team)	ステークホルダー (Stakeholders)	価値 (Value)
全体的思考 (Holistic Thinking)	リーダーシップ (Leadership)	テーラリング (tailoring)	品質 (Quality)
複雑性 (Complexity)	機会と脅威 (Opportunities & Threats)	順応性と柔軟性 (Adaptability & Resilience)	変化への対応 (Change Management)

が、近年では、アジャイル型等様々な開発手法が用いられていますので、多様な開発プロセスにも柔軟に適用できるよう改訂された第7版では、8つの実践領域（Performance Domains）と12の原則（Project Management Principles）に改編されて整理されています。

○プロジェクトマネジメントの国際標準（ISO 21500）

PMBOK 等を参照しつつ国際標準化作業が行われ、2012年に ISO 21500（Guidance on project management）として規定され、我が国でも JIS Q21500:2018 として標準化されています。

プロジェクトマネジメント

英国標準	米国標準	国際標準	JIS規格
BS 6079	ANSI PMI99-001-2017	ISO 21500	JIS Q 21500
	IEEE 1490	ISO 10006 プロジェクトの品質管理	JIS Q 10006
PRINCE2	PMBOK		
	EVMS		

プロジェクトの品質に関しては ISO 10006（Quality management systems -- Guidelines for quality management in projects）として別に標準化され、2017年に改訂されています。これも JIS 化（JIS Q10006：プロジェクトにおける品質マネジメントの指針）されています。

◆ その他のプロジェクトマネジメント（PM）手法

▶ PRINCE 2 （PRojects IN Controlled Environments 2nd）

イギリス版の PMBOK で英商務局（OGC）が開発したプロジェクト管理手法のガイドラインです。2017年に改訂されたものが最新のもので、現在その管理は OGC から AXELOS に移行されています。

▶ EVM （Earned Value Management） System：米 ANSI/EIA-748 （英 BS6079、独 DIN 69901）

もともとはアメリカ国防総省の調達規定から発生したもので、プロジェクトの進捗状況や達成度を金銭的に表現したアーンドバリュー（earned value）を尺度として評価を行うものです。政府調達・公共工事等の透明性を高めるため等に活用されています。

▶ EA （Enterprise Architecture） ～全体的な最適化手法

個々のプロセスやプロジェクトにとらわれず、トータルな電子政府の構築や企業の IT ガバナンス実現のために、現状の評価と将来像、移行計画等を分析・明確化し、最適化を図るための手法として、"EA" が利用されることも多いようです。

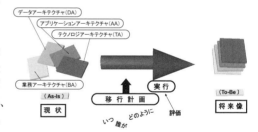

◆ 資格（プロジェクトマネジメント）

PMI（米プロジェクトマネジメント協会）では、PMBOK に準拠した国際的な認定資格制度 PMP（Project Management Professional）の運用を行っています（我が国では PMI 日本支部が担当）。

また国内の国家資格としては、独立行政法人情報処理推進機構（IPA）が主催する情報処理技術者試験の中にプロジェクトマネージャ試験（PM）があります。その他一般社団法人日本 PMO 協会（NPMO）が資格認定を行う PJM-A（プロジェクトマネジメント・アソシエイト）や ISO 21500準拠の PMO-S（★）、PMO-S（★★）～PMO スペシャリスト等の資格もあります。

§9-6　ITSEC（IT 製品のセキュリティ）

ISMS や ITSMS 以外にも、情報セキュリティの基準として ITSEC と呼ばれるものも
あるようだが、どのようなものか？

◆ ITSEC の概要

　ISMS が情報セキュリティに関す
る組織や運用面での管理システムを
規定・評価しているのに対して、
ITSEC は IT 製品自体のセキュリ
ティ要件を評価するものです。
　サプライチェーン・リスクを軽減
するためにも、IT 製品の設計・実
装面のセキュリティ機能が第三者に
より評価・保証される仕組みは重要
です。ファイアウォールやルータ、

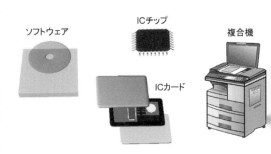

IDS、無線 LAN 機器、デジタル複合機、IC チップ・IC カードや OS 等、多くの IT 製
品やその部品の輸出入においても利用されています。

　ITSEC は Information Technology Security Evaluation Criteria の略で、CC
（Common Criteria：コモンクライテリア〜共通基準）と呼ばれたりしますが、かつては
次に説明するように ITSEC は欧州の評価基準を指すものでした。

○制定経緯

　そもそもは、次のように欧米各国で個々に制定していた情報関連機器のセキュリ
ティ評価基準を統一し国際標準化を図ったものが CC です。

- ・TCSEC（Trusted Computer System Evaluation Criteria）は、1985年に米国防総省によって
　制定されたもので、通称オレンジブックと呼ばれていました。
- ・CTCPEC（Canadian Trusted Computer Product Evaluation Criteria）は、TCSEC や ITSEC
　を参照しつつ策定（1988年）されたカナダの評価基準です。
- ・ITSEC（Information Technology Security Evaluation Criteria）は、英、独、仏、蘭の 4 カ国
　の評価基準を EC で統一（1991年）した評価基準です。

　これらの関係国が協調し1994年にまとめたセキュリティ評価基準が CC（Common
Criteria）Ver.1.0で、その後、改訂した CC Ver.2.0（1998年）を基に、国際標準化（1999
年）したものが、ISO/IEC 15408（Information technology -- Security techniques --
Evaluation criteria for IT security）です。

　CC は そ の 後2006年 に
Ver.3.1に改訂されています。
　な お、ISO/IEC 15408-1
（Introduction and general
model）以外にも2009年に
ISO/IEC 15408-2（Security
functional components）、ISO/

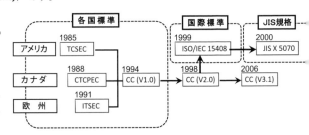

IEC 15408-3（Security assurance components）が制定され、これらをまとめて JIS 化（JIS X5070-1：セキュリティ技術 – 情報技術セキュリティの評価基準）しています。また評価手法に関しても制定化の作業が行われています（ISO/IEC DIS15408- 4：2020 Framework for the specification of evaluation methods and activities）。

○ CC 認証

ISO/IEC 15408では、EAL 1～7の7段階の保証レベル（EAL：Evaluation Assurance Level）が規定されていて、暗号アルゴリズムや OS 等、ハードウェア、ソフトウェアを問わず、セキュリティ要件とそれを満たしているかを評価する指標として用いられています。

レベルの数値が高いほど厳密な保証要件を満たす必要があり、民生用機器は EAL 1 ～4程度、政府の機密機関や軍事分野、公開鍵暗号の認証局用の鍵生成・管理システムでは EAL 5～7の評価保証レベルが要求されます。

国際標準 ISO/IEC 15408の規格に基づく認証制度を CC 認証と呼んでいますが、その評価方法は CEM（Common Evaluation Methodology：共通評価方法）と呼ばれ、2005年に国際標準化（ISO/IEC 18045）されています。

国際的には、CCRA（Common Criteria Recognition Arrangement）と呼ばれる協定に基づき、認証・受入国（31カ国）各国で、評価したものを相互適用又は受け入れる仕組みを取っています。

我が国では、IT セキュリティ評価及び認証制度（JISEC：Japan Information Technology Security Evaluation and Certification Scheme）として IPA（独立行政法人情報処理推進機構）が認証機関となっています。

○認証の仕組み

評価機関は認証機関（IPA）から承認を受けた範囲で、評価を希望する製品ベンダーからの依頼に基づき評価を行います。国内では IT セキュリティセンター（ITSC）や ECSEC Laboratory 等が評価機関の認定を受けています。

評価対象（TOE：Target Of Evaluation）となる製品等のセキュリティ設計仕様書を記述する ST（Security Target：セキュリティターゲット）や、ST の基となる PP（Protection Profile：セキュリティ要求仕様書）が、評価基準（現在は CC/CEM バージョン 3.1リリース5）に基づいて評価されます。

製品等の機能要件保証レベル（EAL）を評価して評価レポートを作成し、認証機関のチェックを経た上で認証される仕組みとなっています。

IPA では我が国固有の「ST 確認制度（ST 及び機能仕様を CEM に従い第三者機関が評価し IPA がその評価結果を確認する制度）」に基づく審査を実施しています。

保証クラスには、PP が正しく記

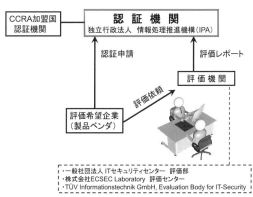

述されていることを評価するプロテクションファイル評価（APE クラス）や ST が正しく記述されていることを評価するセキュリティターゲット評価（ASE クラス）、同様に ST に従い機能仕様書等の開発設計書が正しく記述されていることを評価する開発（ADV クラス）等があります。たとえば ADV_FSP は開発の基本機能仕様（Functional SPecification）を意味します。

　この ST 確認は、「政府機関等のサイバーセキュリティ対策のための統一基準群（令和 3 年度版）」における「政府機関等の対策基準策定のためのガイドライン（令和 3 年度版）」において、「情報システムセキュリティ責任者は、開発する情報システムが対抗すべき脅威について、適切なセキュリティ要件が策定されていることを第三者が客観的に確認する必要がある場合には、セキュリティ設計仕様書（ST：Security Target）を作成し、ST 確認を受けること」と規定される等、活用が求められています。

◆アメリカの政府調達における情報セキュリティ要件

　アメリカの連邦組織に対するセキュリティ要求事項については FIPS Publication 200（FIPS PUB200：連邦政府の情報および連邦政府の情報システムに対する最低限のセキュリティ要求事項）で定められ、アクセス制御やインシデント対応等の 17 セキュリティ関連分野における最低限のセキュリティ要求事項について規定したものですが、具体的なセキュリティ管理策を選択・特定するための指針について示す文書として発行されたものが、NIST SP800-53 Security and Privacy Controls for Information Systems and Organizations です。

　Rev.4（連邦政府情報システム及び連邦組織のためのセキュリティ管理策とプライバシー管理策）までは、政府機関が取り扱う CI（Classified Information）情報（格付け情報）等適切な管理策について規定されたものでしたが、Rev.5（情報システム及び組織のためのセキュリティ管理策とプライバシー管理策）では、政府以外の組織にも適合させる規定としてリスク管理プロセスから管理策を分離して PEP（NIST プライバシーエンジニアリングプログラム）と連携し、情報セキュリティやサプライチェーンリスクマネジメントも含む統合的な管理策カタログとして用いられるようになっています。

　この技術基準とリンクした連邦政府のクラウド調達の基準 FedRAMP（Federal Risk and Authorization Management Program）も 2011 年に制定され、認証プログラムも策定されています。

○情報の格付け（政府機関～それ以外へも適用）

　従来、アメリカでは格付け情報については国防省（DoD）の規定 DIACAP（DoD Information Assurance Certification and Accreditation Process）により取り扱われていました。

　保護すべき情報の中の非格付け情報 CUI（Controlled Unclassified Information）について規定したものが SP800-171 で、連邦政府の請負業者の遵守事項（連邦調達規則：FAR（Federal Acquisition Regulations））となっていました。

　また非格付け情報（CUI：Controlled Unclassified Information）の取扱いについては NIST SP800-37（連邦政府情報システムに対するリスクマネジメントフレームワーク（RMF））で規定され、非格付け情報（CUI）は SBU（Sensitive But Unclassified）や FOUO（For Official Use Only）、LES（Law Enforcement Sensitive）等と区分されていて、

連邦政府から受注を行おうとする企業は、クラウドも含めこれらの情報を適切に管理する必要がありました。これらの規定は、それぞれ改訂され、政府機関のみならず、全ての組織が守るべき規定内容となっています。

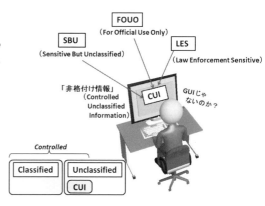

SP800-171 Rev.1以降（現在はRev.2）は Protecting Controlled Unclassified Information in Nonfederal Systems and Organizations となり、ハンドブックもまとめられています（NIST HB 162：NIST MEP（Manufacturing Extension Partnership）Cybersecurity Self-Assessment Handbook For Assessing NIST SP800-171 Security Requirements in Response to DFARS（Defense Federal Acquisition Regulation Supplement）Cybersecurity Requirements）。

また2018年には、評価方法の規定（SP800-171A Assessing Security Requirements for CUI）が策定され、2021年には、防護策の規定（SP800-172 Enhanced Security Requirements for Protecting Controlled Unclassified Information: A Supplement to NIST Special Publication 800-171）も策定されています。また SP800-37 Rev.2では Risk Management Framework for Information Systems and Organizations：A System Life Cycle Approach for Security and Privacy（RMF 2.0）となり、連邦政府以外の組織に対しても適用する、セキュリティとプライバシー保護のためのシステムライフサイクルに関するリスク管理のフレームワークとなりました。

NIST の規定の中には ISO/IEC 27000シリーズより厳しいものもあるため、応札企業や輸出事業者等は上の規定等も含め、最新の規定内容に留意する必要があります。

なお、個人情報の取扱いについては HIPAA（Health Insurance Portability and Accountability Act of 1966）等の規定についても遵守する必要があります。

その他、サプライチェーン保護に関しては、次の規定等にも注意を要します。

- ・ISO/IEC 27036：Information technology -- Security techniques -- Information security for supplier relationships
- ・NIST SP800-161 Rev.1（Draft）Cybersecurity Supply Chain Risk Management Practices for Systems and Organizations
- ・NIST SP800-53の管理策：SA-12 Supply Chain Protection（サプライチェーン保護）

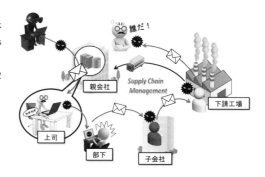

§9-7　暗号・認証技術の規格

暗号製品は CC 認証の対象ではないのか？

◆ 暗号技術の特異性

　CC はセキュリティ機能・品質の全般的な評価を行うもので、暗号・認証に特化した規格が別に規定されています。

　もともと暗号技術や暗号アルゴリズムは国防・軍事分野で発達した技術で、民生分野においては、その後のパソコン通信やインターネットの普及と共に急速に利用が拡大していきました。

　このため暗号製品や技術は、外為法（外国為替及び外国貿易法）では、現在も武器に準じた取扱いとして、貨物（製品）及び役務（技術）の輸出が一部規制対象となっています。テロ組織等が高度な暗号技術を利用して通信を行えば、武器と同様、大きな脅威となることは間違いありません。

　民生分野で利用する暗号技術についても、各種の規格に準じて製造された暗号モジュールやアルゴリズムを採用することにより、一定の耐タンパ（tamper）性（解読されにくさ）を有していることが客観的に分かるので、政府部門（民生部門）の調達要件等に指定されたり、指標として利用されたりしています。

　暗号の利用に際しては暗号アルゴリズム自身の安全性のみならず、暗号鍵の保護が重要となります。耐タンパ性を高めるため、暗号化やデジタル署名の生成に使用する鍵を安全に保管・演算を行うプロセッサをハードウェア・モジュールとし、国際規格の認定を受けた HSM（Hardware Security Module）も利用されています。

○暗号モジュールの規格化

　デジタル暗号技術は他の諸国に先駆けて、アメリカでの開発が先行したことから、その制度や標準を基に国際規格化が行われています。

　2001年に制定された FIPS（Federal Information Processing Standards：連邦情報処理標準規格）140-2では、暗号モジュールやアルゴリズムが満たすべきセキュリティ要件や安全性を規定していますが、これに製品が適合しているかどうかを評価する仕組みが暗号モジュール認証プログラム（CMVP：Cryptographic Module Validation Program）、暗号アルゴリズム認証プログラム（CAVP：Cryptographic Algorithm Validation Program）と呼ばれ、これに適合することがアメリカやカナダの政府機関が暗号製品を調達する際の要件となっています。

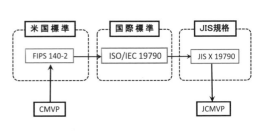

　暗号モジュールに関しては、2006年に FIPS140-2を基本とした国際規格（ISO/IEC19790：Security requirements for cryptographic modules）が制定され、国内では、

これを受けて2007年にJIS X19790（暗号モジュールのセキュリティ要求事項）が制定されています。

なお、ISO/IEC 19790に関する試験要件についてはISO/IEC 24759、国内ではJIS X24759（暗号モジュールのセキュリティ試験要件）が規定されています。

暗号化アルゴリズムに関しては、ISO/IEC 18033（Information technology -- Security techniques -- Encryption algorithms）が2005年に制定されています。

また、米政府では、連邦政府の職員等の個人識別情報（ID）や情報システムのアクセスの安全性を確保するために、国際規格以外にSP800-57（Recommendation for Key Management）やSP800-76（Biometric Data Specification for Personal Identity Verification）、SP800-78（Cryptographic algorithms and key sizes for PIV）等でも使用暗号アルゴリズムや鍵管理・認証手法等について規定しています。

なおFIPS 140-2の見直しが行われていますが、SP800-131a Rev.2 （2019） Recommendation for Transitioning the Use of Cryptographic Algorithms and Key Lengths で規定される暗号アルゴリズムと鍵長に準拠することを求められることも多くなっています。

○ JCMVP

我が国の「電子政府における調達のために参照すべき暗号のリスト（電子政府推奨暗号リスト）」に掲載された暗号の安全性を評価・監視し、暗号モジュール評価基準等の策定を検討しているのはCRYPTREC（Cryptography Research and Evaluation Committees）ですが、暗号製品の評価に関しては、独立行政法人情報処理推進機構（IPA）のJCMVP（Japan Cryptographic Module Validation Program：暗号モジュール試験及び認証制度）により運用されています。

またIPAでは、JCMVPの暗号アルゴリズム実装試験に合格した製品に対しては「暗号アルゴリズム確認書」を発行し「暗号アルゴリズム確認登録簿」のリストに搭載しています。

ただし暗号モジュールについてはJISEC（§9-6参照）のように、我が国で認証された製品がCCRA加盟国で相互承認される仕組みにはなっていません。

◆ 暗号アルゴリズム、デジタル署名・認証に関する国際規格

暗号は、利用形態（モード）によりデジタル署名や認証にも応用されます。主要なISO/IEC 規格を、以下に示します（全ては網羅していません）。

〈暗号アルゴリズム〉

ISO/IEC 18031： Random bit generation（乱数発生）

ISO/IEC 18032： Prime number generation（素数生成）

ISO/IEC 18033： Encryption algorithms（公開鍵、ブロック、ストリーム暗号）

ISO/IEC 15946： Cryptographic techniques based on elliptic curves（楕円曲線暗号）

ISO/IEC 29192： Lightweight cryptography（軽量暗号〜LEA：Lightweight Encryption Algorithm）

〈デジタル署名〉

ISO/IEC 9796： Digital signature schemes giving message recovery（復元型）

ISO/IEC 14888： Digital signatures with appendix（添付型）

ISO/IEC 20008： Anonymous digital signatures（匿名デジタル署名）

ISO/IEC 20248： Digital signature meta structure（デジタル署名メタ構造）

〈認証・ハッシュ関数、鍵管理等〉

ISO/IEC 9797 ： Message Authentication Codes（メッセージ認証）

ISO/IEC 9798 ： Entity authentication（実体（エンティティ）認証）

ISO/IEC 10118： Hash-functions（ハッシュ関数）

ISO/IEC 11770： Key management（鍵管理）

（ISO 11568 ： バンキングにおけるリテール向け鍵管理）

ISO/IEC 13888： Non-repudiation（否認防止）

ISO/IEC 18014： Time-stamping services：タイムスタンプ・サービス

ISO/IEC 19772： Authenticated encryption（認証機能付暗号）

ISO/IEC 19784： Biometric application programming interface（生体認証－アプリのインターフェイス（BioAPI））

ISO/IEC 19785： Common Biometric Exchange Formats Framework（生体認証－データ交換フォーマット（CBEFF））～NIST IR6529-A

ISO/IEC 19792： Security evaluation of biometrics（生体認証－セキュリティ評価）

ISO/IEC 19794： Biometric data interchange formats（生体認証－インターフェイス・フォーマット（パート 1 ～15））

ISO/IEC 19795： Biometric performance testing and reporting（生体認証－性能試験・報告）

ISO/IEC 24745： Biometric information Protection（生体情報の保護）

ISO/IEC 24761： Authentication context for biometrics（生体認証の概要）

ISO/IEC TR 29195 ： Traveller processes for biometric recognition in automated border control system（入管の自動化ゲートへの生体認証利用ガイド）

ISO/IEC 30107： Biometric presentation attack detection（生体認証へのなりすまし攻撃検知）

ISO/IEC 30108： Biometric Identity Assurance Services（BIAS サービス）

ISO/IEC 30110： Cross jurisdictional and societal aspects of implementation of biometric technologies（子供が生体認証を利用する際の留意点）

ISO/IEC DIS 30124 ： Code of practice for the implementation of a biometric system（生体認証システムの実装基準）

ISO/IEC TR 30125 ： Biometrics used with mobile devices（モバイル機器での利用に関するガイダンス）

ISO/IEC 30136： Performance testing of biometric template protection schemes（テンプレート保護性能評価）

ISO/IEC DIS 30137-1： Use of biometrics in VSS（Video Surveillance Systems）（防犯カメラにおける生体認証利用（設計・仕様））

○その他（ID 管理）

ISO/IEC 24760シリーズ（Framework for Identity Management）： ID 管理の概要、参照アーキテクチャー、要件、実践

§9-8　ソフトウェア開発とセキュリティの確保

ソフトウェア開発時に留意する規格はどのようなものか？

◆国際規格だけでも…

　ISO/IEC 15408 や ISO/IEC 27000シリーズの規定を読んだからといって、セキュリティが確保されたプログラムがすぐに作成できる訳ではありません。ソフトウェアに関しては、図に示すように国際標準（ISO/IEC規格）だけでも多種多様な規定が定められており、これらの規定に従い管理や評価を行うことが求められています。

　たとえば、ソフトウェア開発の標準工程に関してはISO/IEC 12207 SLCP（Software Life Cycle Process）で規定され、このプロジェクトの管理手法についてはISO/IEC/IEEE 16326 Project management で規定されています。

　またセキュアなプログラミングを行う際には、それぞれの開発言語に関する標準規格（がある場合には）の規定についても参照する必要があります。

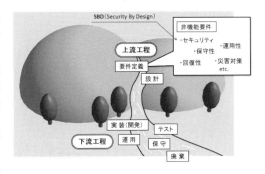

　たとえばC#言語を用いてデータベースにアクセスするプログラムを作成する場合に、何気なく Visual C#（Microsoft 社の C# プログラミングツール）や ADO.NET（同じく Microsoft 社の .NET 環境でデータベース操作を行うためのコンポーネント群）を利用しているかもしれませんが、実際には、C#言語は ISO/IEC 23270として、データベースを操作する SQL 言語は ISO/IEC 9075等で規定されています。

　これらの国際標準の中には、セキュリティの確保にも関連するものも多くありますので、セキュリティやガバナンスに関連の深い項目について簡単にまとめます。

◆ライフサイクル全般

　ソフトウェアに関する国際標準 ISO/IEC 12207は1995年に、システムに関する国際標準 ISO/IEC 15288は2002年に制定され、それぞれ JIS 化（JIS X0160、JIS X0170）されています。

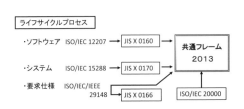

さらに要求仕様に関する国際標準 ISO/IEC/IEEE 29148（Systems and software engineering -- Life cycle processes -- Requirements engineering）が2011年に制定され、2014年に JIS 化（JIS X0166）が行われています。

これらの国際規格に準拠しつつ IPA（独立行政法人情報処理推進機構）では、システム開発時の共通基盤として「共通フレーム2013（SLCP-JCF）」を策定しています。

アメリカの規定である NIST SP800-64 Rev.2 Security Considerations in the System Development Life Cycle や SP800-37 Rev.2 Risk Management Framework for Information Systems and Organizations: A System Life Cycle Approach for Security and Privacy（RMF 2.0）（§9-6参照）等にも留意する必要があります。

○開発時のセキュリティ確保（SBD）

通常、ソフトウェア開発プロセスは上流工程と下流工程に分けることが多いのですが、共通フレーム2013では、経営層が行う企画戦略策定時（超上流フェーズ）や開発時のセキュリティ確保（SBD（Security By Design））の重要性について規定しています。

受注者が、発注者の要求仕様や提案依頼書（RFP：Request For Proposal）のみで作業明細（SOW：Statement Of Work）を作成し、システム設計やプログラミングを行ってしまうと、セキュリティや拡張性、ユーザビリティ等の非機能要件が無視され、結果として顧客満足度が低くなってしまいます。

この非機能要件を明確化するために、運用時に発生する様々な障害や事故、システム異常等を事前に想定・検討した上で、その対策も開発時に織り込むべきであり、このような運用コンセプト（Operational Concept：OpsCon）に基づき要件定義を行う、ということが ISO/IEC/IEEE 29148の規定コンセプトでもあります。

個人情報保護データの取扱いに関しても、§4-4で説明したように GDPR では PBD（Privacy By Design）が求められており、そのためのプロジェクト管理（支援）プロセス等についても、これらの標準規格の中で規定されています。

作成（コーディング）したソフトウェアについては、必ず運用に入る前に、ロバストネス（堅牢性）を評価するために、攻撃コードと同様、システムの異常を意図的に発生させるようなデータ（PDU：Protocol Data Unit）を送りつける等、ファジング（fuzzing：ファズテストとも呼ばれます）を行い、セキュリティを確保する必要があります。また、ソフトウェアの中にマルウェアが仕込まれたりすると、そのソフトウェアは本来のプログラムサイズよりも大きい冗長なものとなっているかもしれません。

従来は、ソフトウェアの規模尺度として、コーディング時のプログラム行数（SLOC：Source Lines Of Code）が使われていましたが、ソフトウェア開発プロジェクトにおける生産性を評価するための機能要件を元にした尺度（FP法：Function Point Analysis）による標準化も行われています。

機能規模測定方法（Functional Size Measurement：FSM法）としては、

- IFPUG（International Function Point Users Group）法（ISO/IEC 20926）
- COSMIC（The Common Software Measurement International Consortium）法（ISO/IEC 19761）
- COSMIC-FFP（COSMIC- Full Function Point）法
- MK-Ⅱ法（ISO/IEC 20968）
- NESMA（Netherlands Software Metrics Association）法（ISO/IEC 24570）

等があります。

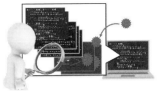

◆ソフトウェア資産の管理（SAM：Software Asset Management）

　ソフトウェア利用の際には法令遵守（コンプライアンス）にも留意する必要があります。ソフトウェア資産の管理が適正に行われていなければ、組織内の不正コピーを見逃したり、適切なタイミングでのパッチ適用や更新作業も行われず、セキュリティ上の脅威が増大します。

　ソフトウェア資産管理（SAM：Software Asset Management）に関する国際標準はISO/IEC 19770であり、これは ISO/IEC 20000との整合性を意識して規定されています。

　2006年に制定された ISO/IEC 19770-1は組織的な管理プロセス（組織が達成すべき状態を27のプロセス、6つの領域に区分）に関する定義、2009年に規定された ISO/IEC 19770-2はソフトウェアの導入状況を把握するために必要なソフトウェア製品群の識別（タグ）に関するもの（SWID）です。

- ISO/IEC 19770-3：　ソフトウェアライセンスの情報に関する区分の標準化（2016年）
- ISO/IEC 19770-4：　IT資産管理（ITAM：IT Asset Management）に関するもの（2017年）
- ISO/IEC 19770-5：　ITAM に関する概要と用語（2013年）
- ISO/IEC 19770-8：　業界標準と ISO/IEC 19770ファミリー規格群との相互マッピングのための指針（2020年）

等も規定されています。ISO/IEC 19770-1は、2010年に JIS 化（JIS X0164-1）が行われ、ISO/IEC 19770-2は、2018年に JIS 化（JIS X0164-2）が行われています。同様に、JIS X 0164-3～5は2019年、JIS X0164-8は2021年に JIS 化が行われています。

　国内では非営利型一般社団法人 IT 資産管理評価認定協会（SAMAC）において ISO/IEC 19770等に基づく評価基準として「ソフトウェア資産管理基準（Ver.4.1）」や「ソフトウェア資産管理評価基準（ソフトウェア資産基準に基づく成熟度モデルを利用した評価基準）（Ver.4.1）」を策定し公開（2014年6月）しています。

◆ソフトウェアの品質管理
(ISO/IEC 25000 SQuaRE：Software product Quality Requirements and Evaluation)

　2000年前後に制定された ISO 9126（JIS X0129）と ISO 14598（JIS X0133）は、いずれもソフトウェア製品の品質や評価に関する標準規格でしたが、これらは2005年以降最新の技術動向を反映した規格群（ISO/IEC 25000シリーズ：SQuaRE）に統合されました。

　SQuaRE では、品質要件定義プロセスや品質評価・測定方法等が規定されています。情報セキュリティに関しても ISO/IEC 25010（System and software quality models：シス

テム及びソフトウェア品質モデル）の中で、機能性や信頼性、互換性等と共に規定されています。

その他、ISO/IEC 25021（品質測定量要素）、ISO/IEC 25030（品質要求事項）、ISO/IEC 25040（評価プロセス）、ISO/IEC 25051（パッケージソフト（RUSP：Ready to Use Software Product）の品質要求事項及び試験に対する指示）等が規定されています（ISO/IEC 2500n番台は「品質管理部門」、2501n番台は「品質モデル部門」、2502n番台は「品質測定部門」、2503n番台は「品質要求部門」、2504n番台は「品質評価部門」25050〜25099は「SQuaRE拡張部門」とされています）。

国内では、JIS X25000シリーズとして JIS 化が行われています。

SQuaRE で規定されるソフトウェア品質に関する様々な要求（品質要件）を具体的に実現するための品質技術をまとめたものが SQuBOK（Software Quality Body Of Knowledge）です。ソフトウェア品質知識体系ガイドとして日本科学技術連盟の下に設置されたソフトウェア品質向上のための取組み〜SQiP（Software Quality Profession：スキップ）によりまとめられていて、現在は SQuBOK Guide（V3）となっています（参考ですが、よく似た知識体系に SWEBOK があります。SWEBOK（SoftWare Engineering Body Of Knowledge）ガイドは IEEE と米国計算機学会（ACM：Association for Computing Machinery）がまとめたソフトウェアエンジニアリングのための基礎知識体系で2015年に ISO/IEC TR 19759（Software Engineering- Guide to the software engineering body of knowledge（SWEBOK））として国際標準化が行われました）。

◆プロセス評価・改善

（SPA：Software Process Assessment、SPI：Software Process Improvement）

従来、ソフトウェアのプロセス評価に関する国際標準は ISO/IEC 15504で、SPICE（Software Process Improvement and Capability dEtermination）とも呼ばれていました。

ソフトウェア開発に従事する組織の能力を定量的に示す指標は CMMI（Capability Maturity Models Integration：能力成熟度モデル統合）と呼ばれ、ISO/IEC 15504に準拠しています。

この CMMI をシステム・セキュリティの分野へのアプローチ手法として応用したプロセス評価規格が ISO/IEC 21827（Information technology -- Security techniques -- Systems Security Engineering -- Capability Maturity Model（SSE-CMM））で、セキュアシステムの開発・運用を行う組織のプロセス能力を評価する際に用いられます。

図のようにプロセスエリアを３つのカテゴリーに分類したモデルを用い、セキュリティを確保するための状況監視やコントロールを実施すると共に、脅威や脆弱性、被害予想等を基にリスク評価を行う等の仕組みとなっている。その他、欧州で利用されているプロセス評価モデルとして PPA（Process Professional Assessment）があります。

プロセスアセスメントの国際規格である ISO/

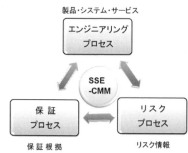

IEC 15504は順次改訂されています。

2015年にISO 33kシリーズとして、ISO/IEC 33001（プロセスアセスメント概念）、ISO/IEC 33002（要求事項）、ISO/IEC 33003（測定フレームワークの要求事項）、ISO/IEC 33004（成熟度モデルの要求事項）、ISO/IEC 33020（プロセス能力のアセスメントのためのプロセス測定フレームワーク）が発行されJIS化も行われ、これにあわせてISO/IEC 15504は廃止されています（対応するJIS X0145もJIS X33001〜33020に置換されました）。

◆ Webアプリの開発

Webアプリの開発に際しては、OWASP（Open Web Application Security Project）が「OWASP ASVS（OWASP Application Security Verification Standard：アプリケーションセキュリティ検証基準）V 4.2」等をまとめています。

また一般社団法人コンピュータソフトウェア協会（CSAJ）では「ソフトウェア出荷判定セキュリティ基準チェックリスト Ver.1.2」や同解説書を公開しています。

Webアクセシビリティに関してはISO/IEC 40500（WCAG（Web Content Accessibility Guidelines）2.1）やこれをJIS化したJIS X8341〜3が規定されています（2022年中にWCAG 2.2が公表されると見られています）。

Webアプリケーションフレームワークを利用してアプリケーションを開発する際には、フレームワーク自体やライブラリの脆弱性等にも十分留意する必要があります（第4章の概要説明の3を参照）が、Webサイトのトータルなセキュリティを確保するためには、ソフト開発時だけでなく、システム全体の設定・運用時を見据えたセキュリティ確保が必要です。

◆ 継続的なアップデート

ソフトウェアのライフサイクル管理で重要なことは、SBDだけでなく、運用時においてもセキュリティ確保を常に意識し、継続して保守を行うことで、特にOSSの開発システムや部品等を利用した開発・運用を行っている場合には注意を要します（§3-7参照）。

組織におけるソフトウェアの修正（パッチ）管理に関しては、NIST SP800-40 Rev. 3（Guide to Enterprise Patch Management Technologies）等を参照し、平素から適切な更新を行うことが重要となります。

ソフトウェア開発が、Webアプリケーション開発から、IoTやクラウドシステム、仮想システム開発へと変化していますので、セキュリティだけでなく可用性・強靭性（レジリエンス）や委託先・コスト管理等、一層広範囲な注意力が必要となります。

ソフトウェア製品のライフサイクルに関して、**「EOS」**や**「EOL」**という用語が使われます。EOLは End of Life ですが、EOSは、**End of Sale**（販売終了）、**End of Support**（サポート終了）の両方で利用されますので要注意。また、**EOSL**（End of Service Life：サービス終了）、**EOE**（End of Engineering：技術サポート終了）等の用語も利用されます。

§9-9　自動車のソフトウェア開発と CSMS

自動車の EV（Electric Vehicle）化が進展するにつれ、自動車のサイバーセキュリティ対策も重要となっているのではないか？

◆自動車のサイバーセキュリティ～ソフト開発時

現代の自動車には多くのセンサーや制御機器が搭載されていて、多くの IC も利用されています。

その車載ソフトの開発に際しては AUTOSIG（Automotive Special Interest Group）により策定される業界標準のプロセスモデル（Automotive SPICE（A-SPICE））を参照することが必要ですが、この規格（現在は AS 3.1）も、従来の ISO/IEC 15504から §9-8で説明しました ISO 33k シリーズに基づいたものに修正されています。

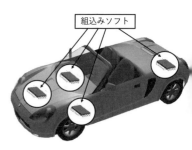

組込みソフト

特に、車載システム開発に際しては、車載システム自体が相互に通信を行うコネクテッド・カー時代の到来を迎え、悪意を持つ車両等から送出されるマルウェアに感染しないよう防御する仕組みが重要です（サイバー防御の観点から自動車に対する脆弱性調査、侵入テストのサービスを提供するセキュリティベンダーも登場しています）。

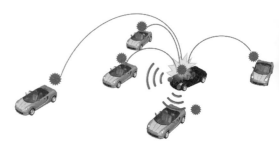

自動車のサイバーセキュリティエンジニアリングに関する国際標準（ISO/SAE 21434 Road vehicles -- Cybersecurity engineering）も2021年に規定されています。

◆自動車の CSMS（Cyber Security Management System）？

自動車向けの CSMS に関しては、UNECE（国連欧州経済委員会）の UN-R155（サイバーセキュリティ）や UN-R156（ソフトウェアマネジメントシステム：SUMS～Software Update Management System ⇒ 2022年 1 月に ISO 24089 Road vehicles -- Software update engineering として制定された）、品質マネジメントシステム（QMS）に関する規定である ISO/TS 16949（IATF 16949）、機能安全に関する規格（ISO 26262）、NHTSA（National Highway Traffic Safety Administration）Cybersecurity Best Practices 等にも留意する必要があります。

記述言語に関しても、たとえば C や C++ については、MISRA（Motor Industry Software Reliability Association）が、MISRA C 2004、MISRA C++ 2008、MISRA C

2012等、コーディングの際のセキュリティに関して「必須（Mandatory）」、「必要（Required）」、「推奨（Advisory）」レベルに区分してガイドラインを出しており、デファクト的に用いられています。

　また、その遵守の度合いに関して、許容範囲の考え方を示した MISRA C ADC（Approved Deviation Compliance for MISRA C）等も利用されていますが、国際標準としては、

ISO/IEC TR18037：　Programming languages -- C -- Extensions to support embedded processors

ISO/IEC TR18015：　Programming languages, their environments and system software interfaces

-- Technical Report on C++ Performance

等が規定されていますので注意する必要があります。

　また IPA の「組込みソフトウェア向け開発プロセスガイド（ESPR Ver.2.0）」や「SEC BOOKS：【改訂版】組込みソフトウェア開発向け コーディング作法ガイド［C言語版］ESCR Ver.3.0」等も参照のこと。

　また、特に高温や雑音等、外部擾乱因子の影響を強く受ける車載機器やネットワークでは、部品・素子の選定にも配意したノイズ対策（EMC/EMI）を行う他、ネットワーク（車載 LAN 等）のセキュリティについても十分検討を行う必要があります。

◆事故や障害の未然防止（リスク評価の手法）

　車両等の工業製品の安全性や工場・プラント等の操業に際しては、想定外の事態が発生した、というのでは済まされません。いずれも人命に深く関わっているため、事前のリスク評価が重要となりますので、モノづくりに際して従来から様々な安全性を確保するための検討手法が用いられています。

▶HAZOP（HAZard and OPerability studies）

　新規開発時の潜在的な危険性を漏れなく抽出し、その影響を評価し、必要な対策を講ずることを目的に規定（IEC 61882 HAZOP studies-Application guide）された危険因子の特定手法。

▶FTA（Fault Tree Analysis）

　リスク因子を FT 図（Fault Tree Diagram）に視覚化することにより、システム等の障害・事故等の原因や経路、データフローを分析する手法。IEC 61025 Fault tree analysis（FTA）で規格化されています。反対に障害等発生後の時間経過に対応したイベントをツリーとして図式化し、障害発生確率等を算出する評価手法は ETA（Event Tree Analysis）と呼ばれ、IEC 62502で規定されています。

▶FMEA（Failure Mode and Effect Analysis）：故障モード影響解析

　設計段階において、システム等の構成要素に潜む故障モード（リスク）を予測し、定量的に重みづけを行い、リスク低減策を実施する事前の解析・評価手法。IEC 60812（JIS C5750-4-3）Analysis techniques for system reliability -- Procedure for failure mode and effects analysis（FMEA）で規定されています。

リスク評価の際には RPN（Risk Priority Number：リスク優先度）が用いられます。

RPN は　深刻度（影響度）×発生度×検知度で定量化されます。

車載機器のリスク評価に関しては CRSS（§4-9参照）や RSMA（Risk Scoring Methodology for Automotive Systems）等でも規定されています。

また ITS（Intelligent Transport Systems）関連機器のセキュリティに関しては、ITU-T X.1373（X.itssec-1）Secure software update capability for intelligent transportation system communication devices や JSAE（社団法人自動車技術会）の JASO（Japanese Automotive Standards Organization）TP 15002 自動車の情報セキュリティ分析ガイド等でも規定されています。

車載ネットワークとしては、従来は CAN（Controller Area Network：パワートレイン制御）、FlexRay（安全制御）、LIN（Local Interconnect Network：ボディ系）、MOST（Media Oriented Systems Transport：マルチメディア系）のように自動車メーカー・団体等が規定した LAN プロトコルが標準的に利用されていましたが、CAN プロトコルをベースに ISO 11898（高速〜1Mbps）、ISO 11519（低速〜125Kbps）等が規定される等、国際標準化も進められています。

また車外との通信に関しても V2V（車車間）、V2I/I2V（路車間）、V2P（歩車間）等区間の通信プロトコル等に関して ITS 他様々なフレームワークで検討が行われています。

外部との通信だけでなく様々な制御を行う電子制御ユニット（ECU：Electrical Control Unit）やセンサー間通信の多様化が進展していることを受け、国内の車両ソフト標準化団体である JasPar（Japan Automotive Software Platform Architecture）や欧州メーカを中心とする AUTOSAR（AUTomotive Open System ARchitecture）等が連携して共通化・標準化の検討を行っています。

特に ADAS（Advanced Driver Assistance Systems：先進運転支援システム）や AD（Autonomous Driving；自動運転）車両の開発も進んでいて、ISO 19206（路上走行車）等の国際標準も規定されています。

一般社団法人重要生活機器連携セキュリティ協議会（CCDS）では、製品分野別のセキュリティガイドラインも公表しています。IoT 機器に関しては、「CCDS IoT 機器セキュリティ要件ガイドライン2021年版　v1.0、別冊 v2.0、セキュリティ要件2021年版　対策方針チェックリスト v1.0」等がまとめられており、その他、車載分野やスマートホーム、金融端末（ATM や POS）に関するガイドラインもあります。

IoT システムに関しては、セキュリティ要件を満足する機器に対して、レベル1（★）からレベル3（★★★）を定めて、認証マークを付与する「CCDS サーティフィケーションプログラム」を開始することとしています。

§9-10　会計システムのセキュリティ

会計システムにはどのような種類があるのか？　また「IFRS への移行に伴い XBRL 化が必要」というのは何を意味しているのか？　また関係する基準等は？

◆**パッケージソフトのセキュリティ対策**

　会計（経理）業務は、かつては台帳に全て記載していたものが、Excel 等の表計算ソフトやそのマクロ機能を活用した自動化へ、さらにはパッケージソフト（§9-8参照）やその機能をクラウド上で利用可能なものへと進化しています。

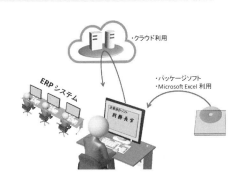

　各部門のシステムやデータを連携・統合するために ETL ツール（§7-3参照）や EAI（Enterprise Application Integration：企業アプリケーション統合）、ESB（Enterprise Service Bus：サービス指向アーキテクチャ（SOA）をベースに企業アプリケーションを統合するための技術・ミドルウェア）ツール等の利用も進められてきました。

　大企業等では、在庫・資材管理や労務管理等も含めたトータルな経営資源計画を担う ERP（Enterprise Resource Planning）システム（§7-3参照）が導入できたとしても、中小企業以下では負担も大きくなります。このためパッケージソフトを利用して会計処理を行うことも多いかもしれませんが、会計業務のみならず、データのバックアップやソフトウェアの更新、端末（パソコン）の保守まで、当該経理担当職員・社員に任せきり、となってはいませんか？

　パッケージ会計ソフトを端末単独（スタンドアロン）で利用していた時代には、このような体制でも支障が出なかったかもしれませんが、次第にインターネットと接続して注文書作成・送付を行ったり、営業（販売・受注）、購買・売上管理やその分析・支援等を行うためのシステムとして活用するようになると、端末やソフトウェアの管理やシステム・セキュリティ・会計監査等への対応までも経理担当者に任せきりにすると、当該職員の負担は重く、もしこれらの作業に手が回らなくなると、重大なデータの流出事故につながる懸念もあります。

　個々の職員・社員のセキュリティ面での負担を軽減するためにも、会計（経理）用のソフトは、パッケージ単体での利用から、クラウド化や ERP 化へと移行せざるを得ないのかもしれません。

◆ **IFRP への対応**

　大企業、特に海外ビジネスを展開する事業者においては、会計ソフト単独では組織全体での的確な情報共有やリソース配分が困難です。このためクラウド化や ERP 化だけでなく、EPM（Enterprise Project Management）と一体化した網羅的な管理シス

テムの構築が必要となっています。企業等の会計基準は国ごとに規定されているため、グローバルに活動を展開する企業の財務内容を的確に把握するためには、B/S（Balance Sheet：貸借対照表）、P/L（Profit and Loss Statement：損益計算書）やC/S（Statement of Cash Flow：キャッシュフロー計算書）等の財務諸表（F/S：Financial Statements）を国際的な基準に従い分類・比較する必要があります。

○ IFRSとは？

国際会計基準財団（IFRS Foundation）の国際会計基準審議会（IASB：International Accounting Standards Board）により制定された国際会計基準（IFRS：International Financial Reporting Standards）は、既に120以上の国や地域で採用され、事実上の国際標準となっていることから、日本、アメリカも相次いでIFRSへの移行、国内規定との整合性（コンバージェンス）確保に向けた作業を行っています。

○ IFRSの適用範囲

非営利の公的機関においては、国際会計士連盟（IFAC）の国際公会計基準審議会（IPSAB：Inter Professional Student Advisory Board）が策定する国際公会計基準（IPSAS：International Public Sector Accounting Standards）に従いますが、一般的な営利企業であれば、IFRSに準拠する必要があります。

IFRSではIFRS for SMEs（Small and Medium-sized Entities）として、中小企業向けのIFRS基準（中小企業向け国際財務報告基準）も策定しています。

IFRSは、国際的な財務活動又は事業活動を行う等、一定の要件を満たした上場企業（特定会社）が任意に導入するものですが、中小企業等、非上場の会社も導入しなければならない等の誤解もあり、その誤解に乗じて不必要なシステムの導入・更新を勧める業者も出現したことから、金融庁では2010年に「国際会計基準（IFRS）に関する誤解」という文書を同庁のWebページ上に掲示し、注意喚起を行ったりもしています。

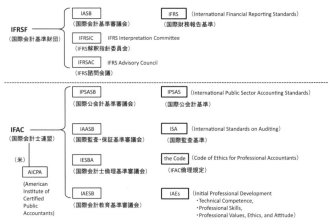

IFRSへの対応は、監督官庁への届出や国内外の投資家への情報公開だけでなく、経営者が自社の企業戦略の立案や経営判断を行う際に、海外の同一業種の事業者と客観的に比較することが可能となるメリットもあり、国内企業における導入が推進されています。

　金融庁・企業会計審議会では、国内外の動向等も見つつ、IFRS への対応のあり方に関して、2013年に「国際会計基準（IFRS）への対応のあり方に関する当面の方針」を公表し、2020年には、200社以上の企業が IFRS の任意適用を行っています。

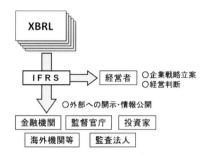

◆ XBRL 化とは？

　IFRS への移行に伴い、従来 PDF（Portable Document Format）や HTML（Hyper Text Markup Language）形式で提出していた損益計算書や貸借対照表は、その名も「包括利益計算書」や「財政状態計算書」と変わりました。XBRL 形式で作成・提出等を行う必要があり、既に金融庁等では手続改正も行っています（「連結財務諸表の用語、様式及び作成方法に関する規則等の一部を改正する内閣府令」等参照）。

　XBRL（eXtensible Business Reporting Language）は、XML（eXtensible Markup Language）をベースとして、財務情報を取り扱うために開発された言語であることから、Web ページで用いられる HTML とは異なり、タグ（荷札の意味。文中に特殊な記号で埋め込まれ、要素の構造や属性等を記述した文字列）情報を利用者が自由に定義でき、アプリケーションプログラムからタグ情報を基に処理することも可能となっています。

　ただ、一般のパソコン利用者に馴染みのないインスタンスやスキーマといったオブジェクト指向プログラム言語特有の概念や用語が使用されていて分かりにくいかもしれません。通常インスタンスは実体・実例を、スキーマはその構造を規定することを意味しています。

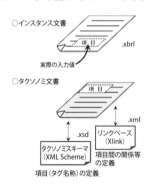

　XBRL では、実際の財務情報を「インスタンス（実体）文書」に記入するが、これ以外に「タクソノミ（分類）文書」も作成し、提出等を行う必要があります。「タクソノミ文書」では財務情報を記入するために必要な勘定科目名（ラベル）の定義や各情報の項目の表示順・処理順や項目間の関係等を、それぞれタクソノミスキーマ（XML Schema）とリンクベース（XLink）により規定しています。

　この項目の定義は、XBRL 2.1では、それまでの XBRL 2.0とは異なり、タクソノミスキーマとは別ファイル（リンクベースファイル）として作成・保存することができます。

　金融庁では、企業の有価証券報告書等のオンライン提出が可能な電子開示システム（EDINET）においては、XBRL-FR（Financial Report）の利用が求められていますが、XBRL には XBRL-GL（Global Ledger：GL は総勘定元帳の意味）と呼ばれる会計・財務情報の表現に用いられるデータ仕様（仕訳タクソノミ）もあります。EDINET や東京証券取引所の TDnet（Timely Disclosure network）では、可読性に優れた iXBRL（inline XBRL）の利用も可能となっています。

　我が国における XBRL の普及を目的として、2001年に一般社団法人 XBRL Japan

が設立され、無償の XBRL ツールやサービスの紹介等も行っています。

◆金融機関における決済システムの XML 化

　決済インフラの機能強化のため、一般社団法人全国銀行協会（全銀協）と一般社団法人全国銀行資金決済ネットワーク（全銀ネット）では、「全銀 EDI（Electronic Data Interchange）システム（ZEDI：Zengin EDI system〜「金融・IT ネットワークシステム」）」を構築し、銀行振込みを行う際の企業間送金の電文を固定長から XML 化することにより利便性を高めています（2018年12月に稼働開始しました）。

○ XML ボキャブラリ（書式）

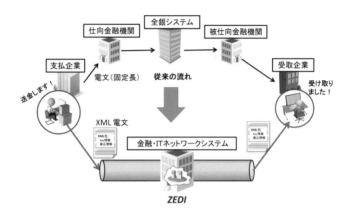

　「政府統計の総合窓口（e-Stat）」では、各府省が公表する統計データを、XML ベースの SDMX（Statistical Data and Metadata eXchange）と RDF（Resource Description Framework）標準を用いて LOD（Linked Open Data）化して提供しています。

　ブログの配信等で用いられる RSS の形式である XML は、その拡張版として、既に地理情報システムの G-XML（Geography XML）が位置情報を利用したサービス等で活用されている他、企業間の電子商取引に使用する ebXML（Electronic Business using XML）や商取引文書に用いる UBL（Universal Business Language）、電子カルテの仕様統一を図る MML（Medical Markup Language）、その他ニュース記事を配信するための NewsML（newsXML）、旅行業界で用いる TravelXML、データ放送用の BML（Broadcast Markup Language）等多様化が進展しています。

　それぞれの業界での共通利用等は促進されるが、同じ XML をベースとしていながら、これらの拡張形式間の相互互換性はなく、セキュリティに関する検討や対策も十分とは言えないかもしれません。

　これらの様々な XML 形式は B2B で利用されることが多いのかもしれませんが、Web ページから一般の利用者もダウンロード等する可能性があるため、利用しやすさ（分かりやすさ）と十分なセキュリティ対策が不可欠です。SAML（Security Assertion Markup Language：シングルサインオンや ID 連携で用いられる技術）や XACML（eXtensible Access Control Markup Language：XML におけるアクセス制御の仕様）等のセキュリティ技術の活用が望まれます。

§9-11　セキュリティ関連の資格・団体

会計（経サイバーセキュリティ関連の資格や団体・学会にはどのようなものがあるのか？

◆資格

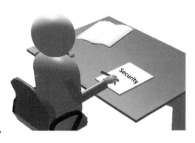

　一口にセキュリティとは言っても、その範囲や内容、技術レベル等は千差万別で、目的により必要な資格も異なります。

　情報・ネットワークのセキュリティ確保・監査や個人情報保護に関する資格や試験・認定制度は多種多様です。

　日進月歩の IT 技術への的確な対応が求められるセキュリティ技術の分野であるため、資格の中には、継続的な講習の受講が必要なものもあります。

　以下、Web ページ等で公開されている資格の中から、いくつかを順不同で紹介します。

〈財団法人　全日本情報学習振興協会〉

　・情報セキュリティ管理士、情報セキュリティ初級認定

　・個人情報保護士認定試験

　・個人情報保護実務検定

〈社団法人　日本プライバシー認証機構（JPAC）〉

　・個人情報保護最高責任者資格（認定 CPO）

　・個人情報取扱従事者資格（認定 CPA）

　・個人情報管理者資格（認定 CPP）

　・認定プライバシーコンサルタント資格（JCPC）

〈独立行政法人　情報処理推進機構（IPA）〉

　・情報セキュリティマネジメント試験（SG）

　・情報処理安全確保支援士（登録セキスペ）（RISS）

〈(ISC)² Japan（International Information System Security Certification Consortium：国際情報システムセキュリティ認証コンソーシアム）〉

　・CISSP（Certified Information Systems Security Professional）

　・SSCP　（Systems Security Certified Practitioner）

　・CCSP　（Certified Cloud Security Professional）

　・CSSLP（Certified Secure Software Lifecycle Professional）

〈社団法人　日本クラウドセキュリティアライアンス（CSA（Cloud Security Alliance）ジャパン）〉

　・CCSK　（Certificate of Cloud Security Knowledge）

　・STAR　（CSA Security, Trust & Assurance Registry）

〈CompTIA（IT 業界団体）〉

　・Security+

- ・Network+、Cloud+、Linux+、Server+
- ・CASP （CompTIA Advanced Security Practitioner）
- ・CySA+ （CompTIA Cybersecurity Analyst）、PenTest+

〈SANS Software Security Institute〉
- ・GSSP （GIAC Secure Software Programmer ）
- ・GCLD （GIAC Cloud Security Essentials）
- ・GCSA （GIAC Cloud Security Automation）
- ・GPCS （GIAC Public Cloud Security）
- ・GWEB （GIAC Certified Web Application Defender）
- ・GCPN （GIAC Cloud Penetration Tester）

〈Cisco 社〉
- ・CCNP （Cisco Certified Network Professional） Security
- ・CCIE （Cisco Certified Internetwork Expert） Security
- ・CCNA （Cisco Certified Network Associate） Security

〈Microsoft 社〉
- ・Microsoft Certified: Azure Security Engineer Associate
- ・Microsoft Certified: Security Operations Analyst Associate
- ・Microsoft Certified: Identity and Access Administrator Associate
- ・Microsoft Certified: Information Protection Administrator Associate

〈SEA/J （Security Education Alliance/Japan）〉
- ・CSBM （Certified Security Basic Master）
- ・CSPM-M/T （Certified Security Professional Master of Technical/Management）

〈ISACA〉
- ・CISA （Certified Information Systems Auditor） 公認情報システム監査人
- ・CISM （Certified Information Security Manager） 公認情報セキュリティマネージャー
- ・CRISC （Certified in Risk and Information Systems Control）
- ・CGEIT （Certified in the Governance of Enterprise IT）

〈特定非営利法人 日本セキュリティ監査協会 （JASA：Japan Information Security Audit Association）〉
- ・公認情報セキュリティ（主任）監査人（CAIS）
- ・情報セキュリティ内部監査人能力認定（QISEIA）

〈財団法人 日本規格協会 マネジメントシステム審査員評価登録センター （JRCA）〉
- ・ISMS 審査員
- ・ISMS-CLS 審査員

〈社団法人 デジタルコンテンツ審査監視機構 （I-ROI）〉
- ・DCA （デジタルコンテンツアセッサ）資格制度

〈システム監査学会 （JSSA）〉
- ・情報セキュリティ専門監査人 （Certified Master Auditor for Information Security）

〈特定非営利活動法人 日本システム監査人協会 （SAAJ：Systems Auditors Association of Japan）〉
- ・CSA （Certified Systems Auditor） 公認システム監査人

〈NISM 推進協議会〉
　・ネットワーク情報セキュリティマネージャー（NISM）

〈特定非営利活動法人　エルピーアイジャパン（Linux Professional Institute Japan）〉
　・LPIC レベル 3　303試験（セキュリティ）、304試験（クラウド、仮想化技術）

〈CIW-Japan（Certification Partners LLC）〉
　・CIW（Certified Internet Web Professional）

〈レッドハット㈱〉
　・Red Hat 認定スペシャリスト：Security：Linux, Containers and OpenShift
　　Container Platform

　その他、Juniper や CheckPoint 等、ネットワーク機器企業が実施するもの、OS ベンダーが認定する資格（例：Oracle 認定 Oracle Solaris 10 セキュリティ管理者）、セキュリティ・ベンダーの認定資格等、種々多様な資格が存在しています。一般向けではありませんが、法執行機関の解析担当スペシャリストに限定された資格（International Association of Computer Investigative Specialists （IACIS）によるコンピュータ・フォレンジックの資格：Certified Forensic Computer Examiner （CFCE））等もあります。

◆学会、機関、NPO 等（セキュリティ、BCM、リスクマネジメント等）の例
　こちらも全てを網羅している訳ではありません。地域ごと、あるいは各府省でも、サイバー犯罪対策協議会やサイバーテロ対策協議会等をはじめ種々の協議会や研究会が設置されていますが、これらについては割愛しました。
　・電子情報通信学会情報セキュリティ研究会（ISEC）
　・日本セキュリティ・マネジメント学会（JSSM）
　・情報処理学会コンピュータセキュリティ研究会（CSEC）
　・システム監査学会（JSSA）
　・日本監査研究学会（JAA）
　・日本内部統制研究学会（JICRA）
　・日本危機管理防災学会（JEMA）
　・日本リスクマネジメント学会（JARMS）
　・日本リスク管理学会
　・プロジェクトマネジメント学会
　・日本リスク学会
　・危機管理システム研究学会（ARIMASS）
　・国際 CIO 学会
　・日本ナレッジ・マネジメント学会（KMSJ）
　・独立行政法人　情報処理推進機構（IPA）
　・独立行政法人　情報通信研究機構（NICT）
　・独立行政法人　国民生活センター
　・財団法人　日本情報経済社会推進協会（JIPDEC）
　・財団法人　日本インターネット協会（IAJapan）
　・財団法人　ハイパーネットワーク社会研究所

- 財団法人 日本データ通信協会（JADAC）
- 財団法人 電気通信端末機器審査協会（JATE）
- 財団法人 日本規格協会（JSA）
- 財団法人 日本サイバー犯罪対策センター（JC3）
- 財団法人 金融情報システムセンター（FISC）
- 地方公共団体情報システム機構（J-LIS）旧 地方自治情報センター
- 社団法人 電子情報技術産業協会（JEITA）
- 社団法人 テレコムサービス協会（TELESA）
- 社団法人 ソフトウェア協会（SAJ）
- 社団法人 コンピュータソフトウェア著作権協会（ACCS）
- 社団法人 日本ネットワークインフォメーションセンター（JPNIC）
- 社団法人 JPCERT コーディネーションセンター（JPCERT/CC）
- 社団法人 セキュリティ対策推進協議会（SPREAD）
- 社団法人 日本スマートフォンセキュリティ協会（JSSEC）
- 社団法人 日本セーファーインターネット協会（SIA）
- 社団法人 金融 ISAC（F-ISAC）
- 社団法人 ICT-ISAC
- 社団法人 セキュア IoT プラットフォーム協議会
- 社団法人 組込みシステム技術協会 情報セキュリティワーキンググループ（JESEC-WG）
- 社団法人 重要生活機器連携セキュリティ協議会（CCDS）
- 社団法人 セキュリティ・キャンプ協議会
- 社団法人 デジタルコンテンツ審査監視機構（I-ROI）
- 特定非営利活動法人 日本ネットワークセキュリティ協会（JNSA）
- 特定非営利活動法人 日本セキュリティ監査協会（JASA）
- 特定非営利活動法人 日本ガーディアン・エンジェルス
- 特定非営利活動法人 デジタル・フォレンジック研究会
- 技術研究組合 制御システムセキュリティセンター（CSSC）
- JASA‐クラウドセキュリティ推進協議会（JCISPA）
- 日本カード情報セキュリティ協議会（JCDSC）
- クレジット取引セキュリティ対策協議会
- フィッシング対策協議会
- 日本シーサート協議会（NCA）
- 日本セキュリティオペレーション事業者協議会（ISOG-J）
- 情報セキュリティガバナンス協議会（ISGA）

あとがき

2018年10月の初版の後、3年半ぶりに改訂することができました。

新型コロナ禍に起因するテレワークやクラウドサービスの急成長等、ネットワーク環境が急激に変化しましたので、本来であればもっと早く改訂すべきだったかもしれません。

体調を崩して入院したり、勤め先が変わったり、私生活の面でも環境は大きく変わりましたが、仕事の内容は相変らずセキュリティ関係なので、漸く改訂を行うこととしました。

クラウド関連のサービスや技術につきましては、変化の途上にあることから、従来型のサービスや技術関連の技術も残さざるを得ませんでしたが、いずれはクラウドネイティブ関連のものに置換されてしまうのかな、と思いつつまとめておりました。

変化の激しい部分については網羅できなかったものが多くありますが、御寛恕賜れば幸いです。

著者

INDEX

凡例: "1-1" は第 1 章の「§1-1」を、"1-(1)" や "2-(2)" はそれぞれ第 1 章中の「概要説明」、第 2 章中の「概要説明 2」を指している。

D

F

G

S

U

V

W

X

Z

サ行

タ行

ナ行

ハ行

マ行

ヤ行

ラ行

ワ行

羽室 英太郎（はむろ えいたろう）

一般財団法人保安通信協会保安通信部長（元警察庁技術審議官、元奈良県警察本部長）。

1958年京都府生まれ。工学修士。1983年警察庁入庁。警察庁・管区警察局・茨城・石川・奈良県警等で勤務。戦略物資輸出審査官（旧通産省安全保障貿易管理室）、警察通信研究センター教授の他、1996年に発足した警察庁コンピュータ（ハイテク）犯罪捜査支援プロジェクト、警察庁情報管理課・旧技術対策課でサイバー犯罪に関する電磁的記録解析や捜査支援等を担当。警察庁サイバーテロ対策技術室長、警察庁情報管理課長（警察庁CIO補佐官及び最高情報セキュリティアドバイザー）、情報技術解析課長等歴任。2010年12月からは、政府の「情報保全に関する検討委員会」における情報保全システムに関する有識者会議の委員も務めた。

主要著書として、『ハイテク犯罪捜査の基礎知識』（立花書房、2001年）、『サイバー犯罪・サイバーテロの攻撃手法と対策』（立花書房、2007年）、『情報セキュリティ入門』（慶應義塾大学出版会、初版：2011年、第2版：2013年、第3版：2014年）、『デジタル・フォレンジック概論』（共著：東京法令、2015年）他。

サイバーセキュリティ入門【第2版】
——図解 × Q&A

2018年10月25日　初版第1刷発行
2022年 5月25日　第2版第1刷発行

著　者―――羽室英太郎
発行者―――依田俊之
発行所―――慶應義塾大学出版会株式会社
　　　　　　〒108-8346　東京都港区三田 2-19-30
　　　　　　T E L 〔編集部〕03-3451-0931
　　　　　　　　　〔営業部〕03-3451-3584〈ご注文〉
　　　　　　　　　〔　〃　〕03-3451-6926
　　　　　　F A X 〔営業部〕03-3451-3122
　　　　　　振替 00190-8-155497
　　　　　　https://www.keio-up.co.jp/
装　丁―――渡辺澪子
組　版―――株式会社キャップス
印刷・製本―萩原印刷株式会社
カバー印刷―株式会社太平印刷社